Jürgen Seul
Gratwanderungen

Jürgen Seul

Gratwanderungen

Erich Kästner und seine Freunde
e.o.plauen und Erich Knauf

Eine Biografie

Osburg Verlag

Der Autor dankt der VG Wort
für ein Neustart-Stipendium
im Jahr 2022.

Erste Auflage 2024
© Osburg Verlag Hamburg 2024
www.osburgverlag.de
Lektorat: Bernd Henninger Heidelberg
Korrektorat: Hilke Ohsoling, Lübeck
Umschlaggestaltung: Judith Hilgenstöhler, Hamburg
Satz, Grafiken: Hans-Jürgen Paasch, Oeste
Druck und Bindung: CPI books GmbH, Leck
Printed in Germany
ISBN 978-3-95510-360-6

Gewidmet meinem Freund und Schriftstel-
lerkollegen Wolfgang Eckert, ohne den es
keine Erich-Knauf-Forschung geben würde,
und meinem Freund und Forscherkollegen,
Prof. Dr. Albrecht Götz von Olenhusen (†),
der das Projekt bis zuletzt mit Rat und Tat
begleitet hat.

Inhalt

Einführung

»Ja, daß es Knauf erwischt hat, tut mir noch viel mehr leid
als die Tatsache, daß auch Ohser daran glauben mußte. Denn
Ohser war ab 1933 in wachsendem Maße ins weite Feld der
Konjunktur geraten und mißbrauchte sein Talent im Auftrage
des Propagandaministeriums. Darunter litt auch die Freundschaft, die mich mit ihm verband, endgültig, trotzdem tut er
mir selbstverständlich leid. Nicht minder seine Frau und der
kleine Junge.«[1]
Erich Kästner

Der Zweite Weltkrieg ist seit mehr als einem Jahr vergangen, als Erich
Kästner diesen Brief an den Publizisten Walther Victor[2] schreibt, der
zu jenem Zeitpunkt als Emigrant in den USA lebt.

In den Zeilen wird mit kurzen Worten das tragische Schicksal
der Kästner-Freunde Erich Ohser alias e.o.plauen, dem Schöpfer der
unvergleichlichen *Vater und Sohn*-Cartoons, und Erich Knauf, dem
bekannten Liedtexter und Schriftleiter der *Büchergilde Gutenberg*, im
Dritten Reich angesprochen.

Die Wichtigkeit von Freundschaften für Kästner betonte unlängst
Sylvia List in ihrer Kästner-Anthologie[3] zu diesem Thema. Sowohl in
Kästners Kinderbüchern wie *Emil und die Detektive*[4] oder *Das flie-
gende Klassenzimmer*[5] als auch in den Unterhaltungsromanen für
Erwachsene wie *Georg und die Zwischenfälle*[6] oder *Drei Männer im
Schnee*[7] »lässt sich erfahren, was Freundschaft ist: füreinander einste-
hen, den anderen nicht allein lassen, ihn gelten lassen, ihm aufmerk-
sam zuhören und miteinander reden«.[8]

Aber nicht nur seinen Romanfiguren, sondern auch Kästner selber
ist das Glück sehr enger Freundschaften beschieden gewesen. Dass
gerade seinen besonderen Freundschaften mit den beiden »anderen
Erichs« eine schmerzliche Tragik in mehrfacher Hinsicht anhaftet,
wird im Fokus dieses Buches stehen. Der Schriftsteller begleitete den
Lebensweg von Knauf und Ohser bereits zu Beginn der 1920er-Jahre
bis in die NS-Zeit hinein.

Über die beiden Freunde schreibt er später:
»Sie wollten, mit einem Minimum an Konzessionen, das braune
Reich überdauern. Sie hofften, es werde gutgehen. Es konnte nicht gutgehen, und es ging nicht gut. Sie verbargen ihre eigentlichen Talente,
damit sie nicht mißbraucht würden. Ihre eigentliche Meinung konnten sie auf die Dauer nicht verbergen.«[9]

Dass Kästner das Dritte Reich überlebt hat, grenzt an ein Wunder; dass es Knauf und Ohser nicht taten, war das Ergebnis der Boshaftigkeit einzelner Volksgenossen und der entmenschlichten Willkür eines Staates, der Unmoral zur Staatsraison erklärt hatte.

Beide Kästner-Freunde verabscheuten die Nationalsozialisten; sie waren Hitler-Gegner, ohne dabei als Widerständler offen in Erscheinung zu treten. Und dennoch: Obwohl sie keine Bomben gegen das NS-Regime einsetzten und heimlich keine Flugblätter gegen den »Führer« verteilten, wussten sie immer wieder mit leisen Tönen auch subversiv ihre kritische Haltung kundzutun.

Der deutsche Historiker Klaus Schönhoven definiert den »Widerstand gegen die NS-Diktatur« als »eine Provokation, welche die Toleranzschwelle des nationalsozialistischen Regimes unter den jeweils gegebenen Umständen bewusst überschreitet, mit einer Handlungsperspektive, die auf eine Schädigung oder Liquidation des Herrschaftssystems abzielt«.[10]

Die Erscheinungsformen des Widerstands gegen das Hitler-Regime waren vielfältiger Art und reichten von passiven Handlungsformen bis hin zu aktiven Aktionen wie Sabotage und Anschlägen.[11]

Ebenso wie viele Kollegen wirkte sich auch für Ohser und Knauf die Gleichschaltung gravierend aus, da sie unmittelbar nach der Machtergreifung Hitlers am 30. Januar 1933 auch die Kulturszene in Deutschland ergriffen hatte. Schriftsteller, Schauspieler, Maler und andere Künstler, die dem NS-System aus rassischen oder politischen Gründen nicht genehm waren, erhielten Berufsverbot, mussten auswandern, landeten in Haft oder wurden ermordet.

Manche dieser Namen sind noch heute bekannt: die Schauspielerin Elisabeth Bergner etwa, der Regisseur und Theaterleiter Max Reinhardt, der Tenor Richard Tauber, der Illustrator Walter Trier, der Publizist Kurt Tucholsky oder der Schriftsteller Stefan Zweig.

Wer sich nicht rechtzeitig in Sicherheit bringen konnte wie die Schriftstellerfamilie von Thomas Mann, auf den warteten nicht selten Gefängnis oder Konzentrationslager. So erging es zum Beispiel auch dem Schriftsteller Erich Mühsam, der im KZ Oranienburg 1934 – einem tragischen Schicksalsort, den auch Knauf zur selben Zeit kennenlernen musste – ermordet wurde.

Der Historiker Wolfgang Benz nahm vor einiger Zeit eine Art Charakteranalyse der Künstler im Dritten Reich vor, die das Land nach Hitlers Machtergreifung nicht verlassen hatten.[12]

Er unterteilte sie in Gesinnungsnazis, Opportunisten und »Andersverstrickte«[13]. Es handelt sich hierbei um alle jene Kulturschaffende, die nach Hitlers Machtergreifung in Deutschland blieben.

Die Gesinnungsnazis – als Beispiel sei die Regisseurin Leni Riefen-
stahl[14] genannt – sahen sich vielfach als »Hofkünstler« Hitlers, die das
NS-System an maßgeblicher Stelle aktiv in dessen propagandistischer
Selbstinszenierung unterstützten oder mitprägten und dabei enorme
Privilegien genossen, angefangen vom Bezug abenteuerlich hoher
Honorare bis hin zum Erwerb von »arisierten« Luxusimmobilien.

Bei den Opportunisten wiederum handelte es sich um jene Künstler, deren Karrieren im Dritten Reich erstmalig begonnen oder noch
einmal Fahrt aufgenommen hatten und die in vielen Fällen bruchlos
in den Wiederaufbau ab 1945 mündeten. Von Scham war bei ihnen
zu keinem Zeitpunkt die Rede. Offenbar trugen sie erfolgreich ihre
Scham-Masken, wie der Ideenhistoriker Helmut Lethen diese verbrei-
tete Haltung zum moralischen Debakel der NS-Zeit begrifflich auf den
Punkt bringt.[15] Prominente Vertreter dieser Haltung waren zum Beispiel der Schauspieler Gustaf Gründgens[16] oder der Dirigent Wilhelm
Furtwängler[17], die zwischen 1933 und 1945 Karriere machten – und die
trotz allem auch zu Ikonen der jungen Bundesrepublik wurden.

Zu denen, die in Hitlers Deutschland blieben, gehörten neben Kästner eben auch Erich Ohser und Erich Knauf. Die drei Erichs – wie sie
im Kollegen- und Freundeskreis zeitweise genannt wurden – gehörten
allerdings nicht zu den »Daheimgebliebenen«, die sich aus »Ehrgeiz,
aus Gewinnstreben, aus Überzeugung und wohl auch aus unpolitischen Motiven [...] in den Dienst des Nationalsozialismus gestellt
[haben]. Unabhängig von ihren Motiven haben sie dem Staat Hitlers
zum vorübergehenden Erfolg verholfen, haben sich [die Gesinnungsnazis und Opportunisten] am Terror des Unrechtsregimes mitschul-
dig gemacht, auch wenn sie auf Ahnungslosigkeit plädierten oder
keine Gesinnungsnazis waren oder später gute Demokraten wurden,
die lediglich ihre Anfänge vergessen hatten.«[18]

Kästner, Ohser und Knauf lassen sich stattdessen jener Gruppe
der »Andersverstrickten« zuordnen, die nach dem 30. Januar 1933 im
nationalsozialistischen Berlin pseudonym (Ohser als e.o.plauen) als
Illustratoren u. a. für NS-Zeitungen oder als Drehbuchautoren (Kästner als u. a. als Berthold Bürger) oder Pressevertreter (Knauf) für die
NS-Filmwirtschaft tätig waren.

Die »Andersverstrickten« waren zwar gegen die Nationalsozialisten,
hegten aber auch national-patriotische Gefühle für ihr Land; sie arbeiteten im NS-Staat, wurden jedoch von Goebbels & Co. stets als – vermeintlich marxistische – Gegner des Systems wahrgenommen,
weshalb über ihnen immer das Damoklesschwert der Ausgrenzung
und Verfolgung bis in den Tod hinein schwebte. Zugleich verweigerten

sich die»Andersverstrickten« dem völkischen Hurrapatriotismus, der eine vermeintliche Überlegenheit der arischen Rasse propagierte, die ohnehin blanker Unsinn war. Die»Andersverstrickten« bewahrten sich ihr eigenes Denken über Staat und Gesellschaft. Zugleich verstanden sie es immer wieder, versteckte, subtile Kritik zu artikulieren. Mit dem 30. Januar 1933 hatte sich jedoch auch das Rechtsverständnis in Deutschland geändert. Anstelle der Gleichheit aller Staatsbürger vor dem Gesetz, des Schutzes der Einzelperson und der Unabhängigkeit von Richtern als oberste Prinzipien einer rechtsstaatlichen Ordnung herrschten nunmehr Ausnahmen und Sonderregelungen. Das Wohlergehen der»Volksgemeinschaft« und die Reinheit der»Rasse« galten nun als besonders schützenswerte Rechtsgüter, während sich vor allem Juden und politische Gegner einer Sondergerichts- und Volksgerichtsbarkeit ausgeliefert sahen. So diente vor allem der 1934 gebildete»Volksgerichtshof« (VGH) der Aburteilung von NS-Gegnern in sogenannten»Landes- und Hochverratsprozessen«. Als besonders berüchtigt tat sich dabei der von 1942 bis zu seinem Tode im Februar 1945 amtierende Präsident des VGH, Roland Freisler, hervor.

In der Strafgesetzgebung verschärfte sich das Strafmaß für einige Delikte zum Teil drastisch. Während zu Beginn des Dritten Reiches die Todesstrafe nur für drei Delikte galt, erhöhte sich ihre Anzahl am Ende auf 46 Straftatbestände. Politische Maßgaben und eine angebliche Rücksicht auf das sogenannte»gesunde Volksempfinden« erweiterten das Spektrum todeswürdiger Vergehen beträchtlich, vor allem nach Ausbruch des Krieges.»Wehrkraftzersetzung«,»Kriegswirtschaftsverbrechen«,»Rundfunkverbrechen«, Hochverrat,»Heimtücke«,»Rassenschande«, Widersetzlichkeiten in den besetzten Gebieten oder von Zwangsarbeitern, Desertion, das Erzählen politischer Witze und zahlreiche, unter anderen Umständen als Bagatellen eingestufte Vergehen wurden in aller Regel mit der Todesstrafe geahndet. Der Interpretationsrahmen war dabei ebenso groß wie die Bereitschaft zur Denunziation, aber auch die Angst, wegen eines nur geringen Deliktes in die Mühlen der nationalsozialistischen Justiz und damit in akute Lebensgefahr zu geraten.

Die Todesstrafe in den Justizvollzugsanstalten wurde in der Regel mit dem Fallbeil oder – im Fall besonders»verwerflicher« Straftaten – mittels des Strangs in Justizstrafanstalten wie in Berlin-Plötzensee, Brandenburg-Görden oder Wolfenbüttel vollzogen.

Erich Kästner befand:

»Das interessanteste und traurigste Buch, das über das Dritte Reich geschrieben werden muß, wird sich mit der Verderbung des deutschen

Charakters zu beschäftigen haben. Niemals in unserer Geschichte hat ein solcher Generalangriff auf die menschlichen Tugenden stattgefunden. Nie zuvor sind Eigenschaften wie Zivilcourage, Ehrlichkeit, Gesinnungstreue, Mitleid und Frömmigkeit so grausam und teuflisch bestraft, nie vorher sind Laster wie Rohheit, Unterwürfigkeit, Käuflichkeit, Verrat und Dummheit so maßlos und so öffentlich belohnt worden.«[19]

Die Ereignisse, die Deutschland und die Deutschen zwischen 1933 und 1945 heimsuchten und prägten, kamen jedoch nicht über Nacht und ohne Bezug zur Vergangenheit zustande. Geschichte beruht immer auf einer kausalen Ereigniskette. Es gab auch eine Vorgeschichte, über die im Folgenden – vor allem bezogen auf Erich Kästner und seine Freunde Erich Knauf und Erich Ohser – berichtet werden soll.

Dabei stellt es eine makabre Ironie des Schicksals dar, dass sich der berufliche Aufstieg und Lebensweg der Freunde in einer zeitlichen Parallele zum Aufstieg Hitlers und des NS-Systems vollzog.

Dieses Buch erzählt die gemeinsame Lebensgeschichte von Erich Ohser und Erich Knauf bis hin zu ihrem Verfahren vor dem Volksgerichtshof; ein langer Weg, der in großen Teilen von Erich Kästner begleitet wurde.

Neben der Sekundärliteratur bilden vor allem die im Bundesarchiv Berlin lagernden und überlieferten Materialien aus dem Aktenbestand der Reichsschrifttumskammer und des Volksgerichtshofes einen wichtigen und zentralen Teil der Biografien der Hauptpersonen. Wesentliche Dokumente stammen außerdem aus dem Erich-Knauf-Nachlass aus dem Heimatmuseum Meerane (einer Dauerleihgabe des Schriftstellers Wolfgang Eckert) sowie von der Erich-Ohser-e.o.plauen-Stiftung in Plauen.

Der teilweise Abdruck der Dokumente soll dem Leser ermöglichen, anhand dieser primären Quellenstücke Hintergründe und Motive im Denken und Handeln von Erich Ohser und Erich Knauf wie auch der Amtsträger des NS-Regimes zu erkennen und zu bewerten.

Jürgen Seul
Bad Neuenahr-Ahrweiler, den 7. April 2024

Kapitel 1

Die Vorgeschichte

Der Erste Weltkrieg

Im Laufe des Jahres 1914 hatten sich mehr und mehr die Anzeichen für eine bevorstehende kriegerische Auseinandersetzung in Europa verdichtet. Die nationalistische *Staatsbürger-Zeitung*, eines von vielen Blättern dieser Art im Deutschen Reich, beschäftigte sich in ihrer Ausgabe vom 19. Juni 1914 mit dieser Thematik, bewertete die Gefahr jedoch nicht als drohendes Unglück, sondern empfand sie vielmehr als Möglichkeit einer nationalen Erlösung aus einem friedensbedingten Zustand der Schwäche und Lethargie:

»Groß sind die Sünden und Fehler der Höfe und der Regierungen, die uns in diesen Krieg reißen. Die Luft ist von üblen Dünsten erfüllt; und kein Volk erträgt ohne schweren Schaden einen mehr als vierzigjährigen Frieden. Krämeranschauungen sind überall obenauf; und die heldenhaften sind mißachtet. Das Leben ist aber nur Wert für den Helden, für den Mann der Tat, nicht für den Schwächling. Das reinigende Kriegsgewitter wird und muß kommen, schneller als die meisten ahnen. Wenn aber die blutigen Würfel rollen, wenn die ungeheure Erregung aufzuckt und von einem Ende der Welt zum anderen läuft, dann muß unser Volk wissen, um was es sich handelt, was auf dem Spiele steht, was ihm als Kampfpreis zufällt, wenn es aus dem Ringen um seine Ehre, um seinen Bestand als Sieger hervorgeht. Denn nur darum kann es sich handeln: Sieg oder Vernichtung.«[20]

Nur wenige Wochen später rollten in der Tat die »blutigen Würfel«, kam es zur politischen und menschlichen »Urkatastrophe des 20. Jahrhunderts«, wie zahlreiche Historiker den Ersten Weltkrieg bezeichnen. Diese Kennzeichnung geht auf den US-amerikanischen Historiker und Diplomaten George F. Kennan zurück, der den Krieg 1979 als »the great seminal catastrophe of this century«[21] charakterisiert. Am Kriegsausbruch hatte auch eine Vielzahl von Antikriegskundgebungen unter der Losung »Nieder mit dem Krieg«[22] nichts geändert, obwohl noch zwischen dem 26. und 31. Juli 1914 amtlich registrierte 288 Antikriegsversammlungen im Deutschen Reich stattgefunden hatten. Dabei hatten sich allein an den zahlenmäßig erfassten 183 Versammlungen fast 500 000 Menschen beteiligt[23]. Trotzdem erfolgte am 1. August 1914 die Mobilmachung, und tags darauf waren feldgraue Soldaten in einen Krieg marschiert, dessen Ausmaße alles zuvor Erlebte übertreffen sollten.

Der Beginn des Ersten Weltkriegs löst vor allem in bürgerlichen und intellektuellen Kreisen eine aus heutiger Sicht völlig unverständliche europaweite Kriegsbegeisterung aus. Als propagandistische Vorreiter waren vor allem die Schriftsteller hervorgetreten, deren Verbalattacken den Boden für die allgemeine dumpfe, nationalistische Stimmung wesentlich mitbereitet hatten. So hatte sich etwa im Februar 1909 der italienische Jurist und Schriftsteller Filippo T. Marinetti[24] in der französischen Tageszeitung *Le Figaro* mit seinem *Futuristischen Manifest*[25] zu Wort gemeldet, in dem er in provokanter Radikalität zur Zerstörung aller Traditionen aufrief und dafür den Krieg als probates Mittel sah:

»Wir wollen den Krieg verherrlichen, – diese einzige Hygiene der Welt – den Militarismus, den Patriotismus, die Vernichtungstat der Anarchisten, die schönen Ideen, für die man stirbt, und die Verachtung des Weibes.«[26]

Viele Vertreter der verschiedensten Künste, ob Literatur, Musik oder Malerei, begeistern sich für das futuristische Credo, und manche von ihnen sterben dann im Patriotismus-Rausch auf den Schlachtfeldern des Ersten Weltkriegs.

Die literarische Mobilmachung hatte schon vor dem Krieg begonnen: So vermerkte der junge deutsche Dichter Georg Heym[27] bereits 1910 in seinem Tagebuch:

»Es ist immer das gleiche, so langweilig, langweilig, langweilig. […] Geschähe doch einmal etwas. […] Oder sei es auch nur, daß man einen Krieg begänne, er kann ungerecht sein. Dieser Frieden ist so faul ölig und schmierig wie eine Leimpolitur auf alten Möbeln.«[28]

Die Kriegsbegeisterung hat jedoch erst kurz nach dem Ausbruch ihren produktiven Höhepunkt erreicht. Wortgewaltige Kombattanten auf allen Seiten richten ihre nationalen Stereotype gegen den jeweiligen Kriegsgegner. Ernst Lissauers *Hassgesang gegen England* avanciert zum populärsten deutschen Gedicht der frühen Kriegszeit und wird zum Inbegriff lyrischer Kriegsgesinnung:

»Was schiert uns Russe und Franzos
Schuß wider Schuß und Stoß um Stoß
wir lieben sie nicht
Wir hassen sie nicht
Wir schützen Weichsel und Wasgaupaß
Wir haben nur einen einzigen Haß

Wir lieben vereint, wir hassen vereint
Wir haben nur einen einzigen Feind. [...]

Haß zu Wasser und Haß zu Land
Haß des Hauptes und Haß der Hand
Haß der Hämmer und Haß der Kronen
Drosselnder Haß von siebzig Millionen
Sie lieben vereint, sie hassen vereint
Sie haben alle nur einen Feind:
England!!«[29]

An patriotischen Kriegsabenden im Wiener Konzerthaus lässt sich Egon Friedell[30] zu Diffamierungen unter anderem der Italiener als notorische Verräter, der Franzosen als Westbarbaren hinreißen. Er deklamiert u. a.:
»Japan ist eine Mottenplage, Menagerievölker wie die Serben und Montenegriner sind vollends indiskutabel.«[31]

In Unmengen von Gedichten und Prosatexten artikuliert sich ein Großteil der geistigen »Elite«, vor allem die Schriftsteller – allen voran Hermann Bahr, Alfred Döblin, Hermann Hesse, Gerhard Hauptmann, Hugo von Hofmannsthal, Thomas Mann, Georg Trakl und andere.

Einige von ihnen wie Alexander Roda Roda und Robert Musil agieren als Kriegsberichterstatter oder Redakteure von Soldatenzeitungen, wieder andere wie Stefan Zweig und Rainer Maria Rilke verfassen Propagandaschriften.

Einen ganz anderen Standpunkt zur Thematik Nationalismus und Krieg nahmen die Protagonisten des vorliegenden Buches ein: Erich Kästner, Erich Ohser alias e.o.plauen und Erich Knauf erlebten den Weltkrieg aus unterschiedlichen Blickwinkeln, waren sich aber einig in ihrer ablehnenden Haltung zu Hurrapatriotismus und Völkermord.

Erich Knauf als Soldat

Als der Weltenbrand am 28. Juli 1914 ausbricht, befindet sich der damals 19-jährige Erich Knauf gerade auf der Heimkehr von einer Südeuropa-Reise, zu der er sich im März des Jahres gemeinsam mit »mit drei Kameraden, drei gleichaltrigen Jungen – wir waren alle aus der einen Strasse in Gera«[32] aufgemacht hatte.

Ursprünglich stammt Erich Knauf aus dem sächsischen Meerane, wo er am 21. Februar 1895 geboren ist. Er hat noch vier Geschwister; drei Brüder und eine Schwester. Nach einem kurzen Aufenthalt der

Familie in Straßburg, wo der Vater, der Schneidermeister Heinrich Knauf[33] als Parteisekretär der SPD tätig gewesen ist, war die Familie nach Gera gezogen, wo Erich seine Schulausbildung beendet hatte. Mit 14 Jahren hatte er eine Schriftsetzerlehre begonnen und auch zu einem erfolgreichen Ende geführt.

»Erich hatte als Erstgeborener von beiden Eltern das Beste mitbekommen«, beschreibt ihn seine zweite Ehefrau.»Dieses Erbteil war allerdings recht gegensätzlicher Natur. Von der Mutter stammte seine unerhörte Vitalität, seine Leidenschaft, die ihn oftmals bis zum Jähzorn führte, vom Vater die innere Besinnung, die Klugheit und sein Streben. Von beiden aber sein Sinn für alles Schöne. […] Er wollte Bücher schreiben, er wollte das Libretto für eine ernste Oper zusammen mit Wolfgang Zeller schaffen, er wollte in fremde Länder reisen und berichten, ja er war voller Pläne und wartete nur auf den erlösenden Augenblick.«[34]

Der Vater ist ein »leidenschaftlicher Sozialist. Seiner Energie verdankte Erich, daß er als Ältester eine Realschule besuchen konnte, das einzige Arbeiterkind seiner Klasse. Der Vater gewährte ihm auch die Leidenschaft für alles, was mit dem Wissen um die Künste der Welt zu tun hatte. Ein verschlossener, selten heiterer Knabe lebte sich in die Magie der Kunst ein. Erich las, wo er nur konnte. So wußte er frühzeitig: ich will Schriftsteller werden.«[35]

Über die Reise, so kurz vor Kriegsausbruch, berichtet Knauf selber später:

»Bis Neapel hielten wir zusammen. Ich wollte weiter. Einer ging mit mir. In Seumes Spuren waren wir gewandert. Wie er kamen wir bis nach Syrakus. Alles zu Fuss. Und dann liessen wir uns auf einem Frachter nach Griechenland übersetzen, marschierten wie Traumwandler durch Hellas und kamen schliesslich über Kleinasien, Konstantinopel und durch den Balkan zurück. Wir waren im Oesterreichischen, als der Thronfolger in Sarajewo ermordet wurde und der Krieg ausbrach.«[36]

Den letzten Teil der Rückreise treten Knauf und sein Begleiter Willy Friemel[37] mit dem Zug an. Kurz bevor der Weltkrieg tatsächlich ausbricht, erreichen sie wieder Gera.

Dort arbeitet Knauf zunächst als Schriftsetzer bis zu seiner Einberufung zum Wehrdienst im Jahre 1915.

»In Gera wurde ich dem Inf[anterie-]R[e]g[imen]t 96 zugeteilt, meldete mich nach der Ausbildung freiwillig zur Maschinengewehrkomp[anie] in Erfurt.«[38]

Erna Knauf beschreibt die Militärzeit ihres Ehemannes wie folgt:

»Er [Erich Knauf] war kein guter Soldat, konnte es gar nicht sein, denn durch seine ganze Jugend hindurch hatte er die sozialistischen Ideen mit dem täglichen Brot in sich aufgenommen. Der Kämpfer in ihm war bereits wach. Er hatte den Militarismus bis in seine kleinsten Entartungen durchschaut und bekämpfte ihn mit seiner köstlichsten Waffe: seiner herrlichen Ironie, er machte ihn lächerlich. Und zwar durch die wortgetreue und übertriebene Ausführung der Befehle. Als man einmal die ganze Kompanie so richtig geschunden hatte und er noch zur Schadenfreude vor versammelter Mannschaft strafexerzieren mußte, da nahm er den Befehl *Sprung auf, marsch-marsch* zum Anlaß, über den ganzen Exerzierplatz zu rasen und kein Halt mehr zu hören. Er rannte weiter und immer weiter, bis in das nächste Dorf, wo ihn die drei hinterhergehetzten Kameraden einholten und ihn beinahe halb tot prügelten, weil er ihnen die halbe Lunge gekostet hatte. Er ging in dieser Methode so weit, daß man ihn wirklich für einen geistesarmen Menschen hielt und glaubte, daß er es nicht besser könne. Bis dann irgend ein Vorgesetzter, der ihn und seine Familie aus Gera her kannte, den ganzen Schwindel aufdeckte und man ihn schnellstens zu einer Strafkompanie an die Westfront schickte.«[39]

Knauf selber gibt in einem kurzen Lebensbericht an, dass er sich freiwillig an die Westfront gemeldet hat.[40]

Wie es auch immer gewesen sein mag, jedenfalls durchlebt der junge Knauf schlimmste Fronterlebnisse. Hierzu gehören »die Stellungskämpfe bei Noyon, die Offensive bei Verdun im Jahre 1916 und die Kämpfe an der Somme«.[41]

Ausgerechnet in dieser Hölle bekommt er »die ersten Anregungen zu Gedichten, Novellen und – das erste Honorar dafür. Ich weiss noch, wie ich die ersten fünf Mark für ein Gedicht vom Feldwebelquartier durch den mit Gasgranaten bespickten Wald heimtrug.«[47]

Er wird Gefreiter und mit dem Eisernen Kreuz II. Klasse ausgezeichnet[43] – eine Auszeichnung, die ihn mit wenig Stolz erfüllt, sondern vielmehr zu der sarkastischen Bemerkung veranlasst:

»Wenn sie es sogar uns geben, dann ist der Krieg bestimmt verloren ...«[44]

Zunächst erleidet er noch eine Verletzung:

»Im April 1917 erhielt ich einen leichteren Kopfschuß.«[45]

Das geschieht vor Bourlon, als die alliierten Truppen versuchen, über eine dortige Anhöhe des Waldes gegen die Deutschen vorzurücken. Während immer mehr britische Truppen zur Eroberung des Waldes und den weiteren Vormarsch auf Fontaine in den Kampf geworfen werden, versuchen deutsche Spezialtruppen den Wald gezielt mit dem damals neuen chemischen Kampfstoff Gelbkreuz, um den Gegner am Vormarsch zu hindern.[46] Nach einem Lazarettaufenthalt und der gesundheitlichen »Wiederherstellung ging ich wieder an die Front, diesmal nach Russland, wo ich den Vorstoss nach Dünaburg mitmachte. Wir lagen zuletzt weit vorn an der Strasse nach Pleskow. Und dann hiess die Parole: An der Westfront werden Leute gebraucht, die ein MG. bedienen können! Also auf nach Belgien! Mitten in die Vorbereitungen einer neuen Offensive hinein platzte die Nachricht: Der Kaiser ist nach Holland und der Krieg ist aus! Mein Regiment marschierte heimwärts. In Döberitz wurden mir die Entlassungspapiere ausgestellt. Ich war – bereits in Russland – Unteroffizier geworden. Und jetzt war ich – arbeitslos.«[47]

Seine Erfahrungen als Weltkriegs-Soldat münden später literarisch vor allem in einen Kurzroman: *Donner über der Adria*[48].

Geschildert werden die Erlebnisse des Ich-Erzählers als Mitglied der k.u.k.-Kriegsmarine während des Ersten Weltkriegs auf der Adria. Der Roman stellt eine perfekt konstruierte, alternierende Abfolge von grausamen, abschreckenden, emotional aufwühlenden mit retardierenden und reflexiven, aber auch humoresken Standardsituationen des Krieges dar. Er steht in der Tradition des wohl populärsten Anti-Kriegsromans *Im Westen nichts Neues*[49].

Der fiktive Ich-Erzähler des Romans berichtet über seine Erlebnisse als Matrose in der k.u.k.-Kriegsmarine während des Ersten Weltkriegs auf der Adria. Die Kriegserfahrungen des Ich-Erzählers stehen exemplarisch für die »verlorene Generation«[50]. Die amerikanische Schriftstellerin Gertrude Stein prägte den Begriff »lost generation«, Ernest Hemingway berichtet darüber in seinen Lebenserinnerungen *A Moveable Feast* (1964; dt.: *Ein Fest fürs Leben*, 1965). Er gab zunächst einer Generation von Schriftstellern einen Namen und eine Identität, wurde später auf die ganze Generation junger Menschen jener Epoche angewandt.

In Knaufs Roman *Donner über der Adria* fungiert die Kameradschaft an Bord des Kriegsschiffs als positiver Gegenpol zu den gleichgültig-zynischen, vornehmlich aus dem Adelsstand kommenden Offizieren. Deren borniertе Verachtung gegenüber der Mannschaft wird im Roman besonders betont. Deutlich zeigt sich darin auch die sozialdemokratische Grundhaltung des Autors und seine kritische Haltung gegenüber der Oberschicht des deutschen wie des österreichischen Kaiserreichs.

Diese Haltung spiegelt auch die Situation an Bord der Schiffe der k.u.k-Kriegsmarine wider, denn sozialdemokratische Ideen hatten unter den Matrosen großen Einfluss.[51] Ein thematischer Schwerpunkt in *Donner über der Adria* liegt in der Entlarvung des k.u.k-Militärs in seiner Ignoranz und Selbstgefälligkeit. Die einfachen Matrosen sind beinahe völlig rechtlos den Launen der Offiziere ausgeliefert, diese wiederum interessieren sich fast ausschließlich für ihre Privilegien, und die Admiralität erweist sich in ihrem Pomp als militärisch unfähig und zynisch in ihren Entscheidungen.

Um die Situation halbwegs erträglich zu machen, reagieren die Matrosen mit Galgenhumor, Sarkasmus und nüchtern-distanzierten bis derb-drastischen Reden über die schrecklichen oder auch absurden Erlebnisse. Die psychischen Belastungen bei sich und seinen Kameraden benennt der Erzähler fast beiläufig, beispielsweise in Sätzen wie »Leicht ist seit vierzehn Tagen Bettnässer«[52], oder an anderer Stelle: »Nur Dunkelarrest verträgt er nicht. Dann heult er wie ein Hund, und man muss sich die Ohren zuhalten, um nicht verrückt zu werden.«[53]

Der Roman wechselt zwischen szenischem Erzählen und zeitraffenden Passagen. Humoristische Szenen und Anekdoten werden dazu kontrapunktisch eingesetzt. Im Stil der neuen Sachlichkeit sind die Schilderungen knapp, nüchtern und scheinbar emotionslos, dennoch entsteht ein dichtes und lebendiges Bild des Geschehens.

Knaufs Roman erweist sich als literarischer Gegenentwurf zu pathetisch-kriegsverherrlichenden Büchern wie Ernst Jüngers 1920 erschienenen *In Stahlgewittern*[54] und gehört zu einer Literatur, die Anklage gegen die Sinnlosigkeit und Entsetzlichkeit des Krieges erhebt. Dazu zählt neben Erich Maria Remarques *Im Westen nichts Neues* (1929) etwa auch Theodor Pliviers *Des Kaisers Kulis. Roman der deutschen Hochseeflotte* (1930), der ebenfalls aus der Perspektive des einfachen Matrosen die menschenverachtende Haltung der Offizierskaste schildert. Auch dort steht die Welt der Matrosen im Kontrast zu einer jeweils fragwürdigen Militäraktion – bei Knauf der absurd wirkende erste und einzige Einsatz der k.u.k-Flotte, bei Plivier die sinnlose Skagerrak-Schlacht.

Hier wie auch sonst verbindet Knauf seine literarische Anklage mit einem Aufruf zu *Revolution, Republik, Freiheit*[55]. Gemeint ist damit die Absage an den nationalistischen Obrigkeitsstaat, wie er etwa auch in Heinrich Manns Roman *Der Untertan* (1918) beschrieben wird.

Am Ende des Romans spricht Knauf seine Leser in der Hoffnung direkt an, dass sie es nicht zulassen, bereitwillig in einem kriegerischen Konflikt zu »Kanonenfutter« zu werden.

Hinzuweisen sei noch auf den Umstand, dass auch Egon Erwin Kisch[56] eine ausführliche Reportage zur Romanproblematik verfasst und in dem Buch *Hetzjagd durch die Zeit* (1926) veröffentlicht hatte. Knaufs Roman ähnelt in manchen Passagen deutlich Kischs Text, weshalb man wohl davon ausgehen kann, dass Knauf diese Reportage als eine seiner wichtigen Quellen verwendet hat. In jedem Fall ist Knauf jemand, der jegliche Verherrlichung des Krieges klar ablehnt.

Erich Kästner als Soldat

Zu Beginn des Ersten Weltkrieges ist der am 23. Februar 1899 in Dresden geborene Erich Kästner 15 Jahre alt. Seine Eltern, Ida Kästner[57], geb. Augustin, und Emil Richard Kästner[58], sind beide Handwerker. Die Frage, ob Emil Kästner tatsächlich Erichs Vater ist, ist ungeklärt. So lanciert Ida Kästner später die Behauptung, dass in Wahrheit der jüdische Hausarzt der Familie, Dr. Emil Zimmermann[59], der wirkliche Erzeuger gewesen sei. Als mögliches Motiv für eine solche Behauptung wird die Vermutung geäußert, dass sie entsprechend ihrer »geistigen Orientierung in Richtung auf einen gehobenen sozialen Status«[60] einem Wunschbild gefolgt sein kann.

Seit 1895 leben die Kästners in Dresden, nachdem sie ihre Sattlerei in Döbeln verkaufen mussten. Schulden begleiten den Neuanfang in der sächsischen Residenzstadt. Sie wohnen in der Königstraße 66 im Dresdener Vorort Neustadt. In der Nähe, am Albertplatz, befindet sich im Erdgeschoss der damaligen Villa seines Onkels Franz Augustin[61] heute das Erich-Kästner-Museum.

Um zusätzlich Geld zu verdienen, näht die Mutter zu Hause Leibbinden. Später, im Alter von 35 Jahren, hat sie noch eine Ausbildung als Friseurin absolviert. Zwischen Ida Kästner und ihrem einzigen Sohn Erich besteht von Beginn an eine äußerst intensive Bindung. Während der Ehemann und Vater mehr in einer familiären Nebenrolle verharrt, hat die Mutter ihr Leben ausschließlich auf ihren Sohn ausgerichtet. Mehr als dreißig Jahre lang schreiben sich beide fast täglich Briefe und Postkarten.[62]

Das Verhältnis von Mutter und Sohn ist lebensprägend sowohl für Kästners bindungsscheues Verhältnis zu Frauen und vermutlich auch ein Grund für seinen Verzicht auf die Emigration während des Dritten Reiches. In einem Stil, der vor allem Kinder ansprechen soll, beschreibt Kästner diese mitunter sehr anstrengende Liebe zur Mutter in seinem späten autobiografischen Text *Als ich ein kleiner Junge war*[63].

Ab 1913 hat Kästner das Freiherrlich von Fletchersche Lehrerseminar in der Marienallee in Dresden-Neustadt besucht, um Lehrer zu werden. Viele Details aus dieser Schulzeit finden sich in dem Buch *Das fliegende Klassenzimmer* (1933) wieder. Der Ausbruch des Ersten Weltkriegs unterbricht den Berufsweg zunächst. Bis zum Frühjahr 1917 besucht Kästner noch das Lehrerseminar. Mit seiner Musterung für das Militär am 24. April 1917[64] beginnt der militärische Ernst jedoch auch für ihn.

Seine Meldung zum Einjährig-Freiwilligen-Militärdienst bietet Kästner die Aussicht auf die spätere Aufnahme in ein Gymnasium[65] – was ihm aus finanziellen Gründen ansonsten verwehrt wäre. Die freiwillige Meldung ermöglicht Absolventen einer höheren Schulausbildung eine Ableistung des insgesamt verkürzten Militärdienstes in einem Truppenteil der eigenen Wahl. Nach Abschluss der Grundausbildung besteht zudem die Möglichkeit, Offizier der Reserve werden. Die Berechtigung zum Einjährig-Freiwilligen Dienst im Deutschen Heer oder in der Deutschen Marine im Sinne der Wehrordnung erwirbt er sich am 18. Juni 1917[66]. Zwei Tage später stellt ihm die Seminarleitung ein Zeugnis über die wissenschaftliche Befähigung für den Einjährig-Freiwilligen Dienst aus.[67]

Am 21. Juni 1917 wird Kästner in Dresden »als Offiziersanwärter [in das] III. Rekruten-Depot, Ersatz-Bataillon 2. Königlich Sächsisches Fußartillerie-Regiment Nr. 12 der schweren Artillerie eingezogen«[68]. Vorgesehen ist eine »Ausbildung als Richtkanonier und Geschützführer an 15-cm-Haubitze, Karabiner 98 und 9-cm-Kanone«.[69]

Im Juli erfolgt der Beginn seiner Ausbildung zum Offiziersanwärter in der einjährigen freiwilligen Kompanie der schweren Artillerie.[70] Kästner unterschreibt am 3. Juli die Verpflichtungserklärung zur Übernahme sämtlicher Dienstpflichten eines Einjährig-Freiwilligen.[71] Am 22. Juli wird er als Militäranwärter vereidigt.[72]

Die Erfahrung mit dem Tod vieler Mitschüler lässt Kästner zu einem Antimilitaristen werden:

»Das entscheidende Erlebnis war natürlich meine Beschäftigung als Kriegsteilnehmer. Wenn man 17-jährig eingezogen wird, und die halbe Klasse ist schon tot, weil bekanntlich immer zwei Jahrgänge ungefähr in einer Klasse sich überlappen, ist man noch weniger Militarist als je vorher. Und eine dieser Animositäten, eine dieser Gekränktheiten eines jungen Menschen, eine der wichtigsten, war die Wut aufs Militär, auf die Rüstung, auf die Schwerindustrie.«[73]

Über die Erfahrung mit dem Tod der Mitschüler schreibt Kästner später in seinem Gedicht *Primaner in Uniform*, abgedruckt in der *Weltbühne*. Darin heißt es u. a.:

»Der Rektor trat, zum Abendbrot,
bekümmert in den Saal.
Der Klassenbruder Kern sei tot.
Das war das erste Mal. […]

Der Rochlitz starb im Lazarett.
Und wir begruben ihn dann.
Im Klassenzimmer hing ein Brett
mit den Namen der Toten daran.

Wir saßen oft im Park am Zaun.
Nie wurde mehr gespaßt.
Inzwischen fiel der kleine Braun.
Und Koßmann wurde vergast. […]

Wir dachten an Rochlitz, Braun und Kern.
Der Rektor wünschte uns Glück
Und blieb mit Gott und den andern Herrn
gefaßt in der Heimat zurück.«[74]

Wie viele seiner Schicksalsgefährten erlebt Kästner den – Exerzier-Übungen genannten – harten Militärdrill eines Ausbilders namens Waurich. Der junge Dresdner Rekrut bricht mit Herzkrämpfen zusammen. Im Satiremagazin *Simplicissimus* findet dieses persönliche Erlebnis eine lyrische Abrechnung. Voller Bitterkeit heißt es in dem Gedicht *Sergeant Waurich*:

»Wer ihn gekannt hat, vergißt ihn nie.
Den legt man sich auf Eis!
Er war ein Tier. Und er spie und schrie.
Und Sergeant Waurich hieß das Vieh,
damit es jeder weiß.

Der Mann hat mir das Herz versaut.
Das wird ihm nie verziehn.
Es sticht und schmerzt und hämmert laut.
Und wenn mir nachts vorm Schlafen graut,
dann denke ich an ihn.«[75]

Waurichs rücksichtsloser Militärdrill ist die Ursache dafür, dass Kästner »vom 28. Januar 1918 bis zum 9. März 1918 sechs Wochen im

Reserve-Kasernen-Lazarett VI in Dresden-Loschwitzberg, Privatsanatorium Dr. Teuscher«[76] verbringt. Diagnostiziert werden »ein Verdacht auf schwere Herzinsuffizienz, Herzerweiterung, Herzklappenfehler und Herzneurose«.[77]

Nachdem Kästner wieder für garnisonsverwendungsfähig geschrieben wird, setzt er seinen Wehrdienst fort. Am 21. September 1918, nur halbwegs genesen, erfolgt seine »Versetzung als Kanonier zur Artillerie-Messschule Wahn bei Köln«.[78]

Seiner Mutter sendet er einen launigen Bericht:

»Heut früh habe ich beim Gewehranschlag (wir haben von Zeit zu Zeit auch mal Außendienst) über einen recht blödsinnigen Sergeanten ein bißchen gelächelt. Er wollte mich rumjagen. Ich sagte ihm von meinen Herzbeschwerden. Er reagierte nicht, da bin ich gemächlich losgerannt, dann habe ich mich ein wenig langgelegt. O jeh, dem Herrn Sergeanten war angst u. bange geworden. Er wird mich künftig in Ruhe lassen. Auch merken sie mal, daß mit mir kein Krieg zu gewinnen ist.«[79]

Um einen Fronteinsatz zu vermeiden, meldet sich Kästner »zu einem Auswerter-Kursus für Schallmesswesen und Lichtmesskursus«[80], den er am 28. Oktober 1918 antritt. Auch hierüber schreibt er seiner Mutter:

»Hurra! Endlich ist es soweit, Dich mit der Verwirklichung dessen bekannt zu machen, woran ich eine Woche bereits deichsle. Nämlich: Ich wurde heute morgen dem beginnenden Auswerter-Kursus zugeteilt. Auf Vorschlag meines bisherigen Lehrers hin. Das ist nun ein nicht absehbarer Vorteil. [...] Diese Woche sollen allein von unsrer Batterie 1000 Mann weg. Noch vor dem Waffenstillstand. Verstehst Du? [... Die ...] Auswerter [sind] in der Centrale, d. h. weit hinten, während die Beobachter immerhin dicke Luft riechen können. Die Centrale ist weit hinten, durch dicke Telephonstrecken mit der Front verbunden in Unterständen. Es war großes Glück, daß die Chose klappte; denn ein Auswerter-Kursus ist äußerst selten, und nur ein paar Leute nehmen daran teil.«[81]

Im Gegensatz zu Knauf muss Kästner nie auf einem der blutgetränkten Schlachtfelder sein Leben riskieren. Nach dem Ende des Krieges kehrt er nach Dresden heim. Am 8. Januar 1919 wird er aus dem Militärdienst entlassen.[82]

Mit im Gepäck zurück ins Zivilleben befinden sich eine »Herzschwäche, die er den Schikanen des Sergeanten Waurich *verdankt* und die sich in Angst- und Stresssituationen immer wieder bemerkbar macht, und eine deutliche Ernüchterung über den Stellenwert von

Humanität und Vernunft in der Gesellschaft. Aus dem unpolitischen jungen Mann ist ein überzeugter Antimilitarist und Kriegsgegner geworden, dem jede Form von Unterdrückung und Gewaltherrschaft verhaßt ist.«[83]

Der einzige Vorteil seiner Militärzeit besteht in der genutzten Möglichkeit, im November und Dezember 1918 erfolgreich einen Sonderlehrgang an seinem Freiherrlich von Fletcherschen Lehrerseminar in Dresden absolviert zu haben, um nach dem Krieg ein Gymnasium besuchen zu können.

Erich Ohser und der Krieg

Erst elf Jahre alt ist Erich Ohser, als der Erste Weltkrieg ausbricht. Der am 18. März 1903 in Untergettengrün bei Adorf in Sachsen geborene zweite von drei Söhnen des Zollgrenzbeamten Paul Ohser und seiner Frau Paula ist der künstlerisch begabte Spross der Familie.

Erich besucht zu diesem Zeitpunkt eine Seminar-Übungsschule in Plauen, um – ähnlich wie Kästner – einmal Lehrer zu werden. Schon in diesem frühen Alter zeichnet Ohser außerordentlich viel und gut.

»Es ist der Krieg, der Erste Weltkrieg, das große und alles bewegende Ereignis seiner letzten Schuljahre, den Erich als 12- bis 14-jähriger Junge abzubilden versucht, so wie er ihn sich vorstellt, nach dem, was er davon hört und darüber liest. Ohser sammelt diese Zeichnungen, die auf Schulheftblättern und in Zeichenheften entstehen, in einer kleinen Mappe: Mein Krieg.«[84]

Bedauerlicherweise hat sich dieses Heft nicht erhalten. Überliefert haben sich die Eindrücke dieser Kriegszeichnungen, die sie auf Ohsers spätere Frau Marigard ausübten, die sie noch zu Gesicht bekommen wird:

»Jedes der Blätter habe der junge Zeichner signiert mit A.d.Ged., das soll heißen Aus dem Gedächtnis. Es seien die wildesten Kriegsschlachten dargestellt gewesen, erstaunlich gut gezeichnet, auch in den Einzelheiten Szenen voll Fantasie und Angst. Hier zeigt sich schon ein früher künstlerischer Ansatz.«[85]

Nach dem Besuch der Seminar-Übungsschule wird Erich Ohser 1917 auf Veranlassung seiner Eltern Schlosserlehrling. Auch wenn diese Lehrzeit für den schmalen und schmächtigen Jungen eine harte Zeit bedeutet, bleiben ihm zumindest altersbedingt der Dienst in der Armee und die traumatischen Erlebnisse an der Front erspart.

Das Kriegsende und die Dolchstoßlegende

Am 29. September 1918 tritt in Berlin der »Kronrat« zusammen, bestehend aus Kaiser Wilhelm II.[86], Generalfeldmarschall Paul von Hindenburg als Chef der Obersten Heeresleitung (OHL), seiner rechten Hand General Erich Ludendorff, Reichskanzler Graf von Hertling[87] und dem Staatssekretär des Äußeren, Admiral Paul von Hintze[88].

Beraten wird über die Feststellung der deutschen Militärspitze, dass der Weltkrieg wegen der personellen und materiellen Übermacht der Entente-Mächte endgültig verloren sei. Das Gremium beschließt einschneidende Maßnahmen zur Vermeidung von Chaos und Revolution nach russischem Vorbild.

Ludendorff verkündet wenige Tage später, am 2. Oktober, gegenüber seinen Stabsoffizieren, dass die OHL und das Heer am Ende seien; der Krieg nicht nur nicht mehr zu gewinnen sei, vielmehr die endgültige Niederlage wohl unvermeidbar bevorstehe. So sei vorauszusehen, dass dem Feind schon in nächster Zeit mit Hilfe der kampffreudigen Amerikaner ein großer Sieg, ein Durchbruch in ganz großem Stil gelingen werde. Dann werde dieses West-Heer den letzten Halt verlieren und in voller Auflösung über den Rhein zurückfluten und die Revolution nach Deutschland tragen. Diese Katastrophe müsse unbedingt vermieden werden.[89]

Wörtlich erklärt Ludendorff:

»Ich habe aber Seine Majestät gebeten, jetzt auch diejenigen Kreise an die Regierung zu bringen, denen wir es in der Hauptsache zu verdanken haben, dass wir so weit gekommen sind. [...] Die sollen nun den Frieden schließen, der jetzt geschlossen werden muss. Sie sollen die Suppe jetzt essen, die sie uns eingebrockt haben.«[90]

Diese Erklärung gilt als Geburtsstunde der Dolchstoßlegende – von der nachfolgend noch ausführlicher die Rede sein wird. Auch Adolf Hitler und die anderen führenden Köpfe des NS-Regimes gehören später zu der Masse der Verführten, die diese Legende gläubig übernehmen werden.

Der designierte neue Reichskanzler Prinz Max von Baden[91] – ein Cousin des Kaisers – erhält am 1. Oktober 1918 einen ungeschminkten militärischen Lagebericht mit einem desaströsen Gesamtbefund. Zwei Tage später bekommt das Kaiserreich die erste parlamentarische Regierung seiner Geschichte. Die Mehrheitssozialdemokratische Partei Deutschlands (MSPD) und die Fortschrittspartei stellen je zwei Staatssekretäre, das Zentrum drei. Noch am selben Tag muss Max von Baden[92] in einer diplomatischen Note den amerikanischen

Präsidenten Woodrow Wilson[93] bitten, alle kriegführenden Staaten zu Friedensverhandlungen einzuladen. Auf diese Weise hat die OHL ihr Ziel erreicht, sich aus der Verantwortung für den verlorenen Krieg zu stehlen. Schlagartig löst sich der von der kaiserlichen Propaganda unermüdlich versprochene »Siegfrieden« in nichts auf.

Was nun folgt, sind u. a. die Abdankung des Kaisers, das Ende der Monarchie, revolutionäre Auseinandersetzungen, die Ausrufung der deutschen Republik durch den SPD-Politiker Philipp Scheidemann[94] am 9. November 1918, die Wahl einer verfassunggebenden Nationalversammlung am 19. Januar 1919, die am 31. Juli 1919 mit überwältigender Mehrheit die Weimarer Verfassung annimmt. Diese tritt nach ihrer Unterzeichnung durch den Reichspräsidenten am 14. August in Kraft. Zu den zentralen Verfassungsprinzipien gehören die Volkssouveränität, die Gewaltenteilung und die Grundrechte.

Am 11. November 1918 um 11 Uhr werden die letzten Kampfhandlungen beendet. Damit gelangt der Erste Weltkrieg zum Abschluss. Die vom parteilosen Außenminister Ulrich Graf Brockdorff-Rantzau[95] geleitete deutsche Delegation unterschreibt den Friedensvertrag, der von den Siegermächten – ohne Beteiligung der Besiegten – erarbeitet worden ist. Die vorgesehenen Gebietsverluste, Souveränitätsbeschränkungen, Reparationen und vor allem die Zuweisung der Alleinschuld am Krieg lösen in ganz Deutschland, quer durch alle politischen Lager und sozialen Schichten, einen Entrüstungssturm aus. Deutsche Änderungswünsche werden im Wesentlichen zurückgewiesen, was den Rücktritt des Kabinetts Scheidemann am 20. Juni zur Folge hat. Neuer Reichskanzler wird Gustav Bauer (MSPD).

Reichspräsident Friedrich Ebert erkundigt sich am 23. Juni bei der OHL nach den Chancen eines militärischen Widerstandes. Hindenburg überlässt Groener die Mitteilung an Ebert:

»Die Wiederaufnahme des Kampfes ist […] aussichtslos. Der Friede muss daher unter den vom Feinde gestellten Bedingungen abgeschlossen werden.«[96]

Angesichts des Fehlens jeder tatsächlich verantwortbaren Alternative beschließt die Nationalversammlung am Nachmittag des 23. Juni 1919 mit großer Mehrheit die Annahme des Friedensvertrages. Die Unterzeichnung findet am 28. Juni 1919 im Spiegelsaal des Schlosses zu Versailles statt – jenem schicksalsträchtigen Ort, den die deutschen Fürsten 1871 gewählt hatten, um Wilhelm I. zum Kaiser auszurufen und damit gleichzeitig Frankreich zu demütigen. Der Vertrag von Versailles tritt nach der Ratifizierung durch die Unterzeichnerstaaten am 10. Januar 1920 in Kraft.

Abb. 1: Erich Knauf
in Uniform während
der Niederschlagung
des Kapp-Putsches 1920

***

Am Abend des 24. Februar 1920 erfolgt im Münchner Hofbräuhaus
die öffentliche Bekanntgabe der neuen Partei durch Umbenennung
der Deutschen Arbeiterpartei (DAP) in Nationalsozialistische Deutsche Arbeiterpartei (NSDAP), wobei die offizielle Ummeldung bereits
am 20. Februar 1920 vollzogen worden ist. Das Kürzel »NS« solle die
Besonderheit der Partei hervorheben und wird von u. a. Adolf Hitler eingeführt, wobei die Parteiführung übergangen wird. An jenem
Abend veröffentlichte die NSDAP ihr Parteiprogramm (25-Punkte-
Programm) mit den Hauptpunkten »Aufhebung des Versailler Friedensvertrages«, »Entzug der deutschen Staatsbürgerschaft von Juden«
und »Stärkung der Volksgemeinschaft«.

***

Etwa zwei Wochen später, am 13. März 1920, inszeniert der auf der
äußersten Rechten des politischen Spektrums stehende ostpreußische
Generallandschaftsdirektor Wolfgang Kapp[97] gemeinsam mit dem
Reichswehrgeneral Walter Freiherr von Lüttwitz[98] in Berlin den auf
Freikorps (paramilitärische Einheiten) und illoyale Teile der Reichs-
wehr gestützten »Kapp-Lüttwitz-Putsch«. Die meisten Putschisten
sind aktive Reichswehrangehörige oder ehemalige Angehörige der
alten Armee und Marine, insbesondere der Marinebrigade Ehrhardt[99],
die sich nach dem Ersten Weltkrieg in reaktionären Freikorps organi-
sieren, sowie Mitglieder der Deutschnationalen Volkspartei (DNVP).
Der Putsch ist ein nach 100 Stunden gescheiterter konterrevolutionä-
rer Versuch, die nach der Novemberrevolution geschaffene Weimarer
Republik wieder abzuschaffen. Unterstützung findet die Revolte u. a.
von Erich Ludendorff.

Die Weimarer Koalitionsregierung muss Berlin vorübergehend den
Putschisten überlassen und nach Weimar ausweichen. Noch einmal
sieht sich auch Erich Knauf veranlasst, zur Waffe zu greifen.

»Zusammen mit seinem ältesten Bruder Eugen«[100] war er Ende 1918
»von der aufgelösten Westfront nach Hause [zurückgekommen]. Sein
Vater war noch nicht da, es dauerte noch ein halbes Jahr, bis er sich
einfand. Die Mutter hatte um drei Jungens und den Mann gesorgt.
Außerdem hatte sie noch die zwei Kleinen zu Hause. Und dann die
schrecklichen Nachkriegsverhältnisse. Auch für Erich gab es nichts zu
tun.«[101] Er ist »zunächst auf die Volksschule in Schloß Tinz«[102] gegangen. Diese Volksschule gehört jenem Teil der Volkshochschulbewegung
an, die Bildung »als Baustein für den politischen Kampf betrachtet.«[103]
Schloss Tinz versteht sich als Institution der »Arbeiterschaft im Geiste
der sozialistischen Weltanschauung«[104]. Auch wenn die Volksschule in
Schloss Tinz nicht den Titel einer Parteischule trägt, ist sie doch sehr
geprägt vom Geist der Sozialdemokratie.[105]

»Beim ersten Signal warf Erich alles hin, ließ Schule Schule sein, und
vertauschte die Bücher wieder mit Maschinengewehr und Pistole.«[106]
Er schließt sich in Gera den Arbeiterwehren an und übernimmt
aufgrund seiner Weltkriegserfahrungen als Soldat die Führung eines
Stoßtrupps.

Am 20. März 1920 bewegen sich zwei Reichswehrbataillone von
Plauen kommend auf Gera zu. Sie werden in der Nähe von Zickra auf-
gehalten. Erich Knauf bleibt solange dabei, bis der Putsch in Mittel-
deutschland niedergeschlagen ist.

Die Erlebnisse dieser Zeit werden von Knauf Jahre später in einem
sogenannten Reportage-Roman mit dem Titel Ça ira![107] dargestellt

Abb. 2: Erich Kästner (3. v. re.) als Artillerist im Rahmen seiner Ausbildung in Köln-Wahn (1918)

und verarbeitet. In seinem *Reportage-Roman* schildert Knauf die Geschehnisse mit einer erkennbar dokumentarischen Absicht. Das Buch enthält typische Situationen und Motive, die Reichswehrsoldaten in Aktion, Arbeiter mit Waffen, Menschenansammlungen, Straßensperren usw. zeigen. Verwendet werden fast 60 Abbildungen in Form von Tafeln, die in den Text eingeschoben sind, oder auch in den Text integrierte Figuren, sodass dieser die Bilder gleichsam umspielt. Trotz seines Charakters als autobiografisches und dokumentarisches Fotobuch ist vieles auch fiktiv.

Die Darstellung der Putschniederschlagung erfolgt völlig undistanziert und in gelegentlich großsprecherischem und zugleich rüdem Stil. Knaufs Roman zeigt ferner, dass auch die Linke im wahrsten Sinne des Wortes zuschlagen konnte, wenn es da z. B. heißt: »Und dann schlug ich mit dem Leibriemen einmal über die George-Grosz-Visage.«[108]

Die Arbeiterwehr trägt mit Widerstandsaktionen aller Art zum Scheitern des Putsches bei. Danach muss sie allerdings die Waffen abliefern. Der Sieg wird verspielt, weshalb sich der Ich-Erzähler nicht mehr als Sieger, sondern als Verfolgter sieht. Als ehemaliger Stoßtruppführer (wie Knauf selber) sieht er die Gefahr, verhaftet zu werden. Er muss untertauchen und sich auf Wanderschaft begeben. Als eine Art Lebenskompass dient ihm ein langer Brief seines Vaters, eines marxistischen Parteisekretärs, der seinen Sohn darüber belehrt, was die Aufgabe der Zukunft sei: das Proletariat nach seiner geschichtlichen

Abb. 3: Erich Ohser (rechts) mit seinen Eltern und Geschwistern (1917)

Pflicht zu gestalten, also für den erfolgreichen Klassenkampf zu erziehen. Dass Knauf den Schwerpunkt seiner Perspektive auf das »Klassenkampf-Bedingte«[109] richtet, nehmen ihm die Rezensenten zum Teil übel, die diese Vorgehensweise als »zu einseitig«[110] empfinden:

»Der Kapp-Putsch hat sich schließlich nicht nur gegen die Arbeiterklasse im engeren Sinne gerichtet. Wir sprechen dem Roman alle guten Eigenschaften einer ehrlichen Wirklichkeitsschilderung zu. Wir vermissen die Zielsetzung, die über die Parole einer kämpfenden Klasse hinausgeht. [...] Das Buch als solches: anständig, einfach, dabei fesselnd, kraftvoll. ja ungestüm manchmal. Auf alle Fälle, wie schon gesagt, ehrlich und deswegen sympathisch.«[111]

Andere Stimmen, wie Stefan Zweig in einem Brief an den Autor vom 20. März 1930, befinden:

»Ich komme erst eben von meiner Reise zurück und mein erstes soll sein, Ihnen für Ihr Buch zu danken und für die andern Bücher die ich hier vorgefunden habe. Ihr Buch hat mir einen sehr starken Eindruck gemacht, ich las es auf der Reise nach Breslau und spürte jene Epoche des Putsches, die uns nur aus den Zeitungen in entstellter Form übermittelt worden war, sehr lebendig und intensiv. Sie haben damit ein gutes Stück geistiger Geschichte geschrieben und schon als Dokument wird das Buch für die Zukunft dienlich sein.«[112]

Das letzte Kapitel schildert einen Aufmarsch der Arbeiterverbände zur Trauerfeier für die Putschopfer mit Trommlerkorps und Blaskapellen, der die mitreißende Gewalt, die von einer marschierenden Masse ausgeht, fühlbar machen soll; durch die Predigt des Hasses einer Klasse gegen die andere, des Kampfes eines Systems gegen das andere und der Revolution gegen die Reaktion und durch die fortwährende Beschwörung des Marsches und des Sieges:

»Ça ira! Marschiert, marschiert! Der Sieg wird mit uns sein!«[113]

Kapitel 2
Beginn ener Künstlerfreundschaft

Ein Redakteur, ein Zeichner und ein Schriftsteller

Im zeitlichen Umfeld des Kapp-Putsches ist Erich Knauf (wie auch sein Vater Heinrich) in die USPD eingetreten, die sich im April 1917 von der SPD abgespalten hat. Die Mitglieder der USPD hatten sich gegen die Burgfriedenspolitik der SPD gewandt. Sie war an den Protesten und Massenstreiks gegen den Krieg beteiligt gewesen und in der Revolution 1918/19 dafür eingetreten, sich durch einen radikaleren Schnitt von der alten Ordnung zu lösen. Während sich die SPD am Prinzip einer gesellschaftspolitischen Stabilität orientiert, strebt die USPD als radikaler Flügel der sozialdemokratischen Arbeiterbewegung nach dem Kommunismus.

Mit dem Eintritt in die USPD ist für Erich Knauf auch das Ende in der von der SPD unterhaltenen Schlossschule Tinz gekommen.

Wieder tritt Knauf »eine Wanderung an, diesmal durch den Thüringer Wald und das Fichtelgebirge«[114]. Es geht »für ganz kurze Zeit in die Heimat seines Vaters nach Westhausen in Thüringen« [115], aber er ist »auch dort zu rot, und so kehrte er nach Gera zurück«.[116]

Nach einer kurzen Zwischenstation als Leiter des Presseamtes der thüringischen Landesregierung beginnt er als Mitarbeiter der 1920 gegründeten sozialdemokratischen Zeitung *Tribüne* (Ostthüringen) in Gera, für die auch sein Vater tätig ist. Der berufliche Wechsel des gelernten Setzers zum Journalismus ist nicht zufällig. Seit seiner Jugendzeit ist Erich Knauf an Kultur interessiert. Neben seinen »Neigungen zu Literatur und Kunst zeigte er Begabung im Malen, Zeichnen und auf musikalischem Gebiet. […] Wie sicher war er in der Musik zu Hause und hatte doch nie studiert. Nach den ersten drei Takten hatte er das Werk und seinen Meister erkannt. Aber er hatte es auch fertiggebracht, 27mal in eine Mozartoper zu gehen. Das war in Gera. Und sein Talent, mit ein paar Strichen die wichtigsten Linien eines Bildes oder Fotos nachzuzeichnen, machte für ihn den Umbruch in der Zeitung und im Verlag zum Spiel.«[117]

Es ist deshalb nicht weiter verwunderlich, dass Knauf für das Feuilleton der *Tribüne* arbeitet.

»Man übertrug ihm in der *Tribüne* gelegentlich Theaterbesprechungen. Und Erich legte los. Ein junger Mensch, halb verhungert, beseelt von einem fanatischen Klassenkampfgedanken, und kompromisslos.

So trat er der Kunst gegenüber. Seine Kritiken ließen aufhorchen. Wo er loben konnte, da tat er es, aber wo es Tadel galt, da war er unbarmherzig. Die Schauspieler und Intendanten liebten ihn oder haßten ihn. Dazwischen gab es nichts. Mit unbeirrbarer Sicherheit tippte er immer auf das Große, das Gute. Er sah das Talent, auch wenn es noch nicht klar hervortrat. Und dann warf er sich dafür in die Schanze.«[118]

Knaufs Begabung wird schnell publik. Und so dauert seine Zeit bei der *Tribüne* nicht lange. Er verlässt die Zeitung und tritt ab Februar 1921[119] eine Anstellung als Kulturredakteur bei dem sozialdemokratischen *Volks-Blatt für das Vogtland* in Plauen an. Die Redaktion befindet sich in der Schulstraße in Plauen, wo er von nun an lebt. Knauf ist jetzt Mitte zwanzig und »die freie Hand, welche man ihm ließ, wollte er ohne Augenzwinkern gebrauchen. Die geistig-kulturelle Szenerie der Stadt belebte er sofort«[120] und erweist sich als »geistvoller wie scharfzüngiger Redakteur der *Volkszeitung für das Vogtland*. Er liefert gefürchtete Theaterkritiken und schreibt regelmäßig große Beiträge zur Kunst (Goya, Otto Dix, Käthe Kollwitz u. a.) für das Feuilleton und Berichte zu gesellschaftspolitischen Themen.«[121]

Das Anliegen des Jungredakteurs ist es, »den Arbeitern Kunst und Kultur näher[zubringen]«[122]. Er »knüpfte dabei an die Tradition von Franz Mehring an. [...]. Seine Aufsätze, Kritiken und Essays zeugen von hoher Bildung und feinsinnigem Kunstverständnis.«[123]

Hier in Plauen setzt Knauf unbeirrt seinen Aufstieg zu einem anerkannten Redakteur fort.

***

Am 12. Januar 1922 wird Adolf Hitler in München wegen Landfriedensbruchs zu drei Monaten Gefängnis verurteilt (von denen er allerdings nur einen Monat absitzt), nachdem er im Vorjahr seinen politischen Rivalen Otto Ballerstedt[124] daran gehindert hat, im Löwenbräukeller eine Rede zu halten, und ihn dabei schwer verletzt hat. Gemeinsam mit Hitler werden weitere Gesinnungsgenossen verurteilt. Hitler tritt seine Strafe im Juni an.

***

Im Laufe des Jahres 1922 – der genaue Zeitraum ist leider nicht bekannt – stellt ein junger Zeichner in der Plauener Kunsthandlung Rudolf Aurich[125] erstmalig aus: Es ist Erich Ohser. Der gelernte Schlosser ist inzwischen seiner Leidenschaft für die Kunst gefolgt.

Nach einem abgebrochenen Versuch, nach Düsseldorf auf die dortige Kunstakademie zu gehen, hat sich der junge Vogtländer anschließend nach Leipzig begeben, um sich für die Aufnahme an der »Kunstakademie zu bewerben. Aber Erich ist eben erst 17 Jahre alt, und die Aufnahmebedingungen der Kunstakademie, der Akademie für grafische Künste und Buchgewerbe, bestimmen als frühestes Aufnahmealter die Vollendung des 18. Lebensjahres. Ohser wird aber zu Abendkursen zugelassen und – man erkennt schnell die Begabung des jungen Mannes – ein Jahr später auch als ordentlicher Studierender eingeschrieben. Ein Vetter seiner Mutter betreibt in Leipzig eine Börsenmaklerfirma. Hier findet Erich Ohser tagsüber bei Börsenkursen, Kontenblättern und Zinsbogen Arbeit. Er verdient sich dadurch einen bescheidenen Lebensunterhalt für die Anfangsjahre seines Studiums.«[126]

Bereits in dieser Zeit kann er sich als Zeichner profilieren. Er präsentiert seine Zeichnungen auch in anderen Ausstellungen als bei Aurich und führt Auftragsarbeiten für Plakate und Broschüren aus.

Der junge Künstler zeigt sich als »eifriger Student, der aufmerksam, neugierig und bildungshungrig die neuen Anregungen aufgreift und mit wachen Sinnen das aufregende Leben in Leipzig genießt«, berichtet seine Biografin Elke Schulze. »Er übt sich im Zeichnen und Malen nach dem Leben, er studiert Porträt, Landschaft, Akt und Stillleben, er erlernt sämtliche Drucktechniken. Daneben besucht er kunsthistorische Kurse, unter anderem zur Geschichte der Buchkunst. Schließlich wird er in der Meisterklasse Entwerfen für das Gesamtgebiet des Buchgewerbes, der Illustration, der freien und angewandten Grafik bei Hugo Steiner-Prag[127] aufgenommen.«[128]

Steiner-Prag ist bis heute vor allem wegen seines kongenialen Lithographiezyklus für Gustav Meyrinks Roman *Der Golem*[129] bekannt und gilt als einer der angesehensten Hochschullehrer an der Akademie. Ohser ist einer seiner Meisterschüler. Prof. Walter Buhe[130] ist ein weiterer Akademielehrer von enormer Wichtigkeit für ihn. Mit Buhe und Mitkommilitonen unternimmt der junge Vogtländer »Studienreisen nicht nur in die nähere Umgebung, ins Fränkische und Böhmische, nach Ostpreußen und in den Harz, nach Polen und nach Siebenbürgen. Man wohnt in einfachen Quartieren, wandert, beobachtet und diskutiert, singt und ist fröhlich, und vor allem: Es wird viel gemalt und gezeichnet.«[131]

Bereits in dieser künstlerischen Entwicklungszeit zeigt sich Ohsers Eigenart, nicht nur den bloßen Gegenstand, den es zu zeichnen oder zu malen gilt, zu erfassen, vielmehr sieht er »immer zunächst die ganze Umgebung des Darzustellenden«[132], das es »in groben Umrissen«

festzuhalten gelte, um »erst viel später auf die Details« zu kommen. Einen weiteren wichtigen Einfluss auf Ohser bildet »das geniale Werk des sozialkritischen Malers und Grafikers George Grosz[133] [...]. Grosz reflektiert schon früh futuristische Tendenzen und den französischen Kubismus. Ohser zeichnet nun etwa wie dieser, gerät aber zuzüglich noch unter den Einfluss des Zeichners Albert Schäfer-Ast[134] [...].«[135] Durch Vermittlung der städtischen Gewerbeschule Plauen erhält der junge und hochbegabte Zeichner vom Sächsischen Wirtschaftsministerium im März 1921 ein Stipendium in Höhe von 1000 Mark aus der Dr.-Karl-Rascher-Stiftung.

Für seine erste Ausstellung in Plauen hat Ohser eine Zeichenmappe mit Akten und den Wiedergaben örtlicher Gebäude wie das Malzhaus zusammengestellt. Den Weg in die Kunsthandlung Aurich findet schließlich auch Erich Knauf als Redakteur der *Volks-Zeitung für das Vogtland*, der über die Ausstellung dieses hoffnungsvollen Newcomers schreibt:

»Der Eindruck, den die in dieser Woche in der Kunsthandlung von Aurich ausgestellten Arbeiten des jungen Künstlers Erich Ohser machen, ist ein erfreulicher. Die Blätter in Blei und Feder gezeichnet, haben einen jugendlich beherzten drängerischen Strich, der ein frohes Fühlen der Sicherheit der bildenden Kunst verrät.«[136]

Zwischen dem Kulturjournalisten Knauf und dem Zeichner Ohser wächst sehr schnell eine tiefe Freundschaft. Dabei steckt der jüngere und vom eigenen Kriegserlebnis unbelastete Ohser mit seiner heiteren Unbekümmertheit den um einige Jahre älteren und ernsten ehemaligen Frontkämpfer an. Beiden gemeinsam ist dieselbe Lust am Leben, aber auch eine ähnliche Freude am Spott für alles Verstaubte und Spießerhafte. »Sie waren ehrgeizig und wollten in ihrem künstlerischen Dasein Veränderndes und doch Bleibendes schaffen. Ohser war der körperlich Größere, schlaksig Jungenhaftere von ihnen. Sein schallendes ungehemmtes Lachen war oft weithin zu hören. Vielleicht lag das auch daran, weil er es durch eine leichte Schwerhörigkeit nicht so gut kontrollieren konnte. Aber hellhörig und schlagfertig blieb er, was seine Umwelt betraf. Er passte genau zu Knaufs pointierter Weltsicht. Sie warfen sich gegenseitig ihre Spitzen zu und amüsierten sich köstlich.«[137]

Aus der Anfangszeit dieser Freundschaft stammt auch eine Federzeichnung Ohsers von Knauf, die sich heute im Besitz der e.o.plauen Stiftung befindet.

»Knauf muß auch äußerlich wie ein Bürgerschreck gewirkt haben: Lederjacke, hohe Ledergamaschen. Ein Rocker, wo es die Rock-Szene noch gar nicht gab. Brave Plauener fürchteten sich bei seinem Anblick und seiner provozierenden Art. Es ging wohl noch ein bißchen Kapp-Putsch von ihm aus. Saßen Ohser und er im Kino, konnte es passieren, daß sie so lange die kitschigen Vorgänge vorn auf der Leinwand laut kommentierten, bis das Publikum in Lachen ausbrach und die Wirkung des Filmes geschmissen war.«[138]

Neben dem gemeinsamen Freizeitvergnügen spielt auch das Berufliche zwischen beiden Männern eine wichtige Rolle. So verschafft Knauf dem jungen Freund Aufträge als Pressezeichner in seiner *Volks-Zeitung.*

***

Am 24. Juni 1922 wird der deutsche Reichsaußenminister Walther Rathenau[139] ermordet. Die Polizei stellt schnell einen Zusammenhang mit vorangegangenen Attentaten auf Matthias Erzberger[140] und Philipp Scheidemann[141] her, und noch am Tag der Ermordung Rathenaus ordnet der Kasseler Oberstaatsanwalt die Festnahme von Funktionären der hinter dem Attentat stehenden nationalistischen und antisemitischen Organisation Consul an.

Knapp einen Monat später, am 21. Juli 1922, wird das Gesetz zum Schutze der Republik, das sogenannte Republikschutzgesetz, verabschiedet. Als Anlass hierfür dient neben den vielfältigen Aktivitäten von Rechts- und Linksextremisten vor allem die Ermordung Walther Rathenaus. Das gesetzgeberische Ziel ist es, alle republikfeindlichen Organisationen und Aktivitäten strafrechtlich zu bekämpfen und zu sanktionieren.

Die »gute Absicht« lässt sich in großen Teilen in der Praxis jedoch nicht durchsetzen. So erhebt sich sehr bald der Vorwurf, dass der Staat vor allem »Anklagen gegen links« erhebt, während Verbrechen und Vergehen aus dem rechten politischen Lager von der Justiz eher großzügig bzw. nachsichtig behandelt werden. Die milde Bewertung nationalistischer Morde in der Weimarer Republik wirft zwangsläufig Fragen zur deutschen Richterschaft auf. Der Journalist Erich Kuttner weist bereits im Rahmen einer Untersuchung von 1921 darauf hin, dass der Richterstand der Weimarer Republik aus dem Kaiserreich übernommen worden war und demzufolge »aus den gleichen physischen Personen, die das alte System sorgfältig für seine Zwecke ausgewählt und geistig verbildet hatte«.[142]

Unter dieser »geistigen Verbildung« versteht Kuttner die Sozialisierung des Juristenstandes als absolut zuverlässige und gefügige Dienerschaft der herrschenden konservativen Bürokratie im kaiserlichen Obrigkeitsstaat, wie ihn Heinrich Mann so brillant in *Der Untertan*[143] beschrieben hat. Vor allem Richter haben die vorherrschende »Autoritätslehre« verinnerlicht und zur Handlungsmaxime ihrer beruflichen Tätigkeit gemacht.

»Der Habitus des Richters bestand folglich aus der Übernahme einer autoritären Gesellschaftsstruktur in die Persönlichkeitsstruktur, der bedingungslosen Identifikation mit dem vorherrschenden Staat und der Illusion einer vermeintlich richterlichen Unabhängigkeit bzw. Überparteilichkeit.«[144]

Sowohl die richterliche Überparteilichkeit als auch ihre Unabhängigkeit bleiben in der Weimarer Republik eine Fiktion und verdeckten »die Tatsache, dass die Beamten und gerade auch die Juristen in ihrem Verhalten, ihrer Tätigkeit, in ihren Entscheidungen doch wesentlich abhängig sind von politischen Einflüssen und sozialer Herkunft; aber gerade an der Einstellung auf die Gesellschafts- und Staatsidee der Demokratie hat es einem großen Teil der Juristen in der Weimarer Republik gemangelt.«[145]

Das Fatale bei der kaiserzeitlich sozialisierten und ausgebildeten deutschen Richterschaft besteht in ihrer größtenteils republikfeindlichen Haltung. Sehr viele Richter stehen von Beginn an in Opposition zur Republik und ihren demokratischen Grundsätzen. Sie unterstützen daher die vor allem von nationalistischer Seite permanent unternommenen Versuche einer Veränderung der politischen Verhältnisse.

Der Mathematiker Emil Julius Gumbel[146] publiziert im folgenden Jahr eine Studie mit dem Titel *Vier Jahre politischer Mord*[147], in der er eine Analyse für die Zeit bis 1922 vorlegt. Dabei weist er u. a. nach, dass insgesamt 326 Morde ungesühnt bleiben, die von Vertretern des rechten, nationalistischen Spektrums ausgeführt worden sind, während das nur bei vier Morden von Tätern aus dem kommunistischen und sozialdemokratischen Lager der Fall ist.

***

Knauf versteht es, sich in diesen frühen 1920er-Jahren in Plauen als Journalist einen Namen zu machen. Aber auch Gegner. So ist es ist nicht nur die Liebe zur Kunst, Malerei, Musik und Literatur, die ihn umtreibt. Er erkennt angesichts der Attentate auf Rathenau und andere Vertreter der Weimarer Demokratie schon sehr früh die politischen Bedrohungen, die von nationalistischer Seite die neue Republik und das zarte Pflänzchen der Demokratie beschatten. In den folgenden Jahren gerät er immer wieder in publizistische und juristische Konfrontationen mit der aufkommenden nationalsozialistischen Bewegung.

Ohser dagegen ist zu diesem Zeitpunkt noch recht unpolitisch. Er widmet sich voll und ganz seiner künstlerischen Ausbildung und Entwicklung als Kunststudent in Leipzig. Er ist »ein eifriger Student, der aufmerksam, neugierig und bildungshungrig die neuen Anregungen aufgreift und mit wachen Sinnen das aufregende Leben in Leipzig genießt. Er übt sich im Zeichnen und Malen nach dem Leben, er studiert Porträt, Landschaft, Akt und Stillleben, er erlernt sämtliche Drucktechniken. Daneben besucht er kunsthistorische Kurse, unter anderem zur Geschichte der Buchkunst.«[148]

Der junge Plauener avanciert zum Primus seiner Studentenklasse *Entwerfen für das Gesamtgebiet des Buchgewerbes, der Illustration, der freien und angewandten Grafik*[149] bei dem bereits erwähnten Hugo Steiner-Prag.

Aber auch ein Meisterschüler benötigt Geld, und das erhaltene Stipendium währt nicht ewig. Neben seinen Auftragsarbeiten für Knaufs *Volks-Zeitung* in Plauen sucht Ohser seine Geldquellen auch in seiner Studienstadt Leipzig, wo er sich in jenen Jahren ohnehin die meiste Zeit über aufhält. Aus diesem Grund knüpft er u. a. Kontakte zur Redaktion der Kinderzeitung *Die Falle*, einer Beilage der Mode- und Frauenzeitschrift *Beyers für Alle*.

Es ist Mitte 1923[150], als er bei dieser Gelegenheit Erich Kästner, der ebenfalls wegen Auftragsarbeiten bei der Redaktion vorstellig wird, kennenlernt. Die beiden Männer nähern sich rasch freundschaftlich einander an. Ähnlich wie Knauf und Ohser hat sich auch Kästner inzwischen vom ursprünglichen Berufswunsch verabschiedet. Er will nicht mehr Lehrer werden, sondern Dichter und Journalist. Parallel studiert er – von kurzen Studien- und Wohnabstechern in Rostock und Berlin abgesehen – seit seiner Immatrikulation am 29. September 1919 in Leipzig: Germanistik, Geschichte, Philosophie und Theaterwissenschaften.[151] Kästner ist ein ehrgeiziger und fleißiger Student. In seinem ersten Studienjahr erscheinen in einer Sammlung mit dem Titel *Dichtungen Leipziger Studenten* drei seiner Gedichte. Auch die Theaterrezensionen des Studenten Kästner finden bei den Professoren großen Anklang. Kästners Studienjahre sind geprägt von Wissensbereicherung und neuen Lebenserfahrungen.

Als Student wohnt er zur Untermiete. Die Inflation zwingt ihn sehr bald zu mehreren Nebentätigkeiten, wie zum Verkaufen von Parfüm, dem Sammeln der Börsenkurse für einen Buchmacher sowie zu einer Tätigkeit als Hilfsbuchhalter bei der Leipziger Städtischen Baugesellschaft. Außerdem finanziert sich Kästner bereits aus Einnahmen als Journalist und Theaterkritiker für das Feuilleton der

Neuen Leipziger Zeitung. Wenige Monate bevor Kästner Ohser kennenlernte, hatte er die Glosse *Max und sein Frack* an die Leipziger Verlagsdruckerei geschickt, die das kleine Werk am 7. Februar 1923 in der Rubrik *Tagesbericht* im *Leipziger Tageblatt* veröffentlicht hat. Es geht bei dem Text um den Studenten Max, der seinen Frack regelmäßig in ein Leihhaus bringt, um auf seine Weise von der rasanten Geldentwertung zu profitieren. Denn wenn Max den Frack später für die vereinbarte Summe auslöst, ist das eingesetzte Geld schon wieder weniger wert, und er macht einen ordentlichen Profit, wenn er den Frack erneut ins Pfandhaus bringt. Die Satire spielt auf die seinerzeitige Inflation an. Der Text wird sehr positiv aufgenommen. Die Leipziger Verlagsdruckerei mit ihren Blättern wie das *Leipziger Tageblatt*, die *Neue Leipziger Zeitung* und das Magazin *Das Leben* nehmen Kästners Texte fortan mit Begeisterung an. Um möglicherweise seinem Doktorvater die Vielzahl der literarischen Nebentätigkeiten zu verbergen, verwendet Kästner zahlreiche Pseudonyme wie Khasanova oder Peter Flint.

Privat unterhält er in jenen Jahren eine Liaison mit der Studentin Ilse Julius. Es wird eine achtjährige Leidenschaft mit unglücklichem Ende. Die finale Liebesenttäuschung verfolgt Kästner noch lange; sie findet ihre literarische Spiegelung in dem melancholischen Gedicht *Sachliche Romanze*[152].

Für die *Neue Leipziger Zeitung* ist auch Ohser sehr bald als fester freier Mitarbeiter tätig.[153]

Über den hochtalentierten und lebenslustigen Freund schreibt Kästner später:

»Als Ohser und ich uns in Leipzig kennenlernten, trieb die Inflation ihre letzten verrückten Papierblüten in die hektische Atmosphäre der Nachkriegszeit. Er war noch ein paar Jahre jünger als ich, groß, dunkelhaarig, tapsig und voller Übermut. Er studierte an der Kunstakademie und ich an der Universität. Wir waren beide unseren Berufen entlaufen und aufs Dasein neugierig, fanden die Freiheit samt ihrem Risiko herrlich, lernten und bummelten, lachten und lebten von der Hand in den Mund. Wir glaubten getrost an unser Talent und waren sehr fleißig und sehr faul, wie es sich traf. Er zeichnete und ich schrieb schon für Zeitungen und Zeitschriften […].«[154]

Über Ohser lernt Kästner wiederum Knauf kennen. Die auch zwischen diesen beiden Erichs entstehende Freundschaft macht sich beruflich für die Beteiligten positiv bemerkbar:

»Da Kästner auch für die *Plauener Volkszeitung* als freier Mitarbeiter tätig wird, ist dies der Anfang des Künstlertrios der drei Erichs:

Jeder der drei schöpferisch auf eigene Art, jeder der drei voller Verständnis für Leben und Arbeit der anderen [...].«[155]

***

Inzwischen ist Hitler als Vorsitzender der NSDAP zum politischen Führer des *Deutschen Kampfbundes* gewählt worden, dem die Sturmabteilung (SA) und bewaffnete bayerische Einwohnerwehren angehören. Am Abend des 8. November 1923 ruft Hitler die *Nationale Revolution* aus und erklärt im Münchner Bürgerbräukeller die bayerische sowie die Reichsregierung für abgesetzt. Sein improvisierter und dilettantisch durchgeführter Putschversuch, zu dem er den ehemaligen Weltkriegsgeneral Erich Ludendorff eiligst herbeigerufen hat, bleibt isoliert. Ein am Morgen des 9. November von Hitler und Ludendorff angeführter Marsch mit mehreren Tausend schwer bewaffneten Gleichgesinnten endet im Gewehrfeuer der Polizei an der Feldherrnhalle. Vier Polizisten und 16 Putschteilnehmer kommen bei dem Schusswechsel ums Leben. Die NSDAP wird anschließend reichsweit verboten.

Hitler wird ab Frühjahr 1924 unter Hochverratsanklage vor dem Volksgericht in München stehen, obwohl eigentlich das Reichsgericht in Leipzig zuständig ist. Die bayerische Regierung hat jedoch den Fall an sich gezogen, um zu verhindern, dass die Machenschaften der Putschteilnehmer ans Licht kommen, was dann im Prozessverlauf auch tatsächlich gewährleistet werden kann. Hitler gelingt es, sich im Laufe des nun folgenden *Hitler-Prozesses* aufgrund seiner rhetorischen Fähigkeiten vom Angeklagten zum Ankläger hochzustilisieren.

Als verurteilter Ausländer muss Hitler nach Verbüßung seiner Haftstrafe aus Deutschland ausgewiesen werden, wie es das Republikschutzgesetz[156] zwingend vorsieht. Doch das geschieht nicht. Hitler wird zu fünf Jahren Festungshaft verurteilt, mit der Möglichkeit der vorzeitigen Entlassung schon nach sechs Monaten. Ludendorff steht ebenfalls in München vor Gericht, wird jedoch freigesprochen, da seine Beteiligung »überhaupt nicht den Tatbestand einer strafbaren Handlung«[157] erfüllt habe.

Aufstiegsjahre

In diesen politisch unruhigen Zeiten lassen sich Kästner und seine neuen Freunde nicht davon abhalten, ihren beruflichen Weg zu gehen. Der Schriftsteller sieht die produktiven Jahre ab 1923 mit seinen Freunden Ohser und Knauf rückblickend wie folgt:

»Er [Ohser] zeichnete und ich schrieb schon für Zeitungen und Zeitschriften, und sein Freund Erich Knauf, der es bereits zum Redakteur der *Volkszeitung für das Vogtland* gebracht hatte, war unser bester Abnehmer. Dass sich seine Leser über unsere ungebärdige Modernität wunderten, kümmerte Knauf wenig. Ängstlichkeit stand nicht auf unserem Programm. 1924 wurde ich, mitten im Studium, selber Redakteur. Damit boten sich uns in der Neuen Leipziger Zeitung neue Möglichkeiten. Ohser zeichnete und ich schrieb, was das Zeug hielt. Unser Ehrgeiz und wir selber brauchten wenig Schlaf. Manchmal brachte er – aus dem Café Merkur oder, in selbstgeschneiderten Kostümen, von Faschingsbällen – andere junge Künstler und Weltverbesserer mit, und dann redigierten wir die korrekturbedürftige Menschheit.«[158]

Kästners Hinweis auf seine eigene Redakteursstelle deutet einen wichtigen Baustein in der Entwicklung des Dichters an. Nach einem Jahr der freien Tätigkeit für verschiedene Blätter ist er kein Unbekannter mehr. Zudem benötigt er ein regelmäßiges, größeres Einkommen, um seine Doktorarbeit beenden zu können. Die freiberufliche Honorartätigkeit genügt hierfür nicht. Dann spielen Glück und Zufall eine entscheidende Rolle: Kästner lernt in einem Weinlokal den Chefredakteur der Zeitung *Das Leben* kennen. Dort sucht man einen weiteren Redakteur. Obwohl *Das Leben* mit dem Schriftsteller Ossip Kalenter[159] bereits einen zweiten Redakteur besitzt, wird Kästner zum Gespräch gebeten und – wahrscheinlich zum 1. März 1924, vielleicht auch schon Mitte Februar – eingestellt.

Es ist der Feuilletonchef Hans Natonek[160], von dem Kästner diese Chance erhält. Vor allem soll der neue Kollege auch als Theaterkritiker in der Redaktion tätig werden. Der sieben Jahre ältere Natonek übt großen Einfluss auf die Entwicklung Kästners als Journalist und Mensch aus. Natoneks Engagement für die Weimarer Demokratie, sein Kampf gegen Intoleranz, Nationalismus und Militarismus werden von Kästner adaptiert.

Das Studium reduziert sich für den jungen Dresdner zur Nebensache. Am 24. November 1924 erhält Kästner das Abgangszeugnis von der Universität Leipzig.[161] Das Studium ist damit beendet – offen bleibt noch der Abschluss seiner Doktorarbeit. Dafür nimmt Kästners Laufbahn als Journalist und Schriftsteller jetzt richtig Fahrt auf: Reportagen, Kunstkritiken, Satiren, Glossen und Stories entstehen nun in Hülle und Fülle. Dazu kommen politische Leitartikel und Kommentare! In jedem Fall kann er nun seinen Lebensunterhalt ohne große Sorgen finanzieren. Wegen des Suizids seines Doktorvaters

Prof. Albert Köster[162] erhält er die Möglichkeit, das Thema seiner Dissertation zu wechseln und es mehr einzugrenzen. Es lautet nun *Die Erwiderungen auf Friedrichs des Großen Schrift ›De la litterature allemande‹: Ein Beitrag zur Charakterisierung der deutschen Geistigkeit um 1780*. Nach einem sehr guten Rigorosum am 8. Juli 1925 ist es schließlich soweit: Erich Kästner erhält am 4. August 1925 seine Promotion zum Dr. phil.[163]

***

Weiterhin positiv verläuft auch Ohsers künstlerischer Aufstieg: Unter den Studenten der Akademie nimmt er ohne Allüren die Primus-Stellung ein. Sein Auftreten ist von freundschaftlicher Kollegialität geprägt. Er »ist beliebt, intelligent, hat Charme, kann aber auch seine Meinung äußern, manchmal sogar recht heftig und grob. Bei den Studentenversammlungen spielt der junge Erich eine wichtige Rolle. Er ist zwar nicht Vorsitzender, aber viele hören auf ihn. Er geht dann und wann in andere Klassen und korrigiert da und dort; man hört auf seinen Rat, ohne dass er ihn aufdrängt.«[164]

Seine Meinung gilt etwas. Zugleich ist er auch hilfsbereit gegenüber seinen Kommilitonen. Zu ihnen gehört seit 1924 die Marburgerin Marigard Bantzer[165], die Tochter des langjährigen Dresdner Professors der Malerei, sächsischen Geheimen Hofrates und Trägers des Offizierskreuzes des Albrechtsordens Prof. Dr. Carl Ludwig Noah Bantzer[166], des späteren Direktors der Kasseler Kunstakademie. Ihre Mutter, Helene Lucy, geborene Darbyshire, entstammt der englischen Oberschicht und ihre Schwester Margaret hat in das gräfliche Haus von Hardenberg eingeheiratet.[167]

Marigard wird »wegen ihrer künstlerischen Vorbildung glcich in eine höhere Klasse eingestuft«[168], was für Aufsehen sorgt. »Sie lehnt das Verhalten des Erich Ohser zunächst innerlich ab. Auch dass so viele Mädchen in diesen Ohser verliebt sind, stimmt sie gegen ihn – dafür hat sie gar nichts übrig. Als ihr dann besagter Ohser schon bald nach der ersten Begegnung ins Gesicht sagt: *Sie werden meine Frau!*, ist ihre Empörung groß, vor allem darüber, dass das so bestimmt und ganz ohne jeden Zweifel ausgesprochen wird. Nachdem sich die Kontakte vertiefen, hat es dann aber tatsächlich nie einen Zweifel daran gegeben.«[169]

1924 illustriert Ohser erstmals ein Buch. Es ist ein von Karl Lerbs[170] herausgegebener Band mit *Anekdoten*[171] von Johann Peter Hebel. Im darauffolgenden Jahr gestaltet der Zeichner künstlerisch aufwändig ein Werk von Rudyard Kipling mit dem Titel *Das kommt davon*[172].

»Die fein säuberliche Schreibschrift auf dem Einband gemahnt an schulische Schreibvorlagen, und die begleitenden Illustrationen verarbeiten Impulse der Kinderzeichnung in ihrer schnurrigen Bildsprache. [...] In diesem Ineinanderspielen von kindlicher und künstlerischer Abstraktion liegen die Grundlagen für Ohsers spätere Meisterschaft in den Bildgeschichten von Vater und Sohn.«[173]

Ohsers Erfahrungen mit Buchillustrationen kommen sehr bald auch Kästner zugute.

Ein weiteres Betätigungsfeld schließt an Plauener Tage an. Bereits in seiner Heimatstadt hat Erich Ohser als Tanzstundenherr Illustrationen für Ballzeitungen angefertigt. Es sind launige und charmante Gestaltungen, wobei er sich an den Grundlagen der Porträtkarikatur und typografisch an den üblichen Reklame-Anzeigen der Tagespresse orientiert. Er gestaltet in Leipzig vielfach Hefte für das Theater oder für studentische Feste, allerdings mit »radikal eigenständiger Handschrift. Wie mehrere Künstler der Moderne lässt auch Ohser sich von Kinderzeichnungen inspirieren. Er entwickelt dabei jedoch keinen Stil forcierter Ursprünglichkeit, und auch das hohe Pathos von unmittelbarem Ausdrucksgebaren interessiert ihn nicht. Er nimmt die Parameter kindlicher Zeichnung zugleich ernst und unernst und adaptiert deren Naivität und Buchstäblichkeit für seine Illustrationen u. a. zu Kästner-Gedichten.«[174]

***

Bei der Reichstagswahl am 4. Mai 1924 erringen die republikfeindlichen radikalen Parteien (Kommunisten und Nationalsozialisten) starke Gewinne. Hierzu passt, dass nur eine Woche später in Halle der »Deutsche Tag« begangen wird, bei dem sich eine Sammlung von rechtsradikalen Frontsoldaten und Freikorpskämpfern zum Sturz der Republik zusammenfindet. Am 7. Dezember wiederum finden erneut Reichstagswahlen statt. Dabei endet diese Wahl mit einer gewissen Stabilisierung der staatstragenden Parteien und stellt eine klare Niederlage für die extreme Linke und Rechte dar. Deren Galionsfigur Hitler wird allerdings am 20. Dezember vorzeitig aus der Festungshaftanstalt Landsberg am Lech entlassen.

***

Auch Erich Knauf verliebt sich in dieser Zeit. Die Auserwählte, Tochter eines Plauener Tischlermeisters, heißt Gertrud Meyer[175]; eine junge Frau, über die nicht allzu viel bekannt ist. Am 11. Oktober 1924

Abb. 4: Erich Knauf als
junger Redakteur (Anfang
der 1920er-Jahre)

Abb. 5: Erich Ohser als Student in Leipzig
(1923)

heiraten sie. Wie groß die Liebe zwischen beiden ist, lässt sich nicht
sagen. Gemeinsamkeiten und Visionen an die Zukunft scheint sie
jedenfalls nicht zu einen, wie sich noch zeigen wird.

Vermutlich lernt Knauf in jener Zeit im Rahmen einer Antikriegs-
ausstellung in Zwickau auch den damaligen Redakteur des *Sächsischen
Volksblatts* Walther Victor kennen, der vom sozialdemokratischen
Hamburger Echo gekommen ist und als Kulturdezernent beim Stadt-
rat viel neuen Schwung mitbringt.

Knaufs Leben als Redakteur und Journalist verläuft – juristisch
betrachtet – unruhig. Immer wieder kommt es zu typischen Presse-
prozessen[176], in die er wie viele andere sozialdemokratische Zeitungs-
mitarbeiter seit der Kaiserzeit verwickelt ist.

Und so haben sich in Leipzig bzw. Plauen in der ersten Hälfte der
1920er-Jahre drei recht unterschiedliche »Erichs« zu engen Freunden und Berufskollegen zusammengefunden. In politischer Hinsicht sind sie entgegen dem unheilvoll sich entwickelnden Zeitgeist
linksliberal bzw. sozialdemokratisch eingestellt. Vor allem aber hat

Abb. 6: Erich Kästner als
junger Autor und Redakteur
(Ende der 1920er-Jahre)

sich hier ein Freundes-Trio gebildet, das nicht nur den Vornamen, sondern auch die gleiche soziale wie regionale Herkunft gemeinsam hat.

»Erich Ohser, Erich Knauf und Erich Kästner, zwei Sachsen aus Plauen und einer aus Dresden, ein Schlosser, ein Setzer und ein Lehrer, die ihre Berufe an den Nagel hängten«[177], dichtet Kästner später.

»Ohser, Kästner und Knauf sind sich einig in ihrer kritischen Weltsicht – sie haben denselben spöttisch sezierenden Blick. Von verwandtem künstlerischem Temperament, etablieren die drei Erichs in ihren unterschiedlichen Medien jeweils ihre lakonisch prägnante Formensprache. Er feile so lange an einem Gedicht, bis es wie hingespuckt aussehe, meint Kästner einmal – und artikuliert damit das Credo aller drei Freunde. Das scheinbar Unkünstlerische wird zur Ausdrucksform, pointenreich und witzig. Das Zeichnen, Schreiben und Dichten geschieht, wie Kästner es formuliert, in rebellischer Munterkeit.«[178]

***

Im Münchner Bürgerbräukeller wird am 27. Februar 1925 die NSDAP neu gegründet und deutschlandweit organisiert. Adolf Hitler hat vor mehr als 1000 Zuhörern seinen ersten Auftritt nach seiner Haft. Er legt die Partei auf das Legalitätsprinzip fest, d. h. auf die Erlangung der Macht auf verfassungsgemäßem Weg.

Am 4. April 1925 wird als Leibwache für Adolf Hitler die SS gegründet. Sie entwickelt sich in der Zeit des Nationalsozialismus zu einer paramilitärischen Organisation. Drei Tage nach ihrer Gründung ersucht Hitler um Entlassung aus der österreichischen Staatsangehörigkeit, der am 30. April 1925 stattgegeben wird. Kurz zuvor, am 25. April, ist der Monarchist Paul von Hindenburg zum Reichspräsidenten gewählt worden, nachdem der sozialdemokratische Reichspräsident Friedrich Ebert am 28. Februar verstorben ist.

***

Am 12. Juli 1925 lernen sich auf der Weimarer Gauführer-Tagung der ehemalige Germanistik- und Geschichtsstudent Joseph Goebbels, der zu diesem Zeitpunkt vergeblich eine Karriere als Schriftsteller anstrebt, und Adolf Hitler kennen. Goebbels gehört zu den ersten Mitgliedern der neugegründeten NSDAP. Wenige Tage später, am 18. Juli, erscheint Hitlers erster Band *Mein Kampf*[79] in einer Auflage von 10 000 Stück im Münchner Eher-Verlag.

»Alles hat dieser Mann, um König zu sein«, schwärmt Goebbels über Hitler. »Der geborene Volkstribun. Der kommende Diktator.«[180]

***

Die politische, vor allem rechtsradikale Entwicklung weiter Kreise und Bewegungen, die sich mehr und mehr seit Mitte der 1920er-Jahre in Deutschland zeigt, lässt Kästner zunehmend zu einem politischen Satiriker mit dem feinen Gespür für die Bedrohungen durch Hitler & Co werden. Kästner erhebt immer öfter seine mahnende Stimme, »ohne jedoch ideologisch zu werden«.[181]

Mit dem von Siegfried Jacobsohn[182] gegründeten und herausgegebenen Wochenblatt *Die Weltbühne* bietet sich ihm ein ideales Forum für seine politischen Satiren in Reimform. Die *Weltbühne* ist die herausragende publizistische Plattform der intellektuellen, bürgerlichen Linken der Weimarer Republik. Damals gleichermaßen geliebt und verhasst, stehen die kleinen roten Hefte dieser Zeit noch heute für einen Journalismus, der scharfsinnige Analyse, eine kompromisslose Suche nach der Wahrheit, Meinungsvielfalt und höchstes sprachliches Niveau miteinander verbindet.

»Die Weltbühne wollte nach Kriegsende, im Zeichen protestierender Massen und einer revolutionären Aufbruchsstimmung, nunmehr frei von Zensur, endlich sagen, was zu sagen war.«[183]

Die Wochenschrift versteht sich als »unbestechliche, scharfblickende und urteilende Beobachterin«[184], die »das intellektuelle Weimar prägen und weit über die Jahre zwischen 1918/19 und 1933 hinaus Sehnsüchte wie Ressentiments wachrufen. Ihre Kraft und Ausstrahlung, ihr Provokationspotenzial und intellektueller Kampfgeist sind nach wie vor bemerkenswert. Bis heute müssen sich Formen der kritischen Intervention, investigativen Reportage und des satirischchronischen Kommentars an ihr messen lassen.«[185]

Schon am 7. September 1905 ist die erste Ausgabe – noch unter dem Titel *Die Schaubühne* –erschienen, am 4. April 1918 war die Umbenennung in *Die Weltbühne* erfolgt.

Neben Jacobsohn und seinen Mitherausgebern Kurt Tucholsky[186] und Carl von Ossietzky[187] schreiben bis 1933 mehr als 2000 Autoren für die Zeitschrift, darunter prominente Zeitgenossen wie Alfred Polgar[188], Arnold Zweig[189] und Lion Feuchtwanger[190].

Der erste Kästner-Beitrag[191] in der *Weltbühne* findet sich im zweiten Halbjahr 1926, ohne allerdings ein politisches Thema zu behandeln, sondern er thematisiert die Beziehung von Kirche und Radio. In der Folgezeit ändert sich das. Kästner nutzt mit der *Weltbühne* die Möglichkeit, mit Gedichten oder Artikeln Zeitphänomene zu glossieren oder in seiner Rolle als Berlin-Korrespondent über die Kulturkritik gesellschaftspolitische Botschaften zu senden. Seiner Angst vor dem immer mehr aufkeimenden Nationalsozialismus lässt er vor allem in der *Weltbühne* freien Lauf.

Der »Beethoven-Skandal«

In ihrer Leipziger Zeit lieben Kästner und Ohser den Aufenthalt in ihrem Lieblingscafé Merkur[192], einem Lesecafé nach Art des Wiener Kaffeehauses am westlichen Rand der Innenstadt. Vor allem Kästner hält sich dort beinahe »täglich, wenn irgend möglich des Nachmittags um halb fünf«[193] auf. »Stets ist er korrekt gekleidet – im einreihigen Maßanzug, weil er nicht kleiner wirken möchte, als er mit seinen 168 Zentimetern ohnehin ist.«[194]

Das Café ist ein beliebter Aufenthaltsort Leipziger Künstler wie den Literaten Hans Reimann[195] und Joachim Ringelnatz[196] sowie den Theaterleuten Eugen Ortner[197] und Lina Carstens[198].

Kästner trifft hier Freunde, Kollegen und Verleger. Hier macht er sich Notizen und hier schreibt er auch, »vor sich auf dem Tisch einen kleinen Schreibblock, meist mit gekästelten Seiten, auf die er in seiner kleinen, zierlichen Handschrift Zeile an Zeile reihte. In diesem Café am Dittrichring 5 mit Blick auf die Thomaskirche und das Neue Rathaus entstehen seine frühen Feuilletons und Gedichte, auch Glossen, Ausstellungsberichte, Buchbesprechungen, Theater- und Kunstkritiken, desgleichen Lesestoff für die Unterhaltungsseite«[199] der *Neuen Leipziger Zeitung*. Während der Aschenbecher allmählich voller – Kästner ist starker Raucher –, Kaffeetasse und Kognakglas leerer werden, füllt er die Blätter mit seinen Stellungnahmen, Besprechungen und literarischen Ideen.

Hier entstehen die meisten seiner im Urteil stets knapp und treffend formulierten Rezensionen über Kunst, Literatur und Theater.[200] Ab dem 17. März 1926 arbeitet Kästner für die politische Redaktion der *Neuen Leipziger Zeitung*, weshalb sich seine Zusammenarbeit mit dem politischen Redakteur Richard Lehmann[201] verstärkt.

Aus dem Theaterkritiker, der er nach wie vor bleibt, wird nun auch der politische Redakteur und Autor, der sich als bissiger Kommentator nachdrücklich in die Tages-, vor allem aber in die Bildungspolitik einmischt.

»Die Artikel aus dieser Zeit zeigen den politischen Kästner in seltener Klarheit. Er attackierte vor allem die antidemokratischen Kräfte auf der rechten Seite des politischen Spektrums: Adlige und Monarchisten, kirchliche Scharfmacher und selbsternannte Zensoren, Weltkriegsnostalgiker und unbelehrbare Militaristen, verbindungstreue Studenten und deutschnationale Menschheitsbeglücker.«[202]

Eng involviert in Kästners literarische Produktion ist Ohser.

»Oft verlässt Ohser zu später Abendstunde« – wenn Kästner arbeiten muss und nicht anwesend ist – »den Freundeskreis im Stammcafé Merkur, um zu Kästner zu eilen, um dann mit ihm zusammen in der Nachtredaktion der Zeitung zu redigieren und zu illustrieren«.[203]

Im Laufe der Zeit ziehen allerdings Gewitterwolken am Redaktionshimmel auf: Kästners gesellschaftskritische Haltung und Entwicklung – mit großer Befähigung vorangetrieben – missfällt sowohl der Verlagsleitung als auch seinem Vorgesetzten, dem Chefredakteur Marguth. Die scharfe Feder des Jungdichters, seine Glossen und Satiren halten sie für bedenklich. Mit Rücksicht auf das Anzeigengeschäft und die Abonnenten erscheint es schließlich für geboten, ihn ein wenig aus der vordersten »Journalistenlinie« zurückzuziehen. So verfällt Marguth auf die Idee, Kästner vor allem verstärkt für den Nachtdienst in der Redaktion einzusetzen, wo er die Texte seiner Kollegen zu redigieren hat.

Abb. 7: Erich Käst-
ner, Abendlied des
Kammervirtuosen.
Illustration von Erich
Ohser

Der Jungredakteur kommentiert sarkastisch ein Gespräch mit
Marguth zu diesem Thema:

»Und ich heute ½ 2 h in Marguths Zimmer. Es waren paar herr-
liche Stunden. Um 3 h waren wir zwei Hübschen, Marguth und ich,
einig. Das heißt: Ich hatte ihn überzeugt, daß seine neue Maßnahme
furchtbar dumm, ungerecht und gefährlich sei [...] Ja, sagte ich, er
wolle mich bißchen kaltstellen durch die vielen Nachtdienste. Ich
sei, nach Meinung fast aller, zu radikal und vergifte alle mit diesen
Radikalismen. Ich hab gelacht. So ein Grünling in Politik wie ich vergifte die alten erfahrenen Politiker! Ja, ich sei eben eine äußerst kluge,
mitreißende Persönlichkeit – das sei wohl für mich gut, aber fürs
Blatt gefährlich. Nun – er versprach mir zum Schluß, sich die Sache
nochmal zu überlegen. [...] Er war zum Schluß klein wie ein dummer
Junge. Am Abend traf ich ihn, und er erklärte mir: er ziehe seien Neu-
anordnung zurück.«[204]

Kästner muss daher nicht zu oft den Nachtdienst in der Redaktion
verrichten.

Eines Tages liefert er allerdings einen Vorwand, damit seinem
Tun ein Ende bereitet werden kann. Den Ausgangspunkt hierfür
bildet im Herbst 1925 der Einfall zu einem Gedicht über Ludwig van
Beethoven[205] mit dem Titel *Nachtgesang des Kammervirtuosen*[206]. Es
lautet:

»Du meine Neunte letzte Sinfonie!
Wenn du das Hemd anhast mit rosa Streifen …
Komm wie ein Cello zwischen meine Knie,
und lass mich zart in deine Seiten greifen!

Lass mich in deinen Partituren blättern!
(Sie sind voll Händel, Graun und Tremolo) –
Ich möchte dich in alle Winde schmettern,
du meiner Sehnsucht dreigestrichnes Oh!

Komm, lass uns durch Oktavengänge schreiten!
(Das Furioso, bitte, noch einmal!)
Darf ich dich mit der linken Hand begleiten?
Doch beim Crescendo etwas mehr Pedal!!

Oh deine Klangfigur! Oh die Akkorde!
Und der Synkopen rhythmischer Kontrast!
Nun senkst du deine Lider ohne Worte …
Sag einen Ton, falls du noch Töne hast!

An die Redaktion: Das Hemd auf Zeile 2 läßt sich,
bei etwaigen Bedenken, bequem durch ein ›Kleid‹
ersetzen.«

Text und Bild lassen keinen Zweifel am erotischen Inhalt des Gedichts,
und sicherlich kann die »neunte Sinfonie« auf Beethoven schließen
lassen. Andererseits hat der Komponist nicht als Einziger eine neunte
Sinfonie geschrieben. Unzweifelhaft lebt das Gedicht von der Doppeldeutigkeit der Begriffe und der aus der Illustration Ohsers stammenden Anzüglichkeit des Vergleichs zwischen einem Cello und einer
Frau.[207]
   Die Vergleiche sind stringent der Musik entnommen, bezeichnen
musikalische Formen, Instrumente, Komponisten, Vortragsanwei-
sungen und Spielhinweise, tragen aber zumeist noch eine andere
Bedeutung bzw. lassen sich in diese übersetzen. Mühelos lassen sich,
vor allem in Verbindung mit der Zeichnung Ohsers, die eine wohl-
gerundete, spärlich bekleidete Schönheit zwischen den Knien des
Musikanten zeigt, die musikalischen Begriffe auf einen Liebesakt
beziehen, der nach seinem Höhepunkt, dem »Furioso« und dem »Crescendo« schnell verstummt. Andererseits überschreitet Kästner nicht
die sittlichen Grenzen, die schon die Aufklärung gesteckt hat. Das

Spiel mit der Doppeldeutigkeit der Wörter treibt der Dichter zwar oft, doch verwendet er sehr gern musikalische Begriffe.

Zuerst erscheint dieser *Nachtgesang* ohne öffentliches Nachbeben im November 1925 in der ein Jahr zuvor gegründeten Satire-Zeitschrift *Das Stachelschwein*, dessen Herausgeber Hans Reimann ist. Beim einmaligen Abdruck des *Nachtgesangs* bleibt es jedoch, wie schon angedeutet, nicht. Im folgenden März 1926 druckt Erich Knauf das Gedicht in seiner *Volks-Zeitung*[208] ab. Und ein Jahr später – etwa 14 Tage vor dem 100. Todestag Beethovens – wiederholt er den Abdruck in seinem Blatt[209], wobei nicht nur der Titel in *Abendlied des Kammervirtuosen* geändert, sondern dem kleinen Kästner-Werk nunmehr auch eine Illustration von Erich Ohser beigefügt ist. Kurze Zeit später, im März 1927, folgt ein weiterer Abdruck dieser leicht geänderten Gedichtfassung in der Studentenzeitschrift *Der Bumerang*[210] der Kunstakademie.

Bei dieser Zweitfassung des Gedichts gibt es kleine Unterschiede, etwa »rosa Schleifen« statt »rosa Streifen«, und die doppelte Bedeutung mehrerer Begriffe hatte zu »in deine Saiten« statt »in deine Seiten« geführt, eine aufschlussreiche Veränderung. Sie zeigt, wie Kästner die musikalischen Begriffe benutzt, um eine erotische Geschichte daraus zu entwickeln. Die Anmerkung ist im Übrigen die pure Ironie, denn an dem Inhalt des Gedichtes verändert sich durch den Worttausch nichts. Kästner weiß Ohsers beigefügte Zeichnung auch später noch zu loben:

»Ohser hatte die junge Dame und den Cellisten aufs anschaulichste dargestellt, und wir waren mit unserem gereimten und gezeichneten Scherz so weit zufrieden.«[211]

Weniger humorvoll nehmen dagegen die Redakteure der konservativen Zeitung *Leipziger Neueste Nachrichten* das *Abendlied* auf. Sie inszenieren stattdessen so etwas wie einen Kulturskandal, indem sie das Gedicht veröffentlichen und mit einem Kommentar bedenken, dessen Überschrift *Tempelschänder* lautet, denn man will partout in dem Gedicht eine geschmacklose Parodie auf Beethoven sehen, dessen 100. Todestag man 1927 begeht. Daran haben weder Kästner noch Ohser gedacht.

»Wirkliche Freunde und sachkundige Kenner echter Musik werden, selbst wenn sie modernstem Neugetön huldigen, mit aufrichtiger Hochachtung und Bewunderung vor Beethovens Schaffen stehen. Klüger und tausendmal gescheiter fühlt sich die *Plauener Volkszeitung*, die auf ihre Weise Beethoven feierte und folgenden Schmarren ihren Lesern aufzutischen wagt: [Abdruck des Kästner-Gedichts]. Ein Herr Ohser hält es für nötig, seinen Genossen zu dieser Gemeinheit noch

gemeinere Zeichnungen zu servieren; man sieht dort [...] einen Musiker, der in höchster Sinnenbrunst ein üppiges, kaum bekleidetes Weib
als Allegorie der Neunten wie ein Cello zwischen seinen Knien hält,
eine *Zeichnung*, die noch mehr abstößt, als das zweifelhafte *Gedicht*.
Der *Volksstaat* fragt sehr mit Recht, ob das die neue proletarische Kultur ist, die man den Arbeitern bringen will? Pfui Teufel!«[212]

Den *Leipziger Neuesten Nachrichten* geht es jedoch nicht wirklich
um Fragen der Ästhetik, Ehrerbietung und Sittlichkeit, sondern vielmehr darum, das Konkurrenzblatt öffentlich zu diskreditieren, dass
»solche Frevler«[213] wie Kästner und Ohser beschäftige.

Hinter der künstlichen Empörung steckt auch und vor allem ein
politischer Hintergrund:

»Der traditionsreiche Leipziger *Volksstaat*, von konservativen
Sozialdemokraten geformt, hört [von dem Gedicht] und kann den
Erichs ihren vermeintlich ruchlosen Nachtgesang nicht durchgehen
lassen. *Volksstaat* publiziert in der Pleißestadt ein laut hallendes
Echo. Als faktische Ursache für den Eklat darf insofern der inner-
parteiliche Kampf zwischen der linken Plauener USPD-Zeitungs-
gründung aus dem Nachkriegsjahr 1919 und dem altehrwürdigen
Leipziger SPD-Blatt angenommen werden. Daran anschließende und
aufgesattelte Auseinandersetzungen zwischen den bürgerlich-kon-
servativen *Leipziger Neuesten Nachrichten* (*LNN*) und der republika-
nischen-modernen *Neuen Leipziger Zeitung*, entnehmen wir, neben
den wirtschaftlichen Profilierungsrivalitäten etwa gleichstarken
Mitbewerber, ein nach dem verlorenen Weltkrieg spürbar sensibel
reagierendes und beschädigtes nationales Selbstwertgefühl. Dieses
Defizit lässt aus der anmutigen Schnurre die ruchlose Parodie auf das
sakrosankte Idol werden.«[214]

Inwieweit Knauf diese Hintergründe wahrgenommen hat, ist nicht
bekannt. Ohser und Kästner jedenfalls scheinen im Hinblick auf die
wahren Hintergründe der Empörung der *Leipziger Neuesten Nachrichten* keine Zweifel zu kommen.

»Sie wollten das Publikum glauben machen«, so der Dichter, »mein
Gedicht sei eine Parodie auf Beethoven. Ob das Publikum der LNN
derartig unklug war und sich düpieren ließ, weiß ich nicht. Aber –
Dr. Marguth tat, was die LNN hofften: Er mißverstand die Verse
von Anfang bis Ende, glaubte ernstlich – so unbegreiflich dies jedem
andern auch scheinen mochte – ich persifliere die Neunte Sinfonie
und kündigte mir.«[215]

Das ist am 21. März. Es kommt zu einer Unterredung mit Marguth. Es gelingt Kästner, das Missverständnis aufzuklären, was zu

seiner sofortigen Wiedereinstellung führt. Am nächsten Tag jedoch wird er erneut von Marguth entlassen, denn »ein solcher Mensch wie ich könne in der Verlagsdruckerei unmöglich Kulturpolitik machen usw.«[216]. Angeblich wollen »die Ressortleiter [...] nicht mehr mit ihm zusammenarbeiten. Namen wollte Marguth nicht nennen, die beiden, mit denen Kästner zusammenarbeitete, standen aber hinter ihm. Eine sinistre Affäre also, die tatsächlich soweit sie rekonstruierbar ist, nach politischer Intrige riecht.«[217]

Die Kästner-Biografin Helga Bemmann beschreibt anschaulich die Situation:

»Luiselotte Enderle[218], damals als Volontärin im Beyer-Verlag beschäftigt, hat sich eine detaillierte Erinnerung an dieses Ereignis bewahrt. An einem Frühlingsabend traf man sich in Kästners Behausung in der Hohen Straße im Musikviertel, um mit Hilde Deckes, der Chefredakteurin von *Beyers für Alle*, und einigen Mitarbeitern den hunderttausendsten Abonnenten des Blattes zu feiern. Die Damen hatten sich zu diesem Anlaß Kinderkleidchen angezogen, waren aufgekratzt und albern, lachten viel und, wie Luiselotte Enderle berichtete, *panschten eine Bowle zusammen, in die wir Ananas hineinschnitten. Dann spielten wir Grammophon. Wir saßen nebeneinander auf dem Sofa wie die Hühner auf der Stange und fischten, weil wir's schick fanden, mit den Fingern Ananasstücke aus der Bowle.*

Die anwesenden Herren Ohser und Kästner machten hingegen einen sehr düsteren Eindruck. Als eine der Damen zu den Kavalieren sagte: *Ihr seid ja heute wahnsinnig lustig!*, rückte der *kleine Erich* als erster mit der Sprache heraus. *Wolln wir's den Mädchen sagen?*

Die Jungen nickten. Daraufhin knipste Kästner die große Festbeleuchtung aus, die die Party illuminieren sollte, und sagte bei nur noch sparsamer Beleuchtung einer kleinen Tischlampe ziemlich kleinlaut: *Ohser und ich sind heute rausgeworfen worden!*

Uns blieb der Mund offen. *Weswegen?*

Wegen des Abendlieds des Kammervirtuosen in der Plauener Volkszeitung!

Wir kannten das Gedicht. Es hatte schon im *Bumerang* der Faschingszeitung der Leipziger Kunstakademie, gestanden ...

Da saßen wir nun. In Kinderkleidchen, mit großen Haarschleifen. Gar nicht mehr heiter. Kästner und Ohser blickten betreten vor sich hin.«[219]

Marguth hat Kästner zusätzlich zur eigenen Kündigung geraten. Dieser wendet sich erst einmal an den Leiter des Mercy-Verlags in Prag, der die Mehrheitsanteile an der *Neuen Leipziger Zeitung* hält.

Als dieser Versuch nicht von Erfolg gekrönt ist, kündigt Kästner am 1. April 1927 tatsächlich selber und leistet noch drei Monate Redaktionsarbeit, ohne in der *Neuen Leipziger Zeitung* weiterhin unter seinem Namen zu veröffentlichen. Dies tut er im Übrigen auch noch nach seinem Ausscheiden als fester Mitarbeiter am 28. Juli 1927, dann von Berlin aus, wo sein neues Wirkungsfeld liegen wird. Man hat dem Gekündigten das Angebot gemacht, als Theaterkritiker weiterhin für das Blatt als freier Mitarbeiter in Berlin zu arbeiten. Kästner resümiert:

»Den einzigen Fehler, den man mir berechtigt vorwerfen konnte, habe ich von Anfang an eingesehen: Ich durfte nicht gestatten, daß die Plauener Volkszeitung, während des Beethoventrubels, ein Gedicht druckte, in dessen erster Zeile die Neunte genannt wird. Ein Verweis hätte für diesen Fauxpas, scheint mir und den mir wohlgesinnten Kollegen, völlig ausgereicht.«[220]

Im Juli des Jahres zieht Kästner nach Berlin.

Der »Beethoven-Skandal« hat auch Auswirkungen auf Erich Ohser, auf dessen freie Mitarbeit die *Neue Leipziger Zeitung* offiziell ebenfalls mit sofortiger Wirkung verzichtet. Allerdings verhält es sich bei ihm ähnlich wie mit Kästner. So wird er auch kurze Zeit nach der Entlassung – von Berlin aus – Zeichnungen für die *Neue Leipziger Zeitung* beisteuern.[221]

Einzig Erich Knauf hat der »Beethoven-Skandal« nicht geschadet. Seine Veröffentlichungen des Kästner-Gedichts bleiben in Plauen unbeanstandet. Die missgünstigen Leipziger Pressebefindlichkeiten tangieren Knauf nicht. Er ist inzwischen zu einem anerkannten und unbestechlichen Kenner der Kunstszene geworden. Vermutlich schützt ihn das.

Kapitel 3

Babylon Berlin

Beruflicher Aufstieg und Berliner Nachtleben

Nach dem »Beethoven-Skandal« verlässt Erich Kästner nicht nur die Redaktion der *Neuen Leipziger Zeitung*, sondern auch die Stadt selber und übersiedelt offiziell am 1. Juli 1927 nach Berlin. In der pulsierenden Metropole erblickt der junge Autor drängelnde »Menschen eiligen Schrittes, hupende Automobile, gleißend helle Reklametafeln, überfüllte Trambahnwagen der *Elektrischen*, Straßencafés voll mit Zeitungslesern, androgyne *Sportsgirls* auf dem Boulevard, Zeitungsjungen mit neuesten Sensationen, Plakate für Boxabende und Tiller Girls, Bars mit Jazzklängen, Kinopaläste, Künstler und Bohémiens«[222] in den zahlreichen Cafés, Bars und Theatern. Berlin ist mit »mehr als vier Millionen Einwohnern die drittgrößte Stadt der Welt – als Kino-, Theater-, Zeitungs- und Sportstadt auch schon aus der Sicht der Zeitgenossen die kulturelle Kapitale der Zwischenkriegszeit«.[223]

Der Neustart in der Reichshauptstadt stellt die nächste Phase einer erfolgreichen freien Existenz Kästners als Kritiker, Korrespondent und Lyriker dar. Er nimmt sich für 70 Mark im Monat ein Zimmer bei der Witwe Ratkowski in der Prager Straße 17 in Wilmersdorf.

Als sogenannter Kulturkorrespondent für ein Monatsgehalt von 200 RM bleibt er allerdings weiterhin von der Reichshauptstadt aus unter dem Pseudonym Berthold Bürger für die *Neue Leipziger Zeitung* tätig. Für das Blatt wird er zumindest bis Anfang 1931 als Chronist über die laufenden Kulturereignisse in Berlin berichten.

»Kästner wusste genau, was er seinem Leipziger Publikum bieten wollte und was von ihm erwartet wurde. Er lieferte Berliner Flair, die Exotik der Metropole, in der extreme Armut und verschwenderischer Reichtum ins Auge stachen. Er spürte Kurioses auf und dokumentierte immer wieder augenzwinkernd, daß Weltstadt und Provinzstadt nicht so weit auseinanderlagen, wie es von Leipzig aus den Anschein hatte. Und wenn dann noch ein Leipziger Schauspieler vom Berliner Publikum beklatscht wurde, dann war es ihm einen besonderen Hinweis wert. Die Leser der NLZ werden es ihm gedankt haben.«[224]

Seine journalistischen Themen beschränken sich jedoch nicht nur auf die kulturellen Ereignisse. Zu seinem Arbeitsplatz wird das Café Carlton am Nürnberger Platz. Von hier aus beobachtet Kästner die politischen und kulturellen Entwicklungen. Dabei entwickelt Kästner einen »fast untrügliche[n] Instinkt für das Neue, das Besondere und qualitativ Herausragende«. Seine Neugierde »führt ihn fast täglich ins Theater oder ins Kino, in Kunstausstellungen oder zu experimentellen Gruppen«.[225]

Dabei entwickelt er eine ganz eigene Sicht der Dinge. Er revidiert mit Vorliebe die Urteile der Großkritiker. Wenn er Filme bespricht, steht das pazifistische und soziale Engagement im Vordergrund. Ein Kriegsfilm, der den Krieg nicht ausdrücklich verurteilt, findet in Kästners Augen genauso wenig Gnade wie ein Sozialdrama, das mit dem Elend der Deklassierten nur die Schaulust befriedigt. »Als Kritiker wollte Kästner gerade die Produktionen herausstellen, die seiner radikal-pazifistischen und in seinem Sinn sozialistischen Einstellung entsprachen. Inhaltliche oder stilistische Mängel nahm er in Kauf, wenn nur die Richtung stimmte.«[226]

Ein besonderes Faible entwickelt Kästner für den Regisseur Erwin Piscator[227], einen einflussreichen Avantgardisten der Weimarer Republik, der das Theater unter Ausweitung der bühnentechnischen Möglichkeiten zum politischen Tribunal umfunktioniert hat. Mit Hilfe komplexer Arrangements von Filmdokumenten, Bildprojektionen, laufenden Bändern und Fahrstühlen kommentiert Piscator das theatrale Geschehen und erweitert die Bühne zum epischen Panorama. Andere Größen des deutschen Theaters wie Max Reinhardt oder Bertolt Brecht finden nur wenig Zuspruch von Kästner als Kritiker.

***

Seit Juli 1925 ist der Rechtsanwalt und SA-Offizier Roland Freisler Mitglied in der NSDAP. Im Jahr 1927 charakterisiert der Gauleiter des NSDAP-Gaues Kurhessen, Karl Weinrich[228], Freisler in einem Bericht an die Parteileitung in München wie folgt:

»Rhetorisch ist er unseren besten Rednern gewachsen, wenn nicht überlegen. Besonders auf die große Masse hat er Einfluss, von denkenden Menschen wird er innerlich meist abgelehnt. Parteigenosse Freisler ist nur als Redner verwendbar. Für jeden Führerposten ist er ungeeignet, da er unzuverlässig ist und zu sehr von Stimmungen abhängig.«[229]

Freisler befindet sich schon in diesen Jahren in dauernden gerichtlichen Auseinandersetzungen mit örtlichen Politikern und Zeitungsredakteuren. Als Berliner Stadtverordneter liefert er sich hitzige Rededuelle mit sozialdemokratischen Kollegen. Seit 1924 ist er regelmäßig als

Anwalt am Leipziger Ehrengerichtshof tätig, wo er in fast allen Prozessen Kollegen, Verfahrensbeteiligte oder Richter beleidigt und bedroht, ohne dass ihm die Anwaltszulassung entzogen wird.[230]

***

Ende des Jahres 1927 zieht auch Erich Ohser nach Berlin um – ohne Marigard, mit der er inzwischen liiert ist. Im April hat der junge Zeichner seine Akademiezeit erfolgreich abgeschlossen. Auch ihn scheint das *Beethoven*-Fiasko zum Ortswechsel inspiriert zu haben. Ohser nimmt sich ein kleines möbliertes Zimmer in Berlin-Friedenau.

Die beiden Erichs finden hier in Berlin nicht nur als Freunde sofort wieder zueinander, sondern auch als Arbeitskollegen.

»Berlin war damals die interessanteste Großstadt der Welt«[231], so Kästner, »und wir bereuten den Tausch keine Stunde. Wir entdeckten Berlin auf unsere Weise und berichteten davon in illustrierten Reportagen, die uns die Provinzpresse abkaufte. Wir saßen täglich in unserem Café am Nürnberger Platz und erfanden politische und unpolitische Witze, die Ohser graphisch umsetzen konnte. Auch Eugen Hamm[232] saß dabei, älter als wir, ein Schüler Lovis Corinths[233], und auch er war unter die Karikaturisten gegangen. Auch er war aus Leipzig ausgewandert. Wir arbeiteten wie der Teufel, lachten an der Spree wie vordem an der Pleiße und leben von der Hand in den Mund. Eines Tages gab Eugen Hamm das Rennen auf. Er beging Selbstmord. Ohser und ich ließen nicht locker.«[234]

Mit dem Café am Nürnberger Platz ist das bereits erwähnte Carlton gemeint, dass auch zu Ohsers erstem Stammcafé avanciert. Sehr bald verkehren die beiden Freunde auch in den anderen bekannten Cafés im Berliner Zeitungsviertel: im Josty und im Leon. Hier treffen sie auf die in diesen Jahren bekannt werdenden Künstler, Kritiker, Theater- und Zeitungsleute, von denen nicht wenige später von den Nationalsozialisten als Kulturbolschewisten und Asphaltliteraten verunglimpft und verfolgt werden sollten. Zu ihnen gehören, um nur einige wenige Namen zu nennen: Bertolt Brecht, Hans Fallada, Alfred Kerr, Hermann Kesten, Carl von Ossietzky, Egon Erwin Kisch, Joachim Ringelnatz, Robert A. Stemmle, Kurt Tucholsky und Billy (damals noch Billie) Wilder. Innerhalb dieser illustren Gesellschaft wird nicht nur gefeiert, sondern vor allem beobachtet, diskutiert, kritisiert, gedichtet, gemalt und gezeichnet, karikiert und komponiert.

Ein erfolgreiches gemeinsames Buchprojekt von Kästner und Ohser biegt in dieser Zeit auf die Zielgerade ein: So hat Kästner im Herbst

1927 den Leipziger Verleger Carl Weller[235] dafür gewinnen können, einen Sammelband mit seinen Gedichten zu veröffentlichen. Ohser beteiligt sich nun mit Illustrationen an diesem ersten Kästner-Buch. Im April 1928 erscheint schließlich das Gemeinschaftswerk *Herz auf Taille*[236], ausgestattet mit einer Umschlagzeichnung, acht ganzseitigen Illustrationen und einer Vignette von Erich Ohser, dessen Zwölftausender-Auflage sich im Buchhandel rasch absetzt.[237]

Es handelt sich zweifelsohne um einen enormen Debüterfolg – noch dazu für einen Gedichtband, der so nicht zu erwarten gewesen ist. »Das fast quadratische Paperback verliert jedoch, nachdem es sich zum Bestseller entwickelt hat, im dritten bis siebenten Tausend der zweiten Auflage, die ganzseitigen Ohser-Illustrationen. Sie fielen [...], da sie derb und deutlich waren, dem mimosenhaften Zartgefühl jener treudeutschen Sorte Sortimenter zum Opfer, die sich 1933 als ganz und gar nicht zimperlich entpuppen sollte.«[238]

Letztlich bleiben von Ohsers Beiträgen für den Gedichtband nur der Umschlag und die Vignette übrig.

Herz auf Taille bildet den Auftakt einer kleinen Buchreihe von Kästner-Gedichten in diesen Jahren bis 1932; die weiteren sind: *Lärm im Spiegel*[239], *Ein Mann gibt Auskunft*[240] und *Gesang zwischen den Stühlen*[241]. Bei dreien dieser Bände ist auch Ohser als Illustrator mit beteiligt.

***

Noch in seinem ersten Berliner Jahr reist Ohser unter Leitung seines Professors Buhe und einer kleinen Gruppe von Kommilitonen zu einem ausgedehnten Studienaufenthalt nach Litauen. Auf dieser Reise entsteht eine vielfältige Sammlung von Zeichnungen und Aquarellen Ohsers mit Motiven von Landschaften und Städten, Häfen, Fischerbooten und Menschen, auf die der junge Künstler trifft.

»Ohser hat seinen eigenen Stil gefunden. Was er sieht, nimmt er in sich auf und zeichnet dann mit Bleistift oder mit der Feder, was ihm am Gesamteindruck wesentlich erscheint. Danach geht er mit kräftigem und bestimmtem Strich in die Einzelheiten. Mit der Litauenreise beginnt für den jungen Künstler eine große schöpferische Tätigkeit, die erst 1933 durch die politischen Ereignisse unterbrochen wird.«[242]

Ohsers Beziehung zu Marigard Bantzer gestaltet sich problematisch. Erhalten hat sich ein Brief der jungen Frau, den sie vermutlich während der Litauenreise des Zeichners im Sommer 1928 geschrieben hat. Die Zeilen offenbaren bei der Briefschreiberin eine schwierige

Gemütslage, angesiedelt zwischen Krankheit, Depression und Zerrüt-
tung, vermischt mit unverhüllten Suizidgedanken:
»Aus Vergnügen gehe ich nicht. Ich fühle aber so deutlich diesen
inneren Zerfall, Hysterie während dieser letzten Wochen war ich mir
schon so klar, daß es kommen würde, daß ich deshalb oft so ungerecht
war. Ich wollte das Bilderbuch noch fertig haben, damit die Eltern
keine Unkosten haben, aber es ist nichts geworden. [*Unleserlich*] es hat
mir nur den Rest gegeben, da ich gesehen habe, nicht mehr arbeiten
zu können. Du wirst traurig sein. Noch trauriger wärest du mit mir
geworden. [...] Du hast einen Anfang von m. Verrücktsein gemerkt.
Lieber Erich, ich habe so einsehen gelernt, daß ich nichts, nichts mehr
bin, alles verloren, ganz ausgehöhlt. [...] Dieses halbe Jahr mit dir ist
ein Leben wert + so hat es wenigstens einen Sinn gehabt. Wenn du
traurig wirst, stelle dir immer vor, wie ich heute morgen war. Mein
einziger Wunsch ist, dass du eine liebe gute Frau findest. Deine Marigard. Unbedingt dürfen die Eltern nicht erfahren, wie ich gestorben
bin. Lüge auf alle Fälle. Bitte. Dir gehört alles was mir gehört. [...]«[243]
Zum Schlimmsten kommt es nicht.

***

Nachdem seine Freunde Kästner und Ohser bereits in Berlin sind,
scheidet Erich Knauf am 31. Mai 1928 aus der Redaktion der *Volks-Zeitung für das Vogtland* aus, da es auch ihn in die Reichshauptstadt zieht.
Die Plauener *Volkszeitung* widmet ihm am 31. Mai 1928 einen ganzseitigen Abschiedsartikel mit Zeichnungen von Ohser, der das bisherige
Leben Knaufs auf humorvolle Weise Revue passieren lässt:
»Mit dem heutigen Tage verläßt Genosse Knauf unsere Redaktion,
um einem Rufe der Büchergilde Gutenberg, Berlin, zu folgen«[244], heißt
es in dem Beitrag. »Sein Weggang reißt nicht nur eine Lücke in unsere
Redaktion, sondern in die ganze Plauener Arbeiterbewegung und darüber hinaus in das literarische und in das Kunstleben der Stadt Plauen.
In den jungen Jahren seiner Tätigkeit in der Redaktion der Volkszeitung hat Genosse Knauf nicht nur dem lokalen und dem feuilletonis-
tischen Teil unserer Zeitung seine besondere Note gegeben, sondern er
hat auch in starkem Maße das Bildungswesen unserer Partei befruch-
tet und Neues gestalten helfen. Dem Kunstleben der Stadt Plauen war
er ein mächtiger Anreger und Förderer, ohne dabei auf eine scharfe
Kritik gegenüber dem Kitschigen und Unzulänglichen zu verzichten.
An dem Ausbau und der Ausgestaltung unserer Zeitung zu ihrer heutigen Höhe hat er einen hervorragenden Anteil.«[245]

Zum einen wird Knaufs besonderer Ruf als Theaterkritiker hervor-
gehoben:
»Seine Kritiken waren scharf und deshalb gefürchtet. Aber die
Schärfe der Kritik entsprang weder einer kleinlichen Nörgelei noch
einer persönlichen Ueberhebung, sondern einer umfassenden Beherr-
schung des Stoffes und einer tiefen Kenntnis der Regiekunst.«[246]
Zum anderen wird auch auf die politische Seite des ausscheidenden
Redakteurs eingegangen, der sich mit Vorliebe publizistische und verbale
Scharmützel mit Vertretern des nationalistischen Lagers geliefert habe.
»Kein Wunder, daß Genosse Knauf beim Staatsanwalt und beim
Gericht ein oft gesehener Gast war. In manche Zeiten der politischen
Hochkonjunktur liefen gegen Genossen Knauf mehr als ein halbes
Dutzend Prozesse. Er hat der Justiz seinen rechtlichen Tribut, zuletzt
noch vierzehn Tage Gefängnis wegen *Gotteslästereien*, zollen müssen.
Die reichen Erfahrungen mögen ihn in der Form vorsichtiger gemacht
haben, innerlich blieb er jedoch *unverbesserlich*.«[247]

Büchergilde Gutenberg

Erich Knauf übernimmt, worauf der Abschiedsartikel in der *Volks-Zeitung* bereits hingewiesen hat, am 1. Juli 1928 in Berlin Lektorat und
Schriftleitung der Mitgliederzeitschrift der *Büchergilde Gutenberg*.
Der Verlag ist auf der Kreisvertretertagung des Bildungsverbandes
der deutschen Buchdrucker vom 28. bis 30. August 1924 im Leipziger
Volkshaus von den anwesenden Vertretern unter dem Vorsitz Bruno
Dresslers[248] am 29. August einstimmig gegründet worden. Auch Knauf
gehörte damals zu den Gründungsmitgliedern, also lange bevor er
nun als Angestellter der Buchgemeinschaft tätig wird.[249]
Das war die Geburtsstunde der mit Abstand ambitioniertesten und
progressivsten Buchgemeinschaft auf deutschem Boden. Bücher voll
guten Geistes in handwerklich einwandfreier Qualität sollen es sein,
die zunächst von Leipzig und ab 1926 von Berlin aus ihren Weg in die
Wohnstuben der Werktätigen, der sogenannten »kleinen Leute« finden. Vom Tag ihrer Gründung bis zur vorläufigen Zerschlagung durch
die Nazis durchläuft die *Büchergilde* eine fulminante Entwicklung. So
kann sie ihre Mitgliederzahlen von anfangs 1200 Gründungsmitgliedern auf 85 000 im Jahr 1933, dem Jahr der Zwangseingliederung in die
DAF steigern und avanciert damit zur mit Abstand größten proletari-
schen Buchgemeinschaft der Weimarer Republik. Zum Vergleich: der
sozialdemokratische Bücherkreis bringt es auf eine maximale Mitglie-
derzahl von 45 000.

Der Sitz der *Büchergilde* befindet sich seit 1926 in dem in diesem Jahr fertiggestellten Haus der Buchdrucker von Max Taut[250] in der Berliner Dreibundstraße (heute: Dudenstraße).

Dort ist auch der Arbeitsplatz von Erich Knauf. Seine zweite Ehefrau Erna Donath, die ab Dezember 1928 als seine Sekretärin bei der Büchergilde zu arbeiten beginnt, berichtet später:

»Besonders erwähnen aber sollte ich doch, daß er [Knauf] die Erweiterung der Aufgaben des Verlages darin sah, Schriftstellern überhaupt erst einmal die Möglichkeit zu geben, Bücher zu schreiben. Er traf die Einrichtung, daß bestimmten Schriftstellern vormittags ein Raum und eine Sekretärin zur Verfügung standen. Sie konnten ins Stenogramm oder in die Maschine diktieren, wie es ihnen mehr lag.«[251]

Anders als seine Vorgänger Preczang[252] und Schönherr[253], die bestrebt gewesen sind, in der Arbeiterschaft das Interesse nach proletarischer Belletristik und sachkundiger Vielfalt zu wecken und zu fördern, setzt Knauf auf eine Politisierung des Gildenprogramms, akzentuiert deutlicher als zuvor den Klassencharakter der *Büchergilde*. Aufgabe der *Büchergilde* sei es, so Knauf, »Literatur zu produzieren und zu verbreiten, die den Aufbau einer neuen, sozialistischen Gesellschaftsordnung fördere«.[254]

Nur dann könne der Literatur eine Daseinsberechtigung attestiert werden, »wenn sie hilft, die gegenwärtige Gesellschaftsordnung umzubauen«.[255] Für Knauf ist es aus diesem Grund wichtig, dass ein gutes Buch konkrete Handlungs- und Wirkungszusammenhänge mit der Lebensrealität des Lesepublikums herstellt.

Der neue *Büchergilde*-Lektor bringt neue Akzente in das Programm der Büchergilde ein und bindet eine jüngere Generation von Schriftstellern an sich.

»Die Büchergilde hatte sich vorher ziemlich eng an den Rahmen der Arbeiterdichtung gebunden. Diesen Rahmen sprengte Erich dadurch, daß er die besten Werke der Weltliteratur auf das Programm setzte. Dabei verließ er jedoch den Boden seiner Weltanschauung nie. Höheres Niveau und größerer Horizont wirkten sich aus durch gewaltig ansteigende Mitgliederzahlen.«[256]

Knauf verleiht dem Programm zugleich »linkere« Akzente.

»Als tragende Säulen dienten ihm die Genres des politischen Romans und des populärwissenschaftlichen Sachbuches. Zwar zählten beide schon seit der Gründung der Gilde zum Programm, doch erst durch die von Knauf nachdrücklich initiierte Hinwendung zur zeitgenössischen sozialkritischen Literatur traten sie aus ihrem früheren Schattendasein heraus und ermöglichten so die Überwindung einer gewissen Kulturbehäbigkeit, die sich ungewollt in der Gilde zu verbreiten schien.«[257]

Der Biograf Wolfgang Eckert[258] zählt Knauf »zu den scharfsin-nigsten Beobachtern politischer Zustände seiner Zeit [...]«.[259] Er war zudem »ein ausgezeichneter Kunstkenner. Mit seiner Beurteilung gesellschaftskritischer Kunst war er zugleich auch ihr Förderer.«[260]

Bereits kurz vor seinem Antritt als Cheflektor hat sich Knauf bereits als »profunder Sachkenner der Kunstgeschichte vorgestellt. Anlässlich des 400. Todestages Albrecht Dürers veröffentlichte die Schriftleitung der *Büchergilde* in der April-Nummer ihrer Mitgliederzeitschrift des Jahres 1928 ein Essay Knaufs über Dürer.«[261]

Nachdem er nun selber leitender Mitarbeiter geworden ist, legt er mit dem Buch *Empörung und Gestaltung. Künstlerprofile von Dau-mier bis Kollwitz*[262] eine meisterhafte literarische Porträtsammlung in Buchform vor. Überhaupt bringt Knaufs neue Stellung in der Bücher-gilde auch den Vorteil, dass er seine eigenen Bücher hier veröffentli-chen kann.[263]

Der Lektor zeigt in jenen Jahren neben seiner eigenen publizisti-schen Tätigkeit ein mutiges Engagement, denn er scheut vor keinen Auseinandersetzungen zurück. Wie zu Plauener Zeiten, so finden die Positionen und Vorstellungen des linken Sozialdemokraten auch in der Zeit seiner Beschäftigung bei der *Büchergilde* nicht immer nur Zuspruch.

Zurück in Plauen bleibt auch Knaufs Ehefrau Gertrud. Warum sie in der Heimatstadt bleibt und nicht dem Ehemann nach Berlin folgt, ist unbekannt.

***

Ein halb berufliches, halb privates Problem löst sich kurz nach Knaufs Umzug nach Berlin in Wohlgefallen auf. Hintergrund ist ein gesetzes-politischer Vorgang: Am 14. Juli 1928 haben die Parteien im Reichstag in ungewohnter Einmütigkeit ein Amnestiegesetz für politische Straf-taten erlassen. Es erstreckt sich sowohl auf das Reich als auch auf die Länder. Das Gesetz gewährt eine Generalamnestie für alle Straftäter, die aus politischen Beweggründen gehandelt haben und die vor dem 14. Juli 1928 verurteilt worden sind. Ausgenommen von der Amnestie sind nur Tötungs- und Landesverratsdelikte.[264] Auch Knauf profitiert von dieser Amnestie. Aus seiner Zeit bei der Plauener *Volks-Zeitung*, in der er zahlreiche Presseprozesse hinter sich bringen musste, resul-tieren einige Verurteilungen, die nunmehr aufgehoben werden.

So erhält der Lektor Anfang August 1928 ein Schreiben des Amtsgerichts Plauen mit der Übermittlung eines Beschlusses vom 3. August des Jahres. Hierin heißt es u. a.:

»Unter Aufhebung des Beschlusses vom 26. Juni 1928 […] wird die gegen den Angeklagten Knauf erkannte Gefängnisstrafe von 2 Wochen auf Grund des Amnestiegesetzes vom 14. Juli 1928 erlassen, und die Kosten des Verfahrens werden niedergeschlagen.«[265]

Damit erledigt sich auch die im Abschiedsartikel der *Volks-Zeitung* vom 31. Mai erwähnte Gefängnisstrafe. Knauf erhält in diesen Tagen noch ähnliche Beschlüsse anderer Amtsgerichte.

Zwischen Weltbühne und Emil

Zum Lebensgefühl der drei Erichs gehört es, die Berliner Theater und Kinos zu besuchen oder andere Intellektuelle und Kulturgrößen im kleinen Weinlokal des Schauspielers Viktor Schwanneke[266] zu treffen. Kästner lernt auch Edith Jacobsohn[267], die Witwe des inzwischen verstorbenen *Weltbühnen*-Verlegers Siegfried Jacobsohn, kennen.

In regelmäßigen Abständen treffen sich, wie Hermann Kesten[268] in seinem Kästner-Porträt schildert, »die ortsansässigen Mitarbeiter der *Weltbühne* zu dünnem Tee und antikollegialen Gesprächen in jener kaltschnäuzigen, post-marxistischen, radikalität-spritzenden Manier, die unter den Weltbühnenmitarbeitern wie eine Art preußisches Großstadtsumpffieber grassierte«.[269]

Auch Kästner nimmt gelegentlich an einem solchen *Weltbühnen*-Tee in der Kantstraße im Hause Jacobsohn teil. Im Frühjahr 1929 kommt es dabei zu einer schicksalhaften Unterredung zwischen Verlegerin und Jungdichter.

»Die Witwe trug sich mit der finsteren Absicht, ihren Mitarbeitern Ideen für neue Artikel einzublasen.«[270] Gegenüber Kästner »kommt der Verlegerin nicht nur die Idee für einen Artikel, sondern gleich für ein ganzes Buch«.[271]

Der Schriftsteller erinnert sich später:

»An einem dieser Nachmittage bugsierte sie [Edith Jacobsohn] mich auf den Balkon, klemmte ihr Monokel ins Auge und sagte:

Sie wissen, daß ich die Weltbühne nur leite, weil mein Mann gestorben ist. Und Sie wissen auch, daß mir der Kinderbuchverlag Williams & Co gehört.

Ich nickte. Ich wußte es. Sie hatte, in deutscher Übersetzung, Hugh Loftings *Dolittle*-Bände herausgebracht, *Pu der Bär* von A.A. Milne und zwei Bände von Karel Čapek. Der Verlag genoß größtes Ansehen.

Es fehlt an guten deutschen Autoren, sagte sie. *Schreiben Sie ein Kinderbuch.*

Ich war völlig verblüfft.

Um alles in der Welt, wie kommen Sie darauf, daß ich das könnte?

In Ihren Kurzgeschichten kommen häufig Kinder vor, erklärte sie. *Davon verstehen Sie eine ganze Menge. Es ist nur noch ein Schritt. Schreiben Sie einmal nicht über Kinder, sondern auch für Kinder.*

Das ist sicher sehr schwer, sagte ich. *Aber ich werd's versuchen.«*[272]

Edith Jacobsohns Idee ist nicht zufällig entstanden, sondern beruht auf ihrer Kenntnis von Kästners bereits erfolgten kleineren veröffentlichten Erzählungen für Kinder in diversen Zeitschriften.

***

In dieser Zeit erscheint Kästners zweiter Gedichtband *Lärm im Spiegel* – allerdings ohne eine Ohser-Zeichnung. Aber gemeinsam mit diesem und seiner damaligen Lebensgefährtin Ilse Julius, die er aus Rostocker Studientagen kennt, gönnt sich Kästner eine Paris-Reise an Pfingsten, die vom 19. bis zum 28. Mai 1929 stattfindet.[273]

Um die Kosten klein zu halten, nehmen sie sich ein kleines Hotel am Bahnhof St. Lazare, das zum Ausgangspunkt für ihre Paris-Erkundungen wird.

Kästner erinnert und illuminiert den kurzen Aufenthalt später enthusiastisch, wobei er ungalanterweise darauf verzichtet, seine mitreisende damalige Freundin Ilse Julius[274] zu erwähnen:

»Ohser und ich ließen nicht locker. Kaum hatten wir ein paar hundert Mark zusammen, fuhren wir nach Paris. Von unserem Quartier aus, es war ein romantisches Stundenhotel am Bahnhof St. Lazare, durchstreiften wir nun die Hauptstadt der Künste. Im Jardin du Luxembourg und in den Gärten der Tuilerien begann Ohser mit Pastellstiften zu arbeiten, und diese Blätter, worauf Kraft und Zärtlichkeit miteinander Hochzeit machten, zeigten endgültig, dass ein jugendlicher Meister am Werk war. Doch noch immer waren wir arm wie die Kirchenmäuse, und nach einigen Wochen kehrten wir in die geliebte Berliner Tretmühle zurück […].«[275]

»Wir lebten wie die Wanderburschen«, schwärmt Kästner, »und wir waren ja auch welche! Von morgens bis in die Nacht trabten wir kreuz und quer durch die wundervolle Stadt, über die Boulevards zum Bois, von der Place du Tertre zum Café du Dôme und zur Coupole, von der Madeleine zur Place de la Bastille, von den Markthallen zu den Bouquinisten, und kein Winkel konnte sich vor uns verstecken.«[276]

An anderer Stelle notiert der Jungdichter:

»Im Sommer 1928 [sic!]. Vor nunmehr vierunddreißig Jahren [...] waren wir in die schönste Zeit unseres Lebens hineingestolpert. Und nun trieben wir uns also, mit wenig Geld und großen Augen, für ein paar Wochen in Paris herum. [...]«[277]

Zur Überbrückung finanzieller Engpässe haben die Freunde Proviant von zu Hause mitgebracht, um sich kostspielige Restaurantbesuche zu ersparen.

»Ihr Geld gaben sie lieber für andere *Sensationen* aus: für das berühmte *Lido* mit Badenixen im Swimmingpool und Maharadschas im Frack, für ein weniger berühmtes Lokal mit *splitterfasernackter Damenbedienung*, die sich *aufs ungezwungenste um ihre Gäste* bemühte, und für eine *sündhafte* Fotoserie mit dem vielversprechenden Titel *Les vingtquatre positions*, die sich bei näherer Betrachtung als Bewegungsstudie eines Männer-Ringkampfes herausstellte.«[278]

Der von Paris tief beeindruckte Ohser richtet an seine Freundin Marigard Bantzer einen melancholischen und mit Spitzen versehenen Brief. Darin heißt es u. a.:

»Warum bist Du nicht mit hier. Du würdest Dich freuen über all das Wunderbare. Mich müßtest Du so mit in Kauf nehmen. Dein Brief hat mich wieder aus dem 1. Himmel gestürzt. Bis zum 7. ist es so weit. Wenn ich wüßte wie ich es finanziell lösen könnte, würde ich in Paris bleiben. 2 Jahre oder mehr. Ich würde mich totweinen um meine Marigard. Aber ich würde mir dann eine gute, liebe von den wirklich charmanten Französinnen nehmen und die Marigard würde mich im Leben nicht mehr zu sehen bekommen. Wenn ich immer wieder solche Briefe bekomme, denke ich immer wieder solche Dinge. Man möchte doch, daß jemand lieb zu einem ist. Es ist jetzt nachmittag und ich bin eigentlich furchtbar müde. Kästner und seine Freundin aus Dresden, die zufälligerweise auch in Paris ist, und ich waren heute in Versailles. Kästner ist nun mit seiner Freundin auf sein Zimmer gegangen und ich Armer sitze allein in meinem und denke um so mehr an Dich. Eigentlich müßte ich mir es doch abgewöhnen. Warum liebe ich Unglücklicher immer noch eine Frau die mich nicht lieben kann. Vielleicht habe ich eines Tages die Kraft auch damit Schluß zu machen [...].«[279]

Ohser nutzt die Paris-Reise für zahlreiche Skizzen. »Pariser Esprit wirkt auf den Zeichner, wie er vor dem Kriege Grosz Einfluss inspiriert hatte. Ohserscher Mutterwitz und die satirische Nonchalance des Asphaltliteraten Kästner zeigen eine in der deutschen Kunst seltene Verbindung von detailfreudiger Ernsthaftigkeit und groteskem

Humor. Beschwingte, mitunter für die drögen nachkriegsdeutschen Adressaten ausgesprochen unverdauliche Laune gerät zunehmend ins Werk«[280] von Ohser.

∗∗∗

Am 1. Oktober zieht Kästner in seine neue Wohnung in der Roscherstraße 16 ein. Zuvor haben u. a. seine Mutter, die eigens aus Dresden angereist ist, und Ohser die Wohnungseinrichtung mit besorgt. Kästners Beziehung mit Ilse Julius ist inzwischen beendet. Mit ihrer Nachfolgerin Margot Schönlank befindet sich bereits eine weitere Liaison im Endstadium.

Noch im gleichen Monat, am 15. Oktober 1929 erscheint Kästners Roman für Kinder mit dem Titel *Emil und die Detektive*[281]. Es wird sein größter Erfolg werden. Das Buch macht ihn zu einem Autor von Weltrang.

Im Mittelpunkt dieses Kinderromans steht der Musterknabe Emil Tischbein, der wie ein jugendliches Alter Ego seines Verfassers wirkt. Mit temporeicher Dramaturgie erzählt der Roman von einem jugendlichen Protagonisten, der aus der Provinz nach Berlin zur Großmutter und seiner Cousine Pony Hütchen fährt. Im Zug wird er von einem zwielichtigen Herrn mit steifem Hut seines Geldes beraubt. Es gelingt Emil mit Hilfe eines spontanen Zusammenschlusses von Berliner Kindern in einer generalstabsmäßig geplanten Aktion, den Dieb zu verfolgen, zu überführen und festnehmen zu lassen. Für die Ergreifung des Diebes erhält Emil eine Belohnung, weil es sich bei diesem um einen gesuchten Bankräuber gehandelt hat. Der jugendliche Held wird in den Tageszeitungen euphorisch gefeiert.

Das Buch »ist eine Kriminalgeschichte, die Kinder zu Detektiven macht, aber auch die Geschichte einer Ankunft in der Großstadt, der ersten Begegnung mit der Metropole. [...] Und ohne ideologische Vorurteile ist Berlin nicht mehr der *Moloch Stadt*, nicht die *Hure Berlin*, sondern ein Ort aufregender, aber dann doch ungefährlicher Abenteuer«[282] mit Figuren, die originell und individuell gezeichnet sind, dabei eine – bis dato für Kinderbücher – ungewöhnlich authentische, zeitgemäße Umgangssprache gebrauchen.

Der Kästner-Biograf Sven Hanuscheck verweist darauf, dass Kästner offenbar Anleihen bei Wolf Durians Roman *Kai aus der Kiste*[283] genommen hat.[284]

Das weltberühmte Titelbild und die weiteren Illustrationen stammen nicht von Erich Ohser, sondern von Walter Trier[285]. Noch während Kästner an seinem Kinderbuch geschrieben hat, hatte er Trier auf Vermittlung der Verlegerin kennengelernt. Der Zeichner entstammt einer deutschsprachigen, jüdischen Mittelschicht-Familie. Nach seinem Studium in Prag und München hat er bereits für den *Simplicissimus*, die *Jugend* und die *Lustigen Blätter* gearbeitet, seit 1910 für den Ullstein-Verlag, für die *Berliner Illustrierte*, den *Uhu* und *Die Dame* gezeichnet.[286]

Der bereits sehr erfolgreiche und weltweit angesehene Trier erlangt in der Folgezeit gerade durch seine Illustrationen zu Kästners Kinderbüchern Berühmtheit. Mehrere Jahre prägt in erster Linie die berufliche Zusammenarbeit beider Beziehung zueinander. Im privaten Bereich geht man in den gemeinsamen Berliner Jahren höflich, aber distanziert miteinander um. Hinzu kommt, dass – anders als zu dieser Zeit bei Ohser und Kästner – die privaten Freundeskreise und Freizeitaktivitäten keinerlei Überschneidungen zeigen. Erst viel später, nach Triers Auswanderung, wird eine freundschaftliche Verbindung zwischen ihm und Kästner entstehen. Hierzu werden die politischen Ereignisse und die späteren Erinnerungen an die gemeinsame Berliner Zeit beitragen. »Man könnte fast sagen, dass die ehrliche Zuneigung füreinander und Achtung voreinander mit dem räumlichen und zeitlichen Abstand enorm gewonnen haben«[287], vermutet die Trier-Biografin Antje Maria Warthorst.

Der ungeheure Erfolg von *Emil und die Detektive* führt 1930 auch zu einem Bühnenstück aus der Feder von Kästner. Ein Jahr später erhält er von der Filmgesellschaft Ufa auch den Drehbuchauftrag für eine Verfilmung. Zusammen mit seinem Co-Autor Emmerich Preßburger[288], mit dem er auch bereits andere Drehbücher gemeinsam verfasst hat, entwirft der Schriftsteller eine erste Fassung, die jedoch von den Produzenten abgelehnt wird. Akzeptiert wird schließlich eine dritte Version von dem später weltberühmten Regisseur Billy Wilder[289], die auch Kästners Zustimmung findet.

Der Film entwirft weder eine düstere Elendsmalerei, noch eine mythische Stadtallegorie oder ein technikverklärtes Hoheleid. Dem Regisseur Gerhard Lamprecht[290] »gelang ein für die damalige Zeit einmaliges Werk, das ein nüchternes und zugleich optimistisches Bild der Großstadt zeichnet. Zwar sind die bekannten Topoi der Stadtdarstellung (Straßenszenen, Verkehrsmittel, Cafés) angespielt, doch sind sie jetzt Teil eines Asphalt-Dschungels, in dem die Kinder zu Hause sind, alle Schleichwege und Hinterhofabkürzungen kennen. Sie haben sich ein modernes Netzwerk der Verständigung aufgebaut, das sie als die eigentlichen Herren der Stadt ausweist.«[291]

Die Welturaufführung des Films findet am 2. Dezember 1931 in Berlin statt. Der Film erzielt ungewöhnlich hohe Einspielergebnisse. Selbst in London und New York wird der Film ein Jahr lang gezeigt. Der außerordentliche Erfolg macht es schließlich möglich, dass er sogar noch zu Weihnachten 1937 in einem Berliner Kino läuft. Bis heute gilt der Film als ein wichtiges Werk des frühen Tonfilms und wird häufig als die beste Verfilmung von Kästners Roman angesehen.[292]

Knauf als Literaturförderer

Während Ohser und Kästner gemeinsame Projekte und Reisen angehen, widmet sich ihr Freund Knauf mit Feuereifer seiner neuen Aufgabe bei der *Büchergilde*. Erna Knauf weiß davon zu berichten, dass die Interessen der Geschäftsleitung oftmals denen von Erich Knauf entgegenstehen:
»Zum mindesten war es schwer, die Geschäftsleitung zum Mitgehen und Wagen zu bewegen. Manches schöne Projekt fiel auf diese Weise unter den Tisch.«[293]
Auf welche Vorhaben Erna Knauf anspielt, ist nicht überliefert. Ein Beispiel für die Kontroversen zwischen Knauf und der Geschäftsleitung stellt der Umgang mit Karl Rössings Holzschnittwerk *Mein Vorurteil gegen diese Zeit*[294] dar. In einem Brief an den Verfasser berichtet der Maler Karl Rössing[295], dass er im Herbst 1931 in Berlin weilt, um dort einen Verleger für seine Bildfolge zu finden. Der Reichskunstwart im Preußischen Innenministerium Edwin Redslob[296] vermittelt ihn schließlich an Knauf, der sichtlich beeindruckt von dem Werk ist und sich sofort bereiterklärt, vorbehaltlich der Zustimmung der Geschäftsleitung, Rössings Bildserie durch die Büchergilde herauszugeben. Da es aber zwischen Knauf und Gilde-Leiter Dressler Meinungsverschiedenheiten gibt – Rössing erinnert sich, da es »wohl um Grundsatzfragen innerhalb der SPD«[297] geht – scheint die Publikation einer kunst- und kulturkritischen Bildfolge, die die Weimarer Verhältnisse anprangert, zeitweilig gefährdet. Doch dank Knaufs zäher Beharrlichkeit gelingt es, trotz aller Differenzen, die Verlagsleitung für die Herausgabe der Holzschnittarbeiten zu gewinnen. So erscheint das *Bilderbuch für Erwachsene*[298] im zweiten Quartal 1932.
Rössing visiert die Presse und den Kulturbetrieb als Zielscheibe seiner Gesellschaftskritik an, die er mittels der Holzschnittkunst artikuliert. Für Knauf dokumentieren diese graphischen Arbeiten die Absicht, »die Dinge, die so toll aussehen, zu ändern und zu ordnen«.[299]

An diesem Beispiel wird deutlich, dass Knauf als Lektor ernsthaft bemüht ist, seine 1928 formulierten Pläne zur Umgestaltung des Gildenprogramms zu realisieren. Dies gilt nicht nur für die Bereiche des politischen Romans und des populärwissenschaftlichen Sachbuches, sondern auch für seine Absichten, den internationalen Charakter der gewerkschaftlichen Buchgemeinschaft stärker zu betonen. So geht die *Büchergilde* unter seiner literarischen Leitung dazu über, neben den zuvor angesprochenen Werken anglo-amerikanischer Literatur verstärkt Bücher der sowjetischen, nordischen und romanischen Literatur in ihr Programm aufzunehmen.

Die Aufnahme von Werken der sowjetischen Literatur ins Gildenprogramm erfolgt ab 1929. Zwar lenkt die Schriftleitung der *Büchergilde* die Aufmerksamkeit ihrer Mitglieder schon im März 1928 auf einen Repräsentanten der russischen Literatur, doch erst im zweiten Quartal 1929 erscheint mit dem Memoirenwerk Boris Sawinkows, *Erinnerungen eines Terroristen*[300], die erste Buchgildenveröffentlichung aus dem Bereich der sowjetischen Literatur. Diese sehr späte Hinwendung zur Literatur aus der Sowjetunion entspricht durchaus der im Einzugsbereich der sozialdemokratischen Arbeiterbewegung verbreiteten Verlagspraxis, die bis 1925 keine Veröffentlichungen sowjetischer Bücher vorgenommen hat.

Während kommunistische und vereinzelte bürgerliche Verlage bereits seit 1927 an der Verbreitung russischer Literatur in Deutschland beteiligt sind, entschließt sich die *Büchergilde* erst in der Ära Knauf zur Aufnahme sowjetischer Literatur.

Knauf ist ein glühender Verehrer von Fjodor Dostojewski[301]. Schon zu Plauener Zeiten hat er sich für Dostojewski begeistert.[302] Mitglieder der *Büchergilde* teilen dieses Interesse für den russischen Autor. In vielen Briefen an die Schriftleitung betonen sie ihr Bedauern über das Fehlen des »größten Schriftstellers Rußlands«[303] im *Büchergilden*-Programm. Knauf gelingt es schließlich, von einem kleineren Verlag eine vollständige Dostojewski-Ausgabe zu erwerben und diese als 16-bändige Volksausgabe ab Mitte Oktober 1929 den Gildenmitgliedern außerhalb der vierteljährlichen Gildenbücher anzubieten.

Nach der Herausgabe der Dostojewski-Gesamtausgabe[304] wendet sich die *Büchergilde* wieder der Veröffentlichung moderner sowjetischer Prosa zu. Im ersten Quartal 1930 bietet sie ihren Mitgliedern zeitgenössische Erzählungen des Humoristen Michail Soschtschenko[305] unter dem Titel *Die Stiefel des Zaren*[306] an. Sie werden, wie bereits erwähnt, von Ohser illustriert.

Über Ohsers Arbeiten in diesem Buch schreibt der Kunsthistoriker Andreas Franzke:

»Die in der Mehrzahl die ganze Buchseite füllenden Illustrationen sind ohne jede Einschränkung zu den besten graphischen Arbeiten des Künstlers zu rechnen und stellen Meisterleistungen zeitgenössischen Buchschmucks dar. Ohser reagiert auf den in knappen, bildreichen Sätzen geschriebenen Text voller hintergründigem Humor mit Bilderfindungen, die in kongenialer Weise die Erzählungen *illuminieren.*«[307]

Die Veröffentlichung stellt jedoch nicht nur einen Freundschaftsdienst dar; vielmehr legt Knauf das Buch den *Büchergilde*-Mitgliedern ans Herz, weil es Teil jener modernen russischen Literatur sei, die sich durch die couragierte Entschlossenheit und »auch vor Bekenntnissen über sich selbst nicht zurückzuschrecken und die Zustände in der heutigen Gesellschaft unter die Lupe zu nehmen, ohne dabei die eigene Klasse zu verschonen«[308] auszeichne.

Insgesamt veröffentlicht die *Büchergilde* unter Knaufs literarischer Leitung in den Jahren von 1929 bis 1933 neben der Dostojewski-Volksausgabe neun sowjetische Bücher in deutscher Übersetzung, die bis auf die Werke von Dostojewski und Soschtschenko deutsche Erstausgaben waren.

»Sicherlich entsprachen diese Gildenpublikationen nicht den damaligen propagandistischen Selbstdarstellungen des Sowjetstaates, doch bei aller kritischen Reflexion standen diese Werke dem Neuaufbau einer sozialistischen Gesellschaft dennoch positiv gegenüber. Und genau diese Haltung korrespondierte mit den Zielen der Büchergilde unter der literarischen Leitung Erich Knaufs.«[309]

Neben Vertretern der russischen und der außerordentlich populären nordischen Literatur gelingt es Knauf auch, einen Repräsentanten der fortschrittlichen spanischen Literatur für die Büchergilde zu gewinnen. Es ist der im Januar 1928 verstorbene Vicente Blasco Ibanez[310], dessen gesammelte Werke ab dem dritten Quartal 1929 von der *Büchergilde* herausgegeben werden. Bis 1933 erscheinen in der *Büchergilde* sechs Romane von Ibáñez, die allesamt soziale Auseinandersetzungen thematisierten, die sich jeweils in verschiedenen Regionen und zwischen unterschiedlichen sozialen Schichten zutragen.

Zu den ebenfalls besonders geförderten Schriftstellern Knaufs gehören Upton Sinclair[311] und vor allem B. Traven[312]. So hält Knauf vielfach Vorträge u. a. im Rundfunk über die Romane und Erzählungen B. Travens.[313] So heißt es über eine dieser Radiosendungen unter Knaufs Mitwirkung:

»Erich Knauf charakterisiert ganz kurz diesen sonderbaren Menschen [B. Traven], der in Mexiko anonym lebt.«[314]

Wie eng sein Kontakt mit B. Traven gewesen sein muss, verdeutlicht der Hinweis auf einen Vortrag im Rahmen einer Veranstaltung
der *Freien Faltbootfahrer Berlin* in der Berliner Gartenstraße am
2. Juli 1931, um 20:00 Uhr, in dem es heißt: »Erich Knauf spricht an
Hand von Schallplatten, die von Traven aufgenommen wurden, über
das Thema *Mexikanische Musik*.«[315]

Das besondere Thema »B. Traven« beschäftigt Knauf bis zum Ende
seiner Mitarbeit bei der *Büchergilde*.

Zusammenfassend lässt sich festhalten, dass Erich Knauf 1928 die
literarische Leitung der *Büchergilde* mit der Absicht angetreten hat,
»eine Literatur zu produzieren und zu verbreiten, die dem Aufbau
einer neuen, sozialistischen Gesellschaftsordnung dienen sollte«.[316]

Der Grund für eine fehlende durchgängige Politisierung des Litera-
turprogramms der *Büchergilde* liegt an den schon erwähnten gegen-
sätzlichen Positionen von Knauf und Dressler.

Ebenso wichtig wie Dressler ist auch Erna Donath für Knauf. Er
hätte sich keine bessere Sekretärin wünschen können. »Sie konnte
sehr selbständig arbeiten, feinfühlig zwischen den Autoren der Gilde
und Knauf vermitteln; sie schirmte ihn ab, wenn es sein mußte, war
gütig und resolut zugleich. Außerdem empfand sie weltanschaulich
wie Knauf, und sie wußte, daß in den Tagesablauf dieses *Wilden* ein
bißchen Ordnung gehörte, damit er das Gewaltige leisten konnte, was
er sich vorgenommen hatte.«[317]

Anders als Kästner und Ohser ist Knauf kein Liebling in der Frau-
enwelt. Amouröse Abenteuer sind ihm fremd. Mehrere Jahre führt er
das Leben eines Pendlers zwischen Berlin und Plauen, weil dort seine
Ehefrau wohnen bleibt. Er braucht seine Zeit, bevor er Anfang der
1930er-Jahre erkennt, dass seine Sekretärin Erna Donath seine große
Liebe ist. Die Ehe mit Gertrud ist damit zu Ende, wenngleich es erst
einige Jahre später zur Scheidung kommt.

Für Erich Ohser zahlt sich die Stellung seines Freundes Knauf bei
der *Büchergilde* aus. Der Zeichner erhält regelmäßig Aufträge für Wer-
bemittel und für Buchillustrationen wie für Max Barthels Buch *Erde
unter den Füßen*[318]. Auch Texte von Kästner erscheinen regelmäßig in
der *Büchergilde*-Zeitschrift.

Reisen und Hochzeiten

Vom 26. April bis zum 6. Mai 1930 unternehmen Kästner und Ohser
als Mitglieder einer sechzigköpfigen Gruppe eine Pauschalreise nach
Moskau (vier Tage, ab dem 28. April) und Leningrad (3 Tage, ab dem

2. Mai). Die Sowjetunion ist für viele Intellektuelle jener Zeit »das interessanteste Land«.[319]

Die beiden Freunde schauen sich »Kaufhäuser, Kulturparks und die Maiparade [an], an der Ohser auffiel, wie wohlgenährt die Soldaten im Vergleich zur übrigen Bevölkerung aussahen. Kästners Reisebericht *Auf einen Sprung nach Rußland* war ein euphorischer Werbeartikel für die Anstrengungen von Stalins Fünfjahresplan.«[320]

Die beiden Freunde besuchen auch den Schriftsteller Michail Soschtschenko, für dessen in der *Büchergilde* erschienenes Buch Ohser gezeichnet hat. Die Besucher sehen »überall die Organisation, die allgegenwärtige Polizeimacht, die Unterdrückung jedes individuellen Denkens und Schaffens. Von seinem Elternhaus her, aus seinen Erfahrungen als Schlosserlehrling und durch Begegnungen im weiteren Leben bejaht Ohser durchaus die Grundsätze der Sozialdemokratie, steht aber dem Kommunismus seit eh und je ablehnend gegenüber. Seine Reise nach Moskau und Leningrad festigt diese Abneigung erheblich.«[321]

Auch Kästners Euphorie über das »interessanteste Land«[322] der Zeit verfliegt sehr bald wieder.

***

Nachdem Marigard im Jahr zuvor ebenfalls nach Berlin übergesiedelt ist, wohnt das Künstlerpaar Ohser/Bantzer in einem kleinen Ein-Mann-Atelier im Schöneberger Park. Die beiden heiraten am 18. Oktober 1930 in Marburg an der Lahn. Kurz nach der Hochzeit nehmen sich die Frischvermählten in der Nähe des Fehrbelliner Platzes eine größere Wohnung. Im Jahr darauf, am 21. Dezember 1931, kommt ihr Sohn Christian[323] zur Welt.

Die Beziehung der so unterschiedlich sozialisierten jungen Leute unterliegt aus unterschiedlichen Gründen ständigen Spannungen, was sich auch in der späteren Ehezeit fortsetzen wird. Ein Grund für diese Spannungen liegt vermutlich in ihrer unterschiedlichen gesellschaftlichen Sozialisierung. Die junge Ehefrau ist Tochter eines sächsischen Geheimen Hofrates und Direktors der Kasseler Kunstakademie, während die mütterliche Abstammungslinie zur englischen Oberschicht führt.

»Momente zärtlicher Nähe werden gefolgt von harschen Zerwürfnissen, Anklagen und wechselseitiger Distanzierung. Die sensible und begabte Zeichnerin, die in Berlin als Kinderbuchillustratorin und Gebrauchsgrafikerin reüssiert, wird zum einen als verschlossen beschrieben – Kästner spricht von ihr als *dem Pan(t)zer*; andere schildern sie als warmherzig, als tapferen und unerschrockenen Charakter, der wesentlich zum Erhalt der Familie beiträgt; zugleich tritt […] aus den Briefen Marigards an Ohser immer wieder eine von Traurigkeit und Selbstzweifeln geplagte Persönlichkeit entgegen.«[324]

Ähnlich labil erweist sich Ohsers Seelenzustand.

»Nach außen hin stets fröhlich, verbirgt er seinen Hang zu depressiven Phasen und zur Lebensangst. Die engsten Vertrauten sprechen von Dämonen, die ihn ängstigen, von Verzweiflung und einem grundsätzlichen Leiden an der Welt. Marigard und Erich wissen um ihre jeweiligen Dunkelheiten, und es darf vermutet werden, dass sie in den guten Zeiten ihres Miteinanders sich hierbei aufrichtige Partner sind.«[325]

Aus dieser ersten gemeinsamen Berliner Zeit stammt auch ein Brief Marigards an Ohser, die zweierlei belegt: zum einen eine tiefe Zuneigung, zum anderen ihr beiderseitiger Humor:

»Mein herzallerliebster Ärisch, morgen in einer Woche kommst du. Du kannst dir nicht vorstellen, wie froh ich sein werde, wenns du wieder bei mich bist. Hast du auch bisschen Sehnsucht? Ich dolle! Auch dann noch, wenn ich an all das denke, was mich bei dich traurig macht. Ich bin dir eben jänzlich verfallen! Ich armes Dingelchen. Wenn du mir auch verfielst! Deine Marigard.«[326]

Das Einkommen der jungen Familie ist überschaubar, da Ohser stets nur als freier Mitarbeiter tätig ist.

»Es war ein Leben von der Hand in den Mund, aber sehr heiter«, erinnert sich Marigard später. »Da gab es einfach mal Quark und Kartoffeln, und dann […] beim Fleischer eine Leberwurst, da kosteten 100 Gramm 28 Pfennig. Alles in allem haben wir sehr bescheiden gelebt. Aber wir haben es überhaupt nicht so empfunden. Man war sowieso anspruchsloser in jener Zeit.«[327]

In jenen Jahren erscheinen trotz aller ökonomischen Begrenztheit andere Dinge wichtiger. Ohser »liest, was damals neu ist: Werke von Tucholsky, Brecht und anderen. Er liest auch das, was für ihn neu ist: Goethe und die anderen Klassiker. Es sind für ihn wahre Entdeckungen, weil er von zu Hause und von der Schule hierzu nichts mitbekommen hat. Musik hört Ohser gern, aber engere Bindungen an die Musik hat er nicht, dann und wann Unterhaltendes vom Grammofon. Konzerte interessieren ihn gar nicht.«[328]

Die Jahre zwischen 1929 bis 1933 sind die glücklichsten im Leben des Zeichners und seiner kleinen Familie. Kästner schätzt seinen Plauener Freund außerordentlich. Er beschreibt ihn später wie folgt:

»[Er] hasste die Profitmacher, er verlachte die Spießer und Heuchler, er attackierte die Bürokratie, er focht für die Freiheit des einzelnen und kämpfte gegen die Dummheit der meisten.«[329]

***

Nach einer NSDAP-Versammlung in der Bonner Beethovenhalle kommt es bei einem Protestzug durch die Stadt gegen den Antikriegs-Film *Im Westen nichts Neues* zu blutigen Zusammenstößen mit Kommunisten. Mehrere Personen werden durch Schüsse verletzt. Auf Druck der Straße durch die NSDAP wird der Film am 11. Dezember 1930 verboten. In einem Leitartikel mit der Überschrift *Remarque-Film* bezieht Carl von Ossietzky in der *Weltbühne* Stellung:

»Der Faschismus hat mit dem Verbot des Films seinen ersten großen Sieg nach dem 14. September errungen. Heute hat er einen Film erlegt, morgen wirds etwas Andres sein.«[330]

Fabian und weitere Kästner-Gedichtbände

Die erfolgreiche Zusammenarbeit zwischen Kästner und Ohser findet in diesen Jahren ihre Fortsetzung. Es entstehen zwei weitere Gedichtbände Kästners, für die Ohser Illustrationen anfertigt: *Ein Mann gibt Auskunft* (1930) und *Gesang zwischen den Stühlen* (1932). Kästner und Ohser bilden ein kongeniales Künstlerduo. Lediglich mit *Lärm im Spiegel*[331] wird ein vierter Gedichtband Kästners in jener Zeit nicht von Ohser illustriert. Zu *Ein Mann gibt Auskunft* veröffentlicht Knauf eine Rezension in der *Neuen Revue*. Hierin heißt es u. a.:

»Vier Dutzend Gedichte, politisch, gesellschaftskritisch, Lyrik wie von Heine, nur zeitgemäßer, eben Kästner. Kein pathetisches Böllerschießen, nein, ganz einfach und ruhig, ein Achselzucken eher, die Sprache einer Generation, die sich nichts mehr vormachen läßt und anderen nichts vormachen will. Gerade damit erreicht Kästner die große Wirkung. Was bei diesem dritten Gedichtband besonders auffällt, ist der jetzt mehr als früher hervortretende graue Grundton in allen Melodien. Zu verwundern ist das nicht. Die Illusionen sterben täglich schockweise.«[332]

Der aus klassenbewusstem, sozialistischem Hause stammende Knauf stört sich allerdings an der aus seiner Sicht noch immer bei Kästner feststellbaren bourgeoisen Herkunft, die bislang dessen Zugang zum Lager des klassenbewussten Proletariats versperre. Kästner erscheint ihm schlicht nicht als Arbeiterdichter. Davon unabhängig wird gelobt:

»Vorläufig ist er so ziemlich der einzige Lyriker, der in jeder Zeile zwei Einfälle hat, neue Gedanken, neue Formulierungen. Dabei ist die Kästnersche Lyrik alles andere als *intellektuelle Dichtung*, alles andere als Poesie mit Intelligenzbrille. Kästner ist auf eine neue Art volkstümlich: gescheit und doch witzig, vielsagend und doch von kürzester Knappheit, gerade heraus und doch mit dem feinsten Gefühl für sprachliche Schönheit. Den dritten Band hat wieder Erich Ohser ausgestattet. Seit vielen Jahren gehen Erich Kästner und Erich Ohser ihren Weg zusammen. Sie passen zueinander, Ohser hat wie kein anderer Zeichner den Strich, der mit der Kästnerschen Form und mit seinem Wesen übereinstimmt. Und Ohser ist wie Kästner klarer und schärfer geworden. (Einige Vignetten hätten ruhig etwas größer klischiert werden können.) Das Buch ist in der Deutschen Verlagsanstalt, Stuttgart, erschienen. Es gehört zu den wenigen Büchern, die nötig sind.«[333]

***

Kästner avanciert nicht zuletzt auch wegen der Ohser-Illustrationen in seinen Gedichtbänden zum meistverlegten Lyrik-Produzenten der Weimarer Republik. Die Presse reagiert auf die Erzeugnisse fast durchweg begeistert, ja euphorisch. »Nachdenkliches kommt etwa nur von Kurt Tucholsky, der Kästner jedoch völlige Ehrlichkeit attestiert. Allein der bedeutende jüdische Philosoph, Gesellschaftstheoretiker und Schriftsteller Walter Benjamin[334] veröffentlicht unter der Überschrift *Linke Melancholie* eine scharfe Rezension, nennt die […] linksradikalen Publizisten vom Schlage der Kästner, Mehring oder Tucholsky […] proletarische Mimikry des zerfallenden Bürgertums.«[335]

Die Berliner Jahre bis zum Ende der Weimarer Republik 1933 sind Kästners produktivste Zeit. In wenigen Jahren steigt er zu einer der wichtigsten intellektuellen Persönlichkeiten der Hauptstadt auf. Er publiziert seine Gedichte, Glossen, Reportagen und Rezensionen in verschiedenen Berliner Periodika. Und er veröffentlicht Bestsellerbücher.

Das zweite bedeutende Kästner-Buch jener Zeit ist *Fabian – Die Geschichte eines Moralisten*[336]. Im Gegensatz zum *Emil* ist *Fabian* ein Roman für Erwachsene. Das Buch erscheint im Oktober 1931 und erweist sich binnen kurzer Zeit als bedeutender literarischer Erfolg. Der Protagonist ist Dr. phil. Jakob Fabian, Germanist, Werbetexter, 32 Jahre alt und Kästners Alter Ego. Fabian erlebt zahlreiche Liebesabenteuer, trinkt, schlägt sich durch das Labyrinth der Großstadt, versucht seine Ideale zu verteidigen und integer zu bleiben, seinen Glauben an die Gültigkeit von Moralvorstellungen und seine eigenen Überzeugungen nicht zu verlieren. Mit seinem Freund Dr. phil. Stephan Labude, einem anderen gängigen Typen von zeitgenössischem Intellektuellen, erlebt Fabian alles, wofür die Weimarer Republik berühmt und berüchtigt ist: Prostitution, politische Straßenkämpfe zwischen Nazis und Kommunisten, steigende Arbeitslosigkeit. Fabian erlebt den Niedergang der Weimarer Republik, die zu viele Gegner hat. Im Atelier einer Bildhauerin lernt er die junge Juristin Cornelia Battenberg kennen und lieben. Die Liebe scheitert jedoch und seine Freundin beginnt ein Verhältnis mit einem Filmproduzenten, der ihr Versprechungen im Hinblick auf eine kommende Schauspielerkarriere macht. Fabian wird arbeitslos. Sein Freund Labude begeht Suizid, dessen Motiv die angebliche Ablehnung seiner Habilitationsschrift ist, was sich jedoch als übler Scherz eines Assistenten herausstellt. Fabian verlässt Berlin und kehrt in seine Heimatstadt Dresden zurück, wo ihn sein Stolz und vor allem seine Moral davon abhalten, eine angebotene Arbeit bei einer politisch rechts orientierten Zeitung zu ergreifen. Er ertrinkt schließlich bei dem Versuch, einen in den Fluss gefallenen Jungen zu retten. Das Kind kann sich an das Ufer retten, doch Fabian selbst ist Nichtschwimmer.

Der Roman spiegelt mit den Mitteln der Satire und der Übertreibung ein Gesellschaftsbild am Vorabend von Hitlers Machtübernahme. Es entfaltet sich für den Leser ein Panorama der Hoffnungslosigkeit. Das Buch ist »keine didaktische Lehreinheit, sondern ein satirisches Zeitbild voller loser Episoden, flirrender Eindrücke und flüchtiger Handlungen. Die Arbeitslosigkeit, das rauschvolle Nachtleben in den Clubs und Bordellen, die Straßenkämpfe zwischen Nationalsozialisten und Kommunisten, die existentielle Verunsicherung – alles wird aus der Perspektive eines Protagonisten gesehen, der sich fast jeglicher Deutung entzieht: Ein Provokateur, der eigentlich nur in Ruhe gelassen werden möchte; ein krankhaft eifersüchtiger Liebhaber, der regelmäßig in den Puff geht; ein Beobachter der Zeit, der sich selbst gerne aktiv ins Getümmel stürzt; ein stolzer Germanist und militanter Pazifist, der zwischendurch rot sieht und sich in einer Universität prügelt; ein romantischer Träumer in einer ernüchternden Fleischerhaken-Realität. Und ein an die Vernunft appellierender Mahner vor dem drohenden Untergang, der am Schluss selbst auf die dümmste und lächerlichste denkbare Art untergeht.«[337]

Innerhalb eines halben Jahres werden 25 000 Exemplare verkauft und binnen kürzester Zeit Übersetzungsrechte in neun Länder vergeben.[338]

Die linksliberale Kritik feiert das Werk, während es von der reaktionären rechtsradikalen Presse verrissen wird. So betitelt der

Völkische Beobachter den *Fabian* als »Gedruckter Dreck«[339], der mit der »Schilderung untermenschlicher Orgien«[340] aufwarte.

Remarques *Im Westen nichts Neues* und Kästners *Fabian* rufen unter den Zeitgenossen gleichermaßen Streit und Aufregung hervor. Um beide Bücher tobt, wie erwähnt, in den Gazetten eine heftige Debatte. Während Remarque die Kriegserlebnisse des jungen Soldaten Paul Bäumer bis zu seinem Tod an der Westfront kurz vor Kriegsende schildert, schickt Kästner den jungen Werbefachmann Jakob Fabian durch das Berlin der späten 1920er-Jahre und entwirft damit das Bild einer Gesellschaft am Abgrund. Beide Schriftsteller schreiben als Moralisten und Zeitkritiker. Der eine – Remarque – will mit seinem Buch vor Krieg und Militarismus warnen, der andere – Kästner – schreibt gegen die Apathie seiner Mitmenschen an, die im Begriff sind, die Republik aufzugeben und die Freiheit an die heraufziehende Diktatur des Nationalsozialismus zu verlieren.

Auch Erich Knauf meldet sich als Literaturkritiker zu Wort. Die von ihm verfasste und in der *Volks-Zeitung für das Vogtland* erscheinende Besprechung vom 22. Mai 1929 nimmt zugleich auch eine politische Einordnung vor. Knauf greift bereits im Titel seiner Besprechung die Verunglimpfung der Nazipresse auf, die den Dichter als »Kulturbolschewisten«[341] bezeichnet. Darin beschreibt Knauf, dass Kästner in einer Stadt wie Berlin, in der »an vogelfreien Schriftstellern […] kein Mangel«[342] herrsche, bereits nach »einem Jahr ein berühmter Mann«[343] geworden sei. Die Besonderheit am sensationellen Erfolg des Jungschriftstellers sei es, dass dieser vor allem auf Gedichten beruhe:

»Von Kästner erschienen Gedichte und Prosastücke da und dort, die Zeitungen rissen ihm die Manuskriptseiten aus der heißgelaufenen Schreibmaschine und bestellten aktuelle Poesie per Rohrpost. Was war da los? Nichts Besonderes eigentlich. Plötzlich war wieder einer da, der dichten konnte. *Dichter* – man konnte eine Zeitlang das Wort nicht aussprechen, ohne zu grinsen. Ach, wer las denn noch Gedichte? Die pflaumenweichen Aestheten und dann die stotternden Expressionisten, sie haben es uns abgewöhnt, aber gründlich! Und das aufgepulverte Pathos der konzessionierten Halsbinde. Kästner kam also im richtigen Augenblick. Wir lasen wieder Gedichte.«[344]

Erneut wird, wie schon bei der *Ein Mann gibt Auskunft*-Kritik, ein Vergleich mit Heinrich Heine[345] gezogen.

»*Es war wie damals, als man zum ersten Male Heine las*, schrieb ein Kritiker, und die es nicht schrieben, dachten das Gleiche und trauten sich bloß nicht, den ihnen auf der Zunge liegenden Vergleich auszusprechen.

Aber es gibt kein besseres Wort über Kästner. Seine Gedichte haben die einfache, selbstverständliche Anmut der Lyrik Heinrich Heines, ihre blitzschnelle Gedankenkühnheit, ihren Sarkasmus, ihre politische Klarheit, ihre Eleganz und – ihr Gemüt, ihr Herz.«[346]

Abschließend befindet Knauf:

»Die borniert Rechtspresse hat den Namen Erich Kästner mit auf die schwarze Liste der Kulturbolschewisten gesetzt. Sie wirft ihm Gelächter im Allerheiligsten, Respektlosigkeit vor ruhmbedeckten Knochen, Vergehen gegen das keimende nationale Leben vor. Diese schwarze Liste enthält die besten Namen der jungen Generation. Wenn die Lyrik Erich Kästners Kulturbolschewismus ist, dann laßt uns Kulturbolschewisten sein! Wir bekennen uns zu diesen Gedichten. Wir haben auf sie gewartet.«[347]

Der von der NS-Propaganda oft verwendete Terminus »Kulturbolschewismus« oder auch »Kunstbolschewismus« war von dem Berner Architekten Alexander von Senger[348] geprägt worden, der damit ursprünglich moderne architektonische Ideen brandmarken wollte, die ihre Wurzeln in Moskau hätten. Bis 1933 gehört das Schlagwort zum Vokabular aller bürgerlichen Parteien und bezeichnete Kulturverfall im weitesten Sinne.

Carl von Ossietzky formuliert es 1931 wie folgt:

»Das herrschende Schlagwort von heute heißt *Kulturbolschewismus* und wird in ein paar Jahren schon ebenso absurd und unverständlich erscheinen wie das Schnüffeln nach den *Reichsfeinden* und andern willkürlich gewählten Trägern des bösen Prinzips. [...] Wenn der Kapellmeister Klemperer die Tempi anders nimmt als der Kollege Furtwängler, wenn ein Maler in eine Abendröte einen Farbton bringt, den man in Hinterpommern selbst am hellen Tage nicht wahrnehmen kann, wenn man für Geburtenregelung ist, wenn man ein Haus mit flachem Dach baut, so bedeutet das ebenso Kulturbolschewismus wie die Darstellung eines Kaiserschnitts im Film. Kulturbolschewismus betreibt der Schauspieler Chaplin, und wenn der Physiker Einstein behauptet, daß das Prinzip der konstanten Lichtgeschwindigkeit nur dort geltend gemacht werden kann, wo keine Gravitation vorhanden ist, so ist das Kulturbolschewismus und eine Herrn Stalin persönlich erwiesene Gefälligkeit.«[349]

Interessanterweise beanstandet Knauf in einem persönlichen Brief von 1931 ausgerechnet Kästners gesellschaftskritisches Meisterwerk *Fabian*[350]:

»Ich muss mir Mühe geben, mich dem zu entziehen, was in Ihrem Buch politisch genannt werden kann. Ihre Ansichten habe ich erst kürzlich einmal gehört, […] damals wie heute wurde meiner Weltanschauung, wenn wir es so nennen wollen, ein Bein gestellt.«[351]

Allerdings räumt er auch ein:

»Ich glaube nicht, daß es außer Ihrem *Fabian* noch ein anderes Buch gibt, das so bestimmt als das Buch unserer Zeit genannt werden kann.«[352]

Bis zu Hitlers Machtergreifung im Januar 1933 veröffentlicht Kästner noch eine Reihe weiterer Bücher, vor allem für Kinder.[353] Außerdem erscheinen aus seiner Feder zahllose Artikel, Kolumnen, Gedichte, Theaterkritiken und Filmdrehbücher. Dabei greift er immer wieder mit spitzer Feder Militarismus, Chauvinismus und das deutsche Spießertum an. Er macht sich auf diese Weise zu einem entschiedenen Gegner der nationalsozialistischen Ideologie.

Film und Kabarett

Wie bereits bei Entstehung des *Emil*-Films erwähnt, beginnt sich Kästner seit Ende der 1920er-Jahre auf die Neuen Medien der Zeit wie Hörfunk und Film einzulassen. Zwar ist er am Anfang skeptisch und schreibt:

»Solange Filme wie Briketts oder Konfektionsanzüge hergestellt werden, solange erreichen gute Manuskripte, begabte Regisseure und verantwortungsbewußte Darsteller nichts weiter, als daß sie in die Maschinerie geraten oder aufs laufende Band. Die Filmgesellschaften sind Fertigwaren-Betriebe, bei denen vorübergehende Stillegung oder Drosselung größte Defizite einbringt. Und so wird an Rohstoffen herangeschleppt, was sich nur irgend findet, auch wenn sich Nichts findet – damit kein Leerlauf entsteht.«[354]

Doch bereits zu diesem Zeitpunkt steht er seiner ursprünglichen Skepsis zum Trotz in ersten »Beziehungen mit Filmproduktionsfirmen, war also durchaus bestrebt, einer der Rohstofflieferanten für die Maschinerie zu werden. Nicht zuletzt die Einführung des Tonfilms führte wohl auch dazu, daß Kästner den Umgang der Filmindustrie mit den Autoren etwas gelassener sah, weil dem Wort nun mehr Bedeutung zukam.«[355]

Der Schriftsteller hospitiert bei dem Schauspieler und Produzenten Reinhold Schünzel[356], um sich bald selbst an eigene Stoffe bzw. Eigenadaptionen zu wagen. Allerdings bewahrt er sich immer eine gewisse Distanz, verfasst Treatments und Drehbücher häufig pseudonym.

Zusammen mit Pressburger bearbeitet Kästner 1931 die Drehbücher für *Das Ekel*[357] und *Dann schon lieber Lebertran*[358], mit dem Max

Ophüls[359] als Filmregisseur debütierte. Für den Film *Die Koffer des Herrn O.F.*[360] verfasst Kästner Chansons.

Er ist ein Vertreter der »modernen Schriftsteller dieses Jahrhunderts«[361], die »nicht nur Bücher [...] schreiben, sondern auch für Theater und Kabarett, Radio und Film [...] arbeiten. Erich Kästner steht exemplarisch für diesen neuen Autorentypus, der sich seit den zwanziger Jahren entwickelt, er ist einer ihrer Vorreiter und kann durchaus – neben seinen anderen literarischen Fähigkeiten – als ein Spezialist innerhalb der Textsparte Drehbuch verstanden werden.«[362]

Hierzu passt, dass »Kästner [...] seine Bücher filmisch [dachte]. Er erfand stimmige Situationen und Handlungen für seine Figuren, schrieb szenisch und formulierte pointierte Dialoge. Die konkrete visuelle Umsetzung, die optische Organisation der Bilder interessierte ihn weniger, er überließ sie den Regisseuren seiner Filme.«[363]

Kästner baut in jener Zeit immer erfolgreicher ein weiteres Betätigungsfeld aus, an dem er sich bereits zu Studentenzeiten versucht hat: das Kabarett. Bereits über seine Vorberliner Zeit schreibt Reinhard Hippen[364]:

»Wer im Kabarett was zu sagen hat, tritt hier auf. Unter dem Pseudonym Ernst Fabian debütiert Erich Kästner.«[365]

Der junge Autor hat bereits als Student für Trude Hesterbergs[366] *Wilde Bühne*[367] in Berlin Beiträge verfasst. Nach seiner Übersiedelung nach Berlin war er wieder für sie tätig geworden. Kästners Weg zum Kabarett ging von seiner Arbeit als Lyriker und Schriftsteller aus.

»Die Kabarettisten griffen nach seinen Gedichten, weil er kabarettfähig schrieb, bevor er anfing, für das Kabarett zu schreiben.«[368]

Die Kästner-Biografin Helga Bemmann[369] nennt das *Kabarett der Komiker*[370] als ersten Nutzer:

„Kästners polemische Lyrik war nicht nur in den Spalten der AIZ [Arbeiter-Illustrierte-Zeitung][371], den lokalen Organen der Arbeiterpresse, großen Tageszeitungen und satirischen Zeitschriften zu finden, sondern auch auf den Podien der kleinen und großen Kabaretts. Die Verbindung dahin bestand schon, als seine Gedichte noch gar nicht in Buchform erschienen waren. Von einer ständigen Mitarbeit konnte aber erst die Rede sein, als er in engeren persönlichen Kontakt zu den Schauspielern, Direktoren und Komponisten der Berliner Kabaretts kam und für die Diseusen dieser Bühnen Chansons zu schreiben begann. Das war um 1929.«[372]

Eine Besonderheit ist dabei, dass Kästner »Chansons für Interpretinnen [...] schreiben [wollte], die auch er sehr schätzte«[373]. Gelegentlich tritt er selber auf die Bühne, etwa um »im sozialistischen Kabarett *Die Wespen* eigene Werke«[374] vorzutragen.

Sowohl der Buch- und Filmmarkt, aber auch die Kabarettszene der frühen 1930er-Jahre sorgen für Kästners große Popularität. Es sind seine aktivsten und produktivsten Jahre.

Auf Konfrontationskurs mit den Nationalsozialisten

Parallel zu ihren Erfolgen, aber auch im Zusammenhang mit ihnen, bahnt sich für Kästner und Ohser eine gefährliche Kontroverse an. So wird Kästner wegen seiner pazifistischen und freigeistigen Haltung, seiner offenen Ablehnung aller nationalistischen und völkischen Gedanken, vor allem wegen seiner Gegnerschaft zu den Deutschnationalen, insbesondere der NSDAP, von deren Anhängern gehasst. Dieser Hass schlägt ihm offen nicht nur von der Nazipresse, sondern auch vom Nationalverband deutscher Offiziere, dem Verband deutscher Akademiker, dem Bartelsbund als Vereinigung deutsch-völkischer Antisemiten, dem Dahlemer Frauenbund als Mädchenbund für sittliche Reinheit, wie der gesamten völkischen Hugenberg-Presse entgegen.

Schon nach der für die NSDAP besonders erfolgreich verlaufenen Reichstagswahl vom September 1930[375] erscheint ein geradezu prophetisches Gedicht mit dem Titel *Ganz rechts zu singen*«[376], das auf Hitler und einen bevorstehenden Krieg hinweist:

> »Wir brauchen kein Brot, und nur Eins ist not:
> Die nationale Ehre!
> Wir brauchen mal wieder den Heldentod
> und die großen Maschinengewehre.
> [...]
>
> Die Deutsche Welle, die wächst heran,
> als wie ein Eichenbaum.
> Und Hitler ist der richtige Mann.
> Der schlägt auf der Welle den Schaum.
>
> [...]
> Wir brauchen eine Diktatur
> viel eher als einen Staat.
> Die deutschen Männer kapieren nur,
> wenn überhaupt, nach Diktat.

> Ihr Mannen, wie man es auch dreht,
> wir brauchen zunächst einen Putsch!
> Und falls Deutschland daran zugrunde geht,
> juvivallera, juvivallera, dann ist es eben futsch.«[377]

In dem Gedicht *Brief an den Weihnachtsmann*[378] prangert Kästner auch die unheilvolle Bedeutung der Großindustriellen für die noch junge Demokratie an, ohne Namen zu nennen. Unzweifelhaft gemeint sind jedoch Magnaten wie Alfred Hugenberg[379] mit ihrem Vermögen und ihrem Einfluss als bürgerliche Wegbereiter des Nationalsozialismus. Eingebettet ist die Thematik in die geschilderten Unruhen und Konflikte der widerstreitenden Interessen, die Straßenkämpfe der frühen 1930er-Jahre. Und auch Hitler kommt namentlich wieder vor:

> »[…]
> Lieber guter Weihnachtsmann,
> weißt du nicht, wies um uns steht?
> Schau dir mal den Globus an.
> Da hat einer dran gedreht.
>
> […]
> Ziehe denen, die regieren,
> bitteschön, die Hosen stramm.
> Wenn sie heulen und sich zieren,
> Zeig auf ihr Parteiprogramm.
>
> Und nach München lenk die Schritte,
> wo der Hitler wohnen soll.
> Hau dem Guten, bitte, bitte,
> den Germanenhintern voll!
>
> […]
> Komm, erlös uns von der Plage,
> weil ein Mensch das gar nicht kann.
> Ach, das wären Feiertage!
> Lieber, guter Weihnachtsmann …«[380]

Vor allem die enge Verbindung zwischen Militarismus, Gewalt und Nationalsozialismus, wie sie in besonders deutlicher Form durch die rechtswidrigen Auftritte der SA verkörpert wird, sind Kästner ein Dorn im Auge. Deutlich wird das an dem Gedicht *Denn ihr seid dumm*[381]:

»Ihr und die Dummheit zieht in Viererreihen
in die Kasernen der Vergangenheit.
Glaubt nicht, daß wir uns wundern, wenn ihr schreit.
Denn was ihr denkt und tut, das ist zum Schreien.

[...]
Ihr liebt den Haß und wollt die Welt dran messen.
Ihr werft dem Tier im Menschen Futter hin,
damit es wächst, das Tier tief in euch drin!
Das Tier im Menschen soll den Menschen fressen.

Ihr liebt die Leute, die beim Töten sterben.
Und Helden nennt ihr sie nach altem Brauch.
Denn ihr seid dumm, und böse seid ihr auch.
Wer dumm und böse ist, rennt ins Verderben.

[...]
Drum exerziert vor alten Generälen,
und schmeißt die Beine bis zum Himmelszelt!
Doch daß davon die Welt zusammenfällt,
das könnt ihr eurem Großpapa erzählen.

[...]
Wie ihr's euch träumt, wird Deutschland nicht erwachen.
Denn ihr seid dumm, und seid nicht auserwählt.
Die Zeit wird kommen, da man sich erzählt:
Mit diesen Leuten war kein Staat zu machen!« [382]

Einen literarischen Höhepunkt der satirischen Auseinandersetzung
Kästners mit dem Nationalsozialismus bildet ein fiktiver *Brief aus
Paris, anno 1935*[383], der einen Tag »aus der Sicht eines NS-Funktionärs
das intellektuelle Exil in Paris – mit den Brüdern Mann als Kneipen-
wirte, Marieluise Fleißer als Kellnerin, Ernst Toller als Rausschmeißer
und Alfred Döblin als Taxi-Chauffeur«[384] schildert.

Erich Kästner warnt seine Zeitgenossen vor der politischen Entwicklung der Gegenwart, insbesondere vor dem Nationalsozialismus,
ohne dabei selber irgendeiner Ideologie oder Partei nachzulaufen.
Walter Benjamins[385] Vorwurf, dass Kästner zu den »linksradikalen
Publizisten«[386] gehöre, geht daher ins Leere. Kästner ist kein Marxist,
kein Anarchist und auch kein Sozialdemokrat. Seine Devise lautet, sich
von niemandem vereinnahmen zu lassen und doch Haltung zu zeigen:

1932 initiiert und unterschreibt er einen Aufruf zu einer einheitlichen Arbeitereinheitsfront, also zur Zusammenarbeit von SPD und KPD gegen die immer stärker werdenden Nationalsozialisten. Der Aufruf wird u. a. auch von Albert Einstein, Heinrich Mann und anderen Prominenten unterstützt. Dieser *Dringende Appell* des *Internationalen Sozialistischen Kampfbundes (ISK)* vom Juni 1932 ist ein Aufruf von 33 bekannten Persönlichkeiten zur taktischen Kooperation von SPD und KPD bei der Reichstagswahl vom Juli 1932.

Gegenüber dem Wissenschafts- und Kulturjournalisten Adelbert Reif[387] beschreibt Kästner seine politische Haltung in einem Interview von 1969 wie folgt:

»Ich hasse Ideologien, welcher Art sie immer sein mögen. Ich bin ein überzeugter Individualist. Ich freue mich über alle sozialen Fortschritte. [...] Darüber hinaus bin ich ein Linksliberaler, was es heute eigentlich gar nicht mehr gibt. Und ich bin Mitglied einer Partei, die es ebenfalls nicht gibt, denn wenn es sie gäbe, wäre ich nicht ihr Mitglied.«[388]

Er dokumentiert hier in der Rückschau eine politische Haltung, die von den Nationalsozialisten begreiflicherweise verabscheut wurde.

***

Wie Kästner, so avanciert auch Ohser in seinen ersten Berliner Jahren nach und nach zu einem politischen Künstler und vor allem zu einem ausgesprochenen Gegner der Nationalsozialisten

Neben seiner Tätigkeit als Buchillustrator publiziert er als politischer Pressezeichner eine Vielzahl von grotesk-humorvollen, oftmals auch sarkastisch-scharfen politischen und sozialkritischen Zeichnungen. Sie erscheinen u. a. in Knaufs *Büchergilde Gutenberg*, in Satirezeitschriften wie in den *Lustigen Blättern* oder im *Götz von Berlichingen*, im Literatur- und Kunstmagazins *Querschnitt*, in der *Berliner Illustrirten*, der *Grünen Post*, in der anspruchsvollen Monatsschrift *Neue Revue* sowie im SPD-Parteiorgan *Vorwärts*.[389] Weitere Abnehmer der Politikzeichnungen Ohsers sind nach wie vor die *Neue Leipziger Zeitung*, die ihm nach dem »Beethoven-Skandal« eigentlich die Zusammenarbeit aufgekündigt hatte, und das Zwickauer *Sächsische Volksblatt*. Der Kontakt zur *Büchergilde* und zur Redaktion des *Vorwärts* kommt durch Erich Knauf zustande[390], dessen Vater Heinrich bereits in dem SPD-Parteiorgan veröffentlicht hat.

Inhaltlich zielen die Zeichnungen auf Spießertum, Militär, Beamtentum und den immer stärker aufkommenden Nationalsozialismus jener Zeit.

Abb. 8: Erich
Ohser, Göbbels
macht Toilette.
Neue Revue,
Band II
(September
1930–März
1931, S. 377)

GÖBBELS MACHT TOILETTE
„Der einträglichste Kopf ist doch der des Industriesklaven!"
                                                            Ohser

Vor allem durch seine Mitarbeit im *Vorwärts* erlangt Ohser, der seit 1928 SPD-Parteimitglied ist, eine wachsende Berühmtheit nicht nur unter den Genossen. Ab Februar 1930[391] darf er regelmäßig für die beiden wechselnden Erscheinungsformen des Blattes *Der Abend – Spätausgabe des Vorwärts* und *Vorwärts – Abendausgabe* zeichnen.

Insgesamt karikiert er »170mal mit seiner spröden, hart aufsetzenden Feder die Tagespolitik der Zeit. Die politische Grobschlächtigkeit, mit der die Auseinandersetzungen vor der nationalsozialistischen Machtergreifung geführt werden, ist kaum zu überbieten. Ohsers Zeichnungen zeigen auch das blutig-rüde, pöbelhafte Geraufe zwischen der nationalen und nationalsozialistischen Rechten auf der einen Seite und der Linken auf der anderen. Ihm gelingt es seismisch, das aufgehetzte Klima kurz vor dem Absturz der Demokratie zu skizzieren, ohne dabei die Meinungslage seiner Leserschaft aus dem Auge zu verlieren.«[392]

Ohser skizziert die nationalsozialistischen Schlägerbanden, er persifliert deren Interessenverwandtschaft mit der totalitären Linken beim Zerstören der Weimarer Demokratie; er zeigt die fatale Affinität der Nationalkonservativen mit der völkischen Bewegung und den Schulterschluss Hitlers mit dem Medienfürsten Hugenberg[393] auf. Die Rangliste[394] der von Ohser am häufigsten Karikierten sieht wie folgt aus:

Adolf Hitler (34-mal)
Alfred Hugenberg (22-mal)
Joseph Goebbels[395] (9-mal)

Zu Ohsers Sujets gehören auch die schnell wechselnden Kabinette der langsam zerbröckelnden Weimarer Demokratie, die einigermaßen hilflos dem rapiden Aufstieg der nationalsozialistischen Bewegung und ihren kriminellen Umtrieben zusah, ohne dem Treiben ernsthaft und nachhaltig Einhalt gebieten zu können.

»Das Eskalieren der politischen Verhältnisse lässt Ohser jedoch [...] zusehends vorsichtiger werden. Nachdem er zuerst mit »erich«, dann mit seinen Initialen »e. o.« oder in wenigen Fällen auch mit »Ohser« gezeichnet hat, verzichtet er im Anschluss an die Spätausgabe des *Vorwärts* vom 17. Januar 1931 generell auf eine Signatur.«[396]

Der früher eher unpolitische Ohser zeichnet im doppelten Sinne auf seine Weise die Konturen einer immer bedrohlicher werdenden Gefahr durch die Nationalsozialisten, deren Aufstieg unaufhaltsam scheint. Zutreffend beleuchtet er mit seinen Mitteln die paranoid-schizophrenen Wesenszüge Hitlers, dessen Allianz mit den Nationalkonservativen wie Hugenberg, die demagogischen Rollenspiele und Winkelzüge von Goebbels sowie die erbarmungslose Brutalität der braunen Demokratiefeinde. Ohser skizziert »das aufgehetzte Klima kurz vor dem Absturz der Demokratie, fokussiert mit seinen umrisshaften Zeichnungen den sozialdemokratischen Blick auf das Ende der *Weimarer Republik* und deckt die kriminellen Umtriebe der politischen Dunkelmänner dieser Jahre auf. Etwa wie Hitler die Hugenbergpartei politisch gegen die *Weimarer* Demokratie zu instrumentalisieren weiß. Die Arbeiten besitzen dabei kaum Schatten, haben wenig räumliche Tiefe, wirken nahezu hölzern, zuweilen sogar atavistisch und entsprechen formal der politischen Grobschlächtigkeit, mit der die Auseinandersetzungen vor der nationalsozialistischen *Machtergreifung* geführt werden. Noch in den ersten Monaten des Schicksalsjahrs 1933 erscheinen Ohsers mutige Sottisen.«[397]

Auch wenn Ohsers Zeichnungen zuletzt keine Initialen oder Namen aufwiesen, wissen Kenner, Interessierte und Karikierte um seine Urheberschaft an den politisch-künstlerischen Attacken. Auf die damit verbundenen Gefahren weist u. a. der Schriftsteller Rolf Bongs[398] hin, als er über eine der Ohser-Karikaturen schreibt:

»Erich Ohser hatte vor 1933 in Leipzig eine Karikatur gezeichnet und veröffentlicht, die durch die ganze Welt ging: Hinter einem riesengroßen Standspiegel hockt ein ganz kleiner, tiefbetrübter Hitler, Haare im Gesicht, Hände vor den Augen, verzweifelt, und darunter stand: *Oh, wie ist mir mies vor mir selbst* [sic!].«[399]

Hierzu kommentiert Schulze folgerichtig:

»Die späteren Machthaber – besonders Joseph Goebbels, selbst wiederholt Gegenstand dieser Spottzeichnungen, erkennend wohl auch,

Abb. 9: Erich
Ohser, Dienst
am Volk.
Neue Revue,
1931

DIENST AM VOLK   Ohser

dass hier von Künstlerhand mit wenigen Strichen sein Gehabe ange-
prangert wird – vergessen das nicht.«[400]

***

Erich Knaufs Leben und Werdegang werden vor allem von zwei Aspekten geprägt, die ihn in den Augen der nationalsozialistischen und reaktionären Kreise als Feindbild erscheinen lassen: Da ist zum einen seine
politische und zugleich berufliche Heimat bei der Sozialdemokratie.

»Im Februar 1919 wurde ich Schriftleiter bei der Sozialdemokratischen Volkszeitung für das Vogtland in Plauen/Vogtl. In dieser Zeit
übernahm ich den lokalen und Unterhaltungsteil. In dieser Stellung
verblieb ich bis zum Jahre 1928«[401], gibt er später rückblickend an. Er
folgt damit den Spuren seines Vaters Heinrich Knauf[402], der zu den
lokalen politischen Persönlichkeiten im Vogtland gehört und ebenfalls als sozialdemokratischer Redakteur gearbeitet hat.

»In diesem Zusammenhang muß ich bemerken, daß mein Vater
eingetragenes Mitglied der damaligen Sozialdemokratischen Partei
Deutschlands war und daß ich in seiner Weltanschauung erzogen
wurde. Mein Vater war Schriftleiter der sozialdemokratischen Zeitung
Tribüne in Gera.«[403]

In dieser Funktion und als SPD-Funktionär hat er sich als Feind
der Nationalsozialisten etabliert. Zudem war Heinrich Knauf vor 1933
der erste Geraer Arbeiterführer im *Bund der Freunde Sowjetrußlands*.

»Auf Grund meiner politischen Erziehung trat ich«, so Erich Knauf, »als ich volljährig wurde, und zwar noch als Soldat, der Sozialdemokratischen Partei bei. Der SPD gehörte ich als offizielles Mitglied, ohne jedoch Funktionär gewesen zu sein, bis zum Sommer 1928 an. Zu diesem Zeitpunkt trat ich aus der SPD aus und gab meine Stellung als Schriftleiter an der *Volkszeitung für das Vogtland* auf. Anlaß hierzu war die Tatsache, daß die SPD sich seinerzeit gespalten hatte, das Parteigezänk innerhalb der sozialistischen Gruppen überhand nahm und an eine fruchtbare Arbeit nicht mehr zu denken war.«[404]

Zu seinem linken, sozialdemokratischen Weltbild gehört die Verachtung des früheren Herrschaftssystems um den nach Holland geflohenen Kaiser Wilhelm II., dem er ein satirisches Gedicht mit dem Titel *Heil Kaiser dir!* widmet:

> »Heil Kaiser dir!
> *Nur in weihevoller Stimmung zu singen an*
> *Deutschen Tagen nach Mitternacht.*
> *Leise und bewegt, später immer lauter.*
> Fern der Heimat, fern der lieben Heimat
> weilt ein edles He – ja Herrscherpaar.
> Kaiser Wilhelm, Impe – Imperator,
> Der er vor ganz kurzer Zeit noch war.
> Jeden Morgen blickt er mit den Adleraugen
> Dorthin, wo die Sonne sich erhebt,
> Wo das Vaterland, das deutsche (Komma)
> Eine neu – ja neue große Zeit erlebt.
> Und ein lichter Engel stehet ihm zur Seite
> Dort in dem Asyl im Schloß von Doorn,
> Um zu trocknen seine Trä – ja Tränen
> Minniglich von hinten und von vorn.
> Wehe, wehe! Ruft Hermine – mine:
> Deutschland rege deine Pu – ja Pulse,
> Lau – o lausche auf die Heldenlieder,
> Die dir singt dein O – dein Otto Schulze.
> Und die andren Patrio – ja oten alle
> Von der Maas bis an den Kru – den Krug …
> Also spricht die Kai – die Kaiserin und seufzet
> In ihr schwarzweißro – ja rotes Taschentuch.
> Doorn o Doorn, du Dorn in meiner Seele,
> Die in dem deu – ja deutschen Busen wohnt,

O zeig uns an, ob jemand unsre Treue
Noch für das Herrscherhaus belohnt.
Denn unsre Söhne brauchen Ä – ja Ämter,
Die Töchter Offiziere und wir Orden,
Kredite, Heereslieferung und Zölle, Zölle,
Und Polizeiattacken in Prole – Proletenhorden.
Auch so ein kleiner Krieg wär gar nicht übel
Und hi – und hintenach ein hübscher Dalles.
Wir fürchten Gott und sonst nichts auf der Welt! Heil!
Deu – ja Deutschland über a – alles!«[405]

Im Rahmen seiner Redakteurstätigkeit war Knauf, wie bereits erwähnt, regelmäßig in presserechtliche Auseinandersetzungen mit Nationalsozialisten geraten. Dies hatte u. a. zu mehreren gerichtlichen Verurteilungen[406] geführt. Knauf selber gab an, »von 1921 bis 1927 etwa 7mal wegen Vergehens gegen das Pressegesetz mit Geldstrafe belegt«[407] worden zu sein.

Nicht zuletzt mahnt Knauf mit seinem Buch *Ça ira!*[408], obwohl darin die Ereignisse des Jahres 1920 beschrieben werden, das aktuelle Publikum des Jahres 1930 zur Wachsamkeit gegenüber Hitler, Hugenberg & Co. Die Erinnerung an die erfolgreiche Abwehr einer Machtergreifung von rechts aus dem Jahr 1920 scheint ihm 1930 offenbar ein Mittel der Mobilisierung gegen die in jenen Jahren aufkommenden Nationalsozialisten zu sein. Das Buch soll ein Aufruf zur Bekämpfung der reaktionären Kräfte sein:

»Mädel, heul nicht, heul nicht, Mädel!
Die Zeit, sie geht vorbei, vorbei.
Und lange dauert es ja nicht —
Zwei Wochen oder drei.

Mädel, heul nicht, heul nicht, Mädel!
Wir halten uns dazu, dazu.
Und wenn mich eine Kugel trifft,
Dann hat die Seele Ruh’.

Mädel, heul nicht, heul nicht, Mädel!
Dem Putsch, dem tun wir not, ja not.
Denn ohne uns, das glaube mir,
Da wär’ kein Tag mehr rot.

Mädel, heul nicht, heul nicht, Mädel!
Die Welt, die dreht sich rund, ja rund.
Und alles kommt zu guter Letzt
Doch wieder auf den Hund.«[409]

Der Umgang mit den Putschisten, denen von der Justiz zum Teil mildernde Umstände aufgrund ihrer vermeintlich selbstlosen Vaterlandsliebe zugebilligt wurden – was sehr stark an den Umgang der Justiz mit den Protagonisten des Hitler-Putsches von 1923 erinnert – hatte 1920 einen enttäuschten Erich Knauf veranlasst, sich der USPD als linkem Flügel der SPD anzuschließen.

Ein zweiter wesentlicher Aspekt für seine Gegnerschaft zum Nationalsozialismus bildet nach den Erfahrungen im Ersten Weltkrieg und bei der Niederschlagung des Kapp-Putsches Knaufs ausgeprägt antimilitaristische Haltung. In dieser Hinsicht stimmt er u. a. mit seinem Freund Erich Kästner überein, der in vielen Gedichten ebenfalls seine Ablehnung des Militärischen zum Ausdruck bringt[410], was letztlich auch in dem gleichfalls bereits erwähnten im *Vorwärts* veröffentlichten Roman *Donner über der Adria* von 1932 zum Ausdruck kommt.

Knauf ist zu dieser Zeit noch als Lektor und Programmleiter bei der *Büchergilde* tätig und hätte den Roman einfach selbst verlegen können. Doch möglicherweise ist es 1932 bereits zu spät und der Wind hat sich auch in der *Büchergilde* vielleicht schon gedreht. Hinzu kommt das beständige Ringen des Autors in seiner Eigenschaft als Lektor mit dem *Büchergilde*-Chef Dressler.

∗∗∗

Kästners Eintritt in die Welt des Kabaretts in jener Zeit wird von Beginn an auch von Ohser begleitet. Ihre Werkstatt gemeinsamer Kreativität verlegen die Freunde »unter das Dach des Kabaretts der Komiker, Kurfürstendamm – Ecke Lehniner Platz. Konkret: in das dort etablierte, moderne und funktional ausgestattete Café Leon«[411]. Ohser freundet sich hier auch mit dem gleichfalls gerade nach Berlin gekommenen Regisseur und Autor Robert Adolf Stemmle[412] und dem Kabarettisten Werner Finck[413] an.

Der Schauspieler Werner Finck hat das Kabarett *Die Katakombe* im Oktober 1929 zusammen mit einer Gruppe junger Künstler und Autoren (unter ihnen auch Kurt Tucholsky) gegründet. Das neue Ensemble füllt eine Lücke, nachdem an die Stelle »des vormals kritischen Berliner Großstadtkabaretts mit seiner politisch-bissigen Satire, das die

Dringend ruhebedürftig

„Mir is mies vor mir."

Abb. 10: Erich Ohser,
Dringend ruhebe-
dürftig. Vorwärts vom
27. August 1932

gesellschaftliche Konfrontation nicht gescheut hatte, in den letzten
Jahren gesellige und konventionell-oberflächliche Programme mit
gefälligen artistischen Elementen getreten [waren], die auf den elegan-
ten Bühnen des Kurfürstendamms aufgeführt wurden«.[414]

Der bis dato unbekannte Provinzschauspieler Finck als Conférencier präsentiert mit seinen Kollegen im Keller des *Vereins Berliner
Künstler* dem begeisterten Publikum mit Musik, Tanz, Dichtung,
Improvisation eine bunte Mischung verschiedener Künste, wobei
sowohl Spaß und Unterhaltung, aber auch anspruchsvolle literarische
Parodien aus der Feder u. a. von Kästner geboten werden. Ohser arbeitet als Schnellzeichner für die *Katakombe*. Zudem fertigt er Masken
für die von Finck aufgeführten Parodien deutscher Politiker an. Ohser
erstellt die Gesichtsmasken anhand von Abbildungen. Der Zeichner
bleibt der *Katakombe* allerdings nicht sehr lange treu.

***

Am Vorabend der Machtergreifung Hitlers ist die politische Situation
in Deutschland zerfahren, während sich die wirtschaftliche Lage in

einer Aufwärtsentwicklung befindet. Seit 1930 haben die gewalt-
samen politischen Auseinandersetzungen merklich zugenommen.
Vor allem SA und Rotfrontkämpferbund sorgen für Saalschlachten
und Überfälle. Im Jahr 1932 eskaliert die Lage dann vollständig, als
allein in Preußen 155 Menschen, darunter 55 Angehörige der NSDAP,
54 der KPD und zwölf des Reichsbanners beziehungsweise der SPD,
Opfer der Gewaltausschreitungen werden. Die Inbesitznahme »roter«
Stadtviertel in Berlin durch die SA geht dabei auf die Geschehnisse
des »Altonaer Blutsonntags«[415] am 17. Juli 1932 zurück. Die Furcht vor
einem Bürgerkrieg ähnlich wie in Russland zwischen 1918 und 1923
und der sehnliche Wunsch nach einer starken staatlichen Hand, die
diesem Drohgespenst Einhalt gebietet, ist weit verbreitet.[416] Der greise
Reichspräsident Hindenburg, makabrerweise ohnehin kein Freund
der Republik, verliert mehr und mehr die Übersicht im Ränkespiel der
Parteien und einzelner narzisstischer Politiker.

Kapitel 4
Im Visier von Joseph Goebbels

Hitler – eine Zeitenwende

Zu Beginn des schicksalsträchtigen Jahres 1933 erscheint Kästners letztes politisches Gedicht in der *Weltbühne* mit dem Titel *Die scheintote Prinzessin*[417]. Es handelt sich um »eine im Gewand des Märchens vorgetragene Satire auf das angestrebte offizielle Bündnis zwischen feudal-monarchistischer Reaktion und den Faschisten«.[418] Dornröschen verkündet ihr Erwachen im Zuge der zur Macht greifenden Hitler-Bewegung. Darin heißt es u. a.:

> »Und alle fingen an zu schrein,
> als sei es ihre Sache.
> Sie schrien: *Deutschland erwache!*
> Und schliefen darüber ein.«[419]

***

Am 30. Januar 1933 ernennt Reichspräsident Paul von Hindenburg kurz nach 11.00 Uhr im Empfangssaal der alten Reichskanzlei Adolf Hitler zum Reichskanzler. Nun ist er also gekommen, der starke Mann, den viele sich als ordnende und führende Kraft in Deutschland so lange gewünscht haben, ohne die fatalen Konsequenzen zu ahnen.

Dem ersten Kabinett Hitlers gehören u. a. Hermann Göring[420] als Reichskommissar für den Luftverkehr und Innenminister in Preußen sowie Alfred Hugenberg als Reichskommissar für Osthilfe an. Joseph Goebbels nimmt noch kein Amt innerhalb der Regierung ein.

Am Nachmittag erklärt Hitler in kleinerem Kreis in der Reichskanzlei:

»Keine Macht der Welt wird mich jemals lebend hier wieder herausbringen.«[421]

Nur kurze Zeit nach der NS-Machtergreifung, am 27. Februar, brennt der Reichstag. Das Gebäude wird in seinem Inneren fast vollständig vernichtet. Am Tatort wird der niederländische Kommunist Marinus van der Lubbe[422] verhaftet. Noch in der Nacht kommt es zu zahlreichen Verhaftungen von Kommunisten und Sozialdemokraten. Die politischen Gegner, vor allem die Kommunisten, werden als Verantwortliche des Brandes angesehen, obwohl viele Indizien dafürsprechen, dass die eigentlichen Urheber die Nationalsozialisten gewesen sind. Als politische Reaktion wird noch am Folgetag die *Verordnung des Reichspräsidenten zum Schutz von Volk und Staat* verabschiedet, womit die festgeschriebenen Grundrechte der Weimarer Verfassung außer Kraft gesetzt werden.

∗∗∗

Just zum Zeitpunkt dieser politischen Ereignisse befindet sich Kästner auf einer langen Urlaubsreise (Schweiz, Österreich). Er trifft sich mit bereits ausgewanderten Kollegen wie Anna Seghers[423]. Für viele Freunde und Zeitgenossen bleibt es rätselhaft, warum Kästner schließlich nach Deutschland zurückkehrt, obwohl er seine politischen Gegner an der Macht weiß und obwohl am 27. Februar 1933 der Reichstag gebrannt hat, über dessen Ursache er schreibt:

»Die deutschen Zeitungsagenturen meldeten, die Kommunisten hätten den Reichstag angezündet. Uns allen war klar, daß es sich im Gegenteil um ein Manöver Hitlers handelte, hinter dem sich nichts weiter verbergen konnte als die Absicht, geplante innerpolitische Gewaltmaßnahmen mit dem Schein des Rechts in Gegenmaßnahmen umzufälschen. Er fingierte diesen Angriff seiner politischen Feinde, um ihre Vernichtung als bloße Selbstverteidigung hinzustellen.«[424]

Trotz dieser Vorkommnisse löst Kästner schließlich »die Rückfahrkarte für den D-Zug Zürich-Berlin. Er stand am Fenster seines Abteils und sah kurz vor der Abfahrt, wie auf dem Nebengleis ein Schnellzug aus Deutschland mit Kollegen und Bekannten einfuhr. Man sah einander, begrüßte sich in freudiger Erregung, wie es in dieser Situation verständlich war. Die soeben eingetroffenen Flüchtlinge aus Deutschland, für die der Reichstagsbrand das Signal gewesen war, noch in der gleichen Nacht das Land zu verlassen, redeten Kästner zu, mit seinen Koffern wieder auszusteigen und den Zug abfahren zu lassen. Ohne Erfolg. So ergab sich die groteske Situation, daß Kästners Zug zur gleichen Zeit in den Staat der Nazis zurückfuhr, als ihm die Züge mit den aus diesem Staat geflüchteten Gesinnungsgenossen entgegenkamen.«[425]

An seine Mutter in Dresden, die ihm gegenüber zuvor offenbar den Gedanken an eine Emigration aufgebracht hat, schreibt er am 27. März des Jahres fast trotzig:

»Also, mit dem Draußenbleiben, das kommt gar nicht in Frage. Ich hab ein gutes Gewissen, und ich würde mir später den Vorwurf der

Feigheit machen. Das geht nicht. Außerdem bekommt mir das Fort-
sein immer nur paar Wochen.«[426]

Die Verweigerung einer Emigration begründet der Dichter außerdem damit, dass er in der Heimat Chronist der Ereignisse sein wolle.
Tatsächlich sammelt er in den 1940er-Jahren Material und macht sich
Notizen in Gabelsberger-Kurzschrift in einem geheimen Tagebuch für
einen künftigen Roman über das »Dritte Reich«. Dieses blau einge-
bundene Buch[427] versteckt er in seiner Bibliothek, nimmt es später aber
während des Krieges bei Bombenalarm mit in den Luftschutzkeller,
weshalb es – anders als seine dreitausend Bücher umfassende Bibliothek – erhalten bleibt. In seinem im März 1943 verfassten Epigramm
Notwendige Antwort auf überflüssige Fragen[428] liefert er die weitere
Erklärung:

> »Ich bin ein Deutscher aus Dresden in Sachsen.
> Mich läßt die Heimat nicht fort.
> Ich bin wie ein Baum, der – in Deutschland gewachsen –
> wenn's sein muss, in Deutschland verdorrt.«[429]

Es wird vor allem das enge Verhältnis zu der in Dresden lebenden
Mutter sein, die ihm eine Emigration unmöglich erscheinen lässt. Wie
viele Zeitgenossen unterschätzt aber auch Kästner das Ausmaß der
bedrohlichen Entwicklung in Deutschland.

Die Frage der Emigration stellt sich in jenen Tagen auch den beiden
anderen Erichs – Ohser und Knauf. Der *Vorwärts* veröffentlicht bis in
den Februar 1933 noch Nazi-Karikaturen[430] aus Ohsers Feder.

Für den Zeichner ist die Auswanderung keine wirkliche Option.
Eine Emigration wird für ihn vor allem Mitte der 1930er-Jahre durchaus ein Thema, denn Marigard hat Verwandte und Freunde in England, die bereit sind, die Familie aufzunehmen. Anders als sein Kollege
Walter Trier – der sich nach London ins Exil rettet – will Ohser nicht
auswandern. Er kann kein Englisch und fürchtet nicht zuletzt wegen
seiner Schwerhörigkeit, dass er eine neue Sprache nur schwer erlernen
könne. Diese von der Mutter ererbte Krankheit darf keinesfalls vergessen werden, wenn das Bild des Erich Ohser ein vollständiges werden
soll. Kurt Kusenberg, der Freund und Kollege, schreibt später:

> »Seine Schwerhörigkeit schob sich abdämpfend zwischen ihn und
> die Umwelt [...]. Es war viel Zauderndes in ihm; Schwierigkeiten ent-
> mutigten ihn [...], er war ängstlich, war weich, aber nicht feige, [...] er
> fürchtete sich vor dem Bösen in der Welt und fühlte sich ihm, weil er
> selber ohne Arg war, nicht gewachsen.«[431]

Nicht zuletzt gilt zu bedenken, dass Berlin mit der Vielzahl seiner Verlage ein Hotspot für Zeichner und Illustratoren wie ihn ist. Und da er auch vor der Machtergreifung Hitlers wieder aus der SPD ausgetreten ist, glaubt er an keine akute Gefahr für sich.

Knauf wiederum gehört schon seit 1928 nicht mehr der SPD an und hält sich – abgesehen von seinem Antimilitarismus – öffentlich mit politischen Aussagen im Wesentlichen zurück. Wenn er sich politisch äußert, geschieht dies sehr subtil, eher versteckt. Auch er sieht keine unmittelbare Gefahr für seine Person durch die neuen Machtverhältnisse in Berlin. So scheint es jedenfalls.

***

Nach der Machtübernahme der Nationalsozialisten wird Roland Freisler zum Leiter der Personalabteilung im preußischen Justizministerium berufen. Noch bevor die gesetzlichen Grundlagen dafür geschaffen sind, führt er in diesem Amt eine rigorose Säuberung der Justiz und der Anwaltschaft durch. Nach den Reichstagswahlen vom 5. März 1933 wird er Abgeordneter für die NSDAP. In dieser Zeit, am 1. Juni, erfolgt auch seine Berufung zum preußischen Staatsrat. Im Oktober des Jahres wird er als Mitglied der *Akademie für Deutsches Recht* eine nationalsozialistische Rechtsreform vorbereiten, wobei er die Leitung der Strafrechtsabteilung vornehmen wird.

***

Angesichts ihrer Gegnerschaft zu den Nationalsozialisten und der eigenen eher linksgerichteten politischen Haltung wird es vermutlich allen drei Erichs in diesen Tagen mulmig gewesen sein. In einem Berliner Schrebergarten, gegenüber von Ohsers Wohnung, verbrennen der Zeichner und Knauf gemeinsam ihre gegen die Nationalsozialisten gerichteten Originalartikel und Zeichnungen – ganz so, als würde damit ihre Gegnerschaft zum neuen Regime unsichtbar.[432]

Nach diesem privaten Autodafé taucht Ohser jedenfalls erst einmal unter.

Gemeinsam mit seiner Frau Marigard und Sohn Christian zieht der Zeichner nach Marburg, wo die junge Familie im Haus seiner Schwiegereltern unterkommt. Dort erreichen Ohser im Laufe der Zeit drei Briefe von Kästner. »Der Freund schreibt wie gehabt, schnoddrig und souverän, aus Berlin und Dresden. Kommentiert lakonisch, scheinbar unbeeindruckt, Zeitgeschehen und individuelle Lage, berichtet über

Finanzielles, Buchprojekte und Persönliches. Deutlich wird die anhaltende Freundschaft, mit der Kästner Erich Ohser auszeichnet.«[433]

***

In einem wahren Stakkato rechtspolitischer Entscheidungen beginnen die Nationalsozialisten wichtige Eckpfeiler ihrer Herrschaft zu setzen. So wird am 13. März 1933 das Reichsministerium für Volksaufklärung und Propaganda geschaffen, das als zentrale Institution der NS-Propaganda für die inhaltliche Lenkung der Presse, der Literatur, der Bildenden Kunst, des Films, des Theaters, der Musik und des Rundfunks zuständig ist. Die Leitung wird Joseph Goebbels als Propagandaminister übertragen. Damit steht den drei Erichs und anderen linksgerichteten Kulturschaffenden einer ihrer ärgsten Gegner aus der Weimarer Zeit an maßgeblicher machtpolitischer Stelle gegenüber.

***

Bereits im März des Jahres werden die ersten Konzentrationslager von der SA und SS errichtet, u. a. in Dachau, Oranienburg und Esterwegen. Schon am 20. März 1933 werden hunderte kommunistische und sozialdemokratische Funktionäre interniert. Die Lager dienen primär dazu, die innenpolitischen Gegner planmäßig auszuschalten. Ihre Inhaftierung wird euphemistisch als „Schutzhaft« deklariert. Viele Häftlinge erleiden schwerste körperliche Misshandlungen, die häufig zum Tode führen.

Mit der Verabschiedung des Ermächtigungsgesetzes[434] am 23. März, das der Reichstag gegen die Stimmen der SPD und unter Ausschluss der Kommunisten annimmt, kann die Reichsregierung zukünftig hoheitsstaatliche Akte erlassen, auch wenn diese außerhalb der verfassungsrechtlichen Grundsätze liegen. Mit diesem Gesetz wird die Weimarer Verfassung außer Kraft gesetzt. Es ist der Freifahrtschein für Hitlers Diktatur.

Kulturelle Ausgrenzung

Am 1. April 1933 ist schließlich der Tagespresse die Meldung zu entnehmen, dass tags zuvor eine Reihe kommunistischer und linksradikaler Mitglieder aus dem *Schutzverband deutscher Schriftsteller (RDS)* ausgeschlossen worden sei.[435] Es handelt sich hierbei um die bedeutendste Schriftstellervereinigung der Weimarer Republik. Ein zur

»Säuberung« der Mitgliederliste eingesetzter Aufnahmeausschuss, dem u. a. Johannes »Hans« Richter[436] und andere nationalkonservative Schriftsteller angehören, die sich bereitwillig dem NS-Regime zur Verfügung gestellt haben, hat den Ausschluss initiiert. Auch Kästner gehört zu den Ausgeschlossenen. Er teilt dieses Schicksal mit anderen renommierten Publizisten und Schriftstellern wie Axel Eggebrecht[437], Lion Feuchtwanger[438], Alfred Kerr[439] und Egon Erwin Kisch[440], wie die *Deutsche Allgemeine Zeitung*[441] berichtet.

Kästner wird auch in einer zweiten politisch einflussreichen Interessenvertretung der deutschen Schriftsteller – dem PEN-Club[442] – ausgebootet. In einer ordentlichen Hauptversammlung vom 9. April 1933, zu der Kästner noch als Mitglied geladen wird, bricht ein Konflikt zwischen nationalkonservativen und nationalsozialistischen Schriftstellern auf. An diesem Abend sollen neue Mitglieder, ausschließlich exponierte Nationalsozialisten wie der der Reichsjugendführer der NSDAP, Baldur von Schirach[443] oder völkische Schriftsteller wie Arnolt Bronnen[444] in den erlauchten Literatenkreis aufgenommen werden.

Die NSDAP übernimmt damit auch den P.E.N.-Club. Als stiller Zuhörer und einziger Zeuge– soweit er von den Anwesenden erkannt wird – verlässt Kästner den Versammlungsort, ohne behelligt zu werden.

Was er zu diesem Zeitpunkt noch nicht weiß: Der junge nationalsozialistische Bibliothekar Dr. Wolfgang Hermann[445] hat im Auftrag des Propagandaministeriums im Februar und März des Jahres 1933 eine schwarze Liste zusammengestellt, um »reichseinheitlich« die Voraussetzung dafür zu schaffen, »unerwünschte Autoren für Druck und Bibliotheken auszuschalten« sowie die Verbrennung der »marxistischen« und »jüdischen« Bücher einzuleiten.[446]

Auf der schwarzen Liste stehen sämtliche Autoren, die im Dritten Reich als unerwünscht gelten. Zu ihnen gehört auch Kästner. Während grundsätzlich sein Gesamtwerk verboten sein soll, bleibt allein sein *Emil und die Detektive* von dem Verdikt verschont, da dieses Buch in der deutschen Jugend äußerst beliebt ist und der *Emil*-Film weiterhin in den Kinos läuft. Diese Parallele verdeutlicht exemplarisch die Absurdität nationalsozialistischer Kulturpolitik.

***

Auf Betreiben des Chefs der preußischen Polizei, Hermann Göring, wird am 26. April 1933 die Geheime Staatspolizei (Gestapo) offiziell gegründet. Als eines der zentralen NS-Ausführungsorgane beteiligt sich die Gestapo an unzähligen Terrormaßnahmen, vor allem gegenüber missliebigen Gegnern des politischen Herrschaftssystems. Die Gestapo wird sich einen Ruf als berüchtigte innerstaatliche Verbrecherorganisation[447] erwerben, die für ihre brutalen Foltermethoden berüchtigt sein und sich als eine der Hauptverantwortlichen für den Holocaust und Porajmos erweisen wird.

***

Kästner schreibt am 3. Mai 1933 an seinen noch immer in Marburg lebenden Freund Ohser, wobei die Hindernisse und Ausbootungen als Schriftsteller in den letzten Wochen nicht näher thematisiert werden. Stattdessen bezichtigt er sich selber seiner Nachlässigkeiten gegenüber dem Freund und verbindet die Selbstanklage sogleich mit einer humorigen Andeutung über die sich ändernden gesellschaftspolitischen Verhältnisse:

»Lieber Ohser! [...] *Ich bin ein Schwein*, daß ich Ihnen noch nicht geantwortet habe. Aber ich sitze teils bei Muttern, in der Nähe meiner neuesten Braut; teils in Stuttgart und Leipzig, um mich bei unseren Vorgesetzten über Gleichschaltung aufklären zu lassen [...].«[448]

Dann äußert er den Vorschlag:

»Ich möchte mit Ihnen eigentlich eine Wanderung machen. Zu Fuß, per Bummelzug etc. Hätten Sie Lust? Muß ja nich gleich morgen sein. Vielleicht käme 'n schönes Buch bei raus, wa?«[449]

Sprunghaft wechselt er wieder das Thema:

»Meine gesammelten Werke werden nicht mehr ausgeliefert. Der Verlag erklärt sie [...] für *vergriffen*. Ein guter Witz. Aber so schnell soll uns beiden die Puste nich ausgehen! Was macht Knäufchen?«[450]

Zu der von Kästner vorgeschlagenen gemeinsamen Wanderung »zu Fuß, per Bummelzug«[451] wird es nicht kommen.

***

Hitlers Machtantritt beendet auch die in künstlerischer und beruflicher Hinsicht fruchtbare Zeit für Erich Knauf bei der *Büchergilde*. Dies geschieht allerdings nicht abrupt.

In den ersten Monaten des Jahres kann er noch weiterarbeiten, was daran liegt, dass andere oppositionelle Zeitgenossen noch mehr im Visier der Nationalsozialisten stehen. Dies ändert sich erst nach dem Reichstagsbrand und dann im Vorfeld des 1. Mai, an dem die »Gleichschaltung« der Gewerkschaften erfolgen wird. Dieser auch im »Fall Knauf« bestehende Zusammenhang lässt sich daran ablesen, dass das von ihm Ende

April fertiggestellte Heft das der Mai-Ausgabe ist. Die SA besetzt am
2. Mai 1933 das Verbandshaus der Deutschen Buchdrucker in Berlin und
damit auch die Zentrale der gewerkschaftlichen Buchgemeinschaft. Auf
diese Weise wird das vorläufige Ende der freiheitlich gesinnten *Büchergilde* markiert. Es erfolgt die politische Gleichschaltung.

Schon vor der SA-Besetzung hat die Leitung der *Büchergilde* auf die
sich vollziehende Zeitenwende reagiert. Offiziell wird in einer Sitzung
der *Büchergilde* vom Donnerstag, dem 27. April 1933, unter anderem
festgestellt:

»Die Geschäftsleitung habe wiederholt die Berücksichtigung deutscher Autoren bei der Herausgabe der Bücher sowohl wie in den Artikeln für die Zeitschrift *Die Büchergilde* verlangt, trotzdem sei aber von
Knauf ausländische – besonders französische Literatur – berücksichtigt worden. [...] Der Vorstand überzeugte sich durch das vorgelegte
Material von der Aussichtslosigkeit einer gedeihlichen Zusammenarbeit zwischen dem Kollegen Knauf und der Büchergilden-Leitung. Er
hält es deshalb für zweckmäßig, den Kollegen Knauf am 15. Mai 1933
zum 30. Juni 1933 zu kündigen.«[452]

Der neue Verlagsleiter ist der SA-Sturmführer Otto Jamrowski, der
alle Bücher aus dem *Büchergilde*-Programm entfernen lässt, die nicht
dem Wesen des deutschen Geistes entsprechen – oder was man zumindest dafür hält.[453] Wessen Geistes Kind Jamrowski ist, zeigt auch sein
im Jahr der Machtergreifung publiziertes Werk *Deutschlands Kampf
für die abendländische Kultur*[454].

Für Knauf ist das jedenfalls eine untragbare Auffassung von Kultur.
Erna Donath beschreibt seine innere Verfassung in jener Zeit wie folgt:
»Erich gehörte zu den Wenigen, die sich vom ersten Tage an vollkommen bewußt waren, was der Sieg des Nationalsozialismus bringen
würde. Nur daß er ihm nicht eine so lange Lebensdauer zugeschrieben
hätte. Er glaubte an einen baldigen Krieg und an ein schnelleres Ende
eines solchen.«[455]

Knauf verlässt die *Büchergilde* freiwillig. Kommissarisch übernimmt Jamrowski Knaufs Aufgabe bei der Betreuung der *Büchergilde*-
Zeitschrift. Ab dem August-Heft 1933 zeichnet mit Max Barthel[456] ein
anderer verantwortlicher Schriftleiter, der das von Jamrowski ausgerufene »Wesen des deutschen Geistes« zu kennen glaubt.

Erna Donath berichtet auch über die private Situation jener Tage,
die sich im Wandel befindet:

»3 ½ Jahre lang hatte ich kameradschaftlich unter Erich gearbeitet.
Er war durch Gertuds ewige Absage, nach Berlin zu kommen, immer
mehr vereinsamt, und als dann noch Beschwerden mit den Augen

eintraten und ein Arzt ihm erklärte, daß er eines Tages erblinden würde, da schloß er sich seinen Sekretärinnen noch mehr an. Eines Tages entdeckten Erich und ich, nach bald vier Jahren, daß wir uns gut waren. Unsere Verbindung gab Erich wieder Mut.«[457]

Diesen Mut braucht er auch, denn er steht mit einem Mal berufsmäßig auf der Straße.

»Er begann, sich seine Brötchen mühselig erneut durch Zeitungsartikel und kleine Tagesgedichte zu verdienen. Er schrieb Liebesgedichte«[458], die seiner neuen Liebe gelten.

Die Bücherverbrennung

Am 10. Mai 1933 kommt es in ganz Deutschland, aber vor allem in Berlin zu einem Großereignis der sich vollziehenden Demontage der Kultur.

An diesem verregneten Abend ist, worüber schon viele Biografen berichtet haben, Erich Kästner mit seinem Freund, dem deutschösterreichischen Filmautor Hans Wilhelm[459], in Berlin unterwegs. Die beiden Autoren wissen, dass ein Anschlag auf das deutsche Kulturleben stattfinden soll. Weniger bekannt ist, dass auch Erich Knauf und Walther Victor in den späten Stunden unterwegs sind[460], um Augenzeugen des Kommenden zu werden.

Erich Ohser ist an jenem Abend nicht auf den Berliner Straßen unterwegs, da er ja zu diesem Zeitpunkt noch immer mit seiner Familie bei den Schwiegereltern in Marburg lebt. Aber auch er gehört durch seine Illustrationen in den Kästner-Büchern zu den Mitbetroffenen des kommenden Ereignisses.

Seit Anfang April 1933 bereitet die Deutsche Studentenschaft, der Dachverband sämtlicher Studentenschaften an deutschen Hochschulen mit Sitz in Würzburg, eine *Aktion wider den undeutschen Geist* vor.[461] Die vom Boykott jüdischer Geschäfte am 1. April inspirierte »Aktion« soll zunächst nur auf Literatur jüdischer Autoren begrenzt sein, wird jedoch rasch im Laufe der nächsten Tage auf einen allgemeinen Kreis von Autoren »zersetzender« und »volksschädigender« Schriften ausgeweitet. Der ursprüngliche Plan der Deutschen Studentenschaft hat vorgesehen, »diese Schriften aus sämtlichen öffentlichen und wissenschaftlichen Bibliotheken zu entfernen, was allerdings am Einspruch der hierfür zuständigen Kultusverwaltungen der Länder, insbesondere Preußens, scheiterte. So mußten sich die studentischen Aktivisten auf private Buchhandlungen und Leihbüchereien beschränken.«[462]

Der Druck auf die Bibliotheken ist immens, die Eskalation wohlüberlegt geplant. Am 6. Mai 1933 inszenieren die Nationalsozialisten

Plünderungen von Büchereien und Buchhandlungen, tausende Bände werden abtransportiert. Allein in Berlin beschlagnahmen die Nationalsozialisten beim Überfall auf das Institut des Sexualwissenschaftlers Magnus Hirschfeld[463] mehr als zehntausend Werke. Dass gerade Hirschfeld im Fokus steht, hängt damit zusammen, dass er sich u. a. für die Anerkennung der Homosexualität eingesetzt hat und damit dem Familien- und Weltbild der Nationalsozialisten widerspricht. Außerdem ist er Jude, was ja bekanntermaßen schon für sich allein als Feindbild der Hitleristen genügt.

Als Grundlage für die Aussonderung und Beschlagnahmung von Büchern, die an den einzelnen Hochschulorten von Vertretern der Studentenschaft mit Unterstützung der SA oder der Polizei vorgenommen werden, dienen die sogenannten »Schwarzen Listen«, die von der Deutschen Studentenschaft in Würzburg in der zweiten Aprilhälfte vom *Ausschuß zur Neuordnung der Berliner Stadt- und Volksbüchereien* zugesandt worden sind. Auf diese Weise erlangt die Tätigkeit dieses aus drei Bibliothekaren bestehenden Ausschusses, der auf Veranlassung des neuen preußischen Kultusministers Bernhard Rust eingesetzt und ursprünglich nur auf die preußische Hauptstadt begrenzt worden ist, eine reichsweite Beachtung.

Zum Abschluss der *Aktion wider den undeutschen Geist* ist von der Deutschen Studentenschaft von Anfang an eine öffentliche Verbrennung der ausgesonderten Schriften geplant gewesen.

»Mit Schreiben vom 9. Mai 1933 wurden den Einzelstudentenschaften in allen deutschen Hochschulstädten die *Feuersprüche* mitgeteilt, die am Abend des nachfolgenden Tages aufgesagt werden sollten.«[464]

In Berlin ziehen an diesem 10. Mai die Studenten mit Fackeln von der Universität über die Museumsinsel in die Oranienburger Straße. Dort warten bereits Lastwagen mit etwa 25 000 Büchern. Dann bewegt sich der Zug in Richtung Opernplatz. Es herrscht Volksfeststimmung: Eine Blaskapelle spielt auf, tausende Schaulustige säumen die Strecke für das gespenstische Ritual. Unter den etwa 70 000 Menschen befinden sich Professoren in Talaren, Mitglieder von Studentenverbindungen, Verbände von SA, SS und Hitler-Jugend. Weil es an dem Abend regnet, müssen die Nazis dem Feuer mit Benzin nachhelfen.

»Gegen Abend fuhren Hans Wilhelm und ich mit der Stadtbahn bis zum Lehrter Bahnhof«[465], berichtet Kästner später. »Dann liefen wir über die große eiserne Brücke und hielten nach den angekündigten Marschkolonnen Ausschau. Hinter dem Lessingtheater kamen sie – links, zwei, drei, vier, links, zwei, drei, vier – angetrottet. Studenten in SAUniform zogen als Prätorianergarde voraus. An der Spitze, wo die Fahne oder der Schellenbaum hingehören, trug einer den von einer Bronzebüste heruntergeschlagenen Kopf Magnus Hirschfelds hoch auf einer Stange. Er schwenkte ihn, vor der geistigen Elite des Dritten Reichs marschierend, wie eine Kampftrophäe; und das Bild hätte nicht scheußlicher sein können, wenn Hirschfelds wirklicher, blutiger Kopf aufgespießt durch Berlin geschleppt worden wäre. Mit Büchern vollgeladene Lastwagen schwankten zwischen den Kolonnen. Es war ein trüber, regnerischer Tag. Und trübe war, trotz Gesang und Uniform, die Stimmung der Studenten. Die Methoden der neuen Herren waren im Grunde noch nicht ganz die ihren. Dass man Bücher nicht nur lieben, sondern auch hassen kann, wussten sie. Dass man Bücher auf Kommando öffentlich verbrennt, mussten sie noch lernen.«[466]

Am Opernplatz formieren »die Kolonnen ein großes Karree. Hans Wilhelm und ich standen an der braunen Studentenmauer, die sich auf dem Fahrdamm, parallel zur Universitätsfassade, gebildet hatte. Für den Höhepunkt der Veranstaltung aufbewahrte Pechfackeln wurden angezündet. Drüben vor den Bankpalästen, rechts von der Oper, war der Scheiterhaufen errichtet worden. Er flammte auf. Die Lastwagen rollten heran wie an eine Verladerampe. Tausende von Büchern wurden ausgekippt und von fleißigen Händen hoch im Bogen ins Feuer geworfen. Dann tauchte Goebbels auf.«[467] In seiner nun einsetzenden Rede heißt es u. a.:

»Liebe Kommilitonen! Deutsche Männer und Frauen! Das Zeitalter eines überspitzten jüdischen Intellektualismus ist nun zu Ende, und der Durchbruch der deutschen Revolution hat auch dem deutschen Weg wieder die Gasse freigemacht. [...] Das Alte liegt in den Flammen, das Neue wird aus der Flamme unseres eigenen Herzens wieder emporsteigen! Wo wir zusammenstehen und wo wir zusammengehen, da fühlen wir uns dem Reich und seiner Zukunft verpflichtet.«[468]

Kästner und auch Knauf stehen, ohne offenbar von der jeweiligen Anwesenheit des anderen Erichs zu wissen, inmitten der Zuhörerschaft und hören die Worte von Goebbels, der »auf einer von Mikrophonen belagerten Estrade« steht. Er »gestikulierte vor dem Feuerschein wie ein Teufelchen vor der Hölle. Er zeterte, salbaderte, rief Schriftsteller bei Namen und überantwortete ihre Bücher den Flammen und dem Vergessen. Das war kein Großinquisitor, sondern ein kleiner pöbelnder Feuerwerker. Hier rächte sich ein durchgefallener Literat an der Literatur. Hier beseitigte ein durchtriebener Politiker für viele Jahre jede intellektuelle Opposition. Die List und der Witz der Geschichte war, dass die zersetzenden *Intellektbestien*, die diesen Handlangern des Untergangs im Wege waren, ausgerechnet von dem einzigen

Intellektuellen beseitigt wurden, den sie in ihren eigenen Reihen aufzuweisen hatten. Nicht irgendein hergelaufener Raufbold und seine Meute verrieten hier den Geist, sondern ein Gundolfschüler und die akademische Jugend Deutschlands«[469], berichtet Kästner später.

Hinter dem Begriff »Gundolfschüler« verbirgt sich Goebbels, der ein Verehrer des vermutlich meistgelesenen (jüdischen!) Germanisten der Weimarer Zeit Friedrich Gundolf[470] ist.

In einem Punkt allerdings irrt sich Kästner wie viele seiner Zeitgenossen, denn anders als es an jenem Abend von vielen wahrgenommen wird, ist es nicht Goebbels, der »die gesamte *Aktion* bis hin zu den Bücherverbrennungen initiiert und gesteuert hatte, sondern es waren große Teile des akademischen Nachwuchses und ihrer geistigen Lehrmeister, die bereits seit der zweiten Hälfte der zwanziger Jahre auf einen antirepublikanischen Kurs eingeschwenkt waren und nun den vollzogenen Systemwechsel nachhaltig unterstützten.«[471]

Dass Goebbels als maßgeblicher Spiritus rector der Bücherverbrennung vermutet wird, hängt mit der geschickten Selbstinszenierung zusammen, die der Propagandaminister an jenem Abend der Welt bietet. Seine Rede wird »nicht nur als Höhepunkt des Abends auf dem Berliner Opernplatz inszeniert, sondern auf Anweisung von Goebbels über den Reichsrundfunk auch in sämtliche Haushalte mit Radioempfängern übertragen. Sie hinterließ offenbar auch bei dem der Verbrennung seiner eigenen Bücher persönlich beiwohnende Erich Kästner den erwünschten Eindruck, nämlich den eines omnipotenten Kulturmachthabers, der Goebbels zu jenem Zeitpunkt aber noch längst nicht war.«[472]

Im Folgenden werden von den Studenten sogenannte Feuersprüche verkündet. Zu deren Deklamation werden die Werke von Philosophen, Wissenschaftlern, Lyrikern, Romanciers und politischen Autoren in die Flammen geworfen. Der zweite Rufer an jenem Abend schreit:

»Gegen Dekadenz und moralischen Verfall! Für Zucht und Sitte in Familie und Staat! Ich übergebe der Flamme die Schriften von Heinrich Mann, Ernst Glaeser[473] und Erich Kästner.«

Zu den Kästner-Büchern, die in die Flammen geworfen werden, gehören *Fabian* und die von Ohser illustrierten Gedichtbände Kästners. Auch einige von Knaufs Büchern finden den Flammentod: *Empörung und Gestaltung, Daumier* und *Welt werde froh.*

»*Dort steht ja Kästner!*, rief plötzlich eine junge Frau, die mit ihrem Freund vorüberkam. Ihre Überraschung, mich sozusagen bei meinem eigenen Begräbnis unter den Leidtragenden zu entdecken, war so groß, dass sie auch noch mit der Hand auf mich zeigte. Das war mir, muss ich bekennen, nicht angenehm. Denn kurz zuvor hatte schon jemand anders meinen Namen laut gerufen – eben jener Gundolfschüler auf seiner von Mikrophonen belagerten Estrade. Hans Wilhelm und ich musterten die SA-Studenten ringsum. Sie blickten unverwandt zu dem lodernden Flammenstoß hinüber. Trotzdem beschlossen wir zu gehen. Nach ein paar Minuten, die wir, quasi anstandshalber, noch blieben, machten wir uns auf den Heimweg.«[474]

Es ist ein zutiefst deprimierendes Erlebnis für Kästner. Wie Knauf darüber denkt, lässt sich nur ahnen. Geäußert hat er sich öffentlich zu dem Ereignis nie.

»Der Abend hatte uns die Kehlen zugeschnürt. So einfach war es, eine Literatur auszulöschen? Mit so plumpen, gemeinen Maßnahmen konnten Bosheit und Dummheit triumphieren? So rasch gab der Geist seinen Geist auf? Wir wussten damals nicht, was heute, nach vielen entsetzlichen Jahren, die ganze Welt weiß: Mit solchen Methoden kann man zwar ein Volk vernichten, Bücher aber nicht. Sie sterben nur eines natürlichen Todes. Sie sterben, wenn ihre Zeit erfüllt ist. Man kann von ihrem Lebensfaden nicht eine Minute abschneiden, abreißen oder absengen. Bücher, das wissen wir nun, kann man nicht verbrennen.«[475]

Der Aufbau des »Systems Goebbels«

Kästner und Knauf erleben als Nächstes die Gründung des *Reichs-verbands Deutscher Schriftsteller E. V. (RDS)* als Zwangsorganisation für die deutschen Schriftsteller am 9. Juni 1933 mit.[476] Im *RDS* gehen gleich mehrere bestehende Interessenverbände auf: der *Schutzverband deutscher Schriftsteller*, der *Verband deutscher Erzähler*, der *Deutsche Schriftstellerverein* und das *Kartell lyrischer Autoren*. Der *RDS* wiederum wird nur wenige Monate nach seiner Gründung in die *Reichs-schrifttumskammer (RSK)* integriert.

Nur wenige Tage nach der Bücherverbrennung bietet nun auch der Vorstand des Börsenvereins der Deutschen Buchhändler unter Führung von Friedrich Oldenbourg[477] dem NS-Regime an, bei der »Säuberung« des deutschen Buchhandels von »unerwünschter« Literatur behilflich zu sein.[478] Erneut werden Listen erstellt und veröffentlicht, auf denen Schriftsteller wie Kurt Tucholsky[479], Lion Feuchtwanger[480] und Arnold Zweig[481] als »für das deutsche Ansehen […] schädigend«[482] bezeichnet werden.

Auch Kästner wird als kulturschädigend beschimpft. So erscheint am 25. Juni 1933 in der Literaturbeilage der *Berliner Börsen-Zeitung*[483] unter dem Obertitel *Der gestürzte Olymp* ein Verriss von insgesamt zwölf Schriftstellern, die als Repräsentanten der Literatur der

Abb. 11: Bücherver-
brennung auf dem
Opernplatz in Berlin
am 10. Mai 1933

Weimarer Republik gelten. Der Autor Christian Jenssen[484], ein Journalist für die NS-Presse und Mitglied im Kampfbund für deutsche Kultur, gibt seinem Beitrag, unter Verwendung von Kästner-Buchtiteln,
die Überschrift *Erich Kästner, der sein Herz auf Taille schnürte, sich
zwischen die Stühle setzte und nur noch am 35. Mai fortlebt.*
    In seinem Artikel spricht Jenssen von den »Machwerken des lite-
rarischen Konfektionsjünglings« Kästner, dessen Werke geprägt seien
von »Hemmungs- und Schamlosigkeit«, »Gotteslästerung«, einer
»geradezu teuflische[n] Phantasie und Wortwendigkeit«, »Reimereien,
die in frecher Überheblichkeit Geist und Gefühl fratzenhaft verzerren
oder mit nahezu sadistischer Lust zerpflücken«, »Verse voll blinder
Untergangsstimmung, in denen auch die letzten natürlichen Werte
mit todsicherer, kaltschnäuziger Eleganz paralysiert wurden«. Jenssen
empfiehlt, »auch den *Emil* in keiner Kinderbücherei mehr zu[zu]las-
sen«, obwohl ihn die Schwarze Liste noch verschont hat. Tatsächlich
bleibt der *Emil* verschont. Vorerst.

***

Mit Hitlers Amtsantritt als Reichskanzler hat auch sein Paladin Joseph
Goebbels die Reichsbühne der Macht betreten. Er kreuzt als Propa-
gandaminister auf besonders fatale Weise die Lebenspfade der »drei
Erichs«. Der promovierte Literaturwissenschaftler und dilettierende
Schriftsteller liebt Musik, Film, Theater. Goebbels empfindet sich als
»Medienzar«, als eine Art »Kultur-Führer« innerhalb des Hitler-Ka-
binetts. Er strebt nach der vollständigen Kontrolle über alles, was
die Volksgenossen denken, lesen, hören und anschauen. Um dieses

ambitionierte Ziel zu erreichen, ist das neue Reichsministerium für Volksaufklärung und Propaganda geschaffen worden. Es ist auf ihn, der seit 1924 die Propaganda der NDSAP maßgeblich aufgebaut und geleitet hat, zugeschnitten. Goebbels lässt von Beginn an keinen Zweifel an einer erzwungenen Gleichschaltung von Intellektuellen und Künstlern im NS-Staat aufkommen. Angestrebt ist eine inhaltliche Harmonisierung zwischen kulturellen Äußerungsformen auf allen Gebieten (Literatur, Malerei, bildende Kunst, Film usw.) und der ideologischen Propaganda des neu geschaffenen NS-Staates. Aus diesem Grund wird das gesamte intellektuelle und künstlerische Leben in Deutschland einer zentralen Steuerung unterworfen.

Goebbels belässt es jedoch nicht bei der öffentlichen Diffamierung andersdenkender Intellektueller durch spektakuläre Einzelaktionen. Planvoll errichtet der vor allem von Erich Ohser in der jüngeren Vergangenheit häufig karikierte Propagandaminister im Laufe des Jahres einen Organisationsapparat, mit dem er den gesamten Kulturbereich überwachen kann. In seinem Ministerium gibt es für jede künstlerische Richtung eine eigene Abteilung: Presse, Rundfunk, Film, Theater, Schrifttum, Bildende Kunst und Musik.

Zur rechtlichen Steuerung wird am 22. September 1933 mit dem Reichskulturkammergesetz[485] ein entscheidendes Instrument verabschiedet. Es ist auf Goebbels zugeschnitten, da es ihn als »Reichsminister für Volksaufklärung und Propaganda […] beauftragt und ermächtigt, die Angehörigen der Tätigkeitszweige, die seinen Aufgabenbereich betreffen, in Körperschaften des öffentlichen Lebens zusammenzufassen.«[486]

Aufgrund dieser gesetzlichen Ermächtigung, die im Übrigen neben Hitler als Reichskanzler auch von Goebbels als zuständigem Reichsminister selber unterschrieben worden ist – er sich sozusagen auch selber mit ermächtigt hat –, werden für die erwähnten Medien jeweils eigene Kammern errichtet.[487]

Hitler hat bereits im Juli 1933 die Errichtung einer solchen Reichskulturkammer »als Unterbau für das Reichsministerium für Volksaufklärung und Propaganda«[488] angekündigt.

Die Reichskulturkammer besteht somit aus den sieben Einzelkammern für Schrifttum, Presse, Rundfunk, Theater, Musik, bildende Kunst und Film. Den Einzelkammern wiederum werden die teilweise bereits vor der Machtergreifung bestehenden oder auch neu gegründeten beruflichen Fachverbände mit ihren 250 000 Mitgliedern zwangsweise eingegliedert. Ende des Jahres 1933 sind insgesamt 63 Fachverbände in sieben Kammern organisiert. Für Goebbels ist dabei eines entscheidend:

»Ich habe die ganze Organisation in der Hand. Eine große geistige Machtfülle.«[489]

Besonders deutlich wird diese Machtfülle dadurch, dass es u. a. in § 11 der Ersten Verordnung zur Durchführung des Reichskulturkammergesetzes heißt:

»Präsident der Reichskulturkammer ist der Reichsminister für Volksaufklärung und Propaganda.«[490]

Und da Goebbels somit beide Funktionen in Personalunion auf sich vereint, obliegt es ihm mehr oder weniger mit diktatorischer Bevollmächtigung, Entscheidungen der Einzelkammern aufzuheben und die durch sie geregelte Angelegenheit zur eigenen Entscheidung an sich zu ziehen.[491] Und damit in den jeweiligen Einzelkammern Politik in Goebbels'schem Sinne gemacht wird, kann der Propagandaminister entsprechende personelle Vorkehrungen treffen, zum Beispiel für jede Einzelkammer einen Präsidenten ernennen.[492]

Es lässt sich leicht vorstellen, dass keine wesentliche Position innerhalb der Reichskulturkammer gegen den Willen des Propagandaministers besetzt wird. Die organisatorische Aufsicht über die Einzelkammern bildet im Übrigen die Zentrale der Reichsschrifttumskammer, mit Sitz im Propagandaministerium, was noch einmal die enge Verflechtung der Behörden verdeutlicht.

Was die Kulturschaffenden angeht, so erwerben diese durch ihre Zugehörigkeit zu einem Fachverband die unmittelbare Mitgliedschaft bei der Einzel- und der Reichskulturkammer.[493]

Jeder Künstler ist daher gezwungen, eine entsprechende Mitgliedschaft vorzuweisen, da er andernfalls seinen Beruf nicht ausüben darf.

Kästner, Knauf und Ohser müssen die Mitgliedschaft in einem Fachverband anstreben, denn nur, wenn ihnen das gelingt, können sie auch zwangsläufig Mitglied in einer der Einzelkammern und damit auch in der Reichskulturkammer werden. Für die Registrierung gelten wiederum spezielle Richtlinien. Wer künftig als Schriftsteller, Redakteur oder Pressezeichner tätig werden will, benötigt unbedingt den Status eines »Schriftleiters«. Entsprechend dem am 4. Oktober 1933 veröffentlichten »Schriftleitergesetz« wird jedoch die Zulassung zum Schriftleiterberuf auf Antrag durch Eintrag in die Berufsliste der Schriftleiter bewirkt. Eines der Aufnahmekriterien bildet die sogenannte arische Abstammung.

Im Hinblick auf die betroffenen Künstler selber besteht zunächst die Situation, dass bei der Errichtung der Reichskulturkammer und ihren Einzelkammern keine Ablehnungen oder Verbote existieren, denn die Einzelkammern übernehmen zu Beginn automatisch alle

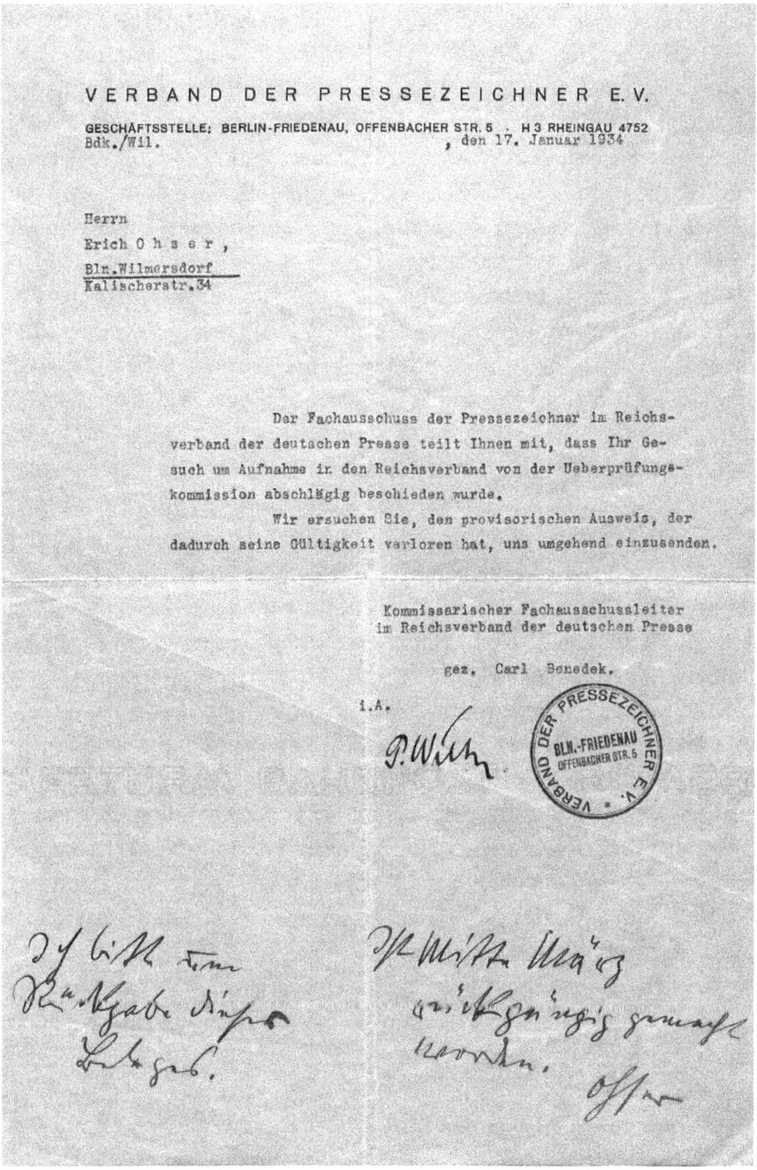

VERBAND DER PRESSEZEICHNER E.V.

GESCHÄFTSSTELLE: BERLIN-FRIEDENAU, OFFENBACHER STR. 5 · H 3 RHEINGAU 4752

Bdk./Wil. , den 17. Januar 1934

Herrn
Erich O h s e r ,
Bln.Wilmersdorf
Kalischerstr.34

Der Fachausschuss der Pressezeichner im Reichsverband der deutschen Presse teilt Ihnen mit, dass Ihr Gesuch um Aufnahme in den Reichsverband von der Ueberprüfungskommission abschlägig beschieden wurde.

Wir ersuchen Sie, den provisorischen Ausweis, der dadurch seine Gültigkeit verloren hat, uns umgehend einzusenden.

Kommissarischer Fachausschussleiter
im Reichsverband der deutschen Presse

gez. Carl Benedek.

i.A.

VERBAND DER PRESSEZEICHNER E.V. · BLN.-FRIEDENAU OFFENBACHER STR. 5

Abb. 12: Verband der Pressezeichner e. V. Brief an Erich Ohser vom 17. Januar 1934

Kulturschaffenden, die in den für ihren Bereich zuständigen Berufs-
verbänden organisiert sind. Diese Berufsverbände bilden als Fachverbände einen Teil der Kammer. Dadurch erwerben die Mitglieder
der Fachverbände ohne weitere Überprüfung die (vorläufige) Mitgliedschaft in den Einzelkammern. Daher befinden sich zu Beginn
auch sogenannte »Nichtarier« oder andere Personengruppen, die
nicht dem »idealen Bild« der Nationalsozialisten entsprechen, in den
Kammern.

Ein Künstler wie Ernst Barlach[494] ist nunmehr zur Mitgliedschaft in
gleich zwei Kammern gezwungen, denn als Schriftsteller wird er Mitglied der Reichsschrifttumskammer, während für den Grafiker und
Bildhauer Barlach wiederum die Reichskammer der bildenden Künste
zuständig ist.

Entscheidend für die Kammeraufnahme ist, wer die »für die Ausübung seiner Tätigkeit erforderliche Zuverlässigkeit und Eignung«[495]
mitbringt. Denkbar ist neben der Nichtaufnahme auch ein Ausschluss
aus der Kammer, was in beiden Fällen einem Berufsverbot gleich-
kommt. Der Maler Emil Nolde[496] nennt die Aquarelle, die er nach dem
ihm auferlegten Malverbot schafft, aus diesem Grund seine »ungemal-
ten Bilder«[497].

Noldes Berufskollege Erich Ohser erhält im Frühjahr 1933 von seinem Fachverband, dem *Reichsverband der Deutschen Presse*, einen
»provisorischen Ausweis«[498], mit dem zugleich eine befristete Arbeits-
erlaubnis verbunden ist. Die persönliche Überprüfung, inwieweit
Ohser den Prinzipien der NS-Kulturpolitik tatsächlich entspricht, hat
zu diesem Zeitpunkt noch nicht stattgefunden. Tatsächlich kann der
Zeichner zunächst unbehelligt weiterarbeiten. »Nicht selten wird mit
dem vollständigen Namen signiert.«[499]

Für die *Neue Leipziger Zeitung* liefert Ohser von März 1933 an (bis
September des folgenden Jahres) wöchentlich Zeichnungen, die auch
gedruckt werden.

Knauf und die Reichsschrifttumskammer

Erich Knauf ist Mitglied im *RDS*, der als Fachverband seinerseits
wiederum in die Reichsschrifttumskammer eingegliedert ist, und der
ihm im Oktober 1933 einen Fragebogen[500] zusendet. Knauf gibt u. a.
an, in der Nollendorfstraße 28IIIC zu wohnen, verheiratet zu sein
und bis Juni 1928 der SPD angehört zu haben. Zur Frage: »In welche
Fachschaft, als Haupt- oder Gastmitglied wollen Sie eingegliedert werden?«[501] schreibt Knauf:

»Hauptmitgliedschaft: Tagesschriftsteller [und] als Gast: Kritiker und Fachschriftsteller«[502]

Eine weitere Frage bezieht sich auf Leumundszeugen. Hier nennt Knauf:

»Ernst Züchner (im Ministerium für Volksaufklärung und Propaganda) und Herr Miehlke, Leiter der Büchergilde Gutenberg.«[503]

Knauf kennt den Schriftsteller und Übersetzer Züchner[504] von der *Büchergilde* her, wo er mehrere Bücher von ihm veröffentlicht hatte. Jetzt übt Züchner eine Stellung als Skandinavien-Referent im Propagandaministerium aus. Der *RDS* fragt tatsächlich bei den von Knauf angegebenen Bürgen nach.

Ernst Züchner erteilt die angeforderte Auskunft mit Schreiben vom 5. Dezember 1933, wobei vor allem Knaufs sozialdemokratische Vergangenheit thematisiert wird. So heißt es u. a. in dem Brief:

»Der Genannte [Knauf] ist mir seit Jahren bekannt. M.E. muss er der SPD angehört haben, über den Zeitpunkt seines Austritts ist mir nichts bekannt. Dass er der Arbeiterbewegung angehört hat, dürfte sich daraus erklären, dass er aus einer kleinen Handwerkerfamilie kommt, die sich schon zeitig der Arbeiterbewegung angeschlossen hat. Ich erinnere mich an Gespräche mit Genanntem, die 1929/30 stattgefunden haben müssen, in denen er sich erbittert gegen die Juden- und Korruptionswirtschaft in der Arbeiterbewegung wandte und den Verfall derselben durch die charakterlose Führung offen aussprach.«[505]

Von Knaufs längst erfolgtem Austritt aus der SPD weiß Züchner offenbar nichts, wie aus den nachfolgenden Zeilen hervorgeht:

»Wenn sich K[nauf] trotzdem nicht aus der Partei gemeldet haben sollte, so entspringt dies einem gewissen Treuegefühl gegen seine Herkunft und Umgebung, das man häufig bei denen findet, die nicht die Schlechtesten sind.«[506]

Insgesamt bestätigt Züchner, dass »sich K[nauf] soviel ich weiß, aus dem oben genannten Grunde schon jahrelang nicht mehr politisch aktiv [betätigt hat]. Seine Interessen liegen vielmehr in künstlerischer Richtung, er arbeitet als Kunstkritiker; Malerei und Graphik sind seine Spezialgebiete, auf denen er Bedeutendes leistet.«[507]

Die wenig hilfreiche Antwort von Miehlke vom 1. November fällt lapidar und kurz aus:

»Ich bedaure, Ihnen mitteilen zu müssen, dass ich Herrn Knauf nicht gut genug kenne, um Ihnen die gewünschten Auskünfte geben zu können.«[508]

Als Ergebnis der behördlichen Überprüfung wird Knauf eine vorläufige Mitgliedschaft im *RDS* zugesprochen. Vollständig überzeugt hat er die Entscheidungsträger des Verbandes allerdings nicht. Damit befindet sich Knauf – wie kurze Zeit später auch Ohser – in einem Stadium der vorläufigen Duldung ihrer beruflichen Tätigkeit im »System Goebbels«.

Kästner und die Gestapo

Auch Kästner muss wie Knauf Mitglied in der Reichsschrifttumskammer werden, wenn er weiterhin als Schriftsteller arbeiten will. Er ist gezwungen, einen Mitgliedsantrag zu stellen, was er im November 1933 auch tut. Andernfalls steht er »außerhalb seiner berufsständischen Vertretung und verliert damit die Voraussetzung zur weiteren Berufsausübung«[509].

Das Recht zur Berufsausübung als Schriftsteller geht verloren, wenn die beantragte Mitgliedschaft abgelehnt oder die Kündigung einer bestehenden Mitgliedschaft ausgesprochen wird. Der Weg für eine Aufnahme in die Reichsschrifttumskammer führt zunächst über den *RDS*. Kästner nimmt Kontakt zu Johannes Richter auf. Dieser ist seit 1931 Vorsitzender des Verbands deutscher Erzähler, der, wie schon erwähnt, nach der »Machtergreifung« im neu gegründeten *RDS* aufgegangen ist. Im *RDS* fungiert der parteilose Richter als stellvertretender »Reichsführer«.

Seiner Mutter schreibt Kästner am 1. Dezember 1933, er müsse am »Montag den Reichsverband anrufen, wo mir Hans Richter, der 2. Vorsitzende, einen vorläufigen Bescheid privater Natur geben will, ob sie mich aufnehmen werden oder nicht. Die Fragebogen hab[e] ich schon unterschrieben. Leute, die Mitglied der Liga für Menschenrechte[510] waren, sind wohl eigentlich nicht statthaft. Na, wir werden ja sehen, wie der Hase läuft.«[511]

Unerwähnt lässt er, dass er in dem Fragebogen gegenüber den neuen Machthabern seine Anerkennung ausgesprochen hat:

»Ich erkläre mich vorbehaltlos bereit, jederzeit für das deutsche Schrifttum im Sinne der nationalen Regierung einzutreten.«[512]

In den folgenden Dezembertagen erfährt der Schriftsteller, dass die neue politische Zeit auf vielen Ebenen zu bedrohlichen Eingriffen in das Leben der Volksgenossen führt. So berichtet er am 11. Dezember seiner Mutter:

»Ich schreib Dir heute nur paar Zeilen. Eben wollte ich auf der Bank etwas Geld abheben. Da sagten sie mir, mein Konto sei leider beschlagnahmt. Deines wohl auch, aber das wollen sie erst durch eine Rückfrage feststellen. Morgen setz ich mich mit einem Rechtsanwalt in Verbindung.«[513]

Der Grund für die Beschlagnahme seines Geldes ist ihm offenbar zu diesem Zeitpunkt noch nicht klar. Er wird ihm jedoch tags darauf klargemacht, als er bei einem erneuten Besuch der Bank von zwei Beamten der Geheimen Staatspolizei (Gestapo) verhaftet wird.

Den Zugriffen der Gestapo-Kriminalisten liegen in der Regel Anzeigen, Denunziationen oder Hinweise von V-Leuten zugrunde. Die Gestapo-Mitarbeiter verfügen über einen großen Handlungs- und Ermessensspielraum, der sich jeder rechtsstaatlichen Kontrolle entzieht. So sind verhaftete Personen dem Gestapo-Apparat im wortwörtlichen Sinne ausgeliefert. Denkbar ist für die Betroffenen eine Untersuchungshaft ohne konkrete Anklage auf Wochen und Monate hinaus, wobei die ständige Gefahr von Misshandlungen und Folter besteht. Den Gestapo-Ermittlern steht eine Vielzahl von Handlungsoptionen zur Verfügung, ohne dabei eine richterliche oder staatsanwaltliche Überprüfung fürchten zu müssen. Sie können den Fall ungeahndet lassen, eine Verwarnung aussprechen oder die Angelegenheit mit einem Ermittlungsbericht an die Staatsanwaltschaft abgeben. Eine weitere Möglichkeit ist die Beantragung einer »Schutzhaft«, was mit der Einweisung in ein Konzentrationslager ohne richterliche Prüfung oder die Möglichkeit einer Beschwerde gleichzusetzen ist.[514]

Im »Fall Kästner« besteht der Vorwurf, dass der Dichter in einer Prager Emigranten-Zeitung ein Gedicht mit neuen, regimefeindlichen Strophen veröffentlicht hat.

Zum Hintergrund der Emigranten-Thematik existiert ein längerer Bericht des Diplomaten Rudolf Hermann Johannes Holzhausen[515], der in seiner Funktion als Gesandtschaftsrat an der Botschaft des Deutschen Reichs in Prag am 10. August 1933 einen längeren allgemeinen Bericht über das deutsche Emigrantenwesen an das Auswärtige Amt nach Berlin gesendet hatte. In diesem Bericht schreibt Holzhausen u. a.:

»Die Zahl der hiesigen reichsdeutschen Emigranten wird nach neuesten Schätzungen auf etwa 4000 veranschlagt. Von diesen sind einige hundert organisierte Sozialdemokraten, der Rest sind Juden aller linkspolitischen Schattierungen. Etwa 600 Emigranten sind der Gesandtschaft namentlich bekannt.«[516]

Holzhausen weist auf die Übersendung entsprechender Namenslisten nach Berlin in den vergangenen Wochen hin und fährt in seinen Ausführungen fort:

»Nach Schätzung unterrichteter Stellen sind von den Emigranten […] 10 % Schriftsteller und Journalisten […]. Die Mehrzahl der Emigranten hält sich in Prag, Karlsbad, und Marienbad auf.«[517]

Der Gesandtschaftsrat erläutert im Folgenden die organisatorischen Strukturen innerhalb der Emigrantenkreise, vor allem die Aktivitäten von Sozialdemokraten und Kommunisten. Er gibt zudem einen Überblick über die journalistischen Tätigkeiten, wobei hier auch der Name Kästner auftaucht:

»Als illustrierte Zeitschrift demokratischen Charakters ist hier *Der Monat* ins Leben gerufen worden, dessen erste Nummer Anfang d. M. erschienen ist. Mitarbeiter dieser Zeitschrift sind laut Prospekt Oskar M. Graf[518], Johannes R. Becher[519], Bert Brecht[520], Lion Feuchtwanger[521], Leonhard Frank[522], Werner Hegemann[523], Erich Kästner [...].«[524]

Der Monat ist die deutsche Ausgabe der tschechischen Zeitschrift *Mésîc*. Sie ist 1933 unter Mitwirkung u. a. von Thomas Mann in Brünn begründet worden.

»Das, was von dem politisch tätigen Teil der deutschen Emigranten – Sozialdemokraten, Kommunisten, marxistischen und linksdemokratischen Journalisten und Schriftstellern – hier an Verhetzung und Verleumdung Deutschlands geleistet wird, ist bodenlos. Möglich ist, daß diese Tätigkeit eines Tages abflaut, weil man auch hier der Gräuelmärchen überdrüssig wird. Für den Augenblick aber ist zu sagen, daß hier von Emigrantenseite noch auf der ganzen Linie eine fieberhafte Hetz-Tätigkeit entfaltet wird, eine Betätigung, die sich für uns in einer überaus abträglichen Weise auswirkt.«[525]

Fälschlicherweise wird Kästner der Emigrantenszene in Prag zugerechnet. Und auch der gegen ihn erhobene Vorwurf entbehrt jeder Grundlage. Gegen den Schriftsteller wird keine Schutzhaft verhängt, da Kästner im Verhör, dass in der berüchtigten Gestapo-Zentrale in der Berliner Prinz-Albrecht-Straße 8 stattfindet, glaubhaft machen kann, dass er mit den inkriminierten Gedichtzeilen nichts zu tun hat. Die Beschlagnahme des Geldes wird aufgehoben. Er selber wird wieder auf freien Fuß gesetzt.

»Also, ab heute soll das Geld wieder frei sein«, schreibt Kästner seiner Mutter. »Na, ich gehe aber erst morgen wieder hin. Denn vielleicht haben sie's doch noch nicht mitgeteilt, und dann ginge das Theater wieder los. Die polizeiliche Vernehmung war nach 1 ½ Stunden schon vorüber. Man dachte also, ich lebe in Prag und sei heimlich da, um Geld zu beheben. So ähnlich. Na, Schwamm drüber. Ich erzähl's Dir ausführlicher in Dresden.«[526]

In diesen Tagen legt »der *RDS* der Kammer eine erste umfangreichere Liste mit Schriftstellern vor, deren Anträge auf Aufnahme abgelehnt werden«[527] sollen. Zu diesen eigentlich abzulehnenden

Antragstellern gehört auch Kästner. Dessen ungeachtet erscheint im Dezember 1933 sein nächster Jugendroman *Das fliegende Klassenzimmer.* Allerdings bedient sich die Deutsche Verlags-Anstalt, die *Das fliegende Klassenzimmer* verlegt, einer Tarnung und publiziert das neue Kästner-Buch vorsichtshalber unter dem Verlagsnamen *Friedrich Andreas Perthes.* Kästners jüdische Hauptverlegerin Edith Jacobsohn ist mittlerweile nach Zürich emigriert. Sie hat die Geschäftsleitung ihres Verlags Williams & Co. ihrer bisherigen Mitarbeiterin Cecilie Dressler[528] übertragen. Der Verlag verkauft zu diesem Zeitpunkt entgegen aller nationalsozialistischen Initiativen weiterhin Kästner-Bücher.

Erich Ohser ist inzwischen nach Berlin zurückgekehrt, wo er Anfang Dezember mit Kästner am Stammtisch zusammentrifft.[529] Dieser wird ihm ausführlich von der an den Tagen zuvor erlebten Vernehmung durch die Gestapo berichten; eine Mitteilung, die den eher ängstlich veranlagten Ohser nicht unbedingt beruhigt.

Vater und Sohn

Möglicherweise haben Kästners Schilderungen seiner Gestapovernehmung dafür gesorgt, dass Ohser Anfang des Jahres für einige Monate wieder zurück nach Marburg geht, »denn Kurt Kusenberg[530] kann ihn erst nach langen Versuchen im Frühjahr 1934 in Berlin telefonisch erreichen«.[531]

Erhalten hat sich aus jener Zeit ein Brief des Zeichners an seinen Schwiegervater, in dem er u. a. über seine beruflichen Schwierigkeiten, bedingt durch die neuen politischen Verhältnisse, berichtet:

»Der Reichskammer der bildenden Künste gehöre ich an. Das hat den Vorteil, dass man da 7 Mk bezahlen durfte: Irgendwelche Rechte, dass man seine Zeichnungen damit in der Presse veröffentlichen darf, hat man da nicht. Das darf man nur, wenn man dem *Reichsverband der deutschen Presse* angehört. [...] Das Unsinnige an der Angelegenheit ist, dass die Pressezeichner nicht eben bei den bildenden Künstlern organisiert sind, sondern dass sie der Presse angegliedert sind und unter das Schriftleitergesetz fallen. Die verärgerten zum Teil im März übergelaufenen Zeichner haben erst mal schnell alle Zeichner, die politisch gezeichnet haben, denunziert und aus dem Verband ausschließen lassen. In der nächsthöheren Instanz sitzen Leute die von künstlerischen Dingen keine Ahnung haben. [...] Ich glaube fast warten ist zurzeit das Einzige was man tun kann. Wir werden uns nicht gleich unterkriegen lassen [...].«[532]

In der Zwischenzeit erhält Ohser aufgrund seines Antrags auf endgültige Mitgliedschaft beim *Reichsverband der Deutschen Presse* mit
Schreiben vom 27. Januar 1934 die Antwort:

»Die Kommission des Landesverbandes Berlin der deutschen Presse
hat aufgrund Ihrer früheren exponierten publizistischen Tätigkeit im
marxistischen Sinne, Ihr Gesuch um Aufnahme in den Fachausschuß
der Pressezeichner im R.D.P. und die Eintragung in die Berufsliste
abschlägig beschieden.«[533]

Ohsers Zeichnungen gegen Goebbels & Co., vor allem im *Vorwärts*
und in der *Neuen Revue,* sind nicht vergessen worden. Zehn Tage zuvor
hat man Ohser infolge der inzwischen durchgeführten Überprüfung
seiner Person durch den Fachausschuss der Pressezeichner e. V. bereits
aufgefordert, seinen »provisorischen Ausweis, der dadurch seine Gültigkeit verloren hat, uns umgehend zurückzusenden«.[534]

Und obwohl Ohser damit seine provisorische Zulassung als Berufs-
zeichner verloren hat, erscheint am 16. Februar 1934 im Berliner *8 Uhr-
Abendblatt* ein Beitrag[535] von und mit Familie Bantzer-Ohser. Unter
dem Titel *Höchste Zeit für Weihnachten! Die Frau, die den Weihnachtskalender wiederentdeckt hat* schreibt Knauf unter seinem Pseudonym
Erik Lippold über eine Kalender-Schöpfung der Zeichnerin Marigard
Ohser-Bantzer und deren familiären Hintergrund. Beigefügt ist ein von
Ohser signiertes Portrait Marigards, mit dem der Zeichner seine nach-
denkliche, junge Frau im Profil zeigt.

Auf dem erhalten gebliebenen Ablehnungsbescheid der Kommission des Landesverbandes Berlin der deutschen Presse an Ohser wird
von diesem schließlich handschriftlich vermerkt, dass die Entscheidung des *RDS* »Mitte März rückgängig gemacht worden«[536] sei. Der
Zeichner kann demnach ab Mitte März 1934 wieder seiner Tätigkeit
nachgehen, da er weiterhin Mitglied seines Fachverbandes ist, der
seinerseits wieder in der Reichspressekammer als Einzelkammer der
Reichskulturkammer integriert ist.

Kästner beschreibt Ohsers Situation in jener Zeit wie folgt:

»Infolge eines Versehens blieb er [Ohser] jedoch [von staatlichen
Stellen] unbelästigt; niemand fragte oder suchte nach ihm. So entschloss er sich, wenn auch misstrauisch zur Rückkehr.«[537]

Wie erwähnt, ist es Kurt Kusenberg – zu diesem Zeitpunkt Redakteur im arisierten Ullstein-Verlag –, der seit Jahresbeginn zunächst
lange Zeit vergeblich nach Erich Ohser gesucht hat. Grund für die
Suche ist, dass die *Berliner Illustrirte Zeitung* eine Serie von Zeichnungen mit einer »stehenden Figur«[538] sucht. Der Leiter des Zeitschrif-
ten-Zentralbüros im Ullstein-Verlag, Johannes Weyl[539], beauftragt den

Redakteur Kurt Kusenberg, Geeignetes zu finden. Doch der tut sich lange Zeit schwer mit der Umsetzung des Auftrags.

»Mit 35 Zeichnern hatte ich es mittlerweile versucht, 35-mal denselben kleinen Vortrag gehalten und ebenso oft gehofft, der rechte Mann sei gefunden – vergebens. Ein einziger Name stand noch auf meiner Liste, und über ihn ärgerte ich mich seit Wochen, denn ob ich auch täglich zwei oder dreimal die Rufnummer wählte, unter der Erich Ohser angeblich zu erreichen sei: niemand meldete sich. Es kam dahin, dass ich an der Existenz dieses Zeichners zu zweifeln begann. [...] Niedergeschlagen, gereizt beschloß ich eines Tages, zum allerletzten Mal die verwünschte Nummer anzurufen und es dann endgültig aufzugeben. Ich ließ die Drehscheibe spielen, hörte das gewohnte Freizeichen und wollte schon den Hörer wieder auflegen, als sich eine Stimme meldete: *Ohser hier.*«[540]

Im letzten Moment kommt der Kontakt doch noch zustande. Man verabredet ein Treffen. Kusenberg berichtet darüber:

»Tags darauf erschien ein großer, rundlicher Herr, der im Gespräch lauschend die Hand ans Ohr hielt, schlau nickte und sich bald wieder empfahl. Er war der einzige, der mir nicht versicherte, er habe die Aufgabe begriffen – und der Einzige, der sie löste. Schon in der folgenden Woche ließ er sich wieder sehen; er brachte einige Bildergeschichten mit, die mir gut gefielen: eine spaßige Kofferszene im D-Zug, einen Fakir, der Würste bezauberte, und einen kugelrunden Vater mit einem struwwel-petrigen Sohn. Sehr rasch wurden wir uns darüber einig, dass aus dem schlichten Thema des Vaters und des Sohnes das Meiste herauszuholen sei. Der Grundstein war gelegt.«[541]

Während die *Vater und Sohn*-Serie gedanklich vorbereitet wird, wirkt es schon verwegen, dass Ohser trotz seiner Zulassungsschwierigkeiten kurz vor dem Röhmputsch im Mai 1934 in der Zeichnung *Haarschneiden*[542] eine Hitler-Karikatur abliefert, die durchaus die Befindlichkeiten des Reichskanzlers und seiner Getreuen treffen kann.

In dieser Zeit geschieht noch mehr Erstaunliches: Bei Ohsers neuem Auftraggeber ist man »daran interessiert, vor dem Start der sich später als äußerst erfolgreich erweisenden *Vater und Sohn*-Serie einen langfristigen Abdruck zu sichern. Es ist deshalb davon auszugehen, daß der Ullsteinverlag ein originäres Bedürfnis hat, Ohsers unsicher erscheinende publizistische Situation nach Möglichkeit abzuklären. Johannes Weyl bittet daher Alfred Gerigk[543], seit Juli 1934 politischer Berater der Zeitschriftenabteilung des Verlages, im Propagandaministerium für Ohser eine Genehmigung zum Zeichnen von *Vater und Sohn* zu erlangen.«[544]

Dass Gerigk für diese Aufgabe ausgewählt wird, ist kein Zufall. Der Journalist hat im Frühling und Frühsommer 1934 einen kleineren Verlag davon abgehalten, das Projekt einer Biografie des SA-Stabschefs Ernst Röhm[545] zu beginnen, jener Röhm, der nur wenige Wochen später in Ungnade gefallen und liquidiert worden ist. Gerigks Rat – der über Hinweise von Informanten im Staatsapparat verfügt hatte – ersparte dem betreffenden Verlag entsprechende Schwierigkeiten, die sich für das Projekt, wenn es weiter gediehen wäre, nach dem Sturz Röhms ergeben hätten. Gerigk genießt den Ruf eines instinktsicheren politischen Beobachters mit einem feinen Gespür für Gefahren. Er ist also genau der richtige Mann in der politisch delikaten »Ohser«-Sache. Er berichtet später:

»In den anderthalb Jahren der Hitler-Diktatur hatte ich mich schon an manche Um- und Schleichwege gewöhnen müssen, um die Arbeit für die von mir vertretenen Zeitungen überhaupt durchführen zu können. Ich hatte auch einen kleinen Kreis von Amtspersonen oder Parteileuten abgesteckt, deren Zuverlässigkeit oder deren menschliche Schwächen es möglich machten, mit ihnen offen oder versteckt problematische Situationen zu besprechen oder von ihnen *Kulissen*-Informationen zu bekommen. [...] Als Beispiel sei nur ein junger Regierungsrat in der Presseabteilung des Propaganda-Ministeriums erwähnt. [...] Aber gerade ihm musste man von vornherein eine überzeugende Begründung mitliefern. Denn dieser noch junge Mann war ein *echter* Nazi. So schien es mir richtig, ihm erst einmal, ohne den Namen des Zeichners zu nennen, einige Entwürfe aus der *Vater-und-Sohn*-Serie zu zeigen, so dass er lächeln musste, und ihm dann zu sagen: *Hier haben Sie ein Beispiel dafür, wie die Erziehung durch den Nationalsozialismus einen Menschen gewandelt hat. Wissen Sie, wer das gezeichnet hat? Erich Ohser, der Vorwärts-Karikaturist, den das Berufsverbot offenbar zu seiner Familie zurückgeführt hat: Und dann lag die Frage nicht mehr fern: K*önnen Sie nicht einmal dem Minister Vortrag halten, damit Ohser Erlaubnis bekommt, die Serie in der Illustrierten zu veröffentlichen.* Der Erfolg kam überraschend schnell. Der intelligente Goebbels, der Können und Nichtkönnen gut zu unterscheiden wusste, ließ nahezu umgehend Ohser die Erlaubnis geben, *unpolitische* Zeichnungen unter Pseudonym zu veröffentlichen.«[546]

Die Ullstein AG gilt bis Mitte 1934 als die letzte Hochburg des freien Zeitungswesens in Berlin. Im Juni 1934 vollzieht sich jedoch unvermeidlich unter enormem wirtschaftlichem Druck, mit hohem Aufwand an politischer und kaufmännischer Intrige eine Überführung des Verlagshauses in NS-Eigentum. Es kommt durch eine rücksichtslose

Abb. 13: e.o.plauen,
Der schlechte Haus-
aufsatz. In: Berliner
Illustrierte Zeitung
(BIZ) vom 13. Dezem-
ber 1934

Nötigung zum Zwangsverkauf an die Tarnholding Cautio Treuhand GmbH, einer scheinbar privaten Holdinggesellschaft, die in Wirklichkeit von Goebbels als Instrument benutzt wird. Gründer und Leiter der Cautio ist Max Winkler[547]. Im Auftrag des nationalsozialistischen Staates kauft die Cautio – wovon noch die Rede sein wird – von 1933 bis 1942 auch die Aktienmehrheiten aller Filmproduktionsgesellschaften auf. Die Transaktion der Ullstein AG und damit des größten europäischen Zeitungs- und Zeitschriftenverlags in den Besitz der NSDAP vollzieht sich für nur etwa ein Zehntel des Wertes. Mit diesem staatlichen Piratentum, der mit dem Abschluss des Kaufvertrages am 7. Juni 1934 amtlich besiegelt wird, verfolgen die Nationalsozialisten das seit der Machtergreifung verfolgte Ziel der totalen Presselenkung.

»Nach dem Eigentumsübergang darf – cui bono? – selbst der ehedem unbotmäßige Ohser für die neue und nun einträglichste Pfründe des NS-Pressetrusts zeichnen, seinen Beitrag zur Konsolidierung der durch Nazi-Machenschaften inzwischen geschrumpften Auflagenhöhe der *Illustrirten* leisten. Jene Gründe, die zur Genehmigung von Vater und Sohn führten, dürften also pragmatischer Natur gewesen sein: Eine exzellent erdachte und überraschend modern gezeichnete

Bildgeschichte verspricht in geschickter Verquickung mit dem viel gelesenen BIZ-Romanabdruck die Auflage wieder in die Höhe zu treiben. Und tatsächlich entwickelt sich der Umsatz der BIZ von etwa einer Million um 1933/1934 auf anderthalb Millionen Exemplare im II. Quartal 1938. Sachorientiertes Interesse, dem jüngsten und spektakulärsten Raub zu dienen, ihn noch profitabler zu machen, lässt sogar Ohser den Nazis, allen voran Goebbels, akzeptabel erscheinen.«[548]

Aus diesem Grund können die *Vater und Sohn*-Cartoons aus der Feder eines NS-Gegners schließlich am 13. Dezember 1934 nahezu unbehelligt erscheinen. Insgesamt werden immer donnerstags »bis zum 9. Dezember 1937 und damit 157 Mal in exakt drei Jahren [...] Vater und Sohn in der auflagenstärksten deutschen Zeitschrift auf[treten]«.[549]

Dabei befinden sich die Geschichten stets eingestreut zwischen den Textspalten der Fortsetzungsromane, ungefähr in der Mitte jeder der *BIZ*-Ausgaben. Gelegentlich werden die Zeichnungen von Inseraten flankiert. Es scheint dabei »auf den ersten Blick hin so, dass die vielfach verzaubert anmutende Welt von Vater und Sohn, weit entfernt von einem Dritten Reich siedelt. Jene von Ohser in den Mittdreißigern installierten Zwischenräumlichkeiten und deren zuweilen seltsame Parabeln verlassen die Wirklichkeit Nazi-Deutschlands jedoch keineswegs. Ja, der Sinn diverser Bildgeschichten bleibt ohne die Erschließung der Gleichnisse ein Stück weit paradox. Ohser wurde insofern bisher nur oberflächlich verstanden. Selbst beim schnellen Überblättern der inzwischen leicht zum Reißen neigenden Seiten wird deutlich, wie wenig vereinbar Vater und Sohn gemeinhin mit dem NS-Ungeist sind.«[550]

Auf geschickte Weise verwendet Ohser »verschiedentlich Abbildungen, Legenden und Titel, die geeignet sind, die offizielle Grimasse der NS-Publizistik zu unterlaufen, deren Erscheinungsbild zu kolportieren und ironische Akzente zu setzen«.[551] Warum man von Seiten des NS-Regimes diese subtile Unterwanderung der offiziellen Staatsdoktrin tatsächlich nicht entdeckt, bleibt ein wenig rätselhaft.

***

Am 1. April 1934 wird Freisler Staatssekretär im Reichsjustizministerium. Durch seinen Einfluss auf die Ausbildung des juristischen Nachwuchses und mit seinen Veröffentlichungen verfolgt er den Aufbau einer nationalsozialistischen Justiz. Um die Rechtsprechung als politisches Instrument einsetzen zu können, setzt er sich unter Missachtung rechtsstaatlicher Grundsätze für die Erweiterung der Kompetenzen des Richters ein.

Nachdem der greise Reichspräsident Hindenburg am 2. August 1934 verstorben ist, wird mit dem »Gesetz über das Oberhaupt des Deutschen Reiches« das Amt des Reichspräsidenten mit dem des Reichskanzlers vereinigt. Hitler lässt sofort die Wehrmacht auf seine Person vereidigen.

Knauf als Redakteur des 8 Uhr-Abendblatts

Nach Beendigung seiner Tätigkeit für die *Büchergilde* folgt Erich Knauf zunächst seiner poetischen Ader. Vor allem seinem jüdischen Freund Walther Victor gefallen die Gedichte des ehemaligen *Büchergilde*-Lektors. Victor ist seit 1919 Mitarbeiter bei zahlreichen Zeitschriften wie der *Weltbühne* und zum damaligen Zeitpunkt Herausgeber des *8 Uhr-Abendblatts* in Berlin. Dieser Kontakt erweist sich für Knauf noch als sehr nützlich. Nicht nur, dass er als Autor in dem Blatt veröffentlichen kann. Vielmehr bietet sich sehr bald die Möglichkeit, nachdem Victor Anfang 1934 Deutschland verlassen muss, auch dessen Nachfolger in der Kulturredaktion des *8 Uhr-Abendblatts* zu werden.

Wieder hat Knauf eine angesehene Position inne. Er verfasst in jener Zeit Artikel jeder Art, manchmal »waren das an einem Tag bis zu sechs Beiträge und einmal, wie er in einer Aufzeichnung vermerkte, sogar zehn. Gelegentlich verwendete er deshalb auch die Pseudonyme Thyl und Erik Lippold (Geburtsname der Mutter).«[552]

Aber er muss angesichts seiner politischen Vergangenheit vorsichtig sein.

»Er konnte nicht mehr direkt angreifen, aber was er versteckt und angedeutet in seinen Gedichten und Artikeln sagte, wurde verstanden. Das bewiesen viele Telefonanrufe, die stets damit anfingen: *Knauf, heute hast du es ihnen aber wieder gegeben ... Ihnen* waren natürlich die Nazis.«[553]

Als ein Beispiel für diese Form des »publizistischen Widerstands«[554] mag nachfolgendes Gedicht mit dem Titel *Es ist schon spät* dienen:

»Man sitzt des Nachts auf dem Balkon
und sieht die Sterne zittern.
Im Westen geht ein Leuchten um
von fernen Ungewittern.

Der Nachbar macht das Fenster auf
und läßt den Rundfunk dröhnen.
Die Stimme füllt den ganzen Hof –
man muß sich dran gewöhnen.

Ein Flugzeug orgelt in der Nacht,
die Lichter schwanken leise.
Noch lange, wenn es schon vorbei,
summt die Propellerweise,

Mir wird es in der Hemdenbrust
mit einem Mal so enge.
Die alten Wünsche melden sich,
gleich eine ganze Menge.

Ich sitze auf dem Nachtbalkon
wie hinter schweren Gittern,
und sehe mir das Leuchten an
und wie die Sterne zittern.«[555]

Kästner auf Probe

Anders als bei Knauf mahlt das kulturzerstörerische Räderwerk der
NS-Behörden auch im zweiten Jahr der Machtergreifung bei Kästner
unbarmherzig weiter: Über ihn und 31 weitere Kollegen wird vom
sogenannten Präsidialrat, dem obersten Organ der Reichsschrifttumskammer, am 16. Januar 1934 eine besondere Entscheidung
getroffen. Wie der Präsident, Friedrich Blunck[556], den Anwesenden
mitteilt, plädiert der *RDS* als zuständiger Fachverband der Kammer
prinzipiell für einen Ausschluss der unliebsamen Autoren. Blunck
selber verweist allerdings auch auf die von der Rechtsabteilung des
Propagandaministeriums ausgegebene Grundsatzentscheidung, dass
ein Ausschluss aus rein politischen Gründen unzulässig sei. Diese
Regelung, die bei Gründung der Reichskulturkammer im Hinblick
auf die außenpolitische Wirkung des nationalsozialistischen Deutschlands eingeführt worden ist, gilt jedoch nur für kurze Zeit.[557]
    Von Hans Grimm[558] kommt während der Sitzung die Empfehlung,
jene Autoren, die »in der Vergangenheit eine nicht nationale und für
das Ansehen des deutschen Schrifttums wenig erfreuliche Haltung
eingenommen haben, nur vorläufig in eine Liste aufzunehmen und
die endgültige Aufnahme in den RDS von dem weiteren Verhalten im
Verlaufe eines Jahres abhängig zu machen«[559]. Konkret bedeutet das
laut Protokoll:
    »Man hat vorläufig also nur von der Anmeldung solcher Persön-
lichkeiten Kenntnis zu nehmen und sie aufzufordern, innerhalb eines

Jahres Arbeiten vorzulegen, die ein Urteil darüber gestatten, ob man endgültige Aufnahme auf Grund dieser Arbeiten vornehmen kann oder nicht.«[560]

Speziell bei Kästner, über den als ersten »Kandidaten« an diesem Tag konferiert wird, sei »nur die Frage zu entscheiden, ob sein Verhalten unehrenhaft war«[561]. Wieder kommt ein Vorschlag von Grimm zur Sprache: Kästner soll für ein Jahr auf Probe unter seinem Pseudonym Berthold Bürger schreiben dürfen. Diesem Vorschlag wird zugestimmt. Insofern ist der häufige Hinweis, dass für ihn mit Beginn der NS-Herrschaft Berufsverbot gilt, nicht ganz zutreffend. Kästner steht vielmehr unter »kulturpolitischer« Bewährung und darf nicht mehr unter seinem eigenen Namen veröffentlichen. Immerhin ermöglicht ihm diese ausgesprochene »Bewährungszeit«, weiterhin seinen Buchprojekten nachzugehen. Allerdings endet die »Bewährungszeit« nach ihrem Ablauf mit dem Ergebnis, dass Kästner »wegen seiner politischen Auffassungen und seiner ästhetischen Grundhaltung in der Weimarer Republik nicht in die Kammer aufgenommen«[562] wird. Ansonsten lässt ihn das NS-Regime weitgehend unbehelligt.

Carmen und die Konzentrationslager

Mit Beginn des Jahres 1934 unternimmt Goebbels bedeutende Anstrengungen, um seine Kompetenzen auf den Gebieten Kultur und Propaganda im staatlichen wie im Parteibereich zu festigen und auszubauen. Der Propagandaminister bemüht sich nach Kräften, die von ihm beanspruchte zentrale Rolle auf dem Gebiet der Kulturpolitik stärker herauszustreichen und zugleich Konkurrenten wie Rosenberg[563] und Göring zur Seite zu drängen. Vor allem aber setzt Goebbels auf die von Hitler wiederholt angekündigte Reichsreform, die eine Auflösung der einzelnen Länder zum Ziel hat und als deren Folge dem Propagandaminister alle Kulturangelegenheiten zufallen sollen.[564]

Das *Gesetz über den Neuaufbau des Reiches* vom 30. Januar 1934 löst schließlich die Landtage endgültig auf. Zugleich übernimmt das Reich die Hoheitsrechte der Länder, die damit ihre eigenständige Existenz verlieren. Als im Mai 1934 der bisherige preußische Kultusminister Rust zum Leiter eines Reichsministeriums für Wissenschaft, Erziehung und Volksbildung ernannt wird, glaubt Goebbels ihn nach der erwähnten Reichsreform beerben zu können: Er verabredet mit Göring, ins preußische Kabinett einzutreten und die bisher von Rust verwalteten preußischen Kulturangelegenheiten zu übernehmen. Den auf diese Weise arrondierten Machtbereich will Goebbels in Kultusministerium umbenennen. Doch Hitler ist dagegen. Der Diktator entscheidet, dass Goebbels die preußischen Kulturkompetenzen zugeteilt bekommt. Und so erhält Goebbels die von ihm so lang begehrte Kompetenz für die Theater in Preußen, die bisher von »Theaterpascha Göring«[565] vor allem als Prestigeobjekte im Rahmen seines repräsentativen Stils behandelt worden sind. Als »kleine Entschädigung« erhält Göring die Zuständigkeit für die Staatstheater in Berlin (Schauspielhaus am Gendarmenmarkt und Staatsoper), in Kassel sowie (allerdings nur vorübergehend) in Wiesbaden zugesprochen.

Über alle übrigen deutschen Theater – auch außerhalb Preußens – besitzt Goebbels nunmehr in allen wichtigen Personalfragen ein Bestätigungsrecht wie auch das Recht, in Spielpläne einzugreifen.

***

Dass die erwähnten Änderungen der kulturpolitischen Zuständigkeiten bei den Theatern sein Leben beeinflussen könnte, wird Erich Knauf im Frühjahr 1934 nicht bewusst gewesen sein.

Davon unabhängig unterliegt er trotz der von ihm angewandten Methode der indirekten Mitteilung, die auch von anderen Publizisten in jenen Jahren genutzt wird, der steten Gefahr, dass sein subtiler Spott zu Eskalationen mit dem NS-Regime führen kann. Und tatsächlich überspannt er den Bogen, als unter seinem Kürzel »E.K.« in der Ausgabe vom 22. Mai 1934 des *8 Uhr-Abendblatts* eine wenig schmeichelhafte Kritik über eine *Carmen*-Aufführung an der Deutschen Staatsoper mit der Starsopranistin Dusolina Giannini[566] veröffentlicht wird. In diesem Beitrag schreibt der Publizist:

»Es soll zu Pfingsten Leute gegeben haben, die am ersten Feiertag nachmittag ihren Aufenthalt außerhalb Berlins unterbrachen, um *die Oper aller Opern* in der Staatsoper Unter den Linden nicht zu verpassen. Dusolina Giannini als Carmen! Sie fuhren in später Nachtstunde in ihr Weekend zurück, um eine Enttäuschung reicher. Es war nicht die Trägerin der Titelrolle allein, die kein großes Erlebnis aufkommen ließ, es war die ganze Aufführung. [...] Und Carmen – das ist ein *Mensch*, ein Luder, ein Stück Vorstadt. Schon in ihrer Stimme ist das Triebhafte, Dunkle, Starke. Alle drei Dinge ließ Dusolina Giannini vermissen. [...] Es tut gründlich not, die *Carmen*-Inszenierung der Staatsoper einer gründlichen Prüfung zu unterziehen. Alte Schablone provinzieller Art, kein großer Zug, kein Blut in den Adern! Himmelherrgott, in jedem Akt mindestens einmal muß das Publikum von seinen Sitzplätzen hochgehen! Auf die *Tanzeinlagen* kann man verzichten, besonders dann, wenn sie nicht viel mehr sind als eine Kostümprobe. [...] Staatsoper? Volksoper! Leben, Leben, Leben, Smoking runter, Manschetten umgekrempelt, hau-ruck!«[567]

Die negative Kunstbewertung der *Carmen*-Aufführung berührt – von Knauf wohl kaum beabsichtigt – das zwischen Goebbels und Göring bestehende kulturpolitische Konkurrenz- und Wettbewerbsverhältnis. Da die Staatsoper Göring unterstellt worden ist, läuft eine auch indirekte Unterstellung von Misserfolgen jeder Art daher Gefahr, von dem eitlen und ehrgeizigen Göring persönlich genommen zu werden. Und genau das geschieht mit der Knauf-Kritik. Der Reichsmarschall »schäumt vor Wut über diese Kritik als sei er selbst damit gemeint«.[568]

Die Gestapo ordnet gegenüber Knauf am 29. Mai 1934 an, »dass Sie bis auf weiteres im Interesse der öffentlichen Sicherheit in Haft zu nehmen sind. Da Sie in Ihrem Artikel über die Staatsoper in Berlin weit über das Mass der Kritik hinausgegangen sind und dadurch eine erhebliche Erregung in der Bevölkerung hervorgerufen haben, werden Sie zu Ihrem eigenen Schutze bis auf weiteres in Schutzhaft genommen.«[569]

Der schriftliche Haftbefehl wird dem Schutzhäftling erst »3 Wochen nach der Verhaftung, am Dienstag, den 19. Juni, nachm. 3 Uhr, ausgehändigt«.[570]

Exakter bestimmt findet die erwähnte Verhaftung am 2. Juni 1934 statt.

Die Schutzhaft unterliegt keinerlei richterlicher Kontrolle. Die Gefangenen werden in Konzentrationslagern (KZ) untergebracht, dort festgehalten, misshandelt bzw. auch ermordet.

Insgesamt beläuft sich die Tagesbelegung der KZs Ende 1934 auf schätzungsweise 3000 Personen, während zeitgleich etwa 105 000 Menschen in den anderen Vollzugsanstalten einsitzen. Zum Vergleich: Im Dezember 1944/Januar 1945 wird die durchschnittliche Tagesbelegung die Zahl von KZ-Häftlingen 714 121 Personen umfassen, während 189 940 Menschen in den anderen Vollzugsanstalten untergebracht sind.[571] Vor allem in den letzten Kriegsjahren werden die Zahlen der KZ-Häftlinge noch explodieren, was maßgeblich am vollzogenen Holocaust an Juden und anderen rassisch und politisch verfolgten Personen liegt, die hier großßenteils auch ermordet werden sollen.

Im Fall von Erich Knauf kommt es zu einer zehnwöchigen Internierung in Konzentrationslagern, zuerst in Oranienburg, wo Knauf am 10. Juli 1934 die ihn zutiefst erschütternde brutale Ermordung des Literaten Erich Mühsam[572] mitbekommt, anschließend in Lichtenburg.[573]

Abb. 14: Erich Knauf unmittelbar
nach der Haftentlassung aus dem KZ
Lichtenburg im Sommer 1934

Das KZ in Oranienburg[574] wird von der SA geführt. Inhaftiert werden hier vor allem prominente Mitglieder der Arbeiterbewegung, insbesondere der KPD, aber auch Sozialisten, Sozialdemokraten und andere Repräsentanten der Weimarer Republik sowie Intellektuelle und Künstler. Insofern ist Knaufs Unterbringung in diesem Lager nicht zufällig, sondern reiht sich in die gängige Praxis ein.

Der Öffentlichkeit wird mit Besichtigungen, Zeitungsberichten und Rundfunksendungen das Bild des »gläsernen« KZ vorgetäuscht, die Disziplin und Ordnung des KZ suggerieren und seine vermeintlich erzieherische Wirkung popularisieren sollen.

Die Häftlinge werden zu Straßen- und Forstarbeiten, Bahn- und Wasserbauarbeiten sowie der Arbeit in Privathaushalten gezwungen. Im Lager kommt es zu oft stundenlangen Verhören und Folterungen. Am 14. Juli 1934 löst die SS im Anschluss an den »Röhm-Putsch« das KZ Oranienburg auf und überstellt die Insassen in das KZ Lichtenburg in der anhaltinischen Stadt Prettin. Auch Knauf gehört zu diesen überstellten Häftlingen.

Seine Lebensgefährtin Erna Donath wendet sich am 15. Juli, vermutlich alarmiert durch die Ereignisse, an die Kommandantur des KZ Lichtenburg. Sie erhält drei Tage später die Mitteilung, »dass Erich Knauf heute entlassen wird«.[575]

Am 18. Juli darf Knauf tatsächlich, ausgestattet mit einem Entlassungsschein, das KZ Lichtenburg kahlgeschoren und abgemagert, wieder verlassen. Offenbar reist er umgehend zunächst nach Gera zu Verwandten. Ein Neffe erinnert sich später an einen Besuch des entlassenen KZ-Häftlings, der nach Gera zu Besuch kommt:

»Als er zur Tür hereingekommen wäre, hätte [Knauf] mit nacktem Oberkörper auf einem Stuhl gesessen, den Rücken voller offener roter Striemen, und die anderen hätten ihm gleich das Tuch, mit dem sie

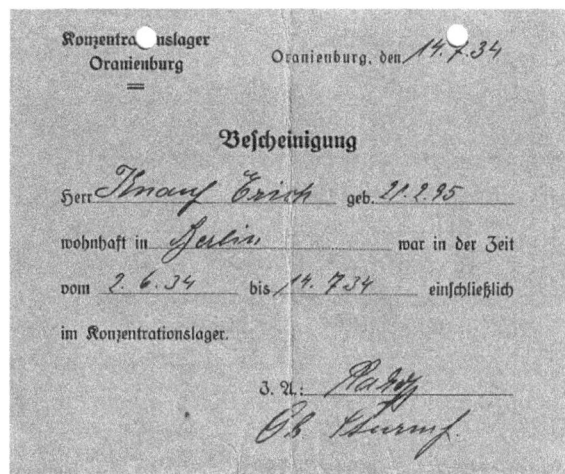

Abb. 15: Konzentrationslager Oranienburg, Bescheinigung über Schutzhaftaufenthalt von Erich Knauf

ihm die Wunden abtupften, über die Schultern geworfen und ihn, den Neffen, zur Tür hinausgeschoben mit der Bemerkung, er solle niemandem davon erzählen, sonst kämen sie alle, auch er, ins Gefängnis.«[576]

Überliefert ist eine rustikale Äußerung von Knauf, der für sich selber beschließt:

»Jetzt muss ich sehen, dass ich mit dem Arsch an die Wand komme.«[577]

Zwischen Indizierung und Pseudonymen

Fast parallel zur Buchausgabe von *Drei Männer im Schnee* bringt Kästner gemeinsam mit seinem Freund Werner Buhre im Sommer 1934 den Romanstoff unter dem Pseudonym Robert Neuner als Bühnenstück unter dem Titel *Das lebenslängliche Kind*[570] in Deutschland heraus.

Inhaltlich geht es hierbei – politisch völlig unverfänglich – um den reichen Geheimrat Schlüter, dem in seinem eigenen Preisausschreiben der Hauptgewinn, ein 14-tägiger Skiurlaub, zufällt. Er beschließt die Reise inkognito anzutreten. Seine Erlebnisse im feudalen Grand Hotel sind nicht nur voller Humor und köstlicher Situationskomik, sondern regen auch zum Nachdenken über Schein und Sein in unserer Welt an.

Das Pseudonym »Robert Neuner« wird gewöhnlich allein von Buhre benutzt. Das Stück unterscheidet sich vom Roman nur durch wenige inhaltliche Akzentuierungen, durch andere Namen der Figuren und, durch den Gattungswechsel bedingt, einige dramaturgische Setzungen und Vereinfachungen.

Das lebenslängliche Kind wird im September 1934 uraufgeführt, noch vor der Ankündigung des Romans im *Börsenblatt*, und einen Monat später verboten. Kästners Beteiligung muss vielen Kulturschaffenden und ihren Gegnern bekannt gewesen sein. Werner Buhre hat angegeben, das Verbot sei »wegen Zusammenarbeit mit Erich Kaestner« erfolgt; während das Stück in ganz Europa gespielt wurde, sei es in Deutschland bis 1939 untersagt geblieben.[579]

Obwohl seit 1933 insgesamt 14 Kästner-Bücher in Deutschland verboten sind, wird der Verkauf seines neuen Romans *Das fliegende Klassenzimmer* nicht behindert. Es findet sich in zahllosen Buchläden. Gleiches gilt für *Drei Männer im Schnee*. Das Buch ist noch im November 1935 in den Berliner Buchhandlungen zu finden. Seiner Mutter berichtet Kästner, dass sein Buchvertreter in den norddeutschen Buchhandlungen über 1000 Vorbestellungen des neuen Romans *Emil und die drei Zwillinge* akquiriert hat.[580] Über den von ihm vermuteten Grund über den Weitervertrieb seiner Bücher trotz fehlender Zugehörigkeit zur Reichsschrifttumskammer schreibt er seiner Mutter am 22. Oktober 1934:

»Ein heilloses Durcheinander!«[581]

Hiermit spricht er die oftmals fehlerhafte bzw. fehlende Koordination zwischen den einzelnen miteinander konkurrierenden NS-Behörden an.

»Aufgrund einer Absprache mit der Schrifttumsabteilung des Propagandaministeriums vom Herbst 1934 sollten Kästners Bücher nur noch im Ausland veröffentlicht und vertrieben werden dürfen, da der Autor nicht in die Reichsschrifttumskammer aufgenommen worden war.«[582]

Zu irgendeinem Zeitpunkt fällt auch dem Propagandaministerium die Sachlage auf. Man beschwert sich behördlicherseits zu Beginn des Jahres 1935 bei Kästners Verleger Kurt Maschler[583], der eigens in diesem Jahr am 1. März in Basel den Atrium Verlag gegründet hat, um die verbotenen Werke von Kästner in der Schweiz veröffentlichen zu können. In der Nacht des Reichstagsbrandes ist Edith Jacobsohn in die Schweiz geflohen. Ihren Vertriebsleiter Maschler wird sie gebeten haben, den Verlag zu übernehmen, und er versteht es seither als seine »Pflicht«, Kästners Werk zu schützen. Er ist am 17. August 1933 in die Schweiz geflogen, um dort den Williams-Verlag zu kaufen. Auf diese Weise haben Maschler und Kästner zueinander gefunden. Lange Zeit können Kästners Kinderbücher und der Unterhaltungsroman *Drei Männer im Schnee* im Ausland gedruckt und in Deutschland verkauft werden.[584]

Inzwischen liegen fast alle Rechte des deutschen Williams-Verlages beim Schweizer Atrium Verlag. Im Jahr zuvor hat Kästner noch ein Angebot von Heinz Wismann[585], dem Referatsleiter Schrifttum im Propagandaministerium, abgelehnt, in die Schweiz überzusiedeln und dort mit geheimen deutschen Staatsgeldern eine Zeitschrift gegen deutsche Emigranten zu gründen.

Erst mit der Indizierung »sämtlicher Schriften« in der »Liste 1 des schädlichen und unerwünschten Schrifttums« vom Herbst 1935 wird Kästner – mit Ausnahme des *Emil*-Buches – seinen Lesern in Deutschland endgültig entzogen. Auch einige Bücher von Knauf landen auf dieser Liste.

Goebbels und Hullebulle

Nach seiner Entlassung aus dem KZ Lichtenburg kehrt Knauf nach Berlin zurück, wo er seine Tätigkeit in der Kulturredaktion des *8 Uhr-Abendblattes* fortsetzen darf. »Seine Beiträge waren beliebt, brachten der Zeitung Leser und halfen mit, die Existenz aller Beschäftigten zu sichern. Der liberale Charakter des Blattes sollte gewahrt werden«[586], berichtet sein Biograf Eckert.

»Knauf schrieb weiter, nachdenklich, informativ und auch dem lokalen Standort des Blattes entsprechend; sein scharfsinniger Spott blitzte auf, natürlich nicht mehr in jener Plauener Direktheit. Seine Sprache wandelte sich in die des Äsopus, der sich gegen die Mächtigen mit einem Schild aus Tierfabeln geschützt hatte.«[587]

Es dauert jedoch nicht sehr lange, bis sich der nächste Konflikt mit dem NS-Regime anbahnt. So erscheint im November 1934 ein satirisches Gedicht mit dem Titel *Schwarzes Schicksal*, in dem vom *großen Krieger Hullebulle* die Rede ist; eine Figur, hinter der sich niemand anderes als Joseph Goebbels verbirgt:

> »Hullebulle war ein großer Krieger,
> Vor ihm zitterte ein ganzes Land.
> Grausam wie ein junger Königstiger
> Hielt er stets das Messer in der Hand.
> Er strich Gift auf alle seine Pfeile
> Und verschoß sie mit der größten Lust.
> Narben schmückten alle Körperteile
> und besonders seine Heldenbrust.
>
> Hullebulle war ein guter Gatte.
> Seine Frau trug oft, was Frauen schmückt.
> Doch auch sonst erhob sich von der Matte

Manche, die er nebenbei beglückt.
Seinem Schweiße fehlte nicht die Würze.
Was er gab, das gab er ohne Rest,
Und selbst unter seiner Lendenschürze
War das Schwarze kuß- und wetterfest.

Hullebulle kam jedoch in Fühlung
Mit Kultur und was so drum und dran.
Er wohnt jetzt möbliert mit Wasserspülung
Und beweist, was ein Komparse kann.
Seine Taten sind ihm vorgeschrieben,
Und zwar solche, wo man nur so tut.
Doch die Frauen sind ihm treu geblieben …
Näheres: Postlagernd. Hollywood.«[588]

Das Gedicht bleibt nicht unbemerkt. Beleidigt stellt die NS-Presse fest:
»Wir sind nicht zimperlich; aber das ist geschmacklos, das ist gemein!
Solche Sachen konnte man während der Kurfürstendamm-Aera ser-
vieren, heute verzichtet das Publikum gerne darauf.«[589]

Dem NS-Tugendwächter wie auch manchem anderen Leser des
8 Uhr-Abendblattes ist sofort klar, dass mit *Hullebulle* Joseph Goebbels
gemeint ist, der sich vor allem im Filmgeschäft zahllose fachliche und
sittliche Grenzüberschreitungen erlaubt und auch sonst der irrigen
Meinung anhängt, sehr viel Ahnung von Kultur zu besitzen. Der satirisch Angegriffene nimmt auch Kenntnis von dem Knauf-Artikel und
lässt über einen seiner bekanntesten NS-Propagandisten zum Gegen-
schlag ausholen. Der neue Chefredakteur der Zeitschrift *Der Angriff*,
Hans Schwarz van Berk[590], geht zur Attacke gegen Knauf über. Erna
Knauf berichtet darüber in ihren Erinnerungen:

»Er [Schwarz van Berk] sagte in seinem Artikel, daß Erich sich
bemühe, den Eckstein in der deutschen Literatur zu ersetzen, den früher die Erich Kästner, Thomas Mann und Konsorten gebildet hätten,
und er solle sich nicht wundern, wenn ihm eines Tages sein *schwarzes
Schicksal* in Gestalt zehn baumlanger SS-Männer ereilte und ihn dort-
hin verfrachtete, wo er mit seiner schwarzen Phantasie hingehörte.
Wir zogen es damals vor, das nicht erst abzuwarten und tauchten für
einige Zeit bei Freunden unter. Aber Nerven kostete es, besonders als
dann Mitte November 1934 noch der Hinauswurf aus dem Reichsverband der deutschen Presse hinzukam, wobei Erich es schriftlich
erhielt, daß er *als Schriftsteller im heutigen Staat auch untragbar sei auf
Grund seines in den früheren Jahren an den Tag gelegten Verhaltens,*

wie es von dem Reichsstatthalter in Sachsen und dem Staatsminister des Äußeren von Dresden (Mutschmann) geschildert worden ist. Auch aus den vorliegenden Belegen über die schriftleiterischen Arbeiten aus dem Jahr 1934 geht einwandfrei hervor, daß er die Voraussetzungen für einen Schriftsteller im nationalsozialistischen Staat nicht erfüllen kann.«[591]

Noch gravierender als die Drohung mit den »zehn baumlangen SS-Männern« wirkt sich Knaufs Löschung seiner vorläufigen Mitgliedschaft beim *Reichsverband der Deutschen Presse* aus. Rechtlich unterliegt er damit einem Tätigkeitsverbot als Pressemann. Er setzt die Hauptschriftleitung und die Geschäftsleitung des *8 Uhr-Abendblattes* über diesen Vorgang umgehend in Kenntnis.

»Meine Bemerkung, daß ich mit dem gleichen Tage meine Arbeit niederlege, wurde von beiden mit der Bemerkung beantwortet, daß die Redaktion des *8 Uhr-Abendblattes* in ihrer damaligen Beschaffenheit unmöglich das sofortige Ausscheiden auf sich nehmen könne, sie sei viel zu schwach besetzt und so schnell sei niemand zu finden, der das von mir geleistete Pensum schaffen könne. Außerdem sei mir ja als Mitglied des Reichsverbandes Deutscher Schriftsteller die Weiterarbeit als Mitarbeiter im gewissen Umfang gestattet.«[592]

Damit deutet Knauf auf eine Lücke im »System Goebbels« hin. Diese Lücke ist durch die Möglichkeit entstanden, dass ein Kulturschaffender verschiedenen Berufsgliederungen – im Fall von Knauf sind das die Presse zum einen und die Schriftstellerei zum anderen – angehören kann. Der Ausschluss aus dem Fachverband der einen Berufsgruppe lässt zunächst die Zugehörigkeit zu der anderen Berufsgruppe unberührt.

Ein Verantwortlicher des *8 Uhr-Tageblatts* bemüht sich unabhängig von diesen Gegebenheiten beim *RDP* um die Wiederzulassung Knaufs beim Verband. Der Versuch scheitert jedoch und gipfelt in der Drohung des Rechtsberaters des Verbands, Assessor Alfred Müller-Marquardt, der zugleich Vorsitzender des Bezirksgerichts der Presse in Berlin ist:

»Wir werden dafür sorgen, daß der Ausschluß beim Reichsverband der Deutschen Presse in Zukunft den Ausschluß beim Reichsverband der Deutschen Schriftsteller nach sich zieht.«[593]

Obwohl man ihn eigentlich dringend als Mitarbeiter benötigt, sich auch für ihn stark gemacht hat, ist eine hauptberufliche Beschäftigung für Knauf beim *8 Uhr-Tageblatt* somit nicht mehr möglich.

Anfang des Jahres 1935 kommt es tatsächlich, vermutlich auf Betreiben Müller-Marquardts, zu einer Vorladung von Knauf beim *RDS*, über die der Geladene berichtete. Bei dieser Gelegenheit geht es auch um die Frage, inwieweit für einen Schriftsteller die Möglichkeit besteht, bei Zeitungen und Zeitschriften mitzuarbeiten, obwohl keine Mitgliedschaft im *RDP* vorhanden ist. Dabei wird gegenüber Knauf geäußert, dass »keine grundsätzlichen Bedenken dagegen zu erheben seien, zumal ja diese Arbeit an der Presse nicht hauptberuflich erfolge«.[594]

Er gibt an, nach seinem Weggang vom *8 Uhr-Abendblatt* eine Reihe schriftstellerischer Arbeiten – u. a. eine Zille-Biografie[595] und zwei Filmnovellen[596] – verfasst zu haben. Ferner erwähnt er seine Bewerbungen als Propagandist der Firma Rhenania-Ossag[597], bei Telefunken[598] und schließlich bei der Zigarettenfabrik Garbaty[599]. Nur letztere Bewerbung – ein größerer Entwurf für eine Propaganda-Aktion, der honoriert wurde – ist von Erfolg gekrönt gewesen.

Knauf weist noch darauf hin, einige wenige Zeitungsbeiträge in den letzten Monaten erbracht zu haben, die »ausgesprochen unpolitische« Themen betroffen und sich »durchweg mit Gegenständen befaßt [hatten], die auf dem Gebiet der Heimatkunde und der Kunstpflege liegen, und daß diese Artikel eines verraten: die Begeisterung des Verfassers für ein Gebiet, dessen Pflege sich durchaus mit den Aufgaben heutiger Kulturpolitik deckt. [...] Meine Tätigkeit bewegt sich also ganz und gar im Aufgabengebiet eines Schrifttums, wie es heute immer wieder gefordert wird. Mit was sollte ich einmal meine Wiederzulassung zum RDP betreiben, wenn nicht mit dem immer wieder erneuten Beweis meiner Brauchbarkeit?«[600]

Der rührige Jurist Müller-Marquardt vom *RDP* sorgt inzwischen auch dafür, dass der Verlag Otto Elsner, bei dem Knauf einige »Zeilen Text zu Bildern von sächsischen Schlössern und Dörfern und anderem Bildmaterial für eine Heimatbeilage«[601] zum Abdruck geliefert hat, die Mitteilung erhält, dass der Autor hierfür keine Berechtigung besitzt, da er nicht mehr Mitglied im *RDP* sei.

Alarmiert durch diese Vorgänge wird Knauf bei Müller-Marquardt vorstellig und erfährt, dass dieser »ausserdem bei der Staatsanwaltschaft Strafantrag wegen Vergehen gegen das Pressegesetz gestellt habe. Am 8. August 1935 bin ich dann auch in dieser Sache vernommen worden. Ich wies zu meiner Rechtfertigung auf eine Verlautbarung meiner *RDS*-Leitung im Novemberheft des Verbandsorgans *Der Schriftsteller* hin, in der ausdrücklich von dem Recht des Schriftstellers gesprochen wird, Artikel bei Zeitungen und Zeitschriften einzureichen. Mit dieser nebenberuflichen Beschäftigung – ich kann nachweisen, was ich hauptberuflich, also in Ausübung meiner Schriftstellerei, gearbeitet und verdient habe – konnte ich in einem halben

Jahre knapp 200 M. verdienen. Man entgegnete mir, dies sei unerheblich. Der Buchstabe des Gesetzes soll mehr gelten als die Tatsache, dass es einem Manne gelungen ist, sich durch Arbeit frei von Schulden und Wohlfahrtsspenden-Gesuchen zu halten, seine familiären Verpflichtungen zu erfüllen und mehr noch: immer wieder bereit zu sein, das Beweismaterial dafür zu erbringen, dass er alle Brücken hinter sich abgebrochen hat und dass er nie den vollen Einsatz seiner Person und seiner Arbeit scheute.«[602]

Die Strafanzeige verläuft im Sand. Zu einem Strafverfahren gegen Knauf kommt es nicht.

Nur eine Woche nach der Vernehmung bei der Staatsanwaltschaft in Berlin wendet er sich in einem Brief vom 13. August 1935 an Hans Hinkel[603], einen hohen und Goebbels-treuen NS-Funktionär, dem mit der Organisation der sogenannten *Entjudung des deutschen Kulturlebens* eine spezielle Facette der NS-Kulturpolitik verantwortlich obliegt. Hinkel leitet Mitte der 1930er-Jahre in der Reichskulturkammer die Abteilung für Besondere Kammeraufgaben. Aus dem Brief von Knauf wird nicht ganz deutlich, was er von Hinkel konkret will. Er referiert jedenfalls seine Probleme und Streitigkeiten mit dem *RDP* und vor allem mit Müller-Marquardt und formuliert am Ende des Schreibens die Bitte:

»Sie werden es im Drange Ihrer Geschäfte vergessen haben, dass Sie 1933 bei einer Rede im KfdK[604] einen Bericht über die vorangegangene Veranstaltung lobend erwähnten. Ich bin damals nicht zu ihnen hingerannt, die Hacken zusammen, und habe mich als der Verfasser gemeldet. Heute komme ich darauf zurück, auf der Suche nach einem Menschen, der – ich glaube es! – bereit ist, mich anzuhören und mir zu helfen.«[605]

Noch bevor der Herr Staatskommissar antworten kann, erhält er aus der Nollendortstraße 28III, wo Knauf inzwischen wohnt, einen weiteren Brief. Darin teilt der Briefschreiber mit, dass er heute »vom *Reichsverband Deutscher Schriftsteller*, und zwar von der Reichsverbandsleitung, den Auftrag [erhalten habe], eine Darstellung meiner Erfahrungen mit Herrn Müller-Marquardt vom Reichsverband der Deutschen Presse einzureichen und diese an die Reichskulturkammer zu Ihren Händen zu senden. Ich bitte Sie, zu entschuldigen, dass ich Ihre Zeit nochmals in Anspruch nehme.«[606]

Inwieweit Hans Hinkel in der Causa Knauf tätig wird, ist nicht bekannt. Jedenfalls scheint man von Seiten des *RDS* vom Verhalten des Rechtsberaters Müller-Marquardts wenig angetan, worauf die Bitte an Knauf hindeutet.

In einem Brief an den befreundeten Maler Kurt Günther[607], den Knauf vermutlich aus gemeinsamen Geraer Tagen kennt, skizziert er seine aktuelle Positionierung als Schriftsteller:

»Briefbogen, Schreibmaschine, Telefon, bloss das Postscheckkonto fehlt, sonst ist der Schriftsteller vollkommen. Einen Haken hat es bei mir ja immer, auch zwei, je nachdem. Aber trotzdem Kopf hoch, alter Gaul. Nach Gera bin ich nicht wieder gekommen. Man klebt mit beiden Backen fest. Das gottverdammte Geldverdienen! Es waren stets sehr kleine Rationen, aber es gelangt – zum *Leben*. Was bleibt, das ist die Sehnsucht, einmal Zeit und Kraft für etwas Grosses zu haben. Ob man wohl zu träumen aufhört?«[608]

Günther ist es auch, der Knauf ein Bild der Eltern aus Gera besorgt hat. Zum Ort seiner Kindheit und Jugend will und kann er aus zeitlichen Gründen nicht selber fahren. Dass es noch eine Frau Knauf dort unten in Sachsen gibt, erwähnt Knauf nur nebenbei. Dass die Ehe mit Gertrud Knauf keine wirkliche Ehe mehr ist, zeigt sich in einer kurzen Bemerkung gegenüber Günther im selben Brief:

»Mein Dornröschen in Plauen glaubt, ich sei wieder einmal *verreist*, wie damals … Bitte, lassen wir sie in diesem Glauben! Ich bin froh, wenn ich nichts von ihr sehe und höre.«[609]

Anders als der *RDP* erhält Knauf in der Folgezeit zumindest Unterstützung durch den Schriftstellerverband bei seinen beruflichen Problemen. So findet am 17. Juli 1936 mit einem hochrangigen Mitarbeiter des *RDS* ein Gespräch statt, in dem es um Knaufs »Wiederzulassung als Schriftleiter beim RDP«[610] geht. Telefonisch wird ihm im Anschluss an das Gespräch mitgeteilt, dass ein entsprechender Antrag »ziemlich aussichtslos [sei]. Der Standpunkt des RDP, daß die Tätigkeit des Knauf für das Blatt *Die Büchergilde Gutenberg* als *Tätigkeit für die marxistische Presse* anzusehen und er daher […] von dem Schriftleiterbund schlechthin ausgeschlossen sei, erscheint zutreffend, wenn auch nicht 100 Prozent sicher. Im übrigen sei aber die Wiederzulassung auch mit Rücksicht auf seine sonstige marxistische Gesinnung und Tätigkeit kaum aussichtsreich. Andererseits könne Herr Knauf aber nicht gehindert werden, in demselben Umfange gelegentlich Aufsätze für die Presse zu schreiben wie jeder andere Schriftsteller, der Mitglied der Reichsschrifttumskammer ist. Diesen Standpunkt könne Herr Knauf in Zukunft ruhig vertreten. Wenn man ihm dabei Schwierigkeiten machen würde, würden wir bereit sein, uns für ihn einzusetzen und evtl. Verhandlungen zu führen. Herr Knauf war hiermit einverstanden. Er wollte davon absehen, einen neuen Antrag auf Wiederzulassung zu stellen und hielt es auch praktisch für unzweckmässig, schon jetzt mit dem RDP wegen seiner gelegentlichen Mitarbeiten der Presse zu verhandeln. Er wird sich mit uns in Verbindung setzen, wenn ihm irgendwelche Schwierigkeiten entstehen.«[611]

Immerhin besteht für Knauf weiterhin die Möglichkeit, zum einen als Schriftsteller zu arbeiten – eine Möglichkeit, die Erich Kästner – offiziell – zum Beispiel nicht besitzt – und zum anderen gelegentliche Pressearbeit (als Nebentätigkeit eines zugelassenen Schriftstellers) zu leisten, obwohl er nicht dem *RDP* angehört. Neben den beruflichen Sorgen gesellen sich noch solche gesundheitlicher Art. Einer Diagnose seines Augenarztes zufolge wird Knauf eine mögliche Erblindung vorausgesagt, die sich jedoch nicht bewahrheiten wird.

Familienbilder und beruflicher Erfolg im Hause Ohser

In der Familie von Erich Ohser gehen in jenen Jahren zwischen Marburg und Berlin zahlreiche Briefe hin und her. Sie sind »durchaus glücklich, sind vertraulich, enthalten infantile Elemente und tauschen Diminutive aus«.[612] Dazwischen finden sich jedoch auch Mitteilungen besorgter Natur, wie jener aus Ohsers Feder vom 27. Mai 1935. Darin berichtet der Zeichner seiner Schwiegermutter:

»Voriges Jahr um diese Zeit waren wir in Marburg und ich konnte den traditionellen Feldblumenstrauß pflücken. Jetzt können wir nun schon den Vertreter der Familie schicken. Hoffentlich führt er sich gut auf. […] Hildegard wird ihm die Mutti voll ersetzen. Das heißt, solange bis die Mutti selbst kommt. Marigard fühlt sich diesmal der Kur viel mehr gewachsen als voriges Jahr.«[613]

Mit Hildegard[614] ist eine Schwester Marigards gemeint. Christian Ohser kommentiert diesen gemeinsamen Lebensabschnitt später so: »[…] Wir hatten ja wirklich nur sehr wenige Jahre zusammen. Und diese wenigen Jahre wurden noch einmal dezimiert. Denn wissen Sie, meine Mutter war sehr viel krank als ich klein war. Monate-, vielleicht jahrelang habe ich deshalb bei Tanten und Onkeln gelebt, so daß ich meine Eltern kaum gesehen habe.«[615] Erhalten haben sich eine Reihe von Briefen, die zwischen den Beteiligten in jener Zeit ausgetauscht worden sind und die einen Einblick in das Familienleben, vor allem die Beziehung zwischen – den Originalen – geben können:

»Stark in Erinnerung sind noch die vielen Besuche der Museen in Berlin; vor allem das Verkehrsmuseum war eines meiner Lieblingsmuseen. Auch das Kriegsmuseum oder die Kunstmuseen wurden aufgesucht. […] Wir gingen viel in den Zoo. Das Atelier meines Vaters lag direkt gegenüber vom Zoo auf der Budapester Straße und man konnte von ihm aus direkt in den Zoo schauen. Mein Vater zeichnete und ich war wahrscheinlich das einzige Kind in Berlin, das drei- bis viermal in der Woche in den Zoo ging. [...] Diese Zeiten mit meinem Vater waren herrlich.«[616]

In beruflicher Hinsicht läuft es für Ohser hervorragend. Seine *Vater und Sohn*-Geschichten erfreuen sich größter Beliebtheit, was vor allem an der Singularität der Serie liegt. In dem bereits erwähnten Brief an die Schwiegermutter vom 27. Mai 1935 berichtet der Zeichner stolz, dass der Verlag ihm »als Dank für den *Vater und Sohn*-Erfolg einen Vertrag mit festem Einkommen, eine vierwöchige Deutschlandreise und Honorarerhöhung geschenkt, bzw. verordnet.«[617]

Die Leser überschütten die Redaktion mit Lobeshymnen für die Cartoon-Serie, aber auch mit Vorschlägen für weitere Geschichten. Der Zeichner erhält zahlreiche Briefe vor allem seiner jungen Leser, die sich einen Vater wie den von ihm Gezeichneten wünschen. Bald vermutet das begeisterte Publikum hinter den Kunstfiguren eine Deckungsgleichheit mit Erich und Christian Ohser. Es wird vielfach vermutet, dass es sich bei *Vater und Sohn* um authentische Geschichten handelt.

Eingebettet zwischen den Textspalten der Fortsetzungsromane, flankiert zuweilen von Inseraten, finden sich die *Vater und Sohn*-Geschichten etwa in der Mitte jeder *BIZ*-Ausgabe. Was vielfach übersehen wird, ist, dass sich hinter der harmlosen vielfach verzaubert anmutenden Welt von *Vater und Sohn* des Öfteren eine versteckte Leseebene befindet, die vermutlich nur den wenigsten *BIZ*-Lesern so ohne Weiteres in jenen Jahren bewusst gewesen sein wird. Bei genauer Betrachtung der Plauenschen Comic-Welt zeigt sich die Unvereinbarkeit von *Vater und Sohn* mit dem NS-Ungeist. Oftmals nur spärlich verborgen zeigen sich satirische Momente. Ohser erfindet allegorische Bilder und schlagfertige Repliken auf das NS-Szenario.

Im Juli 1935 trifft sich Ohser wieder öfter mit Kästner[618], doch entwickelt sich danach im Laufe der Zeit eine zunehmende Entfremdung zwischen den Freunden. Briefe werden schließlich nicht mehr gewechselt, auch Treffen finden nicht mehr statt. Kästner berichtet über eine ernüchternde Feststellung, die er in einem persönlichen Brief von 1931 zu Papier bringt:

»Ich habe das, was ich früher einmal für Menschenkenntnis hielt, zu den übrigen Trümmern geworfen, die das Dritte Reich hinterlassen hat. Wie war es denn mit jenem Freunde gewesen, den ich für den *besten* gehalten hatte? Groß wie ein Baum war er gewesen. Treu wie ein Bernhardiner hatte er ausgeschaut. Für unzertrennlich hatten wir gegolten. Und dann, als es mir ans Leder ging? Als ich verboten

Abb. 16: Erich Kästner
vor einem Berliner
Kiosk mit einem Vater
und Sohn-Werbe-
aufsteller (1935)

und bespitzelt wurde? Als sich die Zahl derer, die mittags an meinem
Kaffeehaustisch erschienen, nach und nach verringerte? Er blieb als
Erster fort. Er lief zu anderen und riet ihnen, mich mal zu meiden.
Der Umgang mit mir sei gefährlich geworden. Er suchte, wohl um sich
vor sich selber weniger schämen zu müssen, Verbündete. Und er fand
welche. Als ich davon noch nichts wusste, traf ich ihn einmal. Ganz
zufällig. Wir liefen ineinander hinein. Ich konnte ihm nicht mehr
ausweichen. Wir gingen die Straße entlang, die Joachimsthaler Straße
war's. Wir unterhielten uns, als sei er nur lange verreist gewesen. Dann
merkte ich, dass er ängstlich die Gesichter der Passanten musterte, ob
auch kein Bekannter darunter sei. Als er schließlich auf die andere,
auf die dunklere und weniger belebte Straßenseite hinübersteuerte,
sagte ich ihm knapp, was ich von ihm dachte, und ließ ihn stehen.
Das Schlimmste daran war nicht, dass ich einen Freund verlor. Er war
ja, wie sich gezeigt hatte, nie einer gewesen! Das Peinlichste war die
Erfahrung, wie sehr das Herz sich irren kann ...«[619]

Wie Ohser über seine Beziehung zu Kästner in jener Zeit der Entfremdung denkt, ist leider nicht überliefert. Der große Erfolg des
Zeichners führt Ende 1935 dazu, dass ein erster Sammelband mit *Vater
und Sohn*-Geschichten[620] erscheint. Erhalten hat sich aus diesem Jahr
immerhin ein Bild von Erich Kästner, der an einem Berliner Kiosk
neben einem *Vater-und-Sohn*-Werbeaufsteller steht.

***

Am 15. September 1935 werden die »Nürnberger Gesetze« auf dem
7. Parteitag der NSDAP verkündet: Das »Reichsbürgergesetz« und das
»Gesetz zum Schutze des deutschen Blutes und der deutschen Ehre«
bieten die Grundlage für den Ausschluss der Juden aus dem öffentlichen Leben Deutschlands und für die folgende antijüdische Politik.
Bis Ende 1938 wandern rd. 170 000 (rd. 30 Prozent) deutsche Juden aus
dem Reichsgebiet aus, bis Oktober 1941 verlassen rd. 270 000 Juden
Deutschland. Auf der Grundlage dieser Gesetze kommt es zu ver-
stärkter Boykottpropaganda und pogromartigen Hetzkampagnen,
verbieten Kommunalbehörden z. B. Juden den Besuch von Kinos,
Parks und Schwimmbädern; zeitweilig werden jüdische Zeitungen
verboten. Vereinzelt kommt es bereits zu »Arisierungen«. Viele jüdische Freunde und Kollegen Kästners, Ohsers und Knaufs – Edith
Jacobsohn, Walter Trier oder Walther Victor – haben das Land bereits
vorher verlassen.

Der heimliche und der verbotene Kästner

Am 28. Januar 1936 wendet sich der Inhaber des Chronos Verlags,
Martin Mörike[621], der von Kästners Werken Bearbeitungen für das
Theater anfertigt, in einem kurzen Schreiben an Hans Hinkel im
Propagandaministerium und teilt mit:

»[W]ie ich höre, kennen Sie das Lustspiel *Das lebenslängliche Kind*
von Robert Neuner nicht, würden es aber gerne einmal kennenlernen
und lesen. Ich erlaube mir deshalb, Ihnen anbei ein Exemplar des
Lustspiels zu übersenden.«[622]

Beigefügt ist dem Schreiben ein Exemplar des Bühnenstücks, für
dessen Übersendung sich der Empfänger postwendend bedankt und
»das ich gerne einmal lesen werde«.[623]

Im Sommer schreibt Mörike noch einmal an Hinkel, dem er sich
zum einen für dessen Antwortschreiben vom 29. Januar bedankt
und ihm zum anderen einen Brief übermittelt, »den ich an Herrn

Ministerialrat Dr. Rainer Schlösser[624] bezüglich des *Lebenslänglichen Kindes* richtete.«[625]

Schlösser ist Präsident der Reichstheaterkammer. An ihn hat Mörike am 17. Juni des Jahres geschrieben. Er erinnert an ein früheres Schreiben von Schlösser vom 2. Oktober 1934, in dem dieser die Meinung »in Bezug auf das Lustspiel *Das lebenslängliche Kind* von Robert Neuner [geäußert habe], es sei nicht angängig, dass ein Bühnenwerk usw. von den Theatern gegeben werde, *ehe sie ihre kulturpolitischen Aufgaben denjenigen Dichtern gegenüber erfüllt hätten, die einen inneren Anspruch an den Dank des nationalsozialistischen Staates erheben können.* Ich darf wohl annehmen, dass dieser Zeitpunkt nunmehr gekommen ist. Die Lücke, die durch das Verbot des Lustspiels *Das lebenslängliche Kind* entstand, ist, wie Sie zugeben werden, noch nicht geschlossen. Mir ist kein Lustspiel aus den letzten Jahren bekannt, das mit innerem Gehalt so viel Liebenswürdigkeit und echte Heiterkeit verbindet und zugleich den Hunger der Theater und des Publikums nach gutgebauten Theaterstücken stillt. Ich darf darauf hinweisen, dass kaum ein Tag vergeht, an dem nicht ein Intendant sich erkundigt, ob er nicht *Das lebenslängliche Kind* jetzt aufführen könne.«[626]

Geschickt weist Mörike auf den Umstand hin, dass der Emil-Film nach wie vor in den Kinosälen des Dritten Reiches gezeigt wird, eine Aufführung des *lebenslänglichen Kindes* also nichts Besonderes wäre.

»Was die Begründung des Verbots mit der Person Erich Kästners betrifft, darf ich darauf aufmerksam machen, dass die Organisation *Kraft durch Freude* mit ihrem eigenen Tonfilmwagen den Tonfilm *Emil und die Detektive* von Erich Kästner im Gau Sachsen (und vermutlich darüber hinaus) aufführt. Wenn eine kulturell führende nationalsozialistische Organisation keine Bedenken trägt, einen Film von Erich Kästner aufzuführen, ist schwer einzusehen, wieso auf der anderen Seite ein Lustspiel verboten ist, dessen Autor Erich Kästner nicht einmal ist, sondern an dem er nur sehr bedingt Teil hat. Ich wäre Ihnen aus diesen Gründen sehr verbunden, sehr verehrter Herr Ministerialrat, wenn Sie veranlassen könnten, dass die ganze Angelegenheit doch noch einmal neu betrachtet wird.«[627]

Die Genehmigung wird schließlich erteilt. Das Bühnenstück avanciert zu einem der erfolgreichsten Lustspiele des »Dritten Reichs«. Etwa 1940 erscheint das Bühnenmanuskript in einer vereinfachten Fassung, um auch schlichteren Wanderbühnen die Inszenierung zu ermöglichen. 1941 wirbt der Chronos-Theaterverlag mit über hundert »Aufführungen bzw. Annahmen« in Deutschland und den besetzten

Gebieten. Nach 1945 geht die Zahl der Inszenierungen stark zurück, der Roman und Kurt Hoffmanns Film, zu dem Kästner die Drehbuchadaption schreiben wird, setzen sich als die haltbarsten Fassungen durch.

Am 10. Februar 1936 schreitet die Reichsschrifttumskammer auch gegen das letzte frei im deutschen Buchhandel noch erhältliche Kästner-Buch *Emil und die Detektive* ein. Es werden »bei Williams & Co. Restexemplare von Gedichtbänden und auch des *Emil* beschlagnahmt, außerdem Prospekte, in denen der Kinderroman beworben wurde, und das, ob Emil ja zunächst ausgenommen worden war und auch noch lief. Der Verlag wollte nicht schuld gewesen sein und berief sich auf ein vertrauliches Rundschreiben des Börsenvereins, wonach nur *35. Mai* und *Pünktchen und Anton* verboten waren; nun wurden alle Bücher Kästners beschlagnahmt.«[628]

Kästner wendet sich an Heinz Wismann. In seinem Brief an ihn schreibt Kästner u. a.:

»Ich wäre Ihnen dankbar, wenn Sie mir die Gründe für diese Massnahme bekanntgeben wollten. [...] Besonders schmerzlich berührt mich die Massnahme, weil sie ein Buch betrifft, das wohl von den meisten Deutschen, soweit sie es gelesen haben, als ein ausgesprochen deutsches Buch angesehen wird; ein Buch, das in über 30 fremde Sprachen übersetzt wurde, um den Kindern anderer Länder eine Vorstellung vom Kameradschaftsgeist und dem Familiensinn des deutschen Kindes zu vermitteln; ein Buch, das in den englischen, amerikanischen, polnischen und holländischen Schulen mit Hilfe von kommentierten Schulausgaben dazu verwendet wird, um die deutsche Sprache und Verständnis für das deutsche Wesen zu lehren! Und warum lässt die RSK dieses Buch zu einer Zeit beschlagnahmen, während in Berlin und in anderen Städten der Ufafilm *Emil und die Detektive* nachmittags als Kindervorstellung unangefochten gezeigt wird? Ich wiederhole meine eingangs geäusserte Bitte, mir eine Massnahme zu erklären, die mich aufs tiefste betroffen hat und deren Grund und Zweck ich nicht verstehe.«[629]

Wismann lässt das Schreiben unbeantwortet. Vermutlich ließ sich keine auch nur halbwegs plausible Erklärung erfinden. Ungeachtet der Missachtung der NS-Kulturbehörden arbeitet Kästner auch in diesen Jahren weiterhin als Schriftsteller. So entstehen zwischen 1934 und 1937 einige Romane. Publiziert werden sie im Ausland: *Die Drei Männer im Schnee*[630], *Emil und die drei Zwillinge*[631], *Die verschwundene Miniatur oder auch Die Abenteuer eines empfindsamen Fleischermeisters*[632] und *Dr. Erich Kästners Lyrische Hausapotheke*[633].

Bei den Exilliteraten wie Klaus Mann[634] stößt Kästners literarische Tätigkeit auf Kritik. So fragt der Sohn des Nobelpreisträgers Thomas Mann:

»Was wird aus Schriftstellern im Dritten Reich? Erich Kästner war doch mal einer. Ueber seinen Wert und Rang konnte man verschiedener Ansicht sein. Aber er gehörte zur Literatur [...] Jetzt kündigt die Deutsche Verlagsanstalt einen neuen Roman von Erich Kästner an: *Drei Männer im Schnee*. Sie beginnt mit der beruhigenden Feststellung: *Nach seiner Sturm- und Drangperiode entwickelt sich Erich Kästner immer mehr zum Humoristen grossen Stils*. Dann ist ja alles in Ordnung, grade so was braucht man im Dritten Reich. [...] Im Propaganda-Ministerium sollen all die lustigen Erwachsenen sich schon die Bäuche halten vor Lachen [...]. Das war doch einmal ein Schriftsteller. Eine Zeit lang überlegte er sogar, ob er es nicht lieber bleiben wollte. Er dachte schon daran, in die Emigration zu gehen. Aber inzwischen hat er mit all seinen schlagfertigen Reden dahin gefunden, wohin er also gehört.«[635]

Diese Einlassung darf als Musterbeispiel für die Entfremdung zwischen den Exilanten und den Daheimgebliebenen gelten.

Und aller scheinbaren Anpassung an die veränderten politischen Verhältnisse und ungeachtet aller Produktivität lässt sich nicht übersehen, dass Kästners Arbeitspensum seit Beginn des Dritten Reiches gesunken ist. Stattdessen verbringt der Schriftsteller seine Freizeit mit Lesen, Tennisspielen und Urlauben. Seine Sekretärin Elfriede Mechnig[636], die seit 1928 für ihn tätig ist (und die von ihm nur als »& Co.« angesprochen wird) meldet er als seine Putzfrau an, damit sie nicht in der Rüstungsindustrie arbeiten muss. Sie erledigt die alltäglichen Sachen für den Schriftsteller, kauft für ihn ein und kocht. Auffällig ist, dass Kästner weiterhin pseudonym auch innerhalb Deutschlands an Büchern und Theaterstücken mitwirkt.

Der offizielle e. o. plauen

Das Jahr 1936 bietet für Ohser ein Wechselbad der Gefühle. Trotz aller von Goebbels erlaubter Tätigkeit als Zeichner wird er weiterhin von den Polizeibehörden beobachtet. Ohne dass er es weiß, meldet die Berliner Staatspolizei am 14. Januar an das Geheime Staatspolizeiamt Berlin:

»Ohser, Erich von Beruf Pressezeichner, Dissident [...].«[637]

Wenige Wochen später, am 19. Februar, erhält Ohser einen erneuten »Bannspruch« durch den Landesverband Berlin im *RDP*:

>Ihre s.zt. auf Widerruf erfolgte Eintragung in die Berufsliste der Schriftleiter habe ich gelöscht, nachdem die Ermittlungen ergeben haben, daß Sie nicht die Eigenschaften haben, die die Aufgaben der geistigen Einwirkung auf die Öffentlichkeit erfordert (§ 5 Ziff. 7 SchriGes.[638]).

Sie waren als Pressezeichner von 1930 bis zur nationalen Erhebung für den >Vorwärts‹ tätig. Während dieser Zeit haben Sie unerhörte Zeichnungen gegen die nationalsozialistische Bewegung angefertigt und sie im >Vorwärts‹ veröffentlichen lassen. Auch waren Sie von 1928 bis September 1932 Mitglied der SPD. Durch die von Ihnen gezeichneten gehässigen Angriffe gegen den Nationalsozialismus und seine Führer, Ihre Darstellungen des Führers und Reichskanzlers und des Reichsministers für Volksaufklärung und Propaganda, haben Sie deutlich gezeigt, daß Sie nicht die geistigen Voraussetzungen für den heutigen Schriftleiterberuf erfüllen. Ihre Eintragung in die Berufsliste der Schriftleiter kann nicht verantwortet werden. Aus diesem Grunde lehne ich Ihre endgültige Eintragung in die Berufsliste der Schriftleiter ab. Mit Erhalt dieses Bescheides haben Sie unverzüglich jede schriftleiterische Tätigkeit, auch als Pressezeichner, einzustellen, wobei ich Sie ausdrücklich auf die Strafbestimmungen des § 36 Schriges.[639] aufmerksam mache.« [640]

Das erneute Berufsverbot hält Ohser allerdings nicht davon ab, weiterzuarbeiten – und zu veröffentlichen. Ein gewagtes Vorgehen, nicht nur für ihn selber. Konsequenzen muss auch der Ullstein-Verlag befürchten, denn er darf keinen Mitarbeiter beschäftigen, der einem solchen Berufsverbot unterliegt. Was die Lage noch brisanter erscheinen lässt, ist der Umstand, dass Ohser just in dieser Zeit *Vater und Sohn*-Cartoons publiziert, die einen nahezu unverhüllt satirischen NS-kritischen Charakter aufweisen – sofern man intellektuell zwischen den Zeilen und Zeichnungen zu lesen versteht. Dabei macht der Zeichner auch nicht vor der Person Hitlers halt. So erscheint in der Ausgabe der *BIZ* vom 19. März 1936 die Bildergeschichte *Erfolglose Anbiederung*[641].

Sie ist im Zusammenhang mit dem politischen Teil dieser Ausgabe zu sehen, der da lautet:

Vor sechzigtausend im Riesenzelt! Ganz Baden hört den Führer.

Ohser nimmt diesen Ansatz auf und lässt *Vater und Sohn* mit ihrem Hund vor einer horizontlosen Wasserfläche Stöckchen holen. »Das Hündchen pariert, doch als er wieder ans Ufer springt, tritt ein großer, gut gekleideter, jovial lächelnder, geradezu staatsmännisch

Abb. 17: Christian und
Erich Ohser. Titelbild
der Berliner Illustrir-
ten Zeitung, Nr. 49
vom 3. Dezember 1936

auftretender Herr mit ausgesprochen langer, in deutlichem Kontrast
zur Kopfmelone Vaters stehender Visage hinzu. Die Figur mit dem
markanten Kinn erinnert dabei an Hitlers Vizekanzler und Steig-
bügelhalter, den späteren NS-Gesandten in Österreich, Franz von
Papen[642]. Die Figur herrscht den Hund an, will diesen animieren auch
ihm, dem Machtmenschen, zu folgen und zeigt auf den Gehstock, dessen Knauf in Form eines nordischen Fabelkopfes gebildet ist. Dann
wirft der pferdeschädelige Pseudo-Germane sein gutes Stück in weitem Bogen ins Wasser, während Vater, Sohn und Hund verwundert
zuschauen. Sie kehren jener dubiosen Gestalt einfach den Rücken und
von Papen entkleidet sich nun, um selber Baden zu gehen, er legt den
Staatsrock ab und übrig bleibt: Hitler! Im letzten Augenblick dreht
Ohser unmerklich den Charakter der Figur, den Ausdruck des Profils:
Der Haaransatz, das Kinn und die Stöpsel-Nase gehören jetzt zu einer
anderen Physiognomie, so wie die Kombination aus Hemd, Schlips
und Hosenträgern nun auf die nach der Machtergreifung unter dem
Staatsrock versteckte SA-Uniform anspielt: Adolf lässt tatsächlich die
Hosen herunter. […] Dazu stellen die schwimmenden Stöcke eine

Abb. 18:
e.o.plauen, Erfolg-
lose Anbiederung.
In: BIZ, Nr. 84
vom 19. März 1936

visuelle Beziehung zur Karikatur *Dienst am Volk* her. – Schiebt man
Panel 5 und 6 nun noch übereinander, bilden die Stöcke ein fragmen-
tiertes Hakenkreuz, das in einer Kokarde schwimmt.«[643]

Aber nicht nur, dass Ohser Hitler satirisch durch den Kakao zieht,
so verblüfft umgekehrt auch das Verhalten des NS-Staat im Umgang
mit dem Zeichner: Unbemerkt von der Öffentlichkeit zeigen die
Nationalsozialisten mit der Benutzung der *Vater und Sohn*-Figuren
in seinem Sinne die ganze Absurdität seiner künstlich konstruierten
Schwarz-Weiß-Ideologie, besitzt Ohser doch zu diesem Werbezeit-
punkt keine Berufserlaubnis, weil er nicht tragbar für Hitlers »neues
Deutschland« sei. In jedem Fall empfindet Goebbels die Mitarbeit
Ohsers als nützlich. Aus diesem Grund erfolgt zwei Monate nach
dem Widerruf der Eintragung in die Berufsliste der Schriftleiter eine
erneute Kehrtwende der Behörden. Derselbe Verband teilt Ohser mit
Schreiben vom 28. April notgedrungen und pflichtschuldigst mit:

>»Der Herr Reichsminister für Volksaufklärung und Propaganda
>hat meine Entscheidung vom 19. Februar 1936 aufgehoben.

Abb. 19:
e.o.plauen, Der
lehrreiche Tag.
BIZ, Nr. 13 vom
26. März 1936

Ich habe Sie unter dem heutigen Tage in die Berufsliste B der
Schriftleiter eingetragen und überreiche Ihnen in der Anlage
die weiße Aufnahmekarte.

Ich bitte Sie, den Nachweis Ihrer arischen Abstimmung zu
erbringen durch Einreichung amtlich beglaubigter Abschriften
der Taufscheine von Ihnen, Ihren Eltern und Großeltern, sowie
in gleicher Weise für Ihre Ehefrau.«[644]

Wie dem Schreiben zu entnehmen ist, hat Goebbels für den Sinnes-
wandel des Berufsverbandes gesorgt. »Mit trickreicher Rhetorik«[645]
ist es zuvor »Kurt Kusenberg, Johannes Weyl und Alfred Gerigk vom
Ullstein-Verlag«[646] gelungen, den Propagandaminister maßgeblich
zu beeinflussen. »Goebbels persönlich erteilt die Erlaubnis, Erich

B e s c h e i n i g u n g

Dem Zeichner Erich Kurt O h s e r ,
geboren am 18.3.03 zu Untergettengrün i.Vogtland,
wohnhaft in Berlin-Wilmersdorf, Hoffmann-von-Fallersleben-Platz 2, wird hiermit bescheinigt, dass er im
Privatleben neben seinem Familiennamen " O h s e r "
noch den Künstlernamen

          E. O. P l a u e n

führt.

          Berlin-Schöneberg, den 21.11.1936
          Der Polizeipräsident in Berlin
          Polizeiamt Schöneberg-Wilmersdorf

          In Vertretung:

Verwaltungsgebühr: 2.50 RM
PA.Schö.Wi.II.8030.15/36

Abb. 20: Amtliche Bescheinigung des Pseudonyms e.o.plauen durch den
Polizeipräsidenten von Berlin vom 21. November 1936

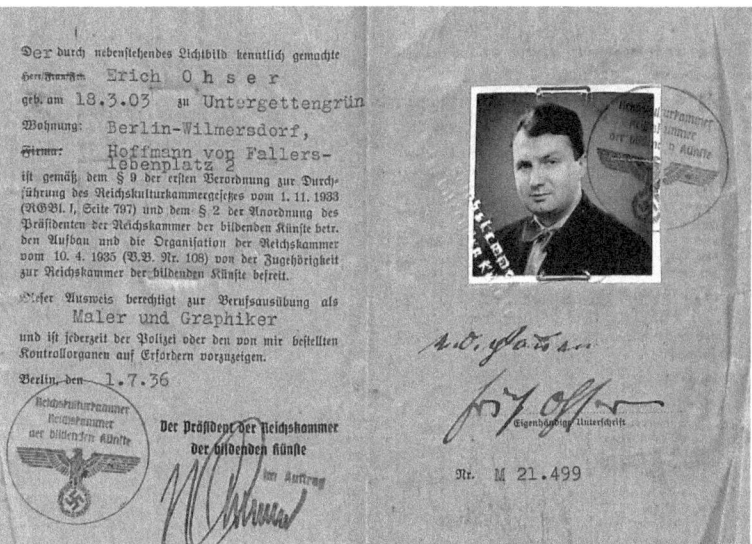

Abb. 21: Erich Ohser/e.o.plauen, Mitgliedsausweis für die Reichskammer der bildenden Künste (1. 7. 1936)

Ohser als Pressezeichner zuzulassen. Die Zulassung erfolgt allerdings unter strengen Auflagen: Ohser darf nur unpolitisch zeichnen und ausschließlich unter Künstlernamen veröffentlichen. So erfindet sich Erich Ohser neu und verbirgt seinen eigentlichen Namen kunstvoll unter Hinzufügung seiner Heimatstadt: Erich Ohser aus Plauen wird e.o.plauen.«[647]

Auch die Gestapo, die sich mit dem »Fall Erich Ohser« befasst hat, sieht sich nunmehr außerstande, den als Dissidenten erkannten Zeichner von seiner Berufsausübung abzuhalten.[648]

Um dem Ganzen die Krone aufzusetzen und damit letztlich auch die Absurdität der NS-Bürokratie sozusagen »amtlich dingfest« zu machen, lässt sich Ohser alles auch offiziell vom Polizeipräsidenten Berlin bestätigen, der dem Zeichner »bescheinigt, dass er im Privatleben neben seinem Familiennamen Ohser noch den Künstlernamen E.O. Plauen führt«.[649]

Vom selben Jahr datiert auch die amtliche Bestätigung vom Präsidenten der Reichskammer der bildenden Künste, in dem es heißt, dass der Ausweis Ohser »zur Berufsausübung als Maler und Grafiker«[650] berechtigt.

Die Ohser-Biografin Schulze[651] weist auf den auffälligen Umstand hin, dass der Zeichner auf seinem Ausweisbild wie seine

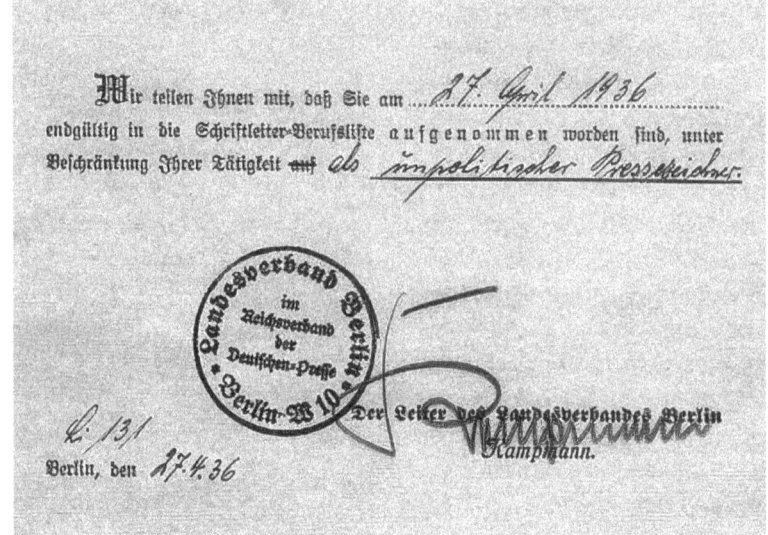

Abb. 22: Wiederaufnahmekarte für Ohser als unpolitischer Pressezeichner in den Landesverband Berlin des Reichsverbands der deutschen Presse vom 27. April 1936

Kunstfigur – der *Vater* – eine Fliege trägt. Unterschrieben ist der Ausweis mit e.o.plauen und Erich Ohser.

Die Wiederzulassung Ohsers als Zeichner ist auch an eine weitere Bedingung geknüpft. Sie beinhaltet, »daß die Titelhelden der erfolgreichen *Vater und Sohn*-Serie bei den Sammelaktionen für das vom Goebbels-Ministerium initiierte *Winterhilfswerk*[652] als Werbefiguren ausgenutzt werden dürfen.«[653]

Die NS-Propagandamaschinerie spannt *Vater und Sohn* für das Winterhilfswerk ein. Hierzu gehört, dass bei der großen Reichsstraßensammlung für das WHW am 1. März der Schauspieler Gerhard Dammann[654] und ein Junge namens Heinz *Vater und Sohn* mimen. Es scheint den Verantwortlichen sogar schlüssig, die Kultfiguren in der gleichen Ausgabe der *BIZ* doppelt für die Spendenaktion in Anspruch zu nehmen: Als Masken auf dem Titel und als gezeichnete Figuren des Strips: *Brav mein Sohn*[655]. In der Ausgabe vom 12. März 1936 findet diese Form der Berichterstattung ihre Fortsetzung.

Ohsers ambivalente öffentliche Haltung gegenüber der menschenverachtenden Brutalität der NS-Diktatur wie auch der propagierten soldatischen Männlichkeit und Disziplin im Dritten Reich zeigt sich auch in der Wahlunterstützung für Hitler bei der Reichstagswahl 1936.

Unter dem Titel *9x Sozialpolitische Tatsachen*[656] will der »Wahl-
kampf-Flyer« von 1936, für den die Belegschaft des Deutschen Verlages
für Politik und Wirtschaft verantwortlich zeichnet, soziale Errun-
genschaften des Regimes herausarbeiten und gipfelt – scheinbar – in
einem direkten Wahlaufruf für den »Führer«. Als Illustration dienen
jeweils Zeichnungen, die das beliebte Figurenpaar vordergründig
affirmativ in der Welt der politischen Propaganda ansiedeln.

Was aufmerksamen Volksgenossen vermutlich nicht entgeht, ist die
versteckte oppositionelle Geste, die selbst in diesem Werbeflyer wie
auch in einer Bilderfolge in der *BIZ*[657] vorhanden ist: *Vater und Sohn*
schauen sich die »Propagandatafeln zur wirtschaftlichen und sozialen Entwicklung an, die jene Reichstagswahlen des Jahres 1936 unterstützen sollen, und interessieren sich scheinbar tatsächlich für den
dargestellten Aufschwung. Vater ist eher den wirtschaftlichen Fakten und Zahlen zugewandt, Sohn faszinieren Autobahnbau und der
KdF-Dampfer. Allerdings: im letzten Bild schicken sich die beiden an,
der Verlauf der gezeichneten Bewegung ist eindeutig, am Wahllokal,
wie an einem sechsten Plakat, einfach vorbeizugehen. Vaters Stimme
gehört ihm nicht.«[658]

Die Benutzung der *Vater und Sohn*-Geschichten durch das NS-Regime führen zwangsläufig zu einer Popularitätssteigerung bei Erich
Ohser – und seinem Sohn Christian.

»Zwei, die alle Leser der *Berliner Illustrirten Zeitung* kennen und
doch nicht kennen: Vater und Sohn … wie sie wirklich aussehen. Der
Zeichner E. O. Plauen, der Schöpfer der berühmten Figuren *Vater
und Sohn* und sein vierjähriger Sohn und *Mitarbeiter* Christian«[659],
schreibt die *BIZ* in ihrer Ausgabe vom 3. Dezember 1936. Ähnlich
wie etwa ein Karl May in den 1890er-Jahren in der Öffentlichkeit die
Legende aufgebracht hat, dass er, der Schriftsteller tatsächlich der auf
Reiseabenteuern um die Welt ziehende Old Shatterhand bzw. Kara
Ben Nemsi sei, so stricken die Beteiligten im Berlin der 1930er-Jahre
an der Legende, dass die Comic-Figuren *Vater und Sohn* tatsächliche
Abbilder von Erich und Christian Ohser seien.

Mit dem Ullstein-Verlag, in dessen Haus die *BIZ* erscheint, kommt
es zur Vereinbarung, dass Ohser für jede Bilderserie 180 Reichsmark
erhält, er vierteljährlich 13 Bilderserien anfertigt und exklusiv zur Verfügung stellt. Zudem erhält Ohser eine Gewinnbeteiligung der geplanten Buchveröffentlichungen.[660]

Erich Knauf geht zum Film

Ausgerechnet die oftmals oberflächlich erscheinende Filmwelt bietet Knauf sehr bald ein neues berufliches Feld, das anders als die bloße Dichtkunst und Schriftstellerei auch lukrativ ist. Nachdem er als Werbetexter für das Berliner Zigarettenimperium Garbáty oder für das Funk- bzw. Nachrichtentechnikunternehmen Telefunken in freier Mitarbeit tätig gewesen ist, erregt Knauf die Aufmerksamkeit der Filmgesellschaft Tobis-Rota, die zum großen Konzern der Tobis Tonfilm-Syndikat AG gehört. Zunächst wird er freier Mitarbeiter in der Werbeabteilung, ab Ende Juni, Anfang Juli 1936 als zweiter Pressesprecher Festangestellter.[661]

Es dauert nicht sehr lange, dann avanciert Knauf »zum Pressechef der Tobis-Rota, die jetzt Terra Filmkunst GmbH hieß«.[662]

Die Mitarbeit in der deutschen Filmindustrie ist für Knauf ein beruflicher aber auch persönlicher Glücksfall, da er wegen Unabkömmlichkeit vor einer Einberufung in die Wehrmacht geschützt ist.

Doch unproblematisch ist seine Situation nicht:

»Die Terra war eine Art Schutzhaut. Produktionschef Teichs[663], ehemals Chefdramaturg der Ufa, und Verleihchef Kaelber[664] bemühten sich, das Maß der Konzessionen gering zu halten. Allerdings bemerkte Kaelber mehrmals zu Knauf, daß er ihn bei seiner Position als Leiter der Presseabteilung nicht länger halten könne, wenn er nicht der NSDAP beiträte. Das hat Knauf belastet. Die Zeit entschied dann anders. Sicherlich hätte Knauf, wenn der Druck unausweichlich geworden wäre, die Terra verlassen.«[665]

Tatsächlich wird er dem Druck eines Parteibeitritts nie nachgeben.

***

Hitler eröffnet am 1. August 1936 die XI. Olympischen Sommerspiele in Berlin. Die Spiele werden zu einer perfekten Propagandaschau inszeniert. Insgesamt nehmen mehr als 4000 Athleten und Athletinnen aus 49 Ländern teil. Rund 500 000 Menschen kommen als Zuschauer. Die an vielen Geschäften angebrachten Schilder mit der Aufschrift »Juden unerwünscht« werden für die Dauer der Spiele entfernt. Kästner besucht nachweislich mehrfach die Spiele; von Ohser und Knauf ist kein Besuch bekannt.

***

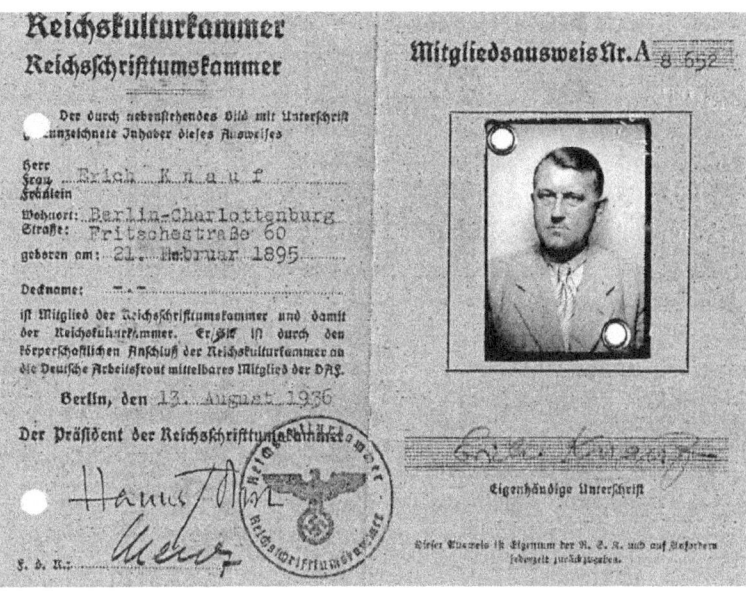

Abb. 23: Erich Knauf, Mitgliedsausweis der Reichsschrifttumskammer

Mehr denn je gelingt es Goebbels im Laufe des Jahres 1936, die nationalsozialistische Kulturpolitik zu bestimmen. Er bringt die einzelnen Bereiche der Kultur sowie die gesamte Medienlandschaft fast vollständig unter seine Kontrolle, was sich in allen zentralen Bereichen der Kultur- und Medienpolitik zeigt. In einer Rede zum dritten Jahrestag der Reichskulturkammer stellt der Minister seinen Führungsanspruch im gesamten Bereich der Kulturpolitik heraus. Bereits im Mai 1936 hat er die »Nachtkritik« verbieten lassen, also die Besprechung von Theater-, Musik- und Kinoaufführungen in der Abendpresse desselben Tages, da es sich bei einer solchen Kritik nur um eine von »jüdischen Zeitungskonzernen«[666] eingeführte Praxis handele, die »jede Ehrfurcht vor der künstlerischen Leistung«[667] vermissen lasse.

Hinter dem Verbot verbirgt sich recht offenkundig, dass der Narzisst Goebbels die Früchte seiner Kulturpolitik nicht öffentlich kritisiert sehen will. Zugleich wird deutlich, dass es dem Minister inzwischen gelungen ist, die kulturpolitischen Ambitionen seines ärgsten Rivalen Alfred Rosenberg zu marginalisieren.[668]

Bis zu diesem Zeitpunkt hat der führende NS-Ideologe Rosenberg Goebbels u. a. im Bereich des Musiklebens eine Reihe schwerer Schlappen zugefügt. So war es z. B. Rosenberg gelungen, Richard Strauss[669] als Präsidenten der Reichsmusikkammer zum Rücktritt zu zwingen, und den Komponisten Paul Hindemith[670] zu dessen Emigration. Hinzu kam, dass Rosenbergs NS-Kulturgemeinde erhebliche Teile des deutschen Musiklebens unter ihre Kontrolle gebracht hat, als Veranstalter von Konzerten, Organisator von Gastspielen und Musikkongressen, Herausgeber der wichtigsten Musikzeitschrift auftritt und einen eigenen Schallplattenring unterhält. Doch Goebbels wird bis zum Jahr 1938 seinen Konkurrenten Rosenberg auch im Bereich der Musik aus der dominanten Entscheidungsposition verdrängt und seinen Führungsanspruch auch hier fundamentiert haben, wenn er u. a. die von ihm entworfenen »Zehn Grundsätze für das Musikschaffen«[671] öffentlich verkündet.[672]

Noch einmal: Kästner und die Gestapo

Am 26. Juni 1937 kommt es für Kästner zur nächsten Konfrontation mit der Gestapo. Die Geheimpolizisten erscheinen in den frühen Morgenstunden bei ihm und führen eine Haussuchung durch. Anschließend nehmen sie ihn zu einem Verhör ins Polizeipräsidium am Alexanderplatz mit. In der »Roten Burg«, einem mächtigen Komplex aus rotem Backstein, errichtet in den Jahren 1886 bis 1889, das zweitgrößte Gebäude der Stadt gleich nach dem Schloss, zwischen Alexanderstraße und Dircksenstraße gelegen, sitzt der Berliner Polizeipräsident. Hier befinden sich sämtliche kommunalen Polizeistrukturen, die preußische Zensurbehörde, andere Spezialabteilungen und das städtische Zuchthaus. Seit 1933 wird auch dieser Komplex von der Berliner Gestapo genutzt, die hier viele politische Gefangene festhält, verhört und foltert.[673]

Konkret will man von Kästner, der nach wie vor keine Berufserlaubnis in Deutschland hat, wissen, was er tut, wovon er lebt, in welchen Verlagen seine Bücher gedruckt werden. Zuvor hat sich bei den NS-Behörden das Gerücht verbreitet, dass sich der Schriftsteller in Prag aufhalte und dort für Emigrantenzeitschriften arbeite, was allerdings nicht stimmt. Kästner berichtet später, »die zweite Verhaftung sei eine bürokratische Panne gewesen; die Polizisten hätten zwar das Verhaftungspapier von 1934 gefunden, nicht aber das Protokoll, worin der Verlauf und das Ergebnis der Vernehmung verbrieft worden waren!«.[674]

Die Angelegenheit verläuft insgesamt glimpflich.

»Es wiederholte sich alles ähnlich wie beim erstenmal. Drei Stunden dauerte die Vernehmung, dann entließ man ihn, der Paß wurde nicht eingezogen. Anders als beim erstenmal hatte aber von dieser zweiten Verhaftung niemand etwas erfahren, weder die Sekretärin noch sein Anwalt. Von diesem Tag an, schreibt seine Biografin Luiselotte Enderle, habe Kästner jede Klingel im Magen gehört, und sein Herzleiden habe sich wieder stärker bemerkbar gemacht.«[675]

Versteckte Hitler-Parodien

Ohser und seine Familie wohnen inzwischen in der Kalischer Straße 34 in Berlin-Wilmersdorf. Der Zeichner »ist stolz auf seinen auch wirtschaftlichen Erfolg und in seinen Einnahmen- und Ausgabenheften spiegelt sich der Alltag des wohlhabenden Künstlers wider. Februar 1937: Der Künstler verdient 945 Reichsmark. Seine Ausgaben sehen folgende Positionen vor: Theater, Kino, Ausstellungen usw. 78 Mark – Reise nach München (Faschingsstudien): 300 Mark – Akt und Zoo: 36 Mark – Ateliermiete: 75 Mark – Materialien: 132 Mark – Telefon und Porto: 68 Mark – Fahrgeld, Taxi: 90 Mark.«[676]

Weiterhin entlarvt Ohser, der inzwischen im Gegensatz zu Kästner über eine Berufserlaubnis verfügt, auf künstlerisch subtile Art Hitler und sein Regime. Ein Beispiel vom 5. Mai 1937 mag hierfür ein Beleg sein: Ohsers Cartoon *Das schickt sich nicht*[677] von diesem Tag enthält »zugleich die einzige bisher bekannte, in satirischer Absicht im Deutschland der Jahre nach 1933 überhaupt gedruckte, nahezu unverstellte Hitler-Parodie«.[678]

Zu sehen sind eine Ausfahrt und eine Cabrioletvariante der Führer-Karossen. Auf dem Nummernschild steht: »AI« = A[dolf] der I. oder A[dolf] I[mperator). Neben dem Chauffeur sitzt eine hitlereske Person mit typischem Mienenspiel und Gebärden des Diktators, gekleidet in die Parteiuniform. Die Hitlerparodie schikaniert *Vater und Sohn*, unterbindet ihr Fußballspiel mit einfachen Straßenkindern, wie sie Kästner auch in seinem *Emil* geschildert hat. Das Kindsein und Kinderspiel missfallen dem »Führer«. Es schickt sich aus seiner Sicht nicht, so die scheinbare Botschaft, mit jedem in seinem Einflussbereich Gemeinschaft zu pflegen. Schon der Versuch scheint der Hitler-Figur Anlass genug für eine Machtdemonstration zu sein.

Der »Führer« macht sich nicht nur lächerlich; vielmehr ist es eine recht unverblümte Sozialkritik und Satire zu seinen Lasten. Obwohl sich Ohser solche Freiheiten unbeanstandet herausnimmt, obwohl er finanziell große Vorteile mit seinen beiden Lieblingsfiguren genießt, entschließt er sich in diesem Jahr, seine *Vater und Sohn*-Reihe einzustellen. Der Ruhm hat eine nicht mehr erträgliche Kehrseite entfaltet:

Abb. 24: Erna
und Erich Knauf

Überall sieht sich Ohser mit den Abbildern seiner Zeichenfiguren konfrontiert, die in der öffentlichen Wahrnehmung eine 1:1-Wiedergabe von ihm selber und Christian darstellen. Kioske, Schaufenster und Straßen sind zudem mit *Vater und Sohn*-Attrappen gefüllt. Der Zeichner und sein Sohn werden auf gespenstische Weise umzingelt von ihren künstlerischen Wiedergängern. Hinzu kommt die politische Einvernahme der berühmten Figuren durch den Staatsapparat, wie u. a. an der Wahlpropaganda für Hitler zu erkennen gewesen ist. Auf privater Ebene zeigt sich, wie vielfältig Ohser in Berliner Künstler- und Intellektuellenkreisen etabliert ist.

»Ohsers Adressbuch aus jenen Jahren verzeichnet neben Erich Knauf und Erich Kästner mit Kurt Kusenberg jenen Redakteur, der Ohser in der Berliner Illustrierten Zeitung durchgesetzt hat. Und das berühmte Romanische Café, Künstlertreffpunkt von legendärem Ruf sowie Kontakt- und Jobbörse in einem, ist ebenso mit Telefonnummer festgehalten. Zu den Freunden zählt auch die Familie Henselmann: Gemeinsam verbringt man freie Zeit; ausgelassen wird gefeiert und werden Ausflüge ins Berliner Umland veranstaltet.«[679]

Henselmann[680] ist Architekt. Er arbeitet seit 1939 als Angestellter für den Wiederaufbau von kriegszerstörten Bauernhöfen im Wartheland (»Lebensraum im Osten«) und als Büroleiter im Architekturbüro von Godber Nissen. Die eigene Selbstständigkeit hat Henselmann wegen Konflikten mit dem NS-Regime aufgeben müssen.[681] Der Architekt gehört einem größeren Freundeskreis regimefeindlicher junger Leute wie Cato van Beek[682] und Hermann Blumenthal[683] an. Er wird nach dem Krieg als Chefarchitekt des Ost-Berliner Magistrats Architektur und Städtebau in der DDR der 1950er- und 1960er-Jahre maßgeblich prägen.

Erich Knaufs zweite Hochzeit

Noch am 17. Mai 1937 ist Knaufs erneuter Antrag auf Mitgliedschaft im Reichsverband der Deutschen Presse (RDP) abgelehnt worden, nachdem der Verband u. a. das Vorstrafenregister eingesehen hat. Ein vorbestrafter ehemaliger sozialdemokratischer Journalist erscheint nach wie vor untragbar als Verbandsmitglied.[684] Wegen der verweigerten Aufnahme in diesen Fachverband erhält Knauf auch keine Mitgliedschaft in der übergeordneten Reichspressekammer. In dieser Zeit wird Knauf auch von der Reichsschrifttumskammer einer näheren Prüfung unterzogen. In einem Fragebogen[685] vom 3. Juni 1937, dem auch ein Lebenslauf[686] beigefügt ist, steht Knauf Rede und Antwort. In seinem Lebenslauf resümiert er am Ende:

»Ich schreibe Gedichte, ich verfasse Werbetexte, ich sitze in der Werbeabteilung der Tobis Rota-Film-A. G. […] Und dann … einmal werde ich den Roman schreiben, den ausgeruhten Roman, den wir alle einmal schreiben wollen. Das Erlebnis der Gegenwart wirft alles über den Haufen.«[687]

Er wird ihn nie schreiben – den »ausgeruhten Roman«. Zum Glück steht ihm seine langjährige Lebenspartnerin Erna Donath zur Seite. Er heiratet sie am 13. Dezember 1938[688] nach der Scheidung von seiner ersten Ehefrau am 10. November[689]. Mit ihrem Verdienst als Stenotypistin sorgt sie entscheidend für den Lebensunterhalt des Paares. Gemeinsam ziehen die Frischvermählten in eine Wohnung.

Munkepunkes Kästner-Kritik

Im Juni 1937 befasst sich der Schriftsteller Alfred Richard Meyer[690] mit Kästners Werk. Meyer ist zu diesem Zeitpunkt neben seiner eigenen literarischen Tätigkeit (Pseudonym: Munkepunke) vor allem als Leiter der Fachschaft Lyrik in der Reichsschrifttumskammer und seit 1936 dort zusätzlich als Referent tätig.

Zu seinen auch heute noch positiv zu bewertenden Leistungen gehören seine Entdeckung und Förderung zahlreicher Dichter wie Joachim Ringelnatz[691], Gottfried Benn[692], Else Lasker-Schüler[693] und anderer. Fatal ist dagegen seine Rolle in politischer Hinsicht, gehört er doch im Oktober 1933 zu den 88 Schriftstellern, die das »Gelöbnis treuester Gefolgschaft« für Adolf Hitler unterzeichnet haben. Außerdem macht er Karriere in der zur Ausgrenzung oppositioneller Schriftsteller wirkenden Reichsschrifttumskammer.[694]

Auch heute liest man auf einer Meyer würdigenden Homepage über seine Tätigkeit in der Reichsschrifttumskammer:

»In der darauffolgenden Zeit versuchte *Alfred Richard Meyer* in seinen, ihm sehr eng gesteckten Grenzen, sein Möglichstes für seine gefährdeten Dichterfreunde zu tun.«[695]

Kästner zählt offenbar weniger zu diesen »Dichterfreunden«. Keine Erwähnung findet Munkepunkes Gutachten über den Dichter, das er am 21. Juni 1937, dem Jahr, in der er auch der NSDAP beitritt, vorlegt. Der inhaltlichen Bewertung vorangestellt sind zunächst die Ausgangslage und das Ergebnis von Alfred Richard Meyer. Darin heißt es:

>»Der Schriftsteller Erich Kästner, der in Deutschland wohnt und wegen seiner kulturbolschewistischen Haltung im Schrifttum vor 1933 nicht Mitglied der Reichsschrifttumskammer ist, veröffentlicht seit 1933 Romane, Jugendschriften und Gedichte in der Schweiz. Diese Bücher werden in der Tschechoslowakei gedruckt und sind bebildert von dem jüdischen Zeichner Walter Trier. Die Bücher sind für Deutschland nicht zugelassen, haben jedoch im Ausland erhebliche Auflagen erzielt. Es wirft sich die Frage auf: was ist hier zu tun? *gegen oder für Kästner?*«[696]

Das Fazit, das Meyer zieht, fällt kurz und bündig aus: »Der Gesamteindruck ist der: Die in Prosa geschriebenen Bücher sind durchweg nicht zu beanstanden. Dagegen muss der Vertrieb der Gedichte in Deutschland (siehe ausführliches Gutachten) abgelehnt werden.«[697]

Es wird die Empfehlung ausgesprochen, »Kästner einmal zu einer prinzipiellen Besprechung in die Reichsschrifttumskammer zu bestellen«.[698]

Im Folgenden erläutert Meyer am Beispiel des Bandes *Doktor Erich Kästners Lyrische Hausapotheke*[699], weshalb Kästner als Dichter für das nationalsozialistische Deutschland ungeeignet sei. Zu den literatur- und zeitgeschichtlichen Besonderheiten gerade dieses Buches gehört die Geschichte, dass Teofila Langnas'[700] ihrem Freund und späteren Ehemann Marcel Reich-Ranicki[701] eine von ihr selbst angefertigte und illustrierte Abschrift des Buches zu dessen 21. Geburtstag schenken wird. Der Beschenkte berichtet in seiner Autobiographie[702], dass ihm das Buch im Warschauer Getto über schwere Zeiten hinweggeholfen hat.

Vorweg weist Meyer in seinem Gutachten über die *Lyrische Hausapotheke* auf Parallelen zu anderen, von den Nationalsozialisten verfemten Dichtern wie Heine, Kerr, Tucholsky und Ringelnatz hin.

Auf diese Weise nimmt er bereits eine grundlegend abwertende Einordnung vor. Meyer vertieft anschließend seine Ausführungen zum »Weltanschaulichen«[703] der Kästner-Gedichte: »So frisch und humoristisch der Verfasser in seinen Kinderromanen sein kann, so müde und bitter und defaitistisch gibt er sich in seinen Gedichten. Bisweilen lässt er diesen Defaitismus auch bis zum Nihilismus sich steigern, so dass zu den einzelnen Seiten die Empfindung: Kulturbolschewismus nicht zu unterdrücken ist.«[704]

Gerade der Vorwurf des Defaitismus eskaliert im Verlaufe des Dritten Reiches noch zu einem unrechtsstaatlichen Amoklauf des NS-Regimes gegen Oppositionelle, Kritiker und Andersdenkende. Meyer empört sich über Kästners Pazifismus, den er als widerlich empfindet. Auch Kästners Einstellungen zum Privatleben erfahren empörte Kritik.[705]

Neben der vernichtenden Kritik an Kästners Lyrik finden sich weitere negative Begutachtungen der Abteilung C II der Reichsschrifttumskammer, ohne dass sie namentlich ihren Leiter Alfred Richard Meyer als Gutachter ausweisen. Sehr positiv fällt dafür die Bewertung der heiteren Erzählung *Drei Männer im Schnee* aus, bei der es sich um einen Schwank handeln würde, »der es bis zu einem gütigen Humor des Herzens bringt. Hier offenbart sich die andere, bessere Seite des Verfassers. Wenn er diese andere, bessere Seite einzig und allein pflegen wollte, so sollte uns Kästner als deutscher Schriftsteller sehr willkommen sein.«[706]

Hier wird deutlich, dass Kästner, solange er heitere und unpolitische Texte verfasst, auch von nationalsozialistischer Seite gelobt wird. Nicht willkommen ist dagegen der Satiriker Kästner, wie er sich vor allem in seiner Lyrik zeigt, und die das Wertesystem (u. a. Militarismus, Fremdenfeindlichkeit, blinder Gehorsam, Unfreiheit des Individuums, Untertanengeist) des NS-Regimes angreift. In diesem Sinne fällt auch das Urteil über *Die verschwundene Miniatur*[707] aus:

»Dieser Roman ist nicht zu beanstanden – es sei denn, dass auf Seite 8 der überaus sympathische Berliner Fleischermeister, als er nach Dänemark fährt, ausgerechnet einen grünen imprägnierten Lodenanzug und einen braunen Velourshut[708] tragen muss, dazu einen buschigen, graumelierten Schnurrbart, in der rechten Hand einen knorrigen Spazierstock und in der linken Hand Griebens Reiseführer[709]. Hier kann der unangenehme Eindruck erweckt werden, als ob Kästner es ähnlich machen wollte wie der ekelhafte elsässische Hetzzeichner Hansi.«[710]

Hinter dem »Hetzzeichner Hansi« verbirgt sich Jean-Jacques Waltz[711],
der besonders unter seinem Künstlernamen Hansi bekannt ist, und
der – ein seltsamer Zufall oder auch nicht – der Sohn eines Metz-
germeisters ist. Waltz ist für seine überspitzten Karikaturen deutscher
Eigenschaften bekannt und bei den Nationalsozialisten verhasst.
»Dagegen muss gesagt werden, dass sich der gute Fleischermeister
sonst sehr ordentlich, wenn auch bisweilen herzlich rauh benimmt.
Dieser humoristische Kriminalroman ist im übrigen einigermassen in
der Art Hasse Zetterströms[712].«[713]

Das fliegende Klassenzimmer wiederum sei »nicht zu beanstanden.
Vielmehr wird in sehr sympathischer und oft witziger Weise der Wert
junger Kameradschaft betont.«[714]

Insgesamt zeigt sich damit, dass Kästners Prosa von der NS-Zensur
positiv bewertet wird und dass es seine satirische Lyrik ist, die ihn
ins Abseits bei den Nationalsozialisten stellt. Nach Meyers Gutachten
ändert sich – natürlich – nichts in der Haltung der Reichsschrifttumskammer zur Aufnahme Kästners in den erlauchten Kreis der vom
NS-Regime akzeptierten Schriftsteller.

Walter Trier und die Salzburger Treffen

Mit dem nach Österreich emigrierten Walter Trier will sich Kästner
im August 1937[715] zu den Salzburger Festspielen auf österreichischem
Boden treffen. Bei diesem Treffen soll auch ein weiteres gemeinsames
Buch vorbereitet werden. Da Trier als Gast der Festspiele zwei Eintrittskarten für verschiedene Aufführungen erhält, will er Kästner die
zweite Karte zukommen lassen.

Kästner reist Ende Juli mit dem Zug nach Bad Reichenhall, dem letzten
Ort vor der österreichischen Grenze, wo er Quartier nimmt. Da Trier in
einem Salzburger Zimmer abgestiegen ist, kommt Kästner zur gemeinsamen Arbeit täglich mit dem Linienomnibus von Bad Reichenhall über
die Grenze hinüber ins Salzburger Land. Bargeld darf er im sogenannten
kleinen Grenzverkehr nicht mitnehmen. Eine weitere Auflage besteht
darin, dass der deutsche Grenzgänger am Abend wieder zurück sein
muss. Auf ein Besuchervisum hat Kästner verzichtet, da er nicht unnötig
die Aufmerksamkeit der NS-Behörden auf sich lenken will.

Das muntere Länderpendeln währt insgesamt drei Wochen. Kästner trifft sich in Salzburg auch mit Walter Mehring[716] und Ödön von
Horváth[717]. Emigranten, deren Weg fort aus Deutschland er nicht mitgehen will. Als Arbeitsergebnis der Salzburger Tage entsteht am Ende
das Buch *Georg und die Zwischenfälle*[718].

Die gelungene Zusammenarbeit mit Walter Trier inspiriert Kästner zu einem weiteren gemeinsamen Buchprojekt: *Till Eulenspiegel*[719], der Nacherzählung eines mittelniederdeutschen Volksbuchs. Der Schriftsteller reist eigens nach London, um sich mit Trier wegen der Einzelheiten zu treffen. Es wird sein letztes Buch sein, das in der Zeit des Dritten Reiches – allerdings in Zürich – als Neuerscheinung auf den Markt kommt.

Auch für Kästners Verleger Maschler wird die Situation immer belastender. Er wird 1937 aus der Reichsschrifttumskammer ausgestoßen, wobei es erstaunlich ist, dass er – als Jude – überhaupt Mitglied gewesen ist. Der Ausschluss hat zur Folge, dass er sein Berliner Büro nicht mehr betreten darf, weshalb er nach Wien geht, denn er besitzt einen österreichischen Pass und verfügt dort über ein weiteres Büro.

Knauf im Fokus der Gestapo

Am 3. Februar 1937 wendet sich die Reichsschrifttumskammer an die Gestapo. Die Berufskammer interessiert sich für die Aktenlage der Behörde im Fall Erich Knauf. Die Gestapo braucht drei Monate für die Antwort, die am 9. Mai bei der Reichsschrifttumskammer eingeht. Mitgeteilt wird u. a., dass »in der Liste des unerwünschten Schrifttums folgende Schriften [Knaufs] enthalten [seien:] *Caira, Daumier, Empörung und Gestaltung*«.[720]

Derartige Eintragungen aufgrund der Anordnung über schädliches und unerwünschtes Schrifttum vom 25. April 1935[721] sind nicht ungefährlich. Verlage sind seit dem Inkrafttreten der Anordnung »verpflichtet, ihre Neuerscheinungen bei der 1935 eingerichteten Beratungsstelle der Reichsschrifttumskammer anzumelden. Die Geheime Staatspolizei überwachte die Einhaltung der Bestimmungen. Verstöße konnten mit drastischen Sanktionen geahndet werden. Sie reichten von der Verwarnung bis zur Streichung aus der Berufsliste (Berufsverbot, Vernichtung der materiellen Existenzgrundlage) und der Einweisung ins Konzentrationslager.«[722]

Hingewiesen wird in dem Gestapo-Schreiben auch auf ein gegen Knauf am 21. September 1935 eingeleitetes und schließlich eingestelltes Verfahren wegen Vergehens gegen § 36 des Schriftleitergesetzes aufgrund einer Anzeige des Landesverbandes Berlin im Reichsverband der deutschen Presse, da der Anzeigensteller wissen wollte, welche Einnahmen Knauf aus seiner Schriftstellerei erzielte.[723]

Eingegangen wird noch auf die politische Vergangenheit von Knauf:

»Über seine frühere Zugehörigkeit zur SPD konnte nichts ermittelt werden. K. gibt auf Befragen an, dass er der SPD lediglich als Mitglied angehört habe, weil er seinerzeit Redakteur bei der Volkszeitung in Plauen gewesen ist. Nach seinem Austritt aus dieser Zeitung im Jahre 1928 verliess er auch die SPD. Funktionen will er in der SPD nicht ausgeübt haben.«[724]

Fünf Tage später, nachdem das Gestapo-Schreiben bei der Reichsschrifttumskammer eingegangen ist, wird dort auch ein politisches Führungszeugnis über Erich Knauf, ausgestellt vom Gau-Personalamt der NSDAP, zugestellt. Kurz und knapp wird hierin vermeldet, dass über Erich Knauf »hier in politischer Hinsicht nichts Nachteiliges bekannt geworden«[725] ist.

Ohsers Ferien unter dem Hakenkreuz

Die Familie von Erich Ohser verbringt die Sommerferien jener Jahre auf Rügen und dem westlich der Insel vorgelagerten Eiland Hiddensee. Hier entsteht auch eine Fotografie, die den Zeichner im Strandkorb neben einer jungen Frau zeigt, vor der drei Kinder spielen. Im kleinen Sandwall vor den Personen stecken in Reih und Glied: Kescher, Spaten und eine kleine Hakenkreuzfahne.

In dem 1982 erschienenen Buch *Alltag im Dritten Reich. So lebten die Deutschen 1933–1945* kommentieren die Herausgeber des Bandes die Szene in der ersten Auflage ihres Buches wie folgt:

»Einige, wie der Karikaturist (Vater und Sohn) e.o.plauen demonstrieren selbst im Urlaub an der Ostsee ihre Sympathie für Hitler und sein Regime.«[726]

Die Hintergründe des Bildes sind unbekannt, aber wie schon gezeigt werden konnte, ist Ohser alles andere als ein Sympathisant des Hitler-Regimes.

»Es wäre eher interessant«, wie Detlef Manfred Müller in den Raum wirft, »was Ohser und die junge Frau auf diesem Bild so spürbar miteinander verbindet?«[727]

Aus Sicht des Verfassers scheint nicht wirklich sicher zu sein, ob es sich bei der jungen Frau um Marigard Ohser handelt. Aus der erhalten gebliebenen Korrespondenz zwischen den Eheleuten lässt sich allerdings entnehmen, dass es in der Zwischenzeit zu nicht unerheblichen Spannungen und gegenseitiger Entfremdung kommt. Bekannt ist ferner, dass es der Zeichner mit der ehelichen Treue nicht so genau nimmt. Sitzt also doch eine fremde Schönheit neben Ohser im Strandkorb?

Abb. 25: Erich
Ohser am Strand
an der Ostsee
(Rügen oder
Hiddensee). Ende
der 1930er-Jahre

Als Beispiel für das angespannte Eheleben mag ein Brief Marigards von 1938 gelten. Darin schreibt sie:

»Ich schäme mich, daß ich dir schreibe und sehe dein spöttisches Gesicht und es hat ja auch sicher keinen Zweck, weil du ungeduldig bist und müde und – überhaupt nicht willst. Aber versuchen muß ichs, dir etwas klar zu legen. – Du sagst, ich laufe die ganze Zeit mit vorwurfsvollem Gesicht herum. Es kann 8 Tage lang sein. Davor war ich sehr frisch + vergnügt und freute mich immer wieder, daß ich dich so sehr lieb hatte. Dann kam meine Geschichte mit den dazu gehörigen Depressionen – schlechtes Arbeiten [...] und vor allem fiel mir immer mehr deine Teilnahmslosigkeit auf. Wenn du mich traurig siehst, läge es ja nahe zu fragen, weshalb. Das hätte mich wahrscheinlich schon so gefreut, daß du frägst, daß alles andere verblaßt wäre + ich froh geworden wäre. [...] Und heute abend gehst du fort, weil du mein Gesicht nicht sehen willst + überhaupt so was – kurz – tust es, wie's ein Ehemann zu tun pflegt – und zeigst dadurch deine Gleichgültigkeit und Absicht, von dir aus nichts ändern zu wollen. Da müßte ich nun die Konsequenzen ziehen, aber es ist ja so verdammt schwer, sich zu trennen, wenn so ein Bürschchen da ist, daß ichs noch nicht kann – trotz der Vorsätze. Ich denke dauernd daran, wie blödsinnig es ist, dir zu schreiben, denn du wirsts nur als eine Überspanntheit usw. ansehen. Du sagst, ich hätte's besser als andere Frauen, du trinkst nicht usw. usw. [...]

Ich bin nicht klug, aber sicher klüger als du denkst – aber du gibst dir ja nie die ›Mühe‹, über irgendetwas von mir nachzudenken – + so bin ich dir gegenüber (+ allen andern auch dadurch) befangen. Lieber Erich, ich wünschte, du würdest paar von deinen Briefen lesen, damit du siehst, daß auch du dir unser Leben zusammen anders gedacht

Abb. 26: Erich Ohser, 1938 an der
Ostsee

Abb. 27: Marigard Ohser (Ende der
1930er-Jahre an der Ostsee)

hast – (solange ich von dir weg war). Daß es nie so war, wie du es dir
ausmaltest, war wegen deiner Unruhe, weil du immer ausgehen muß-
test – und weil du dich mit mir langweilst. Ich würde dir hier nicht
schreiben, wenn ich wüßte, wie ich mich ändern könnte – ich weiß nur
den einen Weg, daß du mich nicht ganz so als dumm behandelst, weil
ich dann wieder mehr Mut zu mir selbst finde. Tu mir den Gefallen
+ sieh' das alles nicht als Nervosität an – ich bin nur nervös, weil ich
sehe, wie wir jeden Tag fremder werden, und so ists nur ein Versuch,
dir so bischen was zu sagen.

Antworte einmal nicht mit ›einbilden‹ oder ›übertrieben‹ wenn du
mich liebst + dir an unserm Zusammenleben liegt, mußt du's schon
mal ernster nehmen. Ich schlafe heut allein, ich denke, es wird dir
angenehmer sein. Schlaf gut, Deine Marigard«[728]

Ein Rechtsanwalt für Kästner

Am 10. April 1938 erreicht die Einheitsliste der NSDAP bei der sogenannten Wahl zum Großdeutschen Reichstag offiziell 99,1 Prozent
der Stimmen und erhält somit alle 814 Sitze im Reichstag. Gleichzeitig
mit der Wahl findet auch die nachträgliche Volksabstimmung über
die »Wiedervereinigung Österreichs mit dem Deutschen Reich« statt,
nachdem am 12. März die deutsche Wehrmacht in Österreich einmar-
schiert ist und Hitler den Eintritt seiner Heimat in das Deutsche Reich
verkündet hat.

Somit ist Kästners komödiantisches Buch über den »kleinen Grenzverkehr« zwischen Deutschland und Österreich, das in diesem Jahr
als *Georg und die Zwischenfälle* erscheint, in seinen politischen Voraussetzungen schon bei Erscheinen überholt. Mit dem »Anschluss«
Österreichs wird Kästners Verleger Maschler zwangsweise zu einem
»Reichsdeutschen«. Er verliert den Schutz seines ausländischen Passes.
Sein Lager mit den gedruckten Werken der in Deutschland verbotenen
Autoren wie Kästner wird beschlagnahmt. Kästner-Bücher können
fortan nicht mehr nach Deutschland verkauft werden. Maschler flüch-
tet zunächst nach Amsterdam, im Frühjahr darauf mit seiner Familie
nach England.

Nachdem Atrium keine Bücher mehr herstellen kann, verkauft
Maschler bis Kriegsende Lizenzen für Kästner-Bücher. Es sind vor
allem die aus der Not heraus praktizierten Lizenzgeschäfte mit Über-
setzungen in 35 Sprachen, die Kästners Welterfolg begründen. Die
Übermittlung der Honorare an Kästner erweist sich in den Jahren bis
Kriegsende als äußerst schwierig.[729]

Bis zum Herbst 1938 werden sämtliche Anträge Kästners von der
Reichsschrifttumskammer unbeantwortet gelassen.

In der Nacht vom 9. auf den 10. November 1938 wird Kästner Zeuge
des Pogroms gegen die deutschen Juden. Die Reichskristallnacht löst
einen nie gekannten Massenexodus deutscher Schriftsteller, Literaten,
Künstler, Journalisten, Ärzte, Schauspieler und Juristen aus. Kästner
jedoch entzieht sich dem Terrorsystem nach wie vor nicht. Auch Knauf
und Ohser bleiben im Land.

Mit mehreren Schreiben vom November und Dezember 1938 wendet
sich Kästners Berliner Rechtsanwalt, Dr. Achim Friese[730], mit beige-
fügten Briefwechseln und Pressestimmen zugunsten seines Mandanten, an den Leiter der »Abteilung Schrifttum im Reichsministerium
für Volksaufklärung und Propaganda«, Alfred-Ingemar Berndt[731].
Friese hinterfragt nochmals Kästners literarische Abseitsstellung und

bittet um eine Meinungskorrektur bei den NS-Kulturbehörden. Dabei geht der Jurist in seiner Argumentation nicht ungeschickt vor: Zum einen räumt er Fehler seines Mandanten in der Vergangenheit ein, indem er schreibt:

»Kästner bestreitet nicht, vor Jahren Gedichte geschrieben zu haben, die negativ zu beurteilen sind. Im übrigen würde er sie auch heute nicht mehr schreiben.«[732]

Dies gelte u. a. in einem besonderen Fall für »das Gedicht *Wenn wir den Krieg gewonnen hätten*, das anscheinend noch heute der Hauptgrund für seine [Kästners] ungünstige Beurteilung ist«, und von dem er »bereits im Jahre 1931 abgerückt ist und es nicht mehr in die zweite Auflage seines Gedichtbandes *Ein Mann gibt Auskunft* aufgenommen hat«.[733]

Zum anderen weist der Rechtsanwalt vor allem auf zwei aus seiner Sicht positive Aspekte hin: So habe Kästner »nicht nur satyrische Gedichte verfaßt, sondern vor allen Dingen Kinderbücher und Unterhaltungsromane«[734], die vom Publikum – besonders natürlich der erste *Emil*-Roman – begeistert aufgenommen worden seien und nationalsozialistische Werte wie Kameradschaft betonen würden. Außerdem könne man »der Persönlichkeit von Dr. Kästner nicht gerecht werden, wenn man ihn lediglich auf Grund einzelner vor Jahren geschriebener, von ihm jetzt selbst als negativ anerkannter Gedichte beurteilen und verurteilen [will] [...]. Man muß weiter berücksichtigen, daß diese Gedichte in einer geistig wurzellosen Zeit von einem Manne geschrieben worden sind, der Satyriker ist und auf den, wie bei unzählig anderen jungen Menschen, das Erlebnis des verlorenen Krieges und einer destruktiven Revolution verwirrend und deprimierend [...] gewirkt hat. [...] Meines Erachtens ist jetzt die entscheidende Frage die, ob einmal die Persönlichkeit Dr. Kästners und sein gesamtes Schaffen Gewähr dafür bieten, daß er sich in den Rahmen nationalsozialistischer Kunst und Kulturpolitik einfügen kann und ob ein Interesse vom künstlerischen Standpunkt aus besteht, Kästner in die Reichsschrifttumskammer aufzunehmen. Diese Fragen sind meines Dafürhaltens zu bejahen.«[735]

Dieses positive Meinungsbild kann der Empfänger der Briefe jedoch nicht teilen. Der Zeitpunkt für Frieses Vorbringen ist, wie Hanuschek ausführt, »außerordentlich ungünstig«[736], denn Berndt befindet sich erst seit dem 24. Dezember 1938 in seinem Amt und will sich deswegen »gegenüber seinem Vorgänger und seinem Chef Goebbels profilieren«[737]. Aus diesem Grund will er den »Muster-Nationalsozialisten heraus[kehren] und [nicht] mit drohenden Tönen [sparen]«.[738]

Er wird wenige Jahre später eine abweichende Meinung vertreten. Gleich zu Beginn des Jahres, am 18. Januar 1939, befindet Berndt, dass eine Aufnahme des »Zersetzungsliteraten Dr. Erich Kästner [in die Reichsschrifttumskammer] unter keinen Umständen in Frage [komme]. Ich habe auch die Reichsfilmkammer entsprechend verständigt. Herr Dr. Kästner zählt nicht nur zu den Kulturbolschewisten, sondern er ist selbst Prototyp der Kulturbolschewisten. Ich bin erstaunt, dass ein nationalsozialistischer Rechtsanwalt den Versuch macht, die literarische Tätigkeit Dr. Kästners in der Zeit vor 1933 abzuschwächen und als harmlos hinzustellen. Es ist wohl kaum Schlimmeres in deutscher Sprache an Zersetzendem geschrieben worden, als die Hunderte von pornographischen Gedichten Kästners über die Abtreibung, die Homo-Sexualität und alle sonstigen Verirrungen. Kästner kann von Glück sagen, dass man im Jahre 1933 aus irgendeinem Grund vergessen hat, ihn auf eine Reihe von Jahren in ein Konzentrationslager zu sperren und ihm so Gelegenheit zu geben, durch seiner Hände Arbeit sich sein Leben zu verdienen. Wer in einer solchen Weise wie Kästner vor 1933 literarisch hervorgetreten ist, hat ein für alle mal das Recht verwirkt, noch jemals in deutscher Sprache zu schreiben. Diese Stellungnahme ist endgültig.«[739]

Begründet wird diese Ablehnung mit mangelnder Eignung und politischer Unzuverlässigkeit Kästners. Der Stellungnahme folgt am 24. Januar ein entsprechender Bescheid des Präsidenten der Reichsschrifttumskammer an Kästner, versehen mit der von Berndt abgefassten Begründung.

Herti Kirchners Tod

Seit 1933 ist Kästner mit der jungen, unkonventionellen Schauspielerin und Kinderbuchautorin Herti Kirchner[740] liiert. In den 1930er-Jahren wirkt sie in mehreren Filmen (u. a. mit Heinz Rühmann) mit und tritt in zahlreichen Produktionen in Theater, Kabarett, Funk und Fernsehen auf. 1937 veröffentlichte sie das Jugendbuch *Lütte. Geschichte einer Kinderfreundschaft*, dem ein Jahr später *Wer will unter die Indianer?* folgte. Kästner wirkte nachweislich als Berater und Lektor an den Büchern mit. Der NS-Lehrerbund setzte beide Werke 1938 auf den Index der für deutsche Schulkinder ungeeigneten Bücher.

Die junge Frau ist auch mit Ohser befreundet, der ihr in einem ihr gewidmeten *Vater und Sohn*-Band 2, am Rande von Bildfolge *Erfolglose Anbiederung* die Widmung »Anregung Herti Kirchner« zukommen lässt.

Am 1. Mai 1939 kommt es zu einem schweren Autounfall in Berlin. Alkoholisiert ist Kirchner nachts auf zwei parkende Autos aufgefahren, wobei sich das Fahrzeug überschlägt. Die junge Künstlerin erliegt ihren schweren Verletzungen kurz darauf im Krankenhaus. Kästner muss die Leiche identifizieren. Es ist ein Schock für ihn. Die Trauerfeier findet am 6. Mai, die Beisetzung in Kiel auf dem Südfriedhof am 8. Mai 1939 statt. Kästner wird niemals selber Autofahren. Man wird Kästner seine Trauer um Kirchner als authentisch abnehmen dürfen, zugleich aber auch konstatieren müssen, dass er nicht lange allein sein kann.

Seit 1937 lebt auch Luiselotte Enderle, die Freundin aus Leipziger Zeiten, in Berlin. Sie ist von ihrer Leipziger Zeitschrift nach Berlin versetzt worden und arbeitet seit einiger Zeit als Dramaturgin bei der Ufa. Im Frühjahr 1939 wird sie die neue Lebensgefährtin des Dichters.

Wie Erich Knauf zum Liedtexter wird

Am 14. März 1939 erhält Erich Knauf von der Reichsschrifttumskammer »die zu Ihrem Abstammungsnachweis eingereichten 2 Ahnenspiegel nach Einsichtnahme zurück«.[741]

Der Ahnenspiegel (»Ariernachweis«) bezieht sich zum einen auf seine nach wie vor in Plauen lebende Ex-Ehefrau Gertrud und zum anderen auf ihn selber.

Obwohl er innerhalb der Terra-Filmkunst GmbH in der Presseabteilung in die Leitung aufrückt, ist die Gesamtsituation für Knauf nicht einfach, wie Erna Knauf schreibt:

»Dabei immer die Geschichten mit dem herrlichen Strafregister aus der Plauener Zeit und der Streichung aus der Schriftleiterliste. In dieser Hinsicht wurde man seines Lebens nicht froh. Das Damoklesschwert hing immer über uns. Sonst war die neue Beschäftigung sehr schön. In künstlerischer wie in politischer Beziehung. Denn der Film war eine Welt für sich, eine Insel im Faschismus. Erich hatte seinen festen Platz in diesem Kreis und war sehr beliebt. Bezeichnend für die ganze Terra ist, was ich in diesen Tagen erfuhr: Von 450 Angestellten der Terra waren 13 Parteimitglieder.«[742]

Immerhin bietet die Anstellung bei der Terra die finanziellen Möglichkeiten – anders als vielen Volksgenossen –, »regelmäßig vier Wochen Urlaub in Italien«[743] zu verbringen.

Und »das noch im Herbst 1942, als es dem gewöhnlichen Sterblichen schon nicht mehr möglich war, ins Ausland zu gehen. Sowie wir die Grenze hinter uns hatten, fühlten wir uns frei. Wir genossen das

schöne Land mit allem, was es zu geben hatte. [...] Alle Menschen, die
in jenen Jahren mit ihm [Erich Knauf] zu tun hatten, haben ihn als
ewig freundlich und gütig in Erinnerung.«[744]

Am 1. Juli 1939 heiraten Heinz Rühmann und seine Kollegin
Hertha Feiler in Berlin-Wannsee. Zu den zahlreichen Gästen gehört
auch Knauf, der sich bei der Terra-Filmkunst auch um die Presse und
Werbung der Rühmann-Filme kümmert. Als besonderes Geschenk
verfasst Knauf ein heiteres Gedicht, das auf die Hochzeit der beiden
Schauspieler gemünzt ist. Darin zählt Knauf in humoriger Weise alle
diejenigen Filme auf, in denen die Frischvermählten bisher beide
gespielt haben. Das Gedicht gefällt. Rühmann wird es sich eingerahmt
in der Diele seines Hauses aufhängen. Er tut allerdings noch mehr.
Einer seiner Nachbarn am Wannsee ist der Komponist Werner Bochmann[745].

Als dieser bei einem Besuch in Rühmanns Haus das Knauf-Hoch-
zeitsgedicht sieht, ist er sogleich davon angetan. Überliefert ist vom
Knauf-Biografen Wolfgang Eckert folgender Dialog, der sich entspinnt:

»Rühmann fragte: *Wollen Sie den Autor kennenlernen? Er ist Pressechef unserer Terra-Filmgesellschaft in Neu-Babelsberg.*

Bochmann bejahte, und Rühmann arrangierte ein Treffen der beiden. Bochmann schreibt darüber:

Das ist Herr Knauf, stellte Rühmann vor. Ich sagte: *Werner Bochmann.*

Knauf lachte und erwiderte in gepflegtem Sächsisch:

Nu, wer kennt Sie nicht?

Ich: *Anscheinend sind wir nicht allzuweit voneinander geboren?*

Er: *Ich bin aus Meerane.*

Und ich: *Na, sowas! Ich auch!*

Werner Bochmann schrieb zu diesem Zeitpunkt die Musik für
Rühmanns Film *Quax, der Bruchpilot.* Während des erbaulichen
Zusammenseins, in dem die beiden Meeraner natürlich weidlich in
ihren bis in die Kindheit und Jugendzeit zurückgehenden Erinnerungen schwelgten, machte Rühmann ganz unverbindlich den Vorschlag,
vielleicht könne es Bochmann einmal mit dem Textdichter Knauf versuchen. Am bayerischen Chiemsee hatten die Außenaufnahmen zum
Quax begonnen, und Bochmann hatte da schon so seine Vorstellungen über ein besinnliches Lied.«[746]

Mit dem Text *Heimat, deine Sterne* zu einer Bochmann-Komposi-
tion in dem besagten Rühmann-Film beginnt die überaus erfolgreiche
Zusammenarbeit der beiden Meeraner.

Abb. 28 und 29: Erna und Erich Knauf. Zwischen 1935 und 1942 bereist das
Ehepaar jedes Jahr Italien für jeweils vier Wochen.

»Die Sterne waren in Knaufs Italien-Gedichten ein häufig wieder-
kehrendes Motiv. Der Gedanke, daß sie jetzt auch zu Hause leuchte-
ten, brachte ihm die Heimat näher«[747], wie laut Eckert eine Version
zur Entstehungsgeschichte lautet. Der Biograf berichtet von weiteren
Versionen dieses berühmtesten Liedtextes von Knauf, der gemeinsam
mit Bochmanns Musik »zu einem Front-Hit«[748] avanciert.

Die gemeinsame Arbeit an Liedtexten für den deutschen Film
bereitet den beiden Meeraner große Freude und findet auch in den
kommenden Jahren ihre Fortsetzung.

Knauf erschließt sich mit der Textdichterei für Filmmusiken ein
weiteres berufliches Betätigungsfeld.

»Wie fast in allem, was er tat, so war er auch auf diesem Gebiet Auto-
didakt«[749], beschreibt es Erna Knauf. »Er konnte keine Noten lesen und
erarbeitete sich die Texte mühsam mit einem sogenannten *Schimmel*,
einem Quatschtext. Es war eine ausgesprochene Knochenarbeit. Und
wenn dann wieder ein Lied fertig war, dann merkte man ihm das nicht
einmal an. Das musikalische Gefühl ist schon in seinen einfachen
Gedichten ausgeprägt, und dieses oder jenes wirkt wie ein kleines
Volkslied. In dieser neuen Arbeit dokumentiert sich die Wandlung
seines Wesens, seine Reife, am auffallendsten. Einmal liegt es in der
Natur der Sache, zum anderen aber an den Filmthemen, dem Milieu,
daß sie zu billigen Wendungen verleiten. Das ist bei Erich nicht der

Fall. Seine Texte sind durch ihren Inhalt und durch ihre Form etwas besonderes.«[750]

Werner Bochmann berichtet über die Arbeitseinstellung des Terra-Pressechefs bei seiner Tätigkeit als Liedtexter:

»Erich Knauf war ein Mensch von ungewöhnlicher Zuverlässigkeit. Ich entsinne mich eines Filmauftrags, der mich erst erreichte, als ich von einer anderen Arbeit aus dem Ausland zurückkehrte; ich traf am Spätnachmittag in meiner Wannseewohnung ein, am nächsten Mittag aber waren bereits die Aufnahmen angesetzt, und noch gab es weder Text noch Musik. Ich begann sofort die Komposition, rief Erich Knauf an, daß er etwas *vorschlafen* solle, hatte den Grundriß des Liedes gegen Mitternacht im Griff. Erich war um 1 Uhr nachts zur Stelle, ich schlief, er arbeitete; um 6 Uhr morgens weckte er mich, und wir feilten bis 8 Uhr. Um 9 Uhr war der Regisseur in Wannsee, fand alles gut, ich instrumentierte alles bis Mittag, schrieb gleich auch noch die Stimmen raus, probierte mit dem Sänger, und die etwas hinausgeschobenen Aufnahmen begannen um 18 Uhr. Um Mitternacht war alles *im Kasten*, dann schliefen sich Knauf und ich gründlich aus.«[751]

Ohsers Englandreise kurz vor Kriegsausbruch

Im Frühsommer 1939 verreist Erich Ohser mit seiner Familie noch einmal ins bald feindliche Ausland. Die Möglichkeit, eine solche Reise durchführen zu können, verdankt der Zeichner seinem Hausverlag, dem *Deutschen Verlag*, vormals *Ullstein*. Dieser »beschafft Erich Ohser die Devisen für eine Studienreise nach England sowie einen Aufenthalt in London […]«.[752]

Die Ohsers reisen »mit dem eigenen Wagen, es werden Verwandte aus der Familie von Marigards Mutter besucht. Ohser fühlt sich sehr wohl in England. Er bewundert dieses Land, er bewundert, wie hoch hier das Individuum geachtet wird. Eine große Demonstration gegen die Regierung beeindruckt ihn stark, zumal Vergleichbares in Deutschland inzwischen ganz und gar ausgeschlossen ist. Festigkeit und Stolz auch und gerade der kleinen Leute imponieren dem Künstler besonders. Doch wieder nutzt Ohser die ihm gebotene Möglichkeit nicht, dem nationalsozialistischen Machtbereich zu entfliehen. Es soll seine letzte Chance bleiben.«[753]

***

Wenige Monate nach dem Besuch der Eheleute Ohser in England beginnt am 1. September 1939 mit dem deutschen Überfall auf Polen der Zweite Weltkrieg.

Kapitel 5
Die Verstrickung

Politischer Zeichner für Das Reich

Nach der Kriegserklärung von Frankreich und Großbritannien an Deutschland am 3. September 1939 herrscht an der deutsch-französischen Grenze eine nur von gelegentlichen Scharmützeln unterbrochene Waffenruhe, die von Propagandaschlachten beider Seiten begleitet wird. Den monatelangen »Sitzkrieg« beendet das Deutsche Reich am 10. Mai 1940 mit einer für Frankreich überraschenden Offensive.

Durch das Überraschungsmoment begünstigt, gelingt es der Wehrmacht, einen – an militärischer Stärke gleichwertigen – Gegner in wenigen Wochen zu besiegen. Am 22. Juni wird im Wald von Compiègne ein Waffenstillstand unterzeichnet. Einen Tag danach besucht Hitler Paris, das er gleichermaßen als Tourist und Eroberer betritt. Was die kaiserliche deutsche Armee in verlustreichen Schlachten vergeblich versucht hat, ist Hitler in sechs Wochen gelungen. Die Bilder, die ihn vor dem Pariser Eiffelturm zeigen, gehen um die Welt. Der Diktator steht nach dem von vielen Zweiflern kaum für möglich gehaltenen »Blitzsieg« gegen Frankreich auf dem Höhepunkt seines innenpolitischen Ansehens.

***

Vom Krieg bekommt Erich Ohser selber nur wenig mit, vor allem weil das blutige Geschehen noch fern der eigenen Heimat ist.

In der öffentlichen Wahrnehmung hat sein phänomenaler Erfolg als e.o.plauen den frühen Zeichner politisch scharfer Karikaturen längst überlagert. Vor die Frage gestellt, was in Zeiten erneut ausbleibender Aufträge mit ihm und seiner Familie werden soll, entscheidet Ohser sich für die Hoffnung, doch wieder arbeiten zu können, um die Zeit des humorlosen Nationalsozialismus überleben zu können.

Letzteres wird zum Problem, als das sprichwörtlich »Böse« 1940 an die Tür klopft: Die neu gegründete Wochenzeitung *Das Reich*[754] bietet ihm die Chance zur Mitarbeit an. In dem Blatt schreibt Goebbels – der Ohser seit den nazikritischen Karikaturen im *Vorwärts* ständig beobachtet – regelmäßig Leitartikel. Das *Reich* soll nach dem Willen des Propagandaministers der bewusste Kontrapunkt zu antisemitischen

Radaublättern wie Julius Streichers *Stürmer* sein – ein Blatt für gehobene Ansprüche. Die erste Ausgabe ist im Mai 1940 im *Deutschen Verlag* erschienen.

Die Gründungsidee für das Blatt stammt allerdings nicht von Goebbels, sondern von Rolf Rienhardt[755], seines Zeichens der Stabsleiter im Verwaltungsamt der NS-Presse und damit Mitarbeiter von Max Amann[756], dem Reichsleiter für die Presse der NSDAP und Präsidenten der Reichspressekammer.

Mit der Gründung der Zeitung will Rienhardt der Langeweile im deutschen Pressewesen, die durch die von den Nationalsozialisten durchgeführte Gleichschaltung und durch die Vereinheitlichung der Sprache der Presse hervorgerufen wurde, entgegenwirken. Um dieses Ziel zu erreichen, wünscht sich Rienhardt, dass die Journalisten die Möglichkeit zur freien selbstständigen Arbeit haben und sich dabei nicht überwacht fühlen sollen. Die *Reich*-Redakteure besitzen einen gewissen Freiraum gegenüber den allgegenwärtigen Anweisungen des Goebbels-Ministeriums, dürfen ausländische Zeitungen lesen, sogar »Feindsender« hören.

Einen wirklich unabhängigen und freien Journalismus können jedoch auch die Mitarbeiter des *Reichs* nicht pflegen. Auch gegen sie werden nach vermeintlichen Verstößen gegen die NS-Ideologie Verfahren angestrengt, doch enden diese nicht in Schutzhaftanordnungen oder in Ausschlüssen aus der Reichs-Pressekammer, sondern in harmlosen Rügen.

Zur Zielsetzung der Zeitung schreibt Amann:

»Die Zeitung soll nicht eine unter vielen Zeitungen und Zeitschriften, sondern sie soll die führende große politische deutsche Wochenzeitung sein, die das deutsche Reich für In- und Ausland gleich wirksam und publizistisch repräsentiert.«[757]

Um dieses ehrgeizige Ziel erreichen zu können, erfolgt die Wahl der Mitarbeiter ausschließlich nach Qualitätsmaßstäben. Aus diesem Grund war auch die NSDAP-Mitgliedschaft nicht entscheidend. Da die Voraussetzung des Schreibenkönnens oftmals nur Journalisten aus dem bürgerlichen Milieu erfüllen, handelt es sich beim *Reich* um eine NS-Zeitung bürgerlicher Prägung.

Der erste Hauptschriftleiter ist Dr. Eugen Mündler[758], der zuvor das *Berliner Tagblatt* geleitet hat; ihm wird 1943 Rudolf Sparing[759] folgen, der sich mangels eigener journalistischer Qualität sehr an Goebbels orientiert.

Neben Ohser weist die Mitarbeiterliste des *Reichs* im Laufe der Jahre eine stattliche Anzahl bekannter Namen auf: Neben Hans Schwarz van Berk, der Knauf wegen des Gedichts *Schwarzes Schicksal* einst den Besuch von zehn baumlangen SS-Männern angedroht hat, finden sich Werner Höfer (*ARD-Frühschoppen*), Rudolf Augstein (*Der Spiegel*), Elisabeth Noelle-Naumann (*Allensbacher Institut für Demoskopie*), Karl Zorn (Mitbegründer und langjähriger Feuilletonchef der *FAZ*), Theodor Heuss (erster Bundespräsident der Bundesrepublik Deutschland) und die renommierten Wissenschaftler Max Planck, Otto Hahn oder Max Bense im Mitarbeiterstab.

Der prominenteste Mitarbeiter des *Reichs* ist Goebbels, der die Leitartikel des Blattes verfasst. *Das Reich* verfügt über ein außergewöhnlich dichtes Netz von Auslandskorrespondenten.

Die Mehrheit der *Reich*-Mitarbeiter ist davon überzeugt, kein nationalsozialistisches Gedankengut zu verbreiten, was daran liegt, dass sie mehrheitlich der damaligen konservativ-bürgerlichen Schicht angehören. Allerdings sind sie sich mit dem NS-Regime bezüglich einer Vorrangstellung des Deutschen Reichs gegenüber anderen vor allem östlichen Staaten wie auch der Notwendigkeit der Bekämpfung des Bolschewismus mit den Nationalsozialisten einig.

Ein großer Vorteil der Zeitung besteht darin, dass die Mitarbeiter aufgrund der engen Verzahnung und der Kontakte mit dem Parteiapparat und den NS-Führungseliten oftmals als Erste an wichtige Informationen gelangen. Der Erfolg von *Das Reich* ist enorm, was sich an der Auflagenstärke zeigt. So steigt die Auflage von anfänglich 100 000 auf bis zu 1,4 Millionen Exemplare.

Der aus nationalsozialistischer Sicht große Erfolg der Zeitung besteht darin, dass sie es erreicht, dass viele am NS-Regime zweifelnde und den Nationalsozialisten kritisch gegenüberstehende Deutsche darüber nachdenken, ob der Nationalsozialismus angesichts des oftmals intelligenten und undogmatischen Stils der *Reich*-Artikel wirklich so indiskutabel ist.

»Erich Ohser hat lange geschwankt, ob er das Angebot, für *Das Reich* zu arbeiten, annehmen soll oder nicht.«[760]

Der Zeichner steckt in einem Dilemma, wie viele Nicht-Nationalsozialisten, die in Deutschland nach 1933 geblieben sind, die aber wohl ein gemischtes Gefühl für Heimat und Vaterland empfinden. Als Soldat kommt Ohser nicht in Betracht, weil er »wegen seines Gehörleidens und den Folgen einer Knieverletzung, die er sich einmal beim Springen zugezogen hat, untauglich ist. Ohser hegt große Achtung vor jenen, die für Deutschland an der Front kämpfen. Er befindet sich im Zwiespalt zwischen seiner Abneigung gegen den Nationalsozialismus einerseits und seiner Vaterlandsliebe andererseits.«[761]

Abb. 30: e.o.plauen, Gigan-
tomanie. Der kleine Stalin
sitzt an einem überdimen-
sionalen Tisch, im Hintergrund das Bild eines großen
Panzers. Das Reich, 1941

Es ist ein gordischer Knoten, der sein moralisches Gewissen
umschließt und gefangen hält.

»Wir haben sehr viel darüber gesprochen, weil ich es für falsch
hielt«, so Marigard später. »Es war durchaus nicht nur die Versuchung
nach einem äußerlich guten Leben – auch nicht die Versuchung, im
Reich zeichnen zu können, wie er wollte, seinen widerspenstigen
Strich, der sonst nirgends genommen wurde –, sondern ganz einfach
die Liebe zu seinem Land, das er vor allem vor dem Osten – den er seit
seinem Besuch 1930 in Moskau fürchtete – schützen wollte durch seine
ihm gegebenen Mittel […].«[762]

Ohser nimmt die Offerte schließlich an. Der Zeichner ist zwar kein
Nationalsozialist, sieht sich jedoch als ein Patriot. Der Wunsch, für
sein Vaterland etwas tun zu wollen, aber auch der Wille zum Arbeiten,
die Sorge um die Ernährung seiner Familie dürften ihn dazu moti-
viert haben. Gutbezahlte Arbeit hat Ohser nunmehr sicher, aber dafür
ein neues Problem: Goebbels verlangt von den Karikaturen im *Reich*
eine klare Stoßrichtung – die Verächtlichmachung der Kriegsgegner,
namentlich durch die Identitätsfiguren Bär (für Russland), John Bull
(Großbritannien) und Uncle Sam (USA).

Zudem bekommt Ohser in den Redaktionssitzungen Wahrheiten
mit, die der Öffentlichkeit vorenthalten werden. An diesen Wider-
sprüchen leidet Ohser, der die gewünschten Zeichnungen (über 800)
zwar liefert, sich dafür aber im privaten Umfeld – und wegen seiner
Schwerhörigkeit nicht unbedingt leise – mit Witzen Luft verschafft.

»Die Zeichnungen für *Das Reich* fallen Ohser insgesamt nicht leicht.
Sie sind jeden Montag Morgen in der Redaktion abzuliefern. Fast

Abb. 31:
e.o.plauen, West-
liche Journalis-
ten besuchen die
Sowjetunion.
Das Reich, 1943

alle Wochenenden verbringt Ohser mit den Karikaturen, den Montag sieht er dann als Tag der Erholung und des Aufatmens an. Selbst
wenn es ihm nicht gut geht oder er krank ist, will er mit dieser für ihn
zwiespältigen Arbeit nicht aussetzen. Doch von Monat zu Monat wird
genau diese Arbeit für den Künstler immer belastender.«[763]
Im Laufe der Zeit verändert sich die anfängliche Großzügigkeit
im *Reich.* »Mehr und mehr nimmt das Propagandaministerium im
weiteren Verlauf des Krieges die Zeitung wieder verstärkt in seinen
Einflussbereich. Allzu liberale Mitarbeiter werden durch linientreue
Parteigenossen ersetzt.«[764]

Kästners Kriegstagebuch

Im Sommer 1940 verbringen Kästner und Enderle ihren Urlaub in
Zell am See, Kärnten und am Wörthersee. Auch für den nicht unbe-
scheiden lebenden Kästner wird der Krieg zunehmend spürbarer: Die
Nahrungsmittel sind knapper geworden. Es wird für Kästner immer
schwieriger, an sein ausländisches Guthaben zu kommen. Zudem bleiben zeitweise die Einnahmen ganz aus.
Er führt sein Kriegstagebuch, das die Vorgänge im Dritten Reich
festhalten soll, was aber nur unzureichend gelingt. Der blau einge-
bundene Blindband mit leeren Seiten, wie ihn Verlage gelegentlich als
Muster herstellen, enthält Aufzeichnungen aus den Jahren 1941, 1943
und 1945, festgehalten in winziger Stenographie.[765] Vieles bleibt Stück-
werk und wird nicht beschrieben, obwohl es gewiss möglich gewesen
wäre. Über das dokumentarisch-literarische Dilemma am Beispiel der
Konzentrationslager schreibt Kästner kurz nach dem Krieg:

»Was in den Lagern geschah, ist so fürchterlich, daß man darüber nicht schweigen darf und nicht sprechen kann.«[766]

Nach dem Krieg erscheinen mit *Notabene 45*[767] und dem Bühnenstück *Die Schule der Diktatoren*[768] insgesamt »ambitionierte, ja überfrachtete Werke Kästners, weil sie den großen Roman der Jahre der Diktatur ersetzen sollten, den Augenzeugenbericht des Daheimgebliebenen, den er nie geschrieben hat. Notizen zu diesem Roman finden sich ebenfalls im stenographierten Tagebuch; er wäre als eine Art Fabian im *Dritten Reich* vorstellbar, ein guter Sohn, der da bleibt, um Chronist zu sein. Kein Werbefachmann, sondern ein Schriftsteller, der die Zeit überwintert, aber privat viele Abenteuer hat, viele Prominente kennt, Geld von Hollywood bekommt und sich an Theaterstücken beteiligt. Die historischen Ereignisse wollte Kästner anekdotisch oder in Sondertexten integrieren, eine Lösung, die er für Notabene tatsächlich gewählt hat. Schon im Tagebuch erwähnte er selbstkritisch seine Fehleinschätzung vom Anfang des Jahrzwölfts, *die Unterschätzung der Nazis; unser Sich-darüber-lustig-Machen!*«.[769]

Filmfreunde

Die deutsche Filmwirtschaft im Dritten Reich boomt. Hitler und Goebbels sind geradezu filmversessen. Tatsächlich produzieren die deutschen Filmgesellschaften Spielfilme en masse. Das Bedürfnis nach cineastischer Unterhaltung ist groß. Sowohl in der Zeit zwischen 1933 und 1939 als auch in der Kriegszeit läuft die deutsche Filmindustrie auf Hochtouren:

»Die Anzahl der verkauften Eintrittskarten«, erläutert die Filmwissenschaftlerin Sabine Hake, »schnellte von 624 Millionen im Jahre 1939 auf 1,117 Milliarden im Jahre 1943. In den frühen 1940er-Jahren hatten nur die Vereinigten Staaten mehr Vorführorte als das Dritte Reich mit seinen beinah 8600 Kinos in Deutschland und den besetzten Ländern und Gebieten.«[770]

Der Film bleibt bis zum Ende des Regimes das Leitmedium im NS-Staat.

Erstaunlich wirkt auf den ersten Blick dabei der Umstand, dass von »den knapp 1100 Filmen, die in den Jahren 1933 bis 1945 in Deutschland gedreht wurden, nur 14 Prozent Propagandafilme im engeren Sinn [waren]. Bei 47,8 Prozent der Filme handelte es sich um Komödien, bei 27 Prozent um Dramen und bei 11,2 Prozent um Abenteuerfilme.«[771]

Das heißt: 86% der Filme dienen primär der Unterhaltung der Volksgenossen. Und obwohl eine solch große Zahl an Spielfilmen produziert und vom zeitgenössischen Publikum auch gesehen wird, haben es nur sehr wenige von ihnen in das kollektive Gedächtnis der Bevölkerung auch in die Jahre nach 1945 geschafft. Die Masse der eher als anspruchslos einzustufenden Unterhaltungsfilme vermag keine substantielle Erinnerung hervorzurufen.

Warum aber ausgerechnet die NS-Filmwirtschaft einen gesteigerten Wert auf die Produktion von Unterhaltungsfilmen legt, erläutert Goebbels bereits wenige Wochen, nachdem die Nationalsozialisten im Januar 1933 an die Macht gekommen sind. In seiner Rede im Berliner Hotel Kaiserhof im März 1933 erklärt Goebbels, dass bei dem Ziel, den deutschen Film »von der Wurzel aus zu reformieren«[772], um ihm »völkische Konturen zu geben«[773], es ebenfalls wichtig sei, das »Schaffen des kleinsten Amüsements, des Tagesbedarfs für die Langeweile«[774] nicht zu vernachlässigen. »Man soll nicht von früh bis spät in Gesinnung machen. Wir empfinden dafür selbst zu leicht, zu künstlerisch. Die Kunst ist frei und soll frei bleiben, allerdings soll sie sich an bestimmte Normen gewöhnen.«[775]

Im Laufe des Zweiten Weltkrieges legt Goebbels zusehends mehr Wert auf Unterhaltungsstoffe. Gerade der Unterhaltungsfilm sei »als wertvolles Instrument der Volksführung im Kriege«[776] ernst zu nehmen – auch das Lustspiel, betonte er 1940 anlässlich einer Arbeitstagung des Präsidialrates der Reichsfilmkammer, könne tiefere Bedeutung haben. Sogenannte »ernsthafte«[777] Filme dagegen könnten, so Goebbels, mit »abwegiger Problemstellung und unnatürlichen Dialogen völlig bedeutungslos wirken«[778].

***

Es trifft sich für Erich Knauf – der unheilvollen politischen Entwicklung der letzten Jahre zum Trotz – günstig, dass er beim Film seine Talente einbringen kann. Parallel zu seiner Haupttätigkeit ist er weiterhin als Autor tätig. Hierbei verbindet er seine literarischen Neigungen mit dem Aufgabenfeld des Filmgeschäfts.

Als nun der Berliner Verlag Karl Curtius im Jahr 1940 die Reihe der *Aktuellen Filmbücher* auf den Markt bringt, gehört auch Knauf zu den Autoren und Herausgebern der einzelnen Filmbücher, bei denen es sich faktisch um kleine Werbebroschüren (Ca.-Umfang 35 Seiten) für einzelne Filme oder Schauspieler handelt. Herausgeber der Gesamtreihe ist – in Zusammenarbeit mit den deutschen Filmfirmen – der SS-Scharführer und Autor Heinz von Arndt, der nach dem Krieg 1963 den nach ihm benannten Arndt-Verlag gründet.[779] Weitere biografische Einzelheiten sind über Arndt nicht bekannt.

Bei den meisten in den *Aktuellen Filmbüchern* beworbenen Filmen handelt es sich um Unterhaltungsfilme, vor allem Komödien, wobei auch diese harmlos anmutenden Streifen im Kontext der vom NS-Staat beeinflussten Produktion und Rezeption gesehen werden müssen. Daneben beinhaltet die Reihe auch NS-Propagandafilme mit rassistischen, antisemitischen und menschenverachtenden Inhalten wie den antisemitischen Hetzfilm *Jud Süß*[780] und *Feuertaufe*[781], der den deutschen Überfall auf Polen glorifiziert.

Erich Knauf hat bereits früher Filmbücher verfasst[782], betritt also kein Neuland, als er auch für die *Aktuellen Filmbücher* des Verlags Karl Curtius tätig wird. Der Meeraner ist für diese Aufgabe in mehrfacher Hinsicht – als brillanter Publizist und Autor, wie auch als wichtiger Mitarbeiter der Terra-Filmkunst GmbH und Freund vieler bekannter Filmstars wie Heinz Rühmann[783] und Hans Söhnker[784] – prädestiniert. Insgesamt verfasst Knauf neun kleine Einzeltitel für die Reihe der *Aktuellen Filmbücher*[785].

Außer bei dem Kriminalfilm *Falschmünzer* und den beiden Porträtbänden über Söhnker und Rühmann handelt es sich bei den anderen sechs Knauf-Publikationen um Werbeschriften für ausgesprochene Unterhaltungsfilme bzw. Komödien mit namhaften Stars der damaligen Zeit, die im Hitler-Deutschland geblieben waren.

Eine kulturhistorische und biografische Besonderheit kommt dem Film *Frau nach Maß*, der zweiten Filmregiearbeit von Helmut Käutner[786], zu. Dem Drehbuch liegt ein Bühnenstück von Eberhard Foerster zugrunde. Hinter diesem Autorennamen, einem Pseudonym, verbergen sich Erich Kästner und sein Autorenkollege Eberhard Keindorff[787].

Im Gegensatz zu seinem Kollegen Keindorff verfügt Kästner (von einer zeitweisen Sondergenehmigung durch Goebbels einmal abgesehen) ja über keine Publikationserlaubnis im Dritten Reich, da man ihn – als sogenannten »Kulturbolschewisten« und »Asphaltliteraten« – nicht als Mitglied in der Reichsschrifttumskammer zulässt. Dieses faktische Berufsverbot hat zu der Vereinbarung geführt, dass Kästner das Pseudonym Keindorffs mitbenutzen darf.

»Keindorff ließ die Stücke unter seinem Pseudonym erscheinen und rechnete die Tantiemen für und mit Kästner ab.«[788]

Trotz der früheren Freundschaft zwischen Kästner und Knauf ist offen, ob letzterer über diese Hintergründe informiert ist.

Den einzelnen Veröffentlichungen, die literarisch betrachtet harmlose, eher anspruchslose Prosastücke darstellen, ist eine gewisse Leichtigkeit anzumerken, mit der sie Knauf aus der Feder geflossen sein mögen. Vereinzelt finden sich auch unterhaltsame Gedichte, die

ler Publizist hier unterbrachte und die verraten, dass er offenbar mit
Freude bei der Arbeit ist.

Von den *Aktuellen Filmbüchern* erscheinen in den Jahren 1940 und
1941 wöchentlich zwei Hefte zum Preis von 10 Pfennig pro Stück. Film-
freunde sollen sich eine ausgesuchte, kleine deutsche Filmbücherei auf
diese Weise zusammenstellen können.

»Somit schafft der Buchhandel die umfassende Filmbibliothek für
jedermann«[789], so die Werbeaussage des Verlags. Für Sammler werden
auch Schuber angeboten, in denen die Hefte gesammelt werden konnten. Die Reihe bleibt allerdings unvollständig.

Jud Süß oder Ein Meisterstück der Propaganda

Über die Hintergründe der Entstehungsgeschichte solcher »großen«
antisemitischen Propagandafilme in der NS-Zeit existieren unterschiedliche Ansichten.

So verweisen einige Filmhistoriker auf »Hitlers Reichstagsrede vom
30. Januar 1939, in der dieser als Reaktion auf amerikanische *Anti-
Nazi-Filme* die Produktion antisemitischer Filme angedroht hatte«.[790]
Der Regisseur Veit Harlan[791] sagt später in einem Prozess aus, dass
»Goebbels die drei Filmfirmen beauftragt [hat], je einen antisemitischen Spielfilm herzustellen, angeblich sogar auf Drängen Hitlers«.[792]
Der Filmhistoriker Felix Möller führt aus, dass »Goebbels und Hitler [...] sich offenbar mit der Form antijüdischer Filmpropaganda
schwer[taten]. Goebbels zumindest lehnte in den dreißiger Jahren
plumpe antijüdische Parteifilmpamphlete ab. So urteilte er über einen
kurzen dokumentarischen Film, der im November 1937 in München
im Rahmen der Ausstellung DER EWIGE JUDE[793] gezeigt wurde und
der jüdische Filmschauspieler der Weimarer Zeit denunzierte: *Schlechter Propagandafilm über Juden im Film. Gegen mein Verbot gemacht.
Werde ihn nicht zulassen. Zu aufdringlich* (5. 11. 1937). Dennoch wurde
der Film in Parteiveranstaltungen 1938 und 1939 vorgeführt.«[794]

Offenbar ändert sich gegen Ende der 1930er-Jahre Goebbels' Einstellung zum Einsatz von antisemitischen Propagandafilmen. So arbeitet
der Propagandaminister »seit Oktober/November 1938 an einem großen antisemitischen Filmprogramm«.[795]

Diese Filme samt der sie flankierenden Veröffentlichungen sind
im Zusammenhang mit der geplanten und später auch umgesetz-
ten »Endlösung der Judenfrage« zu sehen. Einer dieser Filmstoffe
geht auf ein Exposé von Ludwig Metzger von 1921 zurück. Es ist die
Geschichte von *Jud Süß* nach einer Novelle von Wilhelm Hauff[796]; ein

Stoff, den seinerzeit niemand haben wollte. Weitere Quellen bilden ein Schauspiel und ein Roman des gleich zu Beginn des Dritten Reiches emigrierten jüdischen Schriftstellers Lion Feuchtwanger[797].

Der Film spielt im Jahr 1733. Herzog Karl Alexander von Württemberg (Heinrich George) lässt den reichen Juden Süß Oppenheimer (Ferdinand Marian) in die Residenzstadt Stuttgart kommen. Süß finanziert den ausschweifenden Lebensstil des Herzogs mit neuen Brückenzöllen und Wegegeld. Das Volk leidet unter den Folgen der Genusssucht des Herzogs, der immer abhängiger von seinem Hofjuden wird, den er durch einen Freibrief von jeglicher Verantwortung für sein Handeln entbindet. Schließlich hebt er auf Süß' Betreiben den Judenbann auf. Neue Juden kommen nach Stuttgart. Um seine Tochter Dorothea vor Süß' Nachstellungen zu schützen, verheiratet der Landschaftskonsulent Sturm sie mit dem Aktuarius Faber. Sturm wird wegen Verschwörung verhaftet. Faber, einer der Anführer eines geplanten Aufstands gegen den Herzog, wird verhaftet und gefoltert. Dorothea lässt sich von Süß vergewaltigen, um ihren Mann zu retten. Dann ertränkt sie sich im Neckar. Der Aufstand bricht los, der Herzog stirbt an einem Schlaganfall. Süß wird zum Tode verurteilt und in einem eisernen Käfig gehängt. Alle Juden müssen innerhalb von drei Tagen das Land verlassen.

Der Filmstoff hat fast nichts mehr mit seinen literarischen Vorlagen zu tun.

Metzger reicht den Filmstoff 1938 bei Knaufs Kollegen Alf Teichs ein, dem Chefdramaturgen der *Terra-Filmkunst GmbH*.

Nachdem die Idee von Produktionschef Alfred Greven[798] abgelehnt worden ist, berichtet der *Film-Kurier* in seiner Ausgabe vom 15. April 1939, dass Grevens Nachfolger Dr. Peter Paul Brauer »sich selber zur Inszenierung [...] den *Jud Süß* vorbehalten [hat], zu dem seine Mitarbeiter bereits jetzt eingehende historische Studien in Stuttgart betreiben«.[799]

Das Drehbuch verfasst schließlich der Referent der Theaterabteilung im Propagandaministerium Eberhard Wolfgang Möller[800], mit Unterstützung von Ludwig Metzger. Auf Möller, Träger des Stefan-George-Preises, ist die Wahl gefallen, weil er Autor des antisemitischen Theaterstücks *Rothschild siegt bei Waterloo*[801] gewesen ist.

Die Inszenierung des Films legt Goebbels – allerdings offiziell erst im Januar 1940[802] – in die Hände des Regisseurs Veit Harlan, der in seinen Erinnerungen jegliche Freiwilligkeit bei der Regieübernahme abstreitet. Tatsächlich schreibt der Regisseur das erste ihm von Möller vorgelegte Drehbuch auf seine Weise um, sodass Goebbels frohlockt,

Abb. 32: Erich Knauf als Pressechef bei der Terra-Filmkunst GmbH

der Harlan-Film werde »der erste wirklich antisemitische Film«[803] schlechthin werden.

Und wenige Tage später heißt es bei ihm:

»Mit Harlan und Möller den Jud-Süßfilm besprochen. Harlan, der die Regie führen soll, hat da eine Menge neuer Ideen. Er überarbeitet das Drehbuch nochmal.«[804]

Zwischen Goebbels und Harlan besteht offenbar Einigkeit über Inhalt und Umsetzung des Projekts. Die einzelnen Stationen im Herstellungsprozess von *Jud Süß* verfolgt der Propagandaminister mit großem Eifer. Laufend prüft er Probeaufnahmen und Muster.

Wohlwissend um den Stellenwert des Projekts geben sich Dramaturg Teichs und Produktionschef Dr. Brauer die größte Mühe, das Projekt voranzutreiben.

»*Jud Süß* ist keine Verfilmung des Romans von Lion Feuchtwanger, übernimmt aber daraus viele Elemente. Bei Feuchtwanger hat Süß eine Schwester, die versucht, der Vergewaltigung durch den Herzog zu entgehen und dabei zu Tode kommt. Bei Veit Harlan vergewaltigt der Jude Süß die blonde Dorothea. Das war einer von Harlans Beiträgen zum Drehbuch, auf den zwangsläufig jeder zu sprechen kommt, der sich über den Film äußert. In einer Schlüsselszene des Films erzählt Süß der jungen Dorothea, dass er schon in allen europäischen Metropolen war und sich überall zuhause fühlt. Dorothea ist erschrocken: *Hat Er denn keine Heimat?* Seine Heimat, erwidert Süß, sei die ganze Welt. Das ist das jüdische, von den Nazis unterstellte *Kosmopolitentum*, das im Dritten Reich zum Schimpfwort wurde.«[805]

Nach Fertigstellung des Films ist Goebbels mit dem Ergebnis der Zusammenarbeit rundum zufrieden:

»Harlan Film *Jud-Süß*. Ein ganz großer, genialer Wurf. Ein antisemitischer Film, wie wir ihn uns nur wünschen können. Ich freue mich darüber.«[806]

Nun schlägt auch die Stunde von Erich Knauf: Gemeinsam mit seinem Kollegen Heinrich Braune[807] entwickelt er eine »geniale Öffentlichkeitsarbeit für diesen Terrafilm. Die Antisemiten werden von den beiden ehemaligen Sozialdemokraten und Antifaschisten mit Ikonen antisemitischer Erotik und Pornographie ins Kino gelockt, die Fans von teuren Kostümschinken und zu Herz gehenden Liebesdramen werden mit Standfotos von Kuss-, Tanz- und Bettszenen animiert. Diese Doppelstrategie verfolgen Knauf und Braune bei der Auswahl der Filmausschnitte für den Kinotrailer, vor allem aber bei der Werbung in Tageszeitungen und Illustrierten.«[808]

Die erste Variante stellt den Antisemitismus des NS-Regimes in den Fokus der Werbung. So benutzen Braune und Knauf für die »die Antisemiten […] Motive, die es im Film gar nicht gibt, Stereotypen antisemitischer Postkarten. So markieren Ferdl [Marian] und Werner Krauß Karikaturen von Judenschwuchteln und jüdischen Fetischisten nur für den Werbefotografen. Sie stecken einander gegenseitig goldene Ringe an, raffen silberne Armreife, Perlenketten und glitzernde Edelstein-Krönchen. Krauß mit Schmollmündchen, Ferdl mit einem altmodischen Zwicker auf der Nase. Und für eine antisemitische Fotomontage machen Knauf und Braune aus Ferdl einen riesengroßen jüdischen Neger, der sich lüstern der schönen weißen Kristina Söderbaum von hinten so weit nähert, dass er sie mit einem Griff vergewaltigen könnte. Knauf und Braune benutzen auch immer wieder Ferdls wollüstigen Schlafzimmerblick. Sie lassen seinen Kopf von verschiedenen Grafikern zeichnen, aus verschiedenen Untersichten fotografieren und für ein Plakat sogar malen. Dabei entsteht ein bunter lasterhafter Dracula, ein jüdischer Sexteufel mit grüner Haut und weißen stechenden Augen.«[809]

Das ist die eine Variante. Die zweite Variante richtet sich an die »Liebhaber von Melodramen. Ihnen erzählen sie mit opernhaften Standbildern die love story, die mit einer Liebe auf den ersten Blick beginnt und mit einer Vergewaltigung in einem prunkvollen spätbarocken Palais endet. Dazwischen gibt es Bilder von Ferdl und Kristina Söderbaum mit kostbaren Rokokokostümen in Kuss- und Tanzszenen und immer wieder Ferdls Kopf, mal mit dem Kussmündchen des sanften Kavaliers, mal mit der abweisenden Strenge des sadistischen Staatsbeamten. Dass dabei nicht vergessen wird, dass dieser gut aussehende Liebhaber Jude ist, daran sollen die Bildunterschriften erinnern: *Hände weg, Jude, von einer deutschen Frau!*«[810]

Abb. 33: Kristina Söderbaum, Haupt-
darstellerin in *Jud Süß*

Abb. 34: Veit Harlan, Regisseur von
Jud Süß

Zu der zweigeteilten Werbestrategie gehört auch, »dass es zwei verschiedene Programmhefte für *Jud Süß* gibt, eines für Antisemiten und
ein zweites für Liebhaber des Melodrams. Der *Illustrierte Film-Kurier*
wirbt mit dem lüsternen Judenkopf auf der Titelseite, mit dem Unheil
träumenden Blick des Morgenländers. Die Liebhaber des Melodrams
werden von der Konkurrenz versorgt, mit dem *Programmheft von
heute mit Künstlerpostkarte*. Es lockt mit dem frechen und sinnlichen
Mannsbild, das die widerstrebende Geliebte mit Gewalt an sich zieht,
mit Ferdls Wildling und seiner erotischen Ausstrahlung.«[811]
    Manche Kinos und Zeitungen werben auch »mit einer Mischung
aus beiden Bildvorgaben, mit dem Ergebnis, dass *Jud Süß* ein Publi-
kumsrenner wird: im Reich, im befreundeten Ausland und im von
deutschen Soldaten beherrschten Europa, in den Frontkinos und bei
den SS-Einheiten, welche die Konzentrationslager in Deutschland und
im Ausland bewachen. 450 Kopien sind ununterbrochen für private
Kinos terminiert, weitere 150 stehen den vielen Gaufilmstellen zur
Verfügung, der Wehrmacht im In- und Ausland, der NSDAP, der
Reichsführung SS und anderen Propagandaämtern.«[812]
    Die Uraufführung des Films findet bei den Filmfestspielen in Vene-
dig am 5. September 1940 statt, an der auch Knauf teilnimmt. Die

Abb. 35: Werbeplakat zum Film *Jud Süß*

italienischen Kritiken sind überschwänglich. Zu ihnen gehört auch der später weltberühmte Regisseur Michelangelo Antonioni[813]:

»Wir zögern nicht zu erklären: Wenn dies Propaganda ist, so begrüßen wir Propaganda. Dies ist ein überzeugender, prägnanter, außerordentlich wirkungsvoller Film. [...] Es gibt nicht einen einzigen Augenblick, in dem das Tempo des Films nachlässt, auch nicht eine Episode, die sich nicht harmonisch in alle anderen einfügt. Es ist ein Film, der durch völlige Einheit und Ausgeglichenheit charakterisiert ist. [...] Die Episode, in der Süss das junge Mädchen vergewaltigt, ist erstaunlich geschickt gemacht.«[814]

Die Deutschland-Premiere von *Jud Süß* findet am 24. September im Berliner Ufa-Palast am Zoo statt. Goebbels zeigt sich anschließend hochzufrieden:

»Ein ganz großes Publikum mit fast dem gesamten Reichskabinett. Der Film hat einen stürmischen Erfolg. Man hört nur Worte der Begeisterung. Der Saal rast. So hatte ich es mir gewünscht. [...] Der Führer ist sehr eingenommen vom Erfolg von *Jud Süß*. Alle loben den Film über den grünen Klee, was er auch verdient.«[815]

Das filmhistorisch Besondere an *Jud Süß* ist der Umstand, dass zum »ersten Mal in der Filmgeschichte [...] deutsche Filmhändler den europäischen Kinomarkt [beherrschen] und [...] dabei enorme Gewinne [erzielen]. Mindestens 20 Millionen Zuschauer sehen europaweit den Film.«[816]

Während sich die Produktionskosten von *Jud Süß* auf etwas weniger als 2 Millionen Reichsmark belaufen, schätzt das Propagandaministerium, dass der Film 6,2 Millionen Mark einspielen werde. Tatsächlich sind es bis Anfang 1942 insgesamt 5,97 Millionen Mark.

Der Regisseur Veit Harlan wird nach Kriegsende in einem auf eigenen Antrag vorgezogenen Entnazifizierungsverfahren als »Entlasteter« eingestuft. Am 3. März 1949 wird auf Antrag der Vereinigung der Verfolgten des Naziregimes ein Schwurgerichtsverfahren vor dem Landgericht Hamburg eröffnet. Im Prozess wird Harlan nach dem Kontrollratsgesetz Nr. 10 der »Beihilfe zur Verfolgung« angeklagt. Harlan wird am 23. April 1949 freigesprochen, weil ihm eine persönlich zurechenbare Schuld nicht nachzuweisen und eine strafrechtlich relevante Kausalität zwischen Film und Völkermord nicht beweisbar sei.

Seine Ehefrau Kristina Söderbaum, die im Dritten Reich die nordische Vorzeige-Arierin und Melodram-Königin verkörpert, auch gerne als »Reichswasserleiche« verspottet wird, weil sie gefühlt in jedem zweiten Kinofilm anmutig ertrinkt, wird sich nie von ihrer Mitwirkung in *Jud Süß* distanzieren.

Neue Freundschaften und Kooperationen

Knauf reist jedes Jahr zu den Filmfestspielen nach Venedig. Hier lernt er 1940 – das genaue Datum ist leider nicht bekannt – auch einen Journalisten und Hitler-Gegner kennen, mit dem er sogleich Freundschaft schließt: Es ist der Rittmeister a.D. Ernst von der Decken[817], der in seiner Funktion als Feuilletonchef der *BZ am Mittag* über die Filmfestspiele berichtet. Der Sohn eines sächsischen Kammerherrn hat als Offizier der Kavallerie am Ersten Weltkrieg teilgenommen. Nach einem Volontariat bei der *B.Z. am Mittag* wurde er in den 1920er-Jahren Hauptschriftleiter beim Ullstein Verlag. Aus dieser neuen Freundschaft erwächst für Knauf die Möglichkeit, Zweizeiler über Filmstars zu verfassen, die von Decken in der *BZ am Mittag* – gemeinsam mit Illustrationen – veröffentlicht werden.

In jener Zeit – im Februar 1940 – stirbt Knaufs Mutter in Gera. Der älteste Sohn sorgt fortan als wirtschaftlich Stärkerer für die Schwester.

Abb. 36: Paul Hörbiger, Vignette von
e.o.plauen. In: R. A. Stemmle:
Theater- und Filmanekdoten
(Die Zuflöte/Aus heiterm Himmel).
Berlin 1940, S. 10

Abb. 37: Theo Lingen, Vignette von
e.o.plauen. In: R. A. Stemmle:
Theater- und Filmanekdoten
(Die Zuflöte/Aus heiterm Himmel).
Berlin 1940, S. 17

Abb. 38: Karl Valentin, Vignette
von e.o.plauen. In: R. A. Stemmle:
Theater- und Filmanekdoten
(Die Zuflöte/Aus heiterm Himmel).
Berlin 1940, S. 75

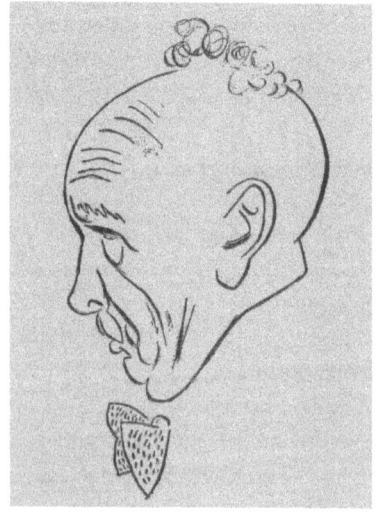

Abb. 39: Richard Strauß, Vignette von
e.o.plauen. In: R. A. Stemmle:
Theater- und Filmanekdoten
(Die Zuflöte/Aus heiterm Himmel).
Berlin 1940, S. 29

***

Mit Robert Adolf Stemmle[818], der einst gemeinsam mit Werner Finck die Katakombe geleitet hat, verbindet Ohser über die kurze gemeinsame Theaterzeit hinaus noch eine publizistische Zusammenarbeit. So verfasst der Zeichner zahlreiche Vignetten für Stemmles Theateranekdoten, die zunächst in der *BIZ* veröffentlicht wurden, im Jahr 1940 nun in Buchform erscheinen.[819]

»Das Büchlein, das Sie hier in Händen halten«, schreibt Stemmle in seinem Vorwort von *Die Zuflöte*, »ist der Anfang einer Sammlung von Künstleranekdoten, die in unseren Tagen spielen und von Menschen handeln, deren Namen wir an jeder Anschlagsäule lesen können. Anekdoten sollen eigentlich nur erzählt werden. Aber wie wenig Zuhörer sind leider dabei, wenn in der Drehpause im Filmatelier oder in der Theaterkantine nach der Premiere in heiteren Erinnerungen aus der Anfängerzeit der Bühnenlaufbahn gekramt, oder wenn von Schlagfertigkeit, Mutterwitz und siegreich bestandenen Kämpfen mit der Tücke des Objekts vor und hinter den Kulissen berichtet wird. Darum habe ich Ihnen diese heiteren Zufallsprodukte aufgeschrieben.«[820]

Der Erfolg der Bücher lebt nicht nur vor ihren Inhalten, sondern von den kongenialen Zeichnungen Ohsers, der die prominenten Schauspieler und Komponisten jener Zeit treffend zu karikieren weiß.

Kästner und der Münchhausen-Film

Kästner schreibt trotz oder vielleicht sogar wegen der beruflichen Ablehnung, die er von Seiten der NS-Kulturfunktionäre erfährt, weiterhin Theaterstücke und Filmdrehbücher. Wie schon vor Berndts ablehnenden Äußerungen tut er dies auch in der Folgezeit unter den Pseudonymen Eberhard Foerster[821] und Hans Brühl[822]. Und ausgerechnet die Filmbranche sorgt schließlich für ein bemerkenswertes Comeback Kästners im Kulturbetrieb der Nationalsozialisten, ohne dass dies freilich der breiten Öffentlichkeit bekannt wird.

Ausgangspunkt hierfür sind zunächst die Überlegungen von Eberhard Schmidt[823], dem Produktionsleiter der staatseigenen Universum Film AG, kurz: Ufa, die zu den ältesten Filmfirmen Europas gehört. In ihren Produktionen spiegelt sich die Geschichte des deutschen Films wider.[824] Zur Ufa-Historie gehören Namen wie Heinz Rühmann, Willy Fritsch[825] oder Lilian Harvey[826], die mit großen Tonfilm-Operetten wie *Die drei von der Tankstelle*[827] oder *Der Kongress tanzt*[828] die deutschen Kinos gefüllt haben.

Seit ihrer Gründung am 18. Dezember 1917 produziert die »Ufa« filmische Unterhaltung in Deutschland, obwohl die Traumfabrik aus Potsdam-Babelsberg zum Ende des Ersten Weltkriegs vor allem mit Propagandafilmen die nationalen Interessen unterstützen sollte, wie General Erich Ludendorff in einem Brief an das königliche Kriegsministerium gefordert hatte. Die hohen künstlerischen Ansprüche führen seither nicht selten zu Misskalkulationen und Budgetüberschreitungen. Fritz Langs futuristisches Epos *Metropolis*[829] wurde der teuerste Flop des Unternehmens. 1927 ist das Unternehmen von Alfred Hugenberg gekauft worden.

Als 1933 die Nationalsozialisten an die Macht kamen, war der größte Ufa-Star, Marlene Dietrich[830], dem Regisseur Josef von Sternberg[831] nach Hollywood gefolgt. Sämtliche jüdischen Mitarbeiter der Ufa sind inzwischen entlassen, Schauspieler wie Fritz Kortner[832] oder Peter Lorre, Regisseure wie Billy Wilder und auch Produzent Erich Pommer zur Emigration in die USA getrieben worden.

Seit Kriegsbeginn besteht mehr denn je in Deutschland das Bedürfnis nach Ablenkung und Unterhaltung. Nicht nur Hitler und Goebbels, sondern die Deutschen insgesamt lieben das Kino. Und Eberhard Schmidt ist bei der Ufa verantwortlich für neue Unterhaltungsfilme. Da er um Kästners besondere Begabung für heitere und gut geschriebene Filmtreatments weiß, er dem Verfemten auch freundschaftlich verbunden ist, entwickelt er einen Plan, um den Schriftsteller in das Babelsberger Filmgeschäft einzubinden. Er wendet sich an den Leiter der Filmabteilung im Propagandaministerium, Fritz Hippler[833], um zu sondieren, ob man Kästner trotz fehlender Mitgliedschaft in der Reichskulturkammer engagieren könnte. Auf seiner ständigen Suche nach guten Filmstoffen sieht Hippler Kästner durchaus positiv. Er lobt seine »kleinen Romane und liebenswürdigen Novellen«[834], die »ideale Vorlagen für nette Unterhaltungsfilme«[835] seien, und er »war daher bereit, sich trotz der allgemeinen bekannten politischen Bedenken innerhalb des Ministeriums und bei seinem Minister für den verfemten Autor zu verwenden«.[836]

Über die Kontaktaufnahme zwischen Schmidt und Hippler ist Kästner informiert. Er weiß auch vom Vorhaben des Reichsfilmintendanten, bei Goebbels vorstellig zu werden. Diesem gegenüber verweist er dem eigenen Bekunden zufolge auf die »reine [...] Zweckmäßigkeit« einer Beschäftigung Kästners. Zudem sei »nicht einzusehen«, dass »ein Schriftsteller bei uns zwar seine Lebensmittelkarten beziehen darf, dafür aber in keiner Weise mit einer gehörigen Arbeit in Anspruch genommen wird«.[837]

Kästner notiert in seinem Tagebuch am 16. April 1941:
»Morgen bin ich in Babelsberg, um zu hören, unter welchen Bedin-
gungen man mich ersucht, im Film mitzuarbeiten. Schmidt sagte am
Telefon, dass Goebbels – von Hippler befragt – erklärt habe, er wolle
von nichts wissen, aber man könne mich – unter dieser persönlichen
Voraussetzung – beschäftigen. Morgen werde ich Näheres über diese
neue Mutprobe des Propagandaministeriums hören.«[838]
Dem eigentlich unerwünschten Schriftsteller wird eine Beschäf-
tigung im deutschen Film gestattet, sofern er unter dem Pseudonym
Dr. Bertold Bürger arbeitet; eine Bedingung, die Kästner akzeptiert.
Auf ihn wartet sogleich ein besonderer Auftrag: Für das 25-jährige
Bestehen der Ufa ist die Großproduktion *Münchhausen* geplant; ein
Kostümfilm nach dem Vorbild Hollywoods.

Goebbels' Sondergenehmigung versetzt Kästner nun in den Stand,
das Drehbuch für den *Münchhausen*-Film in Angriff zu nehmen.
Daneben verfasst er im Übrigen auch ein Drehbuch für seinen Roman
Der kleine Grenzverkehr. Die Reichsschrifttumskammer ist zu diesem
Zeitpunkt über diese Vorgänge nicht informiert.

Ende September 1941 legt Kästner die erste Drehbuchfassung für
den *Münchhausen*-Film vor. Sie wird mit Hippler und Otto Heinz
Jahn[839], dem für die Hauptrolle vorgesehenen Hans Albers[840] und mit
dem Regisseur Josef von Baky[841] besprochen.

Wie Kästner ist auch der Kassenmagnet Albers kein Freund der
Nationalsozialisten, von denen er sich abseits hält. Anders als andere
Schauspielergrößen meidet der »blonde Hans« so gut wie jeden Kontakt
mit NS-Größen wie Hitler und Goebbels. Andererseits spielt Albers in
Propagandafilmen mit und zeigt damit die gleiche Ambivalenz, die
auch Kästner mit seiner Drehbucharbeit für die NS-Filmindustrie an
den Tag legt. Dieser zwiespältige psychologische Vorgang wird später auch zu einer grotesken Sichtweise Kästners auf Ohser führen, der
sich, wie bereits erwähnt, von Goebbels gleichfalls vor den »NS-Zug«
hat spannen lassen. Für Knauf gilt, wie schon vor allem hinsichtlich
seiner Beteiligung beim Werbefeldzug für *Jud Süß* beschrieben wurde,
das Gleiche.

Das überarbeitete *Münchhausen*-Drehbuch wird im November 1941
in der Filmabteilung des Propagandaministeriums positiv begutach-
tet, wie aus einer Mitteilung Kästners an seine Mutter hervorgeht.[842]
»Da es sich bei Münchhausen um den Jubiläumsfilm zum 25-jäh-
rigen Bestehen der Ufa handelte, also um ein absolutes Prestigeobjekt
des Staates, ließ sich Goebbels persönlich das Drehbuch zur Prüfung
vorlegen. Seine Genehmigung erfolgte am 28. November 1941.«[843]

Eheschwierigkeiten im Hause Ohser

In diesen ersten Kriegsjahren verstärken sich noch die Schwierigkeiten zwischen Erich Ohser und seiner Frau Marigard. Ihr Sohn Christian berichtet später, dass er in dieser Lebensphase lange Zeit in einem Kinderheim im Allgäu zubringt und seinen Vater nur selten sieht. Die Entfremdung der Eheleute greift nun auch auf das Verhältnis von Vater und Sohn über. »Doch der Krieg lässt die Eltern zugleich noch mehr um ihre Beziehung und private Existenz ringen. Auseinandersetzungen werden in vielen Facetten überliefert. Missverständnisse, Nähe und Ferne, Bekundungen tiefer Zuneigung und Ablehnung, Aufopferung und Sorge wechseln sich ab. Zugleich unterhalten Erich wie Marigard jedoch anderweitige Verhältnisse. Erich wird eine Affäre mit der Berliner Fischverkäuferin Ilse Hübscher nachgesagt und Marigard trifft ihren späteren zweiten Ehemann Heinrich Klumbies. Dritte geben den beiden wohlmeinende Hinweise, beraten und mischen sich in deren Angelegenheiten. Marigard tauscht mit Freundinnen ausführliche, von fatalistischen Äußerungen durchsetzte Briefe.«[844]

Trotz allem kommt es zu keiner Trennung der Eheleute.

Kästners endgültiges Aus

Im April 1942 beginnen die Dreharbeiten zum *Münchhausen*-Film und rufen im Juni eine erstaunte Nachfrage der Reichsschrifttumskammer (durch Günther Gentz) hervor, die jetzt mitbekommen hat, dass Kästner, wenn auch pseudonym, das Drehbuch verfasst hat.

»Die Kammer hat in Erfahrung gebracht, daß zu dem bei der Ufa-Produktion demnächst herauskommenden Film *Münchhausen* das Drehbuch von Ihnen unter dem Pseudonym *Berthold Bürger* verfaßt worden ist. Ich stelle zu diesem Vorgang fest, daß Sie zu einer derartigen Betätigung nicht berechtigt waren, nachdem ich Ihren Antrag auf Zulassung zu einer schriftstellerischen Betätigung wiederholt abgelehnt habe. Auch durfte das Pseudonym ohne meine Genehmigung nicht verwendet werden. Ich habe die Absicht, gegen Sie wegen dieser Zuwiderhandlungen mit einer Ordnungsstrafe gemäß § 28 der Ersten Durchführungsverordnung zum Reichskulturkammergesetz vom 1.11.1933 (RGBl. I. S. 797) vorzugehen, ersuche Sie aber zunächst um Stellungnahme zu meinen Vorhaltungen. Diese wird innerhalb von 8 Tagen erwartet.«[845]

Eine entsprechende Anfrage der Reichsschrifttumskammer beim Propagandaministerium vom 16. Juni 1942 drückt das maßlose

Erstaunen aus,»wie es zu der Betätigung Kästners als Drehbuchautor überhaupt kommen konnte«.[846]

Da auch bei der Reichsfilmkammer niemand informiert ist, sieht sich der Personalbeauftragte beim Reichsfilmintendanten gezwungen, sich am 19. Juni über Staatssekretär Werner Naumann[847] an Goebbels selber zu wenden:

Der Drehbuchautor Bertold Bürger alias Erich Kästner sei der »Verfasser des Drehbuchs für den Ufa-Film *Münchhausen*. Die Tätigkeit des Drehbuchautors setzt an sich voraus, dass er Mitglied der Reichsschrifttumskammer ist. Tatsächlich ist Bürger im Jahre 1939 gemäss § 10 wegen seines zersetzenden Einflusses auf geistigem Gebiet als Mitglied der Reichsschrifttumskammer abgelehnt worden. Falls die Betrauung Bürgers mit der Herstellung des Drehbuchs mit Ihrer Zustimmung erfolgt ist, wäre ich für einen entsprechenden Bescheid dankbar, damit Bürger wieder in die Kammer aufgenommen werden kann. [...] Soll Bürger in die Reichsschrifttumskammer wieder aufgenommen werden? Soll die Entscheidung bis zur Fertigstellung des Films ausgesetzt werden?«[848]

Der bereits erwähnte Hans Hinkel von der Reichskulturkammer wird zur Klärung der Angelegenheit beauftragt. Er teilt der Reichsschrifttumskammer am 20. Juli 1942 mit, dass Kästner »eine jederzeit widerrufliche Sondergenehmigung zur Berufsausübung erteilt« werde.[849] Zur Bedingung werde gemacht,»daß die Manuskripte und Drehbuchaufträge Kästners unter dem bereits von ihm geführten Namen *Berthold Bürger* herausgebracht werden«[850].

Zudem erhalte Kästner erneut eine»Bewährungsfrist« eingeräumt, nach deren Ablauf nach einem Jahr die Kammer einen Bericht zu erstatten habe über »die Art seiner Tätigkeit und seine politische und menschliche Haltung, Letzteres hat durch Einholung von Gutachten zu erfolgen«[851], wobei sich Goebbels die Prüfung des Berichts wiederum persönlich vorbehalte. Der gesamte Vorgang belegt, dass zwischen den einzelnen NS-Kulturbehörden oftmals Kommunikations- und Abstimmungsprobleme bestehen, die das Ziel einer vollkommenen Kulturkontrolle torpedieren.

Kästner erhält von der Reichsschrifttumskammer einen persönlichen Bescheid über seine Aufnahme aufgrund der Goebbels'schen Sondergenehmigung:

»Ich setze Sie hiermit von der durch die Hauptgeschäftsführung der Reichskulturkammer [...] ergangenen Entscheidung in Kenntnis, nach der Ihnen eine jederzeit widerrufliche

Sondergenehmigung zur Berufsausübung als Schriftsteller erteilt worden ist. Die Reichskulturkammer hat zur Bedingung gemacht, dass die Manuskripte und Drehbuchaufträge unter dem bereits von Ihnen geführten Decknamen *Berthold Bürger* herausgebracht werden.«[852]

Für »das Rechnungsjahr 1942«[853] hat Kästner, der nun endlich auch offiziell im Besitz einer beruflichen Zulassung als Schriftsteller ist, eine Gebühr in Höhe von »RM 12,--« zu leisten.

Und da Bürger alias Kästner vornehmlich im deutschen Film als Drehbuchautor mitwirken soll, erhält die Reichsschrifttumskammer von der Reichsfilmkammer die kollegiale Mitteilung:
»Auf Weisung des Herrn Ministers [Goebbels] soll der Obengenannte [Kästner/Bürger] als Drehbuchautor einstweilen zugelassen werden. Über sein Schaffen wünscht der Herr Minister einen jährlichen Bericht. Letzteres wird von hier veranlasst werden. Ich stelle anheim, Bürger nach § 9 von der förmlichen Mitgliedschaft zur Reichsschrifttumskammer zu befreien und ihn einstweilen zuzulassen.«[854]

Die Zulassung Kästners zur Reichsschrifttumskammer ist bei Abfassung dieses Briefes, wie geschildert, bereits erfolgt.

Infolge der nochmals ausdrücklich ausgesprochenen Sondergenehmigung für Kästner erhält dieser »binnen kurzem eine Reihe von Angeboten aus der Film- und Theaterbranche [...]. Der Regisseur Kurt Hoffmann bot ihm an, das Drehbuch zum Film *Ich vertraue Dir meine Frau an*, der bei der Terra mit Heinz Rühmann in der Hauptrolle vorbereitet wurde, umzuarbeiten.«[855]

Andere Angebote stammen von Emil Jannings[856], Alexander Golling[857] und Jenny Jugo[858]. Kästner darf sogar in Filmangelegenheiten 1942 noch einmal nach Zürich reisen.

So überraschend sich für Kästner die Möglichkeit geboten hat, beim deutschen Film mitzuwirken, so plötzlich endet das Engagement auch wieder. Im Dezember 1942 hat Hitler erfahren, dass der verfemte Kästner hinter den Kulissen dank der Sondergenehmigung von Goebbels wieder seiner Profession nachgeht.

»Hitler soll seinem Propagandaminister wegen der Zulassung von Kästner eine *furchtbare Szene* gemacht haben.«[859]

Ob sich das tatsächlich so ereignet hat, ist nicht ganz unstritig. In jedem Fall ordnet der »Führer« persönlich eine Beendigung dieser Sondergenehmigung an. Er untersagt Kästner jede weitere Betätigung auf dem Gebiet der Literatur und des Films im nationalsozialistischen Deutschland.

Zwischen Venedig und Carwitz

Gemeinsam mit Knauf reist auch Ohser 1942 mit zur Biennale, den Filmfestspielen in Venedig. Knauf macht seinen Zeichnerfreund mit dem Terra-Chef Alf Teichs bekannt[860], denn die Filmindustrie ist für Ohser ebenfalls ein potentielles Arbeitsfeld – etwa wegen zu erstellender Kulissenentwürfe oder Porträtzeichnungen der Filmstars.

»Darüber hinaus ist er [Ohser] an der letzten Kunstbiennale vor Kriegsende beteiligt, die von den Deutschen als große Propagandaschau inszeniert wird. Die Ehefrauen Erna Knauf und Marigard Bantzer bezeugen später, dass es ihren Männern durchaus nicht leichtgefallen ist, hier immer wieder Kompromisse mit den verhassten Machthabern einzugehen. Ein gewichtiges Argument dafür ist die Aussicht, wenigstens nicht an der Front zu enden, und der Schutz vor weiterer kriegsbezogener Fronarbeit.«[861]

***

Auch der Schriftsteller Hans Fallada[862] gehört zu den nach 1933 »Daheimgebliebenen«, der allerdings – im Gegensatz zu Kästner etwa – Mitglied in der Reichsschrifttumskammer ist. Falladas Bücher dürfen in Deutschland veröffentlicht werden. Nachdem er sein Buch über Carwitz *Heute bei uns zu Haus*[863] fertiggestellt hat, denken im Sommer 1942 die Deutsche Verlagsanstalt (DVA) und der Autor darüber nach, wie der Einband zu gestalten ist. Fallada selber hat schließlich eine Idee:

»Letzthin ist mir flüchtig eingefallen, ob man nicht eine Karikatur von mir auf den Deckel bringen könnte – das würde mich sehr amüsieren. Aber dafür ist Weiss sicher nicht der rechte, er müsste dann nur die Schrift machen und die Karikatur gruppieren, oder wie Sie das nennen wollen. Und wer karikiert? O. E. [sic] Plauen!?!«[864]

Der von Fallada erwähnte Weiss ist der bedeutende Typograph und Grafiker Prof. Dr. Emil Rudolf Weiß[865], der bereits u. a. den Vorgängerband *Damals bei uns daheim*[866] mit einem Schutzumschlag bedacht hat. Ohser wird allerdings nicht sofort angesprochen; zum einen aus finanziellen Gründen (da man von ihm eine hohe Honorarforderung erwartet) und zum anderen, weil man sich Weiß gegenüber vermutlich in einem Loyalitätskonflikt befindet.

Doch die Situation ändert sich unerwartet. So erhält Fallada am 26. November 1942 einen Brief des Verlags:

»Ich weiß nicht, ob Sie die Todesnachricht des auch Ihrem Werk so verbundenen Professors E. R. Weiß gelesen haben. Er ist vor kurzem im Alter von 67 Jahren in Meersburg gestorben. [...] Nun müssen wir für *Heute bei uns zu Hause* also doch auf die Porträt-Karikatur zurückkommen. Ich werde einmal [...] bei P. E. [sic] Plauen anfragen lassen, ob er eine solche Zeichnung machen würde (und wieviel das kostet).«[867]

Tatsächlich einigen sich Verlag und Künstler über den Preis, worüber sich Fallada ausgesprochen freut, weshalb er sich am 8. Januar 1943 an Ohser wendet:

»Sie werden durch Herrn Dr. Pagel von der Deutschen Verlags-Anstalt unterrichtet sein, dass ich Ihnen zu einer Karikatur für einen Buchdeckel sitzen soll und darf. Am nächsten Mittwoch, dem 13. d. M., komme ich nun nach Berlin, werde mir erlauben, Sie am Spätnachmittag oder frühen Abend anzurufen und mich bei Ihnen erkundigen, ob Sie mich am Donnerstag oder Freitag bei sich empfangen können und wann. An diesen beiden Tagen werde ich jede beliebige Stunde für Sie frei halten. Am Sonnabend müsste ich mit dem Frühesten wieder nach hier zurück.«[868]

Damit ist Ohser einverstanden und Fallada fährt zum verabredeten Termin nach Berlin und besucht am Donnerstag, dem 14. Januar 1943, den Zeichner in seinem Atelier in der Budapester Straße. An diesem und dem Folgetag entsteht schließlich die Fallada-Karikatur.

In einem Brief ein paar Tage später bedankt sich der Schriftsteller begeistert bei Ohser für das Porträt:

»Mein lieber Herr Ohser, glücklich bin ich wieder daheim gelandet, glücklich habe ich eben *den traurigen Clown* in eine Papprolle versenkt, und hoffentlich trifft er nun auch zu einem glücklichen Empfange in Stuttgart ein. Meine Frau jedenfalls ist begeistert, genau wie ich – wir beide danken Ihnen sehr. Hier bekommen Sie erst einmal einen Wolf wie versprochen, und dann rechnen wir Sie hoffentlich bald zu unseren Gästen.«[869]

Ohser erwidert postwendend am 23. Januar:

»Lieber Fallada! Mit Ihrem *Wolf unter Wölfen* haben Sie mir eine ganz große Freude gemacht. Ich lag gerade mit einem bösen Furunkel am Hintern auf der Nase. Beim Blättern vergaß ich alle Schmerzen. Wenn die bösen Furunkel weg und besseres Wetter da ist, mach ich von Ihrer liebenswürdigen Einladung gern Gebrauch.«[870]

Der Verlag ist indes mit dem Porträt nicht einverstanden. Der Verleger Heinrich Ledig-Rowohlt schreibt Fallada:

»Die Ohser-Zeichnung ist natürlich ganz hervorragend, aber für ein Buch dieser Zeit als gewissermaßen werbende Graphik doch wohl nicht

Abb. 40: Hans Fallada, Porträt von
Erich Ohser (1943)

denkbar. Eine so starke satirische Note, wie sie bei dieser Zeichnung
ihren Ausdruck findet, fehlt ja ihren doch eher ernsten, bekenntnis-
haften Erinnerungen durchaus. So scheint es wirklich erwünscht, dass
Plauen […] eine mehr auf das Porträt als auf die Karikatur gehende
Zeichnung von Ihnen für unser Buch schafft.«[871]

In der Folgezeit kommt es zu einem regen Briefwechsel zwischen
Verlag und Ohser. Letzterer versucht nach Kräften, die Verlagserwar-
tungen mit neuen Entwürfen zu erfüllen. Vergeblich.

Und so kommt es nicht dazu, dass im Gegensatz etwa zu den Kästner-Büchern auch ein Fallada-Buch ein Titelbild von Ohser ziert.
Immerhin kann der Zeichner eine neue Freundschaft mit dem Schriftsteller aus Carwitz auf der persönlichen Habenseite verbuchen. Ohser
besucht Fallada auch in dessen mecklenburger Heimat.

»Man ist sich politisch einig im illusionslos-kritischen Blick auf
den Krieg und die Nationalsozialisten. Man teilt zudem künstlerische
Überzeugungen und die leidenschaftlich-zärtliche Liebe zur Kindheit
als dem einzig verbliebenen Menschheitsparadies. Gemeinsam sitzen
Fallada und Ohser im Atelier, trinken Schnaps und erzählen Witze
über das Dritte Reich. Fallada ist begeistert von der Hemmungslosig-
keit, dem Humor und dem großen Herzen des Künstlers, den er als
Elefanten, der seiltanzen kann charakterisiert.«[872]

Das gescheiterte Geschäft über das Buchtitelbild spielt keine Rolle zwischen den beiden Männern.

Heimlichkeiten, Grausamkeiten, Bedrohlichkeiten

Am 20. August 1942 wird Freisler von Hitler zum Präsidenten des Volksgerichtshofs berufen. Zu Beginn des Jahres hat der Jurist noch als Vertreter des Justizministeriums an der Wannsee-Konferenz teilgenommen, bei der unter dem Vorsitz von Reinhard Heydrich über die Art der Deportation und die fabrikmäßige Ermordung der europäischen Juden beraten worden ist.

***

Von der Hauptgeschäftsführung der Reichskulturkammer kommt am 9. Januar 1943 die Anweisung an die Reichsschrifttumskammer, dass die Kästner erteilte »Sondergenehmigung« aufgrund »einer neuerlichen Entscheidung«[873] zu widerrufen sei. In einem Brief vom 14. Januar werden die Folgen dieses Entzugs der Sondergenehmigung aufgeführt. So sei Kästner künftig »nicht mehr berechtigt, im Zuständigkeitsbereich der Reichsschrifttumskammer als Schriftsteller tätig zu sein. Zuwiderhandlungen gegen diese Berufsuntersagung können von mir gemäss § 28 der Ersten Durchführungsverordnung zum Reichskulturkammergesetz mit Ordnungsstrafen belegt werden.«[874]

Knapp zwei Wochen später schiebt die Reichsschrifttumskammer noch den Hinweis an die Adresse Kästners nach, »dass das Berufsverbot auch die schriftstellerische Betätigung vom Inland nach dem Auslande hin erfasst«.[875]

Mit der Überwachung von Kästners Auslandsverbindungen wird der Chef der Sicherheitspolizei und des SD beauftragt. In Kästners Tagebuch am 18. Februar 1943 äußert der Schriftsteller die Vermutung: »Ob mein neuerliches Verbot auf Hitler, Bormann[876] oder Rosenberg zurückzuführen ist, scheinen nicht gerade viele Leute zu wissen. Ich selber weiß es bis heute, also seit Anfang Januar, noch immer nicht. Na, der Tatbestand ist ja jedenfalls klar. Das ist schon etwas.«[877]

Tatsächlich ist Kästner Streitgegenstand der verschiedenen NS-Größen gewesen. Vor allem Bormann und Rosenberg streiten in jener Zeit heftig mit Goebbels über den richtigen Kurs in der Literaturpolitik des NS-Staates.

Sowohl aus diesem permanenten, ideologisch begründeten Streitverhältnis mit dem Propagandachef des Dritten Reiches, als auch um diesem schlicht schaden zu wollen, vermutet der Kulturhistoriker Jan-Pieter Barbian »dürften die beiden Reichsleiter ihren *Führer* über die Identität des Drehbuchautors zu dem von ihm durchaus geschätzten *Münchhausen*-Film aufgeklärt haben«.[878]

Goebbels wiederum weist daraufhin Hippler die Rolle des Sündenbocks zu, der ihm »den Floh mit Kästner ins Ohr gesetzt«[879] habe. Der Vorgang kostet Hippler im Mai 1943 seine Stellung als Abteilungsleiter.

Losgelöst von diesen Querelen und Ränkespielen hinter den politischen Kulissen feiert *Münchhausen*[880] als bislang aufwändigster Ufa-Film am 3. März 1943 Premiere im Ufa-Filmpalast am Zoo. Ganz im Stil der US-amerikanischen Hollywood-Komödien erzählt der Film die phantastischen Abenteuer des Lügenbarons aus Bodenwerder.

Seinen Freunden erklärt Kästner im Jahr 1972: »Der Filmauftrag kommt vom größten Lügner der Welt. Weshalb machen wir also nicht einen Film über den Lügner, der ihm am nächsten kommt, Baron Münchhausen?«[881]

Listig hat der Drehbuchautor Kästner seine Botschaft hinter den Filmbildern versteckt.[882] Zum Beispiel lässt er den betrügerischen Grafen Cagliostro[883] auftreten, den Dunkelmann und Freimaurer des 18. Jahrhunderts. Am Zarenhof begegnet Münchhausen dem Grafen, der ihn für seine finsteren Pläne gewinnen will. Zwischen beiden entspinnt sich ein denkwürdiger Dialog:

Graf Cagliostro: »Wenn wir erst Kurland haben, pflücken wir Polen. Poniatowski ist reif. Dann werden wir König!«

Münchhausen: »In einem werden wir zwei uns nie verstehen: In der Hauptsache! Sie wollen herrschen; ich will leben. Abenteuer, Krieg, fremde Länder und Frauen – ich brauche das alles, Sie aber missbrauchen es!«

In der Wirklichkeit hat die Wehrmacht, unterstützt von der SS, das lettische Kurland und Polen längst »gepflückt«. Deutsche Soldaten stehen völkerrechtswidrig auf russischem Boden, und am Herrschaftswillen der Nationalsozialisten zweifelt niemand mehr. Kästners besonderer Autorenkniff besteht in der Verwendung der Figur des Giacomo Casanova[884] als scharfsichtigem Beobachter seiner Zeit. Im Deutschland der allgegenwärtigen Gestapo warnt Casanova auf der Leinwand Münchhausen und die schöne Prinzessin Isabella d'Este:

»Das Leben ist kurz, Baron, und der Tod verjagt uns aus dem interessanten Stück, ehe es zu Ende ist. Venedig ist im Karneval ein gutes Versteck, Prinzessin! Seien Sie trotzdem vorsichtig! Die Staatsinquisition hat zehntausend Augen und Arme. Und sie hat die Macht, recht und unrecht zu tun, ganz wie es ihr beliebt.«

Angesichts dessen lässt sich nicht ohne Süffisanz auf die Filmkritik im *Völkischen Beobachter* vom 6. März 1943 blicken, in dem der *Münchhausen*-Film als ein neuer »Vorsprung des deutschen Films in die Zukunft« und als ein »bleibendes Kapitel in der Geschichte des Zelluloids«[885] bezeichnet wird – Worte, die auch höchstpersönlich von Goebbels stammen könnten.

Die satirischen Spitzen gegen das NS-Regime aus der Feder des Drehbuchautors Bertold Bürger respektive Erich Kästner erkennen die Goebbels, Rosenberg & Co. nicht. Ungerügt bleiben auch die verhältnismäßig positive Zeichnung Russlands und die Vermeidung üblicher Klischees und Feindbilder der Nationalsozialisten. Ferner »kann man Münchhausen auch als individualistischen Hedonisten begreifen, der einfach nur tut, was ihm beliebt. Tatsächlich wendet er sich in Braunschweig genauso gegen den Herzog und trickst in Istanbul den Sultan und in Venedig den Dogen aus. Allein in Russland stellt er sich nicht gegen die Macht, und zwar, weil er in diese Macht verliebt ist.«[886]

Trotz allem kann natürlich nicht darüber hinweggesehen werden, dass zahlreiche Filmmotive wie die Staatstreue der *Münchhausen*-Figur, die u. a. für autoritäre Regierungen wirbt, ganz im Sinne des NS-Regimes sind. Bis Ende 1944 weist der *Münchhausen*-Film 18,7 Millionen Zuschauer auf und ist damit einer der erfolgreichsten Kinofilme im Dritten Reich.[887] Kästner erhält für das Drehbuch des *Münchhausen*-Films und das des *Grenzverkehr*-Films insgesamt 115 000 Reichsmark.[888]

∗∗∗

Zu einem endgültigen Wendepunkt des Krieges wird Anfang 1943 die verhängnisvolle Schlacht um Stalingrad, in der die 6. Armee unter General Paulus eingekesselt wird. Es beginnt ein Massensterben. Von mehr als einer halben Million Soldaten überleben etwas weniger als 100 000 Soldaten, die sich schließlich entgegen dem »Führerbefehl« ergeben und in die russische Gefangenschaft geraten. Ab Spätsommer des Jahres treten die deutschen Soldaten an allen Fronten den Rückzug an.

Aber auch in der Heimat verschlechtern sich die Verhältnisse zusehends. Die Volksgenossen erhalten für ihre Lebensmittelkarten immer weniger. Manche Güter des täglichen Bedarfs wie Kleidung und Schuhe lassen sich selbst mit Bezugsscheinen nur schwer beschaffen.

Gleichzeitig nehmen die alliierten Fliegerangriffe an Quantität und Intensität deutlich zu. Mehr und mehr verbringen die Menschen ihre

Zeit in Kellern und Luftschutzbunkern, während draußen die Zerstörungen der Städte und Dörfer beständig schlimmere Ausmaße annehmen.

Zu den wenigen Freunden und Bekannten, die Ohsers treffen, gehört die Familie des Grafikers Gottlieb Ruth, ein Kollege aus dem *Verlag Ullstein* bzw. *Deutschen Verlag*, und seine Frau Asta Ruth-Soffner[889], die ehemals stellvertretende Chefredakteurin der Zeitschrift *Die Dame* war und nach deren Einstellung Mitarbeiterin im *Ullstein-Moden-Verlag* ist.

Auch mit der Familie des Architekten Hermann Henselmann treffen sich Ohsers regelmäßig. Henselmann ist ebenfalls ein Kollege im weitesten Sinne, ist er doch gelegentlich ebenfalls als freier Mitarbeiter für Zeitschriften des Deutschen Verlages tätig, vor allem weil die Anzahl seiner Bauaufträge überschaubar ist.

Ohsers Freundschaft mit den anderen beiden Erichs ist längst nicht mehr so eng, wie sie noch vor der Machtergreifung Hitlers und in der ersten Zeit des Dritten Reichs war.

So besteht mit Kästner überhaupt kein Kontakt mehr, während Ohser mit Knauf telefoniert und sich gelegentlich trifft. Zwischen Kästner und Knauf wiederum scheint es in den 1940er-Jahren überhaupt keinen Kontakt mehr zu geben.

***

Es fällt auf, dass Ohser fast nur noch mit Mitarbeitern des *Deutschen Verlages* Kontakt pflegt, mit denen er unmittelbar oder mittelbar zusammenarbeitet. Inwieweit er dabei beachtet, welches politische Weltbild die jeweiligen Kollegen besitzen, lässt sich nicht feststellen. In jedem Fall leidet er »unter der Zeit, er leidet immer mehr unter seiner Arbeit, die er inzwischen ohne Lust und Überzeugung tut. In verhängnisvoller Weise äußert er seine Kritik an den Machthabern, nicht nur vor ihm Vertrauten, sondern oft auch in der Öffentlichkeit. Warnungen aus dem Freundeskreis schlägt er in den Wind. Mit der lauten Stimme des Schwerhörigen erzählt Ohser auf der Straße Freunden und Bekannten gefährliche politische Witze. Bei Zusammenkünften mit anderen spottet er ironisch über die Machthaber und deren Verlogenheit. Der Künstler verheimlicht nicht, wie verhasst ihm das alles ist.«[890]

Aufgrund der zunehmenden Fliegerangriffe wird das Leben vor allem in einer Großstadt wie Berlin, die im Fokus der alliierten Attacken steht, immer gefährlicher und schwieriger. Zu leiden haben alle.

Kaufkraftäquivalente Gegenüberstellung von Reichsmark und Euro (bei den Einkünften von Erich Knauf)		
Jahr	Reichsmark	Euro
1940	5240	24 104
1941	21 303	95 865
1942	24 883	109 485
Die Berechnungen beruhen auf Tabellen der Deutschen Bundesbank, Stand Januar 2023.		

Für Kinder wie Christian Ohser ist kein geregelter Schulunterricht mehr möglich. Nach und nach werden die Schulen klassenweise evakuiert. Schüler und Lehrer werden in Gebiete verschickt, in denen keine größeren Bombardierungen erwartet werden. Dazu gehören u. a. Teile des besetzten Polens, wie auch in das sogenannte Reichsprotektorat Böhmen und Mähren, die seit 1939 annektierte Rest-Tschechoslowakei. Auch Christian Ohser droht diese Zwangsverschickung.

»Da entschließen sich die Ohsers, dass Marigard und Christian Berlin verlassen sollen. Ein Verlag in Süddeutschland, für den Marigard regelmäßig als freie Mitarbeiterin tätig ist, hat ihr schon wiederholt vorgeschlagen, das von Bomben bedrohte Berlin zu verlassen. Es wird ein Gästeappartement gefunden im Haus einer Fabrikantenfamilie [von Hans Otto], die Erich und Marigard flüchtig kennen – in Reichenbach an der Fils. Ohser selbst will in der Stadt bleiben, stellt aber in Aussicht, später nachzukommen.«[891]

Das ist im Spätsommer 1943.

Ähnlich bedrohlich wird die Kriegslage auch von den Eheleuten Knauf empfunden. Im August 1943 schreibt Erich Knauf an seine Verwandten im thüringischen Westhausen:

»Heute morgen sind die Zeitungen mit Aufrufen erschienen, die das Schlimmste befürchten lassen. Nachdem Hamburg so schrecklich verwüstet wurde, muß man wohl annehmen, daß Berlin an die Reihe kommt. Einen Schutz gibt es wahrscheinlich nicht, denn die Bevölkerung ist aufgefordert worden, wegzuschicken, was nur weggeschickt werden kann. Auch spricht man davon, daß die Frauen, die nicht in der Rüstung arbeiten müssen, Berlin verlassen sollen. Wir haben gestern Sonnabend und heute Sonntag nichts anderes gemacht, als gepackt. Sogar die Vorhänge haben wir abgenommen. Aber wohin mit all den Sachen?«[892]

Die Verwandten bieten an, Knaufs Besitztümer bei sich aufzunehmen. Auch seine Frau Erna ist ihnen willkommen. Sie reist schließlich mit allem, was sich transportieren lässt, nach Westhausen und bleibt erst einmal dort. Ihr Ehemann bleibt allein zurück in der Charlottenburger Wohnung, Fritzschestraße 56.

Wirtschaftlich geht es Erich Knauf in dieser Zeit immer besser. Diese finanzielle Aufwärtsentwicklung lässt sich anhand der Einkommenserklärungen ableiten, die er als Mitglied der Reichsschrifttumskammer jährlich abgeben muss. So finden sich in seiner Einkommenserklärung gegenüber der Reichsschrifttumskammer für das Kalenderjahr 1940 angegebene Einkünfte in Höhe von 5240,38 RM (4480,38 RM aus schriftstellerischer Tätigkeit und 760 RM aus seiner Tätigkeit als Lektor).[893] Nur ein Jahr später vervierfachen (!) sich die Einkünfte. So gibt Knauf für das Kalenderjahr 1941 Einkünfte in Höhe von 21 303,47 RM an (7733,47 RM aus schriftstellerischer Tätigkeit und 13 570 RM aus seiner Tätigkeit als Lektor) an.[894]

Im folgenden Jahr steigern sich die Gesamteinkünfte weiter. Für 1942 beziffert Knauf seine Einkünfte auf 24 883,93 RM an (24 698.73 RM aus schriftstellerischer Tätigkeit und 185.20 RM aus seiner Tätigkeit als Lektor).[895]

Aus diesem Zahlenwerk geht hervor, dass der Filmpressemann deutlich überdurchschnittlich verdiente.

Nicht schlecht wirken auch die Einkünfte seines Freundes Erich Ohser. Für das Jahr 1943 gibt Ohser Gesamteinkünfte aus selbstständiger Arbeit (nach Abzug von Betriebskosten für Atelier, Modelle u. a.) 25 622 RM (112 737 Euro) in seiner Steuererklärung vom 24. März 1944 an.

Kapitel 6

Die Denunziation

Einzug ins Haus Daubenspeck in Kaulsdorf

Am 18. November 1943 beginnt die britische Luftwaffe mit einer Serie von massiven Bombenangriffen auf die Hauptstadt. Die von Luftmarschall Arthur Harris[896] ausgerufene Battle of Berlin wird von November 1943 bis März 1944 andauern. In der ersten Welle der Großangriffe werden u. a. der Zoologische Garten, das Kaufhaus des Westens in der Tauentzienstraße (Schöneberg), die Neue Synagoge und die Kaiser-Wilhelm-Gedächtniskirche teilweise oder völlig zerstört.

Bereits in diesen ersten Tagen sterben rund 3000 Zivilisten in Berlin, etwa 250 000 Menschen werden durch die Zerstörung von Wohnraum obdachlos. Getroffen wird auch Erich Ohsers Wohnung am Wilmersdorfer Hoffmann-von-Fallersleben-Platz 2; Gleiches widerfährt seinem Atelier in der Budapester Straße, wodurch ein Teil des Ohser'schen Werkes verlorengeht.

Der Zeichner kommt in den ersten Tagen bei Freunden unter und zieht vermutlich Ende November in das Haus eines Bekannten, des aus Dortmund stammenden Militärarztes Dr. Hans Daubenspeck[897]. Dieses Haus befindet sich in Berlin-Kaulsdorf, Am Feldberg 3, am östlichen Rand der Hauptstadt. Die Friedrichstraße im Berliner Zentrum ist mit der Schnellbahn in 20 Minuten zu erreichen. Wie der Arzt später berichtet, sind dessen »Frau, mit dem Kinde nach Ahrenshoop evakuiert [...]«.[898]

Da sich der Hausherr permanent im Kriegseinsatz befindet, steht das Haus leer. Dieser an sich gunstige Umstand, anderen obdachlos gewordenen Kriegsgeschädigten wie Ohser eine Asylmöglichkeit bieten zu können, macht Marigard Ohser nicht glücklich. Sie bedrängt ihren Mann, ebenfalls »nach Süddeutschland zu kommen. Doch Ohser zögert und glaubt, wegen seiner Arbeit für das Reich die Stadt nicht verlassen zu können.«[899]

Auch Knauf teilt in jener Zeit das Schicksal der Wohnungslosigkeit, nachdem auch seine Wohnung beim Bombardement der Royal Air Force am 22. November zerstört worden ist.[900] Erna Knauf lebt zu diesem Zeitpunkt aus Sicherheitsgründen bereits bei Bekannten der Familie ihres Ehemannes in Westhausen (Thüringen). Auf Vermittlung von Ohser zieht Knauf am 2. Dezember 1943 ebenfalls nach

Abb. 41: Erich Ohser
(e.o.plauen) und Erich Knauf
1943 in Berlin

Kaulsdorf in das Haus von Dr. Daubenspeck ein. Wenn sich die beiden Erichs in den letzten Jahren auch nur selten gesehen haben, blieb ihr Kontakt dank regelmäßiger Telefonate erhalten.

In einem Brief an seine Schwester Gretel schreibt Knauf:
»Am 22. kurz nach dem Alarm war ich obdachlos. Es ist alles verbrannt, was noch in der Wohnung war. Und das war leider nicht wenig. Wäscheschrank, Toilettentisch, Esszimmer, Bücherzimmer mit neun Zehnteln der Bibliothek. Und die Küche mit all dem, was im Keller war. Ich habe dann jede Nacht eine andere Bleibe gehabt, in Wannsee bei Bochmann, in Schlachtensee bei einem Kollegen, dann war ich bei Erna und holte mir Wäsche, und jetzt wohne ich in Berlin-Kaulsdorf Am Feldberg 3 bei Dr. Daubenspeck, Telefon 50 90 50. Ich habe ein kleines, aber warmes Zimmer, alles ist sehr sauber, man kocht mir Essen – und überhaupt, ich habe das große Los gezogen. Da ich hier auch eine Schreibmaschine habe, fehlt mir zu meinem Glück nur Erna. Ich habe sogar seither ein neues Lied gemacht, eine große Arbeit für Rogo [die ROGO-Werke waren eine Strumpfwarenfabrik in Oberlungwitz, für die Knauf Werbetexte verfasste] beendet, und ich denke, hier noch manches zu schreiben. Es ist gut, dass Ihr nicht in Berlin seid. Wir werden hier noch viel Schlimmes erleben [...].«[901]
Womit er recht haben wird.

Ebenfalls in das Daubenspeck-Haus ziehen Mitte Januar 1944 die Eheleute Bruno und Margarete Schultz ein. Auch sie sind Opfer von schweren Bombenschäden an ihrer alten Wohnung in der Berliner Trabenerstraße 49 geworden.

»Meine Frau und ich«, so Daubenspeck, »lernten Schultzes 1934 kennen, verloren sie dann aber bei den Berliner Entfernungen allmählich wieder aus den Augen. Wir hielten sie damals nicht fuer Nazis. Erst im Herbst 1943 meldeten sie sich wieder – schwer bombengeschädigt – mit der Bitte um Aufnahme in unser Haus. Knauf und Ohser waren kurz zuvor eingezogen, und wir waren glücklich, Menschen gefunden zu haben, die eine Beziehung hatten zu dem Landhaus, seinen schoenen alten Moebeln und dem Bauerngarten. Auch meinten wir, die neuen Hausgenossen wuerden sich in weltanschaulicher und kultureller Hinsicht verstehen und schaetzen. Zuerst schien dies der Fall zu sein.«[902]

Der gelernte Fotograf Bruno Schultz ist Untersturmführer der Allgemeinen SS und Hauptmann im Oberkommando der Wehrmacht (OKW)[903], wo er der Abteilung Wehrmachtpropaganda II (WPr II) angehört, einer mit innenpolitischer Propaganda, Rundfunkpropaganda und Truppenbetreuung befassten Einheit. Die Aufgabe dieser Abteilung, die dem Wehrmachtsführungsamt unterstellt ist, besteht in der »geistigen Betreuung« der Wehrmacht, der Zensur in Kriegszeiten sowie in der Unterstützung und Lenkung der Berichterstattung über die Wehrmacht.[904]

Bis 1938 war Schultz Mit-, später Alleinherausgeber der Jahreszeitschrift *Das Deutsche Lichtbild*, die vom Reichskunstwart Edwin Redslob[905] und vom Bauhaus-Professor László Moholy-Nagy[906] »enthusiastisch begrüßt«[907] worden ist. Schultz ist überzeugter Nationalsozialist. Seine *Jahresschau 1934* enthält ein Vorwort[908] von Adolf Hitler. Ein Exemplar für den Reichskanzler hat Schultz eigenhändig für Hitler mit den Worten signiert:

»Adolf Hitler, dem Führer, das Schlusswort hier in grenzenloser Liebe! Bruno Schultz, Herausgeber und Verleger (SS/M23) 2. August 1934.«[909]

Diese äußeren Merkmale sind an sich deutliche Warnzeichen. Manche dieser biografischen Einzelheiten aus dem Leben ihres neuen Mitbewohners im Haus wird Ohser und Knauf zwar nicht bekannt sein, doch einiges wird sich sicherlich im Laufe der kommenden Wochen und Monate auch ihnen offenbaren.

»Mit den Schultzens kam ein bißchen Gesellichkeit ins Haus Am Feldberg 3 und auch ein erheblicher leiblicher Wohlstand«[910], schreibt der Knauf-Biograf Eckert. »Vor der Tür hielten oft Wehrmachtsfahrzeuge und brachten Lebensmittel, Alkohol, Zigarren, Zigaretten. Abends und nachts nach den Aufenthalten im Luftschutzkeller war Schultz spendabel. Er kredenzte die feinsten Weine. Sie gerieten in Stimmung. Eben einer erneuten Lebensgefahr entgangen, öffneten sich die Gemüter.«[911]

In diesen Januartagen besucht Marigard ihren Mann in Kaulsdorf. »Als ich ihn anflehte, Berlin sofort aufzugeben, willigte er nach vielen Bedenken ein, nach Süddeutschland zu kommen (ich wollte für ein ärztliches Attest sorgen). Ich weiß nicht, ob Sie sich vorstellen können, was dies für ihn bedeutete – nicht nur, weil er ein preußisches Beamtengewissen hatte, es ihm wie Verrat vorkam, seinen Posten zu verlassen. Als er auf dem Bahnhof zum Abschied sagte: *In vierzehn Tagen bin ich bei Euch, und wenn der Krieg vorbei ist, bleiben wir auf dem Lande. Ich male Bilder, die ich oft vor mir sehe, und alles wird vergessen sein und gut*, sah er trotz seiner hoffnungsvollen Worte so traurig aus, dass ich sehr beunruhigt abfuhr.«[912]

Wenige Tage später, am 23. Januar 1944, beschreibt Ohser seiner Frau noch einmal konkreter die Gründe, weshalb er ihr nicht nach Süddeutschland folgen kann:

»Der Angriff am 20. war der unangenehmste, den ich bisher mitgemacht habe. Eine Stunde hat es ununterbrochen Bomben gehagelt. Im nahegelegenen Biesdorf hat es besonders viel angerichtet. Hier ist das meiste ins freie Feld gegangen. Unweit unseres Hauses ist ein viermotoriger Bomber niedergegangen. 4 tote Kanadier lagen herum. Es ist jetzt ziemlich schwer, für *Das Reich* zu zeichnen, weil die Zensur mal wieder blöd spielt. Ich kann deshalb nicht sagen, wann ich kommen kann. Die vielen Alarme machen uns alle furchtbar müde, und man kann dann immer einen Tag kaum etwas tun. Man hat danach nicht die Gedanken für die Zeitungszeichnerei. Ausdrücklich wurde uns aber gesagt, dass wir Berlin nicht verlassen dürfen. Die Presse bleibt. Andernfalls wird die U.K.Stellung aufgehoben. Na, es wird schon mal glücken, dass ich komme. Für mehr als 4 bis 5 Tage wird es aber kaum gehen. Es grüßt Dich und Christian Euer Erich und Vati.«[913]

Über der Kaulsdorfer Hausgemeinschaft ziehen in den folgenden Tagen erste atmosphärische Schatten auf: So fallen Ohser und Knauf dem Ehepaar Schultz dadurch unangenehm auf, weil sie demonstrativ lieber mit einem freundlichen »Guten Morgen« grüßen, als sich des idiotischen »Heil Hitler!« zu bedienen. Bald stellen sich auch Unstimmigkeiten über die Benutzung der Küche ein; allesamt jedoch eher Vorgänge harmloser Art – jedenfalls aus Sicht der beiden Freunde.

Immer wieder sorgen Luftalarme für ein gemeinsames Schutzsuchen der Hausgenossen und einiger ihrer Nachbarn im Luftschutzkeller des Hauses. Hier hocken alle eng beisammen und warten die Angriffe in angespannter Stimmung ab.

Obwohl sich Schultz an dem ein oder anderen Verhalten seiner Mitbewohner stört, renommiert er mit ihnen gegenüber seinen Kameraden in der Berliner Dienststelle. Er»gab im O.K.W. mit der Ohser-Knaufbekanntschaft sehr an und pflegte fast jeden Tag deren Anekdoten und Witze, auch die politischen, weiter zu kolportieren. Dies hörte u. a. auch ein Hauptmann Hagemann, der als 150 %iger Nazi bekannt war und eines Tages Schultz aufforderte, Anzeige wegen Defaitismus zu erstatten.«[914]

Damit zögert der Hauptmann jedoch.

Unterdessen eskalieren die Ereignisse an allen Fronten immer mehr zum Nachteil der Wehrmacht, aber vor allem auch für die Zivilbevölkerung im Hinterland. Am 1. Februar 1944, von einem Besuch bei seiner Frau in Westhausen zurückgekehrt, berichtet Knauf in einem Brief an eine Bekannte von der allgemeinen Kriegssituation im Berliner Raum und seiner persönlichen Lage:

»Jedesmal, wenn die Nächte rot sind von den Bränden der Vernichtung, überkommt es mich wie ein Triumph, daß es mir gelang, diese Dinge meiner Frau zu ersparen. […] Eines Tages ist der ganze Zinnober vorbei, und dann geht ein neues Leben an. Im kleinen Kreis lieber Menschen, eisern abgeriegelt gegen Eindringlinge.«[915]

Trotz der Gefahrenlage bewegen Knauf nach wie vor auch alltäglichere Dinge.

»Kürzlich rief ich bei einer Schallplattenfirma an, die mit meinen Liedern Tausende verdient hat, und bat darum, mir eine neue Platte von mir kaufen zu können, ohne zwei alte Platten abgeben zu müssen. Ich wies dabei daraufhin, daß ich ausgebombt sei und keine Platten zum Einhandeln habe. Die Antwort: Sie sind nicht der einzige, der mit einem solchen Anliegen kommt. Rufen Sie in einigen Tagen noch einmal an, ich werde Ihre Bitte der Direktion unterbreiten. – Wenn man ein Buch geschrieben hat, das in einer Auflage von 10 000 gedruckt wird, erhält man 30 Exemplare als Belege. Die Schallplattenfirmen haben von einem Knauf-Bochmann-Lied 90 000 verkauft, ohne auch nur ein einziges Exemplar zu schicken. Draußen summen wieder die Jäger. Berlin ist sehr nervös, die Menschen sehen abgehetzt aus und fauchen sich in den überfüllten Zügen an.«

Über die kriegsbedingten Folgen für die Filmwirtschaft schreibt er:

»Wahrscheinlich werde ich im Februar viel unterwegs sein. Wir drehen fast nichts mehr in Berlin. Kein Wunder. Wer will es den Darstellern verübeln? Meine Frau wird mich nicht begleiten. Die Bahnfahrten sind nicht erfreulich, und ebenso ist es mit dem Aufenthalt bei den Leuten vom Film. Lieber besuche ich sie auf dem Heimwege, und wenn es für einen kurzen Tag ist. Die Entfernung bringt uns noch mehr zu einander, als wir das für möglich gehalten hätten. Gott, was für ein Leben wollen wir alle beginnen, wenn die Finsternis zu Ende ist!«[916]

Lebenswichtig bleibt Ohsers und Knaufs Einstufung als »unabkömmlich« (UK), da ihre Tätigkeiten für *Das Reich* und die *Terra* als kriegswichtig gelten. So bleibt ihnen die Front erspart.

Marigard und Christian Ohser erkranken unterdessen schwer an Diphtherie, weshalb sie beide – getrennt voneinander – in Kliniken untergebracht werden müssen.[917] Hiervon erfährt auch Erich Ohser und sorgt sich. Wovon er nichts ahnt, sind die Vorgänge in der Dienststelle seines Hausgenossen Schultz. Dieser sieht sich durch den erwähnten Hauptmann Hagemann zusehends unter Druck gesetzt, bei seinem Vorgesetzten, General Hasso von Wedel[918], Meldung[919] zu machen.

Die Denunziation – erste Meldung

Berlin, 22. Februar 1944.

Hauptmann Bruno Schultz betritt an diesem Tag seine Dienststelle in der Berliner Bendlerstraße 16 mit einer besonderen Absicht: Er will – vermutlich inzwischen mit Sorge darüber erfüllt, selber ins Visier der Polizeibehörden zu geraten – als regimetreuer Volksgenosse General von Wedel eine besondere Meldung machen. Er überreicht ein Schriftstück mit einer Meldung. Darin heißt es einleitend:

»Seit der Zerstörung meiner Wohnung, Trabenerstraße 49, wohne ich mit meiner Frau in Berlin-Kaulsdorf, Am Feldberg 3. In diesem Hause wohnen noch der Pressechef der Terra-Filmkunst GmbH Erich Knauf und der Pressezeichner Erich Ohser (Pseudonym E.O. Plauen).

Seit einigen Wochen fällt mir auf, daß Knauf und Ohser in politischer und militärischer Hinsicht zersetzende Bemerkungen machen. In völliger Verkennung meiner bewußten Zurückhaltung werden beide neuerdings sehr deutlich und hemmungslos. Nachstehende Äußerungen der beiden bei verschiedenen Gelegenheiten sind zum Teil wörtlich wiedergegeben.«[920]

Anschließend werden einzelne nach Einschätzung des Hauptmanns »in politischer und militärischer Hinsicht zersetzende Bemerkungen« der Hausgenossen referiert, die er sich in den vergangenen Wochen notiert hat:

>»Knauf: (über die Artikel von Dr. Goebbels im *Reich*):

> *Dieser Lausejunge bekommt erstens für jeden Artikel 1500,- RM, obwohl er das als Propagandaminister doch umsonst machen müßte, außerdem ist das keine besondere Leistung, denn früher haben Theodor Wolf [sic] im Berliner Tageblatt und Professor Bernhard in der Voss[ischen Zeitung] das jeden zweiten Tag und viel besser gemacht ohne solches Honorar, das man dem Volk klaut.*«[921]

Bei den genannten Namen handelt es sich um zwei NS-kritische Journalisten, zum einen um den Chefredakteur des *Berliner Tageblatts* Theodor Wolff[922], der in der Endphase der Weimarer Republik in den Nationalsozialisten die größte Gefahr für die Republik gesehen hatte, der nach dem Reichstagsbrand unter Lebensgefahr fliehen musste und dem am 27. Oktober 1937 die deutsche Staatsbürgerschaft aberkannt worden war. Am 23. Mai des Vorjahres ist er von italienischen Behörden verhaftet und an die Gestapo ausgeliefert worden. Er ist in Gestapohaft schwer erkrankt und am 23. September schließlich gestorben.

Der zweite Journalist ist der ehemalige Chefredakteur der *Vossischen Zeitung* Georg Bernhard[923], der erst im Monat zuvor, am 10. Februar 1944, im US-amerikanischen Exil verstorben ist. Bernhard war seit 1928 Professor ehrenhalber an der Berliner Handelshochschule gewesen. Er galt als scharfsinniger und kompromissloser, im Ausland wegen seiner Liberalität geachteter Kritiker des NS-Regimes. In der Meldung von Schultz heißt es weiter:

>»Ohser: stimmte dem zu, denn er als ständiger Mitarbeiter am *Reich* wäre genau im Bilde. Dr. Goebbels als sogenannter Minister habe alle deutschen Künstler durch idiotische Verfügungen so gedrosselt und vergrämt, daß die deutsche Kunst, wie ja vom Blinden zu sehen sei, vor die Hunde gegangen ist. Alle Könner seien abgehalftert, nur an ihn (Ohser), an Schäfer-Ast und an Gulbransson traue der Zwerg sich nicht heran, weil sie unentbehrlich seien. Der größte Stümper sei Professor Schweitzer (Mjölnir), der nur als Träger des goldenen Parteiabzeichens hoch kam, von Kunst aber keinen Schimmer habe.«[924]

Die Arbeiten des Zeichners und Karikaturisten Albert Schaefer-Ast sind eine Zeitlang von den Nationalsozialisten als entartet eingestuft worden, was zu einem zeitweiligen Ausstellungs- und Arbeitsverbot geführt hat. Hinzu kam, dass er eine jüdische Ehefrau besessen und antifaschistische Ansichten gehegt hat. Nach einem Zwischenaufenthalt in Florenz lebt der Künstler seit einigen Jahren wieder in Deutschland und arbeitet mit einer Sondergenehmigung der Reichskulturkammer, wobei nicht bekannt ist, mit welchen Bedingungen oder Einschränkungen diese Genehmigung verbunden ist. Seitdem seine Wohnung in der Kurfürstenstraße 1943 durch Bombardierung zerstört worden ist, bewohnt er ein kleines strohgedecktes Holzhaus in Prerow auf dem Darß. Im letzten Jahr hat ihn Erich Ohser dort für einige Zeit besucht.[925]

Der norwegisch-bayerische Künstler Olaf Gulbransson[926] wiederum hat vor allem durch seine Arbeiten für die Münchner Zeitschrift *Simplicissimus* und durch seine unkonventionelle äußere Erscheinung Bekanntheit erlangt. Er hat eine bewusste Entscheidung für NS-Deutschland getroffen. Zugleich hatte er sich an Brief- und Unterschriftenaktionen beteiligt, die dazu führten, dass sein Kollege beim *Simplicissimus*, Thomas Theodor Heine, oder der Dichter Thomas Mann Deutschland hatten verlassen müssen. Begegnungen mit Nazi-Größen wie Joseph Goebbels, Joachim von Ribbentrop oder dem gefürchteten Gauleiter Adolf Wagner gehören zu seinem Leben in der NS-Zeit, die ihm bedeutende berufliche Erfolge und mehrere wichtige Auszeichnungen beschert haben. Gulbransson scheint all die Jahre hindurch der egoistisch-unpolitische Ignorant und widerborstige Zeitgenosse geblieben zu sein, der er immer schon gewesen ist. Mehrfach hat man sein Verhalten in der NS-Zeit als »stoischen Opportunismus«[927] charakterisiert.[928] Die Akademie der bildenden Künste München emeritierte ihn als Professor. Zudem fand er Aufnahme auf der Gottbegnadeten-Liste.

Hans Herbert Schweitzer, Pseudonym: Mjölnir bzw. Mjoelnir[929], der angeblich zu den ersten 30 Berliner Nationalsozialisten gehört hat, zählt zu den bekanntesten Karikaturisten im Dienst der NS-Propaganda. 1927 gehörte er zu den Begründern der von Goebbels ins Leben gerufenen NS-Zeitschrift *Der Angriff*. Seither steuert er zahlreiche Beiträge für andere NS-Presseorgane wie den *Völkischen Beobachter, Die Arbeiterzeitung* und das NS-Satireblatt *Die Brennessel* bei. Daneben wirkt er an Plakatierungskampagnen der NSDAP mit und liefert propagandistisches Bildmaterial zu der NSDAP und ihren Zielen, Führern und Ideen in NS-Periodika, Werbeplakaten sowie Flugblättern. Er gilt als Goebbels' Lieblingskarikaturist und gehört zum Freundeskreis des Propagandaministers.

Bruno Schultz führt ferner aus:

»[Ohser:] Das Letzte an Dreck sei die jährliche Münchener Kunstausstellung, wo sogar die Machwerke von Breker und Thorak, sogenannte Monumentalplastiken, gezeigt werden. Hier zeige sich, wohin uns Goebbels mit seiner Ahnungslosigkeit gebracht hat, die nur noch durch Hitlers Idiotereien selbst übertroffen wird.«[930]

Der Bildhauer und Architekt Arno Breker[931] gehört seit 1936 zu den prominentesten Künstlern im NS-Staat, da er vor allem von Hitler protegiert wird. In dessen Auftrag wirkte er vor allem am Skulpturenwerk für die geplante Welthauptstadt *Germania* mit. Sein markanter Stil ist stilprägend für die Ästhetik des NS-Systems. Der österreichische Bildhauer und Medailleur Josef Thorak[932] wiederum gehört wie Breker zu den von Albert Speer in die künstlerische Ausgestaltung von Bauten von *Germania* einbezogenen Bildhauern.

Der Bericht fährt fort:

»Knauf: (ergänzend) Während einer Meinungsverschiedenheit zwischen Dr. Goebbels und Heinrich George habe sich George in den Räumen der KDDK [Kameradschaft der deutschen Künstler] vom Minister rücklings abgewandt und gesagt: *Herr Minister, der Hintern ist nicht nur zum Sitzen da.*
Dr. Goebbels habe sich diese Abfuhr nicht nur gefallen lassen, sondern George bald darauf zu hohen Ehren gebracht, weil George wohl manches von ihm wußte.
Knauf: Dieser Goebbels sei wohl das größte Schwein aller Zeiten. In Venedig habe er der Söderbaum befohlen, während einer Gondelfahrt nackt aus einer Gondel ins Wasser zu springen, was dann nach einigem Zögern geschah, nur aus Angst vorm sonstigen Rausschmiss aus dem Kreise der Filmschaffenden.«
Ohser: (Während eines Alarms im Luftschutzkeller) *Wenn doch die Bomben alle auf Karinhall fallen möchten!*«[933]

Letztere Bemerkung über *Karinhall* meint den Waldhof Carinhall, ein repräsentatives Gut von Hermann Göring. Der Besitz liegt in der Schorfheide zwischen Großdöllner See und Wuckersee im Norden des heutigen Bundeslandes Brandenburg. Der Name entstand in

Erinnerung an Görings erste Ehefrau Carin[934], die er hier bestatten ließ. Weiter heißt es in dem Bericht:

»Ohser: (als während einer Angriffspause über öffentliche Luftwarnung und *richtige* Warnung allgemein gesprochen wurde) *Die beste Warnung wäre die vor 1933 gewesen.*

Knauf: (nach der Entwarnung, als die Nachbarn heimgegangen waren) *Dieser Emporkömmling hätte statt der Autobahnen, die er nur mit den gestohlenen Geldern der Arbeitslosen gebaut habe, besser Bunker bauen sollen. Aber das ging ja nicht, weil diese Verbrecher dann ihre Kriegsvorhaben verraten hätten und auch nach außen hin als alleinige Kriegsschuldige erkannt worden wären.*

Ohser: *Himmler hält sich nur durch täglich 80–100 Hinrichtungen. Ich merke es ja am Dünnerwerden meines Bekanntenkreises.*

Knauf: *Die SS enthalte die größten Strolche, die nicht versäumten, in fremde Wohnungen einzubrechen unter dem Vorwand, als ausgebombte Obdachlose Unterkunft zu suchen.*

Ohser: (bei einer Andeutung der Möglichkeiten deutscher Vergeltung gegen England, unter lautem Gelächter) bezeichnete das als alten Schwindel, als infamen Volksbetrug, der nötig sei, um den Strolchen da oben immer wieder nur noch weitere Galgenfristen zu geben.

Ohser: (als der OKW-Bericht vor einiger Zeit meldete, daß in zwei aufeinander folgenden Nächten mehr als 900 deutsche Bomber über London waren bei nur etwa 30 Verlusten) *Diesen Schwindel glaubt selbst der Dümmste nicht mehr. Es werden, wenn überhaupt welche drüben warten, wohl 9 gewesen sein. Und die dreißig Verluste gibt OKW nur an, damit man an mehr als 9 glaubt.*

Ohser: (als am 20. Februar kurz nach 3 Uhr durch Drahtfunk gesagt wurde, der starke feindliche Verband käme an Berlin nicht heran, und ich sagte, daß das noch ein erfreulicher Abwehrerfolg sei) *Das ist ja alles Quatsch. Die da oben fliegen, machen mit uns, was sie wollen, das ist nun mal so und nicht zu ändern.* (nach der Entwarnung) *Unsere Führung besteht ja nur aus Angsthasen,* (indem er dann zur am Hause vorbeiführenden Fernverkehrsstraße Nr. 1 hinwies) *da hauen ja beim Voralarm als erste die Ritterkreuzträger ab.*

Ohser: sagte wiederholt, daß nur eine neue Regierung helfen könne.

Knauf: bemerkte dazu, man müsse sofort, heute noch, die Waffen niederlegen und einen Vergleich mit Ost oder West schließen. Die Judenfrage sei nur ein allzu durchsichtiger Vorwand, um diesem dümmsten Kopf aller Zeiten, dem ewigen Gefreiten, sein wahnsinniges Treiben zu ermöglichen.

Knauf: (gelegentlich einer Bemerkung von mir über die Systemzeit) *Das ist ja Hitlers Gemeinheit, daß er uns einen Tag vor unserem Aufstieg das Heft aus der Hand nahm. Aber das Volk verdient nichts besseres, denn wer sich an den Goebbels-Artikeln und an dem Fritsche-Gewäsch aufrichtet, dem ist eben nicht zu helfen.*

Ohser: (ergänzend hierzu) *Unsere militärischen Anstrengungen seien zu letzten Zuckungen verurteilt, da die USA und die UDSSR uns zusehends in Grund und Boden produzierten. Die Zeit sei unser schlimmster Gegner, also bliebe als einzigste Lösung: sofort die Waffen niederlegen, Hitler habe die Partie längst verloren, wage aber nicht, das offen zu bekennen, seine einzige Kunst sei, tüchtige Generäle in die Wüste zu schicken. Und das Wahnsinnigste seien die wieder aufgenommenen Luftangriffe auf London, denn erstens hätten wir nicht genug Benzin, um das durchhalten zu können und zweitens würden die Engländer dadurch noch gereizter und würden deshalb bald Ernst machen.*

Ohser: (vor einigen Tagen) Das Sparen der Bevölkerung sei auch heller Wahnsinn und am Blödesten seien die Leute, die ihr Geld in Reichs- oder Staatsanleihen anlegten, denn Reichs- und Staatswerke würden mehr und mehr ausgebombt. Nach dem Kriege gäbe es nur noch bitterste Not. An Autofahren oder eigene Wohnungen sei auf lange Zeit nicht zu denken. Die Verheißungen auf eine bessere Zukunft seien dümmster Bauernfang, auf den Leute hereinfallen, die sich sogar aus freiem Willen ein Hitler-Bild in die Wohnung hängen. Solche Irren gäbe es noch viele.

Ohser: (zu meinem Sohn, der zwecks Reinigung seiner Uniform während seines Urlaubes im Hause Zivil trug) *Nanu, Sie sehen ja plötzlich so anständig aus.*

Knauf und Ohser: *Ein deutscher Sieg wäre unser größtes Unglück, weil Hitler nach eigenem Ausspruch dann erst ein richtiger Nationalsozialist werden will.*

Diese Äußerungen stellen nur einen Teil der gemachten Bemerkungen dar, da ich mir nicht über alle Notizen gemacht habe, zumal sie immer die gleiche Tendenz hatten.

> Ich bringe dieses dienstlich zur Meldung, da ich den Tatbe-
> stand der Zersetzung der deutschen Wehrmacht und der Ver-
> ächtlichmachung der Führung für gegeben halte.
>
> Ich habe mit meiner Meldung bis heute gewartet, um in mei-
> ner Auffassung über die Einstellung der Knauf und Ohser ganz
> sicher zu gehen.[935]

Was hier als »Meldung« von Schultz deklariert wird, stellt das Beispiel
einer lupenreinen Denunziation dar, die einen wichtigen Bestandteil
nationalsozialistischer Herrschaft verkörpert. Und obwohl viele der
vorgeblich aus vermeintlichem Pflichtbewusstsein heraus erstatteten
Anzeigen verwerfliche Motive (Rache, Neid, Eifersucht) haben, deren
sittenwidriger Charakter auch von den Nationalsozialisten erkannt
wird, ist das nationalsozialistische System auf Anzeigen aus der Bevölkerung angewiesen, um das Private öffentlich zu machen. Entgegen
vielfacher retrospektiver Vermutung besteht auch im Dritten Reich
keine gesetzliche Pflicht, Vergehen gegen die NS-Gesetze und Verordnungen anzuzeigen. Es wird jedoch von den Parteigenossen wie
auch von allen Volksgenossen erwartet, dass sie, als Pflicht dem Führer gegenüber, jede Nonkonformität anzeigen. Diese Pflicht wird seit
1943, seitdem das NS-Regime immer mehr in Bedrängnis geraten ist,
verstärkt eingefordert. Bereits im April 1934 hat Hitlers Stellvertreter
Rudolf Heß[936] ausdrücklich auf das Recht jedes Partei- und Volksgenossen hingewiesen, eine Meldung an den Führer oder die Bewegung
zu machen, ohne dafür zur Rechenschaft gezogen zu werden.[937]

Von Reichsjustizminister Franz Gürtner[938] stammt die Erklärung,
dass die sittliche Pflicht eines jeden bestehe, an der inneren Sicherung
des Reiches und der Volksgemeinschaft gegen reichs- und staatsfeindliche Handlungen aktiv mitzuwirken. Solch eine Pflicht benötige keine
gesetzliche Festlegung, sondern ergebe sich schon aus dem Gedanken
der Volksgemeinschaft.[939]

Wegen der Pflichtgebundenheit des nationalsozialistischen Staates
soll die Anzeige eines »Volksverräters« oder »Volksschädlings« eine
Erfüllung der »Treupflicht gegen Volk und Führer« sein.[940] So gilt
es, die Kritiker des NS-Regimes, die »Miesmacher«, »Nörgler«, und
»Defaitisten« unverzüglich namhaft zu machen.[941]

Der Präsident des Dresdner Geheimen Staatspolizeiamtes, Friedrich Schlegel[942], wiederum vertritt die Auffassung, dass »jeder, der
auch nur den Versuch macht, eine andere politische Meinung als die
des Nationalsozialismus durchzusetzen, als Störer der ruhigen und
geordneten Aufwärtsentwicklung unseres Staates angesehen und, falls

er sich nicht überzeugen läßt, sondern sein Verhalten so einrichtet, daß er volks- und staatsfeindlich in Erscheinung tritt, als Volksschädling bekämpft werden« müsse. Dafür benötige die Gestapo die »Mitwirkung aller Volksgenossen«.[943]

Reinhard Heydrich[944] wusste zu bemerken, dass die Gestapo, obwohl sie aus den besten Kennern der Volks- und Staatsfeinde bestehe, auf Mitarbeit aus der Bevölkerung angewiesen sei. Heydrich unterstrich das Ziel, »jeden Nationalsozialisten und jeden bewußten Deutschen als Kameraden und Helfer« für die Mitarbeit zu gewinnen.[945] Es sei wichtig, auf »schädliche Einflüsse von außen« zu reagieren, und auch, dass »jeder einzelne Volksgenosse eine wichtige positive Funktion zu erfüllen« habe, nämlich wachsam zu sein »gegen jeden Versuch, diesen Volkskörper zu zersetzen und zu schwächen«.[946]

Jeder Volksgenosse habe demnach die geeignete Abwehr zu veranlassen. Es wird von jedem Volksgenossen erwartet, jede Form von Nonkonformität und Dissens rechtzeitig und rücksichtslos anzuzeigen. In diesem Sinne handelt auch Schultz.

»Wedel, der zuerst unwillig die Meldung entgegennahm, habe sie dann aber, da Sch[ultz] darauf bestand, weitergeleitet und spaeter, als Sch[ultz] Gewissensbisse bekam und um Ruecknahme bat, nicht mehr aufhalten können.«[947]

Aus den Händen von General Wedel wandert die Meldung zu Oberst Hans-Leo Martin[948].

Der Oberst übt zwei wichtige Aufgaben aus: Zum einen ist er seit dem 1. April 1939 Leiter der neugegründeten Abteilung WPr II. Nachdem Goebbels die WPr gebeten hatte, einen Verbindungsoffizier ins Propagandaministerium zu entsenden, übt Oberst Martin seit dem 1. Februar 1940 auch diese Funktion aus.[949] Täglich trifft er sich mit Goebbels um 10.00 Uhr in dessen Ministerium. Aus dieser Tatsache lässt sich der Schluss ableiten, dass Oberst Martin »als eines der wichtigsten Propagandawerkzeuge in den Händen der Wehrmacht bezeichne[t werden kann]. Die diskreten Treffen im Büro des Ministers verschafften Martin, der auch gute persönliche Beziehungen zu Goebbels unterhielt, die Möglichkeit, die Anliegen der Wehrmachtpropaganda vorzubringen und sie in die Gesamtpropaganda des *Dritten Reiches* einfließen zu lassen.«[950]

Briefe zwischen Kaulsdorf und Reichenbach

Einen Tag nach der Meldung von Hauptmann Schultz schreibt Marigard Ohser an ihren Ehemann. Wie ihr Sohn Christian befindet sie sich noch wegen ihrer Diphtherieerkrankung in einer Klinik. Die Schreiberin und der Empfänger des Briefes ahnen nicht, was sich hinter ihrem Rücken und dem der Eheleute Knauf Bedrohliches zusammenbraut:

»Es war sehr schön, gestern mit dir zu sprechen und so klar und nahe, das Telefon ist gerade vor meinem Zimmer. Der Arzt ist kriegsverletzt und kann nicht lauter sprechen. Von Christian habe ich heute noch keine Nachricht. Hauptsache ist, dass er noch bis Ostern sich etwas vorsichtig verhält. Deinen Geburtstag feiern wir hoffentlich zusammen. Die Tage schleichen dahin ohne Schlaf, nachts nur mit Schlafpulver. Post kommt – wohl durch Stuttgarts Angriff gar nicht. Ich liege mit einem schwerkranken Mädchen, die sich furchtbar mit dem Herzen plagt. Die andere wird heute entlassen. Mein Belag scheint ziemlich weg zu sein. Er saß ganz tief hinten, jetzt natürlich wund, aber das Essen geht schon. Krischel [der Sohn Christian] wird wohl sehr dünn werden. Zum Glück habe ich Gespartes zum Auffüttern. Wenn ich doch nur mal zu ihm könnte, aber wir können nicht dankbar genug sein, daß es so gut bisher abging. Wenn ich dich nur nicht ansteckte! Frag mal, ob du dich schutzimpfen lassen sollst. Ist Knauf da? Grüß ihn. Mit Christian will ich jetzt *Wilhelm Tell* lesen, er nahm sich schon Shakespeare vor und war begeistert!! Ist der Film fertig? Nun viele Grüße an Sch. + E. Deine Marigard.«[951]

Hinter dem Kürzel »E.« verbirgt sich Erich Knauf, hinter »Sch.« die Eheleute Schultz. Zwischen letzteren und Ohsers Familie in Reichenbach hat es zuletzt einen freundschaftlichen Kontakt gegeben. Margarete Schultz hat Christian Ohser u. a. Spielsachen – Pfeile und Köcher – geschenkt, für die sich der Sohn des Zeichners in einem Brief vom 16. Februar – sechs Tage vor der Denunziation seines Vaters durch den Hauptmann – noch herzlich bedankt:

»Liebe Frau Schulz. Vielen Dank für die Pfeile und den Köcher. Ich habe mich sehr darüber gefreut. Ich freue mich schon wenn mein Vater mir die Dolche mitbringt. Ich würde auch gern einmal nach Kaulsdorf kommen und sehen wie mein Vater dort wohnt.

Wir haben hier herrlichen Schnee und ich fahre jeden Tag Skie. Ich kann jetzt auch wieder in die Schule gehen. Nun gibt es ja auch schon wieder Ferien. Rings um Reichenbach sind schöne Hügel da und Anhöhen die schöne Abfahrten geben. Ich will jetzt schließen, denn ich habe mich mit meinem Freund zum Skifahren verabredet. Viele Grüße und Dank ihr Christian Ohser.«[952]

Über die Infamie, die sich hinter dem Verhalten der Eheleute Schultz – die lebensgefährliche Denunziation von Erich Ohser auf der einen Seite und die Beschenkung seines Sohnes Christian auf der anderen Seite – verbirgt, versetzt auch den außenstehenden Chronisten dieser Vorgänge in große Sprachlosigkeit.

Die Denunziation – zweite Meldung

Zwei Wochen nach der ersten Meldung des pflichtgetreuen Volksgenossen Schultz wird er vom Referenten des Reichsfilmdramaturgen noch einmal zu der Angelegenheit befragt. Bezüglich der Meldung über Knauf und Ohser wird im Anschluss an die Befragung am 7. März festgehalten:

>»Auftragsgemäß empfing ich heute Hauptmann Schultz und ließ mir von ihm bestätigen, daß die in seiner Aufzeichnung vom 22.2.44 enthaltenen Angaben den Tatsachen entsprechen und daß Hauptmann Schultz nach wie vor zu ihnen steht. Er fügte hinzu, er hätte noch viel mehr aufschreiben können, und jeden Tag erhielte er neue Beweise. Hauptmann Schultz ist ein offener und etwas redseliger Mensch, der einen sehr gesunden Eindruck machte und der angab, er habe sich wochenlang überlegt, ob er über die Zustände in seinem Hause in Kaulsdorf Meldung machen sollte. Nach Rücksprache mit verschiedenen Kameraden habe er sich dazu entschlossen.«[953]

Empfänger der Aktennotiz ist Goebbels persönlicher Referent und Reichsfilmdramaturg Kurt Frowein[954].

3 ½ Wochen nach seiner ersten Meldung über Ohser und Knauf lässt Hauptmann Schultz seinem Vorgesetzten, General Wedel, eine zweite Meldung zukommen:

>»In Ergänzung meiner Meldung vom 22. Februar 1944 melde ich, dass der Pressezeichner Erich Ohser (Pseudonym E.O. Plauen) es trotz meiner betonten Zurückhaltung nicht unterlässt, zersetzende und verächtlichmachende Bemerkungen bei jeder sich bietenden Gelegenheit zu machen.
>Ohser äusserte kürzlich, dass die Zerstörung des Berliner Bristol-Hotels wohl nicht durch feindliche Bomben erfolgt sei,

sondern durch zeitlich geschickt angelegte eigene Sprengung, wodurch unbequeme Leute, die man rechtzeitig unter Vorwänden eingeladen hatte, unauffällig beseitigt werden konnten. Goebbels und der Ritterkreuzträger Helldorf seien kurz vor der Explosion aus dem Bristol-Hotel getürmt, nachdem sie sich auf Kosten der Ermordeten satt gefressen hätten.«[955]

Das Hotel Bristol gehörte zu den vornehmsten Berliner Hotels in der südlichen Dorotheenstadt auf der Südseite der Straße Unter den Linden. Nachdem das zur Behrenstraße gelegene rückwärtige Dachgeschoss des Hotels, mehrere Etagen und die Hotelbar bereits am 23. November 1943 schwer beschädigt worden sind, hat ein weiterer Luftangriff der Alliierten das Hotel wenige Wochen zuvor, am 15. Februar 1944, vollständig zerstört.

Bei dem in der Meldung erwähnten Ritterkreuzträger Wolf-Heinrich Graf von Helldorff[956] handelt es sich um den Polizeipräsidenten von Berlin. Was zu diesem Zeitpunkt niemand ahnt, ist, dass Helldorf seit 1938 über seinen Polizeivizepräsidenten Fritz-Dietlof Graf von der Schulenburg[957] Kontakte zu militärischen Oppositionskreisen um Ludwig Beck[958] und Erwin von Witzleben[959] unterhält. In dieser Phase des Krieges – wovon weder Bruno Schultz noch die Gestapo etwas wissen – ist Helldorf aktiv an den Umsturzvorbereitungen beteiligt und trifft sich mehrfach mit Claus Schenk Graf von Stauffenberg[960]. Er wird allerdings seine Bereitschaft, die Berliner Polizei den Verschwörern beim Putsch vom 20. Juli zur Verfügung zu stellen, nicht in die Tat umsetzen. Dennoch wird ihn seine Beteiligung bei den Vorbereitungen das Leben kosten. Am 15. August 1944 wird der Volksgerichtshof ihn zum Tode verurteilen und noch am selben Tag im Strafgefängnis Plötzensee hinrichten lassen.

Bruno Schultz berichtet weiter:

»Ohser bezeichnete die Berliner Flak als das Jämmerlichste der Gegenwart, denn der wolkenlose Himmel am Mittag des 8. März hätte erwiesen, dass, wie nachts die Engländer, nun auch die Amerikaner tags mit uns machten, was sie wollten. Sofortige Kapitulation wäre unsere einzige Rettung, wodurch wir dann auch gleichzeitig das ganze Nazigesindel loswürden; zum Erschießen dieser Lumpen sei gewiss keine Munition mehr da; es gäbe aber noch ausreichend Stricke und einige stehengebliebene Laternenpfähle in der Reichshauptstadt, von der der dümmste aller Emporkömmlinge, ewige Gefreite, 1938 sagte, er würde Berlin so verändern, dass es nach 5 Jahren nicht wieder zu erkennen sei.«[961]

Anschließend geht Schultz auf die vermeintlichen Äußerungen Ohsers über zwei Mitarbeiter der Deutschen Allgemeinen Zeitung (D.A.Z.) ein: Der eine ist der gebürtige Hamburger Journalisten Wilhelm Schulze[962], der wegen seiner Arbeit als Japan-Korrespondent mit dem Spitznamen »Schulze-Tokio« bedacht wird; der andere ist sein Kollege und bis 1943 im Amt befindliche Chefredakteur des Blatts, Karl Silex[963], der regimekonform schrieb, aber stets versuchte, einen soliden, von der NS-Propaganda so weit wie möglich unabhängigen, bürgerlichen Kurs zu fahren. Nachdem er in einem Leitartikel geäußert hatte, dass der Journalistenberuf ein »öffentliches Amt«[964] geworden sei, er damit die Entmündigung der Presse auf den Punkt gebracht hatte, reagierte Goebbels darauf mit wüsten Vorwürfen, die dazu führten, dass Silex seine Stellung quittierte.

»Als ich gesprächsweise den Ostasienkorrespondenten der *D.A.Z.* Wilhelm Schulze begeistert erwähnte, sagte Ohser wörtlich:

Den Wilhelm Schulze kenne ich gut, wir sind befreundet aus unserer Moskauer und Londoner Zeit her, das ist ein gewitzter Bursche. Jetzt schreibt er natürlich für diese Bande hier, hält sich aber weit vom Schuss und bereit für seine grosse Zeit. Wenn die Verbrecher hier demnächst abgewirtschaftet haben, dann kommt Schulze mit seinen richtigen Sachen raus. Der führt die hier alle hinters Licht, ein aufgeweckter blonder Junge, und keiner der Propagandaidioten hier merkt's.

Als ich die immer lesenswerten Leitartikel in der *D.A.Z.* des Hauptschriftleiters Dr. Karl Silex erwähnte, mit dem Bemerken, dass er seit einigen Monaten als Korvettenkapitän auf See sei und deshalb z. Zt. leider nicht mehr schreibe, sagte Ohser:

Der Silex ist auch einer von den Schlauen, der sich in der gegenwärtigen Übergangszeit zu einer neuen Regierung nicht festlegen und andererseits den Strolchen da oben nicht ins Gesicht sagen will, dass sie verspielt und abzutreten hätten. Es gibt eben zwei Sorten von Soldaten: die Dummen, die sich für die braune Pest totschiessen lassen und die Klugen, die zum Wehrdienst gehen oder im Ausland sitzen, um die Zeit bis zum bevorstehenden Umsturz mit äusserem Anstand zu überdauern, später aber ganz gross zur Stelle [zu] sein.«[965]

Vermutlich nicht ohne Hintergedanken kommt Schultz jetzt auch auf den mit Ohser und Knauf befreundeten Journalisten und Schriftsteller Ernst von der Decken zu sprechen:

>Vor einigen Tagen kündigte mir Ohser den Zuzug in unsere gemeinsame Unterkunft seines und Knaufs Freundes, Ernst von der Decken, Chefredakteur des *Deutschen Verlages*, an, der auch *mit von der Partie* sei, den Nazischwindel auch nur zum Schein mitmache und auf seine große Zeit wie alle die anderen Zeitungskanonen warte.«[966]

Dass eine solche Mitteilung auch für den Freund der beiden Erichs gefährlich werden kann, dürfte dem Hauptmann bewusst sein. Möglicherweise spielt die Überlegung, dass von der Decken ebenfalls in das Daubenspeck-Haus einziehen könnte, ein wichtiges Motiv, ihn als Regimekritiker zu offenbaren und auf diese Weise möglicherweise loszuwerden.

>In immer noch völliger Verkennung meiner äussersten Zurückhaltung bat Ohser mich am 12. März, an seinem Frühstückstisch Platz zu nehmen. Ich lehnte das ab mit der Begründung, im Nebenzimmer das Rundfunk-*Schatzkästlein*[967] hören zu wollen. Darauf sagte Ohser ohne jeden Zusammenhang wörtlich: *Na ja, Schatzkästlein, ist ja immerhin noch besser als 'ne Führerrede!*[968]

Mit dem *Schatzkästlein* ist eine sonntägliche Radiosendung gemeint *(Das deutsche Schatzkästlein)*. Damit endet der Bericht.

Die Warnung

Zum Zeitpunkt der zweiten Denunziation durch Hauptmann Schultz hält sich Erich Knauf in Westhausen bei seiner Frau Erna auf. Nur einen Tag nach der zweiten Meldung des hitlertreuen Volksgenossen und Mitbewohners schreibt der Journalist an seine Schwester Grete:

>Ich hatte in Berlin keine Adresse von Dir, da ich alles verludert hatte, und nun freute ich mich, hier in Westhausen – ich bin seit einer Woche bei Erna – neue Post von Dir zu erhalten. [...]
Es tut uns sehr leid, daß Euer Bootshaus und damit auch Euer Boot vernichtet sind. Gerne denken wir an die schönen Stunden, die wir mit Euch dort verbrachten. Ja, es geht vieles dahin, und man fragt sich

manchmal, ob es wirklich nötig ist, Dinge zu verderben, die weder für den einen noch für den anderen Kriegsführenden wichtig sind. […] Nach den schweren Tagesangriffen der vorigen Woche, bei denen auch das Filmgelände in Babelsberg etwas abbekam, nahm ich eine Woche Urlaub. […] Die Leute, bei denen Erna wohnt, sind reizend zu ihr, und auch unsere Verwandten tun alles, was man nur erhoffen kann. Am 21. 3. frühmorgens bin ich wieder in Berlin. Ich gehe nicht gerne zurück, zumal jetzt das Wetter nach Frühling schmeckt und es hier schön zu werden verspricht. In der vergangenen Urlaubswoche hatte ich wenig Gelegenheit, ins Freie zu gehen. Nun, ich habe ja noch eine Woche Urlaub, und die hebe ich mir nicht allzu lange auf. Sobald ich abkömmlich bin, verblühe ich aus Berlin. Was man hat, das hat man. Ich sehe die Zeit kommen, wo man nicht mehr ohne weiteres mit der Bahn fahren kann.«[969]

Aus den persönlichen Kriegserlebnissen und denen seiner Angehörigen zieht Knauf für den weiteren Verlauf der Ereignisse seine allgemeinen Schlussfolgerungen:

»Der Krieg nähert sich seiner Krise – so steht es in einem Leitartikel von Dr. Goebbels im *Reich* zu lesen. Er spricht aus, was jeder empfindet. Und damit ist das Schwerste zu erwarten, aber eben das zugleich Letzte. Da heißt es, die Zähne zusammenbeißen. Hier ist an vielen Tagen allerlei *Luftverkehr*, es brummt und orgelt über Westhausen, und dann liest man am nächsten Tag in der Zeitung, wo es gekracht hat. Die Bomben, die in Gotha und Eisenach gefallen sind, haben die Bauern erschreckt. Uns nicht, denn wo in aller Welt wäre man sicher, wenn nicht hier? Wenn es bald kein Fleckchen auf der deutschen Erde mehr gibt, wo die evakuierten Frauen und Kinder sicher sind, dann heidi! Aber so weit wird es ja nicht kommen. Unsere Jäger tun mehr als menschenmöglich ist. […] Genießt nur jeden Tag des Glücks, damit Ihr die Kraft habt, ein neues Leben anzufangen; wenn der Termin da ist. So denken und tun wir. Jede Stunde beieinander in Frieden und Ruhe zählt doppelt.«[970]

Mitte dieses Monats schaut auch Dr. Daubenspeck »während einer Dienstreise für wenige Stunden«[971] in seinem Kaulsdorfer Haus vorbei. Dabei wird ihm sogleich von Schultz eröffnet, »Schreckliches sei passiert, in meinem Hause gaeb es eine kommunistische Zelle, deren Oberhaupt Knauf sei. Er, Schultz, habe den Befehl, seiner vorgesetzten Dienststelle im O.K.W. alles Verdächtige zu melden und die beiden [Knauf und Ohser] zu beobachten. Mit ihrer Verhaftung durch die Gestapo sei in den nächsten Tagen zu rechnen.«[972]

Daubenspeck sieht sich sofort zum Handeln gezwungen: »Es war mir gleich klar«, so der Militärarzt, »dass ich den beiden Gefaehrdeten helfen musste. Ich warnte sie noch in derselben Nacht und beschwor sie zu fliehen. Ich nannte ihnen Freunde in Meersburg und Konstanz, die den Grenzuebertritt ermoeglichen koennten. Wohl waren sie ob der Nachricht erst sehr bestuerzt und glaubten, irgendwelche Neider beim Film oder sonstige Feinde koennten sie wegen der Verbreitung politischer Witze angezeigt haben. Eine politische Betaetigung bestritten sie aber, und Knauf erklaerte, als ehemaliger K.Z.ler sei er vorsichtig geworden. Leider konnten sie sich zu Flucht nicht entschließen.«[973]

Die Mitteilung über die Denunziation durch Schultz führt dazu, dass sich die beiden Erichs »mit ihren Ehefrauen [beraten], und man kommt überein, vorerst nicht zu weichen. Ohser will zudem in allernächster Zeit ohnehin nach Süddeutschland wechseln. Marigard macht sich Sorgen und wird langsam ungeduldig.«[974]

Wie bereits erwähnt, gehört zu Ohsers Freundeskreis in jener Zeit auch der Architekt Hermann Henselmann. Dieser berichtet später in seinen Lebenserinnerungen über seinen Freund Erich Ohser, dass der ihn im März 1944 »mit der dringenden Bitte [anrief], umgehend nach Berlin zu kommen und ihn am Potsdamer Platz zu treffen. Ich fand einen völlig verstörten Menschen vor. *Ich habe darauf geachtet, wir werden nicht verfolgt*, war sein erstes Wort. Er lebte evakuiert am Stadtrand von Berlin gemeinsam mit seinem alten Freund Erich Knauf, einem früheren sozialdemokratischen Redakteur, im Hause eines Militärarztes. Der war in der Nacht zuvor heimlich zu ihm ins Zimmer geschlichen, um ihm anzuvertrauen, daß ein ebenfalls im Haus wohnender höherer SS-Offizier und dessen Frau Anzeige gegen Ohser und Knauf erstattet hätten, dabei alle im Luftschutzkeller gehörten Äußerungen gegen den Krieg, den Führer und über die Aussichtslosigkeit eines Sieges protokollarisch festhaltend. Diese Kanaillen hießen Schulz. [...]. Ohser war ratlos und bat mich um Hilfe. Ich war entsetzt. Da ich seine politische Naivität kannte, war ich aber auch nicht überrascht, daß er mit einem SS-Verbrecher offen gesprochen hatte. Später erfuhr ich, daß auch sein Gastgeber, der Militärarzt, für die Gestapo als Spitzel arbeiten mußte, weil ihm eine Strafe drohte. [...] Ich konnte meinem Freund Erich nur einen Rat geben: sofortige Flucht. In der Nähe war der Bahnhof, wo die Züge in Richtung Riesengebirge abgingen. In Schreiberhau aber war unterdessen meine Familie evakuiert, von dort konnte man unkontrolliert Prag erreichen. Ich kannte den Weg und verfügte über genügend Beziehungen, um Ohser dann weiter in die Slowakei zu schleusen. *Das bedeutet Sippenhaft für Marigard und meinen Sohn.* Damit hatte er sicherlich recht. [...] Als wir uns trennten, weinte er. Dieser Abschied gehört zu den Gespenstern meiner Vergangenheit.«[975]

Henselmann ist nicht der einzige Vertraute, mit dem sich Ohser in diesen Tagen zusammensetzt. Am 18. März verbringt er einen ganzen Tag im Haus seines Schwagers Arnold Bantzer[976] in Berlin-Schlachtensee. Jetzt, wo seine Frau Marigard so weit entfernt lebt, sucht er andere Vertraute auf, um sich über die prekäre Situation, in der Knauf und er sich befinden, auszutauschen.

Margarete Schultz bei der Gestapo

In den folgenden Tagen beruhigt sich Ohser wieder. Letztlich gelangen er und Knauf gemeinsam zu dem Schluss, dass die Anzeige von Schultz nicht wirklich zu einer konkreten Gefahr für sie werden kann. Sie nehmen beide an, in ihren jeweiligen Funktionen zu wichtig und unabkömmlich für das NS-Regime zu sein. Tatsächlich erreichen die beiden Meldungen von Hauptmann Schultz inzwischen aber auch das Propagandaministerium.

Dort wird die Angelegenheit sehr ernst genommen und von Staatssekretär Leopold Gutterer[977], einem engen Vertrauten von Goebbels, am 24. März an Heinrich Müller[978], den Chef des Amtes IV (Gestapo) im Reichssicherheitshauptamt unter dem Betreff »Pressechef der Terra-Filmkunst G. m. b. H. Erich Knauf und Pressezeichner Erich Ohser«[979] weitergeleitet:

»In der Anlage übermittele ich Ihnen die Aufzeichnungen des Hauptmann Schultz nebst einer Aktennotiz eines Referenten des Reichsfilmdramaturgen über die Glaubwürdigkeit der Aussage von Hauptmann Schultz. Die Aufzeichnungen von Hauptmann Schultz wurden Reichsminister Dr. Goebbels vom Verbindungsoffizier des OKW, Oberst Martin, übergeben. Ich bitte Sie, das Weitere im Sinne unseres Telefongespräches zu veranlassen.«[980]

Dem Ansinnen Gutterers wird schnell entsprochen. Der »Fall Erich Knauf und Erich Ohser« erhält von der Gestapo die Decknamen *Reich* und *Terra* zugewiesen. Die Unterabteilung IV A 1 unter Leitung von Willy Litzenberg[981] ist für die Bereiche Reaktion, Opposition,

Legitimismus, Liberalismus, Emigranten, Heimtücke-Angelegenheiten zuständig.

Bereits am nächsten Tag werden die Ermittlungen aufgenommen. Einer von Lietzenbergs ermittelnden Beamten ist ein junger Jurist: der SS-Hauptsturmführer und Kriminalkommissar Adolf John. Er wird vor allem für Erich Ohser in den nächsten Tagen noch eine entscheidende Rolle spielen. Der gebürtige Stettiner John[982] gehört zu der im Dritten Reich großen Anzahl willfähriger, junger und politisch als zuverlässig eingestufter Juristen (Beitritt zur HJ 1929, Mitglied in der NSDAP und SA 1931, Übertritt in die SS 1932, SS-Sturmmann 1933, ab 1937 in die SD-Formation der SS überführt, inzwischen SS-Hauptsturmführer).

Johns polizeiliche Laufbahn im NS-Staat verläuft exemplarisch: Juristische Staatsprüfung 1935, Wehrdienst, Kriminalkommissar-Anwärter 1937, Stableitstelle in Weimar als Hilfskriminalkommissar in der Abwehrabteilung, deren Leiter bis 1940, Kriminalkommissar ab 1. August 1940, Auslandsdienst u. a. bei der Deutschen Botschaft in Madrid und dem Generalkonsulat in Barcelona.

Durch persönliche Differenzen mit seinem Vorgesetzten ist John im Juli 1943 in das Reichssicherheitshauptamt als Mitarbeiter für die Gestapo zurückberufen worden. Über seine Vernehmungsmethoden wird später bekannt werden, dass John wie viele seiner Kollegen Zwangsmittel anwendet (sogenannte »verschärfte Vernehmung«), um Geständnisse oder Aussagen zu erpressen und zugleich in Ausübung seines Amtes vorsätzlich Gefangene körperlich misshandelt, u. a. gemeinschaftlich mit Kollegen, auch mittels lebensgefährdender Behandlungen und gefährlicher Werkzeuge vorgeht. John wird im Übrigen auch der Sonderkommission »20. Juli« unter Kriminalrat Herbert Lange[983] angehören, die das Hitler-Attentat der Stauffenberg-Gruppe untersucht.

Der Kriminalkommissar lässt Bruno Schultz auf seine Dienststelle kommen und nimmt eine Anhörung des Hauptmanns vor. Die findet am 25. März statt. Anschließend vermerkt er:

»Der Anzeigeerstatter, Hauptmann Schultz, ist beim Oberkommando der Wehrmacht – Wehrmachtpropaganda – beschäftigt. Er wurde heute hier nochmals zu seinen Angaben gehört. Schultz blieb bei der in seiner Anzeige gegebenen Darstellung und unterstrich zum Teil seine Schilderung noch in verschiedenen Punkten.

Er wies besonders darauf hin, dass die Äußerung des Beschuldigten Ohser zum Sohn des Anzeigeerstatters: *Sie sehen*

*ja so anständig aus, ist ja auch recht so, bleiben Sie gleich hier, es
ist doch alles verloren* auch von seiner Frau mit angehört worden sei. Ferner seien Zeugen für die Bemerkung des Ohser, die beste Warnung sei die vor 1933 gewesen, ausser ihm noch seine Ehefrau, das Dienstmädchen und der Elektromeister Kummer aus Berlin-Kaulsdorf, Feldberg 7.

Als kennzeichnend für die Einstellung der Beschuldigten müsse man es auch bezeichnen, dass Ohser der Hausgehilfin auf ihre Mitteilung, sie heirate nun und werde dann Berlin verlassen, sagte:

Wenn Sie uns hier im Stich lassen, werde ich Sie in die Munitionsfabrik schaffen lassen.

Schultz macht zwar einen etwas redseligen Eindruck, dürfte jedoch als glaubhaft anzusehen sein. Ein persönlicher Grund, aus dem er die Anzeige erstattet haben könnte, war nicht ersichtlich. Schultz gehört als SS-Führer der Allgemeinen SS an. Ausserdem ist ihm zu glauben, dass die Meldung lediglich aus Pflichtbewusstsein erstattet wurde.«[984]

Als Nächstes lädt John die Ehefrau des Hauptmann Schultz zum Verhör vor. Margarete Schultz sagt am 27. März aus.

[Margarete Schultz]:
»Infolge der Terrorangriffe im November 1943 waren wir obdachlos geworden und suchten eine andere Unterkunft. Ich erinnerte mich an eine gute Bekannte von mir, eine Frau Daubenspeck, die in Berlin-Kaulsdorf ein Haus besitzt. Frau Daubenspeck war mit unserem Einzug auch durchaus einverstanden, machte mich jedoch darauf aufmerksam, dass schon zwei weitere Mieter dort eingezogen seien. Bei diesen beiden Hausgenossen handelte es sich – wie wir dann feststellten – um den Pressechef der *Terra* Knauf und den Pressezeichner Ohser.

Das Verhältnis innerhalb der Hausgemeinschaft war zunächst durchaus erträglich. Aufgefallen war mir allerdings schon am ersten Tage, dass Herr Ohser auf meine Bemerkung, es werde ja auch wieder mal anders werden, antwortete:

Ja, wenn das Leben dann noch lebenswert ist.

Bei näherer Bekanntschaft war es nicht zu vermeiden, dass wir über politische Themen ins Gespräch kamen. Dabei musste ich sehr bald zu meinem großen Erstaunen feststellen, dass

Abb. 42: Hauptmann
Bruno Schultz als
Fotograf mit einem
seiner Aktmodelle

beide Herren eine ausserordentlich staatsfeindliche Haltung zeigten. So sprachen beide im Januar oder Februar 1944 die Ansicht aus, der Krieg sei verloren, man müsse die Waffen niederlegen. Ich muss ehrlich sagen, dass ich von einer derartigen Anschauung stark beeindruckt und depremiert [sic] war. Wer von den beiden zuerst diesen Ausspruch getan hat, weiss ich nicht, es ist dies meiner Ansicht nach auch nebensächlich, da beide anwesend waren und einer die Ansichten des anderen sofort zu seinen eigenen machte. Mein gleichfalls anwesender Mann fragte sofort:
Sollen wir denn Sklaven von England werden?
Auch hier antworteten beide:
Ja, natürlich – glauben Sie, dass das so schlimm wäre?«[985]

Margarete Schultz listet im Folgenden auch die vermeintlichen Äußerungen von Ohser und Knauf gegen einzelne Persönlichkeiten des NS-Staats auf. Ihre Aussage folgt dabei fast wörtlich jener ihres Ehemannes, sodass – für objektive Zuhörer – eine gewisse Abstimmung zwischen beiden schwer zu übersehen ist.

»Dass der Führer und Dr. Goebbels beschimpft wurden, versteht sich bei der Mentalität der Herren von selber. Dr. Goebbels wurde ein Lausejunge genannt sowie als dumm und unmoralisch geschildert. Wer den Ausdruck *Lausejunge* gebrauchte, kann ich nicht mit Sicherheit sagen; dieser Ausdruck entspricht zwar mehr der Art von Knauf, aber ich beschränke meine Aussagen absichtlich nur auf die Punkte, die ich mit 100 %iger Sicherheit schildern kann.

Ohser sagte selbst, er könne sich nur augenblicklich halten, weil man ihn brauche; nach dem Kriege würde seine Darstellungsart zur entarteten Kunst gehören. Goebbels drossele alle wahren Künstler durch idiotische Verfügungen, die deutsche Kunst sei vor die Hunde gegangen, alle Könner würden abgehalftert und das Letzte an Dreck sei die Münchener Kunstausstellung, auf der es ihm zum Erbrechen zumute gewesen sei. Hier habe sich gezeigt, wohin Goebbels mit seiner Ahnungslosigkeit, die nur durch Hitlers Idiotereien selbst übertroffen werden, gekommen sei.

Knauf erzählte nun wieder, dass Heinrich George zu Dr. Goebbels gesagt habe: *Herr Minister, der Hintern ist nicht nur zum Sitzen da*, womit er unbestraft dem Reichsminister seine Abneigung zum Ausdruck bringen durfte. Durch irgendeine besondere Förderung habe Dr. Goebbels den George dann wieder mundtot gemacht. Weiterhin bezeichnete Knauf den Minister als hemmungslos und unmoralisch. So habe er in Venedig die Söderbaum gezwungen, während einer Gondelfahrt nackt ins Wasser zu springen. Die Söderbaum sei seinem Ansinnen auch aus Angst vor beruflichen Nachteilen gefolgt.

Einer der beiden Hausgenossen äusserte auch gelegentlich eines Alarmes den Wunsch, dass die Bomben doch alle auf Karin Hall fallen möchten. Ebenfalls anlässlich eines Terrorangriffs äusserte Ohser auf die scherzhaft gemeinte Bemerkung meines Mannes, die beste Warnung sei die Entwarnung: *Die beste Warnung wäre die vor 1933 gewesen.*

Diese letzte Auslassung hat auch die Hausangestellte und ein damals mit im Luftschutzraum befindlicher Elektromeister mitangehört. Die Hausangestellte sagte mir ein oder zwei Tage nach dem erwähnten Angriff, es sei doch unerhört, was Herr Ohser manchmal für Bemerkungen mache. Der Elektromeister sagte einige Zeit später zu meinem Mann: *Wenn der man an den richtigen kommt, dann ist er geliefert. Eigentlich müssten Sie ihn ja anzeigen.* Dabei bezog er sich auf einen der vielen witzigseinsollenden, in Wirklichkeit aber zersetzenden Aussprüche Ohsers. Weiter ist mir z. B. noch in Erinnerung, dass bei einem Gespräch im Luftschutzkeller die Tatsache erwähnt wurde, dass Graf Helldorf das Ritterkreuz zum Kriegsverdienstkreuz erhalten habe. Es mag wohl jemand gefragt haben, für welche Taten im besonderen der Berliner Polizeipräsident die hohe Auszeichnung bekommen habe, denn ich hörte, wie Ohser sagte: *Ja, der war immer der erste im Luftschutzkeller.*

Anfang Februar etwa sprach Ohser auch über den Reichsführer SS und meinte dabei: *Himmler hält sich nur durch täglich 80–100 Hinrichtungen.* Ich fragte ihn erstaunt, woher er denn das wisse, worauf er antwortete: *Ich merke es ja am Dünnerwerden meines Bekanntenkreises.* Nähere Kenntnisse über Ohsers Bekanntenkreis habe ich nicht.

Bei anderer Gelegenheit erzählte Ohser, dass bei Voralarm alle die Ritterkreuzträger auf der Landstrasse nach Küstrin im Kraftwagen das Weite suchten, um den Angriffen zu entgehen.

Die Vergeltung bezeichneten beide dauernd als alten Schwindel und Volksbetrug. Beide waren sich darüber einig, dass auch die deutschen Angriffe auf London nur eine Herausforderung für die Engländer seien, Ohser meinte sogar, unsere militärischen Anstrengungen seien nur letzte Zuckungen, da wir gegen die englische und amerikanische Produktion nicht ankönnten. Unsere Flüge nach England seien ein Wahnsinn, weil wir damit das letzte Benzin verbrauchten. Die einzige Kunst des Führers sei es, tüchtige Generale in die Wüste zu schicken. Beide bezeichneten den Führer als Verbrecher und Idioten, und waren der Ansicht, dass ein deutscher Sieg unser größtes Unglück wäre, weil der Führer nach seinem eigenen Ausspruch erst dann ein richtiger Nationalsozialist werden wolle.

Als sich mein zur Wehrmacht eingezogener Sohn eines Tages in Zivil zeigte, meinte Ohser:
Nanu, Sie sehen ja heute so anständig aus. Ist ja auch recht so, bleiben Sie gleich hier, es ist doch alles verloren.
Knauf bezeichnete den Führer meist als Emporkömmling und betonte in hämischer Weise, dass er im Ersten Weltkrieg nur Gefreiter gewesen sei. Die Autobahnen habe man mit dem gestohlenen Geld der Arbeitslosen gebaut, und man hätte dafür lieber Bunker einrichten sollen.

Bei einem Gespräch über den Ostasienkorrespondenten der *DAZ* und über einen anderen Berichterstatter äusserte Ohser die Ansicht, es gäbe nur zwei Sorten von Menschen, die Dummen, die sich totschiessen lassen, und die Klugen, die im Wehrdienst oder im Ausland die Zeit bis zum bevorstehenden Umsturz mit Anstand abwarten.

Als ich an einem Sonntag-Morgen im März die Absicht äusserte, die Rundfunksendung *Das Schatzkästlein* zu hören, meinte Knauf:
Ja, kann ich verstehen, ist ja auch besser als eine Führerrede.

Ich bin inzwischen auch soeben über verschiedene Angaben befragt worden, die mein Mann über meine Aussagen hinaus gemacht hat. Es handelt sich dabei um Gespräche mit Knauf und Ohser, an denen ich offenbar nicht beteiligt war, da ich sonst mich daran erinnern müsste. Ich kann über diese Punkte keine weitere Ausführung geben.

Meine Angaben entsprechen der Wahrheit, und ich kann sie notfalls ohne weiteres beeiden.«[986]

Margarete Schultz' Aussage bildet den Schlussakt bei den Vorermittlungen der Gestapo. John formuliert am 27. März in einem Vermerk zwei Kurzporträts:

»Bei den Beschuldigten handelt es sich:
1.) um den Schriftleiter Erich Knauf, geb. am 21.2.1895 in Meerane/Sachsen; Knauf ist Dissident und war verantwortlicher Redakteur der Monatsschrift *Die Büchergilde*. Er schrieb unter den Pseudonymen Erik Lippold und Max Maximilian im *8 Uhr Abendblatt*. Von 1919 bis 1928 gehörte er der SPD an. Vom 28.5.–16.7.1934 befand er sich in Schutzhaft, da er einen herabsetzenden

Artikel über die Oper *Carmen* im obengenannten Blatt veröffentlicht hatte.

2.) um den Pressezeichner Erich Ohser, geb. am 18.3.1905 in Untergeppengrün. Ohser ist seit 1936 als Verfasser der Karikaturenbroschüre *Vater und Sohn* bekannt geworden. Von 1928 bis 1932 gehörte er der SPD an und war Pressezeichner beim *Vorwärts*. Seit 1936 ist er Mitglied der Reichsschrifttumskammer, darf sich aber nur als unpolitischer Pressezeichner benennen. Während seiner Tätigkeit beim *Vorwärts* fiel er durch unerhörte Karikaturen gegen den NSDAP auf.«[987]

Während die Hauptmannsfrau bei der Gestapo ihre Aussage gemacht hat und John anschließend seinen Aktenvermerk anfertigt, hält sich Knauf am Berliner Bahnhof am Zoo auf. Hier schreibt er in Unwissenheit dessen, was zur gleichen Zeit stattfand, seiner Frau Erna und teilt ihr über Ohsers Gemütszustand mit:

»Erich war gegen 10 bei mir. Er hatte in der Stadt zu tun. Er sieht wieder gut aus, die Krise ist überwunden. Ernst [von der Decken] dagegen macht mir Sorgen. Ich besuchte ihn im Verlag und war überrascht, ihn so matt zu finden. […] Wir wollen sehen, daß wir bald ein gemeinsames Quartier finden. Für 3 oder 4 Tage eine Wirtschafterin. Das wäre das beste. In Babelsberg alles in Ordnung. Teichs kommt erst morgen. Schmidt nahm für ihn mit in Empfang. Es ist alles sehr schwer für mich. Diese Zeilen kritzle ich auf der Post des Bahnhofs am Zoo. Die Züge rollen über mich weg. Es bringt mein Reisefieber. Ja, ich brächte es fertig, heute abend [?] auf der Strecke zu liegen, und morgen bei Dir zu sein. Mit dem zunehmenden Alter scheint das immer schlimmer zu werden. […] Heute treffe ich mich mit Erich [Ohser], und wir gehen ins Kino. Abends essen wir zu dritt. Und dann will ich Schlaf nachholen.«[988]

Kapitel 7
Die Verhöre

28. März 1944

Es ist Dienstag, der 28. März 1944. In den Morgenstunden fahren
Beamte der Gestapo vor dem Gebäude mit der Adresse Am Feldberg 3
in Berlin-Kaulsdorf vor. Die Beamten klingeln. Nicht die Hausangestellte der Daubenspecks, Elfriede Gockel (»Fräulein Friedel«), öffnet
die Haustür, da sie nach Ahrenshoop zur dortigen Unterkunft ihrer
Arbeitgeberin verreist ist, sondern Bruno Schultz.
Die Gestapo-Beamten fragen, ob hier der Schriftsteller Erich Knauf
und der Karikaturist Erich Ohser wohnen. Es wird bejaht. Hinter
Schultz tauchen die Genannten im Hausflur auf. Sie erhalten die Auf-
forderung mitzukommen, denn sie seien verhaftet. Schultz und seine
hinzutretende Ehefrau Margarete versichern, den Frauen der Verhafteten Auskunft zu geben, sollten diese anrufen. Die beiden Verhafteten
werden schnell zu den Autos gebracht. Die Türen klappen. Abfahrt.
Wenige Stunden später erscheint Ernst von der Decken am Haus,
weil er seine Freunde besuchen will. Von Schultz erfährt der Journalist, dass man die Freunde »heute früh verhaftet hätte. Frau Schultz
sagte, sie bedaure die Verhaftung, denn besonders Erich Knauf wäre
ihnen so sympathisch gewesen. Mit ihm hätten sie sich so gern unterhalten.«[989]
Die Sympathie ist offenkundig geringer gewesen als die Bereitschaft
zur Denunziation.
Knauf und Ohser werden zum Reichssicherheitshauptamt in der
Prinz-Albrecht-Straße 8 gebracht, wo auch das Geheime Staatspolizeiamt (Gestapa) seinen Sitz hat. Gleich rechts daneben befindet sich das
Museum für Völkerkunde. Gegenüber blickt man auf das Haus der
Flieger und nebenan ragt der Monumentalbau des Reichsluftfahrtmi-
nisteriums in den Himmel.
Das Gebäude ist bis 1933 als Kunstgewerbeschule genutzt worden. Durch große Fenster fällt viel Licht in die hohen Räume. Doch
wo früher in luftigen Ateliers Architektur, Bildhauerei und Malerei unterrichtet wurden, sperrt man nun Menschen ein, was das
Haus – neben dem Volksgerichtshof – zu dem wohl gefürchtetsten
Gebäude im NS-Deutschland macht. Die Gestapobeamten führen
ihre Gefangenen nach der Ankunft in zwei Räume im Erdgeschoss.

Das Aufnahmeprozedere beginnt. Neuinhaftierte müssen gleich nach ihrer Einlieferung alle ihre persönlichen Habseligkeiten abgeben. Anschließend erhalten sie die Zellenordnung mit näheren Einweisungen in den täglichen Ablauf. Das Ganze gibt es auch schriftlich, in Form eines Formulars[990]:

> »1. Wecken: 6.00 Uhr. Anschließend Zellenreinigung durch den Gefangenen. Körperreinigung.
>
> 2. Bitten, Beschwerden oder Krankmeldungen müssen während der Zellenreinigung vorgetragen werden.
>
> 3. 8.00 Uhr: Kaffee- und Schreibsachenempfang. Erledigte Schreiben werden um 18.00 Uhr abgenommen.
>
> 4. Rasieren: Jeden Dienstag und Freitag.
>
> 5. Jeder Häftling hat auf Befragen wahrheitsgemäße Antworten zu geben.
>
> 6. Für Verunreinigung oder Beschädigung der Wände oder des Inventars wird der Täter haftbar gemacht; auch kann er gemäß der Hausordnung bestraft werden.
>
> 7. Bei plötzlicher Erkrankung oder zum Austreten hat sich der Häftling durch Herausschieben des an der rechten Seite der Tür angebrachten Schiebers bemerkbar zu machen.
>
> 8. Von 20.00 Uhr bis früh 6.00 Uhr hat der Zelleninsasse entkleidet im Bett zu liegen. Die Benutzung des Bettes außerhalb dieser Zeit ist verboten.«

Nach Beendigung der Aufnahmeregularien bringt man Knauf und Ohser in den Keller, wo die Gestapo seit dem Spätsommer des Jahres 1933 ein Hausgefängnis unterhält.

Das Hausgefängnis dient der Unterbringung von Häftlingen, an deren Vernehmung die Gestapo ein besonderes Interesse hat. In 38 Einzelzellen und einer Gemeinschaftszelle können höchstens fünfzig Personen untergebracht werden. Viele politische Häftlinge werden daher an andere Haftorte verbracht und zum Verhör in die Prinz-Albrecht-Straße 8 geholt. Im Fall von Knauf und Ohser ist das anders. Sie gehören zu den »privilegierten« politischen Häftlingen, die sich fortan den Vernehmungen durch die Gestapo vor Ort stellen müssen.

Berüchtigt ist die Gestapo-Zentrale durch die verschiedenen Foltermethoden, mit denen die Mitarbeiter von den Verhörten die gewünschten Informationen zu erzwingen versuchen. Die »verschärften Vernehmungen« finden in der Regel nicht in den Zellen des Gefängnisses statt, sondern in den Büros in den oberen Stockwerken. Zu den Opfern gehören vor allem Kommunisten, Sozialdemokraten, Gewerkschafter, Mitglieder kleiner sozialistischer Gruppierungen und Widerstandsorganisationen und andere Personen, die sich dem Machtanspruch des NS-Staates nicht unterwerfen wollen.

Seit Beginn des Zweiten Weltkriegs sind im Hausgefängnis der Gestapo viele Einzelkämpfer wie Georg Elser[991] und Angehörige kleiner Widerstandsgruppen inhaftiert gewesen. Besonders zahlreich vertreten sind Angehörige der Widerstandsgruppe *Rote Kapelle*[992] sowie – nur wenige Monate nach Knaufs und Ohsers Verhaftung – die verschiedenen Gruppierungen des 20. Juli 1944, von den Sozialisten und dem »Kreisauer Kreis«[993] bis zu den national-konservativen Beamten und Offizieren. Auch Häftlinge aus den von Deutschland besetzten Ländern werden hierher überführt. Insgesamt beträgt die Zahl der in den Jahren 1933 bis 1945 im Hausgefängnis der Gestapo-Zentrale inhaftierten politischen Gegner etwa 15 000.[994]

Ohser und Knauf werden getrennt voneinander untergebracht. »Die Einzelzellen sind etwa 1,70 Meter breit und 3,50 Meter lang. Auf der einen Seite stehen Tisch und Stuhl, an der gegenüberliegenden Wand ist ein Metallbett montiert, auf dem eine dünne Decke ausgebreitet ist. Auf einem Regal befinden sich Blechnapf und Essbesteck, in einer Zimmerecke stehen ein Tonkrug mit Wasser, eine Waschschüssel sowie ein Spucknapf. Die Lampe lässt sich von innen nicht an- oder ausschalten, darüber hinaus fällt durch ein niedriges Fenster ein wenig Tageslicht in die Zelle. Der Fußboden besteht aus einfachem Estrich. Das ist alles.«[995]

Die beiden Freunde warten nun auf den Beginn der Verhöre, die noch am Festnahmetag beginnen sollen.

Als erster Zeuge an diesem Tag wird ein Nachbar aus Kaulsdorf, Max Kummer, zu den Vorgängen vernommen. Die Vernehmung wird unter vier Augen durchgeführt. Es entspricht dem üblichen Prozedere, dass der Vernehmungsbeamte über die Ergebnisse Notizen anfertigt. Erst am Ende der Vernehmung wird das Protokoll geschrieben, meist als Stenogramm, möglichst auch mit der Schreibmaschine. Erst danach betreten die Protokollführer den Raum. Der Text wird zusammenfassend vom Kriminalbeamten diktiert und muss anschließend vom Beschuldigten unterschrieben werden. Die Gestapo unterliegt keiner gesetzlichen Kontrolle bei ihren Verhören, weshalb diese »Protokolle« keinen Anspruch auf Richtigkeit und Vollständigkeit erheben können.

Der Zeuge Max Kummer ist von Beruf Elektromeister und Werkstattleiter, »geb. am 23.4.1889 in Berlin, wohnhaft Berlin-Kaulsdorf, Am Feldberg 11«[996].

Kummer sagt zunächst über seine Beziehung zum Haus Daubenspeck und dessen Bewohnern Folgendes aus:

»Seit Beginn der feindlichen Luftangriffe auf die Reichshauptstadt suche ich bei Alarmen den Luftschutzkeller des Herrn Dr.
Daubenspeck, Kaulsdorf, Am Feldberg 3, auf, da der in diesem
Hause befindliche Luftschutzkeller einen besseren Schutz bietet.
Glaublich seit einem Jahre wohnen in dem Hause des Dr. Daubenspeck die Herren Knauf und Ohser in Untermiete, da beide
meines Wissens ausgebombt worden sind. Mit den Herrn Knauf
und Ohser bin ich seit ihrem Zuzug bei dem Dr. Daubenspeck
nicht näher in Verbindung gekommen, sondern bin mit diesen
nur bei den jeweiligen Alarmen zusammen gewesen.«[997]

Tatsächlich wohnen Ohser und Knauf erst seit etwa 4 bzw. 4 ½ Monaten als Mieter im Haus Daubenspeck, doch ist dieser Irrtum wenig
relevant. Wichtiger für die Gestapo ist die Frage, wie die Gespräche
mit Knauf und Ohser während der Zusammentreffen verlaufen sind.
Kummer äußert sich – entweder aus Vorsicht oder weil es tatsächlich
den Gegebenheiten entsprochen hat – sehr zurückhaltend:

»Auch während der Alarme habe ich mit den genannten Herren nur selten Unterhaltungen geführt, da ich bei Alarmen vor-
wiegend ausserhalb des Luftschutzkellers aufhältlich bin, um
die Häuser zu kontrollieren. Lediglich Herr Knauf ist einmal
in meiner Wohnung gewesen, um sich eine ihm versprochene
gebrauchte Radioröhre, um die er mich gebeten hatte, abzuho-
len. Auch bei dieser Gelegenheit sind mir irgendwelche Äusserungen des Knauf, die evtl. als anstössig oder staatsabträglich
anzusehen wären, nicht aufgefallen. Mit Herrn Ohser habe
ich gleichfalls niemals irgendwelche Unterhaltungen geführt.
Dieses ist meines Erachtens darauf zurückzuführen, dass Herr
Ohser sehr von sich eingenommen ist und es unter seiner
Würde hält, mit Personen, die nicht den gleichen Bildungsstand
wie er haben, sich zu unterhalten.«[998]

Diese Auskunft entspricht nicht den Erwartungen des verhörenden
Gestapo-Beamten, der entsprechend nachbohrt. Kummer antwortet:

»Auf ausdrückliches Befragen, ob mir nicht irgendwelche
staatsabträglichen Äusserungen seitens des Herrn Knauf und
Herrn Ohser zu Ohren gekommen sind, erkläre ich, dass ich
von diesen Herren niemals derartige Äusserungen wahrgenommen habe. Erinnerlich ist mir nur, dass Herr Ohser bei dem

letzten Alarm am Freitag, den 24. 3. 1944, als ich zu den im Luftschutzkeller befindlichen Personen sagte, dass die Feindflieger
eben Weihnachtsbäume und weiße Kugeln abgesetzt hätten,
die Bemerkung machte, dass ihm rote Kugeln lieber wären. Ich
habe Herrn Ohser dahingehend verstanden, dass er zum Ausdruck bringen wollte, dass die roten Kugeln das Einsatzzeichen
für unsere Jäger seien, wovon er sich wohl die Abdrängung der
Feindmaschinen versprach. Eine politische Bedeutung habe ich
dieser Äusserung nicht beigemessen.«[999]

Jetzt wird Hauptmann Schultz ins Spiel gebracht, der offenbar sehr
daran interessiert gewesen ist, staatsfeindliche Äußerungen von Ohser
und Knauf auch von anderen Zeugen bestätigt zu bekommen:

> »Als ich am darauffolgenden Sonnabend mit Herrn Haupt-
> mann Schultz, der gleichfalls im Hause des Dr. Daubenspeck
> wohnt, zusammentraf, fragte mich dieser, was ich von der Äus-
> serung des Herrn Ohser bezüglich der roten Kugeln halte. Ich
> erwiderte ihm hierauf, dass Herr Ohser m. E. wohl den Ein-
> satz unserer Jäger gemeint hat, worauf Hauptmann Schultz die
> Ansicht vertrat, dass die Äusserung wohl eine Bemerkung poli-
> tischer Art darstellen dürfte, da Ohser wie auch Knauf bereits
> des öfteren im Luftschutzraum staatsabträgliche Äusserungen
> getan hätten. Auf diese Bemerkung des Hauptmann Schultz
> sagte ich, dann sollen sie mal vorsichtig sein, dass sie nicht ein-
> mal anecken, sondern sonst enden sie noch am Strang.«[1000]

Der Hinweis auf »staatsabträgliche Äusserungen« veranlasst zu Nachfragen:

> »Bemerken möchte ich hierbei, dass mir Herr Hauptmann
> Schultz nicht mitgeteilt hat, was für staatsabträgliche Äusse-
> rungen die beiden Herren geführt haben sollen. Ich versichere
> nochmals, dass ich persönlich niemals derartige Äusserungen
> von Knauf bezw. Ohser gehört habe. Ich habe auch von einer
> anderen Seite bisher nichts darüber gehört, dass sich Ohser und
> Knauf staatsabträglich geäussert haben. Als Herr Ohser die
> Bemerkung mit der roten Leuchtkugel gemacht hat, waren mei-
> nes Wissens ausser meiner Frau und dem Ehepaar Schultz noch
> folgende Personen in dem Luftschutzraum anwesend:
> Frau Liselotte Ossyra, wohnhaft Kaulsdorf, Am Feldberg 12,

Frau Klessnitzky, Kaulsdorf, Am Feldberg 4,
Familie Kelm, Kaulsdorf, Am Feldberg 16,
Frau Gockel, (Haushälterin).

Wie die vorgenannten Personen mit Ausnahme des Herrn Hauptmann Schultz die vorerwähnte Äusserung des Herrn Ohser aufgenommen haben, entzieht sich meiner Kenntnis. Ich kann auch nicht angeben, ob diese Personen, die zu den ständigen Besuchern des Luftschutzraumes im Hause des Dr. Daubenspeck zählen, irgendwelche andere staatsabträgliche Äusserungen der Herren Knauf und Ohser gehört haben. Weitere Angaben kann ich nicht machen. Ich versichere nochmals, in vollem Umfange die Wahrheit gesagt zu haben.«[1001]

Kummers Aussage wird noch einmal diktiert, von ihm genehmigt und unterzeichnet. Damit endet die Vernehmung für den Werkstattleiter. Eine wunschgemäße substantielle Information hat sie nicht erbracht. Erich Ohser wird am Nachmittag zu seinem ersten Verhör abgeholt. Bereits am Morgen hat es eine kürzere »informatorische Anhörung« gegeben. In dem Büro, in das er jetzt gebracht wird, erwartet ihn John, der wenige Tage zuvor bereits Bruno Schultz vernommen hat. Zur Person befragt gibt Ohser zu Protokoll:

»Mein Vater war Zollsekretär. Ausser mir sind noch zwei Geschwister vorhanden; einer meiner Brüder ist Soldat in Frankreich und der andere ist als Lehrer bei Pirna tätig. In Plauen besuchte ich bis zum 14. Lebensjahr die Seminar-Übungsschule.

Nach der Schulentlassung erlernte ich das Schlosserhandwerk in Plauen. Ich hatte zwar damals schon künstlerische Neigungen, sollte aber erst für alle Fälle ein Handwerk erlernen, damit ich nicht bei Nichterfüllung der Voraussetzungen dem künstlerischen Proletariat verfallen sollte. Während meiner Lehrzeit habe ich nach Möglichkeit mein Zeichentalent privat weiter gefördert, zu einer publizistischen Tätigkeit ist es aber damals nicht gekommen.

Nach der Lehrzeit ging ich nach Leipzig an die Akademie für graphische Künste, wo ich 6 ½ Jahre blieb. Während dieser Zeit arbeitete ich für verschiedene Zeitschriften – und zwar für die *Neue Leipziger Zeitung* und eine Beyer-Illustrierte – und für die sozialdemokratische *Plauener Volkszeitung*. Schriftleiter dieses letztgenannten Blattes war für den Unterhaltungsteil Herr Knauf, den ich also seit dieser Zeit kenne; im Jahre 1927 ging ich nach Berlin, um für Berliner Zeitungen zu arbeiten, was mir in der ersten Zeit jedoch nicht gelungen ist. Ich sah mich daher gezwungen, für die *Neue Leipziger Zeitung* von hier aus weiter zu arbeiten.«[1002]

Bis zu diesen privaten Punkten bewegt sich Ohser auf ungefährlichem Gebiet. Doch das ändert sich mit den nachfolgenden Angaben, als er u. a. seine Berührungen mit der linksgerichteten Presse referieren muss:

>»Im Jahre 1928 mag es gewesen sein, dass ich mich an die Schriftleitung des *Vorwärts* wandte und unter Vorlage einiger Zeichnungen um Beschäftigung nachfragte. Den Entschluss, mich an den *Vorwärts* zu wenden, habe ich aus eigener Initiative gefasst und bin von niemand beraten worden.«[1003]

Bei letzterem Hinweis fällt auf, dass er Knaufs Namen unerwähnt lässt. Tatsächlich dürfte der Einfluss seines Freundes, der ihm den Kontakt zum *Vorwärts* beschert hatte, nicht unerheblich gewesen sein.

>»Später wurde ich dann auch noch Mitarbeiter der *Lustigen Blätter* und damit war meine Existenz in Berlin gesichert. Im Jahre 1930 verheiratete ich mich mit Marigard Bantzer, die ich von meiner Leipziger Akademiezeit her kannte. Meine jetzige Frau ist Kollegin von mir und arbeitete früher für den Beyer-Verlag; sie ist jetzt für Bilderbuch-Verleger tätig. Aus unserer Ehe ist ein jetzt 12jähriger Sohn hervorgegangen, der sich bei der Mutter befindet.
> Ich habe meine Familie im Spätsommer 1942 [sic] aus Berlin verschickt.«[1004]

Es ist sehr wahrscheinlich, dass John weniger an den einzelnen familiären Aspekten interessiert ist, sondern mehr an der politischen Haltung des Verhörten. Entsprechend macht Ohser folgende Ausführungen:

>»Politisch stand ich von Jugend an der marxistischen Arbeiterbewegung nahe, und zwar der sozialdemokratischen Richtung. Die Ideen der SPD wurden mir in meiner Lehrzeit als Schlosserlehrling nahegebracht. Bis zu meinem Eintritt in die SPD im Jahre 1928 war ich jedoch nicht organisiert. Mein Eintritt in diese Partei erfolgte hauptsächlich deswegen, weil es mir von der Schriftleitung des *Vorwärts* nahegelegt wurde. Ideenmässig

sympathisierte ich mehr mit den demokratischen Richtlinien; die internationalen Bindungen der Sozialdemokratie erschienen mir zu stark. Gegen Ende des Jahres 1932 erklärte ich meinen Austritt aus der SPD auf Grund persönlicher Verärgerung. Ferner gehörte ich seit 1930 oder 1931 der sozialdemokratischen Freidenker-Organisation an. Einer beruflichen Organisation habe ich vor 1933 nicht angehört; jetzt bin ich Mitglied der Reichspressekammer, Fachschaft für Pressezeichner. Der NSDAP gehöre ich nicht an, ich bin nur Mitglied der NSV und des RLB.«[1005]

Die Nationalsozialistische Volkswohlfahrt (NSV) ist die nach der Deutschen Arbeitsfront (DAF) zweitgrößte Massenorganisation des Deutschen Reiches, die 1943 rund 17 Millionen Mitglieder zählt. Im Mittelpunkt der NSV-Tätigkeit stehen Gesundheitsfürsorge, Vorsorgeuntersuchungen sowie die medizinische Betreuung, die während des Zweiten Weltkrieges vor allem von Bombenopfern in Anspruch genommen werden müssen. Der Reichsluftschutzbund (RLB) wiederum ist ein öffentlicher Verband für den deutschen Luftschutz. Er dient mit seinem engen Netz an Luftschutzwarten neben der praktischen und psychologischen Vorbereitung auf einen Luftkrieg sowie der Anleitung der Bevölkerung zum Selbstschutz während und nach Luftangriffen auch der politischen und polizeilichen Kontrolle der Bevölkerung.

Über seine Haltung zum NS-Staat gibt Ohser bereitwillig Auskunft, wobei seine Äußerungen nichts Greifbares enthalten.

»Im Jahre 1935 wurde ich wegen meiner früheren Betätigung aus der Presse ausgeschlossen. Reichsminister Dr. Goebbels hob meinen Ausschluss jedoch wieder auf und ich wurde wieder zum Zeichnen zugelassen. Damals zeichnete ich gerade die *Vater und Sohn*-Serie für die *Berliner Illustrierte*. Seit Erscheinen der Wochenzeitschrift *Das Reich* bin ich deren Mitarbeiter. Seit 1933 habe ich bei Wahlen und Volksabstimmungen die Weisungen der NSDAP befolgt. Ich stehe ideenmässig auf dem Boden des Dritten Reiches.«[1006]

Bei letzterer Aussage Ohsers hakt der Kriminalkommissar ein:

»Vorhalt [John]: Bei der informatorischen Anhörung heute morgen erklärten Sie wörtlich:

Ich bin kein Nationalsozialist, aber durchaus patriotisch eingestellt. Jetzt behaupten Sie, auf dem Boden des Dritten Reiches zu stehen.

Sie werden ersucht, den Widerspruch zwischen den beiden Behauptungen zu klären, wobei Ihnen klar sein dürfte, dass heute eine vaterländische Einstellung abseits vom Nationalsozialismus recht bedenklich erscheint.

Antwort [Ohser]: Ich bin vielfach von Parteistellen und Parteigenossen wegen meiner Darstellungsart angegriffen worden und man hat mir dabei den Vorwurf gemacht, dass meine Kunst nicht in den Rahmen der nat[ional]soz[ialistischen] Kulturschöpfung hineinpasse. Da ich aber der Ansicht bin, dass diese Art der Zeichnung äusserst wirksam ist, muss ich mich gegen derartige Angriffe wehren und habe in diesem Punkt natürlich Vorbehalte, also soweit von nationalsozialistischer Seite gegen meine Darstellungsart angegangen wird.«[1007]

John konfrontiert Ohser nun mit den Vorwürfen, die Hauptmann Schultz und seine Ehefrau bei der Gestapo gegen ihn vorgebracht hat. Der Kriminalkommissar fertigt einen Vermerk über Ohsers Einlassungen hierzu an:

»Die obige unklare Stellungnahme des Beschuldigten führte zu einer längeren eingehenden Aussprache, in deren Verlauf ihm verschiedene seiner Auslassungen – wie sie aus Zeugenaussagen feststehen – vorgehalten wurden. Der Beschuldigte will sich an keine seiner Äusserungen entsinnen können und bringt die lächerlichsten Einlassungen zu den einzelnen Punkten. Angesichts der geringen Aussagefreudigkeit wurde die Vernehmung vorläufig abgebrochen.«[1008]

Ohser wird wieder in seine Zelle zurückgebracht.

Man holt auch Erich Knauf an diesem Tag zu seinem ersten Verhör durch den SS-Hauptsturmführer und Kriminalrat Otto Prochnow ab. Von vielen Gestapo-Beamten fehlen häufig persönliche Angaben. Prochnow bildet wie Adolf John eine Ausnahme. So berichtet der Historiker und Publizist Oliver Hilmes u. a., dass der in schwierigen wirtschaftlichen Verhältnissen aufgewachsene Prochnow mit »vierundzwanzig Jahren [...] am 1. August 1932 in die NSDAP und kurze Zeit später auch in die SA ein[getreten sei]. Nach dem Abitur studierte er zunächst ein paar Semester Jura an der Universität in Kiel, brachte das Studium aber nicht zu Ende. Ihn zog es stattdessen zur Geheimen Staatspolizei. Er begann zunächst als Hilfskommissar in Kassel, wo er die zwei Jahre jüngere Margarete Volker kennenlernte. Im August 1938 heiratete das Paar, und noch im selben Jahr erfolgte die Aufnahme Prochnows in die SS.«[1009]

Prochnow hat Karriere gemacht, ist als Kriminalrat, SS-Hauptsturmführer im Reichssicherheitshauptamt im Referat für Reaktion, Opposition, Legitimismus, Liberalismus, Heimtücke-Angelegenheiten tätig.[1010]

Zunächst fragt Prochnow bei diesem ersten Verhör allgemeine Daten zur Person des Verhafteten ab, die später tabellarisch erfasst wurden[1011]. So gibt Knauf seinen vollständigen Vornamen mit Erich Hermann Georg an, dass er am 21. Februar 1895 im sächsischen Meerane geboren sei und als Leiter des Pressedienstes der Terra-Filmkunst ein monatliches Gehalt von 1300 RM erhalte. Als Schriftsteller beziehe er zusätzlich etwa 800 bis 1000 RM im Monat.

Sein aktueller Aufenthalt befinde sich in Berlin-Kaulsdorf, Am Feldberg 3. Zu seinen weiteren persönlichen Angaben gehören, dass er, seine Eltern und auch seine Großeltern deutschblütig wären, er selber auch gottgläubig sei. Zudem sei er mit Erna, geborene Donath, verheiratet. Die Wohnung der Ehegattin befinde sich in Westhausen/ Thüringen (Kreis Hildburg). Kinder seien nicht vorhanden. Sein Vater sei der verstorbene Schriftleiter Johann Heinrich Knauf, seine verstorbene Mutter heiße Minna Knauf, geb. Lippold.

Ferner sei Knauf Mitglied in der Reichsschrifttumskammer, jedoch weder in der NSDAP noch in einer ihrer Parteigliederungen. Er habe als Unteroffizier dem Infanterie-Regiment 96 (Maschinengewehrkompanie) in Gera/Thüringen angehört. Der Beschuldigte sei »von 1921 bis 1927 etwa 7mal wegen Vergehens gegen das Pressegesetz mit Geldstrafe belegt«[1012] worden. Nach den tabellarisch festgehaltenen Daten referiert Knauf seinen Lebenslauf bis zum Tag seiner Verhaftung. Anschließend kommt es zu dem eingangs beschriebenen Vernehmungsprozedere, dessen wesentliche Inhalte im Protokoll festgehalten sind:

»Kurze Zeit darauf, nachdem ich Unterkunft in dem Hause des Dr. Daubenspeck gefunden hatte, zog ein Hauptmann Schultz mit seiner Gattin gleichfalls in dieses Haus. Da ich oft dienstlich unterwegs bin – meine Firma dreht Außenaufnahmen in Baden und im Salzkammergut – bin ich verhältnismässig wenig mit der Familie Schulz zusammengekommen, zumal ich auch noch sehr oft meine evakuierte Frau besuche.

Abb. 43: Gestapo, SS und Reichssicherheitshauptamt in der Wilhelm- und Prinz-Albrecht-Straße 8

Zunächst bestand eine sehr schöne Hausgemeinschaft. Nach einem Monat jedoch merkten mein Freund Ohser und ich, daß Anzeichen dafür vorhanden waren, wonach die Familie Schulz uns gern aus diesem Hause verdrängen wollte. Wir spürten es daran, daß sie uns aus dem Weg gingen. Einem meiner Freunde, Schriftsteller Ernst von der Decken, von der *Berliner Illustrierten Zeitung*, der uns in letzter Zeit bisweilen besuchte, wurde von Schultzens eine Andeutung gemacht, wonach letztere gern Verwandte in dem Hause aufgenommen hätten. Während meiner Abwesenheit hat übrigens von der Decken in meinem Zimmer gewohnt, wozu ich ihn eingeladen hatte, da er auch seine Wohnung durch Feindeinwirkung verloren hatte. In der Nähe unserer Wohnung hat er jetzt ein Unterkommen gefunden.«[1013]

Hier äußert sich Knauf erstmalig über ein mögliches Motiv der Denunziation durch die Eheleute Schultz, die wohl mit dem Gedanken gespielt haben, Verwandte im Kaulsdorfer Haus unterbringen zu wollen. Anschließend muss Knauf Angaben über seine Beziehung zu Ohser und dessen politischer Haltung machen:

Abb. 44: Adolf John (1913–unbekannt)
SS-Hauptsturmführer und Kriminalkommissar bei der Gestapo (Verhörbeamter von Erich Ohser)

Abb. 45: Otto Prochnow (1907–1967)
SS-Hauptsturmführer und Kriminalrat bei der Gestapo (Verhörbeamter
von Erich Knauf)

»Bevor ich nach Kaulsdorf zog, bin ich mit Ohser in den vergangenen Jahren nur sehr selten zusammengekommen. Wir sahen
uns höchstens zwei- bis dreimal im Jahr, während wir in der
Zwischenzeit einige Telefongespräche führten. Infolge unserer
bezogenen Notunterkunft in Kaulsdorf kamen wir zwangsläufig immer dann zusammen, wenn ich in Berlin anwesend war.
Hatte ich das Bedürfnis noch eine Stunde zu plaudern, begab
ich mich häufig zu Ohser aufs Zimmer. Mit Ohser habe ich
mich meistens über Dinge, die uns gemeinsam beruflich inter-
essierten, unterhalten. Ich persönlich habe nicht den Eindruck
gewonnen, daß Ohser anders in politischer Hinsicht denkt,
als wie es in seinen Zeichnungen zum Ausdruck kommt. Als
Humorist hat er die Gabe, alles auf die leichte Schulter zu nehmen. Da ich eine etwas schwerfällige Natur bin, hat mich seine
Art immer angezogen. Ich muß aber sagen, daß er in meiner
Gegenwart niemals politische Witze, staatsfeindliche oder
staatsabträgliche Äußerungen gemacht hat. Auch in Gegenwart
anderer Personen, insbesondere der Familie Schulz, hat sich
Ohser nicht derartig geäußert. Mit der Familie Schulz habe
ich zusammen mit Ohser etwa bis zum heutigen Tage fünf- bis

sechsmal in einem längeren Gespräch zusammengesessen. Dies war stets der Fall, wenn wir [uns] nach der Entwarnung wieder in die Wohnung begaben. Bei diesen Gelegenheiten haben wir zusammen bisweilen einen Schnaps getrunken und allgemeine sowie auch politische Gespräche geführt. Im Luftschutzkeller hatten wir hierzu keine Gelegenheit, da viele Leute aus den Nachbarhäusern unseren Keller aufsuchten. Während der Bombennächte verstand es Ohser, die Insassen des Luftschutzkellers durch humorvolle Bemerkungen abzulenken und eine gute Stimmung zu verbreiten. Dabei habe ich niemals wahrgenommen, daß sich Ohser in politischer Hinsicht abträglich verhielt.«[1014]

Konkret auf die Eheleute Schultz bezogen sagt Knauf:

»Die Gespräche, die wir mit der Familie Schulz führten, drehten sich oft um Fragen des Films und um Dinge, die mit meinem Beruf bei der Terra zusammenhingen. Es kam vor, daß, als wir aus dem Keller kamen, entweder ich oder Ohser sagten: *Gott sei dank, daß diese Scheiße wieder vorbei ist*, da man ja immer froh ist, wenn man bei einem Terrorangriff mit heiler Haut davongekommen ist. Aus diesen Bemerkungen entwickelte sich manchmal gleich ein politisch-militärisches Gespräch, indem z. B. sinngemäß einer von uns vieren sagte: *Wieviel Bombennächte wir noch aushalten müssen.*

Wir kamen dann auch einmal auf die Ostfront zu sprechen und gaben unserer Sorge über die militärische Entwicklung im Osten Ausdruck, aber nicht, ohne die Hoffnung dabei auszusprechen, daß noch alles gut auslaufen werde. Hinsichtlich der Vergeltung gegen England habe ich im Laufe eines Gesprächs die Bemerkung gemacht, daß nun schon solange von dieser Aktion geredet und geschrieben worden ist, so daß es endlich mal an der Zeit wäre, den Vergeltungsschlag zu verwirklichen. Auch habe ich gesagt, daß, wenn die neuen Waffen schon einmal fertig sind, diese doch auch endlich einmal zum Einsatz gelangen sollten. Aber es war keine Rede davon etwa, daß ich kein Vertrauen mehr zur politischen oder militärischen Führung des Reiches habe. Im übrigen muß ich sagen, daß das Thema unserer Unterhaltungen, wenn es sich nicht um politische Dinge gehandelt hat, ständig um die Frage drehte: *Was wird werden*[?]«[1015]

Die konkreten Nachfragen Prochnows beziehen sich u. a. auch auf den Sohn der Eheleute Schultz, zu dem Ohser eine flapsige Bemerkung (»Sie sehen ja so anständig aus, ist ja auch recht so, bleiben Sie gleich hier, es ist doch alles verloren«, laut Bruno Schultz in seiner Vernehmung vom 25. März 1944) gemacht haben soll.

>Ich erinnere mich, daß anläßlich eines derartigen Gespräches auch der Sohn der Familie Schul[t]z, der Soldat ist, zugegen war. Da wir wußten, daß er bald darauf zum Einsatz an die Ostfront gelangte, haben wir es vermieden, uns über die militärische Lage an der Ostfront in pessimistischem Sinne zu unterhalten. Der Sohn hat sich übrigens nicht an dieser Unterhaltung beteiligt. Der Sohn der Schul[t]z ist ein netter Junge und ich gab seiner Mutter noch ein halbes Stück Butter, da sie sich mit ihrer Fettration verausgabt hatte.«[1016]

Die Vernehmung endet damit an diesem Tag. Knauf wird wieder zu seiner Zelle zurückgebracht.

29. März 1944

Die Besorgnis der Ehefrauen um ihre in Kaulsdorf lebenden Ehemänner ist groß, seitdem ihnen die Anzeige von Schultz bekannt ist. Es ist Mittwochmorgen. Noch wissen weder Erna Knauf noch Marigard Ohser von der Verhaftung ihrer Ehemänner. Letztere schreibt an diesem Tag einen Brief an ihren Ehemann, in dem sich ihre ängstlichen Gedanken deutlich widerspiegeln:

»Wie ist's nur möglich, dass einigermaßen *anständige* Leute so hemmungslos werden? Mein Gefühl ihm [Bruno Schultz] gegenüber trügte mich also nicht – ihr allerdings traute ich. Man ist ja solchen Menschen immer unterlegen, weil man nicht mit gleichem antworten kann. Was soll da nur werden? Dass Frau Sch[ultz] neidisch ist, dachte ich mir gleich.«[1017]

Angesprochen wird der angeschlagene Gesundheitszustand von Sohn Christian sowie der Plan, dass Erich Ohser seine Familie besuchen kommen soll.

»Ich hoffe, Du kannst 8 Tage bleiben. Wir freuen uns sehr, und lass es uns bald wissen. Es tut mir furchtbar leid, dich in so hässlicher Umgebung zu allem andern zu wissen.«[1018]

Ihr Abschiedsgruß schließt auch Knauf mit ein. Doch diesen Brief erhält Ohser nicht mehr, da er bereits die erste Nacht in Gestapo-Haft verbracht hat. Er sitzt in seiner Zelle und wartet auf die nächste Vernehmung. »Aus den niedrigen Kellerfenstern, durch die ein wenig Tageslicht in die Zellen dringt, sieht man ständig die Stiefel der am Gebäude patrouillierenden SS-Männer. Manche Häftlinge versuchen sich dadurch abzulenken, dass sie die Schritte der Wachleute zählen und dann Zahlenpaare bilden, mit denen sie in Gedanken jonglieren.«[1019]

Regelmäßig hat der Zeichner in der Nacht Stimmen gehört, die manchmal nähergekommen waren, um dann plötzlich an einer der Zellentüren zu verstummen. Schlüssel haben sich im Schloss gedreht, Wachmänner haben einem Insassen befohlen, mitzukommen. Stunden später wiederholte sich der Vorgang, wenn die verhörte Person wieder zurückgebracht worden ist. Staatssekretär Gutterer wird mit Gewissheit eine bessere Nacht hinter sich haben als die Gefangenen des Hausgefängnisses. Er unterrichtet an diesem Tag Goebbels über den Ermittlungsstand:

>»In der Angelegenheit *Terra* und *Reich* sind nunmehr die ersten Ergebnisse über die Vernehmung der Angeschuldigten eingegangen [...]. Der zuständige Sachbearbeiter der Geheimen Staatspolizei, RR Lietzenburg [sic], hofft im Wege der weiteren Vernehmung doch noch zu einem Geständnis der Angeschuldigten zu kommen. Bleibt aber ein Ergebnis aus, dann wird die Gegenüberstellung mit Hauptmann Schultz vorgenommen. Ich berichte weiter.«[1020]

Von Seiten der Staatsmacht ist man sehr an einem Geständnis der Beschuldigten interessiert.

Vermutlich noch am Morgen wird Knauf zum Verhör vorgeführt. Prochnow befragt ihn zum Inhalt seiner Unterhaltungen mit Schultz. Knauf erklärt:

>»Wenn ich in meiner gestrigen Vernehmung gesagt habe, daß wir anläßlich des Besuches des Sohnes der Familie Schultz es vermieden haben, uns über die militärische Lage an der Ostfront im pessimistischen Sinne zu unterhalten, so will ich damit sagen, daß wir in unseren vorhergehenden Unterhaltungen bisweilen über den Verlauf der militärischen Aktion an der Ostfront in Sorge waren. Mit wir meine ich Ohser oder mich. Ich kann heute nicht mehr angeben, ob ich mich pessimistisch oder Ohser über die Ostfront ausgelassen hat. Ich betone aber

nochmals, daß sowohl Ohser als auch ich in diesem Zusammenhang der Hoffnung Ausdruck gegeben haben, daß noch alles an der Ostfront gut verlaufen werde.«[1021]

Es ist kaum glaubhaft, dass Knauf und Ohser tatsächlich zu Beginn des Jahres 1944 positive Gedanken an den Kriegsverlauf an der Ostfront gehegt haben. So überschritt die Rote Armee bereits am 4. Januar bei Wolhynien die polnische Grenze von 1939 und rückt seitdem gen Westen vor. Auch an anderen Frontabschnitten im Osten – etwa in der Ukraine – gerät die Wehrmacht zusehends in Bedrängnis.

»Oft war es auch der Fall, daß wir während unserer Unterhaltung einen prägnanten politischen Artikel einer Tageszeitung zum Ausgangspunkt unserer Unterhaltung wählten. So erinnere ich mich, daß wir einmal über Italien, was ich sehr liebe, und zwar nicht seiner Bewohner, sondern seiner Landschaft und Kunstschätze willen, und anschließend über den Verrat Badoglio[s] sprachen. Es sind bei dieser Gelegenheit aber keinerlei staatsfeindliche Äußerungen gegen das Dritte Reich oder seine führenden Männer gefallen.«[1022]

Der »Verrat Badoglios« betrifft die politischen Ereignisse nach der Absetzung und Verhaftung Mussolinis am 25. Juli 1943 und der Ernennung von Marschall Pietro Badoglio[1023] zum Ministerpräsidenten, was die erste italienische Regierung der postfaschistischen Zeit zur Folge hat. Nachdem Badoglios Regierung zunächst den Krieg gegen die Alliierten fortsetzte, schloss sie am 3. September 1943 Waffenstillstand mit den Alliierten und hatte im Oktober 1943 dem vormals verbündeten Deutschland den Krieg erklärt.

»Auf Vorhalt [Prochnow]:
Sie stellen Ihre mit der Familie Schulz und mit anderen Personen geführten Gespräche ständig als politisch harmlos hin. Es steht aber fest, daß sowohl von Ohser als auch von Ihnen häufig staatsfeindliche Bemerkungen gefallen sind. Sie haben genug Gelegenheit gehabt, sich an den Inhalt Ihrer Gespräche zu erinnern und werden nochmals darauf aufmerksam gemacht, die reine Wahrheit zu sagen.
Antwort [Knauf]:
Ich betone nochmals, daß weder von mir noch von Ohser staatsabträgliche Äußerungen gemacht worden sind. Da Ohser

mehr als ich mit der Familie Schulz zusammen [waren], habe ich naturgemäß nicht an allen Gesprächen teilgenommen. Ich halte es aber für ausgeschlossen, daß Ohser sich in meiner Abwesenheit staatsfeindlich geäußert hat.[1024]

Prochnow liest Knauf nun die staatsfeindlichen Äußerungen vor, die Ohser vermeintlich getätigt hat:

»Auf Vorhalt [Prochnow]:
Die dem Ohser zur Last gelegten Beschuldigungen sind Ihnen soeben in einer längeren Ausführung vorgehalten worden. Nach Sachlage sind Sie beim größten Teil dieser Unterhaltungen zugegen gewesen. Was haben Sie dazu zu sagen?

Antwort [Knauf]:
Wie ich bereits in meiner gestrigen Vernehmung aussagte, habe ich mich mit der Familie Schulz in Gegenwart des Ohser etwa 6mal unterhalten. Die dem Ohser in den Mund gelegten Äußerungen sind so haarsträubend, daß Ohser diese Äußerungen auch bei Gelegenheiten, an denen ich nicht zugegen war, unmöglich gesagt haben kann. Ich glaube, daß die politische Meinung und Einstellung Ohsers und auch sein menschlicher Verstand ihn davor bewahren, derartige Dinge überhaupt auszusprechen.

Ich persönlich habe jedenfalls keine einzige der dem Ohser zur Last gelegten Äußerungen gehört. Das Ganze halte ich für so unfaßbar und kann nicht verstehen, wie derartige Anwürfe gegen Ohser vorgebracht werden können. Wir haben mit der Familie Schulz bis vor etwa 5 Wochen so friedlich zusammengelebt, daß ich nicht verstehen kann, daß Ohser derartigen Beschuldigungen ausgesetzt wird.

Auf Vorhalt [Prochnow]:
Die staatsabträglichen Äußerungen des Ohser sind nicht nur in Gegenwart der Familie Schulz, sondern auch bei anderen Gelegenheiten, so z. B. auch im Luftschutzkeller gefallen. Ihnen ist genügend Zeit gegeben worden, sich eingehend hierzu zu äußern.

Antwort [Knauf]:
Keine der dem Ohser zur Last gelegten Beschuldigungen habe ich gehört und sind auch niemals in meiner Gegenwart gefallen. Ich betone, daß ich die Wahrheit sage und nicht etwa mit der Wahrheit zurückhalte, um meinen Freund zu schonen.

Ohser hat sich bestimmt in meiner Gegenwart niemals so, wie
mir bekannt gemacht worden ist, geäußert. Von dem Reichs-
führer-SS Himmler, der sich nur durch täglich 80–100 Hinrichtungen halten soll, und von allen anderen Ohser zur Last
gelegten Beschuldigungen ist nie in meiner Gegenwart die Rede
gewesen.

Auf Vorhalt [Prochnow]:
Ist während Ihrer Unterhaltung über die Zerstörung des
Bristol-Hotels durch Feindbomben gesprochen worden?

Antwort [Knauf]:
Mir ist wohl bekannt, daß das Bristol-Hotel durch Feindeinwirkung vernichtet worden ist. Die dem Ohser in den Mund
gelegte Äußerung, daß diese Zerstörung nicht durch feindliche
Bomben erfolgt sei, sondern durch eine zeitlich geschickt angelegte Sprengung, habe ich niemals gehört und halte sie auch für
völlig absurd.«[1025]

Prochnow greift nun vermeintliche Äußerungen auf, die Knaufs
unmittelbares berufliches Umfeld betreffen. Im Mittelpunkt der
Befragung steht der Schauspieler Heinrich George und sein Verhältnis
zu Goebbels:

»Auf Vorhalt [Prochnow]:
Was haben Sie bezüglich einer Meinungsverschiedenheit
zwischen Dr. Goebbels und dem Staatsschauspieler Heinrich
George geäußert?

Antwort [Knauf]:
Eines Tages kamen wir in unserer Unterhaltung auf die
Künstler im allgemeinen zu sprechen. Hauptmann Schulz inter-
essierte sich für die Frage, woher es komme, daß Dr. Goebbels
bei den Künstlern nicht besonders beliebt sei. Ich antwortete
ihm, daß seine Anschauung nicht den Tatsachen entspräche, da
Dr. Goebbels bei vielen Schauspielern sehr beliebt sei und daß
Dinge, die über Dr. Goebbels in die Welt gesetzt werden, nicht
wahr sind. Als Beispiel hierfür führte ich folgendes Gerücht an:
Zwischen Dr. Goebbels und Heinrich George sei es vor längerer
Zeit in den Räumen des KfdK [Kampfbund für deutsche Kul-
tur] zu einer Meinungsverschiedenheit gekommen, die damit
geendet haben soll, daß George, von dem man sagte, daß er
an diesem Abend nicht mehr ganz nüchtern gewesen sei, dem
Minister Dr. Goebbels geantwortet habe:

Abb. 46: Heinrich George, rechts im Hintergrund Erich Knauf in den Räumen der Terra-Filmkunst GmbH (1940er-Jahre)

Herr Minister, der Arsch ist nicht nur zum sitzen da.
Wenige Zeit nach diesem Vorfall sei George zum Intendanten des Schiller[-]Theaters ernannt und zum Sprecher auf festlichen Angelegenheiten in der Reichshauptstadt gewählt worden. Mit der Erzählung dieses Gerüchtes wollte ich demonstrieren, wie haltlos solche Bemerkungen über Dr. Goebbels oft sind. Ich habe niemals gesagt, daß George deswegen befördert worden ist, weil er vieles von Dr. Goebbels wußte.
Auf Vorhalt [Prochnow]:
Haben Sie sich über Artikel des Ministers Dr. Goebbels im *Reich* sowie im Zusammenhang hiermit über Theodor Wolf [sic] vom *Berliner Tageblatt* und Prof. Bernhard von der früheren *Vossischen Zeitung* unterhalten?
Ihnen ist die Bemerkung, die Sie über Dr. Goebbels gemacht haben sollen, laut vorgelesen worden.
Antwort [Knauf]:
Die Formulierung *Lausejunge* für Dr. Goebbels ist so absurd, daß ich mich hierzu nicht weiter äußern will. Auch ist der Name Dr. Goebbels niemals im Zusammenhang mit Wolff und Bernhard gefallen. Mir ist auch nicht bekannt, daß Dr. Goebbels für jeden Artikel im Reich 1500.– RM bekommen soll.«[1026]

Prochnow greift erneut Knaufs beruflichen Alltag auf und kommt auf die Schauspielerin Kristina Söderbaum zu sprechen, die wie ihr Kollege Heinrich George zahlreiche Filme für die Terra-Filmkunst gedreht hat.

»Auf Vorhalt [Prochnow]:
Was haben Sie über die Schauspielerin Söderbaum in Bezug auf Dr. Goebbels für Bemerkungen gemacht?
Antwort [Knauf]:
In Gegenwart der Familie Schul[t]z habe ich hierüber nichts gesagt. Mir ist jedoch folgendes Gerücht bekannt:
In Venedig seien Dr. Goebbels und verschiedene Schauspieler und Schauspielerinnen mit einer Gondel gefahren. In einer Sektlaune habe sich die Söderbaum nackt ausgezogen und ist als *Nixe* nebenhergeschwommen. Ich habe niemals dieses Gerücht weitererzählt und nicht behauptet, daß sich die Söderbaum auf Befehl des Dr. Goebbels nackt ausgezogen habe, weil sie sonst befürchten müßte, nicht weiter im deutschen Film beschäftigt zu werden.
Auf Vorhalt [Prochnow]:
Sie behaupten, dieses Gerücht nicht der Familie Schul[t]z erzählt zu haben, während diese Tatsache hier zu Protokoll gegeben worden ist. Es ist schon sonderbar, daß Sie um dieses Gerücht wissen, es aber nicht weitererzählt haben wollen.
Antwort [Knauf]:
Dieses Gerücht kennen viele. Ich bleibe dabei, es nicht in meinem Hause in Kaulsdorf erzählt zu haben.«[1027]

Es schließen sich nun zahlreiche Fragen über einzelne vermeintliche Äußerungen von Ohser und Knauf an, die Hauptmann Schultz vor der Gestapo referiert hat. Diese einzelnen Äußerungen werden Knauf vorgelesen, der sich anschließend hierzu äußern muss:

»Auf Vorhalt [Prochnow]:
Ihnen wird vorgehalten, sich in der übelsten Weise über den Führer, die Autobahn und über den Bau von Bunkern geäußert zu haben.
Antwort [Knauf]:
Ohne zu überlegen, kann ich hierauf mit einem glatten *nein* antworten. Ich habe derartige Äußerungen niemals gemacht.
Auf Vorhalt [Prochnow]:

Abb. 47: Kristina Söderbaum und Ferdinand Marian, zwei Hauptdarsteller im Film *Jud Süß* (1940) der Terra-Filmkunst GmbH

Ihnen wird zur Last gelegt, gesagt zu haben:
Die SS enthalte die größten Strolche, die nicht versäumten, in fremde Wohnungen einzubrechen unter dem Vorwand, als Ausgebombte und Obdachlose Unterkunft zu suchen. Haben Sie sich so oder in ähnlicher Weise ausgelassen?
Antwort [Knauf]:
Das ist geradezu idiotisch, so etwas kann doch nur ein Idiot sagen. Ich kann hierzu nur sagen, daß, wenn ein Mensch in Deutschland derartiges sagt, sich doch sofort einen Strick nehmen kann. Ich habe diese Äußerungen niemals gemacht und bestreite sie auf das Entschiedenste.
Auf Vorhalt [Prochnow]:
Mir ist meine Bemerkung im Anschluß an eine Äußerung Ohsers, daß nur eine neue Regierung helfen könne, laut vorgelesen worden.
Antwort [Knauf]:
Es ist traurig, daß man mir eine solche haarsträubende Äußerung überhaupt zumutet. Ich habe niemals gesagt, daß man noch heute die Waffen niederlegen müßte und mit einem Vergleich mit Ost oder West schließen sollte. Auch die Äußerung über den Führer (ewiger Gefreiter) habe ich niemals in den Mund genommen. Ich bin entsetzt darüber, daß man mir solche Äußerungen getan zu haben zuschiebt. In diesem Zusammenhang muß ich bemerken, in Bezug auf die gestrige Unterredung, in der ich gesagt hatte, daß wir nach einem Angriff noch einen Cognac getrunken haben, daß ich nur sehr

wenig trinke und auch niemals angeheitert bin. Ich will damit sagen, daß ich auch nach dem Genuß von Alkohol derartige schwerwiegende Äußerungen, wie sie mir zu Last gelegt werden, niemals tun würde.

Auf Vorhalt [Prochnow]:
Mir sind meine Bemerkungen über die Systemzeit, die ich gemacht haben soll, laut und deutlich vorgelesen worden.

Antwort [Knauf]:
Ich habe niemals gesagt, was mir zur Last gelegt wird.

Auf Vorhalt [Prochnow]:
Weiter wird Ihnen zur Last gelegt, folgendes gesagt zu haben: *Ein deutscher Sieg wäre unser größtes Unglück, weil Hitler nach eigenem Ausspruch dann erst ein richtiger Nationalsozialist werden wolle*, bezw. sollen Sie sich in ähnlicher Weise ausgelassen haben.

Antwort [Knauf]:
Ich habe derartige Äußerungen niemals getan und ich kann nicht verstehen, wieso ein deutscher Sieg unser größtes Unglück sein sollte. Hierzu muß ich grundsätzlich folgendes bemerken:

Ich habe in meinem Leben einige Male meine Existenz von vorn aufbauen müssen, bin arbeitslos gewesen, habe Sorgen gehabt und bin froh und glücklich, daß ich mir eine so gute Position geschaffen habe. Noch niemals in meinem Leben habe ich soviel Geld wie unter der nat.soz. Regierung verdient und bin auch noch niemals in meinem Leben so freundlich von meinen Arbeitgebern behandelt worden, wie es jetzt der Fall ist.

Ich würde mich ins eigene Gesicht schlagen, wenn ich derartige Äußerungen machen würde.

Ich weiß, daß mir Zeit genug gegeben worden ist, mich eingehend zu äußern, habe aber meinen Aussagen nichts mehr hinzuzufügen. Ich gebe zu, daß ich das Gerücht über George und Dr. Goebbels im Zusammenhang mit der von mir oben wiedergegebenen Erklärung erzählt habe, bestreite aber auf das Entschiedenste, dabei die Absicht gehabt zu haben, von mir aus etwas Abträgliches in die Welt zu setzen.

Alle anderen mir zur Last gelegten Beschuldigungen weise ich zurück und habe niemals derartige staatsfeindliche Reden geführt. Abschliessend kann ich nur noch sagen, daß ich fassungslos vor der Tatsache stehe, daß solche Anschuldigungen gegen mich erhoben worden sind.

Bemerken möchte ich noch, daß es außerhalb des Hauses Am Feldberg 3 noch genügend Menschen gibt, die über meine politische Einstellung und über meine ganze Mentalität durchaus positive Zeugnisse abgeben können.«[1028]

Damit endet diese Vernehmung.

Vermutlich am Nachmittag wird Knauf noch einmal aus seiner Zelle geholt und zu Prochnow auf dessen Büro gebracht. Das Verhör vom Vormittag wird fortgesetzt.

»Frage [Prochnow]:
   Bleiben Sie dabei, das Gerücht bezüglich der Söderbaum nicht der Familie Schul[t]z erzählt zu haben?
   Antwort [Knauf]:
   Ich kann mich nicht erinnern, dieses Gerücht jemals erzählt zu haben. Ich hörte dieses Gerücht in Venedig, wo ich im Jahre 1942 zur Biennale anwesend war. Auf Befragen erkläre ich, daß auch Ohser, mit dem ich seinerzeit zusammen in Venedig war, von diesem Gerücht weiß. Ohser hat dieses Gerücht in meiner Anwesenheit der Familie Schul[t]z nicht erzählt. Auch kann ich mich beim besten Willen nicht erinnern, daß ich etwa das Gerücht erzählt haben soll. Auch habe ich in diesem Zusammenhang und auch nicht bei anderer Gelegenheit den Ausspruch getan:
   Dr. Goebbels sei wohl das größte Schwein aller Zeiten.
   Eine solche Bemerkung kann *nur ein Selbstmörder* machen und ich habe nicht die Absicht, Selbstmord zu verüben.«[1029]

Dass die Verbreitung eines solchen Gerüchts über die Schauspielerin Kristina Söderbaum und den Propagandaminister, aber auch despektierliche Äußerungen über ihn als lebensgefährlich empfunden werden, besagt viel über den gesellschaftlichen Zustand im NS-Deutschland. Als Nächstes versucht Prochnow erneut einen Keil zwischen die Freunde Ohser und Knauf zu treiben, doch letzterer wehrt diesen Versuch wieder ab:

»Frage [Prochnow]:
   Halten Sie es nach wie vor für ausgeschlossen, daß Ohser sich staatsfeindlich geäußert hat? Hat, nachdem Ihnen gesagt worden ist, daß Ohser selbst in seinen politischen Äußerungen sehr pessimistisch eingestellt ist, Ihre Aussage noch weitere Gültigkeit?

Antwort [Knauf]:
In meinem Beisein ist Ohser in seinem Pessimismus niemals soweit gegangen, daß er sich zu staatsabträglichen Äußerungen hinreißen ließ.«[1030]

Interessant bleibt für den Gestapo-Beamten vor allem die Rolle Ohsers.

»Auf Vorhalt [Prochnow]:
Erzählen Sie einmal den Hergang Ihres Gespräches über Schäfer-Ast, Gulbransson und Schweitzer (Mjölnir).«[1031]

Die Nachfrage nach den drei Genannten beruht auf der vermeintlichen Äußerung Ohsers:
»Alle Könner seien abgehalftert, nur an ihn (Ohser), an Schäfer-Ast und an Gulbransson traue der Zwerg [Goebbels] sich nicht heran, weil sie unentbehrlich seien. Der größte Stümper sei Professor Schweitzer (Mjölnir), der nur als Träger des goldenen Parteiabzeichens hoch kam, von Kunst aber keinen Schimmer habe.«[1032]

»Antwort [Knauf]:
Wir haben tatsächlich im Laufe unserer Unterhaltung über die Obengenannten gesprochen. Ohser war im Anfang nicht zugegen, kam erst später. Dieses Thema ging von dem Hauptmann Schultz aus, und zwar fragte er mich, ob ich den Zeichner Erik oder E.O. Plauen (Ohser) für talentierter halte. Hauptmann Schultz erklärte, daß er die Zeichnungen Ohsers in der Themenstellung, aber nicht in der Ausführung schätze. Ich versuchte, dem Hauptmann Schultz zu erklären, daß es viele Möglichkeiten der Karikatur gebe. Dabei wies ich auf eine Zeichnung des Schäfer-Ast, die im Zimmer des Ohser hängt sowie auf Gulbransson, der für den Simplizissimus arbeitet, und auf Mjölnir, der seine Zeichnungen im V.B. [Völkischer Beobachter] erscheinen läßt, hin. Werturteile wurden dabei in keinster Weise abgegeben. Das Gespräch wurde durch das Hinzukommen Ohsers abgebrochen und ich habe niemals gehört, bezw. selbst gesagt, daß der größte Stümper Mjölnir sei und alle die in diesem Zusammenhang gemachten Aussagen. Über die Münchener Kunstausstellung ist überhaupt nicht in meiner Gegenwart gesprochen worden. Ich selbst habe diese Ausstellungen zu besuchen niemals Gelegenheit gehabt.

Abb. 48: Joseph Goebbels mit seinem Freund Hans Herbert Schweitzer (Mjölnir)
bei einem Rundgang durch die Kunstausstellung der Olympiade 1936 in Berlin

Ich möchte behaupten, daß Ohser die Aussagen über Mjölnir
m.E. niemals gemacht haben kann, da er dem Prof. Schweitzer sehr viel verdankt. Wenn Ohser mir gegenüber früher von
Schweitzer sprach, so tat er dieses stets mit einer gewissen
Hochachtung.«[1033]

Für Prochnow sind Knaufs Erklärungen unbefriedigend, da sie keinerlei Angriffspunkte gegen die beiden Beschuldigten zulassen. Das
veranlasst den Gestapo-Beamten zu einem ersten Vermerk:

»[Erster] Vermerk:
    Der Beschuldigte wurde ersucht, sich nochmals eingehend
zu den ihm Punkt für Punkt zur Last gelegten Beschuldigungen zu äußern. Er erklärte, daß das Anführen von Äußerungen, die aus dem Zusammenhang herausgerissen worden sind,
in Verbindung mit den gegen ihn vorgeworfenen ungeheuerlichen Verdächtigungen ihm geradezu nach wie vor gänzlich
unfaßbar sind. Er erklärte weiter, daß diese Anwürfe gegen ihn
völlig unglaubwürdig sind, da diese krassen politischen Formulierungen und Herabsetzungen führender Männer des Staates

und der Partei keinem urteilsfähigen und vernünftig denkenden Menschen in den Mund gelegt werden können. ...«[1034]

Im Folgenden spricht Knauf einen wunden Punkt bei dem Verhalten
von Hauptmann Schultz an, der objektiv nicht ungefährlich für den
Denunzianten ist:

»Ich bemerke noch, daß, falls wirklich derartige Äußerungen
im Kreise der Familie Schultz von mir gefallen sein sollten,
es dann m.E. Anstandspflicht und die politische Pflicht eines
deutschen Offiziers und eines Hausgenossen, mit dem ich noch
niemals die geringsten Differenzen gehabt habe, gewesen wäre,
mich zur Raison zu rufen. Dazu hat aber Hauptmann Schultz
niemals Gelegenheit gehabt, weil ich mich nicht staatsabträglich
oder gar defaitistisch im Kreise seiner Familie geäußert habe.
    Meiner Meinung nach hätte Hauptmann Schul[t]z dann
schon bei der ersten krassen Äußerung, die von mir gemacht
worden sein soll, ans Telefon gehen müssen, um die Polizei
herbeizurufen, falls es ihm nicht gelungen wäre, mich zur Ordnung zu rufen.
    Ich kann mir nur denken, daß Grund zu diesen Anwürfen
gegen mich evtl. in dem Umstand begründet liegt, daß eine
Differenz in den letzten Wochen zwischen den Hausbewohnern
entstanden ist. Die Ursache zu einer solchen Differenz ist mir
allerdings nicht bekannt und ich habe auch keine Veranlassung
hierzu gegeben, zumal ich in den letzten 5 Wochen nachweisbar
mehr auswärts als in Kaulsdorf war.
    Stimmungsmässig habe ich jedoch eine Antipathie der
Familie Schul[t]z gegen mich und Ohser bemerkt. Wie ich
bereits erwähnt habe, lagen Anzeichen dafür vor, daß die Familie Schul[t]z uns aus dem Hause haben wollte. Dieses ist jedoch
nach meiner Meinung kein Grund dafür, gegen mich schwerwiegende Beschuldigungen politischer Art zu erheben.«[1035]

Offenbar auf Nachfrage streitet Knauf ausdrücklich die zahlreichen
Bezeichnungen ab, die er und Ohser gegen die führenden NS-Größen
geäußert haben sollen:

[Knauf:]
    »Ich bleibe dabei, daß ich Dr. Goebbels niemals als *Lau-
sejungen*, als *größtes Schwein aller Zeiten*, den Führer als

Abb. 49: Albert Schaefer-Ast mit seiner
Tochter Susanne Schaefer, Uhu, Nr. 3
vom Dezember 1929, S. 76

Abb. 50: Olaf Gulbransson (1929)

Emporkömmling und *ewigen Gefreiten* bezeichnet habe, auch
habe ich mich niemals abträglich über die SS sowie über die
Judenfrage geäußert. Von einem Waffenniederlegen und *ein
deutscher Sieg wäre unser größtes Unglück* war niemals die Rede
und werde ich auch niemals sagen. Ich bin Deutscher, habe als
Soldat meine Pflicht getan und weiß genau, was eine deutsche
Niederlage für die Zukunft bedeuten würde – für das deutsche
Volk und für mich persönlich auch.«[1036]

In einem zweiten Vermerk zieht Prochnow ein erstes, für ihn ernüch-
terndes Resümee über seine Vernehmungen von Knauf:

»[Zweiter] Vermerk [Prochnow]:
    Trotz eindringlicher Vorhaltungen vermeidet es Knauf
ängstlich, überhaupt die Möglichkeit einer bei den Unterhaltungen gefallenen staatsfeindlichen Äußerung zuzugeben. Er
gibt lediglich zu, daß über George, Prof. Schweitzer, Schäfer-Ast
und Gulbransson gesprochen worden ist, bestreitet aber, daß
bei diesen Gelegenheiten von ihm oder Ohser staatsfeindliche
Reden geführt worden sind. Bezeichnend ist, daß sowohl Ohser

als auch Knauf das Gerücht über die Filmschauspielerin Söderbaum kennen. Keiner von beiden will aber dieses Gerücht im Hause des Hauptmanns Schul[t]z weitererzählt haben. Obige Namen sind von Schul[t]z in seinem Protokoll angegeben worden. Durch Aussage von Knauf ist dieses bestätigt worden. Sich defaitistisch oder staatsfeindlich geäußert zu haben, weist Knauf auch am Schluß der heutigen Vernehmung weit von sich.«[1037]

Ebenfalls an diesem Tag kommt es zur zweiten Vernehmung von Erich Ohser. Das Verhör wird wieder von John durchgeführt. Ohsers Einlassungen gründen sich im Wesentlichen auf zwei Verteidigungslinien; zum einen auf psychologische Aspekte, zum anderen auf seiner Haltung eines aufrichtig besorgten Volksgenossen:

»Ich habe aus meiner gestrigen Vernehmung entnommen, was man mir vorwirft. Ich gebe ohne weiteres zu, dass ich manchmal ein furchtbarer Pessimist bin und mit den Nerven sehr herunter bin. So bekomme ich ja auch Direktiven, irgendwelche Ereignisse bezw. politische Aussichten und Perspektiven recht pessimistisch in meinen Zeichnungen für das *Reich* darzustellen. Diese Aufträge lassen mich naturgemäss die Gefahr erkennen, die in politischer und militärischer Hinsicht ohne Zweifel tatsächlich vorhanden ist, stimmen mich daher auch nicht froher, sondern eher pessimistisch, weil eben diese Anweisungen von so hoher Stelle kommen.

Es stimmt auch, dass ich manchmal in meinen Auslassungen und Gesprächen ziemlich weit mit meinem negativen Urteil gehe. Ich glaube aber, mir dies leisten zu können, weil die Leute wissen, dass ich durch meine praktische Arbeit doch wieder Positives schaffe und aktiv mitarbeite. Um mir Anregungen für meine satirischen Zeichnungen zu verschaffen, gebe ich oft meinen Gesprächspartnern contra, mit Vorliebe solchen, von denen ich weiß und annehme, dass sie gläubige Nationalsozialisten sind. Aus diesen Gesprächen und aus der von mir durch negative Reden hervorgerufenen positiven Opposition entnehme ich, wo die starken oder die schwachen Stellen unserer Propaganda und politischen Erziehung liegen. Gerade aus diesen Streitgesprächen, die bei einem Uneingeweihten den Eindruck hervorrufen könnten, dass ich negativ und defaitistisch eingestellt bin, schöpfe ich Ideen für meine künstlerische Tätigkeit und politische Arbeit.

So kann ich mir auch vorstellen, dass verschiedene meiner
Aussprüche z. B. im Luftschutzkeller so aufgefasst worden sind,
als ob ich nicht mit dem deutschen Endsieg rechnete. Wenn z. b.
im Keller von irgendwelchen Leuten, die wohl gläubige Nationalsozialisten, aber mit wenig Einsicht begabt sind, überspannte
Hoffnungen hinsichtlich der weiteren Entwicklung des Krieges
geäussert wurden, habe ich wohl diese Überoptimisten mit iro-
nischen Redensarten bedacht. So kann ich es mir auch erklären,
dass bei einem Teil dieser Zuhörer die vermeintliche Erkenntnis
entstanden ist, ich glaubte nicht an den deutschen Sieg.«[1038]

John lenkt nun die Befragung konkret auf die Unterhaltungen mit
Bruno Schultz.

»Frage [John]: Welche Gespräche dieser Art – d. h. also politischer Natur mit kritischem Einschlag – führten Sie beispielsweise mit Ihrem Hausgenossen Hauptmann Schultz?

Antwort [Ohser]: Hinsichtlich des Vordringens der Bolsche-
wisten äusserte ich einmal die besorgte Frage, ob wir die Russen zum Stehen bringen würden und ob die Vergeltung auf den
Ostfeldzug irgendwelchen Einfluss haben könnte. Im Zusammenhang damit habe ich auch gefragt, ob die Vergeltung überhaupt kommen werde oder nicht. Schultz antwortete, er wisse,
dass die Vergeltung kommen werde, und im Osten würden wir
die Russen an einem gewissen Punkt abstoppen; vielleicht gäbe
es dann einen Sonderfrieden mit einer möglicherweise anders-
zusammengesetzten russischen Regierung.

Frage [John]: Ist in einem Gespräch mit Schultz einmal die
deutsche Produktion mit der gegnerischen verglichen worden?

Antwort [Ohser]: Nein. – Nachdem mir die nötige Gedächt-
nisstütze gegeben wurde, erkläre ich, dass doch einmal darüber
gesprochen wurde. Ich habe auf die kolossale Rüstungskapazi-
tät Russlands hingewiesen (ich erwähnte dabei, dass nach deutschen Pressestimmen die Russen gesagt hätten, in Deutschland
habe jeder ein Ehrenzeichen, in Russland aber jeder eine
Maschinenpistole).

Schultz meinte, auch wir verfügten über gewaltige Reserven.
Naturgemäss habe ich auch die amerikanische Unterstützung
durch Lieferungen erwähnt. Im Zusammenhang mit diesem
Gespräch mag ich auch gesagt haben, – wie ich ohne weiteres
zugeben kann – dass unsere militärischen Anstrengungen

ohne die dazugehörige Produktion illusorisch bleiben müssten. Auch diese Äusserung fällt durchaus in den Rahmen meiner Gewohnheit, meine pessimistischen Ansichten ausgesprochen[en] Optimisten mitzuteilen, um mich von ihnen aufrichten zu lassen.

Frage [John]: Haben Sie in demselben Sinne die Vergeltung einmal als alten Schwindel und Volksbetrug bezeichnet?

Antwort [Ohser]: Nein. Ich habe allerdings davon gesprochen, dass die drohende Invasion an der Kanalküste, die Vergeltung illusorisch machen könnte. Von Schwindel und Volksbetrug habe ich bestimmt nicht gesprochen, schon weil ich weiss, dass Schultz Nationalsozialist ist.

Ich kann mich auf keinen Fall erinnern, jemals die deutschen Angriffe als eine Herausforderung bezeichnet zu haben. Ebenso wenig habe ich davon gesprochen, dass diese Flüge nach London unser letztes Benzin verbrauchten.

Frage [John]: Ist einmal davon gesprochen worden, dass die Bewegung nach dem Kriege noch nationalsozialistischer sein wird, wie es der Führer einmal angekündigt hat?

Antwort [Ohser]: Ja, und zwar geschah es anlässlich einer Unterhaltung über meinen Stil. Ich weiss, dass meine Darstellungsart für manche Leute nicht tragbar ist, und erwarte nach dem Kriege für mich grössere Schwierigkeiten. Schultz glaubte nicht an diese Schwierigkeiten, obwohl ich ihn darauf hinwies, dass mein Stil heute schon und wahrscheinlich noch mehr nach dem Kriege von Parteistellen als entartete Kunst bezeichnet werde. Ich gebe auch durchaus zu, in diesem Zusammenhang etwa gesagt zu haben, für meine Bedürfnisse brauchte man nicht noch nationalsozialistischer zu werden, damit für meine Kunst auch noch etwas Raum bliebe.

Auf keinen Fall habe ich einen deutschen Sieg als Unglück bezeichnet, dagegen werde ich wohl gesagt haben, dass ein totaler deutscher Sieg nicht möglich wird, da wir die USA nicht im eigenen Lande schlagen könnten.

Ich habe natürlich auch über viele zeitbedingte Umstände, beispielsweise auf dem Gebiet der Kunst und Propaganda gelegentlich gemeckert. So habe ich darauf hingewiesen, dass mancher Film und manche Propaganda-Parole nur auf die grosse Masse abgestellt ist und uns Anspruchsvolleren nichts zu bieten vermag. Ich habe auch hinzugefügt, dass dies auf Dr. Goebbels zurückzuführen sei; der Minister wisse sicher, was er

Abb. 51: Libertas
Schulze-Boysen
(1913–1942), Wider-
standskämpferin
der Roten Kapelle,
Bekannte von Erich
Ohser

tue. Weiterhin habe ich auch gesagt, dass ein grosser Teil der Künstler heute der Konjunktur nachrenne, was Stil anbetrifft, und das dabei nicht immer das Schönste herauskomme. Mancher wahre Könner – wenigstens nach meinem Urteil – komme heute nicht zur Geltung.

Frage [John]: Erinnern Sie sich an Ihre Äusserung im Luftschutzkeller *Die beste Warnung wäre die vor 1933 gewesen*?

Antwort [Ohser]: Ich kann mit Sicherheit sagen, dass ich so etwas niemals gesagt habe. Auch ist mir die angeblich vorhergegangene Äußerung des Hauptmann Schultz als Erinnerungshilfe gegeben worden; auch sie ist mir vollkommen neu.«[1039]

An dieser Stelle wechselt die Zielrichtung der Vernehmung und wendet sich dem Verhalten von Knauf zu. Erneut wird von Seiten der Gestapo das »Söderbaum«-Gerücht aufgegriffen:

»Frage [John]: Was wissen Sie über die Filmschauspielerin Kristina Söderbaum?

Antwort [Ohser]: Ich war im Jahre 1942 zur Biennale in Venedig, wo auch die Söderbaum derzeit aufhältlich war. Auf der Rückreise nach Deutschland erzählt mir eine Presse-Photographin, dass sie dort mit der Söderbaum eine nächtliche Gondelpartie gemacht habe, und dass beide dort nackt ohne Badeanzug gebadet hätten. In der Gondel habe auch Dr. Goebbels gesessen und die Photographin ermuntert, dem Beispiel der Söderbaum zu folgen und auch zu baden.

Abb. 52: Cato Bontjes van Beek (1920–1943), Widerstandskämpferin der Roten Kapelle, Bekannte von Erich Ohser

Auf Befragen [Ohser]: Knauf weiss auch von der Angelegenheit, denn er hielt sich damals als Pressechef der Terra ebenfalls in Venedig auf.

Frage [John]: Wer hat nun dem Hauptmann Schultz diese Geschichte erzählt?

Antwort [Ohser]: Ich nicht.

Frage [John]: Wie haben Sie sich Herrn Schultz gegenüber über die Münchener Kunstausstellung geäussert?

Antwort [Ohser]: Ich habe gesagt, dass ein grosser Teil der Bilder nicht meinem Geschmack entspreche und ich viele schlecht gefunden hätte. Ich habe auch gesagt, dass ich Breker früher besser gefunden hätte, und dass mir seine Werke heute zu dekorationsmässig vorkämen. An Thorak hatte ich auszusetzen, dass er zu *wolkig*, *flaumig* und *aufgequollen* geworden sei; jedenfalls drückte ich mich sinngemäss so aus.

Es trifft nicht zu, dass ich Dr. Goebbels ausdrücklich ahnungslos genannt habe. Es ist aber sicher, dass ich mit Schultz über mein abweichendes Urteil auf manchem künstlerischen Gebiet gesprochen habe. Dabei werde ich zum Ausdruck gebracht haben, dass ich mir durchaus zutraue, ebenso gut wie der Minister oder vielleicht besser ein künstlerisches Urteil zu haben.

Frage [John]: Wann ist im Gespräch mit Hausbewohnern von Karinhall geredet worden?

Antwort [Ohser]: Überhaupt nicht.

Frage [John]: Haben Sie jemals über die Massnahmen des Führers auf kulturellem Gebiet gesprochen?

Antwort [Ohser]: Sicher. Ich habe auch im Gespräch mit Hauptmann Schultz davon gesprochen, dass sich die Kunstauffassung des Führers nicht in allen Punkten mit der meinigen deckt. Das ist auch selbstverständlich, da der Führer seine Entwicklung zu der Zeit abgeschlossen hatte, als, ich meine künstlerische Laufbahn begann. Ich halte es daher auch für möglich, dass ich die Kunsteinstellung des Führers als naturalistisch-romantisch und nicht meinem Geschmack entsprechend bezeichnet habe. Irgendwelche harten Ausdrücke habe ich in diesem Zusammenhang nicht gebraucht und würde dies auch Herrn Schultz als überzeugtem Nationalsozialisten gegenüber nicht tun.

Frage [John]: Was ist über den Reichsführer SS gesprochen worden?

Antwort [Ohser]: Es ist zweifellos richtig, dass ich mit Schultz einmal über dieses Thema gesprochen und dabei geäussert habe, dass mir die Methoden der SS zu scharf seien. Ich habe auch davon gesprochen, dass 3 Leute aus meinem weiteren Bekanntenkreise hingerichtet worden seien. So viel ich weiss, waren sie Kommunisten. Es handelte sich um einen früheren Mitschüler von der Akademie Fritz Schulz[e] aus Dresden, die Tochter des Kunsttöpfers Bontjes van Beek und Frau Schulze-Boysen, die ich vom Trickfilm her kenne. Ich habe wohl auch gesagt, dass mein Bekanntenkreis dünner geworden sei. Besonders das junge Mädchen tat mir leid und ich brachte zum Ausdruck, dass ich diese Massnahmen furchtbar hart fände. Ich habe daran die Folgerung geknüpft, dass doch wohl eine Menge Menschen hingerichtet würden, wenn es aus meinem Bekanntenkreis schon 3 seien.«

Die Mitteilung der drei Namen ist für Ohser denkbar gefährlich, handelt es sich doch bei allen dreien um Widerstandskämpfer, die vom NS-Regime zu diesem Zeitpunkt bereits enttarnt, verhaftet, verurteilt und tatsächlich hingerichtet worden sind.

Fritz Schulze[1040] war ein Maler, der nach dem Abitur 1923 zur Ausbildung an die Akademie für Grafik und Buchgewerbe Leipzig gewechselt war, wo Ohser damals ebenfalls gerade studierte. Zwei Jahre später war Schulze an die Dresdner Kunstakademie gewechselt, an der er bis 1930 studierte. Ab 1936 hatte er eine Widerstandsgruppe mit aufgebaut, die Geldsammlungen und Materialverteilung für not-leidende Genossen, für Spanienkämpfer der Internationalen Brigaden und für Untergrundkämpfer übernahm. Die Gestapo hatte ihn und seine Mitstreiter bald als ein Netzwerk kommunistischer Wider-standskämpfer erkannt und im Februar 1941 verhaftet. Nach über ein-jähriger Untersuchungshaft hatte der Volksgerichtshof im März 1942 Schulze bei einem Hochverratsprozess zum Tod verurteilt. Das Urteil war am 5. Juni 1942 in Plötzensee vollstreckt worden.

Die Tochter des Keramikers van Beek namens Cato Bontjes van Beek[1041] war im Januar 1943 vom Reichskriegsgericht wegen Bei-hilfe zur Vorbereitung des Hochverrats zum Tode verurteilt und am 5. August 1943 hingerichtet worden. Die gebürtige Bremerin war in Fischerhude aufgewachsen. Sie hatte bereits in jungen Jahren fran-zösische Kriegsgefangene mit Lebensmitteln und Medikamenten versorgt. Später gehörte sie der Widerstandsgruppe *Rote Kapelle* an und hatte sich an der Herstellung und Verteilung von Flugblättern beteiligt. Die *Rote Kapelle* war ein eher loses, informelles Netzwerk, dem insgesamt bis zu 400 Frauen und Männer unterschiedlicher politischer Weltanschauung und gesellschaftlicher Herkunft ange-hört hatten, die sich zunächst unabhängig voneinander in kleineren Gruppen und Freundeskreisen trafen und agierten. Der Name *Rote Kapelle* stammte von den Nationalsozialisten selbst und bezeichnet jene Widerstandsgruppen, die unter Verdacht standen, als Spione für den sowjetischen Nachrichtendienst zu arbeiten und einem westeu-ropäischen Spionagenetzwerk anzugehören. Die Gruppen um den Regierungs- und Oberregierungsrat im Wirtschaftsministerium Arvid Harnack[1042] und den Luftwaffen-Offizier Harro Schulze-Boy-sen[1043] sollen Mitte 1941 konkrete Informationen über Angriffspläne Hitlers auf die zu dieser Zeit noch mit dem Deutschen Reich ver-bündete Sowjetunion übermittelt haben. Josef Stalin höchstper-sönlich soll den Informationen nicht geglaubt haben. Zur *Roten Kapelle* gehörte als Mitwisserin und Helferin auch Libertas Schulze-Boysen[1044], weshalb sie am 22. Dezember 1942 in Berlin-Plötzensee hingerichtet worden war.

Libertas Schulze-Boysen, die junge Ehefrau von Harro Schul-ze-Boysen, hatte im Sommer 1942 in der Kulturfilmzentrale – zustän-dig für die Sachgebiete Kunst, deutsches Land und Volk, Völker und Länder – gemeinsam mit ihrem Mitarbeiter, dem (späteren) Schrift-steller Alexander Spoerl[1045], Bildmaterial über Gewaltverbrechen an der Ostfront zu sammeln. Diese Informationen waren für ein Flug-blatt der *Roten Kapelle* verwendet worden.

Trotz der privaten Verbindung zu den drei hingerichteten Widerstandskämpfern, die Ohser eingeräumt hatte, erfolgen keine entsprechenden Nachfragen von Seiten Johns, inwieweit möglicherweise hier Verbindungen oder Berührungen zum Widerstand – etwa zur *Roten Kapelle* – bestanden haben.

»Frage [John]: Wie spielte sich das Gespräch zwischen Ihnen und Schultz in der Nacht vom 20. zum 21. Februar ab, als der Terrorverband, der Berlin anflog, kurz vorher abbog?«[1046]

Am 20. Februar 1944 hat die Luftoffensive der Alliierten gegen deutsche Rüstungs- und Industrieanlagen begonnen.

»Antwort [Ohser]: Herr Schultz sprach davon, dass dies ein erfreulicher Abwehrerfolg sei. Hierauf sagte ich, dass ich das nicht glaube, sondern der Verband habe zweifellos täuschen wollen. Die da oben machen mit uns, was sie wollen, das ist nun mal so und nicht zu ändern.

Frage [John]: Was haben Sie in diesem Zusammenhang über den persönlichen Mut der Führung gesagt?

Antwort [Ohser]: Herr Schultz sagte damals, man hätte statt der Fernstrassen lieber Bunker bauen sollen.

Auf Vorhalt [Ohser]: Ich bestreite, gesagt zu haben, dass auf der Fernverkehrsstrasse die Ritterkreuzträger als erste bei Voralarm verschwinden, und dass die Führung aus Angsthasen bestehe.

Frage [John]: Bei welcher Gelegenheit haben Sie von der Möglichkeit einer neuen Regierung gesprochen?

Antwort [Ohser]: Ich habe niemals darüber gesprochen.

Vorhalt [John]: Nach glaubwürdigen Zeugenbekundungen haben Sie zu dem Sohn des Hauptmann Schultz, der auf Wehrmachtsurlaub zu Hause war und Zivil trug, gesagt, *Nanu, Sie sehen ja heute so anständig aus. Ist ja auch recht so, bleiben Sie gleich hier, es ist ja doch alles verloren.* Sie werden ersucht, sich dazu zu äussern.

Antwort [Ohser]: Es trifft zu, dass Schultz junior eines Tages bürgerliche Kleidung trug. Ich habe auch zu ihm gesagt: *Sie sehen ja heute schick aus.* Alle anderen Angaben bezeichne ich als unwahr.

Vorhalt [John]: Ihnen wird vorgeworfen, das Sparen der Bevölkerung als Wahnsinn bezeichnet zu haben. Nach dem

Abb. 53: Fritz Schulze (1903–1942) und seine Ehefrau Eva Schulze-Knabe (1907–1976). Die Eheleute waren Widerstandskämpfer, er war Studienkollege von Erich Ohser in Leipzig

Kriege gäbe es nur noch bitterste Not, an Autofahren oder eigene Wohnungen sei auf lange Zeit nicht zu denken. Die Verheissungen auf eine bessere Zukunft seien Bauernfang, auf den nur solche Irren hereinfielen, die sich freiwillig ein Hitlerbild in die Wohnung hängen. Es sei blöde, Geld in Reichs- und Staatsanleihen anzulegen, da derartige Werke doch vernichtet würden.

Antwort [Ohser]: Ich habe meiner Meinung Ausdruck gegeben, dass wir nach dem Kriege bitter arm sein würden, und Autofahren auf längere Zeit nicht in Frage komme. Dabei haben wir uns auch über die Frage unterhalten, wie der Staat seine Lasten nach dem Kriege loswerden will. Dabei habe ich gemeint, dass meinen Informationen nach eine Schuldentilgung auf normalem Wege nicht möglich sein werde; darüber ist inzwischen auch in der Presse geschrieben worden.

Auf keinen Fall habe ich diejenigen, die freiwillig ein Führerbild in die Wohnung hängen, als irre bezeichnet.«[1047]

Noch einmal versucht John von Ohser Näheres über Knauf in Erfahrung zu bringen. Den Gefallen, Missgünstiges über den Freund mitzuteilen, tut ihm der Zeichner jedoch nicht:

»Frage [John]: Welche politische Einstellung hat Knauf? Antwort [Ohser]: Ich kenne Knauf seit vielen Jahren und bin mit ihm befreundet. Seine Einstellung ist eine durchaus loyale, wenn es ihm als altem Sozialdemokraten auch manchmal schwer fallen mag, alles mitzumachen. Ich persönlich halte ihn für einen hochanständigen Menschen. Bei welchen Gesprächen Knauf dabei war, kann ich jetzt nicht mehr sagen. Vorhalt [John]: Ihr Gedächtnis lässt bei allen Punkten zu wünschen übrig. Sie werden dringend ersucht, sich die Teilnahme Knaufs beispielsweise an dem Gespräch über den Reichsführer SS in die Erinnerung zurückzurufen. Antwort [Ohser]: Ich weiss nicht einmal, ob er dabei war. Vermerk [John]: Der Beschuldigte wurde an dieser Stelle darauf aufmerksam gemacht, dass seine Bekundungen noch nicht der Wahrheit entsprechen. Obwohl er am Anfang der Vernehmung schilderte, dass er aus beruflichen Gründen zuweilen pessimistisch eingestellt war und auch pessimistische Gedanken äusserte, schon um vom Gesprächspartner aufgerichtet zu werden, bestritt er jeden tatsächlichen konkreten Vorhalt in dieser Richtung. Die Vernehmung wurde daher abgebrochen.«[1048]

Damit schließt die Vernehmung für Ohser an diesem Tag. Er wird wieder in seine Zelle zurückgebracht.

30. März 1944

Am nächsten Tag wird Erich Knauf wieder zu Prochnow gebracht. Es kommt zur vierten Vernehmung. Die »Söderbaum«-Geschichte wird erneut zur Sprache gebracht.

»[Knauf]:
Bezüglich der gegen mich erhobenen Anschuldigungen, das Gerücht über die Schauspielerin Söderbaum der Familie Schul[t]z erzählt zu haben, habe ich noch folgende Ausführungen zu machen:
Mir persönlich erscheint die Familie Schul[t]z durchaus nicht als ein unbeschriebenes Blatt. Dieses ergibt sich daraus, daß

sowohl Hauptmann Schul[t]z als auch seine Ehefrau von vielen Dingen zu wissen schienen, was sie durch ein reges Interesse an Klatschgeschichten über Persönlichkeiten zeigten, die im öffentlichen Leben stehen, ganz gleich, ob es sich um politische oder künstlerische Persönlichkeiten handelte. Einmal fragten beide mich nach dem Zusammenleben von Gustaf Gründgens und Marianne Hoppe. Ich erwiderte ihnen, daß ich beide gut kenne und nur sagen kann, daß die Hoppe den Gründgens wirklich liebt. Damit gab sich das Ehepaar Schul[t]z zufrieden.«[1049]

Der Staatsschauspieler Gustaf Gründgens[1050] gehört zu den prominentesten Schauspielern seiner Zeit. Zudem ist der Günstling von Hermann Göring seit 1934 Intendant des Staatlichen Schauspielhauses. 1936 wurde er zum Preußischen Staatsrat ernannt. Im gleichen Jahr hat er seine Kollegin Marianne Hoppe[1051] geheiratet.

Gründgens agiert seit 1937 als General-Intendant der Preußischen Staatstheater, die dem preußischen Ministerpräsidenten Göring unterstehen und nicht wie die übrigen Theater Joseph Goebbels. Bei der Terra-Filmkunst GmbH leitet Gründgens seit 1938 eine eigene Herstellungsgruppe. Von daher kennen sich Knauf und Gründgens sehr gut von ihrer gemeinsamen Filmarbeit her. Über seine Zeit im Dritten Reich wird er später anmerken:

»Ich wollte damit sagen, dass die Unsicherheit, in der wir alle lebten, uns die Bühne als den einzigen sicheren Faktor erscheinen ließ.«[1052]

Knauf wird nach weiteren Personen des öffentlichen Lebens, über die er und Ohser gesprochen haben sollen, befragt:

> »[Knauf]:
> Bei einer anderen Gelegenheit fragten sie [die Eheleute Schultz] mich z. B.:
> *Wissen Sie Näheres über die zweite Ehe des Reichsleiters Dr. Ley, die Frau soll sich doch erschossen haben?*
> Ich konnte darauf lediglich erwidern, daß mir mehr als der Inhalt dieser Frage ebenfalls nicht bekannt sei.«[1053]

Robert Ley[1054] gehört als Reichsleiter der NSDAP sowie Leiter des Einheitsverbands Deutsche Arbeitsfront zu den führenden Politikern im NS-Staat. Er hat sich 1938 nach 16 Jahren von seiner ersten Ehefrau scheiden lassen, um seine 26 Jahre jüngere Geliebte, die Schauspielerin Inga Spilker[1055], zu heiraten. Diese verfiel wegen Leys zahlreicher

Seitensprünge bald in Depressionen und wurde morphiumsüchtig. Als
sie 1942 an einem Dezembertag den Wagen ihres Mannes vor ihrem
Landgut hat vorfahren sehen und dann beobachtete, wie dieser sich
von einer Frau innig verabschiedete, die ihn auf der Fahrt begleitet
hatte, habe sie sich mit einer Pistole erschossen. Die Pistole besaß sie,
um sich gegen russische und ukrainische Zwangsarbeiter auf ihrem
Gut verteidigen zu können.[1056]

Die nächste Thematik betrifft den Propagandaminister:

»[Knauf]:
Ferner wollten sie [die Eheleute Schultz] Näheres über das
Verhältnis Lyda Baarova und Reichsminister Dr. Goebbels wissen. Aus dieser Frage folgere ich jetzt, daß das Ehepaar Schul[t]z
über die damaligen Gerüchte hinsichtlich Baarova – Dr. Goebbels u. A. genau so im Bilde waren wie viele andere Menschen
auch. Hätte ich diese oder ähnliche Fragen seinerzeit an das
Ehepaar Schul[t]z gerichtet, so bin ich überzeugt davon, daß sie
beide diese als Beweis dafür angeführt hätten, daß ich Gerüchte
verbreitet hätte.

Der Frage bezüglich des Verhältnisses Baarova – Dr. Goebbels wich ich damals dahingehend aus, daß ich sagte, die B. sei
eine derartig reizende Person, daß ich mich als jüngerer Mensch
glatt in sie verlieben würde.

In diesem Zusammenhang fragte Frau Schul[t]z in Gegenwart des Ohser und ihres Gatten mich nach den *galanten Aben-
teuern* des Dr. Goebbels. Sie sagte, man habe doch seinerzeit
allerhand Geschichten gehört. Ich gab zur Antwort, daß mir ein
großer Teil dieser Geschichten bekannt sei, daß vieles davon
jedoch in das Reich der Fabel gehöre.

Man sei sich in Filmkreisen durchaus darüber klar, daß
so manches Gerücht dieser Art dadurch entstanden ist, daß
gewisse Damen glaubten, sich mit einer Bekanntschaft mit
Dr. Goebbels interessant zu machen und dadurch vielleicht
sogar Karriere zu machen glaubten.«[1057]

Das Verhältnis zwischen Goebbels und der tschechischen Schauspielerin und Sängerin Lída Baarová[1058] gehört zum weit verbreiteten
»Tratsch-Repertoire« der NS-Zeit. Tatsächlich war die im Jahr 1934 als
Zwanzigjährige nach Deutschland gekommene Schauspielerin ab 1936
eine Affäre mit Goebbels eingegangen, die auch dessen Ehefrau Magda[1059]
nicht verborgen geblieben ist. Erst ein Machtwort Hitlers beendete 1938

Abb. 54: Gustaf
Gründgens in
den Räumen der
Terra-Filmkunst
GmbH, im Hin-
tergrund (Mitte)
steht Erich Knauf.

die Affäre. Zuvor war Magda Goebbels an den Diktator herangetreten
und hatte ihn ersucht, der Affäre Einhalt zu gebieten. Der Anweisung des
»Führers« ist der Propagandaminister schließlich gefolgt.

»[Knauf]:
 In diesem Zusammenhang erzählte Frau Schul[t]z ein Beispiel von den Annäherungsversuchen und von dem Verhalten
maßgeblicher Männer. So sei sie und ihr Gatte bei Prof. Dr.
Hoffmann eingeladen gewesen. Hoffmann habe sie dauernd
beobachtet und später an seinen Tisch bitten lassen. Das Geba-
ren des Prof. Hoffmann, der offensichtlich etwas angeregt
gewesen sei, sei so peinlich gewesen, daß sie ihr ganzes Taktge-
fühl als Dame habe aufbieten müssen, bis ihr Gatte schließlich
dazwischen getreten sei. Hierbei machte Hauptmann Schul[t]z
Ohser und mir gegenüber die Bemerkung:
 Meine Braut ist ganz Dame, ganz Dame.
 Ich erinnere mich heute noch, daß Ohser und ich uns
angrinsten, da Schul[t]z eine so komische Geste bei seinen

Worten machte. Wir beide gingen auf den Sachverhalt nicht näher ein und ich habe auch hiervon keinem Dritten etwas davon erzählt.

Ich erwähne dieses Beispiel aus dem Grunde so ausführlich, weil das Ehepaar Schul[t]z in diesen Dingen gern herumwühlte.«[1060]

Es handelt sich bei dem erwähnten Prof. Dr. Hoffmann mit relativer Sicherheit um Hitlers Haus- und Hoffotografen Heinrich Hoffmann (1885–1957).

Prochnow kehrt noch einmal auf das »Söderbaum«-Gerücht zurück:

»So wollten auch beide [die Eheleute Schultz] einmal etwas über Veit Harlan und Kristina Söderbaum wissen. In längeren Ausführungen erzählte ich, daß mir beide durch die Terra G.m.b.H. sehr gut bekannt seien und daß ich beide anläßlich der Uraufführung des Filmes *Jud Süß* im Jahre 1941 [sic] in Venedig zur Biennale betreut habe. Für die Söderbaum waren die Tage in Venedig, wie sie mir selbst sagte, ihre nachträgliche Hochzeitsreise. Ich halte es durchaus für möglich, daß meine längere Erzählung über die Biennale in Venedig von dem Ehepaar Schul[t]z aus Vergeßlichkeit oder Böswilligkeit mit der ihnen bereits bekannten Geschichte über *Das Inswasserspringen der Söderbaum* verkuppelt wurde.

Ich bleibe jedenfalls dabei, daß ich dem Ehepaar Schul[t]z dieses Gerücht nicht weitererzählt habe, obwohl, wie ich es in meiner früheren Vernehmung ausgesagt habe, es kenne. Ich muß jedoch hinzufügen, daß ich das Gerücht, in der in der Anzeige formulierten Form – Dr. Goebbels habe befohlen usw. ... – nicht kenne, sondern lediglich gehört habe, daß die Söderbaum aus einer Sektlaune und aus eigenem Antrieb heraus nackt ins Wasser gesprungen sei.

Zu den gegen mich erhobenen Anschuldigungen kann ich auch heute nur das erklären, was ich bereits ausgesagt habe.

Ich kann mich nicht weiter zu den gegen mich vorgebrachten Beschuldigungen äußern.«[1061]

Prochnow geht auf eine Mitteilung von Hauptmann Schultz in seiner Meldung vom 22. Februar zur sogenannten »Judenfrage« ein, die ebenfalls von Knauf mit den Worten thematisiert worden sei: »Die Judenfrage sei nur ein allzu durchsichtiger Vorwand, um diesem dümmsten

Kopf aller Zeiten, dem ewigen Gefreiten, sein wahnsinniges Treiben zu ermöglichen.«[1062]

»[Knauf]:
Zu dem Thema *Judenfrage*, über das ich jedoch niemals mit dem Ehepaar Schul[t]z gesprochen habe, habe ich noch folgendes zu bemerken: Ich selbst habe im Jahre 1939 in Berlin-Charlottenburg, Fritschestr. 56, eine Judenwohnung bezogen und war froh, daß ich durch die Evakuierung dieser Juden eine für mich passende Wohnung erhalten habe. Ich habe seinerzeit etwa 1000,- RM Kosten aufwenden müssen, um diese Wohnung in einen menschenwürdigen Zustand zu versetzen.«[1063]

Abschließend wendet sich die Vernehmung dem Komplex *Das Reich*, Goebbels als Leitartikler und den beiden Journalisten Wolff und Bernhard zu:

»[Knauf:]
Im Zusammenhang hiermit möchte ich zu dem Thema Dr. Goebbels Artikel im Reich – Theodor Wolf [Wolff] und Prof. Bernhard – sagen, daß ich gar keine Ursache hatte, in der mir zur Last gelegten Weise über das Thema zu reden. Ohne die Umwälzung im Jahre 1933 wäre es mir nämlich unmöglich gewesen, einen Schriftleiterposten an einer Berliner Zeitung zu bekommen, Als Nutzniesser der politischen Entwicklung habe ich wirklich keine Ursache, ein Loblied auf Wolf und Bernhard zu singen. M.E. gibt es in den Unterhaltungen mit dem Ehepaar Schul[t]z nicht den geringsten Anhaltspunkt dafür, die Namen Wolf und Bernhard zu erwähnen.
Weitere Angaben kann ich nicht machen.«[1064]

Es fällt auf, dass Erich Ohser an diesem Tag nicht vernommen wird. Die Gründe hierfür sind nicht bekannt.

31. März 1944

An diesem Freitag wird auch Erich Ohser wieder zur Vernehmung aus seiner Zelle geholt und in das Verhörzimmer von Kriminalkommissar John gebracht. Die Fragen des Gestapo-Beamten beziehen sich zunächst auf einzelne Äußerungen, die von Margarete Schultz angezeigt worden sind:

»[Ohser]:

Zu der Behauptung der Frau Schultz, dass ich auf ihre gelegentliche Bemerkung, es werde auch mal wieder besser, geantwortet habe: *Ja, wenn das Leben dann noch lebenswert ist*, kann ich sagen: Es ist möglich, dass Frau Schultz mal gesagt hat, es wird ja wieder anders, wenn der Krieg vorbei ist. Ebenso ist es durchaus möglich, dass ich darauf gesagt habe:

Ja, wenn das Leben dann noch lebenswert ist.

Dabei habe ich gemeint, dass die Zustände nach diesem Kriege durchaus noch nicht gleich sehr angenehm sein werden.

Wenn man mir allerdings vorwirft, ich hätte zu Frau Schultz gesagt, es sei nicht so schlimm, wenn wir Sklaven von England würden, so bestreite ich dies. Dagegen ist es möglich, dass ich gelegentlich gesagt habe, ich würde die Engländer und Amerikanern den Sowjetrussen vorziehen, wenn wir schon vor eine derartige Zwangswahl gestellt würden.

Ich habe nunmehr auch durch meine handschriftliche Aufzeichnung eingeräumt, im Luftschutzkeller gesagt zu haben:

Die beste Warnung wäre die Warnung vor diesem Kriege gewesen. Die beste Warnung wäre die vor 1933 gewesen!

Es handelte sich bei diesen Äusserungen um laut ausgesprochene Gedankengänge. Ich gebe dazu folgende Erklärung: Der Krieg hat für mich bereits im Jahre 1933 mit der Machtergreifung begonnen, als sich unsere Gegner zunächst zum Kampf ohne Waffen gegen das Dritte Reich und damit das Wiedererstarken des Deutschen Volkes anschickten. Dieser Ideengang stammt vom Führer. Ich wollte damit sagen, dass die Völker im Jahre 1933 einen anderen Weg eingeschlagen hätten, als den zum Kriege führenden, wenn sie damals die Schrecken dieser Auseinandersetzung geahnt hätten. Die Luftschutzgemeinschaft hat dies allerdings falsch verstanden. Ich pflege manchmal laut zu denken und bringe dabei naturgemäss manchmal auch nicht spruchreife Gedanken laut zum Ausdruck.

Frage [John]: Waren Sie sich im Augenblick nach Ihrem Ausspruch darüber klar, dass Sie laut gedacht hatten, dass die Luftschutzgemeinschaft Ihren Gedankengang falsch verstehen musste, und was haben Sie getan, um dieses Mißverständnis wieder aus der Welt zu schaffen?

Antwort [Ohser]: Ich bin mir über die Wirkung meiner Worte nicht klar geworden und habe daher auch nichts gegen ihre Wirkung getan.

Vorhalt [John]: Sie haben sich an diese Äusserung bei der vorhergehenden Vernehmung nicht erinnert. Ihr Verhalten erweckt den Eindruck, dass Sie schon damals genau über Ihre Rederei im Klaren waren, dass Ihnen aber bis dahin noch keine plausible Erklärung eingefallen war. Sie müssen selbst zugeben, dass Ihre Erläuterung sehr weit hergeholt ist.

Frage [John]: Ist Ihnen noch in Erinnerung, dass der erste Teil der Ausführung *Die beste Warnung ist die Entwarnung* überhaupt nicht von Ihnen, sondern von Hauptmann Schultz stammt?

Antwort [Ohser]: Es ist sehr wohl möglich, dass Hauptmann Schultz diesen ersten Satz ausgesprochen hat und ich ihn dann wiederholt habe.

Frage [John]: Sehen Sie nicht ein, dass es sinnlos ist, in einem Moment, wo scheinbar die militärische Überlegenheit der Gegenseite sich zeitweilig auswirkt, von einer Warnung vor 1933 zu sprechen, die nach Ihrer Auslegung für unsere Kriegsgegner gilt?

Antwort [Ohser]: Ich sehe die Sinnlosigkeit nicht ein.«[1065]

Die nächsten Fragen beziehen sich wieder auf einzelne Personen, über die Ohser abfällig gesprochen haben soll:

»Frage [John]: Wofür hat nach Ihrer Ansicht der Berliner Polizeipräsident Graf Helldorf das Ritterkreuz zum Kriegsverdienstkreuz bekommen?

Antwort [Ohser]: Ich habe gesagt: *Die sitzen im dicken Bunker und kriegen das Ritterkreuz.*

Frage [John]: Ist einmal mit Hauptmann Schultz über den Ostasienkorrespondenten der DAZ gesprochen worden?

Antwort [Ohser]: Ja. Es handelt sich bei diesem Korrespondenten um meinen guten Bekannten Wilhelm Schulz.

Frage [John]: Haben Sie jemals die Ansicht gehört, es gebe zwei Sorten von Menschen: Die Dummen, die sich totschiessen lassen, und die Klugen, die im Wehrdienst oder im Ausland die Zeit bis zum Umsturz mit Anstand abwarten?

Antwort [Ohser]: Nein, diese Wendung ist mir ganz fremd.«[1066]

***

Ebenfalls an diesem Freitag werden die Eheleute Schultz von John erneut vernommen. Die Gestapo will sich bei ihnen noch einmal über die vermeintliche Richtigkeit ihrer Meldungen versichern. Diese Rückversicherung erscheint notwendig, weil das einzige Beweismittel gegen Knauf und Ohser in den Zeugenaussagen der Eheleute Schultz besteht. Würden sie hiervon – in einem öffentlichen Prozess etwa – abrücken, würde es für die NS-Justiz peinlich werden. Zunächst wird Hauptmann Schultz mit den Gegenvorwürfen der Beschuldigten vertraut gemacht, bestätigt jedoch noch einmal seine eigene Version der Vorkommnisse:

>>Alle Punkte meiner auf dem Dienstwege abgegebenen Meldung über Knauf und Ohser entsprechen selbstverständlich der Wahrheit. Meine Meldung kenne ich fast auswendig, ich verzichte daher auf nochmalige Durchlesung. Wenn mir erklärt wird, dass die Beschuldigten in fast allen Punkten leugnen, so erkläre ich mir das nur mit einer ganz besonders großen Unverschämtheit ihrerseits.

Die Vorwürfe, die mir von diesen beiden gemacht werden, – dass ich nämlich aus persönlichen Gründen die Meldung erstattet hätte – weise ich mit Entrüstung zurück. Ich war und bin mir über die Schwere der Vorwürfe, die ich gegen die beiden erhebe, restlos im klaren. Ich brauche nicht hinzuzufügen, dass ich mit meinem Eid zu meinen Angaben stehe.<<[1067]

Margarete Schultz erklärt, ebenfalls von John noch einmal befragt:

>>Mir ist mitgeteilt worden, dass Ohser und Knauf alles das abstreiten, das mein Mann und ich ihnen vorgeworfen haben. Ich bin nochmals ausdrücklich darauf hingewiesen worden, dass es sich um äusserst schwerwiegende Beschuldigungen handelt. Die Durchsicht meiner Aussage vom 27.3.1944 ist mir vorgelegt worden, und ich erkenne sie als die meinige an. Schon bei meinen Bekundungen vom 27.3.1944 war ich mir darüber klar, welche Folgen meine Aussagen für die Beschuldigten haben könnten. Ich halte alles, was ich in dieser Angelegenheit gesagt habe, in vollem Umfange aufrecht und wiederhole meine Bereitwilligkeit, die Richtigkeit der Angaben vor Gericht durch Eid zu bekräftigen.<<[1068]

Da sowohl die Beschuldigten als auch die beiden Hauptzeugen bei ihren Einlassungen geblieben sind, wird noch am selben Tag eine Gegenüberstellung von Ohser und Knauf mit den Schultzes vorgenommen. Ablauf und Ergebnis dieser Gegenüberstellung werden in einem Vermerk von John festgehalten:

>Das Ehepaar Schultz wurde nochmals zur Dienststelle geladen und zu seinen Angaben gehört. Beide blieben fest bei ihren Beschuldigungen und unterstrichen einzelne Punkte noch besonders.

Angesichts des hartnäckigen Leugnens der Beschuldigten wurden diese dem Ehepaar Schultz gegenübergestellt. Hierbei wurden einzelne besondere Belastungspunkte nochmals erörtert. Obwohl auch hier die Eheleute Schultz unbeirrt bei ihren Aussagen blieben, waren weder Knauf noch Ohser zu größerer Aussagefreudigkeit zu bestimmen. Knauf behielt seine bisherige Taktik bei und bestritt Punkt für Punkt der Anzeige. Ohser räumte den in seinen Vernehmungen bisher zugegebenen Sachverhalt nach wie vor ein, liess sich aber nicht dazu bewegen, hinsichtlich der vom Ehepaar Schultz ihm ruhig und glaubwürdig vorgehaltenen Anschuldigungen weitere Zugeständnisse zu machen.

Die Gegenüberstellung blieb daher erfolglos.«[1069]

Der nervliche Zustand von Erich Ohser erreicht im Anschluss an seine Vernehmung und die Gegenüberstellung mit den Eheleuten Schulz einen absoluten Tiefpunkt. Nachdem er wieder in seine Zelle zurückgebracht worden ist, versucht er sich in der Nacht, beide »Handgelenke mit einem Glassplitter«[1070] aufzuschneiden. Der Selbstmordversuch scheitert, wobei keine weiteren Einzelheiten bekannt sind. Die Handgelenke des Zeichners werden verbunden. Weitere ernsthafte gesundheitliche Folgen scheinen sich nicht einzustellen.

1. April 1944

Auch nach seinem gescheiterten Selbstmordversuch hält Ohsers depressive Stimmung unvermindert an. So erklärt es sich auch, dass er den Entschluss fasst, am Morgen ein handschriftliches Geständnis zu den von den Eheleuten Schultz vorgebrachten Beschuldigungen niederzuschreiben. Dieses Geständnis wird anschließend noch einmal per Schreibmaschine aufgenommen.[1071] Im Anschluss daran wird Ohser von John einer erneuten Vernehmung unterzogen.

>[Ohser]:
Als ich von der gestrigen Vernehmung hier hinuntergeführt wurde, habe ich mich so geschämt und geekelt vor mir, wie noch nie. Ich habe gelogen. Das Ehepaar Schultz hat die Wahrheit gesagt. Ich habe die

ganze Zeit über entsetzlich gelitten über dieses Leugnen. Ich wollte meinen Freund Knauf decken. Er hat mir und anderen jüngeren Malern früher, als er selbst noch nicht viel verdiente, in so aufopfernder Weise geholfen, und ich fand, dass ich ihm nun auch einmal helfen müsse. Aber nun geht es nicht mehr. Ich kann so nicht schwindeln. Ich entschloss mich gestern, nach der Gegenüberstellung sofort ein Geständnis zu machen.

Ich habe auch einmal etwas über den Führer gesagt, habe aber nicht dabei den Ausdruck *Verbrecher* gebraucht.

Meine Erinnerung nach habe ich behauptet, der Führer habe uns ins Unglück gestürzt. Ich war dann über mich selbst entsetzt, bin hinaufgegangen und es war mir furchtbar übel von meiner Angeberei.

Dagegen ist mir aus der Erinnerung entschwunden, dass ich gesagt habe, ein deutscher Sieg würde unser größtes Unglück sein. Wenn ich es gesagt haben sollte, so ist es in einem der Depressionszustände geschehen, unter denen ich in letzter Zeit litt, und auch wohl unter der Einwirkung von Alkohol.

Ich habe gesagt:

Wenn es nach dem Kriege noch nationalsozialistischer wird, dann will ich keinen deutschen Sieg haben.«[1072]

Ohser gibt auch eine psychologische Erklärung dafür, weshalb er das meiste jener Dinge gesagt habe, die von den Eheleuten Schultz gemeldet worden waren.

»Ich habe dies in einer Weinlaune gesagt, es war scherzhaft gemeint. Durch meine politischen Aufträge war ich in eine Depression hineingeraten, da wir auftragsgemäss den Bolschewismus so grauenhaft wie nur möglich darstellen sollten.

Ich war meiner Aufgabe nicht gewachsen und habe mich schliesslich in die Vorstellung hineingelebt, dass alles das, was ich mir zu Propagandazwecken ausdachte, Wirklichkeit werden könnte. Ich habe mir darin die Fragen vorgelegt: Was muss dagegen geschehen, was steht in unserer Macht, ist die Flut mit England und Amerika zu dämmen, werden wir bei einem Siege der Sowjets etwa sogar von diesen gegen die Westmächte eingesetzt. Durch diese Vorstellungen geriet ich immer tiefer in Pessimismus, zumal auch die Angst um Frau und Kind dazu kam. Ausser dem was mir vorgeworfen wird, habe ich auch hoch in den Gesprächen die Frage aufgeworfen, ob wir nicht den Krieg mit den Sowjets dadurch hätten vermeiden können, dass wir ihnen Zugeständnisse machten. Ich weiss, dass diese meine Ansicht falsch ist. Oft habe ich den Menschen auch Angst gemacht, dass wir den Krieg verlieren könnten, um aus ihren Antworten wieder Kraft für mich zu schöpfen. Ich war da leider oft sehr hemmungslos, weil ich annahm, ich sei durch meine vielen positiven Zeichnungen gedeckt und geschützt. Auch an schnoddrigen Bemerkungen habe ich es je nach Laune und verzweifelter Stimmung nicht fehlen lassen. Unser Rückzug in Russland, verbunden mit meinen warnenden Zeichnungen, sowie das Nachdenken über dies alles führte dazu, dass ich meinen Angstzuständen oft auch in harten Worten gegen die Führung Luft machte. Bei schlechten Nachrichten habe ich auch das Radio nicht mehr angestellt, weil ich es nicht ertragen konnte, Schlechtes zu hören. So habe ich auch auf Grund dieser Depressionen auf unsere ganze Kunstproduktion geschimpft und bin ziemlich ausfallend geworden. Ich gebe auch zu, dass ich durch meine Stellung am *Reich* eingebildet geworden bin und ausserdem war ich verärgert, dass nicht ich, sondern der andere Zeichner Professor wurde, und dass ich weder ein Kriegsverdienstkreuz noch sonst eine Anerkennung bekam.

Nur einmal bekam ich eine solche Anerkennung, aber erst nachdem eine Reihe anderer nach meinem Urteil nicht so guter Zeichner einen Preis des Reichspressechefs bekommen hatten.

Solche Dinge brachten mich gegen die zuständigen Stellen auf und führten zu meinen unüberlegten Reden.

Ich habe die schrecklichen Sachen, die man mir vorwirft, gesagt, ohne an die Folgen zu denken. Ich war ein Mensch, der durch seine Zustände alle Zusammenhänge vergessen hatte und einfach losbrüllte, ohne zu überlegen. Später hat mir dann mein Verhalten leid getan. Ich muss die Folgen tragen und gebe alles zu bis auf Kleinigkeiten, die zwar schwerwiegend sind, aber nun doch nicht mehr ins Gewicht fallen.«[1073]

Im Folgenden lässt sich John noch einmal einzelne Äußerungen Ohsers en detail von diesem bestätigen:

»Im einzelnen gebe ich folgende Äusserungen zu:
        Durch die vielen Verfügungen sei die deutsche Kunst so gedrosselt worden, dass sie in ihrer freien Entwicklung stark beeinträchtigt worden sei. Es trifft auch zu, dass ich negativ

über die Folgen der Massnahmen von Dr. Goebbels geurteilt habe. Als im Luftschutzkeller die Rede von den guten Bunkern auf Karinhall war, habe ich gesagt, die Bomben möchten doch alle auf diese Bunker fallen. Dabei meinte ich, dass sie dort doch keinen Schaden anrichten könnten.

Hinsichtlich meiner Äusserungen, die beste Warnung wäre die vor 1933 gewesen, muss ich meiner Darstellung noch hinzufügen, dass ich wohl bemerkte, dass mein Gedankengang missverstanden worden war, ich habe aber nichts getan, um dem entgegenzutreten. Wie ich mich über die Vergeltung ausgelassen habe, weiss ich nicht mehr. Wenn Hauptmann Schultz aber aussagt, ich hätte die Vergeltung als Schwindel und Betrug bezeichnet, so will ich dem nicht widersprechen, aber ich habe bestimmt nicht derartig harte Ausdrücke gebraucht wie Strolche und Galgenfrist. Wenn ich mich an die einzelnen mir vorgehaltenen Vorwürfe nicht mehr erinnern kann, bzw. nur teilweise, so liegt das nicht daran, dass ich sie abstreiten oder leugnen will, sondern ist darin begründet, dass die Zeugen naturgemäss meine Auslassungen wohl inhaltlich richtig, aber in dem ihnen eigenen Stil angegeben haben, so dass ich mich nicht mehr auf alle Einzelheiten besinne. Beleidigende Schimpfworte gehören nicht zu meinem Jargon.«[1074]

Da die Gestapo auch Knauf überführen will, lenkt John seine Befragung auf diesen:

»Einen Teil meiner Äusserungen in den Gesprächen mit dem Ehepaar Schultz hat Knauf mitangehört. Er hat sich auch an ihnen beteiligt und hat mir beigepflichtet, auch wenn ich in der geschilderten Form abfällige Redensarten brachte.

So hat er auch die Geschichte über die Kristina Söderbaum erzählt. Auch Knauf übte zuweilen negative Kritik und war zeitweilig pessimistisch hinsichtlich des Kriegsausgangs eingestellt. Auch die Geschichte über den Zwischenfall in der KDDK [Kameradschaft der Deutschen Künstler] hat Knauf erzählt; er schilderte, wie George zu Dr. Goebbels sagte:

Der Arsch ist nicht nur zum Sitzen da.

Ich habe damals eingeworfen, ich hielte die Sache für sehr unwahrscheinlich.

Es fallen mir jetzt keine weiteren Einzelheiten mehr ein. Ich werde aber noch weitere Angaben machen, falls meine Erinnerung zu einigen Punkten wieder zurückgekehrt ist.«[1075]

Die Vernehmung wird beendet, Ohser wieder in seine Zelle zurückgebracht.

∗∗∗

Das Büro von Staatssekretär Gutterer setzt sich am 1. April mit der Oberreichsanwaltschaft beim Volksgerichtshof in Verbindung. Im Auftrag des Propagandaministers werden über eine interne Besprechung im Ministerium deren Kerninhalte mitgeteilt:

»Der Herr Minister wünscht nun, dass Freisler nach Möglichkeit noch vor Ostern den Haupttermin durchführt und auch selbst die Verhandlungen führt. Der Herr Minister möchte ferner, da es um seine Person geht, bevor das Urteil gesprochen wird, von Freisler angerufen werden, um das Urteil eventuell abzumildern. Leiter R. hat hiergegen Bedenken und schlägt vor, dass Freisler den Herr[n] Minister anruft, wenn er sich mit der Sache befasst hat. [1076]

Offenbar ahnt Goebbels bereits, dass Freisler eine schwerwiegende Bestrafung in dem Verfahren gegen Knauf und Ohser aussprechen wird. Er selber neigt der Mitteilung zufolge nicht zum Äußersten, was das mögliche Strafmaß angeht.

»Der Staatssekretär telefoniert daraufhin mit Freisler und vereinbart, dass die Verhandlung kommenden Dienstag oder Mittwoch vor dem Volksgerichtshof stattfindet. Da ehrenamtliche Richter von auswärts so kurzfristig nicht mehr heranbesorgt werden können, wird Freisler diese Richter aus den Reihen der Berliner Kreisleiter und SA-Führer wählen, soweit diese vom Führer als Richter beim Volksgerichtshof ernannt sind. Freisler ist angehalten, vor Beginn der Verhandlung sich mit dem Minister noch in Verbindung zu setzen.«[1077]

Wie wenig der kommende Prozess mit dem Gesetz, sondern vielmehr mit Willkürlichkeit, persönlichen Interessen der NS-Staatsführung und der Durchführung eines politischen Prozesses zu tun hat, verdeutlicht der Hinweis auf eine Kontaktaufnahme zwischen Goebbels und Freisler vor Verhandlungsbeginn.

Intern berichtet Gutterer dem Propagandaminister noch am gleichen Tag:

»Das Ehepaar Schultz hat sich auf Befragen eindeutig bereit erklärt, die Behauptungen gegen die Angeschuldigten auch unter Eid auszusagen. Sie machen dabei einen zuverlässigen und überzeugenden Eindruck. Der Vorgang wird daher nunmehr an den Oberreichsanwalt des Volksgerichtshofs abgegeben. Es wird dabei darauf geachtet, dass die Sache beschleunigt bearbeitet wird. Ich berichte weiter.«[1078]

2. April 1944

Bruno Schultz lässt John mit Schreiben vom 2. April noch eine weitere Mitteilung zukommen. Darin stellt er hinsichtlich seiner Meldung vom 17. März klar:

»Der letzte Absatz o.a. Meldung muß lauten:
*In immer noch völliger Verkennung meiner äußersten Zurückhaltung bat Knauf mich über meine Frau am 12. März, an seinem und Ohsers Frühstückstisch Platz zu nehmen. Meine Frau und ich lehnten das ab mit der Begründung, im Nebenzimmer das Rundfunk-›Schatzkästlein‹ hören zu wollen. Darauf sagte Knauf zu meiner Frau ohne jeden Zusammenhang wörtlich:
Na ja, Schatzkästlein, ist ja immerhin noch besser als 'ne Führer-Rede!«[1079]*

Schultz ist offenbar bemüht, dass jede einzelne seiner Aussagen – vermeintlich – korrekt ist und ihm nichts als Unwahrheit ausgelegt werden kann. Das zeugt von bemühter Aufrichtigkeit und wohl auch Angst.

3. April 1944

Am Morgen wird Knauf zur nächsten Vernehmung abgeholt. Ihm wird zunächst erklärt, »dass Ohser ein umfassendes Geständnis abgelegt hat«.[1080]
Nun gehört es zum allgemeinen Taktikrepertoire der Gestapo-Beamten, zu behaupten, ein anderer Mitbeschuldigter habe ein

Geständnis abgelegt, weshalb ein Abstreiten demzufolge zwecklos sei. Diese Situation stellt den Verhörten vor ein Dilemma, da er nicht weiß, ob es tatsächlich ein Geständnis gegeben und wenn ja, wie viel die Gestapo tatsächlich in Erfahrung gebracht hat. Legt der Verhörte nun seinerseits ein Geständnis ab, liefert er der Gestapo möglicherweise neue Informationen. Schweigen wiederum kann folgenschwere Sanktionen nach sich ziehen. Erwiesenermaßen konfrontiert die Gestapo Häftlinge oft mit ihrem Wissen, um ihnen die Ausweglosigkeit ihrer Situation bewusst zu machen.[1081] Knauf zeigt sich angesichts der Mitteilung von Ohsers Geständnis nicht beeindruckt. Er gibt zu Protokoll:

>»Ich bleibe bei meinen gemachten Angaben und erkläre, dass ich die mir in den Mund gelegten Äusserungen niemals gemacht habe. Auch hat Ohser in meiner Gegenwart niemals sich staatsfeindlich dem Ehepaar Schultz gegenüber geäussert. Ich sehe keinen Grund, welchen Anlass Ohser hat, mich, wie er sagt, zu decken. Ich bin viel weniger mit dem Ehepaar Schultz zusammengekommen als Ohser, war wochenlang verreist, so dass ich nicht weiss, was zwischen Ohser und Schultz in meiner Abwesenheit gesprochen worden ist.
> Weitere Angaben kann ich nicht machen.«[1082]

Prochnow muss in einem Vermerk konstatieren:

>»Obwohl Knauf eingehend darauf aufmerksam gemacht worden war, dass sein Freund Ohser nunmehr endlich ein Geständnis abgelegt und die staatsabträglichen Äusserungen zugegeben hat, bleibt Knauf bei seiner einmal eingeschlagenen Taktik und erklärt immer wieder, dass er sich keineswegs defätistisch oder staatsabträglich dem Ehepaar Schultz oder auch anderen Personen gegenüber geäussert hat. Auch das Geständnis des Ohser hat ihn keineswegs veranlasst, die Wahrheit zu sagen.«[1083]

Noch am gleichen Morgen dieses Tages widerruft Erich Ohser sein Geständnis, was John zu einem Vermerk veranlasst:

>»Ohser legte am Vormittag des 1.4.1944 ein schriftliches Geständnis ab, das sich im besonderen Umschlag bei der Akte befindet. Obwohl der Stil dieses Geständnisses so gehalten war, daß man von vornherein die Echtheit und Wahrhaftigkeit

desselben erkannte, wurde Ohser nochmals vernommen. Bei
der Vernehmung fiel auf, dass er nicht alles in Bausch und
Bogen zugab, sondern nach wie vor um Worte kämpfte, die
seiner Meinung nach weniger scharf, als laut Zeugenaussagen
angenommen werden musste, waren.

Am Schluss der Vernehmung verweigerte Ohser die Unterschrift mit der Behauptung, er könne dies nicht unterschreiben,
weil einzelne Sätze seines handschriftlichen Geständnisses aus
dem Zusammenhang herausgerissen seien und nun einen viel
ungünstigeren Sinn angenommen hätten.

Am Morgen des 3.4.1944 widerrief Ohser sein Gesamt-
geständnis, auch das handschriftliche. Als Begründung führte
er an, dass ihn die Vorbeugungsmaßnahmen, die nach seinem
Selbstmordversuch vorsorglich angewandt wurden, sowie
der scharfe Ton bei der Gegenüberstellung mit den Eheleuten
Schultz ihn zum Geständnis verleitet hätten.

Obwohl der Beschuldigte darauf hingewiesen wurde, dass
die psychologische Begründung seines bisherigen Leugnens
und des späteren Geständnisses absolut logisch und wahrheits-
gemäss klängen, blieb er bei seinem Widerruf.«[1084]

Vom vermutlich gleichen Tag stammt auch ein Brief ohne Datums-
angabe des Zeichners an Goebbels, worin er ebenfalls eine Kehrtwende vollzieht und auch dem Propagandaminister gegenüber sein
Geständnis widerruft. Schon in den ersten Zeilen drückt sich Ohsers
ganze Verzweiflung aus, wenn er von seinem »schrecklichen Nerven-
zustand«[1085] spricht. Er beschreibt auch, dass seine Hände gefesselt
seien, da die Wachleute nach dem missglückten Selbstmordversuch in
der dritten Gefängnisnacht sicher gehen wollen, dass sich ein solcher
Vorgang wiederholen kann. Er klagt in seinem Brief die Denunzianten
an, indem er schreibt:

»Man hat mich mit einem Kübel von unwahren Scheußlichkeiten
überschüttet. Erfindungen Verdrehungen alles durcheinander. Ein
teuflisches Ehepaar hat sich das ausgedacht. Da ich mich meist auf die
Gespräche nicht mal erinnern kann, gebe ich dann irgendetwas *sinn-
gemäßes* zu, um nicht dauernd als *Lügner* ausgelacht oder angebrüllt
zu werden. Aber das ›sinngemäße‹ habe ich auch nicht gesagt. Nach
der ersten qualvoll gefesselten Nacht in der ich es nach 4 schlaflo-
sen Nächten, nicht mehr aushielt, kam ich auf den Entschluß, diese
ganzen schrecklichen Scheußlichkeiten *einzugestehen*, um durch
eine schnelle Hinrichtung diesen Qualen zu entgehen. Durch einen

glaubhaft gemachten Brief legte ich ein Geständnis ab, daß alles wahr sei, was die Anklage behauptet. Bei der Vernehmung brachte ich dann noch einige schreckliche Punkte gegen mich zusammen, aber dann sah ich plötzlich den Unsinn ein, den ich da anrichten wollte und ich nahm mein *Geständnis* zurück.«[1086]

Er versucht anschließend eine sachliche Erklärung der aus seiner Sicht tatsächlichen Vorgänge abzugeben:

»Wir haben gewagte Unterhaltungen geführt, die von Meckereien begleitet waren, aber von Landesverrat, Defaitismus oder Verächtlichmachung konnte keine Rede sein. Die sind von Familie Schultz erfunden worden, die scheint es, eine teuflische Lust haben, Menschen in den Tod zu treiben. Ich habe nie eine Sekunde gewünscht, daß wir den Krieg verlören, auch all die anderen entsetzlichen Anschuldigungen sind erfunden. Gemeckert wurde mal übers Kino, über die Kunstausstellung in München, über einzelne Künstler. Ich habe über irgendeine Propagandaanweisung gemeckert, deren Sinn mir nicht aufging. Das geschah immer beim abendlichen Plauderstündchen, das mit Alkohol verbunden war. Meine Zeichnungen, die ich für *Das Reich* zeichnete, ließen mich noch manchmal den Ostfeldzug sehr düster sehen. Ich war allzuoft ein Opfer meiner Propagandazeichnungen.«[1087]

Ohser appelliert an das Mitleid des Propagandaministers:

»Ich bitte Sie nun Herr Reichsminister vielmals um Verzeihung und ich bitte Sie weiter den Zeichner von *Vater und Sohn* seinem Sohn der mit Diphtherie krank liegt, zurückzugeben. Ich habe hier in dieser Zelle den Tod schon tausendfach erlitten, der Meckerer und Schwätzer E.O. Plauen ist in dieser Zelle getötet worden. Wenn ich hier wieder herauskomme, werden diese Tage des Entsetzens und der Qual nie wieder aus meinem Leben vergehen. Jede Minute erlebter Todesgewißheit hat sich tief eingegraben für immer. Oh, dürfte ich zurück an meinen Arbeitsplatz, durch größte Anstrengungen würde ich versuchen mir Ihr Vertrauen wieder zu erringen. Geben Sie mir, Herr Reichsminister, noch mal das Leben zurück, damit ich mich wieder in die Front einreihen kann, wo ich Millionen von Deutschen, durch meine Zeichnungen etwas geben kann. Ich glaube Herr Minister, wenn Sie mir 10 Minuten Ihrer kostbaren Zeit schenken würden, dürfte sich manches Mißverständnis klären. Jede Minute schreckliche Qual. Möge diese leise Hoffnung, die ich hege, nicht umsonst sein. Tag und Nacht gefesselt, einsam ohne Nachricht von draußen, lasse ich meine Bitte zu Ihnen gehen. Möge sie in Ihr Herz dringen.«[1088]

In einem Postskriptum heißt es noch:

»Ich bitte Sie, Herr Reichsminister, zu veranlassen, daß man diesen Händen die für viele Millionen Kinder *Vater und Sohn* gezeichnet haben, so schnell als möglich die Fesseln abnehme.«[1089]
Ob Goebbels den Brief tatsächlich erhält, lässt sich den erhalten gebliebenen Akten nicht entnehmen. In einem anderen Brief Schmidt-Leonhardts vom 3. April berichtet dieser an Goebbels, dass er auftragsgemäß

> »Präsident Freisler aufgesucht [habe] und mit ihm sowie auf seinen Wunsch im Anschluss daran auch mit Oberreichsanwalt Lautz eingehend gesprochen.
> Ohser hat sein Teilgeständnis widerrufen, so dass zu seiner Überführung neue Zeugenvernehmungen notwendig sind. Diese sind in gutem Gange. Gleichwohl konnten aus diesem Grunde die Akten noch nicht einmal an den Oberreichsanwalt, geschweige denn an das Gericht geschickt werden. Die Übersendung wird auch vor morgen früh nicht stattfinden können. Die Angelegenheit wird trotz dieser Schwierigkeiten so beschleunigt, dass am Mittwoch früh 9 Uhr die Hauptverhandlung stattfindet. Präsident Freisler, der auch geschäftsordnungsmässig zuständig ist, leitet sie persönlich [...]. Präsident Freisler erklärte, zwar grundsätzlich nie eine Prognose für ein Urteil zu stellen, liess aber durchblicken, dass, wie es meiner Überzeugung nach bei der Härte des Falles auch gar nicht anders sein kann, zwei Todesurteile mindestens wahrscheinlich sind.«[1090]

Der Brief verdeutlicht, dass auf Knauf und Ohser »zwei Todesurteile« warten, über die sich Justiz und Verwaltung bereits im Vorfeld der für den 5. April bereits vorgesehenen Hauptverhandlung einig sind. Zweifelsohne bildet das Schicksal der beiden Freunde den Kern eines politischen Prozesses, der dadurch gekennzeichnet ist, dass der Angeklagte keine verfahrensmäßigen Rechte besitzt, mehr Belastungszeugen und wenige oder keine Entlastungszeugen vernommen werden und das Urteil festgelegt ist. Darüber hinaus beruhen Beschuldigungen oftmals auf Fiktionen und überspitzten Behauptungen.[1091]
Nachdem sich die beiden Gestapobeamten im Fall *Terra* und *Reich* mit Oberreichsanwalt Lautz verständigt haben, vermerkt einer von ihnen – John –:

> »Nach Rücksprache zwischen Herrn Oberreichsanwalt Lautz und Herrn Kriminalrat Prochnow werden die Beschuldigten

nicht dem Untersuchungsrichter beim Polizeipräsidium Berlin, sondern der Untersuchungshaftanstalt beim Kriminalgericht Berlin, Berlin NW 40, Alt Moabit 12a, zur Verfügung des Herrn Oberreichsanwalts beim Volksgerichtshof überstellt.

Der Vorgang wird nach erfolgter Überstellung dem Herrn Oberreichsanwalt durch besondere Beamte übergeben.«[1092]

4. April 1944

Neben den Denunzianten, dem Ehepaar Schultz, und den beiden Beschuldigten Ohser und Knauf zitiert die Gestapo eine weitere, letzte Zeugin in die Prinz-Albrecht-Straße 8. Am 4. April erscheint dort mit Fräulein Friedel die Wirtschafterin im Haus Daubenspeck zum Verhör.

Die dreiundzwanzigjährige Elfriede Gockel erklärt zunächst:

>»Ich bin als Wirtschafterin im Haus Am Feldberg 3 in Berlin-Kaulsdorf tätig. Zu meinen Obliegenheiten gehört die Betreuung der dort wohnenden Herren Knauf und Ohser.
>
>Der Gegenstand meiner Vernehmung ist mir bekannt und ich bin darauf hingewiesen worden, dass ich verpflichtet bin, die reine Wahrheit zu sagen.«[1093]

Anschließend wird sie zu den Äußerungen der beiden Beschuldigten befragt. Der erste Teil ihrer Aussagen betrifft das Verhalten von Erich Ohser:

>»Es trifft zu, dass ich vor einiger Zeit einmal zu Frau Schultz gesagt habe:
>*Es ist doch unerhört, was Herr Ohser manchmal für Bemerkungen macht!*
>Diese meine Äusserung bezog sich auf verschiedene Meckereien, die mir heute im einzelnen nicht mehr im Gedächtnis sind. Ich weiss nur noch, dass Herr Ohser gelegentlich den Ablauf der Ereignisse an der Ostfront auf der Karte verfolgte und der Meinung war, es sehe sehr mies aus. Auch war er der Ansicht, dass der Polizeipräsident Graf Helldorf das Ritterkreuz deswegen bekommen habe, weil er stets der erste im Luftschutzkeller gewesen sei. Auch behauptete er einmal, bei Voralarm würden auf der Fernverkehrsstrasse nach Küstrin als erste die Ritterkreuzträger und diejenigen, die es sich leisten

können, abhauen. Er bezweifelte auch einmal, dass wir tatsächlich mit so vielen Flugzeugen über London gewesen seien, wie der Wehrmachtsbericht angab. Ferner weiss ich noch, dass er gelegentlich Kritik an Dr. Goebbels hinsichtlich seiner Aufsätze im *Reich* übte; was er im einzelnen dazu sagte, ist mir nicht mehr im Gedächtnis.«[1094]

Der zweite Teil ihrer Aussagen nimmt Bezug auf das Verhalten von Erich Knauf:

»Dagegen erinnere ich mich noch daran, dass einer der beiden Herren – meiner Erinnerung war es allerdings Knauf – im Luftschutzkeller sagte:
Die hätten mal lieber vor 1933 warnen sollen.
Ich bekam dabei einen Schreck und dachte im stillen:
Wenn das nur keiner gehört hat!
Dass Knauf den Reichsminister Dr. Goebbels einen Lausejungen genannt hat und sich über das Honorar von RM 1500,-- pro Artikel im *Reich* entrüstet haben soll, ist mir nicht in Erinnerung. Aber solche Aussprüche entsprechen seiner Art.
Auf Befragen bestätige ich auch, dass Ohser zu Schultz jun. sagte, als er ihn in Zivil traf:
Nanu, Sie sehen ja so anständig aus. Er kann auch nett und schick gesagt haben.
Weitere Angaben kann ich nicht machen, ich habe die reine Wahrheit gesagt.«[1095]

Damit endet auch diese letzte Vernehmung in den Ermittlungssachen *Terra* und *Reich*. Prochnow und John verfassen noch an diesem Tag einen gemeinsamen Schlussbericht, der als Grundlage für die Anklageerhebung durch den Oberreichsanwalt vor dem Volksgerichtshof dienen wird. Der Schlussbericht fasst als Erstes das strafrechtliche Ermittlungsergebnis sowie die politische Einordnung der Beschuldigten kurz zusammen:

»Bei den Beschuldigten handelt es sich um alte und aktive Mitarbeiter der marxistischen Presse und ehemalige Mitglieder der Sozialdemokratischen Partei, wie aus Blatt 9 der Akten hervorgeht. Beide Beschuldigten sind durch Zeugenaussagen überführt sich wiederholt staatsfeindlich und zersetzend geäussert zu haben.«[1096]

Anschließend werden die einzelnen Kundgaben Ohsers aufgelistet:

»Dem Beschuldigten Ohser werden folgende Äusserungen zur Last gelegt:

Dr. Goebbels habe durch idiotische Verfügungen die deutsche Kunst gedrosselt und vor die Hunde gehen lassen.

Goebbels werde in seiner Ahnungslosigkeit nur noch durch Hitlers Idiotereien übertroffen.

Die anlässlich eines Terrorangriffs geworfenen Bomben möchten alle auf Karinhall fallen,

Die beste Warnung wäre die vor 1933 gewesen.

Himmler halte sich nur durch täglich 80–100 Hinrichtungen.

Die Vergeltung sei Schwindel und infamer Volksbetrug.

Die Führung bestehe nur aus Angsthasen.

Nur eine neue Regierung könne helfen.

Unsere militärischen Anstrengungen seien zu letzten Zuckungen verurteilt, Hitler habe die Partie längst verloren.

Darüber hinaus hat er versucht, durch gleichfalls zersetzende Bemerkungen die Einsatzfreudigkeit eines jungen Soldaten – des Sohnes des Anzeigenerstatters Hauptmann Schultz – zu lähmen und zu mildern. Die deutschen Kriegsaussichten schilderte er vollkommen schwarz und hoffnungslos.«[1097]

Anschließend werden die inkriminierten Knauf'schen Äußerungen aufgelistet, bevor die von ihm und Ohser gemeinsamen Äußerungen als gegebene Tatsachen präsentiert werden:

»Knauf bezeichnete Dr. Goebbels als *Lausejungen und grösstes Schwein aller Zeiten* und erzählte herabsetzende Gerüchte über ihn. Den Führer bezeichnete er als Emporkömmling und Verbrecher. Er war der Ansicht, man müsse die Waffen niederlegen und einen Vergleich mit Ost oder West schliessen.

Beide waren schliesslich der Ansicht, dass ein deutscher Sieg ein nationales Unglück bedeuten würde.«[1098]

Prochnow und John nehmen in ihrem Schlussbericht eine Beweiswürdigung vor. Die Zeugenaussagen, die Gegenüberstellung mit den Eheleuten Schultz, Ohsers widerrufenes Geständnis und sein Selbstmordversuch vom 31. März werden darin als weiteres indirektes Indiz für seine Schuld dahingehend bewertet, dass die beiden Freunde sich des Tatbestands der Wehrkraftzersetzung strafbar gemacht hätten.

»Beide Beschuldigten haben zunächst hartnäckig geleugnet; später hat Ohser sich dann bequemt, Teilgeständnisse zu machen. Nach der Gegenüberstellung mit den Zeugen hat er dann sogar in der Haft freiwillig ein handschriftliches Geständnis von sich heraus niedergelegt. Dieses Geständnis hat Ohser jedoch sofort widerrufen, nachdem der Eindruck der glaubwürdigen Zeugenaussagen bei der Gegenüberstellung sich wieder etwas bei ihm verflüchtigt hatte und als er sich Rechenschaft über die Folgen seiner Aussage machte.

Ohser rechnet – wie er bei der Vernehmung angab – mit der Todesstrafe; Stil und Inhalt seines Geständnisses sprechen ausserdem für sich selbst, so dass der spätere Widerruf daneben nicht überzeugend wirkt.

Die Aussage des Knauf ist schon insoweit restlos unglaubwürdig, als sie jede Schuld rigeros [sic] abstreitet und selbst in den relativ harmlosen Fällen jede Beteiligung ableugnet, obwohl Ohser hier ohne weiteres Zugeständnisse gemacht hat. Schon die Aussage des Beschuldigten Ohser, er habe seinen Freund Knauf decken wollen, ist für eine Betätigung Knaufs im Sinne der Anzeige und der Zeugenaussagen beweiskräftig.

Auch ohne das Geständnis Ohsers berücksichtigen zu wollen, sind beide Beschuldigten dringend verdächtig, sich der Wehrkraftzersetzung schuldig gemacht zu haben. Dafür spricht schon Ohsers missglückter Selbstmordversuch am 31.3.1944 im Hausgefängnis des Geheimen Staatspolizeiamtes.

Unterstrichen werden muss auch, dass er zunächst bestritt gesagt zu haben, die beste Warnung wäre die vor 1933 gewesen (Blatt 16 R der Akte). Die krasse Form der Verneinung dieses Vorhaltes steht in seltsamem Widerspruch zu seiner aus eigenem Antrieb gemachten handschriftlichen Äußerung (Blatt 38 der Akten), die durch seine Vernehmung vom 31.3.1944 (Blatt 39 der Akte), wobei er jedoch sofort der Unwahrheit überführt werden konnte.«[1099]

Nach dieser ermittlungstechnischen Bewertung, die unschwer auch den juristischen Ausbildungshintergrund der beiden Gestapo-Beamten erkennen lässt, setzt sich der Schlussbericht anschließend wieder verstärkt mit dem politischen Hintergrund der Beschuldigten auseinander. Gezeigt werden soll, dass es sich bei beiden um Gegner des Nationalsozialismus handelt.

»Im Jahre 1936 bereits wurde Ohser wegen seiner politischen Vergangenheit aus der Reichsschrifttumskammer ausgeschlossen; er hat es nur dem Reichspropagandaminister, den er in seinen Ausführungen so niederträchtig beschimpft hat, zu verdanken, dass diese Verfügung rückgängig gemacht wurde. Bezeichnend für ihn und die Einstellung seiner Kreise bezw. Familienangehörigen ist der der Akte beigeheftete Brief seiner Base [...]. Darin wird von der deutschen Wehrmacht als von einem *Verein* gesprochen, *den wohl alle Ohsers gleich schätzen.*

Es darf dabei nicht vergessen werden, dass es sich bei Ohser um einen Mann handelt, der ebenso wie Knauf dank der Grosszügigkeit der zuständigen Stellen ein gesichertes hohes Einkommen hat.

Knauf ist noch mehr als Ohser in den Ideen der marxistischen Bewegung verwurzelt. Während Ohser der SPD nur 4 Jahre angeblich aus Zweckmässigkeitsgründen angehörte, ist Knauf in der marxistischen Arbeiterbewegung gross geworden. Bereits sein Vater gehörte ihr an.

Vorbestraft ist er wegen Gotteslästerung und übler Nachrede. Im Jahre 1934 befand er sich im Konzentrationslager Sachsenhausen, weil er eine Festvorstellung des Deutschen Opernhauses in geradezu unglaublichem Ton im *8-Uhr-Abendblatt* kritisierte. Wenn er sich auch im Jahre 1928 von der SPD lossagte, so erfolgte diese Trennung doch nicht aus weltanschaulichen Gründen, sondern nur deshalb, weil die inneren Streitigkeiten der marxistischen Bewegung überhand genommen hatten und ihm nicht zusagten.

Beide berufen sich darauf, als Kunstschaffende sich stets bemüht zu haben, den Anforderungen der Jetztzeit gerecht zu werden. Dazu ist zu sagen, dass es sich bei ihnen um Söldnernaturen handelt, die in der Systemzeit dem Zeitgeist folgten, heute die Parolen des Nationalsozialismus nach aussen hin propagieren – wobei der künstlerische und propagandistische Wert beider durchaus nicht unumstritten ist – und bei einem in ihrer Gedankenwelt zweifellos spukenden Systemwechsel sofort wieder mit dem Winde segeln würden.«[1100]

Zuletzt werden die Glaubwürdigkeit und Glaubhaftigkeit der beiden wichtigsten Zeugen – Bruno und Margarete Schultz – hervorgehoben. Der Umstand, dass beide wochenlang die vermeintlichen Äußerungen ihrer Kaulsdorfer Mitbewohner nicht zur Anzeige gebracht haben, wird mit »inneren Kämpfen« erklärt und entschuldigt:

> »Im wohltuenden Gegensatz zu Ohsers unsicherer und weiner-
> licher Verteidigung sowie zu Knaufs sturem Abstreiten sogar
> bewiesener Punkte steht das ruhige und feste Auftreten der
> Eheleute Schultz.
> Beide haben sich nach inneren Kämpfen zur Aussagebereit-
> schaft durchgerungen. Mit Sicherheit und Gelassenheit traten
> sie bei der Gegenüberstellung den Beschuldigten gegenüber.
> Ihre Aussagen sind glaubhaft und es ist abwegig, ihnen per-
> sönliche Beweggründe vorzuwerfen, wie es die Beschuldigten
> versuchen.
> Die restlichen Zeugenvernehmungen werden nachgereicht.«[1101]

Zum Schluss werden verfahrensrechtliche Punkte angesprochen:

> »Der Vorgang wird dem Herrn Vernehmungsrichter beim
> Polizeipräsidium Berlin für den Herrn Oberreichsanwalt beim
> Volksgerichtshof wegen Wehrkraftzersetzung (§ 5 KSSVO)
> unter Zuführung der Beschuldigten zugeleitet. Rücküberstel-
> lungsanträge sind beigefügt.«[1102]

In den genannten Rücküberstellungsanträgen wird über Knauf und Ohser verfügt, sie »nach Wegfall des derzeitigen Haftgrundes dem Geheimen Staatspolizeiamt Berlin, Prinz-Albrecht-Straße, zu über-stellen zwecks weiterer Inschutzhaftnahme«.[1103]

Mit diesem Vorgehen stellt die Gestapo sicher, dass ein der Justiz übergebener Häftling in jedem Fall wieder an sie ausgeliefert wird. Die Gestapo allein entscheidet über den Aufenthaltsort einer Per-son. Selbst von Gerichten freigesprochene Angeklagte müssen immer damit rechnen, dass erst die Gestapo über ihre Freiheit entscheidet. Der Hinweis auf die »Inschutzhaftnahme« belegt auch für Ohser und Knauf das völlige willkürliche Ausgeliefertsein an die Gestapo.

***

Während Knauf und Ohser dem Gefängnis des Kriminalgerichts in Moabit überstellt werden, meldet sich der Schwager des Zeichners, der Ingenieur Arnold Bantzer[1104], im Haus Daubenspeck. Ohser hat sich wenige Tage vor seiner Verhaftung mit seinem Schwager in Berlin getroffen und ausgetauscht. Dabei machte der Künstler »einen außerordentlich deprimierten Eindruck auf seinen Schwager, und so ruft dieser […] in Kaulsdorf an. Dort erreicht er nur die Familie Schultz, die ihm erklärt, Ohser sei auf Reisen, und es sei fraglich, ob er wiederkomme. Nun ist Arnold vollends alarmiert: Auskünfte dieser Art können in jenen Zeiten das Schlimmste verheißen. Er selbst fährt überstürzt nach Reichenbach/Fils, um Marigard Bescheid zu geben.«[1105]

Bantzer trifft seine Schwester in einer ohnehin angespannten Situation an. Christans Gesundheitszustand ist so schlimm, dass er an diesem Tag noch in eine Tübinger Klinik gebracht werden muss. Seine Mutter, selber »noch nicht einmal gänzlich genesen […], nimmt den Nachtzug und eilt nach Berlin«.[1106]

***

Während sich Marigard Ohser auf den Weg nach Berlin macht, treffen die maßgeblichen NS-Behörden Vorkehrungen, um dem Präsidenten des Volksgerichtshofs, der als Vorsitzender seines Senats die Hauptverhandlung über das Schicksal von Ohser und Knauf leiten wird, entsprechend mit Informationen zu präparieren.

So wendet sich zum einen Dr. Alfred Metten vom Reichsjustizministerium an Freisler persönlich und sendet ihm per Sonderboten – mit Instruktionen versehene – Unterlagen für den Prozess:

> »In der Strafsache Ohser-Knauf übersende ich Ihnen Ihren Wünschen entsprechend
>
> 1. ein Faszikel mit karikaturistischen Zeichnungen sowie zehn Fotokopien von Karikaturen aus der Feder Plauens,
> 2. zwei Zeitungsausschnitte mit Reden des Führers und des Reichsministers Dr. Goebbels, die sich mit dem deutschen Künstler befassen,
> 3. ein Schreiben des Gaupersonalamts Berlin vom 4. April 1944.
>
> Zu 1. Die Fotokopien der Karikaturen können Bestandteil der Gerichtsakte werden. Dagegen darf ich bitten, die übrigen Stücke, die als Archivstücke nur einmal vorhanden sind und häufig gebraucht werden, baldmöglichst an mich zurückgelangen zu lassen.
>
> Zu 2. Die Auswahl ist sehr dürftig, die mit der Sammlung betrauten Stellen können Zitate so, wie Sie sie eigentlich wünschten, vorläufig nicht finden. Ich bin bemüht, weiter

suchen zu lassen, und würde gegebenenfalls Ergänzungen noch im Laufe des Tages an Sie gelangen lassen. Die beiden Stücke darf ich ebenfalls zurückerbitten.

Zu 3. Auch die Auskunft des Gaupersonalamts ist dürftig, denn sie enthält zwar wertvolle Angaben zur Person, besonders auch über die Ausbombung, enthält aber keine politische Beurteilung. Eine Rückfrage beim Gaupersonalamt ergab, dass eine solche frühestens im Laufe des Nachmittags über die früheren Ortsgruppen der Beschuldigten beschafft werden kann, da die jetzige Ortsgruppe keine Unterlagen besitzt. Nachteiliges sei weder in polizeilicher noch in politischer Beziehung bei beiden bekannt. Etwa eingehende Ergänzungen würde ich ebenfalls auf dem schnellsten Wege im Laufe des heutigen Tages an Sie gelangen lassen.«[1107]

Da es sich im Verfahren gegen Ohser und Knauf vorrangig um einen politischen Prozess handelt, wendet sich auch Dr. Schmidt-Leonhardt als Leiter der Rechtsabteilung im Goebbels-Ministerium an Freisler und übersendet diesem »die vom Gaupersonalamt fernmündlich hierher übermittelten politischen Beurteilungen der beiden Beschuldigten«.[1108]

Die erste Mitteilung betrifft Erich Ohser. Es handelt sich um eine telefonische Auskunft der NSDAP-Ortsgruppe Brabant:

»Vg. Erich Ohser ist Pressezeichner, geboren am 18. März 1903. Er gehört der NSV, dem RLB und dem Reichsverband der Deutschen Presse an. In letzterem hat er die Mitgliedsnummer 17048. Spenden zum DRK monatlich 20,-- RM und zum Eintopf 3,-- bis 5,-- RM. Er ist verheiratet und hat einen Sohn, der 1931 geboren ist und der HJ angehört. Konfession: gottgläubig.

Die Hausbewohner können keine Klagen über ihn führen.

Propagandamaterial wird stets und reichlich abgenommen.

Er gilt in dem dortigen Ortsgruppenbereich als guter Nationalsozialist.

Seine Wohnung ist nicht totalbeschädigt, er hat nur Teilschaden.«[1109]

Die zweite übersendete Mitteilung der NSDAP-Ortsgruppe Lietzensee hat die politische Beurteilung von Knauf zum Inhalt:

»Der Volksgenosse Erich Knauf ist von Beruf Schriftsteller. U. a. stammt von ihm das Lied *Brüderlein fein* [sic][1110]. Während der Jahre 1938 bis 1945 wohnte er in Charlottenburg, Fritschestr. 56. Er ist in all diesen Jahren nie unangenehm in Erscheinung getreten. An nationalsozialistischen Organisationen gehört er, soweit ich bisher feststellen konnte, der NSV an.

Seine Spendenbeteiligung war nicht nur gut, sondern auch freudig. Desgleichen nahm er gern alles nationalsozialistische Propaganda- und Schulungsmaterial entgegen. Auf Grund seiner Gesamthaltung kann mit Recht angenommen werden, daß er fest auf dem Boden der nationalsozialistischen Weltanschauung steht. Total ausgebombt.«[1111]

Eine weitere Auskunft bezieht sich auf Ohser und Knauf zusammen. Sie stammt von der Gauleitung Berlin der NSDAP. Darin heißt es:

»Die Volksgenossen Erich Knauf und Erich Ohser sind, wie ich feststellen konnte, im Gaubereich Berlin nicht als Parteigenossen erfasst. Sie wohnen erst kurze Zeit unter der von Ihnen angegebenen Anschrift in der Wohnung des praktischen Arztes Dr. Daubenspeck, der zum Wehrdienst einberufen wurde und dessen Praxis stillliegt. Durch Vermittlung der Ehefrau des Daubenspeck, die ebenfalls ausserhalb Berlins ist, wurden Bombengeschädigte, in diesem Fall das Ehepaar Schultz und die Volksgenossen Erich Knauf und Erich Ohser, in der Wohnung untergebracht.

Erich Knauf wurde am 2.12.1943 in Charlottenburg, Fritschestr. 56 ausgebombt.

Erich Ohser wohnt in Berlin-Kaulsdorf polizeilich noch ungemeldet.

Weitere Feststellungen waren bis jetzt noch nicht zu treffen.«[1112]

Ebenfalls an diesem Tag wendet sich Schmidt-Leonhard an Metten:

»Es ist folgender Zwischenfall eingetreten: Reichsminister Thierack, der ja vom Führer verpflichtet ist, sich aller Zersetzungssachen in persönlicher Verantwortung anzunehmen, hat Vortrag verlangt und, wie soeben mitgeteilt wird, entschieden, daß ihm der Sachstand morgen früh zur Kenntnis gebracht wird. Der Verhandlungstermin morgen früh kann infolgedessen nicht stattfinden, Reichsminister Thierack wird jedoch Sorge tragen, dass er dann, wenn irgendmöglich, am Gründonnerstag früh angesetzt wird. Von Ihrem Interesse an der Angelegenheit und Ihren Beschleunigungswünschen ist er unterrichtet. Ich erhalte morgen Vormittag Nachricht von der weiteren Entscheidung des Reichsministers Thierack sowie darüber, ob der Termin am Donnerstag früh angesetzt ist. Ich erstatte dann sofort weiter Meldung.

Dem Wunsch des Reichsministers, von dem Verfahren vorher Kenntnis zu erhalten, wird wohl nicht entgegengetreten werden können.«[1113]

5. April 1944

Schmidt-Leonhardt teilt Dr. Metten mit, dass die Hauptverhandlung gegen Ohser und Knauf am morgigen 6. April, 9 Uhr früh stattfinden werde.[1114]

Im Laufe des Tages verfasst Erich Ohser in seiner Zelle einen – fragmentarisch gebliebenen Brief –, dessen Empfänger unbekannt ist. Darin spiegelt sich die ganze Fassungslosigkeit und Verzweiflung des Verfassers wider:

> »Ich habe noch nie im Leben von so einer unvorstellbar menschlich verkommenen Tat gehört, wie sie Herr Hauptmann Schultz an uns begangen hat (Herrn Knauf und mir). Wir haben monatelang ohne jede Trübung mit der Familie Schultz im Hause Daubenspeck zusammen gelebt. Es war ein herzliches, freundschaftliches Verhältnis. Er sagte einmal zu mir:
> *Es macht nichts, Sie können ruhig in meinem Schlafzimmer telefonieren, es ist so, als ob Sie mein Bruder seien.*
> Wir haben abends bei einem Gläschen Wein zusammengesessen und über alles gesprochen, was uns so heute bewegt. Eines Tages setzten sich Herr und Frau Schultz ohne jeden Übergang vom Frühstückstisch weg in ihre eigenen Räume, und plötzlich überraschte uns diese Verhaftung mit einer unheimlichen Flut von Beschuldigungen schwerster und gemeinster Art, an denen nicht ein Wort wahr ist.«[1115]

Inzwischen ist Marigard Ohser in der Reichshauptstadt angekommen. Sie sucht umgehend den Vorgesetzten ihres Ehemannes, Rudolf Sparing[1116], den Hauptschriftleiter von *Das Reich,* auf.

»Hier bestätigt sich ihre Vermutung: Ohser und Knauf sitzen in Haft – keiner kennt die Anklage. Aber Marigard kann sehr konkret vermuten, in welche Richtung der Prozess gehen wird und was den beiden Erichs droht.«[1117]

Sparing teilt Marigard auch mit, dass die Hauptverhandlung gegen ihren Mann und Knauf am nächsten Tag stattfinden soll. Sparing sagt Marigard zu, »dass er und auch andere Mitarbeiter dem Prozess beiwohnen wollen, doch wird dies Versprechen nicht eingehalten. Es gibt wohl auch im Verlag eine Anweisung, die *Sache Ohser* auszublenden.«[1118]

Daraufhin informiert die Ehefrau des Zeichners Freunde und Kollegen über die Situation. In aller Eile werden Entlastungszeugen gesucht.

»Am Nachmittag desselben Tages gelingt es Marigard mit der Hilfe eines zwar verängstigten, aber doch hilfsbereiten Pförtners, im Volksgerichtshof bis zum persönlichen Referenten des Präsidenten Roland Freisler vorzudringen. Er rät ihr zu warten, da man Freisler zurückerwarte. Sie wartet stundenlang bis in die Abendstunden, ohne dass Freisler kommt. Zufällig hört Marigard Ohser dabei durch ein bei offener Tür geführtes Telefongespräch, dass die Akten der Anklage erst an diesem Nachmittag an den bestellten Pflichtverteidiger gegangen sind, dieser also kaum Zeit hat, sich auf den Prozess vorzubereiten. Die Nacht verbringt Marigard in der Wohnung ihres Bruders.«[1119]

Einer der mutigsten Freunde der beiden Inhaftierten ist Ernst von der Decken. Es gelingt dem Journalisten, bis zu Goebbels vorzudringen und sich für Knauf und Ohser einzusetzen. Walter Kiaulehn[1120] hat diesen Besuch in einem Artikel geschildert.[1121] Das Treffen bleibt allerdings erfolglos. Es endet mit der eindeutigen Anweisung von Goebbels' an von der Decken:

„Gehen Sie an Ihre Arbeit und schweigen Sie!«[1122]

Der Journalist ist nicht der einzige Fürsprecher. Auch Heinz Rühmann wird zweimal bei Roland Freisler telefonisch vorstellig, wie nach dem Krieg der Produktionsleiter bei der Terra, Robert Leistenschneider[1123], zu Protokoll geben wird. Was der Richter gegenüber dem Schauspieler äußert, ist nicht bekannt.

***

Erst jetzt, am Vorabend der Hauptverhandlung, werden auch die beiden Angeklagten mit der Anklageschrift vertraut gemacht, wie aus einer Verfügung des Präsidenten des Volksgerichtshofs hervorgeht.

Sie erhalten ganze sechs Stunden Zeit, sich diesbezüglich zu erklären. Zugleich werden ihnen Pflichtverteidiger beigeordnet:

> »Als Verteidiger werden bestellt:
> Rechtsanwalt Ahlsdorff, Berlin-Lichterfelde-Ost, Gärtner Str. 10a f. d. Angekl. Knauf,
> Rechtsanwalt Dr. Leonhard Schwarz, Berlin W 15, Kurfürstendamm 202 f. d. Angekl. Ohser.«[1124]

Wenn auch im Volksgerichtshof die Strafprozessordnung formell Geltung besitzt, ist der Verteidigung in der Ära Freisler seit 1942 lediglich eine Statistenrolle zugedacht, was u. a. dadurch zum Ausdruck kommt, dass die Rechtsanwälte erst nach der Anklageerhebung durch Übergabe der Anklageschrift aktiv werden können.

Zur Vorbereitung und zum Kontakt mit Mandanten stehen oft weniger als 72 Stunden, im vorliegenden Fall sind es keine 24 Stunden, zur Verfügung, Akteneinsicht ist erschwert, die Ladung von Entlastungszeugen, das Beibringen von Beweisen etc. praktisch nicht möglich. Das gilt in besonderem Maße in den einige Monate später stattfindenden Prozessen gegen die Hitler-Attentäter vom 20. Juli 1944.

Auch im Ohser/Knauf-Prozess können die Verteidiger Ahlsdorff und Schwarz erst unmittelbar vor der Verhandlung Kontakt mit ihren Mandanten aufnehmen. Eine systematisch organisierte Verteidigung und die Entwicklung von Strategien ist de facto überhaupt nicht möglich.

Die meisten Verteidiger sind oftmals auch nicht gewillt, ihre Funktion entsprechend traditioneller Übung wahrzunehmen. Ob eingeschüchtert durch Freislers Dominanz oder als systemkonforme Werkzeuge der NS-Justiz – die Verteidiger zeigen in vielen Fällen weder Rechtsbewusstsein noch standesgemäßes Verhalten, sie erscheinen vielmehr als eifrige Mitwirkende der Terrorjustiz des NS-Regimes.

Die Offizialverteidiger am VGH erhalten ihre Mandate von der Anwaltskammer. Die Zustimmung des jeweiligen Senats hängt allerdings nicht davon ab, ob der jeweilige Verteidiger Mitglied der NSDAP oder fanatischer Regimeanhänger ist. Biographische Details sind leider nur von wenigen bekannt. Eine Ausnahme bildet Rechtsanwalt Leonhard Schwarz, der auch im Witzleben-Prozess[1125] (einem Verfahren im Zusammenhang mit dem Hitler-Attentat vom 20. Juli 1944) einen der Angeklagten (Hoepner[1126]) verteidigen, jedoch nicht unbedingt zu dessen Gunsten plädieren wird. In diese »Verlegenheit« wird Schwarz bei seinem Mandanten Ohser erst gar nicht kommen.

Als Zeugen werden »Hauptmann Schultz, seine Frau Margarete, Kriminalrat Prochnow sowie Kriminalkommissar John«[1127] geladen.

Die Ladung erfolgt – bezeichnend für ein Willkürsystem ohne wirkliche Gewaltenteilung – nicht durch das Gericht, sondern durch die Gestapo. Angeordnet wird außerdem:

»Die Vorzuführenden sind streng voneinander getrennt zu halten.«[1128]

***

Offenbar am Abend des 5. April setzt sich Ohser hin, um einen Brief an Ehefrau und Sohn zu schreiben:

»Meine geliebte Marigard!

Nun sitze ich schon seit 8 Tagen in Untersuchungshaft. Es ist der erste Brief, den ich schreiben darf. Wo und wann wird er dich wohl erreichen? Gleichzeitig schreibe ich an Wiener vom Deutschen Verlag wegen eines Rechtsanwaltes. Eigentlich sollte schon heute früh die Verhandlung vor dem Volksgerichtshof sein. Wurde im letzten Augenblick abgesagt. Das Schicksal hat mit unerbittlicher Härte in unser Leben eingegriffen. Ich weiß nicht, wie es entscheiden wird. Aber eines weiß ich: Du bist mir wieder stark nahe gerückt, und ich fühle von Weitem deine Gedanken, die bei mir sind. Ja, Ihr freutet Euch, dass ich komme. Ich habe mich auch so toll auf Euch beide gefreut und kann nur hilflos weinen. Über die Straftat darf nichts geschrieben werden. Alle 14 Tage darf ich einen Brief schreiben und erhalten. Schreib an alle Lieben, dass sie nicht mehr an mich schreiben sollen.

Kündige die Wohnung in Kaulsdorf. Gib Christians Pfeile an Schultzens zurück. Sei sparsam. Es kann Schweres über uns hereinbrechen. Ich weiß, dass Ihr beide in Liebe an mich denkt, und ich flüstere Euer beider Namen oft ins Dunkle. Ich küsse Euch. Euer Erich und Vati.«[1129]

Auf dem Rand des Briefes vermerkt Ohser noch:

»Als ich den Brief beendet hatte, kam die Vorladung zum Volksgerichtshof.«[1130]

***

In der Nacht vom 5. auf den 6. April nimmt der verzweifelte Zeichner ein Handtuch und erhängt sich damit an seinem Zellengitter. Erst am Morgen wird der Selbstmord von einem der Wächter bemerkt. Umgehend vermeldet die Untersuchungshaftanstalt Alt-Moabit u. a. an den

Volksgerichtshof lapidar: »Der Untersuchungshäftling Erich Ohser ist heute vormittag 6:00 Uhr verstorben.«[1131]

Tatsächlich wird es sich bei der mitgeteilten Uhrzeit nicht um den wirklichen Todeszeitpunkt handeln. Über die Hintergründe des Suizids wird zunächst nichts mitgeteilt. Diese Mitteilung wird in einem Extra-Schreiben vom gleichen Tag nachgeholt. Darin wird vom »Selbstmord eines Untersuchungsgefangenen«[1132] gesprochen. Weiter heißt es in der Meldung:

> »Heute um 6,00 Uhr fand der Nachtdienstbeamte Ohser am Fenstergitter erhängt vor. Sofortige Wiederbelebungsversuche des Sanitäts-Beamten hatten keinen Erfolg. Bei Ohser war für den 6.4.44 Termin festgesetzt. Der Grund zur Tat dürfte in der zu erwartenden hohen Strafe zu suchen sein. Anklage und Abschiedsbriefe beigefügt.«[1133]

Kurze Zeit später wird »bei den Sachen des Ohser in der Zelle noch der beigefügte Brief gefunden, den ich zu den Akten überreiche«.[1134]

In diesem Brief vom 5. April, gerichtet an den »Volksgerichtshof!«, der die Resignation seines Verfassers, der mit allem abgeschlossen hat, verdeutlicht, rechnet der Zeichner noch einmal mit dem Denunzianten Hauptmann Schultz und der NS-Justiz ab:

»Knauf ist unschuldig! Hauptmann Schultz ist das seelisch Verkommenste, was ich je im Leben erlebt habe. Ich schwöre es Ihnen beim Leben meines Sohnes. Schultz hat sich das alles erdichtet, einige harmlose dumme Kleinigkeiten sind wahr. Die hat er zur Beweisführung aufgespart. Oh, welch ein deutscher Offizier. Ich habe es noch jemandem erzählen können. Hoffentlich erfährt es durch ihn die Welt. Sie können stolz sein, der Mörder des Vaters von *Vater und Sohn* zu sein, Sie haben außerdem mit mir einen Patrioten in den Tod getrieben.«[1135]

Zugleich tritt Ohser für seinen Leidensgenossen und Freund Erich Knauf ein:

»Auch Knauf liebt sein Vaterland mehr als Sie alle. Möge der Fluch von hunderttausend Kindern auf Sie herabkommen. Oh, welche Vorstellung, mit diesen Hinrichtungen gegen die Wahrheit ankommen zu wollen. Mögen Sie und ihre Kinder immer mit solchen Schultzens zusammenkommen. So wahr mir Gott helfe, dieser Unrat von Anklage ist erlogen und erstunken. Aber ich sehe und ich kenne die Methoden des deutschen Volksgerichtshofes und weiß, daß ich nicht entkomme. Dieser Schultz hat sein Ehrenwort gebrochen, welches er der Gestapo oder seinem General gegeben hatte. Ich wußte von der Verhaftung.

Abb. 55: Kriminalgericht und Untersuchungshaftanstalt, Berlin-Moabit

Er hat außerdem Zigarren in großen Kartons, Kaffee, Schnaps, Käse. Alles in großen Mengen vorhanden bei dem »sauberen« deutschen Offizier. Einige der angegebenen Aussprüche hat er getan im Luftschutzkeller. Nachprüfen!!!«[1136]

Zugleich klagt er seine Chancenlosigkeit im Verfahren an:

»Warum haben Sie mir nicht Gelegenheit gegeben, Leumundszeugen und Zeugen (ehrbare Bürger) für mich zu laden. Oh, Ihr schlechtes Gewissen!«[1137]

Der Brief endet mit dem Ausruf:

»Mörder, Mörder, Mörder! Dieses schrieb ich kurz vor meinem Tode.«[1138]

Der Historiker Richard Cobb[1139] weist darauf hin, dass Selbstmord der »intimste und unzugänglichste Akt«[1140] menschlichen Handelns sei. Der Selbstmord »kann ein letzter Ausweg aus scheinbar unlösbaren emotionalen, sozialen oder ökonomischen Problemen sein«.[1141] Bei Ohser wird man angesichts der Gesamtumstände schwerwiegende emotionale Gründe anzunehmen haben, die ihn zu diesem Schritt bewegten. Aus Sicht des NS-Regimes ist der Selbstmord eines Gegners wie auch eines Gefangenen oder Häftlings eine Art politisches Sakrileg, denn ein solch eigenständiger Schritt untergräbt die gewünschte, allumfassende Gewalt des Hitlerstaates. So wird Martin Bormann[1142], Reichsminister und Chef der NSDAP-Parteikanzlei, im Mai des Jahres – also nur einen Monat nach Ohsers Suizid – die Ansichten von Roland Freisler und anderer NS-Größen wiederholen, wenn er sagt:

»Das Leben des einzelnen gehoert dem Volke. Er kann daher seinem Leben nicht willkürlich ein Ende bereiten. Tut er es doch, vergisst er damit seine Pflicht gegenüber seinem Volke. Das gilt besonders jetzt im Kriege.«[1143]

Diese heroische Pflicht gilt selbstverständlich nur für den einfachen Volksgenossen. Bekanntermaßen wird das Dritte Reich in einer Vielzahl von Selbstmorden seiner Führungselite enden – begangen u. a. von Hitler und Eva Braun, den Eheleuten Goebbels, Himmler und Göring; bezeichnenderweise auch von Bormann, dessen Skelett im Dezember 1972 in der Nähe des Lehrter Bahnhofs in Berlin aufgefunden wird. Bei der Untersuchung der sterblichen Überreste Bormanns entdecken die Gerichtsmediziner zwischen den Zähnen des Toten Glassplitter einer Giftampulle.

Kapitel 8

Vor dem Volksgerichtshof

Ein Tempel der Rechtswillkür – der Volksgerichtshof

Ein überfüllter Gerichtssaal. Leises Geraune im Hintergrund. Plötzliche Stille. Fünf Richter in roten Roben betreten zügig den Saal. Sie nehmen symmetrisch Aufstellung vor der großen Hakenkreuzfahne, heben den rechten Arm. Ein lautes »Heil Hitler!« ertönt. Dem kurzen Stühlerücken folgt eine gespenstische Stille.

So beginnen in der Regel die Verhandlungen vor dem Volksgerichtshof. Die Farbe der Richterroben ist so blutig wie viele der Urteile. Erhalten haben sich die Ton- und Filmaufnahmen des Prozesses gegen die Verschwörer des 20. Juli 1944[1144], die regelmäßig in den Kulturprogrammen des deutschen Fernsehens gesendet werden. Die Hitler-Attentäter vom 20. Juli werden zweieinhalb Monate nach Erich Knauf auf derselben Anklagebank des Volksgerichtshofs sitzen.

Auslöser für dessen Gründung als zusätzliches, in der Hierarchie der Justiz zunächst nicht vorgesehenes Gericht ist ein Eklat aus der Anfangszeit des Dritten Reichs gewesen. Ende 1933 hatte das Reichsgericht im Reichstagsbrand-Prozess vier von fünf Angeklagten freigesprochen. Nur einer, Marinus van der Lubbe, ist zum Tode verurteilt worden. Hitler, Goebbels und viele andere NS-Führer eiferten sich damals darüber, dass die Urteile viel zu milde ausgefallen seien. Die NS-Größen hätten sich für die Angeklagten gern den Galgen gewünscht. Man zögerte nicht lange und schuf sich ein eigenes Gericht.

Und so war der Volksgerichtshof am 24. April 1934 zur Aburteilung von Hoch- und Landesverrat gegen den NS-Staat eingerichtet worden. Seinen Sitz hatte er zunächst im Gebäude des früheren Preußischen Abgeordnetenhauses in der Prinz-Albrecht-Straße 5 (heute: Niederkirchnerstraße), ab 1935 im ehemaligen Wilhelms-Gymnasium in der Bellevuestraße 15 in Berlin. Seit Ende 1943 tagt das Gericht auch im Plenarsaal des Kammergerichts in Berlin-Schöneberg. Weitere Verhandlungsstätten des Gerichts befinden sich ab 1944 in den Justizgebäuden von Potsdam[1145] und Bayreuth.

Der Volksgerichtshof ist zunächst als Sondergericht eingerichtet worden, das am 1. August 1934 in Berlin die Arbeit aufgenommen hatte. Später (am 18. April 1936) ist der Volksgerichtshof in ein sogenanntes ordentliches Gericht umgewandelt worden.[1146] Es ist seit dem

»Anschluss« Österreichs an das Deutsche Reich am 20. Juni 1938 auch für Hitlers Heimatland zuständig.

In einem Bericht des *Völkischen Beobachters* wird geradezu schwärmerisch über den Hauptsitz des Gerichts berichtet:

»In der Bellevuestraße [...] erhebt sich aus der beschaulichen Ruhe eines baumbestandenen Gartens das Gebäude des Volksgerichtshofs. Es ist das höchste Strafgericht des Dritten Reiches, und so kommen auch nur die schwersten Vergehen, deren ein Mitglied unserer Volksgemeinschaft angeklagt werden kann, zur Aburteilung: der Hochverrat und der Landesverrat.«[1147] Allerdings beschränkt sich die Zuständigkeit der einzelnen Senate des Volksgerichtshofs nicht auf die genannten Verbrechen. Die Palette der abzuurteilenden Delikte hat sich im Laufe der Jahre erweitert. Das Gericht fungierte »als primär politischer Gerichtshof und unternahm keinen Versuch, diese Tatsache zu verschleiern«[1148].

Und obwohl die hauptberuflichen Richter dieses Volksgerichtshofs allesamt vollausgebildete Juristen sind und ihre Entscheidungen – auch im NS-Staat – auf der Grundlage von Gesetzen und Verordnungen ergehen sollen, steht über allem die Person des Reichskanzlers Adolf Hitler. Diese vollständige Unterwerfung unter den Willen und das willkürliche Rechtsempfinden des gescheiterten Kunstmalers aus Braunau wird aus einem Brief von Roland Freisler an den Diktator deutlich. Darin heißt es:

»Ihnen, mein Führer, bitte ich melden zu dürfen; das Amt, das Sie mir verliehen haben, habe ich angetreten und mich inzwischen eingearbeitet. Mein Dank für die Verantwortung, die Sie mir anvertraut haben, soll darin bestehen, daß ich treu und mit aller Kraft an der Sicherheit des Reiches und der inneren Geschlossenheit des deutschen Volkes durch eigenes Beispiel als Richter und als Führer der Männer des Volksgerichtshofes arbeite, stolz, Ihnen, mein Führer, dem obersten Gerichtsherrn und Richter des deutschen Volkes, für die Rechtsprechung Ihres höchsten politischen Gerichtes verantwortlich zu sein. Der Volksgerichtshof wird sich stets bemühen, so zu urteilen, wie er glaubt, daß Sie, mein Führer, den Fall selbst beurteilen würden.«[1149]

Die Grußformel am Schluss drückt noch einmal aus, dass sich der Volksgerichtshof und sein höchster Vertreter nicht Justitia verpflichtet sehen, sondern dem politischen Willen der NS-Führung, wenn er seinen Brief an Hitler mit den Worten unterschreibt: »Ihr politischer Soldat.«[1150]

Tatsächlich erfüllt die Rechtsprechung des Volksgerichtshofs vollständig, was die Staatsführung erwartet. In seinem Schreiben an den

Die Tabelle basiert
auf den Angaben bei
Holger Schlüter: Die
Urteilspraxis des
nationalsozialisti-
schen Volksgerichts-
hofs, Berlin 1995,
S. 38

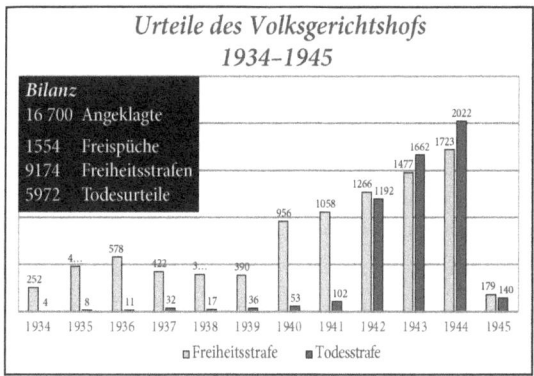

Urteile des Volksgerichtshofs
1934–1945

Bilanz
16 700 Angeklagte
1554 Freispüche
9174 Freiheitsstrafen
5972 Todesurteile

□ Freiheitsstrafe ■ Todesstrafe

Justizminister Thierack über die Rolle des Richters am Volksgerichtshof betont Freisler:

»Im Allgemeinen muß sich der Richter des Volksgerichtshofs daran
gewöhnen, die Ideen und Absichten der Staatsführung für das Pri-
märe zu sehen, das Menschenschicksal, das von ihm abhängt, als das
Sekundäre. Denn die Angeklagten vor dem Volksgerichtshof sind nur
kleine Erscheinungsformen eines hinter ihnen stehenden größeren
Kreises, der gegen das Reich kämpft.«[1151]

Mit diesen Worten wird offenbar, dass Freisler per se jedem Angeklagten eine Staatsfeindlichkeit unterstellt und es sich bei keinem
Verfahren aus seiner Sicht um einen Einzelfall handelt. Der Staat,
und damit die Justiz, befinden sich – mit den Augen Freislers betrachtet – in einem politisch-juristischen Krieg mit ihren Gegnern. Dass
an diesem Krieg gegen Andersdenkende auch der »normale« Volksgenosse teilnimmt, wird dadurch deutlich, dass »im Zeitraum zwischen
1939 bis 1944 fast eine Verdreifachung«[1152] der Anzeigen zu beobachten
ist. Festgestellt ist für das Jahr 1939 eine Anzahl von 4918 Anzeigen,
während es im Jahr 1944, also dem Jahr, in dem auch Knauf und Ohser
von Hauptmann Schultz angezeigt worden sind, bereits 13 986 Anzeigen sind.[1153]

Angesichts der Fülle von Anzeigen kommt es in vielen Fällen mangels justizbehördlicher Kapazitäten zu keiner Anklageerhebung.

»Die Ursachen der Denunzierungen werden wohl immer im Dun-
keln bleiben, außer vielleicht 1944, ein anormales Jahr in Hinsicht
auf die Ereignisse des 20. Juli 1944. Aber hinter jeder Denunzierung
sind Motiv oder Motivkomplexe versteckt, die sich der empirischen
Forschung entziehen. War es, unter anderem, der zunehmende Druck
des Krieges, der letzte Funken Hoffnung, die Katastrophe, die dem

deutschen Reich ins Gesicht starrte, doch noch abwenden zu können? Eine schlüssige Antwort wird wohl niemals gegeben werden können.«[1154]

In der Zeit zwischen 1934 und 1945 werden insgesamt mehr als 16 700 Personen angeklagt.»Prozessführung und Urteilsfindung radikalisieren sich zunehmend. Urteile standen oft bereits vor der Verhandlung fest, nicht selten auf Veranlassung von Angehörigen der NS-Politprominenz. Etwa 60 % aller Angeklagten erhielten Freiheitsstrafen, über 30 % wurden zum Tode verurteilt und 8 % freigesprochen. Die Zahl der Todesurteile stieg seit 1941 überproportional an. Ab 1942 war jedes zweite Urteil ein Todesurteil.«[1155]

In der Bevölkerung sind die Urteile des Volksgerichtshofs generell präsent. Die Verfahren, von wenigen Ausnahmen abgesehen, sind öffentlich. Das Publikum besteht aus Angehörigen der Wehrmacht, der Polizei und der NSDAP sowie ihren Gliederungen. Besucher müssen sich vorab eine Tageskarte besorgen.

Einer dieser Zuschauer aus den Reihen der Wehrmacht ist auch der junge Helmut Schmidt[1156], der über den Ablauf einer Verhandlung vor dem Volksgerichtshof später berichtet:

»Die Prozedur war ausschließlich auf menschliche Entwürdigung und seelische Vernichtung abgestellt. Die Beisitzer [...] waren bloße Staffage, ich habe sie den Mund nicht aufmachen sehen. Auch der Rechtsanwalt war nur ein Regieassistent. [...] Daß diese Verhandlung aller Prozeßordnung hohnsprach; daß keine Zeugen da waren; daß die Offizialverteidiger ganz offenbar erst in der voraufgehenden Nacht bestimmt worden waren; daß die Angeklagten kaum einen Satz vollenden konnten, ohne unterbrochen zu werden; daß nur verhandelt wurde, was in den Freislerschen Plan paßte. Es war so bedrückend, daß ich es nicht vermochte, auch den zweiten Tag wieder hinzugehen.«[1157]

Ebenfalls zugelassen sind Vertreter der Presse. Dabei bestehen allerdings Unterschiede: Ausgewählte Pressevertreter renommierter NS-Zeitungen wie der *Völkische Beobachter* sind offizielle Gerichtsberichterstatter. Diese Journalisten besitzen Dauerausweise und berichten regelmäßig über den Volksgerichtshof und seine Verfahren. Anderen Pressevertretern, vor allem ausländischen Journalisten, steht es frei, sich einen Tagesausweis ausstellen zu lassen. Ein solcher kann allerdings auch verweigert werden. Informationen über Todesurteile und Hinrichtungen werden in der Presse und durch Anschläge an Litfaßsäulen und Hauswänden veröffentlicht. Eine Übertragung der Verhandlungen im Rundfunk unterbleibt dagegen.[1158]

Auffallend ist die deutliche Zunahme von Todesurteilen im Laufe der Jahre. Auf Erich Knauf wartet jedenfalls ein Gericht, das kein gerechtes Urteil fällen, sondern vermeintliche Gegner des politischen Systems ausschalten soll.

Die Anklageschrift

Der zuständige Sachbearbeiter auf der Seite des Oberreichsanwalts beim Volksgerichtshof in der Strafsache gegen Ohser und Knauf ist der seit 1937 am Volksgerichtshof tätige Oberstaatsanwalt Dr. Rudolf Weisbrod[1159]. Dieser sendet am 5. April, also einen Tag vor der anberaumten Hauptverhandlung gegen die Beschuldigten, seinen Entwurf der Anklageschrift an das Justizministerium.

Die Behörden arbeiten eng zusammen. Die Staatsanwaltschaft beabsichtigt, worauf Weisbrod schon in seinem Begleitschreiben hinweist, eine Anklageerhebung »wegen Wehrkraftzersetzung und Feindbegünstigung«[1160] gegen Knauf und Ohser, da sie, wie es im von Oberreichsanwalt Ernst Lautz[1161] als Ankläger unterzeichneten und erhalten gebliebenen Entwurf der Anklageschrift heißt, »in Berlin in den Jahren 1943 und 1944 fortgesetzt gegenüber anderen Volksgenossen in gehässiger und zersetzender Weise führende Männer des Staates, insbesondere den Führer selbst und den Reichsminister Dr. Göbbels, beschimpft, deren politische und militärische Maßnahmen in übler Weise kritisiert, unsere Kriegslage als hoffnungslos und aussichtslos bezeichnet und die gegen die deutsche Kriegsmoral gerichtete Hetzpropaganda der Feindmächte zu ihrer eigenen gemacht ... haben. Sie haben sich damit der Wehrkraftzersetzung und der landesverräterischen Feindbegünstigung schuldig gemacht.«[1162]

Im Folgenden werden zunächst die persönlichen Ergebnisse der Ermittlungen referiert, wobei schon hierbei auf die zumindest ehemalige Verbundenheit der beiden Freunde mit Sozialdemokratie und Marxismus hingewiesen wird.

Im Rahmen der Sachverhaltsdarstellung beharrt die Anklage darauf, dass beide

> »Angeschuldigte [...] trotz ihres berufsmäßigen und wirtschaftlichen Aufstieges nach dem Umbruch im Jahre 1933 offenbar im Innern überzeugte Marxisten geblieben und somit zu fanatischen und haßerfüllten Gegnern der neuen Ordnung geworden [sind]. Wenn sie diese ihre staatsfeindliche Einstellung zunächst

zu verbergen und zu tarnen Anlaß fanden, so glaubten sie, wie
die nachfolgende Sachdarstellung zeigt, aufgrund der Entwicklung der Kriegslage aus ihrer Reserve heraustreten und sich
offen im Sinne ihrer staatsfeindlichen Einstellung betätigen zu
können.«[1163]

Diese politische Einordnung – wenn sie auch den tatsächlichen Gegebenheiten entspricht – lässt sich objektiv nur aus den Aussagen der
Eheleute Schultz herleiten, da weder die Gestapo noch die Staatsanwaltschaft anderweitige Belege hierfür gefunden haben. Dass dem so
ist, geht aus der Anklageschrift selber hervor, da sie davon spricht, dass
den Eheleuten Schultz aufgefallen sei,

> »daß die Angeschuldigten ständig in politischer und in milita-
> rischer Hinsicht zersetzende Redensarten führten. Als sie die
> bewußte Zurückhaltung der Eheleute Schultz offenbar mißver-
> standen, glaubten sie sich in ihrer staatsfeindlichen Einstellung
> keine Hemmungen mehr auferlegen zu müssen. Sie wurden
> immer deutlicher.«[1164]

Im Folgenden werden in der Anklageschrift die vermeintlichen einzelnen Äußerungen von Knauf und Ohser aufgezählt, die allesamt auf
die Aussagen von Bruno und Margarete Schultz zurückgehen.

Anschließend werden zunächst die Einlassungen der Angeschuldigten rechtlich gewürdigt:

> »Der Angeschuldigte Knauf hat den [...] dargestellten Sach-
> verhalt von Anfang an im vollen Umfang bestritten. Auch der
> Angeschuldigte Ohser hat die ihm zur Last gelegten Äußerun-
> gen zunächst im wesentlichen bestritten. Immerhin aber hat
> er aber zugegeben, ein furchtbarer *Pessimist* zu sein und sich
> demgemäß auch manchmal pessimistisch geäußert zu haben.
> So hat er sich dahin eingelassen, in seinen Auslassungen und
> Gesprächen manchmal ziemlich weit mit seinem negativen
> Urteil zu gehen, er glaube jedoch, sich das leisten zu können,
> weil die Leute ja wüßten, daß er durch seine praktische Arbeit
> doch wieder positiv schaffe und aktiv mitarbeite. Um sich
> Anregungen für seine satyrischen Zeichnungen zu verschaf-
> fen, gebe er oft seinen Gesprächspartnern contra, mit Vorliebe
> solchen, von denen er annehme, daß sie gläubige Nationalso-
> zialisten seien.

Aus diesen Gesprächen und aus der von ihm durch negative Reden hervorgerufenen positiven Opposition entnehme er dann, wo die starken und die schwachen Stellen unserer Propaganda und politischen Erziehung lägen. Gerade aus diesen Streitgesprächen, die bei einem Uneingeweihten den Eindruck hervorrufen könnten, daß er negativ und defaitistisch eingestellt sei, schöpfe er Ideen für seine künstlerische Tätigkeit und politische Arbeit. Er könne sich auch vorstellen, daß verschiedene seiner Äußerungen so aufgefaßt worden seien, als ob er nicht mit dem deutschen Endsieg rechnete.

Alle schweren defaitistischen Äußerungen hat aber auch der Angeschuldigte Ohser zunächst entweder voll geleugnet oder sich wenigstens bemüht, ihnen eine harmlose Tendenz zu geben.«[1165]

Unter dem Blickwinkel der Beweiswürdigung zieht der Oberreichsanwalt primär die aus seiner Sicht glaubhaften Aussagen der Eheleute Schultz als Zeugen heran:

»Beide Angeschuldigte werden jedoch durch die Bekundungen der Eheleute Schultz im vollen Umfange überführt. Gegen die Zuverlässigkeit der Aussagen dieser beiden Zeugen bestehen keinerlei Bedenken. Beide Zeugen sind auch bei der Gegenüberstellung mit den beiden Angeschuldigten in klarer, bestimmter und ruhiger Weise bei ihren Bekundungen geblieben und haben auf die vernehmenden Beamten den Eindruck absoluter Zuverlässigkeit gemacht. Ihr Verhalten hat in einem wohltuenden Gegensatz zu der unsicheren und weinerlichen Verteidigung des Angeschuldigten Ohser und dem sturen Bestreiten des Angeschuldigten Knauf gestanden.«[1166]

Ein weiteres Beweismittel stellt für den Oberreichsanwalt das widerrufene Geständnis von Erich Ohser dar. Der Verwertung eines im Ermittlungsverfahren erfolgten Geständnisses eines Angeklagten steht nicht entgegen, dass dieser das Geständnis später widerrufen hat. Auch ein widerrufenes Geständnis kann als Indiz für die Überzeugungsbildung des Gerichts in Bezug auf die vorgeworfene Tat herangezogen werden. Die von Ohser gegenüber Adolf John erfolgten Angaben sind – offiziell zumindest – ordnungsgemäß zustande gekommen. Vor allem lassen sich keine Mängel an der Entstehung des Geständnisses feststellen, die die Glaubhaftigkeit oder Verwertbarkeit

der Angaben in Zweifel ziehen würden. Entsprechend argumentiert
die Staatsanwaltschaft:

>»Wie richtig aber die Beurteilung der beiden Zeugen ist, ergibt
sich aus folgendem:
  Der Angeschuldigte Ohser hat von sich aus schließlich ein
eigenhändiges Geständnis abgelegt und darin die Bekundungen der Eheleute Schultz im wesentlichen bestätigt. Dieses
schriftliche Geständnis [...] vermittelt nach Form und Inhalt
den zwingenden Eindruck der Aufrichtigkeit. Dieses Geständnis hat der Angeschuldigte Ohser am 1. April 1944 zu Protokoll
der Geheimen Staatspolizei wiederholt und diese Wiederho-
lung mit den Worten eingeleitet, *daß er gelogen und das Ehepaar Schultz die Wahrheit gesagt habe.* Im Anschluß daran hat
er sich aber doch erneut bemüht, Belastungen der Eheleute
Schultz wenigstens in dem einen oder anderen Punkt wieder
etwas abzuschwächen. Schließlich hat er die Unterschrift unter
das Protokoll verweigert und am 3. April sein Gesamtgeständ-
nis, auch das handschriftliche, widerrufen. Als Begründung
dieses Widerrufs hat er angegeben, daß ihm die im Anschluß
an einen von ihm in der Polizeihaft unternommenen ernst-
lichen Selbstmordversuch angeordneten Vorbeugemaßnahmen
sowie der bei der Gegenüberstellung mit den Eheleuten Schultz
durch die vernehmenden Beamten angeschlagene scharfe Ton
zu seinem falschen Geständnis verleitet habe. Die Haltlosig-
keit dieses Widerrufs ergibt sich hingegen zwingend aus dem
Gesamtsachverhalt. Die Richtigkeit der Aussagen der Eheleute
Schultz erhellt [sich] einerseits aus der Untadeligkeit ihrer Persönlichkeit, andererseits aus der politischen Vergangenheit
der beiden Angeschuldigten, der ganzen Art ihrer Verteidigung und insbesondere dem überzeugenden handschriftlichen
Geständnis des Angeschuldigten Ohser.«[1167]

Das abschließende Resümee der Anklageschrift erklärt Knauf und
Ohser noch einmal zu Staatsfeinden:

>»Beide Beschuldigte waren nicht nur persönliche Freunde,
sie waren sich auch einig in ihrem gemeinsamen Haß gegen
unseren Staat und seine Führung. Als sie ihre Zeit gekommen
glaubten, haben sie in ihren staatsfeindlichen Bestrebungen
an einem Strang gezogen. Sie haben sich jeweils bei ihren

defaitistischen Äußerungen gegeneinander unterstützt und bekräftigt. Was der eine gesagt, hat stets die Bestätigung des anderen gefunden.

Daß sie mit ihrer Tat den äußeren und inneren Tatbestand nicht nur der Wehrkraftzersetzung sondern auch der landesverräterischen Feindbegünstigung erfüllt haben, bedarf angesichts der eindeutigen Schwere ihrer haßerfüllten defaitistischen Äußerungen sowie bei Würdigung ihrer politischen Vergangenheit keiner näheren Begründung.«[1168]

Zum Abschluss beantragt Oberreichsanwalt Lautz, »die Hauptverhandlung gegen die Angeschuldigten Erich Ohser und Erich Knauf vor dem Volksgerichtshof anzuordnen und den Angeschuldigten je einen Verteidiger zu bestellen«.[1169]

Nachdem beim Justizministerium die Anklageschrift zur Kenntnis genommen worden war, teilt Dr. Franke seinem Kollegen Lautz am 5. April mit:

»Die Sache ist dem Herrn Reichsminister der Justiz soeben vorgetragen worden. In dessen Auftrage teile ich mit, daß der Herr Minister gegen die Durchführung der Hauptverhandlung in dieser Sache am 6. April 1944 keine Bedenken erhebt, wenn der Herr Präsident des Volksgerichtshofs gewährleistet, daß die Verteidiger ausreichende Zeit zu ihrer Vorbereitung und zur Besprechung mit ihren Mandaten erhalten.«[1170]

Der Termin vor dem 1. Senat des Volksgerichtshofs wird nun auf »Donnerstag, den 6. April 1944, 9 Uhr«[1171] bestimmt. Die Anklageschrift in elf Exemplaren nebst einem Band Akten wurde nun an den Präsidenten des Volksgerichtshofs übersendet.[1172]

Von der Dolchstoßlegende zur Wehrkraftzersetzung

Die Anklage des Oberreichsanwalts gegen Knauf und Ohser wirft den beiden Freunden konkret die Erfüllung zweier Straftatbestände vor: Wehrkraftzersetzung[1173] und landesverräterische Feindbegünstigung[1174]. Als Tathandlungen werden in der Anklageschrift zusammengefasst benannt:

- »die fortgesetzte Beleidigung führender Männer des Staates, insbesondere des Führers selbst und des Reichsministers Dr. Göbbels [sic],

Abb. 56: Karlrobert Kreiten (1916–1943)

Der deutsche Pianist mit niederländischer Staatsbürgerschaft feierte bereits in den 1920er-Jahren erste Erfolge. Ende der 1930er-Jahre zählte Kreiten zu den großen Nachwuchsbegabungen unter den deutschen Pianisten. Er galt als ein unpolitischer Mensch. Im März 1943 äußerte Kreiten unter dem Eindruck der Niederlage von Stalingrad gegenüber einer Jugendfreundin seiner Mutter, dass der Krieg verloren sei, und nannte Hitler »einen Wahnsinnigen«. Die Frau denunzierte Kreiten, der Anfang Mai 1943 festgenommen, nach Berlin überstellt und von der Gestapo verhört wurde. Am 3. September 1943 verurteilte der Volksgerichtshof unter Freisler den Angeklagten wegen »Wehrkraftzersetzung, Feindbegünstigung und defaitistischer Äußerungen« zum Tode. Vier Tage später wurde der Musiker in Berlin-Plötzensee hingerichtet.

Kriminalrat Otto Prochnow war auch im »Kreiten«-Fall der Verhörbeamte der Gestapo.

- die in übler Weise erfolgte Kritisierung der politischen und militärischen Maßnahmen dieser führenden Männer des Staates,
- die Bezeichnung der deutschen Kriegslage als hoffnungslos und aussichtslos,
- das sich zu eigen machen der gegen die deutsche Kriegsmoral gerichteten Hetzpropaganda der Feindmächte,

ausgeführt in fortgesetzter Begehungsweise in Berlin in den Jahren 1943 und 1944.«

Der Tatbestand der Wehrkraftzersetzung befindet sich in der Kriegssonderstrafrechtsordnung (KSSVO). Seine Entstehungsgeschichte hängt eng mit der »Dolchstoßlegende« und dem deutschen Trauma durch den verlorenen Ersten Weltkrieg zusammen. Für die Rechtsprechung des Volksgerichtshofs bildet die »Dolchstoßlegende« die Kernbegründung für die Verfolgung politischer Gegner. Vor allem die republikfeindlichen Kräfte der Weimarer Republik, wie die Nationalsozialisten, ziehen sie als Erklärung des Verlustes an Ansehen und Macht der Armee und des Deutschen Reiches durch die Niederlage im Ersten Weltkrieg heran. »Mit der Legende vom Dolchstoß wurde *innere Zersetzung* als Ursache angenommen, die nach Adolf Hitler vom *jüdischen Marxismus* betrieben wurde. Damit sei die Disziplin im Heer untergraben worden, die den Dolchstoß von 1918 vorbereitete. Dagegen sei die Militärjustiz nicht hart genug vorgegangen. Hitler und weite Kreise des deutschen Militärs wollten die Niederlage des Ersten Weltkriegs militärisch revidieren und zumindest die alte Machtstellung Deutschlands in der Welt wiederherstellen. Dafür musste aber aus Sicht dieser Revisionisten verhindert werden, dass die Wehrkraft des deutschen Volkes von innen zersetzt werden konnte. Diese Position wurde nicht nur von Hitler und der militärischen Führung geteilt, sondern war auch in der deutschen Justiz, insbesondere der Militärjustiz, verbreitet. Deshalb beinhaltete die Diskussion um ein der nationalsozialistischen Ideologie entsprechendes Strafrecht auch das Delikt der Zersetzung des Wehrwillens. Die Umsetzung der Strafbarkeit derartiger Handlungen wurde in der NS-Militärjustiz als wichtiger Lückenschluss des militärischen Strafrechts bewertet, der die Fehler aus dem Ersten Weltkrieg verhindern helfen sollte.«[1175]

Als Beleg für den Zusammenhang zwischen der »Dolchstoßlegende« und dem Tatbestand der Wehrkraftzersetzung in der Rechtsprechung des Volksgerichtshofs mag folgendes Beispiel dienen:

»Studienrat a. D. Gustav Oberüber verbrachte im September 1943 seinen Erholungsurlaub in Pörtschach in Kärnten. Dabei lernte er den verwundeten Obergefreiten Terkl kennen und äußerte diesem gegenüber, dass der Krieg für Deutschland verloren sei, weil die Amerikaner alle sechs Minuten ein Flugzeug herstellen würden. Außerdem hätten Wehrmachtsoffiziere das Leder der Sessel eines sowjetischen Theaters zu Geldbeuteln umgearbeitet. Terkl verwahrte sich gegen diese Aussagen lautstark. Daraufhin entfernte sich Oberüber mit der Bemerkung, dass Hurrapatriotismus nicht reiche. Diese Äußerungen kosteten Oberüber den Kopf: Er wurde wegen öffentlicher Zersetzung der Wehrkraft nach § 5 Abs. 1 Nr. 1 KSSVO durch den Volksgerichtshof am 11. Mai 1944 zum Tode verurteilt.[1176] Roland Freisler, der Präsident des Volksgerichtshofs, der dieses Urteil als Vorsitzender Richter führte, begründete das Strafmaß mit der Legende vom Dolchstoß.«[1177]

Nachdem die KSSVO am 17. August 1938 von Hitler und Keitel[1178] unterzeichnet worden war, ist sie mit der Mobilmachung der gesamten Wehrmacht am 26. August 1939 in Kraft getreten. Wie schon im erwähnten »Fall Oberüber« fällt auf, dass der Tatbestand der Wehrkraftzersetzung auch im Fall von Knauf und Ohser als Delikt herangezogen wird, obwohl beide Angeklagten keine Angehörigen der Wehrmacht sind.

»Es war das OKW, das zur Verabschiedung des Deutschen Strafgesetzbuches und des WStGB drängte, und es war das OKW, das den Straftatbestand der Zersetzung der Wehrkraft ausgearbeitet hatte. Kriegsgerichtsrat Scherer führte in der Zeitschrift für Wehrrecht dagegen an, dass die Sondertatbestände der §§ 2 bis 5 KSSVO sich auch gegen Zivilisten richten, auch wenn sie sonst nicht dem Kriegsverfahren unterworfen waren.«[1179]

Damit begründet sich letztlich auch, dass der militärische Sondertatbestand der Wehrkraftzersetzung auch gegen Zivilisten wie Knauf und Ohser angewandt wird.

Der zweite gegen Knauf und Ohser vorgebrachte Deliktsvorwurf betrifft die Feindbegünstigung nach § 91b StGB, eine sogenannte Landesverratsnorm, die »auf Kriegszeiten, bzw. auf Zeiten einer drohenden kriegerischen Auseinandersetzung, beschränkt«[1180] ist. Der Tatbestand liegt dann vor, wenn während eines Krieges bzw. bei einer drohenden kriegerischen Auseinandersetzung einer feindlichen Macht Vorschub geleistet (1. Alternative) oder der Kriegsmacht des Deutschen Reichs Nachteile zugefügt (2. Alternative) werden.

Das Anwendungsgebiet dieses Straftatbestands ist sehr weit gefächert, da das zu verletzende Rechtsgut praktisch alle Lebensbereiche des Staates umfassen kann. Denkbar sind sowohl eine wirtschaftliche als auch ideologische Unterstützung des Auslands oder Minderungen des deutschen Kriegswillens.

Die Norm bringt zum Teil aberwitzige Fallkonstellationen zutage. Zu den skurrilsten Sachverhalten gehört der Fall eines leitenden Angestellten mit deutschem Pass, der in einer Fabrik für Fleischkonserven in der Republik Irland spielte. Da während des Krieges keine Lieferungen nach Deutschland mehr möglich sind, setzte die Firma ihre Erzeugnisse in England ab. Einem Vermerk des Reichsjustizministeriums zufolge erfüllte ein Geschäftsmann im Grunde den Tatbestand der Feindbegünstigung. Die Mitarbeit in einem ausländischen Betrieb

Abb. 57–59:
Sophie Scholl (1921–1943),
Hans Scholl (1918–1943)
und Christoph Probst
(1919–1943)

Die drei Studenten Hans und Sophie Scholl sowie Christoph Probst wurden am 22. Februar 1943 vom Volksgerichtshof unter Roland Freisler »wegen landesverräterischer Feindbegünstigung, Vorbereitung zum Hochverrat und Wehrkraftzersetzung« zum Tode verurteilt und noch am selben Tage hingerichtet. Unter dem Decknamen *Die Weiße Rose* hatten die Geschwister Scholl und Probst Flugblätter verteilt, in denen sie die NS-Verbrechen anprangerten. Die Gruppe hatte noch weitere Mitglieder, die zum Teil ebenfalls verurteilt und hingerichtet wurden.

Die Weiße Rose und ihre profiliertesten Mitglieder, die Geschwister Scholl, stehen heute stellvertretend für den deutschen Widerstand gegen Hitler und das NS-Regime und gelten als Symbol für beispielhafte Zivilcourage.

kann dafür bereits ausreichen, auch wenn es sich nur um die Fortsetzung einer gewohnten Vorkriegstätigkeit handelt.

Unter ideologischer Unterstützung, und damit Feindbegünstigung, verstehen die NS-Richter jeden Versuch einer innenpolitischen Aufspaltung des Volkes während des laufenden Krieges, der zugleich den Alliierten helfe, die die größten Hoffnungen auf den politischen Zerfall des deutschen Volkes setzen würden.[1181]

Es macht dabei wenig Unterschied, ob sich ein Regimekritiker wie der Pianist Karlrobert Kreiten im privaten Umfeld negativ über Hitler und das NS-Regime äußert oder ob jemand wie die Mitglieder der *Weißen Rose* Flugblätter verteilt, in denen zum Widerstand gegen den bestehenden Staat aufgerufen wird.

Hauptverhandlung und Urteil

Der Volksgerichtshof, »ein Gerichtshof, der nichts mit dem Volke zu tun hatte und zu dem das Volk nicht einmal als stummer Zuschauer zugelassen war, denn seine meisten Sitzungen waren geheim – dieser Volksgerichtshof war so ein raffiniert ausgeklügeltes System: ehe der Angeklagte noch den Verhandlungssaal betreten hatte, war er praktisch schon verurteilt, und nichts schien es zu geben, das dafür sprach, dass ein Angeklagter in diesem Saale etwas Erfreuliches erleben konnte«[1182], schreibt Hans Fallada 1946 in seinem Roman *Jeder stirbt für sich allein*, worin er das authentische Schicksal des Ehepaars Otto und Elise Hampel romanhaft schildert, das 1940 bis 1942 in Berlin Postkarten-Flugblätter gegen Hitler ausgelegt hatte und denunziert worden war.

Am frühen Morgen wird Knauf aus seiner Zelle geholt und – mit gefesselten Händen– in ein Polizeifahrzeug verladen. Es ist ein kurzer Weg vom Zellengefängnis zur Bellevuestraße am Potsdamer Platz. Die Fahrt dauert nur wenige Minuten. Der Volksgerichtshof ist in einem Gebäude ansässig, das früher einmal das Königliche Wilhelms-Gymnasium war. Wo früher Mathematik und Französisch gepaukt worden ist, befindet sich heute Roland Freisler im Kriegseinsatz für den »Führer«. In der Bellevuestraße angekommen, wird der Häftling in einen Besprechungsraum gebracht, wo er von Rechtsanwalt Ahlsdorff erwartet wird. Zeit für eine große Besprechung haben Mandat und Verteidiger nicht.

Im Flur vor dem Verhandlungssaal warten unterdessen die Zuschauer. Zu ihnen gehören auch Erna Knauf und Marigard Ohser. Ebenfalls anwesend sind die Eheleute Schultz, die ja als Zeugen geladen sind.

Marigard Ohser, die in diesem Moment noch nichts vom Tod ihres Gatten weiß, geht auf Margarete Schultz zu.

»Wie konnten Sie so etwas tun?«[1183], fragt sie die Hauptmannsgattin vorwurfsvoll.

»Was wollen Sie, der Kopf meines Mannes ist mir mehr wert wie der Ihres Mannes.«[1184]

Zu diesem Zeitpunkt weiß keiner der Anwesenden von Ohsers Tod.

Im Zuhörerraum finden sich neben seiner Erna Knauf, Marigard Ohser und Ernst von der Deeken wie bei allen Schauprozessen in dieser Zeit ein paar getreue Parteimitglieder und zahlreiche Juristen, manche von ihnen Studenten der Rechtswissenschaften, die lernen wollen, wie die NS-Justiz Menschen bekämpft, die sich ein eigenes Denken über den Staat und die Welt bewahrt haben.

Während Marigard die Vorführung zweier Gefangener erwartet, wird nur Knauf kurz vor zehn Uhr gefesselt und in Begleitung eines Schutzpolizisten in den Gerichtssaal geführt. Wenige Minuten später, kurz vor Verhandlungsbeginn, erhält Marigard durch Rechtsanwalt Schwarz die Nachricht, dass sich Erich Ohser im Laufe der Nacht im Gefängnis das Leben genommen hat. »Im Zustand schwerer Bedrückung und Benommenheit nimmt Marigard Ohser noch an der sich über mehrere Stunden hinstreckenden Hauptverhandlung gegen Erich Knauf teil.«[1185]

Diese beginnt zunächst mit Verspätung erst um 10.00 Uhr. Der Vorsitzende, Roland Freisler, stellt zunächst die Anwesenheit des Staatsanwalts Dr. Heinz Heugel[1186], der beiden Pflichtverteidiger Ahlsdorff und Schwarz sowie der vier Zeugen – die Eheleute Schultz und die beiden Gestapobeamten Prochnow und John – fest.

Anschließend wird dann lapidar verkündet, dass das »Verfahren gegen Erich Ohser durch seinen Tod erledigt ist«.[1187]

Ungerührt wendet sich der Vorsitzende den vier Zeugen zu. Da auf eine Vernehmung der beiden Gestapo-Beamten allseitig verzichtet wird, werden die Eheleute Schultz von Freisler darüber belehrt, »gegen wen und weswegen verhandelt werden soll, und wies sie darauf hin, daß Ehre und Gesetz vom Zeugen die Wahrheit verlangen. Dann trug der Vertreter des Oberreichsanwalts die Anklage vor.«[1188] Heugel beantragt für Knauf »wegen Wehrkraftzersetzung und Feindbegünstigung die Todesstrafe und lebensl[änglichen] Ehrverlust«.[1189]

Anschließend hat Rechtsanwalt Ahlsdorff das Wort. Den Akten lässt sich nicht entnehmen, ob er für seinen Mandanten einen Freispruch oder eine geringere Strafe beantragt. Immerhin lässt sich feststellen, dass er für den Angeklagten mehr juristischen Elan und Ideen an den Tag legt als die meisten Pflichtverteidiger, die gewöhnlich vor dem Volksgerichtshof auftreten. So stellt er »zunächst den anliegenden Beweisantrag, 11 Leumundszeugen zu vernehmen. Auch bat er zu prüfen, ob das Tatbestandsmerkmal der Öffentlichkeit gegeben sei.«[1190]

Dem Antrag[1191] auf Ladung der 11 Leumundszeugen[1192], zu denen Direktoren der Terra-Filmkunst GmbH, aber auch Schauspieler wie Heinz Rühmann und der Komponist Werner Bochmann gehören, wird nicht entsprochen. Anschließend verliest Freisler »das eigenhändige Geständnis des Ohser«.[1193]

Auf den Umstand, dass Ohser sein Geständnis widerrufen hatte, weist der Vorsitzende nicht hin. Nun macht im Strafprozess der Widerruf ein Geständnis prozessual nicht unvergessen. Auch ein widerrufenes Geständnis kann in der Beweisaufnahme Berücksichtigung finden und sich in diesem Fall entsprechend auf die Urteilsfindung auswirken. Allerdings ist auch der Widerruf vom Gericht auf seine Glaubwürdigkeit hin zu überprüfen. Inwieweit Freisler diese Überprüfung bei Ohsers Geständnis vorgenommen hat, lässt sich nicht mehr feststellen und muss wohl auch bezweifelt werden. Ebenso unbekannt ist, wie sich Knauf zur Verlesung des Geständnisses von Ohser geäußert hat.

Nacheinander werden nun die Eheleute Schultz als Zeugen vernommen.[1194] Sie wiederholen ihre bereits gegenüber der Gestapo gemachten Aussagen. Im allseitigen Einverständnis bleiben sie unbeeidigt, weil der Volksgerichtshof die Glaubhaftigkeit ihrer Aussagen mit und ohne Eid gleich hält. Entgegen der ursprünglichen Absicht wird jetzt doch noch Kriminalratskommissar John vernommen. Auch seine Aussage dürfte inhaltsgleich mit dem Gestapo-Schlussbericht gewesen sein. Auch John bleibt unvereidigt. Nun kann sich Knauf äußern, der seine Verteidigungstaktik ändert:

> »Bis dahin hatte er immer mit Festigkeit behauptet, solche Dinge, wie sie die Volksgenossen Schultz behaupten seien in seiner Gegenwart von niemandem, weder von ihm noch von Ohser, gesagt worden. Am Schluß unserer heutigen Hauptverhandlung hat er dann aber zugegeben, Ohser habe allerdings dem Sinne nach sich so geäußert, wie die Eheleute Schultz sagen. Er will diese seine Unwahrhaftigkeit im Vorverfahren und in der ganzen Hauptverhandlung damit entschuldigen, daß er seinen Freund Ohser nicht habe belasten wollen.«[1195]

Knaufs Einlassungen zeigen keine Wirkung beim Gericht.

Anschließend haben Staatsanwalt Heugel und Knaufs Verteidiger Gelegenheit zu Ausführungen.[1196]

Es wird eine Pause eingelegt. Die meisten Verfahrensbeteiligten verlassen nun vorübergehend den Gerichtssaal. Dann geschieht etwas Unerwartetes: In diesem Moment tritt Ernst von der Decken vor den Richtertisch. Er äußert sich kritisch zur Glaubwürdigkeit des Zeugen Schultz und zur Glaubhaftigkeit seiner Behauptungen, was auch im Verhandlungsprotokoll vermerkt wird:

> »In dieser Pause meldete sich der Redakteur der Berliner Illustrierten. Dieser hatte bisher der Verhandlung als Zuhörer beigewohnt. Er erklärte dem Vorsitzer, er halte sich für verpflichtet, mitzuteilen, daß er zu folgenden Punkten bereit sei, als Zeuge auszusagen.
>
> Der Zeuge Hauptmann Schultz habe einmal durch unwahre Angaben […] versucht, sich um eine Unterkunft in der Wohnung des Dr. Daubenspeck in Berlin-Kaulsdorf zu bemühen.
>
> Der Zeuge Schultz habe auch erklärt, daß Ohser und Knauf ihre Wohnung bei Dr. Daubenspeck räumen würden.«[1197]

Dieses unerwartete Vorgehen führt dazu, dass nach der Pause Bruno Schultz noch einmal vernommen wird. Der Hauptmann bleibt jedoch bei seinen bisherigen Einlassungen.

> »Im Anschluß an diese Vernehmung verzichteten alle Prozeßbeteiligten auf weitere Beweisaufnahme. Dann schloß der Vorsitzende die Beweisaufnahme. Dann hatten der Vertreter des Oberreichsanwalts und der Verteidiger Gelegenheit zu Ausführungen. Sie blieben bei ihren Anträgen. Der Angeklagte hatte das letzte Wort. Der Vorsitzer schloß die Verhandlung. Das Gericht beriet.«[1198]

Im Anschluss an die Beratung kehren Freisler und seine Richterkollegen wieder in den Gerichtssaal zurück. Es kommt »im Namen des Volkes«[1199] zur Urteilsverkündung. Im Tenor der Entscheidung:

> »gegen den Leiter des Pressedienstes der Terra-Film-Kunst und Schriftsteller Erich Knauf aus Berlin, geboren am 21. Februar 1895 in Meerane (Sachsen), zur Zeit in dieser Sache in Polizeihaft, wegen Wehrkraftzersetzung, hat der Volksgerichtshof,

1. Senat, auf die am 5. April 1944 eingegangene Anklage des Oberreichsanwalts vom gleichen Tage, in der Sitzung vom 6. April [...] für Recht erkannt:

Erich Knauf hat im fünften Kriegsjahr zu Volksgenossen seiner Hausgemeinschaft fortlaufend schwerst zersetzende Reden geführt, führende Persönlichkeiten und tragende Einrichtungen unseres Reiches verächtlich gemacht, unseren Führer aufs gemeinste beschimpft, erklärt, man müsse die Waffen niederlegen und kapitulieren, ja, schließlich gesagt: ein deutscher Sieg sei für uns das größte Unglück.

Als Verräter, für immer ehrlos hat er damit unter uns die Zersetzungspropaganda unserer Kriegsfeinde betrieben und vor allem unsere Kraft zu mannhafter Wehr in unserem Lebenskampf angegriffen. Dafür wird er mit dem Tode bestraft.«[1200]

In der Urteilsbegründung werden zunächst die biografischen Hintergründe des Verurteilten und des verstorbenen Ohser referiert. Anschließend wird auf die Wohngemeinschaft mit den Eheleuten Schultz in Kaulsdorf übergeleitet:

»Das enge Zusammenleben bei Daubenspeck brachte es mit sich, daß Knauf, Ohser und das Ehepaar Schultz manchmal zusammenkamen; etwa in dem Zimmer des Einen oder Anderen zu einem Plauderstündchen, oder im Luftschutzkeller oder auch nach dem Fliegeralarm, noch ein Glas Wein oder Schnaps trinkend. Dabei haben nun Knauf und Ohser schwer zersetzende defaitistische Bemerkungen gemacht.«[1201]

Es folgen Ausführungen zur Glaubwürdigkeit der Zeugen, da sie das Fundament der Anklage darstellen.

»Die Eheleute Schultz haben das, und zwar so, wie es im Folgenden geschildert wird, mit aller Bestimmtheit, wie schon vor der Polizei im Vorverfahren so auch heute vor dem Volksgerichtshof bekundet. Sie haben dabei mit besonderer Sorgfalt auseinander gehalten, was jeder der beiden gesagt hat. Und sie erklären, daß sie sich dabei auch nicht geirrt haben können. Der Ehemann, Hauptmann Schultz insbesondere erklärt, bei ihm sei ein Irrtum vor allem deshalb ausgeschlossen, weil er das Gehörte sich auf Anraten seines Vorgesetzten, dem er von den defaitistischen Reden Meldung erstattet hatte, immer gleich aufschrieb und dabei vermerkte, was Knauf und was Ohser erklärt hatte.

Manchmal sind Eheleute mehr wie ein als wie zwei Zeugen zu bewerten, weil einer das nachredet, was der Andere sagt; und zwar durchaus guten Gewissens. Die Eheleute Schultz aber machten den Eindruck verschiedenartiger und selbständiger Persönlichkeiten. Man kann und muß sie deshalb auch als Ehegatten als zwei Zeugen werten.«[1202]

Die Urteilsbegründung geht auch auf Ernst von der Decken ein, ohne ihn dabei allerdings namentlich zu nennen:

»Gegen die Glaubwürdigkeit der Volksgenossen Schultz hat auch nichts vorgebracht werden können. Zwar hat sich in einer Pause ein Volksgenosse, Schriftleiter der Berliner Illustrierten, als Zeuge dafür erboten, daß Hauptmann Schultz einmal gesagt habe, die Beiden – Knauf und Ohser – müßten aus dem Hause Daubenspeck ausziehen und auch er, der Zeuge, könne nicht in das Haus einziehen. Aber daraus schließen, daß etwa Zeugen, um eine eigene räumliche Ausbreitung im Daubenspeckschen Hause zu ermöglichen, durch falsche Beschuldigungen zu Mördern an Knauf und Ohser hätten werden wollen, das liegt so fern, daß man es nicht annehmen kann. Auch hat V[olks]g[enosse] Schultz das mit tiefer, ehrlicher Entrüstung zurückgewiesen. Dieser Zeuge insbesondere hat auf uns den Eindruck eines geradezu peinlich gewissenhaften Mannes gemacht, dessen Bezugnahmen auf seinen Fahneneid bei seiner Aussage weder theatralisch noch unecht sondern ehrlichst gemeint war. Diese beiden Zeugen haben die Wahrheit gesagt.«[1203]

Es schließt sich eine Auflistung der vermeintlich wehrkraftverletzenden und landesverräterischen Bemerkungen an, die Knauf und Ohser geäußert haben sollen und die von den Eheleuten Schultz bezeugt werden. Deren Zeugenaussagen werden vom Gericht nicht in Zweifel gezogen.

»Wie gesagt, der Volksgerichtshof ist überzeugt, daß die Volksgenossen Schultz die Wahrheit gesagt und daß sie sich auch nicht geirrt haben. Sie können Knauf und Ohser auch nicht in einem wesentlichen Punkte mißverstanden haben.«[1204]

Als wesentlich im Rahmen der Beweiswürdigung wird aus Sicht des Gerichts auch das Geständnis von Erich Ohser angesehen:

>»Ohser hat zwar zunächst vor der Polizei die meisten Vorwürfe, die die Eheleute Schultz durch ihre Bekundungen bekräftigt hatten, bestritten. Dann aber setzte er sich nach einer solchen Vernehmung am Abend des 31. März in seiner Zelle hin und schrieb unaufgefordert mit eigener Hand ein Geständnis, das er auch als *mein Geständnis* betitelte. In diesem Geständnis, das wir in der Hauptverhandlung durch Verlesung in den wesentlichen Punkten gehört haben, schildert er, daß er sich vor sich und seinem Leugnen ekele, daß die Eheleute Schultz zwar schändlich gehandelt hätten, weil sie ihn durch schweigendes Zuhören immer weiter gereizt hätten, so etwas Furchtbares zu sagen, wie er tatsächlich getan habe; daß sie aber doch die Wahrheit gesagt hätten; daß er alles bis auf belanglose Kleinigkeiten zugebe, daß er, seiner Arbeitsaufgabe als Zeichner des *Reichs* innerlich nicht gewachsen, oft und zu Vielen sich pessimistisch geäußert habe, um aus deren Widerspruch Kraft zu gewinnen; daß er wisse, falsch gehandelt zu haben, daß er innerlich aber gar nicht so sei wie er in diesen schrecklichen Äußerungen erscheine, und daß er bitte, seine positiven Leistungen (die Serie *Vater und Sohn*, die vielen Tausend Kindern Freude bereitet habe, und seine positiv wirkenden Karikaturen im *Reich*) für ihn sprechen zu lassen, und daß er, wenn ihm nicht verziehen werden könne und er also sterben müsse, bitte, ihn doch möglichst schnell sterben zu lassen. Ein solches Geständnis ist zweifellos wahr.«[1205]

Das für den Tatbestand der Wehrkraftzersetzung wichtige Merkmal der »Öffentlichkeit« wird vom Gericht in dem Sinne ausgelegt, dass im Grunde auch jede private Äußerung als öffentlich zu bewerten sei:

>»Öffentlich hat also Knauf in den Wintermonaten des fünften Kriegsjahres Defätismus betrieben. (§ 5 KSSVO). Öffentlich nicht nur, weil nach der Ansicht des Volksgerichtshofes politische Ausführungen wegen der Struktur unseres Reiches als Volksstaates in aller Regel als öffentlich gelten müssen; öffentlich auch deshalb, weil jeder, der solche Zersetzung begeht, damit rechnen muss, dass der, dem er sie ins Gesicht schleudert, in seiner inneren Not, in die er dadurch kommen kann,

Abb. 60: Erich Knaufs Freund
Ernst von der Decken. Das
Bild zeigt ihn als Rittmeis-
ter gegen Ende des Ersten
Weltkriegs.

sich einem anderen Volksgenossen anvertraut; öffentlich auch
deshalb, weil die Wirkung defätistischer Hetzereien auf unser
Volksleben im totalen Krieg eine öffentliche ist, auch wenn sie
sich unmittelbar nur auf einen Volksgenossen erstreckt, denn
dieser eine ist ja in unsere grosse gemeinsame Kriegsanstren-
gung eingespannt.«[1206]

Zur Motivlage des Verurteilten wird der Zirkelschluss zum politischen
Hintergrund gezogen, der das Strafverfahren als politischen Prozess
entlarvt:

»Es ist also der Hass gegen den Nationalsozialismus[,] gegen die
kompromisslos ganze Durchsetzung unserer unserem Leben
gemässen Lebensart, die ihn dazu getrieben hat. Sein Leben ist
also in sich selbst zurückgekehrt. Der Ring seiner politischen
Entwicklung hat sich geschlossen: die marxistische Grundlage
ist wieder wirksam geworden.

So hetzen, so Niederlage-, Kapitulationsstimmung verbreiten, – und das im fünften Kriegsjahr – das heisst, die Geschäfte unserer Feinde betreiben; das heisst, sich zu ihrem Agenten in unserer Mitte machen. Und das weiss auch jeder Deutsche. Erst recht jemand, der wie Knauf viele Jahre im politischen Leben gestanden hat; der an wichtiger Stelle in unserem kulturellen Leben gestanden hat; der an wichtiger Stelle in unserem kulturellen Leben steht.

Ein solcher Mann ist ein Verräter. Und dem Verräter ist eigen, dass sein Persönlichkeitskern zerfressen ist, – die Ehre. Er ist also für immer ehrlos. Denn er hat ja im Kriege unseren Feinden geholfen [...]. Und deshalb konnte für uns auch nicht massgeblich sein, dass er durch seinen Verteidiger eine ganze Reihe bekannter Volksgenossen als Zeugen dafür benannt hat, dass er ihnen gegenüber sich nie defätistisch oder zersetzend geäussert hat. So gut wie jeder Defätist kann solche Zeugen beibringen. Das alles ändert nichts daran, dass er gegenüber den Volksgenossen Schultz zusammen mit Ohser Zersetzungspropagandist unserer Kriegsfeinde gewesen ist. [...] Wir würden nicht nationalsozialistisch gerecht handeln, – wir würden unser Reich in seinem Schicksalskampf, unser Volk in unserem Lebenskampf nicht richtig schützen, wenn wir auf solche Tat eines durch sie für immer ehrlos gewordenen Mannes anders antworten würden, als: er muss mit dem Tode bestraft werden.«[1207]

Nach Verlesung des Urteils schließt Freisler »die Sitzung um 16.30 Uhr«.[1208] Knauf wird wieder aus dem Gerichtssaal geführt. Bei dieser Gelegenheit gelingt es Ernst von der Decken noch kurz mit dem Verurteilten zu sprechen:

»Als wir von einander Abschied nahmen – seine Hände waren bereits gefesselt – sagte er [Knauf]: *Und wenn die Kunde zu euch kommt, dass ich tot sei, glaubt es nicht. Denkt immer, plötzlich steht der alte Schelm wieder vor euch!*«[1209]

Noch am Urteilstag reicht Rechtsanwalt Ahlsdorff einen Antrag auf Aussetzung der Vollstreckung der Todesstrafe ein, da für Knauf ein Gnadengesuch aufgesetzt werden soll.[1210]

***

Unmittelbar nach der Urteilsverkündung »begibt sich Marigard nochmals in den Deutschen Verlag. Dort haben sich der Tod von

Erich Ohser und das Todesurteil gegen Knauf inzwischen herumgesprochen. Sie kann weder den Betriebsführer noch den
Hauptschriftleiter der Wochenzeitung *Das Reich* sprechen – die beiden seien *nicht erreichbar.* Von den leitenden Herren des Verlages
begegnet Marigard nur Johannes Weyl, der zehn Jahre vorher seine
Zustimmung zum Erscheinen der *Vater und Sohn*-Bildgeschichten
erteilt hat.«[1211]

Welches Ziel der Besuch der jungen Witwe bei den Vorgesetzten
und Kollegen ihres Mannes verfolgt, bleibt offen.

Ebenfalls an diesem 6. April wird Justizminister Thierack von
Oberstaatsanwalt Metten über den Ablauf der Hauptverhandlung und
das Todesurteil[1212] über Knauf informiert:

> »Das Todesurteil, das der Angeklagte gefasst und ruhig auf-
> nahm, ist, da es ein Rechtsmittel gegen Urteile des Volks-
> gerichtshofes nicht gibt, mit der Verkündung rechtskräftig
> geworden. Nach Absetzung der schriftlichen Urteilsgründe
> gehen die Akten an den Herrn Reichsminister der Justiz, der
> auf Grund einer allgemeinen Ermächtigung des [von] sich aus
> oder auf Grund einer an ihn herangebrachten Anregung einen
> Gnadenerweis für angezeigt erachten sollte, die Entscheidung
> des Führers zur Gnadenfrage einholt.«[1213]

Auch die verschiedenen anderen Reichsminister wie Goebbels werden
in Kenntnis gesetzt. Insgesamt werden 15 Abschriften des Todesurteils
angefertigt und versendet.

***

Am Tag nach der Verurteilung von Erich Knauf zum Tode wendet sich
die Gestapo an Dr. Högel vom Volksgerichtshof. Es hat zwischen ihm
und Kriminalrat Prochnow noch am 6. April eine Unterredung gegeben, bei der es um die sterblichen Überreste von Erich Ohser gegangen
ist. Die Gestapo teilt nunmehr mit:

> »Gegen die Überlassung der Leiche des Obengenannten an die
> Angehörigen zur schlichten Bestattung werden von hier aus
> Bedenken nicht erhoben. Voraussetzung dafür ist jedoch, dass
> die Veröffentlichung einer Todesanzeige in der Presse unter-
> bleibt. Ich bitte, Frau Ohser entsprechend zu bescheiden und zu
> veranlassen, sich unmittelbar nach der dortigen Vorsprache beim

Geheimen Staatspolizeiamt, Berlin SW 11, Prinz-Albrechtstr. 8,
Referat IV A 1 b, II. Stock, Zimmer 230, zu melden.«[1214]

Noch am gleichen Tag erscheint Marigard Ohser in der Geschäftsstelle
des Volksgerichtshofs und unterschreibt eine entsprechende Erklärung:

> »Frau Ohser sprach heute vor. Ihr wurde eröffnet, daß die
> Voraussetzung für die Freigabe der Leiche ihres Ehemannes
> sei, daß die Veröffentlichung einer Todesanzeige in der Presse
> unterbleibe und daß Frau Ohser sich unmittelbar nach dieser
> Unterredung zum Geheimen Staatspolizeiamt begeben werde,
> um dort weitere Weisungen in Empfang zu nehmen. Frau
> Ohser erklärt, alles richtig verstanden zu haben.«[1215]

Aufgrund dieser Vereinbarung und Genehmigung, sowie aller erfor-
derlichen Formalitäten kann der Leichnam von Erich Ohser für eine
Bestattung freigegeben werden. Die Witwe kehrt am Ostersonn-
abend nach Süddeutschland zu ihrem schwerkranken Sohn Chris-
tian zurück. Die Urne mit Ohsers sterblichen Überresten wird einige
Wochen später auf dem Friedhof in Reichenbach beigesetzt. Nach dem
Krieg wird die Urne nach Plauen zur Familiengrabstätte der Familie
Ohser überführt, wo das Grab noch heute existiert.

***

Bereits im Verfahren gegen Knauf taucht auch der Name von Heinz
Rühmann mehrmals auf. So hat sich der Schauspieler – wie schon
kurz erwähnt – sowohl am Tag vor als auch nach der Hauptverhandlung gegen Knauf unmittelbar an Freisler gewandt. Vom Produktionsleiter der Terra, Robert Leistenschneider, wird später zu Protokoll
gegeben, »daß Rühmann in seinem Beisein zwei Mal mit dem Gene-
ralstaatsanwalt [sic!] Dr. Roland Freisler telefonisch gesprochen
hatte, um das Urteil für Knauf günstig zu beeinflussen. Nachdem
Knauf zum Tode verurteilt war, habe ich in Rühmanns Auftrag den
Adjutanten des Führers, Schaub[1216], aufgesucht und gefragt, unter
welchen Umständen man ein Gnadengesuch für Knauf bei Adolf
Hitler erreichen könne. Schaub sagte mir seine Unterstützung zu
und gab mir nach zwei Tagen den Bescheid, daß ein Gnadengesuch
für Knauf nicht abgegeben werden könne, da Knauf in seinen Aussagen die strategischen Leistungen des Führers entscheidend ange-
zweifelt habe.«[1217]

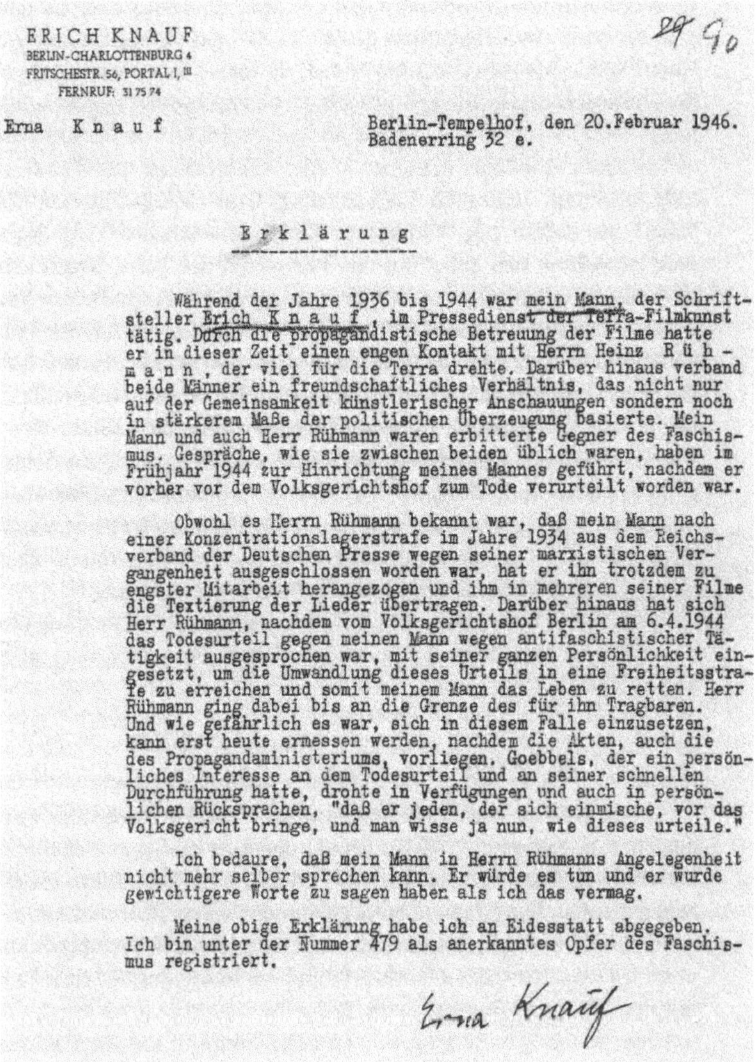

ERICH KNAUF
BERLIN-CHARLOTTENBURG 4
FRITSCHESTR. 56, PORTAL I, III
FERNRUF: 31 75 74

Erna   K n a u f

Berlin-Tempelhof, den 20.Februar 1946.
Badenerring 32 e.

E r k l ä r u n g

Während der Jahre 1936 bis 1944 war mein Mann, der Schriftsteller Erich K n a u f , im Pressedienst der Terra-Filmkunst
tätig. Durch die propagandistische Betreuung der Filme hatte
er in dieser Zeit einen engen Kontakt mit Herrn Heinz R ü h -
m a n n , der viel für die Terra drehte. Darüber hinaus verband
beide Männer ein freundschaftliches Verhältnis, das nicht nur
auf der Gemeinsamkeit künstlerischer Anschauungen sondern noch
in stärkerem Maße der politischen Überzeugung basierte. Mein
Mann und auch Herr Rühmann waren erbitterte Gegner des Faschismus. Gespräche, wie sie zwischen beiden üblich waren, haben im
Frühjahr 1944 zur Hinrichtung meines Mannes geführt, nachdem er
vorher vor dem Volksgerichtshof zum Tode verurteilt worden war.

Obwohl es Herrn Rühmann bekannt war, daß mein Mann nach
einer Konzentrationslagerstrafe im Jahre 1934 aus dem Reichsverband der Deutschen Presse wegen seiner marxistischen Vergangenheit ausgeschlossen worden war, hat er ihn trotzdem zu
engster Mitarbeit herangezogen und ihm in mehreren seiner Filme
die Texterung der Lieder übertragen. Darüber hinaus hat sich
Herr Rühmann, nachdem vom Volksgerichtshof Berlin am 6.4.1944
das Todesurteil gegen meinen Mann wegen antifaschistischer Tätigkeit ausgesprochen war, mit seiner ganzen Persönlichkeit eingesetzt, um die Umwandlung dieses Urteils in eine Freiheitsstrafe zu erreichen und somit meinem Mann das Leben zu retten. Herr
Rühmann ging dabei bis an die Grenze des für ihn Tragbaren.
Und wie gefährlich es war, sich in diesem Falle einzusetzen,
kann erst heute ermessen werden, nachdem die Akten, auch die
des Propagandaministeriums, vorliegen. Goebbels, der ein persönliches Interesse an dem Todesurteil und an seiner schnellen
Durchführung hatte, drohte in Verfügungen und auch in persönlichen Rücksprachen, "daß er jeden, der sich einmische, vor das
Volksgericht bringe, und man wisse ja nun, wie dieses urteile."

Ich bedaure, daß mein Mann in Herrn Rühmanns Angelegenheit
nicht mehr selber sprechen kann. Er würde es tun und er würde
gewichtigere Worte zu sagen haben als ich das vermag.

Meine obige Erklärung habe ich an Eidesstatt abgegeben.
Ich bin unter der Nummer 479 als anerkanntes Opfer des Faschismus registriert.

Erna Knauf

Abb. 61: Erna Knauf, Erklärung für Heinz Rühmann gegenüber der Entnazi-
fizierungsbehörde vom 20. Februar 1946

Bestätigt wird Rühmanns Bemühen um seinen Weggefährten bei der Terra-Filmkunst von Erna Knauf. Demnach soll sich der Schauspieler, »mit seiner ganzen Persönlichkeit [dafür] eingesetzt [haben], um die Umwandlung dieses Urteils in eine Freiheitsstrafe zu erreichen und somit meinem Mann das Leben zu retten. Herr Rühmann ging dabei bis an die Grenze des für ihn Tragbaren. Und wie gefährlich es war, sich in diesem Falle einzusetzen, kann erst heute ermessen werden, nachdem die Akten, auch die des Propagandaministeriums, vorliegen. Goebbels, der ein persönliches Interesse an dem Todesurteil und an seiner schnellen Durchführung hatte, drohte in Verfügungen und auch in persönlichen Rücksprachen, *daß er jeden, der sich einmische, vor das Volksgericht* [sic!] *bringe, und man wisse ja nun, wie dieses urteile.*«[1218]

Letztlich bleiben Rühmanns Bemühungen vergeblich. Dass sich Ernst von der Decken während der Verhandlung für Knauf eingesetzt hat, stößt bei Goebbels auf größte Entrüstung. Der Propagandaminister lässt den Journalisten zu sich zitieren. Er wird »wie ein Schuljunge abgekanzelt, angeschrien, daß er totenbleich und schweißbedeckt das Zimmer verläßt. Wer sich für einen Mann wie Knauf einsetzt, macht sich zum Komplicen und wird als Mitschuldiger behandelt! [...] Goebbels befiehlt [auch] die Chefs der Filmfirmen zu sich.

Da gibt es Buben, die glauben, daß ich blöd bin zu warten, bis sie mir das Messer in den Rücken stoßen können. Aber ich bin schneller. Ich werde jeden rücksichtslos ans Messer liefern [...]. Da gibt es Menschen, die es wagen, für solche Kreaturen einzutreten [...]. Ich verbiete bei schärfsten Strafen jeden Versuch einer Intervention [...]. Ich habe nach diesen Vorfällen angeordnet, daß noch einmal jeder im Film in verantwortlicher Stellung Beschäftigte genauestens überprüft wird [...]. Jeder von ihnen ist von nun an mit seinem Kopf verantwortlich [...].«[1219]

***

Insgesamt werden drei Gnadengesuche für Erich Knauf eingereicht. Das erste stammt von ihm selber, abgefasst am 10. April 1944. Darin heißt es u. a.:

> »Wie von dem Zeugen bestätigt wurde, war ich infolge meiner beruflichen Verpflichtungen und längeren Reisen viel weniger an den Unterhaltungen beteiligt als Ohser, welchen die Zeugen als den Tonangebenden und als Urheber der meisten und aggressiven Bemerkungen über die militärische Lage und die führenden politischen Männer bezeichneten.

Es ist meine Schuld, daß ich Ohsers Redensarten damals nicht ernst genug nahm und daß ich mich überhaupt an diesen Unterhaltungen beteiligte. Ich bin keineswegs staatsfeindlich eingestellt, das könnten führende Männer aus Wirtschaft und Kunst, die mich bereits seit Jahren genau kennen, bestätigen. Außerdem will ich noch auf alles das hinweisen, was ich in den Kriegsjahren, auch in letzter Zeit geschrieben habe und das nicht nur in großen und größten Auflagen gedruckt, sondern auch in ungezählten Rundfunksendungen verbreitet wurde.

Die von mir textierten Lieder gehören zum eisernen Bestand der Sendungen für Front und Heimat, und besonders *Heimat, deine Sterne* und *Glocken der Heimat* wurden in Soldatenlieder- büchern aufgenommen, in Schulklassen eingeübt.

Viele Zeitungsartikel und Soldatenbriefe bestätigen, wie sehr diese Lieder an der Front und daheim die Herzen erheben. Man verstand sie als einfachen Ausdruck einer ehrlichen Empfin- dung und als Bekenntnis für Deutschland und seinen Freiheits- kampf.«[1220]

Zum Schluss bietet der ehemalige Weltkriegssoldat dem NS-Regime noch etwas an:

»Ich hoffe, daß diese Zeugen für mich und meine wahre Gesin- nung sprechen und dazu beitragen, dieses mein Gnadenge- such zu unterstützen. Meine Bitte ist, das Todesurteil in eine Zuchthausstrafe umzuwandeln oder mir Gelegenheit zu geben, mich noch einmal zu bewähren: als Soldat für Deutschland zu kämpfen, wie ich es schon einmal getan habe, und, wenn es das Schicksal will, den Tod, aber den ehrenvollen Soldatentod, zu finden.«[1221]

Aber auch Erna Knauf und Rechtsanwalt Ahlsdorff setzen sich, wie erwähnt, mit eigenen Gnadengesuchen für den Verurteilten ein. Im rechtsanwaltlichen Antrag vom 13. April heißt es u. a.:

»Der Angeklagte hat stets erklärt, daß er zwar pessimistische politische Gedanken zum Ausdruck gebracht, daß er aber die besonders belastenden [...] Aeusserungen nicht getan hätte. Das Gericht hat jedoch den Angaben der Eheleute Schul[t]z vollen Glauben beigemessen, zumal sie durch das schriftliche Geständnis von Ohser gestützt worden seien.

Ich lege ferner mehrere Erzeugnisse aus der Feder des Knauf bei, aus denen sich seine tiefe Vaterlandsliebe ergibt, Herzensergüsse, die Millionen von unseren kämpfenden Brüdern mit tiefer Dankbarkeit für ihn erfüllt haben. Mit diesen Leistungen hat er viel zur Erhaltung und Stärkung der Wehrhaftigkeit beigetragen. Dieses Verdienst dürfte wohl dazu führen können, daß ihm die unbedachten Äusserungen in Gegenwart der Eheleute Schultz, sofern man sie als voll erwiesen annehmen will, insoweit im Gnadenwege verziehen werden, daß die Todesstrafe in eine zeitige Freiheitsstrafe umgewandelt wird.«[1222]

Erna Knaufs Gnadengesuch ist noch die bemerkenswerte Bitte beigefügt:

»Für den Fall, daß mein Gnadengesuch keinen Erfolg haben sollte, möchte ich schon heute die Bitte aussprechen, mir die Bestattung meines Mannes zu gestatten. Ich hoffe, daß mir die Bitte für mein Liebstes auf Erden gewährt werden kann.«[1223]

Alle Gnadengesuche bleiben erfolglos. Es bleibt bei dem Todesurteil, wie aus einer Anordnung von Thierack vom 20. April – Hitlers Geburtstag – hervorgeht:

»In der Strafsache gegen den vom Volksgerichtshof am 6. April 1944 zum Tode verurteilten Erich Knauf ordne ich mit Ermächtigung des Führers die Vollstreckung des Urteils an.«[1224]

Während sich Freunde und Bekannte für Knauf einsetzen, übt sich sein Denunziant Bruno Schultz in Selbstgerechtigkeit und Selbstbeweihräucherung. Er wendet sich in den Tagen nach dem Todesurteil an die Eigentümerin des Kaulsdorfer Hauses. In seinem Brief heißt es u. a.:
»Durch das Todesurteil gegen Knauf und den Selbstmord Ohsers sind wir mit Kehms enger zusammengekommen, denn alle sind der Ansicht, daß diese beiden Verbrecher wie sich der Präsident des Volksgerichtshofes nach fast achtstündiger Verhandlung in öffentlicher Sitzung äußerte, nicht wert sind, zu leben. Beider Tod sind wir der schaffenden Heimat und den kämpfenden Soldaten schuldig. Ohser hat vor seinem Selbstmord in der Zelle ein vielseitiges Geständnis handschriftlich niedergelegt, das in dem Satz gipfelt: *Ich ekle mich vor mir selbst und kann deshalb nicht am Leben bleiben!* Knauf hat den toten Freund während der Verhandlung mit Dreck beworfen, um sich

Abb. 62: Verhand-
lung vor dem
Volksgerichtshof
unter dem Vorsitz
von Roland Freis-
ler im Jahr 1944

rein zu waschen. Es war widerlich. Der Präsident gab bekannt: *Drei von Ohsers Freunden: Hingerichtet!«*[1225]

Unverblümt belobigt Schultz seine Denunziation der jetzt toten Mitbewohner selber, womit er zugleich auch seine Handlungsweise rechtfertigt, um anschließend auch den Pfad der Endsieg-Phantasien des NS-Regimes zu betreten:

»Muschi [Margarete Schultz] und ich sind von der zermürbend gewesenen Verhandlung jetzt noch ganz benommen. Aber die Sonne und die Blumen Eures Gartens helfen uns darüber langsam hinweg. Die Anerkennung und Belobigung für vorbildliches Verhalten von Muschi und mir durch den Oberreichsanwalt, durch den Präsiden-ten des Volksgerichtshofes und meines Generals im OKW geben uns die Kraft, der nun besser werdenden Zeit unseres in den nächsten Tagen zu Gigantischem antretenden Vaterlandes in innerster Aus-geglichenheit entgegenzuschen, in dem Bewußtsein, unsere Pflicht getan zu haben, denn die von Knauf und Ohser verlangte sofortige Kapitulation vor unseren Feinden, das sofortige Niederlegen aller Waffen, da ja doch alles verloren sei, wäre unser Tod gewesen, auch Deiner. […] Aber Lottgen, laß uns nicht rückwärts blicken, sondern vorwärts, aufwärts! Es geht nun los! Unsere Feinde werden einen deutschen Frühling erleben, wie wir ihn nun schon lange, so lange herbeisehnen; es wird ein Staunen geben und unsere unvergleich-liche Wehrmacht wird Wunder vollbringen, so daß uns nur übrig bleibt, die Hände zu falten und den Himmel für solche Wandlun-gen zu danken. Dann werden die Glocken läuten, wir werden, die Augen voller Freudentränen, uns gegenseitig in die Arme sinken und mancher und manche wird vielleicht erst dann merken, durch welch so große Zeit wir gegangen sind.

Sieh, das aber mitverdient zu haben durch Vertrauen und grundanständige Gesinnung, die durch gelegentliche Meckereien über hin und wieder mal auftretende Schwierigkeiten gar nicht geschmälert wird, soll unser aller Lohn sein und die Grundlage für ein schöneres, für Generationen friedliches Leben, das uns schon näher ist als wir wohl heute ahnen.«[1226]

Wirkliche Selbstreflexion und eigenverantwortliches Denken sind dem Volksgenossen Bruno Schultz vollständig fremd.

***

Aus einem Schreiben der Untersuchungshaftanstalt beim Kriminalgericht in Moabit vom 11. April an den Volksgerichtshof geht hervor, dass Knauf »bei der Aufnahme über 665,- RM eingebracht [hat]. Es wird gebeten, über 615,- RM. eine Verfügung zu treffen.«[1227]

Zwei Tage später werden Marigard Ohsers Bruder Arnold Bantzer noch ein Notizbuch und ein Brief des toten Erich Ohser ausgehändigt.[1228]

***

In der Hauptakte des Verfahrens findet sich des Weiteren noch ein bemerkenswerter Schriftwechsel zwischen dem Propagandaministerium und dem Berliner Landgerichtspräsidenten vom 17. April 1944. So wird an jenem Tag das Sondergericht beim Landgericht Berlin von folgender Nachricht in Kenntnis gesetzt:

> »Betrifft: Pressezeichner Erich Ohser (Deckname E.o.plauen) Schriftsteller Knauf
>
> Die beiden obengenannten Mitglieder der Reichskulturkammer sind zum Tode verurteilt und hingerichtet worden.
>
> Unter Bezugnahme auf § 29 der Ersten Verordnung zur Durchführung des Reichskulturkammergesetzes vom 1. 11. 1933 bitte ich um Übersendung einer Abschrift beider Urteile.«[1229]

So stimmt zum einen nicht die Auskunft, dass Ohser zum Tode verurteilt und hingerichtet worden ist; zum anderen ist das Todesurteil gegen Knauf zu diesem Zeitpunkt noch nicht vollstreckt worden. Als Beleg großer Desorientierung wirkt des Weiteren, dass man im

Goebbels-Ministerium offenbar davon ausgeht, dass das Verfahren gegen Ohser und Knauf vor dem Berliner Sondergericht stattgefunden hätte.

Der Mitteilungsempfänger zeigt sich deshalb auch ein wenig verwundert, was er fünf Tage später in seinem Antwortschreiben zum Ausdruck bringt, »dass eine Strafsache gegen Ohser und Knauf beim hiesigen Sondergericht nicht geschwebt hat«.[1230]

Die zuständigen Beamten im Propagandaministerium benötigten noch einmal gut einen Monat, um den richtigen Empfänger ihres Begehrens ausfindig zu machen. Die Anfrage bei der Reichsanwaltschaft beim Volksgerichtshof vom 11. Mai zeigte zwischen den Zeilen jedoch auch, dass man sich über die gerichtlichen Zuständigkeiten und Unterschiede zwischen Volksgerichtshof und Sondergerichten nicht ganz im Klaren zu sein scheint. Auch der Umstand, dass gegen Ohser überhaupt kein Urteil ergangen ist, hat sich noch immer nicht in der Schlüterstraße 45, dem Sitz des Propagandaministeriums, herumgesprochen.[1231] Dieses Versäumnis wird auch nicht zeitnah nachgeholt, weshalb sich die Anfrage durch Helmuth von Loebell am 23. Mai wiederholt.[1232]

Die NS-Behörden sind bestrebt, die Vorgänge im Zusammenhang mit Knauf und Ohser möglichst im Verborgenen zu halten, was vermutlich auch zu diesen internen Kommunikationsproblemen beiträgt.

Kapitel 9
Die Vollstreckung

Nachdem Hitler jegliches Gnadengesuch für Knauf abgelehnt hat, werden die zuständigen Beamten beim Volksgerichtshof und Rechtsanwalt Ahlsdorff offiziell von der verfügten Hinrichtung Knaufs benachrichtigt:

> »Die Vollstreckung der vom 1. Senat des Volksgerichtshofs vom 6. April erkannten Todesstrafe an dem Verurteilten Erich Knauf soll Dienstag, den 2. Mai 1944, ab 15 Uhr in dem Zuchthaus in Brandenburg (Havel)-Görden stattfinden. Die Bekanntgabe der bevorstehenden Vollstreckung an dem Verurteilten wird an demselben Tage ab 1330 Uhr erfolgen.«[1233]

Die seit 1940 bestehende »Richtstätte Brandenburg-Görden wird wegen ihrer Nähe zu Berlin seit 1942 für die Vollstreckung von Todesurteilen des Volksgerichtshofs genutzt. Seit Oktober 1943 fungiert sie als nahezu alleinige Vollstreckungsstelle für alle in Berlin Verurteilten des Volksgerichtshofs und des Kammergerichts.«[1234]

Knaufs Anwalt nimmt die Möglichkeit an, der Vollstreckung der Todesstrafe beiwohnen zu können. Ahlsdorff bestätigt am 28. April den Erhalt von Einlasskarten.[1235] In einer Verfügung wird darauf hingewiesen, dass der Verurteilte selber erst 1½ Stunden vor seiner Hinrichtung unterrichtet wird.

> »Dem Verurteilten werden Dienstag, den 2. Mai 1944 ab 1330 Uhr die vorgeschriebenen Eröffnungen gemacht werden.«[1236]

Knauf erhält noch die Möglichkeit, einen Abschiedsbrief an seine Ehefrau zu schreiben. Darin heißt es u. a.:

> »Meine über alles geliebte Erna! Gerne hätte ich Dich noch einmal gesehen. Deine Stimme gehört, Dich zum Abschied geküsst. Es soll nicht sein. Und so bleibt mir nur, Dir zu schreiben, wie dankbar ich Dir für alles bin, für alles, was Du mir gegeben hast [...] Ich bin bis zu letzten Augenblick gefasst. [...] Bis zum letzten Herzschlag bin ich, Deinen Namen auf den Lippen. [...] Dein Erich«[1237]

In der erwähnten Verfügung wird auch die Hinrichtungsmethode bestimmt:

> »Der Scharfrichter Röttger aus Berlin wird beauftragt, den rechtskräftig zum Tode verurteilten Erich Knauf mit dem Fallbeil hinzurichten.«[1238]

Wilhelm Röttger[1239] ist seit 1942 (bis 1945) in den »zentralen Hin-
richtungsstätten« Berlin-Plötzensee und in Brandenburg-Görden
tätig. Neben seiner Tätigkeit als Scharfrichter führt er ein großes
Fuhrgeschäft für den Berliner Zentralvieh- und Schlachthof.

Am Tag der Hinrichtung, dem 2. Mai, vermerken die Akten:

> »In Anwesenheit des Anstaltsarztes Dr. Müller [...] eröffnete
> der Vollstreckungsleiter des Verurteilten um 1430 Uhr den
> Erlaß des Reichsministers der Justiz, daß von dem Gnadenrecht
> kein Gebrauch gemacht worden sei, und teilte ihm ferner mit,
> daß das Urteil heute um 1545 Uhr vollstreckt werden würde.
> Der Verurteilte verhielt sich während der Verkündung ruhig
> und gefaßt.«[1240]

Auch diese – um eine Stunde verspätete – Hinrichtung wird exakt
dokumentiert. So hält der Bericht des Oberreichsanwalts beim Volksgerichtshof am 2. Mai 1944 u. a. fest:

> »Um 1555 Uhr wurde der Verurteilte, die Hände auf dem Rücken
> gefesselt, durch zwei Gefängnisbeamte vorgeführt. Der Scharf-
> richter Röttger aus Berlin stand mit seinen drei Gehilfen bereit.
> Anwesend war ferner: der Anstaltsarzt Dr. Müller.
> Nach Feststellung der Personengleichheit des Vorgeführten
> mit dem Verurteilten beauftragte der Vollstreckungsleiter den
> Scharfrichter mit der Vollstreckung. Der Verurteilte, der ruhig
> und gefaßt war, ließ sich ohne Widerstreben auf das Fallbeil-
> gerät legen, worauf der Scharfrichter die Enthauptung mit dem
> Fallbeil ausführte und sodann meldete, daß das vollstreckt sei.
> Die Vollstreckung dauerte von der Vorführung bis zur Voll-
> zugsmeldung 7 Sekunden.«[1241]

Hinter der im NS-Behördenjargon nachfolgend kurz skizzierten
Szene von Erich Knaufs Hinrichtung verbirgt sich eine bestialische
Tat, die sich – exemplarisch aus anderer Feder beschrieben –, so
liest:

»Der abgeschlagene Kopf fiel in einen Weidenkorb, die Augen weit
offen. Weil die Verurteilten auf dem Schafott nicht festgeschnallt wurden, konnte sich der Körper im Tode ein letztes Mal frei bewegen. Der
Torso bäumte sich auf, die Beine zuckten und schleuderten die Holz-
pantinen fort. Aus dem Rumpf spritzte das Blut in hohem Bogen in
den Gully. Über diesen häßlichen Eisenrost drapiert ein Justizbeamter

jetzt alle Tage die Farben Schwarz-Rot-Gold und den Berliner Bären. [...] Wer hier im Namen des Volkes vom Leben zum Tode gebracht wurde, dem zeigte sich der Staat in aller Macht und Herrlichkeit. Der Henker im Cut, seine drei Knechte im schwarzen Anzug. [...] Nicht irgendein KZ-Wärter war am Werk, sadistisch veranlagt und womöglich betrunken. An diesem Todesort herrschten Recht und Ordnung, war jeder Schritt durch eine Vorschrift festgelegt. Für die Gäste gab es Eintrittskarten und den Hinweis: *An der Richtstätte wird der deutsche Gruß vermieden.* Vom Opfer erwarteten die Beamten, daß es sich dem Protokoll gemäß verhalte, *ruhig und gefaßt.* Nur selten fiel einer aus der Rolle.«[1242]

Auch Erich Knauf ist nicht »aus der Rolle gefallen«, hat seine Hinrichtung »ruhig und gefaßt« über sich ergehen lassen.

Der zuständige Sachbearbeiter beim Volksgerichtshof berichtet am 3. Mai u. a. gegenüber Justizminister Thierack, dass die Hinrichtung »vorschriftsmäßig vollstreckt worden [sei]. Die Hinrichtung ist ohne Zwischenfall verlaufen; sie hat 7 Sekunden gedauert.«[1243]

Mit deutscher Gründlichkeit wird noch das Entstehen der Vollstreckungskosten erläutert:

> »Anlaß der Vollstreckung des Todesurteils gegen Erich Knauf am 2.5.44 sind entstanden:
> 120 RM Sondervergütungskosten für Scharfrichter und Gehilfen
> 36,- RM Fahrkosten
> 2,18 RM Verpflegungskosten
> 158,18 RM«[1244]

Der Rechnungsposten wird Teil der gesamten Kostenrechnung, die Tage später der Witwe Erna Knauf zugeht.

Erna Knauf wendet sich an die Reichsanwaltschaft beim Volksgerichtshof mit der Bitte »um Herausgabe der in der Haftanstalt Moabit verwahrten goldenen Uhr meines Ehemannes«.[1245] Zugleich versichert sie, die Kostenrechnung begleichen zu können.

Erich Knauf ist letztlich einer von fast 6000 Angeklagten, die vom Volksgerichtshof zum Tode verurteilt und hingerichtet werden. Damit stirbt jeder dritte Angeklagte, der vor die Schranken dieser juristischen Vorhölle des NS-Unrechtsstaats treten muss.

»Die grausame Urteilspraxis sollte mehr bewirken als die Vernichtung politischer Gegner. Beabsichtigt war auch, Angst und Schrecken zu verbreiten, um Widerstand im Keim zu ersticken.«[1246]

»Reichsanwaltschaft beim Volksgerichtshof
Geschäftsnummer 4 J 777/44
– Staatsanwaltschaft –
Kostenrechnung
in der Strafsache gegen Erich Knauf

Gebühr gem. §§ 49, 52 SGKG für Todesstrafe	300,–
Postgebühren gem. § 72, 1 SGKG	1,84
Gebühr gem. § 72, 6 für den als Pflichtverteidiger bestellt gewesenen Rechtsanwalt Ahlsdorff, Berlin-Lichterfelde-Ost, Gärtnerstr. 10a	81,60
für die Strafhaft vom 6. April 1944 bis 2. Mai 1944	44,–
Kosten der Strafvollstreckung: Vollstreckung des Urteils	158,18
hinzu Porto für Übersendung der Kostenrechnung	–,12
zusammen	585,74

Zahlungspflichtig: Die Erben des Erich Knauf. z. Hd. von Frau Erna Knauf, Berlin-Tempelhof, Manfred-von-Richthofen-Str. 13, bei Fa. Gilbert, Mach.«

Kostenrechnung[1247]

Erna Knauf wurde der Leichnam ihres ermordeten Mannes nicht herausgegeben. Die Leichname von Hinrichtungsopfern wurden grundsätzlich Anatomien zur Forschung zur Verfügung gestellt. Dass Familien einen Leichnam zur Bestattung erhielten, war eher eine Ausnahme als die Regel. Ab 1942 wurde dieses Vorgehen – zumindest im Falle der Hinrichtungsstätte Brandenburg-Görden – komplett eingestellt. Ab diesem Zeitpunkt wurden wegen Benzinmangels keine Leichname mehr nach Berlin verbracht (Brandenburg verfügte über keine eigene Anatomie) oder an Familien herausgegeben, sondern im Städtischen Krematorium eingeäschert und anonym beigesetzt. Die namentlich gekennzeichneten Urnen wurden nach Kriegsende gehoben und an die Heimatgemeinden bzw. Familien der Hinrichtungsopfer verschickt. Nur eine geringe Zahl von Urnen verblieb in Brandenburg an der Havel und wurde in einem Mahnmal für die Toten aus dem Zuchthaus beigesetzt. Auch Erich Knaufs Urne befindet sich darunter.[1248]

In Erna Knaufs Aufzeichnungen über das Leben ihres ermordeten Ehemannes findet sich der bemerkenswerte Hinweis: »Erichs Asche wurde vernichtet, da eine Beisetzung zu *Demonstrationen Anlaß geben könnte*.«[1249]

Daraus lässt sich schließen, dass die Witwe – zu diesem Zeitpunkt jedenfalls – keine Ahnung davon hat, dass die Asche des Hingerichteten nicht einfach vernichtet worden ist, sondern in einem Urnenfeld beigesetzt wurde.

Eine Woche nach Erich Knaufs Tod schreibt seine Witwe an die andere Witwe, Marigard Ohser. Darin teilt sie der Leidensgenossin mit, dass das »Schicksal vollzogen« sei. »Nur einen wunderschönen Abschiedsbrief hat er mir noch auf meinen Weg gegeben. Ich kann Ihnen nicht sagen, wie grausam alles bis zum Schluß verlief. Nicht einmal die letzte Menschlichkeit, die Beisetzung seiner Asche auf dem Grabe der Eltern in Gera, kann sich erweisen.«[1250]

Aus einem Aktenvermerk des Oberreichsanwalts beim Volksgerichtshof geht hervor, dass gegen die Aushändigung des restlichen Nachlasses von Knauf an die Erben keine Bedenken bestehen, sofern die Kostenrechnung über die Hinrichtung beglichen wird.[1251] Der Vorgang ruft, wie alles andere im Zusammenhang mit dem NS-Regime, Erich Kästners tiefe Empörung hervor, der nach dem Krieg in einem Artikel die Kopie der Originalkostenrechnung kommentiert:

»Eine Rechnung, die damals an eine Frau geschickt wurde, damit diese die Unkosten begleiche, die dem Staat daraus erwachsen waren, daß er ihren Mann am 3. Mai 1944 hatte hängen lassen. Eine Rechnung über 585,74 RM., die *binnen einer Woche* gezahlt werden mußte, da *nach Ablauf der Zahlungsfrist die zwangsweise Einziehung ohne weitere Mahnung* zu gewärtigen war. [...] Tausende und Abertausende solcher Rechnungen sind vom nationalsozialistischen Staat ausgeschrieben worden. Es genügte ihm nicht, unschuldige Menschen aufzuhängen. [...] Es war ein ordnungsliebender Massenmörder, dieser Staat.«[1252]

Am 25. Mai teilt Erna Knauf in einem Brief an Marigard mit, dass sie wieder nach Berlin zurückgekehrt sei und in der Hauptstadt, zunächst in dem erhalten gebliebenen Teil ihrer bombengeschädigten Wohnung in der Fritschestraße 60 bleiben wolle. Mit dem Brief übersendet sie

Abb. 63 bis 66: Gedenkstätte Zuchthaus
Brandenburg-Görden
Bild 1 (oben, links): Eingangsbereich
Bild 2 (oben, rechts): Eingangsbereich
Bild 3 (unten, links): Erinnerungstafel mit
den beigesetzten Urnen (auch von Erich
Knauf)
Bild 4 (unten, rechts): Schafott der ehe-
maligen Hinrichtungsstätte (Gedenkort
der Gedenkstätte Zuchthaus Branden-
burg-Görden innerhalb der heutigen
JVA Brandenburg an der Havel)

»das kleine Foto, das unsere Männer auch im Leben verbunden zeigt. Mein Mann hat sich stets über jede Gelegenheit gefreut, für seinen Freund Erich einzutreten und sich zu ihm zu bekennen. Es tut so weh, daß es dieser Freundschaft nicht beschieden war, sich im Leben noch viele, viele Jahre auszuwirken. Sie hätten beide der Welt noch viel zu geben gehabt. Warum ich das gerade Ihnen schreibe? Die Gedanken kommen und gehen und man kann nicht Herr über sie werden. Ich wünsche Ihnen und Christian alles Gute.«[1253]

Erna Knauf gibt den Mitgliedsausweis ihres hingerichteten Ehemannes an die Reichsschrifttumskammer zurück.[1254] Inwieweit man dort über die Hintergründe des Todes ihres Mitglieds Erich Knauf informiert ist, lässt sich nicht sagen. Die Witwe erhält jedenfalls zügig eine Beileidsbekundung durch die Behörde.[1255]

Kapitel 10

Kästner und die Witwen

Das fingierte Filmprojekt

Nach seinem endgültigen Berufsverbot lebt Kästner vor allem von den Tantiemen für die Drehbücher. Ansonsten erlebt er wie seine Landsleute den allmählichen Zusammenbruch Deutschlands. Wie bereits erwähnt werden Ende 1943 die ersten massiven Angriffswellen über Berlin geflogen, denen auch die Wohnungen von Knauf und Ohser zum Opfer fallen. In der Nacht vom 15. auf den 16. Februar 1944 wird schließlich auch Kästners Wohnung in der Roscherstraße in Schutt und Asche gelegt. Vernichtet ist damit auch seine Bibliothek.

»Dreitausend Bücher, acht Anzüge, einige Manuskripte, sämtliche Möbel, zwei Schreibmaschinen, Erinnerungen in jeder Größe und mancher Haarfarbe«[1256], beschreibt der Dichter das persönliche Desaster.

Notgedrungen zieht er zu Luiselotte Enderle in die Sybelstraße. Während sie in Babelsberg als UFA-Dramaturgin arbeitet, errichtet »er in der auch nur noch teilweise bewohnbaren Wohnung ein mit Mängeln behaftetes Idyll um sich, ein durch äußere Umstände zum Hausmann Gezwungener. Er ging einkaufen, las geschenkte Bücher, verrauchte den Tabak, den ihm ein befreundeter NS-Jurist besorgen konnte, und schlug sich mit Behörden herum. Das Kriegsschädenamt sollte ihm Geld für eine neue Bibliothek zahlen, die Schrifttumskammer für die verbrannten Manuskripte.«[1257]

Was die Entschädigung für die verbrannten Manuskripte betrifft, ziehen sich die Verhandlungen bis ins letzte Kriegsjahr hinein. So wendet sich die Reichsschrifttumskammer am 1. Februar 1945 an den Schriftsteller:

»Der Bezirksbürgermeister des Verwaltungsbezirks Charlottenburg der Reichshauptstadt Berlin hat mir Ihre Schadensakte zur Begutachtung vorgelegt. Dieser Schadensakte entnehme ich, daß Sie für zwei vernichtete Original-Manuskripte von Novellenbändchen einen Betrag von RM 30 000. - - eingesetzt haben. Ich bitte um umgehende Aufschlußerteilung über Art und Inhalt usw. der beiden Bände, damit ich die Akte baldmöglichst verabschieden kann.«[1258]

Ein weiterer Brief der Reichsschrifttumskammer in dieser Angelegenheit folgt am 9. Februar. Daraufhin gibt Kästner u. a. die Auskunft:

»1. Beide Manuskripte befanden sich, da ich am 16.2.44 morgens verreisen wollte, am Abend, also am Tag des Schadens, in einem fertiggepackten Koffer. 2. Beide Manuskripte verbrannten in meiner ersten Stenogrammfassung und wären Bücher von schätzungsweise je 200 Druckseiten geworden.«[1259]

In seinem Brief skizziert der Schriftsteller auch den Inhalt der beiden Manuskripte und schließt mit der Bitte:

»Ich wäre Ihnen außerordentlich verbunden, wenn Sie meine Schadensakte auf schnellstem Wege verabschiedeten und der Kriegssachschädenstelle zuführten; denn ich bekomme dort vorher keine weiteren Vorschüsse, obwohl ich, für die Neuanschaffung von Büchern, bereits aus Eigenem eine beträchtliche Summe veranlagt habe.«[1260]

Er verhandelt über Nachkriegsprojekte wie einen *Münchhausen*-Roman oder eine Edition von Romanen der Weltliteratur. Doch im Grunde schreibt er »nur für die Schublade«.[1261]

Und stets schwebt das Damoklesschwert einer Verhaftung durch die Gestapo über ihm, da er für das NS-Regime nach wie vor kein wirklich akzeptierter Volksgenosse ist. Kästner und Enderle halten sich immer öfter aus Angst vor den willkürlichen und unberechenbaren Gestapomaßahmen bei verschiedenen Freunden in und um Berlin auf. Andere gelegentliche Zufluchtsorte – auch vor den Luftangriffen auf Berlin – bilden Wohnungen von Freunden in Babelsberg und in Ketzin oder auch weiter weg auf dem Land.

Am 14. Oktober 1944 wird der Volkssturm, in der Bevölkerung auch ›Volkswind‹ genannt, ins Leben gerufen. Es sind Sechzehn- bis Sechzigjährige mit unzureichender Bewaffnung und kaum ausgebildet. Militärisch sinnlos müssen sie sich nun ebenfalls dem haushoch überlegenen Feind entgegenstellen. Ein selbstmörderisches Unterfangen. Ob Kästner zu diesem Zeitpunkt bereits vom Tod seiner früheren Freunde Knauf und Ohser weiß, ist nicht bekannt. Seine Tagebücher geben jedenfalls keinen Anhaltspunkt dafür.

Währenddessen dreht die UFA weiterhin Filme wie das Durchhalte-Epos *Kolberg*[1262] mit den *Jud Süß*-Darstellern Heinrich George und Kristina Söderbaum in den Hauptrollen. Es ist anzunehmen, dass sie im Verlauf des Frühjahres von Erich Knaufs Schicksal erfahren haben, da er auch ihr Ansprechpartner bei der Terra gewesen ist und nun fehlt.

***

Auch in der Endphase des Krieges glauben Hitler und Goebbels weiterhin besessen an die Wirkung des Kinos. Vielleicht, weil im Film noch Wunder geschehen? Doch in vielen Lichtspielhäusern sind längst Flüchtlinge einquartiert. Die Schwierigkeiten für die Drehteams, überhaupt noch irgendetwas auf Zelluloid zu bannen, wachsen von Tag zu Tag. Die Belegschaften in den Ateliers werden um 40 Prozent reduziert, es fehlt Material für die Bauten und es mangelt an Rohfilm. Wer kann, dreht im sicheren Prag oder sieht zu, dass er rasch krank wird.

Schließlich entwickeln Filmleute eine geniale Überlebensidee: Zwei große Herstellungsgruppen der UFA sollen aus Berlin verlagert werden, um – so die offizielle Version – gleich nach Kriegsende wieder produzieren zu können. Wolfgang Liebeneiner[1263], UFA-Produktionschef, Leiter der »Fachschaft Film« bei der Reichsfilmkammer und unter anderem Regisseur des Pro-Euthanasie-Films *Ich klage an*[1264], fährt mit der einen Gruppe in die Lüneburger Heide und tut so, als würde er den Film *Das Leben geht weiter* drehen. Eberhard Schmidt, der für das *Münchhausen*-Engagement Kästners gesorgt hatte, setzt sich mit der anderen Gruppe nach Mayrhofen in Tirol ab, um dort das Projekt *Das verlorene Gesicht* in Szene zu setzen. So die offizielle Darstellung der Verantwortlichen gegenüber den maßgeblichen NS-Behörden. Hiervon bekommt Kästner zunächst nichts mit.

»Wir waren wieder ein paar Tage in L. an der Havel, und es ging, wie fast jedesmal, hoch her«[1265], schreibt er unterdessen am 7. Februar 1945 in sein Tagebuch. Er ist gerade zu Gast in der Villa eines Textilkaufmanns. Der äußere Anschein ist der einer unbelasteten Feier. Doch weil Stromsperre herrscht, isst man den Braten kalt.

»Man lacht und tafelt in einem Landhaus an der Havel, und die russischen Panzer stehen, bei Frankfurt und Küstrin, an der Oder. Man trinkt Sekt und tanzt, und noch gestern saßen wir, in Charlottenburg und Wilmersdorf, im Keller, während zwölfhundert Flugzeuge ihre Bomben ausklinkten. Man raucht Importen und pokert, und ringsum ziehen die Trecks, auf der Flucht aus dem Osten, ins Ungewisse.«[1266]

Es wird jedoch nicht nur anachronistisch zum sonstigen Geschehen gefeiert, sondern auch gewarnt. Empfänger der Warnung ist Kästner. Aus zuverlässiger Quelle erfährt er, dass die SS plane, bevor die Russen in Berlin einrücken würden, eine »blutige Abschiedsfeier, eine Nacht der langen Messer. Auch mein Name«, so der Schriftsteller, »stünde auf der Liste. Das ist kein erhebender Gedanke. Denn ich kann Berlin nicht verlassen. Ich klebe hier fest wie eine Fliege an der Leimtüte.«[1267]

Einige Zeit später erhält der Schriftsteller die Möglichkeit, sich von der »Leimtüte« zu lösen: Jetzt erfährt auch Kästner von den erwähnten Filmprojekten in der Lüneburger Heide und in Mayrhofen, an denen er und seine Lebensgefährtin mitwirken sollen. Alles offiziell. Schmidt stattet Kästner und Enderle mit den notwendigen Papieren aus. Und so reist der Dichter, angeblich neben Herbert Witt[1268], dem Drehbuchautor des Schmidt-Films, ebenfalls nach Österreich. Niemand an der Grenze des gerade zerfallenden Tausendjährigen Reiches hält ihn auf. Der von den Nationalsozialisten so verachtete »Asphalt«-Literat und seine Lebensgefährtin – natürlich ebenso dringend wie er selbst als Dramaturgin gebraucht – reisen zunächst nach Innsbruck und von dort nach Mayrhofen weiter. Es ist Mitte März, als sie am Zielort eintreffen. Sie werden wie Ertrinkende, die ein Rettungsboot erreicht haben, von den anderen Filmleuten aufgenommen – von Harald Braun[1269], dem Regisseur, von den Schauspielern wie Hannelore Schroth[1270] und Ulrich Haupt[1271], vom gesamten Filmteam, das insgesamt aus 60 Personen[1272] besteht. Man lässt es in der Folgezeit ruhig angehen. Die Darsteller nehmen Sonnenbäder, die Beleuchter spielen Skat, man lässt sich vom Maskenbildner die Haare schneiden oder schaltet sich in den örtlichen Schwarzhandel ein. Schließlich wird dann doch die erste Klappe geschlagen.

»Die Kamera surrte«, notiert Kästner, »die Silberblenden glänzten, der Regisseur befahl, die Schauspieler agierten, der Aufnahmeleiter tummelte sich, der Friseur überpuderte die Schminkgesichter und die Dorfjugend staunte. Wie erstaunt wäre sie erst gewesen, hätte sie gewusst, dass die Filmkassette in der Kamera leer war!«[1273]

Dass man sich überhaupt die Mühe macht und nach außen hin so tut, als filme man ernsthaft, hängt mit den zum Teil argwöhnischen Dorfbewohnern von Mayrhofen zusammen.

Enderle und Kästner bewohnen ein Schlaf- und ein Arbeitszimmer in der Pension Steiner, wo der Schriftsteller ungestört seine Beobachtungen notieren kann, darunter den Tod des zweiten Sohns seiner Gastfamilie, der er ein halbfrommes Trauergedicht zum Andenken schreibt.[1274]

Der Tiroler Gauleiter versucht, die Filmleute aus dem fernen Berlin als eine Art letzter Reserve für die künftige Front Mayrhofen für eine Ausbildung im Kreisstandschützenkommando heranziehen zu lassen. Kästner erhält ein Schreiben des Landrats des Kreises Schwaz vom 5. April 1945 mit der Mitteilung, aufgrund einer Notdienstverordnung »für die Dauer von 4 Wochen zum kurzfristigen Notdienst herangezogen«[1275] zu werden, weshalb er »sich am 7. April 45 um 8 Uhr in Schwaz Bahnhof bei[m] Kreisstandschützenkommando zu melden«[1276] habe.

»Diese Beorderung und Ihre Militärpapiere haben Sie mitzubringen und bei der Dienststelle, zu der Sie einberufen sind, abzugeben.

Die Nichtbefolgung dieser Beorderung wird mit Haft, Gefängnis oder Geldstrafe geahndet.«[1277]

Die Berliner Behörden verhindern die tatsächliche Durchführung dieser »Beorderung«. Um die Tiroler Bevölkerung in der nahen Umgebung bei Laune zu halten, zeigt ihnen Braun in Welturaufführung Josef von Bakys Film *Via Mala*[1278]. Der Film ist vom 12. Juli bis zum 6. November 1943 gedreht worden. Bei den Nachdrehs im Juni und Juli 1944 mit den Außenaufnahmen, die in und bei Mayrhofen entstanden waren, haben auch einige der Dorfbewohner als Statisten mitgewirkt. Der Film hat in Deutschland zunächst nicht anlaufen dürfen, da er vom Propagandaministerium wegen seines düsteren Charakters zurückgestellt worden ist.[1279]

Das Ende der Täter

Am 3. Februar 1945 führt die 8. US-Luftflotte einen schweren Luftangriff gegen die Innenstadt von Berlin. Insgesamt werden 2264 Tonnen Bomben abgeworfen. Es finden über 2500 Zivilisten den Tod, über 100 000 Menschen werden obdachlos.[1280] Zerstört wird auch die Reichskanzlei. Roland Freisler kommt bei diesem Angriff ums Leben.

Kästner vermerkt in seinem Kriegstagebuch Freislers Ende zweimal. An einer Stelle heißt es, er »sei am Sonnabend beim Luftangriff umgekommen. Im Diplomatenbunker des Hotels Adlon«[1281]. An anderer Stelle schreibt er, Freisler »kam Anfang Februar bei einem Tagesangriff um. Fühlte sich im Bunker des Volksgerichtshofs nicht sicher, wollte ins Esplanade und wurde auf der Straße erwischt. Andere sagen, von einem Pistolenschuss.«[1282]

Einer anderen Version zufolge habe sich Freisler während des Luftangriffs mit den Akten einer aktuell durchgeführten Hauptverhandlung des Volksgerichtshofs in der Hand und seinen Beisitzern in den Keller des Gebäudes begeben. Plötzlich sei das Gebäude von einer schweren Bombe getroffen worden. Ein Deckenbalken sei durchgebrochen und habe Freisler erschlagen. Nach einer weiteren Version soll Freisler während einer Autofahrt vom Reichsjustizministerium zum Volksgerichtshof von einer Bombe getroffen worden sein. Die wahrscheinlichste Version beschreibt, dass Freisler im Hof des Volksgerichtshofs ein Bombenopfer geworden sein soll. Der Richter soll bei dem Versuch, über den Hof zu laufen, von einem Bombensplitter getroffen worden und an den Folgen gestorben sein.

***

Über Hitlers letzte Kriegstage bemerkt Kästner am 2. Mai ironisch: »Hitler liegt, nach neuester Version, nicht im Sterben, sondern ist *in Berlin gefallen*! Da man auf vielerlei Art sterben, aber nur fallen kann, wenn man kämpft, will man also zum Ausdruck bringen, daß er gekämpft hat. Das ist nicht wahrscheinlich. Ich kann mir die entsprechende Szene nicht vorstellen. Er hätte dabei mit Ärgerem rechnen müssen, mit der Gefangennahme und dieses Spektakel konnte er nicht wollen. Ergo: Er ist nicht *gefallen*.«[1283]

Tatsächlich hält sich Hitler am 30. April 1945, 15.30 Uhr zusammen mit seiner Ehefrau Eva Braun in seinem Privatzimmer des Führerbunkers auf. Während Eva Braun Zyankali schluckt, erschießt sich Hitler. Mit dem Selbstmord Hitlers am 30. April und der bedingungslosen Kapitulation Deutschlands am 8. Mai 1945 endet auch die bizarre Filmposse in Mayrhofen. Kästner, Enderle und die anderen Filmleute haben das Dritte Reich überlebt.

***

Im Alter von 53 Jahren verübt Joseph Goebbels am 1. Mai 1945 Selbstmord, indem er sich mit einer Pistole in die Schläfe schießt. Zuvor hat seine Ehefrau Magda ihre gemeinsamen sechs Kinder und sich im Bunker der Reichskanzlei durch Gifteinnahme (Blausäure) umgebracht.

***

Von den beiden Gestapobeamten, die Knauf und Ohser im März und April 1944 über mehrere Tage verhört hatten, haben sich einige Lebensdaten in zwei Personalakten erhalten, die das Landesarchiv Berlin aufbewahrt.

So arbeitet Adolf John in den letzten Kriegsmonaten noch in der Abteilung Westabwehr, zu deren Aufgabengebiet die Aufarbeitung und Ermittlung im Zusammenhang mit dem Hitler-Attentat vom 20. Juli 1944 gehört. John arbeitet unter Leitung des Kriminalrats Lange in der Außenstelle Fürstenberg-Drögen in der Nähe des KZ Ravensbrück, in das eine Reihe Verdächtiger eingeliefert werden.

Gegen Kriegsende ist John noch kurzzeitig bei der Wehrmacht im Einsatz.

Nach dem Krieg wird er am 26. Oktober 1949 von der Spruchkammer des Landgerichts Bielefeld wegen Zugehörigkeit zur Gestapo und SS zu insgesamt vier Jahren Gefängnis unter Anrechnung von drei

Jahren Internierungs- und Untersuchungshaft verurteilt. Er verbüßt diese Strafe bis zum 25. Oktober 1950 in der Strafanstalt Emsland.

Während des Bielefelder Spruchkammerverfahren versucht er, über Österreich und Italien nach Argentinien zu fliehen, wird jedoch von der italienischen Polizei festgenommen und an die Bundesrepublik zurücküberstellt. Das Amtsgericht Garmisch-Partenkirchen verurteilt ihn wegen unerlaubten Grenzübertritts deshalb mit zwei Wochen Gefängnis.

Vom Landgericht Osnabrück wird John am 2. Juni 1950 wegen Verbrechens gegen die Menschlichkeit und Aussageerpressung zu einer Zuchthausstrafe von zwei Jahren und sechs Monaten verurteilt. Ein Ermittlungsverfahren der Staatsanwaltschaft Berlin-Charlottenburg gegen ihn wegen Beteiligung an der »Sonderbehandlung von Kriegsgefangenen« gegen Angehörige der »Roten Kapelle« und eine weitere Widerstandsgruppe wird durch Verfügung vom 19. Februar 1968 eingestellt. Als letzte Meldeadresse des Gestapo-Beamten ist im Jahr 1968 Würzburg bekannt. Über sein Ableben liegen keine Informationen vor.

Anders liegt der Fall bei seinem Gestapo-Kollegen Prochnow. So nimmt die Generalstaatsanwaltschaft Berlin zu Beginn der 1960er-Jahre Vorermittlungen gegen Prochnow als ehemaligem Angehörigen des Reichssicherheitshauptamtes wegen Mordes auf.[1284] Im Zuge der Ermittlungen wendet man sich am 2. Juni 1964 an das Landeskriminalpolizeiamt Schleswig-Holstein, da man Prochnows gegenwärtige Wohnanschrift benötigt und die Vermutung besteht, dass sich diese in Kiel befindet. Tatsächlich findet sich eine Wohnadresse in Kiel-Wik, doch ist Prochnow unbekannt von dort verzogen. Weitere Ermittlungen der Generalstaatsanwaltschaft beim Berlin Document Center der U.S. Mission Berlin bleiben erfolglos, bis schließlich vom Standesamt Kiel in Erfahrung gebracht werden kann, dass der Gesuchte am 10. Oktober 1967 in Kiel verstorben ist. Diese Feststellung wird im Oktober 1970 nach Übersendung der Sterbeurkunde bei der Staatsanwaltschaft des Kammergerichts Berlin vermerkt.

***

Der Scharfrichter Knaufs, Wilhelm Röttger, vollstreckt bis zum Ende des Dritten Reiches insgesamt etwa 3200 Todesurteile (!). Zu den von ihm Hingerichteten gehören auch Beteiligte am Hitler-Attentat vom 20. Juli 1944. Nach dem Krieg wird Röttger 1946 in einem Krankenhaus in Hannover entdeckt, wohin er geflüchtet ist. Er stirbt nach seiner Verhaftung im Gefängnis in Hannover am 13. September 1946.

Die Witwen

Wie Erich Kästner vom Tod seiner Freunde Ohser und Knauf erfahren hat, ist nicht bekannt. Im Januar 1946 erscheint im Feuilleton der *Neuen Zeitung* sein Artikel *Eine unbezahlte Rechnung*[1285]. Darin berichtet der Schriftsteller über das Schicksal seiner Freunde. Zugleich fragt Kästner bitter nach dem weiteren Schicksal von Hauptmann Schultz, und ob er das letzte Kriegsjahr gesund und munter überstanden habe. Von dem Goldschmied-Ehepaar Annemarie und Alfred Kramer, das eigenen Angaben zufolge während der Bombenangriffe ebenfalls mit Knauf, Ohser und den Eheleuten Schultz im Luftschutzkeller gesessen habe, erhält Kästner einen Brief. Hierin heißt es:

»Am 23. April 1945 kam die heißersehnte Befreiung, so überraschend, daß Schultz die vorbereitete Flucht nicht mehr glückte. Nachdem er von verschiedenen Seiten ergebnislos angezeigt worden war, leiteten wir die Sache an die zuständige russische Behörde weiter und gaben den ganzen uns bekannten Vorfall zu Protokoll. Wir haben ihn seitdem nicht wiedergesehen; die Frau, die mindestens so schuldig ist wie er, läuft leider immer noch frei herum, aber wir hoffen, daß die deutschen Behörden dafür sorgen werden, daß sie den Lohn ihrer Tat erhält. Wir können diese schrecklichen Dinge nicht vergessen, und wir wollen es auch gar nicht; leider wird heute zu vieles zu Tinte, das mit Blut gesühnt werden müßte [...].«[1286]

Tatsächlich erfolgte die Verhaftung von Hauptmann Schultz am 14. Juli 1945[1287]. Er wurde in ein sowjetisches Kriegsgefangenenlager überführt.

Ende des Jahres, am 19. Dezember, setzt sich Erna Knauf mit der neuen Zentralstelle der Kriminalpolizei in Tempelhof in Verbindung. Sie erstattet Anzeige gegen den »SS-Mann Hauptmann Bruno Schultz und seine Ehefrau«[1288]. In moralischer und menschlicher Hinsicht ist ihr Vorgehen verständlich, juristisch jedoch wenig erfolgversprechend, da sich nach Lage der Dinge aus der bloßen Denunziation kein Mordmerkmal herleiten lässt. Dessen ungeachtet führt die Witwe u. a. aus:

»Bruno Schultz ist der Mörder meines Mannes, des Schriftstellers und Dichters Erich Knauf und des Pressezeichners Erich Ohser, bekannt unter dem Pseudonym E.o.plauen. Schultz hatte beide Männer, mit denen er in einem Hause zusammenwohnte wegen antifaschistischer und zersetzender Äußerungen, die sie im Laufe eines Vierteljahres getan hatten, bei der Gestapo angezeigt. Die Motive hierfür dürften nicht allein in seiner gegnerischen Einstellung zu suchen sein, sondern waren wahrscheinlich nur eigennütziger Natur. Er wollte das Haus von

Dr. Daubenspeck gern für sich allein haben. Die Anzeige führte zur Verhaftung der beiden Männer. [...] Die Verhandlung und Verurteilung meines Mannes zum Tode fand am 6.4.1944 vor dem Volksgerichtshof statt. [...] Es stand von vornherein fest, daß bei der politischen Vergangenheit meines Mannes nur das Todesurteil gesprochen würde.«[1289] Was Erna Knauf zu diesem Zeitpunkt nicht weiß, ist, dass Bruno Schultz nur wenige Wochen vor der Strafanzeige im November 1945 in Landsberg/Warthe in einem sowjetischen Internierungslager an einer Lungenentzündung gestorben ist.[1290] Das Bemühen, den Denunzianten noch einmal juristisch belangen zu können, geht daher schon aus diesem Grund ins Leere. Von Margarete Schultz verliert sich jede Spur im Dunkel der Geschichte.

Die beiden Witwen setzen ihr Leben fort. Der Intendant des Berliner Schillertheaters, Boleslaw Barlog[1291], stellt Erna Knauf als seine Chefsekretärin ein. Sie lebt weiterhin in West-Berlin.

Außer gelegentlichen Erinnerungsartikeln alter Weggefährten oder interessierter Kulturjournalisten nimmt die westdeutsche Öffentlichkeit nur wenig Notiz von Erich Knauf. Er gerät zusehends in Vergessenheit. Und so erscheint es als eine erstaunliche Fügung, dass ausgerechnet in Knaufs Heimatstadt Meerane im Jahr 1970 ein bekannter DDR-Schriftsteller – Wolfgang Eckert – plötzlich auf den Namen seines ermordeten Kollegen stößt, der nur wenige Straßen entfernt von seinem eigenen Elternhaus aufgewachsen ist. Und Eckert nimmt Kontakt zu Erna Knauf auf. Es entwickelt sich über Jahre eine lebhafte Korrespondenz zwischen der Witwe und dem sächsischen Schriftsteller. Dieser kann – den grenzpolitischen Schwierigkeiten zum Trotz – Erna Knauf ab 1986 auch gelegentlich in Westberlin besuchen. Zwischen beiden entsteht dadurch eine vertrauensvolle und freundschaftliche Beziehung, die damit gekrönt wird, dass die Witwe am 4. November 1987 eine Erklärung aufsetzt, wonach sie »alle Rechte aus den veröffentlichten und unveröffentlichten Werken meines Mannes Erich Knauf sowie noch alle unveröffentlichten Nachlassmaterialien Herrn Schriftsteller Wolfgang Eckert [...] [überträgt]«.[1292] Seither hält der Meeraner Literat die Erinnerung an Knauf durch Artikel, öffentliche Auftritte und vor allem durch seine Erich-Knauf-Biografie wach.

Am 18. Dezember 2000 verstirbt Erna Knauf im Alter von 90 Jahren und wird in Berlin-Buckow beigesetzt.

Über den weiteren Lebensweg von Marigard Ohser ist bekannt, dass sie weiterhin in Reichenbach a.d. Fils wohnt. Hier heiratet sie am 16. Februar 1946 den Maler und späteren Professor an der Kunstakademie in

Abb. 67: Erich Kästner
(1961)

Karlsruhe Heinrich Klumbies (1905–1994), den sie von früher her kennt.
Bis 1960 setzt sie ihre Arbeit als Grafikerin und Kinderbuch-Illustrato-
rin für den Otto Maier Verlag, für den sie bereits vor dem Krieg tätig
gewesen ist, fort und gibt zahlreiche Bücher heraus.[1293]
   Am 3. Juli 1999 stirbt sie in Karlsruhe.

Kästner im Nachkriegsdeutschland

Bereits Ende Mai 1945 wird bei Erich Kästner von der US-Militär-
regierung wegen eines möglichen Engagements für eine neue Zeitung
angefragt. Er soll als leitender Redakteur des Feuilletons tätig werden.
Ab September arbeitet der Dichter dann in dieser Funktion für die
Neue Zeitung[1294], einem in der amerikanischen Besatzungszone von der
Information Control Division der amerikanischen Besatzungsbehörde
herausgegebenen Blatt, das vergleichbar mit der Tageszeitung *Die Welt*
in der britischen Besatzungszone ist.[1295] Die erste Ausgabe erscheint am
17. Oktober 1945.[1296] Eine wesentliche Aufgabe der *Neuen Zeitung* besteht
in ihrem Auftrag, an der politischen Umerziehung und im Besonderen der Entnazifizierung der Deutschen mitzuwirken. Pikanterweise

befindet sich der Sitz der Zeitung in der Münchner Schellingstraße 39, der ehemaligen Druckerei des *Völkischen Beobachters.* Kästners Artikel folgen diesem »aufklärerischen Programm und hatten eine große Öffentlichkeit. Nachdem sich Kästner nie in Abstraktionen verlief und keine Traktate schrieb, sondern sich immer als erlebendes Subjekt in den Mittelpunkt stellte, gab er seinem Publikum viele Identifikationsangebote. Seine Gedanken blieben nachvollziehbar und ließen ihn hoffen, nicht nur kurzzeitige, sondern anhaltende Veränderungen zu bewirken.«[1297]

In der Folgezeit berichtet der Schriftsteller über verschiedene Themen im Zusammenhang mit dem Nationalsozialismus, etwa über die »Reichskristallnacht« 1938, über die er schreibt:

»Die Regierung hat ein gemeines Verbrechen angeordnet. Die Polizei hatte die kommandierenden Verbrecher während der Tat geschützt. Sie hätte jeden braven Bürger, der die Ausführung des Verbrechens zu hindern gesucht hätte, festgenommen [...]. Ein Staat hatte es sich zur Aufgabe gemacht, das dem Menschen eingeborene Gewissen und Rechtsempfinden innerhalb der Landesgrenzen radikal auszurotten.«[1298]

Über den Holocaust, über die Vernichtung der Juden, dessen ganzes Ausmaß er erst nach dem Krieg, vor allem aus Filmaufnahmen der Amerikaner erfährt, versagt dem sonst mit Worten so versierten Kästner die Sprache:

»Ich bringe es nicht fertig, über diesen unausdenkbaren, infernalischen Wahnsinn einen zusammenhängenden Artikel zu schreiben. Die Gedanken fliehen, sooft sie sich der Erinnerung an die Filmbilder nähern. Was in den Lagern geschah, ist so fürchterlich, daß man darüber nicht schweigen darf und nicht sprechen kann.«[1299]

Für Hanuschek ist die »Begriffslosigkeit [...] ungleich überzeugender als alle schnellen Erklärungsversuche für den Holocaust«.[1300]

Die Sprache über die Täter, jedenfalls jene, die sich der Verantwortung bis dato noch nicht durch Suizid entzogen haben, findet Kästner bald wieder, als er als Kriegsprozessberichterstatter für *Die Neue Zeitung* am ersten Kriegsverbrecherprozess in Nürnberg teilnimmt. Er berichtet in einer sehr szenischen Weise, wobei manche Passagen in der Beschreibung über die Repräsentanten des ungeheuerlichen Grauens im Dritten Reich fast satirisch wirken, so als könnte Kästner das juristische Schauspiel mit seinen Protagonisten auf den Anklagebänken nicht anders ertragen.

Während sich der Schriftsteller intensiv mit der Aufarbeitung der Vergangenheit auseinandersetzt, auch wenn ihm dabei gelegentlich die Sprache abhandenkommt, nimmt er ebenso interessiert an den

Diskussionen um den gesellschaftlichen und kulturellen Neubeginn in Deutschland teil.

Kästners Tätigkeit als Redakteur der *Neuen Zeitung* endet im April 1948, als er aufgrund der Restriktionen durch den damaligen Chefredakteur Jack M. Fleischer entnervt seinen Hut nimmt. Fleischer hatte die Linie des Blattes radikal geändert, hin zu einer ausgesprochen pro-amerikanischen Berichterstattung. Als Kontrollmechanismus hatte Fleischer das sog. Copy-Desk eingeführt, was zur Folge hatte, dass kein Beitrag – auch keiner von Kästner – mehr gedruckt wurde, der nicht von Fleischer zuvor abgesegnet worden war.

Luiselotte Enderle, die bislang als Kästners Stellvertreterin agiert hat, wird nach seinem Ausscheiden seine Nachfolgerin. Kästner schreibt allerdings noch bis 1953 für das Blatt feuilletonistische Beiträge.

Neben seiner Tätigkeit als Feuilletonredakteur der *Neuen Zeitung* fungiert der Dichter zwischen 1946 und 1949 als Herausgeber der Stuttgarter Jugendzeitschrift *Pinguin*. Sein Lebensmittelpunkt bleibt für den Rest seines Lebens München.

Zu seinen weiteren Tätigkeiten in diesen ersten Jahren gehört seine Arbeit als Texter für die Münchener *Schaubude*, das erste Nachkriegs-kabarett, das zunächst einige seiner älteren Gedichte übernimmt und schließlich neue Kästner-Texte nutzt. Die *Schaubude* wird schließlich ein Opfer der Währungsreform und geht ein. 1951 wird jedoch mit Kästners Unterstützung in München ein neues Kabarett gegründet: *Die kleine Freiheit*. Für dieses Kabarett schreibt Kästner in den ersten Jahren regelmäßig Texte, ehe er sich resigniert zurückzieht, um sich der Herausgabe seiner gesammelten Werke zu widmen – die dann auch wirklich zum 60. Geburtstag 1959 zum ersten Mal erscheinen.

Zu den großen literarischen Erfolgen nach dem Zweiten Weltkrieg gehören 1949 der Kinderroman *Das doppelte Lottchen*[1301] und 1957 sein autobiographisches Buch *Als ich ein kleiner Junge war*[1302]. Im Dezember 1957 wird Kästners einziger Sohn Thomas geboren. Die Mutter ist jedoch nicht die langjährige Lebensgefährtin Luiselotte Enderle, sondern die wesentlich jüngere Friedel Siebert[1303], mit der er über Jahre hinweg ein Verhältnis unterhalten hat. Dies führt im Hause der unverheiratet bleibenden Kästner und Enderle zu schweren Konflikten, ohne dass es zu einem endgültigen Zerwürfnis kommt.

Kästners Optimismus und Aufbruchsstimmung in der unmittelbaren Nachkriegszeit wandelt sich im Laufe der Jahre in eine Resignation, da sich aus seiner Sicht die Zeitgenossen nicht mit der Vergangenheit auseinandersetzen, sondern mehr am Wirtschaftswunder interessiert sind.

Zugleich gehört der Schriftsteller der Friedensbewegung an, die sich gegen eine Remilitarisierung richtet. Seinem Anti-Militarismus bleibt Kästner treu, weshalb er bei Ostermärschen als Redner auftritt und sich später auch entschieden gegen den Vietnamkrieg wendet. Ebenso engagiert er sich gegen staatliche Maßnahmen, die er als Einschränkung der Pressefreiheit sieht. So protestiert er 1952 etwa gegen das »Gesetz über die Verbreitung jugendgefährdender Schriften« und zählt 1962 zu den ersten Intellektuellen, die sich gegen die Durchsuchungen und Verhaftungen während der Spiegel-Affäre wenden.

Die literarische Produktion nimmt im Gegensatz zu seinen gesellschaftspolitischen Aktivitäten immer mehr ab. Außerdem wird Kästner von gesundheitlichen Problemen und den Folgen einer Alkoholsucht geplagt.

Am 29. Juli 1974 stirbt der Schriftsteller in München an Speiseröhrenkrebs. Beerdigt wird er auf dem Bogenhausener Friedhof. Im Schatten der kleinen Kirche St. Georg finden sich die Gräber vieler Münchner Prominenter: die Regisseure Bernd Eichinger, Rainer Werner Fassbinder und Helmut Dietl etwa, aber auch Schauspieler und Literaten wie Oskar Maria Graf, Walter Sedlmayr und eben – Kästner! In einem einfachen Grab neben dem Eingang ruht der Schriftsteller. Seine letzte Ruhestätte stellt das Pendant zum pompösen Nachbargrab, einem schwarzgrauen, schmucklosen Block aus Stahl dar. Dort liegt Hitlers einstiger Auslands-Pressechef Ernst Hanfstaengl[1304] begraben, der im Mai 1933 aus Berlin über die Bücherverbrennung berichtet hat. Hier ist der »Putzi«, wie der »Führer« ihn nannte, auf ewig Kästners Grab-Nachbar.[1305] Aber wie sagt schon der Volksmund: Nachbarn kann man sich nicht immer aussuchen.

Epilog

Die Illusion der Inneren Emigration

Die Emigration geflohener Wissenschaftler, Künstler und Intellektueller im Zusammenhang mit dem Dritten Reich bildet für Kästner in seiner Zeit als leitender Redakteur des Feuilletons der *Neuen Zeitung* ein besonderes Thema. Die öffentliche Diskussion hierüber wird heftig und kontrovers geführt. Besonders die Ablehnung von Thomas Mann, nach Deutschland zurückzukehren, löst vielerorts Streit aus, der von Kästner in seinem Beitrag *Betrachtungen eines Unpolitischen*[1306] aufgegriffen wird. Der Titel ist eine ironische Anspielung auf die von Thomas Mann verfasste kulturpolitische Schrift mit demselben Titel.[1307]

Kästner kommentiert im Rahmen einer fiktiven Redesituation den Streit zwischen in Deutschland verbliebenen Literaten wie Walter von Molo[1308] auf der einen Seite und dem Emigranten Mann auf der anderen Seite, der eine Rückkehr nach Deutschland für sich ablehnt.

Thomas Mann hatte zudem geäußert, dass allen Büchern und Schriftstellern der inneren Emigration »ein Geruch von Blut und Schande«[1309] anhafte:

»Es mag Aberglaube sein, aber in meinen Augen sind Bücher, die von 1933 bis 1945 in Deutschland überhaupt gedruckt werden konnten, weniger als wertlos und nicht gut in die Hand zu nehmen. [...] Sie sollten alle eingestampft werden.«[1310]

Dieses harte Urteil löst natürlich den Ärger der Berufskollegen aus. Zugleich bildet es den Startschuss zu einer heftig geführten Diskussion über das Thema »Innere Emigration«.

Über den Nobelpreisträger, der während der NS-Zeit u. a. in Frankreich, in der Schweiz, vor allem aber in den USA gelebt hat und sich zu diesem Zeitpunkt noch immer dort aufhält, da er eine Rückkehr in die alte Heimat ablehnt, schreibt Kästner:

»Den Deutschen fehlt der große, der überlebensgroße Dichter oder Denker, der sich schützend, sammelnd und die Welt beschwörend hinstellt und die Arme ausstreckt wie ein zweiter lieber Gott. Thomas Mann ist kein lieber Gott, der erste nicht und auch nicht der zweite. Sondern er ist, wie gesagt, der bedeutendste und berühmteste unter den lebenden, deutschen Dichtern. Und es ist sehr bedauerlich, daß ihn andere weniger berühmte, trotzdem bedeutende Dichter solange gebeten und gebettelt haben, bis er böse wurde. Sie haben sich ein bißchen dumm benommen. Wenn ich jemanden um hundert Mark bitte, der nur zehn Mark einstecken hat, wenn ich ihn wieder bitte und weiterbitte, muß er mit der Zeit wütend werden.«[1311] Im Grunde gehört Kästner jedoch zu den Bewunderern von Mann. Er scheint jedoch, wie Hanuschek konstatiert »dessen Absage als persönliche Kränkung aufgefasst zu haben«[1312].

Verständlich wird Kästners Haltung, wenn man sich vor Augen führt, dass er sich selber zu den Opfern des Nationalsozialismus und zu den unterdrückten, verfolgten Literaten zählt und aus dieser Position heraus die Diskussion um die Rückkehr der Emigranten wahrnimmt. Hieraus resultiert das Ausmaß der Polemik gegenüber dem *Zauberberg*-Autor und dessen Entscheidung, denn alle Vorwürfe, die der emigrierte Dichter wiederum gegen die Daheimgebliebenen erhebt, muss Kästner auch auf seine eigene Person beziehen. Grundsätzlich behält Kästner allerdings seine positive Einstellung den Emigranten gegenüber, da er sie als kulturelle Mithelfer beim Wiederaufbau Deutschlands sieht:

»Die Gefallenen, die Erschlagenen, die Verbrannten und die sich selbst verzweifelt ein Ende setzten, sie können uns nicht mehr helfen. Aber viele der überlebenden Emigranten können es! Sie sind wie wir, die das Ende der Barbarei in Deutschland überdauerten, entschlossen, die restlichen Jahre unserer Existenz, unserer Talente und unseres Wesens an das eine, große, gemeinsame Ziel daranzusetzen: an den kulturellen Wiederaufbau unserer Heimat.«[1313]

Doch nicht nur das Verhältnis zu den Emigranten erweist sich für Kästner als schwierig, sondern auch seine Haltung zu den anderen, die wie er in Deutschland geblieben sind.

Wenn Kästner nach 1945 über Erich Ohser in einem wenig empathischen und vor allem vorwurfsvollen Ton schreibt, dass der Freund »ab 1933 in wachsendem Maße ins weite Feld der Konjunktur geraten«[1314] sei, dass er sein Talent »im Auftrage des Propagandaministeriums«[1315] missbraucht habe, ist das schon recht erstaunlich.

Der Schriftsteller weist offenkundig darauf hin, dass Ohser seine Talente auch zum Wohle des Goebbels-Ministeriums eingebracht hat, indem er, wie im Vorangegangenen geschildert wurde, u. a. für das NS-Blatt *Das Reich* über 800 Zeichnungen angefertigt hat und dass seine berühmtesten Figuren *Vater und Sohn* der Unterhaltungspresse und Staatspropaganda (etwa durch ihre Verwendung durch die Kraft-durch-Freude-Organisation oder zu Wahlkampfzwecken) dienlich gewesen sind. Es handelt sich hierbei um unleugbare Fakten. Gewiss.

Warum Kästner aber keine Vorwürfe gegenüber Knauf erhebt, der in wichtiger Funktion für die von Goebbels geliebte NS-Filmwirtschaft tätig gewesen ist und dabei mit *Jud Süß* einen der schlimmsten antisemitischen und rassistischen Hetzfilme des Dritten Reiches mit werbetechnischer Meisterschaft zu vermarkten geholfen hat, bleibt dagegen unerklärlich. Auch wird dem Schriftsteller nicht verborgen geblieben sein, dass aus Knaufs Feder Liedtexte stammen, die zur moralischen Erbauung der Wehrmachtssoldaten – ganz im Sinne der NS-Führung – gedacht gewesen sind und weite Verbreitung im Rundfunk und auf Schallplatten gefunden haben.

Vergegenwärtigt man sich dann, dass Kästner selber mit ausdrücklicher Billigung von Goebbels das Drehbuch des Ufa-Jubiläumsfilm *Münchhausen* geschrieben hat, dass er daneben zahlreiche andere – für das NS-Regime zur Ablenkung und Tröstung der kriegsgebeutelten Volksgenossen – wichtige Unterhaltungsfilme mit seinen Drehbüchern und Theaterstücke erst ermöglichte, dann wirkt sein Vorwurf gegenüber Ohser wie das berühmte Werfen mit Steinen im Glashaus.

Man wird konstatieren müssen, dass alle drei – Kästner, Ohser, Knauf – gleichermaßen »ins weite Feld der Konjunktur geraten« waren. Alle drei waren, wie bereits in der Einführung angesprochen, zwar keine Gesinnungsnazis, auch keine klassischen Opportunisten, die ihr eigenes Denken über politische Zustände und Vorgänge eingestellt hatten, wohl aber sind sie auf ihrem jeweiligen beruflichen Feld in den NS-Staat verstrickt gewesen. Ähnliches trifft auch auf andere, auch berühmte Zeitgenossen wie Heinz Rühmann zu.

Dass eine solche Verstrickung mit dem NS-Regime überhaupt möglich werden konnte, lag natürlich vor allem daran, dass die Betroffenen nach 1933 in Deutschland geblieben sind. Über viele – nicht nationalsozialistisch eingestellte – Wissenschaftler, Künstler und Schriftsteller, die nicht emigrierten, wird stereotyp geäußert, dass sie in die »Innere Emigration« geflüchtet seien. Der Begriff soll scheinbar eine Art moralische Schutzzone beschreiben, in die sich diejenigen begeben haben, die gegen Hitler gewesen sind und nichts mit ihm und seinem System zu tun haben wollten.

Was aber bedeutet »Innere Emigration« eigentlich?

Gemeint ist damit wohl so etwas wie eine innere Auswanderung, wohinter sich ein nur schwer aufzulösender Widerspruch verbirgt. Der Begriff beschreibt die Vorstellung, im Land geblieben ohne dabei gewesen zu sein, weitergemacht, ohne mitgemacht zu haben. Er impliziert sowohl einen Freibrief als auch einen Beleg für das eigene Leiden. Der Begriff wird meist mit dem Schriftsteller Frank Thieß[1316] in Verbindung gebracht, der ihn sozusagen für sich als Urheber reklamiert hat, ohne ihn erstmalig aufgebracht oder erfunden zu haben.[1317]

Abb. 68: Pen-Tagung in Hamburg. – Die im November 1948 gebildete Gruppe des internationalen PEN trat am 12. April 1949 in Hamburg zu einer ersten Tagung zusammen. Im Bild zu sehen (v. r. n. l. um den Tisch sitzend): Prof. [Herbert] Friedmann – Dolf Sternberger – Axel Eggebrecht – Herbert Eulenberg – Hermann Kasack – Rudolf Schneider-Schelde (stehend) – Erich Kästner – Hans Henny Jahnn und Ernst Penzoldt.

Tatsächlich ist der Begriff bereits in den 1930er-Jahren so geläufig, dass man von äußerer und innerer Emigration als von zwei gleichberechtigten Erscheinungen des oppositionellen Lebens gesprochen hat. Erstmals brachte Ernst Toller[1318] die Idee vom vereinigten und anderen Deutschland im Exil und im Inneren auf dem PEN-Kongress in Ragusa am 28. Mai 1933 auf. In seiner dort gehaltenen Rede stellte er die Rechtmäßigkeit des NS-Regimes in Frage und erklärte sich zum Vertreter eines *anderen Deutschlands* – des schweigenden und leidenden.[1319] Auch andere Dichter und Schriftsteller bedienten sich des Konzepts der »Inneren Emigration«, so etwa Jochen Klepper in einer Tagebucheintragung von 1933:

»Je mehr ich mich geistig als Emigrant im Vaterlande fühlen muß, desto heftiger und inständiger wünsche ich dieses Heimischwerden.«[1320]

Andere Autoren wie Gottfried Benn schrieben von »eine[r] aristokratischen Form der Emigrierung«[1321], Ernst Barlach sah sich »im Vaterlande eine[r] Art Emigrantendasein ausgesetzt«[1322] und Klaus

Mann lässt in seinem Roman *Der Vulkan* von 1939 den Schutzengel der Emigrierten und Verfolgten zu den Emigranten sagen: »Die Grenzen, die euch von Deutschland trennen, sind unübertretbar. Dahinter ist für euch verfluchte Gegend: nur in Alpträumen werdet ihr hinversetzt. Es atmen aber dort Menschen, viele von ihnen leiden, sind heimatlos in der Heimat, man nennt sie *die innere Emigration*. Ich, Schutzpatron der Expatriierten, kümmere mich um sie.«[1323]

Konturiert man nun diesen abstrakten Begriff zu einem konkreten Katalog[1324], der die Fakten berücksichtigt, ergibt sich folgendes Bild: Innere Emigranten waren demnach Persönlichkeiten,

1. die ihrer Gesinnung nach dem Nationalsozialismus kritisch bis ablehnend gegenüberstanden,

2. die mit Berufsverboten beruflich »kaltgestellt« oder deren Werke von offizieller oder parteiamtlicher Seite zur »entarteten Kunst« erklärt wurden,

3. die an einer Auswanderung bzw. Flucht gehindert waren (z. B. durch persönliche und familiäre Verpflichtungen) oder sich aus Verantwortung ihren Mitmenschen gegenüber zum Bleiben bewogen fühlten und solche,

4. die sich nicht von den Nationalsozialisten vereinnahmen lassen wollten.

Unzweifelhaft standen Kästner, Ohser und Knauf dem Nationalsozialismus ablehnend gegenüber. Das lässt sich anhand ihrer öffentlichen Bekundungen in Büchern, Artikeln, Zeichnungen, Briefen und persönliche Bezeugungen Dritter belegen, aber auch – bei Ohser und Knauf – aus den Gestapo-Protokollen ableiten. Die erste Voraussetzung dieses Katalogs ist damit erfüllt.

In beruflicher Hinsicht unterlagen alle drei – wenigstens zeitweise – beruflichen Restriktionen. Kästner war nur für eine relativ kurze Zeit von Seiten der Reichsschrifttumskammer mittels Sondergenehmigung eine Berufsausübung als Schriftsteller erlaubt, Knauf musste lange Zeit um seine Zulassung zur Reichsschrifttumskammer kämpfen, während er von einer Mitgliedschaft in der Reichspressekammer immer ausgeschlossen blieb.

Bei Ohser gab es ein zeitweiliges Zulassungs-Hin-und-Her, bis er Mitglied der Reichskammer der bildenden Künste wurde.

Somit hatten alle drei Freunde mit – zeitweiligen und recht unterschiedlichen – Berufsbeschränkungen zu tun gehabt. Die intensivste Berufsbeschränkung hatte Kästner erleiden müssen, weshalb man dieses zweite Kriterium bei ihm mehr oder weniger als erfüllt ansehen muss. Bei Ohser und Knauf lässt sich das so in Gänze nicht konstatieren.

Im Hinblick auf das dritte Kriterium – die Hinderung an einer Emigration oder Flucht – lässt sich feststellen, dass sich Kästner und Ohser noch 1939 jeweils in England aufhielten, aber dennoch nach Deutschland zurückkehrten. Inwieweit tatsächlich eine Einwanderung in England möglich gewesen wäre, lässt sich natürlich heute nicht eindeutig sagen.

Knauf war es bis in die 1940er-Jahre hinein möglich, nach Italien zu reisen, dennoch kehrte er wieder in die Heimat zurück. Mögliche sprachliche und gesundheitliche Bedenken (z. B. bei Ohser seine mangelnden Englisch-Kenntnisse, dazu seine Schwerhörigkeit), familiäre Verpflichtungen (bei Kästner z. B. die sehr intensive Beziehung zu seiner Mutter in Dresden), aber auch denkbare berufliche Beweggründe (bei Knauf etwa, der sehr mit der deutschen Filmwirtschaft verwachsen war) lassen sich als denkbare Motive für ein Verbleiben in Hitler-Deutschland heranziehen.

Aber spätestens der vierte Punkt des Voraussetzungskatalogs spricht deutlich gegen die Annahme einer »Inneren Emigration« bei allen drei Freunden. Wie zuvor bereits erwähnt, brachten Kästner, Ohser und Knauf ihre Talente und Fähigkeiten entweder offen oder pseudonym für die verschiedenen Kultureinrichtungen bzw. Medien des Dritten Reiches ein. In allen Fällen wachte vor allem Joseph Goebbels über die jeweiligen Einsatzbereiche der drei.

Zieht man also ein Gesamtfazit zu den vier aufgeführten Kriterien der »Inneren Emigration«, kann man letztlich nur zu dem Ergebnis gelangen, dass sich diese Bezeichnung nicht auf sie anwenden lässt.

Dieser Befund darf jedoch nicht zu dem Missverständnis führen, dass an dieser Stelle eine moralische Abrechnung mit dem Verhalten Kästners, Ohsers und Knaufs in den Jahren ab 1933 erfolgen soll. Erst recht darf nicht gegen sie der Vorwurf erhoben werden, sich nicht gegen das NS-Regime aufgelehnt zu haben. Zutreffend befindet Kästner:

»Keiner weiß, ob er aus dem Stoffe gemacht ist, aus dem der entscheidende Augenblick Helden formt.«[1325]

Unbestritten bleiben die subtilen Spitzen gegen das NS-Regime, die vor allem Kästner und Ohser wagten, nicht zu vergessen ist Knaufs Mut zur offenen Kritik, die ihm mehrere Wochen Haft in zwei Konzentrationslagern eingebracht hatten.

Doch das alles ändert nichts an der sachlichen Feststellung, dass alle drei – zumindest zeitweise – nicht nur Opfer gewesen sind. Wenn Kästner 1958 davon spricht, er sei unter der NS-Diktatur »nur passiv geblieben«[1326] mit der geballten Faust in der Tasche, so entsprach dies eben nicht seinem tatsächlichen Verhalten. Gleiches lässt sich auch über Knauf und Ohser sagen – auch wenn sie letztlich als Gegner des NS-Regime demaskiert wurden und ihr Leben verloren.

Stets muss man sich jedoch vergegenwärtigen, dass niemand in einer Gesellschaft auf Dauer existieren kann, ohne sich auf sie in irgendeiner Art und Weise einzulassen. Das gilt für die Andersdenkenden im Dritten Reich, wie auch für jene in der DDR oder solche im heutigen Putin-Russland. Auch Kästner selbst erkannte bereits 1945 völlig richtig: »Das Gewissen ist drehbar. Wer wäre gern ein schlechter Mensch? Noch dazu auf Schritt und Tritt? Und in jeder Richtung? So schließt der Untertan mit der herrschenden Moral, wie unmoralisch sie auch sein mag, einen Seelenfriedensvertrag. Die innere Stimme gehorcht dem jeweiligen Kodex, und der Untertan gehorcht immer der inneren Stimme. Der Kompaß pendelt sich ein.«[1327]

Wegen des massiven politischen und psychologischen Drucks, der im »Käfig« der NS-Diktatur vorherrschte, ist das Verhalten von Kästner, Knauf und Ohser durchaus nachvollziehbar, aber es war eben ähnlich inkonsequent, fragwürdig und bis zu einem gewissen Grade auch unverzeihlich wie das zahlreicher anderer Daheimgebliebener, die sich nicht zur Emigration entschlossen hatten, obwohl sie vermutlich dazu in der Lage gewesen wären.[1328]

Nicht nur das Schicksal der Protagonisten dieses Buches, sondern das vieler anderer, die in gleicher Lage gewesen sind, lässt die »Innere Emigration« letztlich als eine Illusion erscheinen. Gemessen an den oben genannten Kriterien lässt sich wohl kaum jemand finden, der sie alle hat erfüllen können. Das führt wiederum zu der Schlussfolgerung, dass man den Begriff der »Inneren Emigration« als Erklärungsmodell verabschieden sollte, auch wenn er sich so schön etabliert hat und als Schlagwort verwenden lässt.

Anmerkungen

1 Erich Kästner: Brief an Walther Victor vom 29. 6. 1946. In: Erich Kästner: Dieses Na ja!, wenn man das nicht hätte. Ausgewählte Briefe von 1909 bis 1972. Herausgegeben von Sven Hanuschek. Zürich 2003, S. 91.

2 Walther Victor (1895–1971): Deutscher Publizist, Herausgeber und Schriftsteller.

3 Erich Kästner. Freundschaft auf den ersten Blick. Von alten, jungen und neuen Freunden. Herausgegeben von Sylvia List. Zürich 2020 [→ List, Freundschaft].

4 Erich Kästner: Emil und die Detektive: Ein Roman für Kinder. Illustriert von Walter Trier. Berlin-Grunewald 1930 [recte: 1929].

5 Erich Kästner: Das fliegende Klassenzimmer. Ein Roman für Kinder. Illustriert von Walter Trier. Stuttgart 1933.

6 Erich Kästner: Georg und die Zwischenfälle. Basel/Mährisch-Ostrau 1938. Späterer Titel: Der kleine Grenzverkehr (1949).

7 Erich Kästner: Drei Männer im Schnee. Eine Erzählung. Zürich 1934.

8 List, Freundschaft, S. 7.

9 Erich Kästner: Heiteres von e.o.plauen. Hannover 1957 [unpaginiert].

10 Klaus Schönhoven, zit. nach Christof Rieber: Politischer Widerstand in der NS-Diktatur. In: Politik und Unterricht. 2/1994, S. 3.

11 Vgl. u. a. die instruktiven Übersichten bei Johannes Tuchel/Julia Albert: Widerstand gegen den Nationalsozialismus. Herausgegeben von der Bundeszentrale für Politische Bildung/bpb. Bonn 2016; Hans Mommsen: Alternative zu Hitler. Studien zur Geschichte des deutschen Widerstandes. München 2000; Peter Steinbach/Johannes Tuchel (Hrsg.): Widerstand gegen die nationalsozialistische Diktatur 1933–1945. Lukas-Verlag, Berlin 2004; Wolfgang Benz/Walter H. Pehle: Lexikon des deutschen Widerstandes. Frankfurt am Main ²1994.

12 Siehe Wolfgang Benz: Verführung und Hingabe. Künstler im Dritten Reich. In: Wolfgang Benz/Peter Eckel/Andreas Nachama: Kunst im NS-Staat. Berlin 2015, S. 13–26 [→ Benz, Künstler im Dritten Reich].

13 Hinweis: Dieser Ausdruck stammt nicht von Benz, sondern vom Verfasser dieses Buches.

14 Helene »Leni« Riefenstahl (1902–2003): Deutsche Filmregisseurin, -produzentin und -schauspielerin sowie Drehbuchautorin, Schnittmeisterin, Fotografin und Tänzerin. Sie bekannte nach Lektüre von Hitlers Mein Kampf: »Ich wurde ein überzeugter Nationalsozialist, nachdem ich die erste Seite gelesen hatte.« Quelle: Lutz Kinkel: Die Scheinwerferin – Leni Riefenstahl und das »Dritte Reich«. Hamburg 2002, S. 28.

15 Vgl. Helmut Lethen: Die Staatsräte. Elite im Dritten Reich: Gründgens, Furtwängler, Sauerbruch, Schmitt. Berlin 2018.

16 Gustaf Gründgens (1899–1963): Deutscher Theater- und Filmschauspieler sowie Sänger und Regisseur.

17 Wilhelm Furtwängler (1886–1954): Deutscher Dirigent und Komponist.

18 Benz, Künstler im Dritten Reich, S. 24.

19 Erich Kästner:»Gescheit und trotzdem tapfer.« In: Gesammelte Werke, Band 7, S. 24–27 (26).

20 N.N.: Kampfziele der Deutschen. In: Staatsbürger-Zeitung, Nr. 141 vom 19. 6. 1914.

21 George F. Kennan: The Decline of Bismarck's European Order. Franco-Russian Relations, 1875–1890, Princeton 1979, S. 3.

22 Vgl. Vorwärts vom 25.07.1914.

23 Ben Möbius: Die liberale Nation. Deutschland zwischen nationaler Identität und multikultureller Gesellschaft. Wiesbaden 2003, S. 132, FN 510.

24 Filippo Tommaso Marinetti (1876–1944): Italienischer Schriftsteller, faschistischer Politiker und Begründer des Futurismus.

25 Filippo T. Marinetti: Manifeste de Futurisme. In: Le Figaro vom 20. 2. 1909.

26 Ebd.

27 Georg Heym (1887–1912): Deutscher Schriftsteller.

28 Georg Heym: Zweites Tagebuch. 23. Mai 1907 bis 5. Mai 1910. In: Dichtungen und Schriften. Tagebücher, Träume, Briefe. Hrsg. von Karl Ludwig Schneider. Bd. 3. Hamburg 1960, S. 138–139.

29 Ernst Lissauer: Haßgesang gegen England. In: Worte in der Zeit. Flugblätter, Göttingen/Berlin 1914; abgedruckt auch in: Lübeckische Anzeigen vom 26. 11. 1914.

30 Egon Friedell (1878–1938): Österreichischer Journalist und Schriftsteller, der auch als Schauspieler, Kabarettist und Conférencier tätig war.

31 Egon Friedell: Von Dante bis d'Annunzio. Wien/Leipzig. Leipzig 1915, S. 11 f.

32 Erich Knauf: Bericht über mein Leben [vom 2. 6. 1937]. In: Knauf-Akte der Reichs-Schrifttumskammer 1, BArch R 9361-V, Archiv-Nr. 24883 [→ Knauf, Bericht über mein Leben], Blatt 4.

33 Heinrich Knauf (1870–1933): Schneidermeister und SPD-Funktionär.

34 Erna Knauf: Brief an Alfred Schlagk vom 3. 5. 1946 [→ Erna Knauf, Brief an Alfred Schlagk]. In: EKHM-NL.

35 Ernst von der Decken: Versuchen, vor ihm zu bestehen. In: Neue Filmwelt, Heft 4/1947, S. 19. In: EKHM-NL.

36 Knauf, Bericht über mein Leben, In: EKHM-NL.

37 Vgl. Erna Knauf, Brief an Alfred Schlagk vom 3. 5. 1946. In: EKHM-NL.

38 Vernehmungsprotokoll von Erich Knauf vom 28. 3. 1944. In: BArch R 3018, Archiv-Nr. 13364, Hauptaktenband 2, Blatt 20 [→ Gestapo-Vernehmungsprotokoll Knauf vom 28. 3. 1944].

39 Erna Knauf, Brief an Alfred Schlagk. In: EKHM-NL.

40 Vgl. Knauf, Bericht über mein Leben. In: EKHM-NL.

41 Gestapo-Vernehmungsprotokoll Knauf vom 28. 3. 1944.

42 Knauf, Bericht über mein Leben. In: EKHM-NL.

43 Ebd.

44 Erich Knauf. Zit. nach: Erna Knauf, Brief an Alfred Schlagk vom 3. 5. 1946. In: EKHM-NL.

45 Gestapo-Vernehmungsprotokoll Knauf vom 28. 3. 1944.

46 Vgl. Jack Horsfall/Nigel Cave: Bourlon Wood. Pen and Sword Books. Barnsley 2001.

47 Knauf, Bericht über mein Leben. In: EKHM-NL.

48 Erich Knauf: Donner über der Adria. Nach einem Tagebuch-Roman von Karl Hans Schober. In: Vorwärts, Nr. 9 vom 7. 1. 1932 bis zu Nr. 47 vom 29. 1. 1932. Bucherstveröffentlichung im Regenbrecht-Verlag, Berlin 2021[→ Knauf, Donner über der Adria].

49 Erich Maria Remarque: Im Westen nichts Neues. Propyläen-Verlag. Berlin 1929. – Der Roman erschien 1928 als Vorabdruck in der Vossischen Zeitung.

50 Gertrude Stein (1874–1946): US-amerikanische Schriftstellerin.

51 Vgl. Richard Georg Plaschka: Avantgarde des Widerstands. Modellfälle militärischer Aufklärung im 19. und 20. Jahrhundert Bd. 1. Wien/Köln/Graz 2000, S. 246 f.

52 Knauf: Donner über der Adria, S. 13.

53 Ebd., S. 57.

54 Ernst Jünger: In Stahlgewittern. Ein Kriegstagebuch. Berlin 1920.

55 Knauf: Donner über der Adria, S. 72.

56 Egon Erwin Kisch (eigentlich Egon Kisch; 1885–1948): Österreichischer, später tschechoslowakischer Schriftsteller, Journalist und Reporter.

57 Ida Kästner (1871–1951): Mutter von Erich Kästner, Friseurin.

58 Emil Richard Kästner (1867–1957): Vater von Erich Kästner, Sattlermeister.

59 Emil Zimmermann (1864–1953): Doktor der Medizin, praktischer Arzt in Dresden.

60 N.N.: Dresden 1899–1919. In: Heinrich Wegner (Hrsg.): »Die Zeit fährt Auto«.

Erich Kästner zum 100. Geburtstag. Berlin 1999, S. 15.

61 Franz Augustin (1969–1929): Dresdner Pferdehändler, Onkel von Erich Kästner.

62 Vgl. Erich Kästner: Mein liebes, gutes Muttchen, Du! Dein oller Junge. Briefe und Postkarten aus 30 Jahren. Ausgewählt und eingeleitet von Luiselotte Enderle. Hamburg 1981 [→ Kästner, Mutterbriefe].

63 Erich Kästner: Als ich ein kleiner Junge war. Zürich 1957.

64 Johan Zonneveld: Bibliographie Erich Kästner. Band I. Primärliteratur. Zeittafel, Bielefeld 2011 [→ Zonneveld, Kästner-Bibliographie], S. 651.

65 Vgl. N.N.: Dresden 1899–1919. In: Heinrich Wegner (Hrsg.):»Die Zeit fährt Auto«. Erich Kästner zum 100. Geburtstag. Berlin 1999, S. 20. – Eine Prüfung hierfür hat er noch während der Dienstzeit absolviert.

66 Zonneveld, Kästner-Bibliographie, S. 651.

67 Ebd.

68 Ebd.

69 Ebd.

70 Ebd.

71 Ebd.

72 Ebd., S. 652.

73 Erich Kästner:»Wut aufs Militär, auf die Rüstung, auf die Schwerindustrie«. Der Schriftsteller Erich Kästner im Deutschlandfunk, Sendung vom 23. 2. 1969.

74 Erich Kästner: Primaner in Uniform. In: Die Weltbühne, 25. Jg., Zweites Halbjahr 1929, S. 168.

75 Erich Kästner: Sergeant Waurich. In Simplicissimus, 1929 (Jg. 33) Heft 47, S. 618.

76 Zonneveld, Kästner-Bibliographie, S. 652.

77 Ebd.

78 Ebd.

79 Erich Kästner: Brief an Ida Kästner vom 22. 1. 1918. Zit. nach Franz Josef Görtz/Hans Sarkowicz: Erich Kästner. Eine Biographie. Unter Mitarbeit von Anja Johann. München/Zürich 1998

[→ Görtz/Sarkowicz, Kästner-Biographie, S. 28.

80 Zonneveld, Kästner-Bibliographie, S. 652.

81 Erich Kästner: Brief an Ida Kästner vom 28. 10. 2018. Zit. nach: Görtz/Sarkowicz, Kästner-Biographie, S. 28 f.

82 Vgl. Zonneveld, Kästner-Bibliographie, S. 653.

83 Isa Schikorsky: Erich Kästner. München 1998, S. 21.

84 Detlev Laubach: Erich Ohser aus Plauen. Leben und Schaffen. In: Erich Ohser alias e.o.plauen. Die Werkausgabe. Zeichnungen, Illustrationen, Karikaturen, Witzbilder und Vater und Sohn-Bildgeschichten. Mit Texten von Elke Schulze. In Zusammenarbeit mit der Erich Ohser – e.o.plauen Stiftung, Plauen. Südverlag: Konstanz 2017, S. 1–42 (8) [→ Laubach, Erich Ohser aus Plauen. In: Ohser, Werkausgabe].

85 Laubach, Erich Ohser aus Plauen. In: Ohser, Werkausgabe, S. 9.

86 Wilhelm II., mit vollem Namen Friedrich Wilhelm Viktor Albert von Preußen (1859–1941): Zwischen 1888 und 1918 letzter Deutscher Kaiser und König von Preußen.

87 Georg Friedrich Karl Freiherr von Hertling, ab 1914 Graf von Hertling (1843–1919): Deutscher Politiker der Zentrumspartei. Hertling war vom 1. November 1917 bis zum 30. September 1918 Reichskanzler des Deutschen Kaiserreichs.

88 Paul Hintze, ab 1908 von Hintze (1864–1941): Deutscher Marineoffizier, Diplomat und Politiker.

89 Vgl. Alexander Griebel: Das Jahr 1918 im Lichte neuer Publikationen. In: Vierteljahreshefte für Zeitgeschichte, Jahrgang 6 (1958), Heft 4, S. 361–379 (369).

90 Erich Ludendorff: Erklärung vom 02.10.1918. Zit. nach: Alexander Griebel: Das Jahr 1918 im Lichte neuer Publikationen. In: Vierteljahreshefte für Zeitgeschichte, Jahrgang 6 (1958), Heft 4, S. 361–379 (369).

91 Maximilian Prinz von Baden (1867–1929): Zwischen Oktober und November 1918 war er etwa einen

Monat lang der letzte Reichskanzler des Deutschen Kaiserreichs unter Kaiser Wilhelm II.

92 Max von Baden: Schreiben an Woodrow Wilson vom 5. 10. 1918. In: Erste deutsche Note an Wilson – Friedensersuchen, in Erich Ludendorff (Hrsg.): Urkunden der Obersten Heeresleitung über ihre Tätigkeit 1916/18. Berlin: E. S. Mittler und Sohn, 1920, S. 535.

93 Thomas Woodrow Wilson (1856–1924): US-amerikanischer Politiker der Demokratischen Partei und von 1913 bis 1921 der 28. Präsident der Vereinigten Staaten.

94 Philipp Heinrich Scheidemann (1865–1939): Sozialdemokratischer Politiker und Publizist. 1919 wurde Scheidemann von der in Weimar tagenden Nationalversammlung zum Reichsministerpräsidenten gewählt.

95 Ulrich Graf Brockdorff-Rantzau (1869–1928): Deutscher Diplomat, Außenminister, der den Friedensvertrag von Versailles nicht unterzeichnen wollte und deshalb im Juni 1919 zurücktrat.

96 Karl Eduard Wilhelm Groener: Telegramm an Friedrich Ebert vom 23. 6. 1919, zit. nach: Marius Munz: »Wiesbaden est boche, et le restera.« Die alliierte Besetzung Wiesbadens nach dem Ersten Weltkrieg 1918–1930, S. 128.

97 Wolfgang Kapp (1858–1922): Deutscher Verwaltungsbeamter, Generallandschaftsdirektor in Königsberg.

98 Walther Freiherr von Lüttwitz (1859–1942): Deutscher General der Infanterie.

99 Die Brigade Ehrhardt war ein Freikorps der Zeit nach dem Ersten Weltkrieg, die vor allem bei der Niederschlagung der Münchner Räterepublik sowie beim »Grenzschutz Ost« gegen die Aufstände in Oberschlesien eingesetzt wurde. Angesichts ihrer bevorstehenden Auflösung gehörte die Marinebrigade im März 1920 zu den wesentlichen Trägern des Kapp-Putsches und besetzte Berlin. Nach ihrer Auflösung im April 1920 bildeten ehemalige Mitglieder die Geheimorganisation Consul, die eine Vielzahl von Attentaten und Morden (u. a.

auf Walther Rathenau und Matthias Erzberger) verübte, um die Weimarer Republik zu stürzen.

100 Erna Knauf, Brief an Alfred Schlagk. In: EKHM-NL.

101 Ebd.

102 Ebd.

103 Paul Ciupke: Gesellschaftliche Suchbewegungen und Experimentierwerkstätten: Jugendbewegung und Volksbildung in der Weimarer Zeit. In: Barbara Stambolis (Hrsg.): Die Jugendbewegung und ihre Wirkungen. Prägungen, Vernetzungen, gesellschaftliche Einflussnahmen, Göttingen 2015, S. 169–193 (188).

104 Alfred Braunthal: Die Heimvolkshochschule Tinz. In: Arbeiter-Bildung, Heft 4, April 1926, 1. Jg, S. 53–56 (53).

105 Vgl. Ronny Noak: Die Heimvolksschule Tinz. Ein Experimentierlabor sozialistischer Bildung. Rosa-Luxemburg-Stiftung Thüringen e. V. Erfurt 2021.

106 Erna Knauf, Brief an Alfred Schlagk. In: EKHM-NL.

107 Erich Knauf: Ça ira! Reportage-Roman aus dem Kapp-Putsch. Büchergilde Gutenberg. Berlin 1930.

108 Knauf, Ça ira!, S. 69.

109 Walter C.F. Lierke: Erich Knauf: Ça ira! Reportage-Roman aus dem Kapp-Putsch. Büchergilde Gutenberg/Berlin. In: Simplicissimus, Nr. 44 vom 1. 2. 1932, S. 522.

110 Ebd.

111 Ebd.

112 Stefan Zweig: Brief an Erich Knauf vom 20. 3. 1930. In: Deutsche Kinemathek: Klaus-Fischer-Archiv, Korrespondenz aus dem Nachlass Erich Knauf.

113 Erich Knauf: Ça ira! Reportage-Roman aus dem Kapp-Putsch. Büchergilde Gutenberg: Berlin 1930, S. 185.

114 Erna Knauf: Brief an Alfred Schlagk vom 3. 5. 1946. In: EKHM-NL.

115 Ebd.

116 Ebd.

117 Ebd.

118 Ebd.

119 Entgegen anderen biografischen Angaben gibt Erich Knauf selber seinen Eintritt in die *Volkszeitung für das Vogtland* mit »Februar 1921« an – siehe Gestapo-Vernehmungsprotokoll Knauf vom 28. 3. 1944.

120 Wolfgang Eckert: Heimat, deine Sterne ... Leben und Sterben des Erich Knauf. Berlin 2018 [→ Eckert, Knauf-Biografie], S. 53.

121 Elke Schulze: Erich Ohser alias e.o.plauen. Ein deutsches Künstlerschicksal. Konstanz 2014 [→ Schulze, Ohser-Biografie], S. 17.

122 Margot Fornfeist: »Ça ira!« – Erich Knauf, ein revolutionärer Geraer Schriftsteller ergreift Partei. In: Wohin in Gera. Oktober 1986/Heft 10, S. 15–18 (16). In: EKHM-NL.

123 Ebd.

124 Otto Ballerstedt (1887–1934): Deutscher Ingenieur, Schriftsteller und Politiker.

125 Über die Kunsthandlung Rudolf Aurich ist nicht sehr viel bekannt. Im *Börsenblatt des Deutschen Buchhandels* taucht die Firma erstmalig in der Ausgabe vom 16. 9. 1919 mit einem Mitarbeiterinserat auf. Wenige Jahre später gerät das Unternehmen, das sich inzwischen als Kunst- und Reisebuchhandlung bezeichnet, unter Geschäftsaufsicht des Amtsgerichts Plauen. Der letzte Hinweis auf den Geschäftsinhaber Rudolf Aurich stammt aus der *Börsenblatt*-Ausgabe vom 9. 9. 1929. Darin sucht Aurich »beinamp., verheir., 36 Jahre, 20 Jahre im Fach, davon 8 Jahre selbständig […] verantwortungsreichen aufstiegsfähigen Wirkungskreis in Verlag, Sortiment oder Fabrikbetrieb«.

126 Laubach, Erich Ohser aus Plauen. In: Ohser, Werkausgabe, S. 9 f.

127 Hugo Steiner-Prag (1880–1945): Böhmisch-deutscher Illustrator, Bühnenbildner und Pädagoge.

128 Schulze, Ohser-Biografie, S. 15 f.

129 Gustav Meyrink: Der Golem. Roman. Mit acht Lithographien von Hugo Steiner-Prag. Leipzig, 141.–150. Tsd. [Dezember 1917].

130 Walter Buhe (1882–1958): Deutscher Maler und Grafiker.

131 Laubach, Ohser-Werkausgabe, S. 10.

132 Ebd.

133 George Grosz (eigentlich: Georg Ehrenfried Groß; 1893–1959): Deutsch-amerikanischer Maler, Grafiker, Karikaturist und Pazifist.

134 Albert Schaefer-Ast (1890–1951): Deutscher Zeichner und Karikaturist.

135 Laubach, Ohser-Werkausgabe, S. 10.

136 [vermutlich Erich Knauf]: Kunstkritik. Vermutlich in: Volkszeitung für das Vogtland. Datum unbekannt. Zit. nach: Frauke Klinkers: Der Zeichner ERICH OHSER (1903–1944). Inaugural-Dissertation. Technische Universität Berlin 1976 [→ Klinkers, Der Zeichner ERICH OHSER].

137 Eckert, Knauf-Biografie, S. 53 f.

138 Ebd.

139 Walther Rathenau (1867–1922): Deutscher Industrieller, Schriftsteller und liberaler Politiker, Außenminister.

140 Matthias Erzberger (1875–1921): Deutscher Publizist und Politiker (Zentrum).

141 Philipp Scheidemann (1865–1939): SPD-Politiker, Reichsministerpräsident und Publizist.

142 Erich Kuttner: Warum versagt die Justiz? Berlin 1921, S. 17.

143 Heinrich Mann: Der Untertan. Vorabdruck in: Zeit im Bild. Illustrierte. Berlin 1914, Buchveröffentlichung: Leipzig 1918.

144 Dietrich Heither: Ich wusste, was ich tat. Emil Julius Gumbel und der rechte Terror in der Weimarer Republik. Köln 2016, S. 47.

145 Karl Dietrich Bracher: Einleitung. In: Heinrich Hannover/Elisabeth Hannover-Drück: Politische Justiz 1918–1933, S. 10.

146 Emil Julius Gumbel (1891–1966): Deutsch-amerikanischer Mathematiker, politischer Publizist, Pazifist und Gegner des Faschismus.

147 Emil Julius Gumbel: Vier Jahre politischer Mord. Berlin-Fichtenau 1922. – Späteren Auflagen ist ein Geleitwort von Albert Einstein beigefügt.

148 Schulze, Ohser-Biografie, S. 14.

149 Vgl. Schulze, Ohser-Biografie, S. 14 f.

150 Vgl. Zonneveld, Kästner-Bibliografie, S. 657.

151 Vgl. Ebd., S. 654.

152 Erich Kästner: Sachliche Romanze. In: Vossische Zeitung, Nr. 95 vom 20. 4. 1928.

153 Vgl. Detlev Laubach: Erich Ohser aus Plauen. Leben und Schaffen. In: Erich Ohser alias e.o.plauen. Die Werkausgabe. Zeichnungen, Illustrationen, Karikaturen, Witzbilder und Vater und Sohn-Bildgeschichten. Mit Texten von Elke Schulze. In Zusammenarbeit mit der Erich Ohser – e.o.plauen Stiftung, Plauen. Konstanz 2017 [→ Laubach, Ohser-Werkausgabe], S. 7–42 (11).

154 Erich Kästner: Heiteres von E. O. Plauen. Hannover 1957 [→ Kästner, Heiteres von E. O. Plauen], S. 7.

155 Laubach, Ohser-Werkausgabe, S. 11.

156 § 9 Abs. 2 Gesetz zum Schutze der Republik: »Dem Verurteilten kann im Urteil der Aufenthalt in bestimmten Teilen oder an bestimmten Orten des Reichs auf die Dauer bis zu fünf Jahren angewiesen werden; gegen Ausländer ist auf Ausweisung aus dem Reichsgebiete zu erkennen. Zuwiderhandlungen gegen diese Anordnungen werden mit Gefängnis bestraft. – § 9 Abs. 2 wurde das Reichsgesetz vom 8. 7. 1926 (RGBl 1926 I S. 397) geändert. Die zwingend vorgeschriebene Ausweisung wurde in eine Kann-Bestimmung umgewandelt.

157 Volksgericht München I: Urteil vom 1. 4. 1924 – Anz. Verz. XIX 421/1923, Proz. Reg. Nr. 20, 68, 97/1924. In: Otto Gritschneder: Der Hitler-Prozeß und sein Richter Georg Neithardt. Skandalurteil von 1924 ebnet Hitler den Weg. München 2001, S. 98–131 (129).

158 Kästner, Heiteres von E. O. Plauen, S. 7 f.

159 Ossip Kalenter, auch Ozzip (eigentlich Johannes Burckhardt; 1900–1976): Deutscher Schriftsteller.

160 Hans Natonek (1892–1963): Deutsch-tschechischer Schriftsteller und Journalist; vgl. Viera Glosíková/Sina Meißgeier/Ilse Nagelschmidt (Hrsg.): »Ich träumte: ich saß in der Schule der Emigranten ...« Der

jüdische Schriftsteller und Journalist Hans Natonek aus Prag. Berlin 2016.

161 Vgl. Zonneveld, Kästner-Bibliographie, S. 658.

162 Albert Köster (1862–1924): Deutscher Germanist und Theaterwissenschaftler. Seit 1899 war er Ordinarius für Neuere deutsche Sprache und Literatur an der Universität Leipzig.

163 Zonneveld, Kästner-Bibliographie, S. 659.

164 Laubach, Ohser-Werkausgabe, S. 11.

165 Marigard Bantzer (eigentlich Marie Luise Irmgard Bantzer; 1905–1999): Deutsche Kinderbuchillustratorin. – Siehe: Peter Nicolaus: Leben und Wirken der Kinderbuchillustratorin und Adventskalendergestalterin Marigard Bantzer. In: Tina Peschel (Hrsg.): Adventskalender: Geschichte und Geschichten aus 100 Jahren. Schriftenreihe Museum Europäischer Kulturen 7. Dresden 2009.

166 Carl Ludwig Noah Bantzer (1857–1941) Deutscher Maler, Hochschullehrer und Kunstschriftsteller.

167 Vgl. Müller: Erich Ohser – e.o.plauen, S. 22.

168 Laubach, Ohser-Werkausgabe, S. 11.

169 Ebd.

170 Karl Lerbs (1893–1946): Deutscher Schriftsteller und Übersetzer (u. a. von Oscar Wilde und Robert Louis Stevenson).

171 Johann Peter Hebel: Anekdoten. Mit 8 Originallithographien von Erich Ohser. Ausgewählt von Karl Lerbs. Leipzig 1924.

172 Rudyard Kipling: Das kommt davon: 3 Tierschnurren. In deutscher Übertr. von Hans Rothe. Mit [farb. eingedr.] Bildern von Erich Ohser. Leipzig 1925.

173 Schulze, Ohser-Biografie, S. 22 f.

174 Ebd., S. 18 f.

175 Gertrud Knauf, geborene Meyer (1904–1972): Erste Ehefrau von Erich Knauf. – Das Sterbedatum ist entnommen: Eckert, Knauf-Biografie, S. 82.

176 Vgl. u. a. Privatklage des Hans Hager und Genossen gegen Erich Knauf wegen Beleidigung, Az.: 2 P 106/25.

In: Sächsisches Staatsarchiv, 30131 Amtsgericht Plauen, Nr. 5239.

177 Kästner, Heiteres von E. O. Plauen, S. 4.

178 Schulze, Ohser-Biografie, S. 18.

179 Adolf Hitler: Mein Kampf. Erster Band. München 1925.

180 Joseph Goebbels: Tagebuch. Eintrag vom 09.11.1925, S. 204.

181 Hanuschek, Kästner, S. 41.

182 Siegfried Jacobsohn (1881–1926): Theaterkritiker und Publizist, 1901–1904 Mitarbeiter und Redakteur der »Welt am Montag«, 1905–26 Herausgeber der *Schaubühne*, und der *Weltbühne*.

183 Alexander Gallus: Einleitung. Intellektueller Kampf mit Hass und Liebe: Die Weltbühne und die Weimarer Republik. In: Alexander Gallus (Hrsg.): ad »Weltbühne«. Ausgewählte kritische Kommentare zur Weimarer Republik. Hamburg 2023 [→ Gallus, Weltbühne], S. 7.

184 Gallus, Weltbühne, S. 8.

185 Ebd.

186 Kurt Tucholsky (1890–1935): Promovierter Jurist, Journalist, Schriftsteller und Herausgeber der *Weltbühne*.

187 Carl von Ossietzky (1889–1938): Pazifist, Publizist, Chefredakteur der *Weltbühne*, Friedensnobelpreis für 1935.

188 Alfred Polgar (1873–1955): Schriftsteller, Theaterkritiker und Übersetzer.

189 Arnold Zweig (1887–1968): Schriftsteller, Journalist, Abgeordneter der Volkskammer, Präsident der Akademie der Künste der DDR, Präsident Deutsches P.E.N.-Zentrum Ost und West.

190 Lion Feuchtwanger (1884–1958): Schriftsteller.

191 Erich Kästner: Kirche und Radio. In: Die Weltbühne, 22. Jg., Zweites Halbjahr 1926, S. 35–36.

192 Das Kaffeehaus wurde 1877 als Café Carola eröffnet. Es änderte seinen Namen nach fünf Jahren in den Namen Merkur. Eine Auslage von über 300 Zeitungen und Zeitschriften sowie nahezu 300 Adressbücher standen zur Verfügung. Beim Luftangriff auf Leipzig am 4. Dezember 1943 wurde das Café Merkur zerstört; vgl.

Ulla Heise: Leipziger Kaffeehäuser: Alfred Ahner im Merkur. Leipziger Blätter, Heft 8 (1986), S. 50/51.

193 Isa Schikorsky: Erich Kästner. München 1998 [→ Schikorsky], S. 29.

194 Ebd., S. 29.

195 Johannes »Hans« Reimann (1889–1969): Deutscher Schriftsteller, Satiriker, Dramatiker und Drehbuchautor.

196 Joachim Ringelnatz (eigentlich Hans Gustav Bötticher; 1883–1934): Deutscher Schriftsteller, Kabarettist und Maler.

197 Eugen Ortner (1890–1947): Deutscher Dramatiker und Schriftsteller.

198 Lina Carstens (1892–1978): Deutsche Film- und Theaterschauspielerin.

199 Helga Bemmann: Erich Kästner. Leben und Werk. Berlin 1998 [→ Bemmann, Kästner-Biografie], S. 49.

200 Siehe Johan Zonneveld: Erich Kästner als Rezensent 1923–1933. Frankfurt am Main 1991.

201 Richard Lehmann (1900–1945): Deutscher Volkswirt, Zeitungswissenschaftler und Redakteur.

202 Vgl. Hans Sarkowicz: Nachrichten vom Tage. Erich Kästners publizistisches Werk bis 1933. In: Heinrich Wegner (Hrsg.): »Die Zeit fährt Auto«. Erich Kästner zum 100. Geburtstag. Berlin 1999 [→ Sarkowicz, Nachrichten vom Tage], S. 33–44 (38).

203 Ohser, Werkausgabe, S. 11.

204 Erich Kästner: Brief an Ida Kästner vom 6. 1.1927. In: Görtz/Sarkowicz, Kästner-Biographie, S. 65 f.

205 Ludwig van Beethoven (1770–1827): Deutscher Komponist und Pianist.

206 Erich Kästner: Nachtgesang des Kammervirtuosen. In: Das Stachelschwein, Jag. 2, Heft 21, Mitte November 1925, S. 17. Im Erstdruck ohne Illustration. – Siehe zur bibliografischen Geschichte des Gedichts die Ausführungen bei Zonneveld, Kästner-Bibliographie, S. 410.

207 Das Stilmittel des Vergleichs begeisterte Leser. Der Chefredakteur der DDR-Zeitschrift *Das Magazin* berichtete von den bei Lesern beliebten »Bildgegenüberstellungen«, »Fotos, die zunächst nichts miteinander zu

tun hatten«, aber durch Text oder Ähnlichkeit einen Sinn erhielten. Als Beispiel lieferte er – ähnlich wie Kästner – die Gegenüberstellung einer Geige und eines weiblichen Aktes mit der Unterschrift »Viola – d'amore«. Vgl. Manfred Gebhardt: Die Nackte unterm Ladentisch. Das Magazin in der DDR. Berlin: Das Neue Berlin, 2006, S. 34 f.

208 Erich Kästner: Nachtgesang des Kammervirtuosen. In: Plauener Volkszeitung vom 26. 3. 1926.

209 Erich Kästner: Abendlied des Kammervirtuosen. In: Plauener Volkszeitung vom 11. 3. 1927.

210 Erich Kästner: Abendlied des Kammervirtuosen. In: Der Bumerang. Zeitschrift der Studierenden der Akademie für Graphische Künste und Buchgewerbe zu Leipzig, März 1927, S. 14–15.

211 Kästner, Heiteres von E. O. Plauen, S. 9.

212 N.N.: Politische Übersicht/Tempelschänder. In: Leipziger Neueste Nachrichten, Nr. 79. 1. Beilage vom 20. 3. 1927.

213 Kästner, Heiteres von E. O. Plauen, S. 9.

214 Detlef Manfred Müller: Erich Ohser – e.o.plauen (1903–1944) – Vater und Sohn & die Berliner Illustrirte Zeitung der Jahre 1934–1937. Ein Idyll mit doppeltem Boden? Katalogbuch, Galerie e.o. plauen, Plauen 2009 [→ Müller, Vater und Sohn & die Berliner Illustrirte Zeitung], S. 15.

215 Erich Kästner: Undatierter Briefentwurf. In: Erich Kästner-Nachlass, zit. nach: Sven Hanuschek: Keiner blickt Dir hinter das Gesicht. Das Leben Erich Kästners. München/Wien ³2017 [→ Hanuschek, Keiner blickt Dir hinter das Gesicht], S. 96.

216 Ebd.

217 Hanuschek, Keiner blickt Dir hinter das Gesicht, S. 96.

218 Luiselotte Enderle (eigentlich Louise Babette Enderle; 1908–1991): Deutsche Journalistin, Lebensgefährtin und Biografin Erich Kästners. Als Autorin schrieb sie das Drehbuch zu dem Film *Das Wirtshaus im Spessart* (1958).

219 Bemmann, Kästner-Biografie, S. 70–72.

220 Erich Kästner: Brief an Ida Kästner vom 10. 1. 1929. In: Görtz/Sarkowicz, Kästner-Biographie, S. 68.

221 Vgl. Laubach, Ohser-Werkausgabe, S. 12.

222 Peter Hoeres: Die Kultur von Weimar. Durchbruch der Moderne. Deutsche Geschichte im 20. Jahrhundert. Band 5. Hrsg. Von Manfred Görtemaker, Frank-Lothar Kroll, Sönke Neitzel. Berlin 2008 [→ Hoeres, Kultur von Weimar], S. 7.

223 Hoeres, Kultur von Weimar, S. 8.

224 Görtz/Sarkowicz, Kästner-Biographie, S. 92 f.

225 Ebd., S. 94.

226 Ebd., S. 94 f.

227 Erwin Piscator (1893–1966): Deutscher Theaterintendant, Regisseur und Theaterpädagoge.

228 Karl Weinrich (1887–1937): NS-Politiker, Gauleiter von Kurhessen, Mitglied des Reichstages.

229 Karl Weinrich: Bericht an die NSDAP-Parteileitung München [Datum unbekannt]. Zit. nach: Uwe Wesel: Drei Todesurteile pro Tag. In: ZeitOnline vom 3. 2. 2005; zuletzt abgerufen am 10. 1. 2024.

230 mdr.de: Roland Freisler: Vom Rechtsanwalt zum Blutrichter. Abgerufen am 9. 1. 2024.

231 Kästner, Heiteres von E. O. Plauen, S. 9.

232 Eugen Hamm (1885–193): Deutschjüdischer Maler und Graphiker.

233 Lovis Corinth (1858–1925): Deutscher Maler, Zeichner und Grafiker, der zu den wichtigsten und einflussreichsten Vertretern des deutschen Impressionismus und der Berliner Secession zählt.

234 Kästner, Heiteres von E. O. Plauen, S. 9 f.

235 Curt Weller (1895–1955): Deutscher Verleger.

236 Erich Kästner: Herz auf Taille. Illustriert von Erich Ohser. Leipzig/Wien 1928.

237 Vgl. Bemmann, Kästner, S. 82.

238 Erich Kästner: Vorwort zur Taschenbuchausgabe von Herz auf Taille. Zürich 1959 a .a. O. Zit. Nach: Erich

Kästners Werke, Band I, Gedichte.
München/Wien 1998, S. 373.

239 Erich Kästner: Lärm im Spiegel. Illustriert von Rudolf Grossmann. Leipzig/Wien 1929.

240 Erich Kästner: Ein Mann gibt Auskunft. Illustriert von Erich Ohser. Stuttgart/Berlin 1930.

241 Erich Kästner: Gesang zwischen den Stühlen. Zeichnungen von Erich Ohser. Berlin 1932.

242 Detlev Laubach: Erich Ohser aus Plauen. In: Erich Ohser alias e. o. plauen. Die Werkausgabe. Zeichnungen, Illustrationen, Karikaturen, Witzbilder und Vater und Sohn-Bildgeschichten. Mit Texten von Elke Schulze. In Zusammenarbeit mit der Erich Ohser – e.o.plauen Stiftung, Plauen. Konstanz 2017 [→ Laubach, Erich Ohser aus Plauen], S. 14.

243 Marigard Bantzer: Brief an Erich Ohser vom Sommer 1928 [genaues Datum unbekannt]. In: EOPL-NL, Briefe A.

244 N.N.: Heil uns! Er geht! In: Volkszeitung für das Vogtland. Nr. 125 vom 31. 5. 1928.

245 Ebd.

246 Ebd.

247 Ebd.

248 Bruno Dreßler (1879–1952): Deutscher Buchdrucker und Verleger.

249 Vgl. N.N.: Knauf und die Büchergilde. In: Bibliothekar 1988, S. 385.

250 Max Taut (1884–1967): Deutscher Architekt.

251 Erna Knauf: Brief an Alfred Schlagk vom 3. 5. 1946, S. 11.

252 Ernst Preczang (1870–1949): Deutscher Autor der Arbeiterbewegung.

253 Johannes Schönherr (1894–1961): Deutscher Schriftsteller, Verlagslektor, Publizist, Lehrer und späterer Rundfunkmitarbeiter in der DDR.

254 Jürgen Dragowski: Die Geschichte der Büchergilde Gutenberg in der Weimarer Republik 1924–1944. Essen 1992 [→ Dragowski, Büchergilde], S. 96.

255 Erich Knauf: Beitrag über Programm und Praxis der Büchergilde auf dem 7. Vertretertag des Bildungsverbandes

der Deutschen Buchdrucker 1931. In: Beilage zu Typ. Mitteilungen 10/1931, S. 4.

256 Erna Knauf, Brief an Alfred Schlagk vom 3. 5.1946, S. 11.

257 Dragowski, Büchergilde, S. 105.

258 Wolfgang Eckert (*1935): Deutscher Schriftsteller und Publizist.

259 Wolfgang Eckert: Mord in sieben Sekunden. In: Ossietzky. Zweiwochenschrift für Politik/Kultur/Wirtschaft. Nr. 10 vom 26. 2. 2014 [zitiert nach Online-Ausgabe].

260 Ebd.

261 Dragowski: Büchergilde, S. 109.

262 Erich Knauf: Empörung und Gestaltung. Künstlerprofile von Daumier bis Kollwitz. Büchergilde Gutenberg. Berlin 1928.

263 Siehe Erich Knauf (als Autor): Empörung und Gestaltung. Künstlerprofile von Daumier bis Kollwitz. Büchergilde Gutenberg: Berlin 1928; ders.: Ça ira! Reportageroman über den Kapp-Putsch. Büchergilde Gutenberg. Berlin 1930; ders: Daumier. Büchergilde Gutenberg. Berlin 1931; ders. (als Herausgeber): Welt werde froh. Ein Kurt-Eisner-Buch. Zum 10. Jahrestage der Ermordung Kurt Eisners. Büchergilde Gutenberg. Berlin 1929; ders.: Das blaue Auge. Humor, Satire, Tragikomisches und andere Rosinen der Weltliteratur. Büchergilde Gutenberg. Berlin 1930 und ders.: Mutter. Ein Buch der Liebe und des Dankes. Büchergilde Gutenberg. Berlin/Wien/Prag/Zürich. 1933. – Posthum erschien ein Band mit Gedichten im Paul Zech Verlag mit dem Titel »Das Traumboot« (1949) mit Illustrationen von Albert Schäfer-Ast, nachdem eine Veröffentlichung bei der Büchergilde Gutenberg nicht mehr möglich gewesen war.

264 Gesetz über Straffreiheit vom 14. 7. 1928. In Reichsgesetzblatt, Teil I, Nr. 27 vom 16. Juli 1928, in: alex.onb. ac.at (Letzter Zugriff am: 24. 4. 2019); siehe hierzu Jürgen Christoph: Die politischen Reichsamnestien 1918–1933. Rechtshistorische Reihe 57. Frankfurt am Main 1988, S. 219–281.

265 Amtsgericht Plauen: Beschluss vom 8. 8. 1928 in der Strafsache gegen

den Schriftleiter Hermann Georg
Erich Knauf – 2 Av 50/25 Nr. 10. In:
EKHM-NL.

266 Victor Schwanneke (1880–1931): Deutscher Schauspieler, der Mitinhaber
einer Filmgesellschaft und seit März
1922 Besitzer der nach ihm benannten
Weinstuben in der Rankestraße,
einem Künstlertreff für Film- und
Theaterleute, war.

267 Edith Jacobsohn (1891–1935): Deutsche
Übersetzerin und Verlegerin. Sie war
Inhaberin des Kinderbuchverlags
Williams & Co. und des »Weltbühne«-
Verlags.

268 Hermann Kesten (1900–1996):
Jüdischer Schriftsteller und einer
der Hauptvertreter der literarischen
»Neuen Sachlichkeit« während der
1920er-Jahre in Deutschland.

269 Hermann Kesten: Meine Freunde, die
Poeten. Wien/München 1953, S. 219.

270 Ebd.

271 Görtz/Sarkowicz, Kästner-Biographie,
S. 106.

272 Erich Kästner: Gesammelte Schriften
für Erwachsene. Band 8, Zürich 1969,
S. 330 f.

273 Vgl. Zonneveld, Kästner-Bibliographie, S. 666.

274 Vgl. ebd.

275 Kästner, Heiteres von E. O. Plauen, S. 10.

276 Erich Kästner: Gesammelte Schriften
für Erwachsene. Band 1. Zürich/Mün-
chen 1969, S. 324.

277 Erich Kästner: Erinnerung an Paris.
Einleitung zu: Erich Ohser (Plauen).
Darmstadt 1963. – Prachtband ohne
Seitenzahl. Hinzuweisen ist noch dar-
auf, dass Kästner die Reise irrtümlich
in das Jahr 1928 vordatiert.

278 Erich Kästner: Gesammelte Schriften
für Erwachsene. Band 1. Zürich/Mün-
chen 1969, S. 325.

279 Erich Ohser: Brief an Marigard
Bantzer. Brief von Mitte Mai 1929. In:
EOPL-NL.

280 Müller, Vater und Sohn & die Berliner
Illustrirte Zeitung, S. 20.

281 Erich Kästner: Emil und die Detektive.
Ein Roman für Kinder. Illustriert von

Walter Trier. Berlin-Grunewald 1930
[recte: 1929].

282 Knut Hickethier: Kästner geht zum
Film. Der Schriftsteller als Drehbuch-
autor [→ Hickethier: Kästner geht zum
Film]. In: Wegner,»Die Zeit fährt
Auto«, S. 83.

283 Wolf Durian: Kai aus der Kiste.
Berlin/Leipzig/Wien 1927.

284 Vgl. Hanuschek, Keiner blickt Dir
hinter das Gesicht, S. 141 f.

285 Walter Trier (1890–1951): Jüdischer
Zeichner und Illustrator.

286 Vgl. Christoph Haacker in: Walter
Trier, Biografien in Klapperzahns
Wunderelf. Wuppertal ²2007,
S. 166–169.

287 Antje Maria Warthorst: Walter Trier.
Die Biografie. Eine Bilderbuch-
Karriere. Berlin 2021, S. 103.

288 Emeric Pressburger (eigentlich:
Imre József Pressburger; 1902–1988):
Ungarisch-britischer Drehbuchautor,
Filmregisseur und Filmproduzent.

289 Billy Wilder (eigentlich: Samuel
Wilder; 1906–2002): US-amerikanischer Drehbuchautor, Filmregisseur
und Filmproduzent österreichischer
Herkunft.

290 Gerhard Lamprecht (1897–1974):
Deutscher Regisseur, Drehbuchautor,
Dramaturg und Filmhistoriker.

291 Hickethier: Kästner geht zum Film,
S. 82–90 (83 f.).

292 Vgl. Philipp Bühler: Emil und die
Detektive [Online-Beitrag]. In:
Bundeszentrale für politische Bildung
vom 24. 10. 2014 [https://www.bpb.de/
lernen/projekte/156993/emil-und-die-
detektive].

293 Erna Knauf: Brief an Alfred Förster
vom 3. 5.1946. In: EKHM-NL.

294 Karl Rössing: Mein Vorurteil gegen
diese Zeit. 100 Holzschnitte von Karl
Rössing. Büchergilde Gutenberg.
Berlin 1932.

295 Karl Rössing (1897–1987): Österreichischer Maler, Graphiker und Buchillustrator.

296 Edwin Redslob (1884–1973): Deutscher
Kunsthistoriker, Kulturpolitiker,
Publizist und Universitätsrektor.

Zwischen 1920 und 1933 war Redslob Reichskunstwart.

297 Karl Rössing: Brief an Jürgen Dragowski vom 5. 3. 1987.

298 Karl Rössing: Mein Vorurteil gegen diese Zeit. Berlin 1932, Vorwort [ohne Paginierung].

299 Ebd.

300 Boris Sawinkow: Erinnerungen eines Terroristen. Büchergilde Gutenberg. Berlin 1929.

301 Fjodor Michailowitsch Dostojewski (1821–1881): Russischer Schriftsteller.

302 Vgl. Erich Knauf: Begegnung mit Dostojewski, In: Lichtwart, 1. Jg., 1921/22, S. 349 ff.

303 Vgl. die Ankündigung der Volksausgabe der Werke Dostojewskis. In: Büchergilde, Nr.8 vom August 1929, S. VIII.

304 Fjodor Michailowitsch Dostojewski. Volksausgabe des Gesamtwerks 16 Bände. Berlin: Büchergilde Gutenberg, o. J. [1929], Band 1: Erniedrigte und Beleidigte/Band 2: Aufzeichnungen aus einem toten Haus/Band 3/4: Schuld und Sühne / Band 5/6: Der Idiot/Band 7/8: Die Dämonen/ Band 9/10: Ein Werdender/Band 11/12: Die Brüder Karamasoff/Band 13: Arme Leute. Kleine Romane und Erzählungen/Band 14: Weiße Nächte. Kleine Romane und Erzählungen/Band 15: Das Dorf Stepantschikowo. Kleine Romane und Erzählungen/Band 16: Der Spieler.

305 Michail Michailowitsch Soschtschenko (1894–1958): Sowjetischer Schriftsteller.

306 Michail Michailowitsch Soschtschenko: Die Stiefel des Zaren. Erzählungen aus dem heutigen Russland. Mit 25 Zeichnungen von E. O. Plauen. Berlin 1930.

307 Andreas Franzke: Erich Ohsers Zeichnungen. Konzentrierte Anschaulichkeit und klare Form. In: Erich Ohser »e. o. plauen« Der Zeichner 1903–1944. Staatsgalerie Stuttgart 1987, S. 12–31 (23).

308 Erich Knauf: Die Stiefel des Zaren, in: BG, Nr. 12, Dezember 1929, S. 189.

309 Dragowski, Büchergilde, S. 115.

310 Vicente Blasco Ibáñez (1867–1928): Spanischer Schriftsteller und Politiker.

311 Upton Sinclair (1878–1968): US-amerikanischer Schriftsteller.

312 B. Traven (1882–1969): Deutscher Schriftsteller, der nach gegenwärtigem Erkenntnisstand das Pseudonym des deutschen Metallfacharbeiters und Gewerkschaftssekretärs Otto Feige war.

313 Vgl. u. a. Erich Knauf: Kennen Sie B. Traven? In: Funk-Stunde Berlin, Sendung vom 12. 7. 1930, 19:00 Uhr. Ankündigung im Vorwärts, Spätausgabe Nr. 322 vom 12. 7. 1930, Se. 4.

314 F. Sch.: Funkwinkel. In: Vorwärts, Morgenausgabe Nr. A163 vom 13. 7. 1930, S. 14.

315 N.N.: Bundestreue Vereine teilen mit. In: Vorwärts, Spätausgabe, Nr. 302 vom 1. 7. 1931, S. 7.

316 Dragowski, Büchergilde, S. 118.

317 Eckert, Knauf-Biografie, S. 83.

318 Max Barthel: Erde unter den Füßen. Büchergilde Gutenberg: Berlin 1929.

319 Erich Kästner: Brief an Ida Kästner vom 22. 3. 1930. In: Kästner, Mutterbriefe, S. 118.

320 Hanuschek, Kästner, S. 58.

321 Laubach, Erich Ohser aus Plauen, S. 16.

322 Erich Kästner: Brief an Ida Kästner vom 22. 3. 1930. In: Kästner, Mutterbriefe, S. 118.

323 Christian Ohser (1931–2001): Sohn von Erich Ohser.

324 Schulze, Ohser-Biografie, S. 50.

325 Ebd., S. 50 f.

326 Marigard Bantzer: Brief an Erich Ohser [Datum unbekannt]. In: Schulze, Ohser-Biografie, S. 53.

327 Marigard Bantzer: Erinnerung. Zit. nach: Laubach, Erich Ohser aus Plauen, S. 19.

328 Laubach, Erich Ohser aus Plauen, S. 20.

329 Erich Kästner: Erich Ohser aus Plauen. In: Erich Kästner Werke. Band VI, S. 633–638 (634).

330 Carl von Ossietzky: Remarque-Film. In: Die Weltbühne, XXVI. Jahrgang, Nr. 51 vom 16. 12. 1930, S. 889–891 (890).

331 Erich Kästner: Lärm im Spiegel. Curt Weller & Co Verlag, Leipzig 1929. – Die Zeichnungen in diesem Band stammen von Rudolf Großmann.

332 Erich Knauf: Rezension zu Erich Kästner, Ein Mann gibt Auskunft. [Um 1930]. In: Neue Revue: literarisches Magazin. Band 2 (1930/31), S. 164.

333 Erich Knauf: Rezension zu Erich Kästner, Ein Mann gibt Auskunft. [Um 1930]. In: Neue Revue: literarisches Magazin. Band 2 (1930/31), S. 164.

334 Walter Benjamin (1892–1940): Deutscher Philosoph, Kulturkritiker und Übersetzer.

335 Detlef Manfred Müller: Erich Ohser – e.o.plauen (1903–1944). »Vater und Sohn« & die Berliner Illustrierte Zeitung der Jahre 1934–1937. Ein Idyll mit doppeltem Boden? Kulturbetrieb Stadt Plauen/Galerie e.o.plauen & Erich Ohser – e.o.plauen Stiftung 2009. Plauen 2009 [→ Müller: Erich Ohser – e.o.plauen], S. 17.

336 Erich Kästner: Fabian – Die Geschichte eines Moralisten. Stuttgart/Berlin 1931.

337 David: »Sudelgeschichte« reloaded. In: Unique. Interkulturelles Studentenmagazin für Jena, Weimar & Erfurt. [Online-Rezension] 13. 12. 2013.

338 Vgl. Hanuschek, Keiner blickt Dir hinter das Gesicht, S. 195–211; Helga Bemmann: Erich Kästner. Leben und Werk. Berlin 1994 [→ Bemmann, Kästner], S. 192 ff.

339 Völkischer Beobachter, Nr. 319 vom 15./16. 11. 1931. Erstes Beiblatt.

340 Ebd.

341 Erich Knauf: Kulturbolschewist Kästner. In: Volkszeitung für das Vogtland, Jg. 11, Nr. 116 vom 22. 5. 1929, S. 8. Mit einer Zeichnung von Erich Ohser. Weitere Abdrucke: Volkszeitung für Meißen vom 25. 5. 1929 [→ Knauf, Kulturbolschewist Kästner].

342 Ebd.

343 Ebd.

344 Ebd.

345 Heinrich (eigentlich Harry) Heine (1797–1856): Deutscher Dichter, Schriftsteller und Journalist.

346 Knauf, Kulturbolschewist Kästner

347 Ebd.

348 Alexandre von Senger (1880–1968): Schweizer Architekt und Architekturtheoretiker.

349 Carl von Ossietzky: »Kulturbolschewismus«. In: Die Weltbühne. 1931, S. 559–563.

350 Erich Kästner: Fabian. Die Geschichte eines Moralisten. Berlin 1931.

351 Erich Knauf: Brief an Erich Kästner von 1931. In: Der Brief befindet sich im Erich-Kästner-Archiv des Deutschen Literaturarchivs. Marbach am Neckar.

352 Ebd.

353 Erich Kästner: Arthur mit dem langen Arm. Ein Bilderbuch von Erich Kästner und Walter Trier. Berlin-Grunewald 1931 [recte: 1930]; ders.: Das verhexte Telefon. Ein Bilderbuch von Erich Kästner und Walter Trier. Berlin-Grunewald 1931 [recte: 1930]; ders.: Leben in dieser Zeit Lyrische Suite in 3 Sätzen. Text von Erich Kästner, Musik von Eduard Nick. Berlin 1931 [Bühnenmanuskript]; ders.: Pünktchen und Anton. Ein Roman für Kinder. Illustriert von Walter Trier. Berlin-Grunewald 1932 [recte: 1931]; ders.: Pünktchen und Anton. Nach dem Roman für Kinder. Berlin-Halensee 1931 [Bühnenmanuskript]; ders.: Der 35. Mai oder Konrad reitet in die Südsee. Illustriert von Walter Trier. Berlin-Grunewald 1933 [recte: 1932].

354 Erich Kästner, in: Die Neue Bücherschau 1929, S. 218.

355 Hickethier: Kästner geht zum Film, S. 82.

356 Reinhold Schünzel (1888–1954): Deutscher Schauspieler, Filmregisseur, Drehbuchautor und Filmproduzent.

357 Das Ekel. Deutscher Spielfilm 1931, Regie: Franz Wenzler, Eugen Schüfftan.

358 Dann schon lieber Lebertran. Deutscher Kurzspielfilm 1931. Regie Max Ophüls.

359 Max Ophüls (eigentlich: Max Oppenheimer; 1902–1957): Deutsch-französischer Film-, Theater- und Hörspielregisseur.

360 Die Koffer des Herrn O.F. Deutscher Spielfilm 1931. Regie: Alexis Granowsky.

361 Hickethier: Kästner geht zum Film, S. 83.

362 Ebd.

363 Ebd., S. 82.

364 Reinhard Hippen (1942–2010): Deutscher Grafikdesigner und Gründer des Deutschen Kabarettarchivs.

365 Reinhard Hippen: Geschichten des Kabaretts. In: Reinhard Hippen (Hrsg.): Sich fügen – heißt lügen. 80 Jahre deutsches Kabarett. (Ausstellungskatalog des Deutschen Kabarett-Archivs). Mainz: Amt für Öffentlichkeitsarbeit 1981, S. 27.

366 Gertrud »Trude« Hesterberg (1892–1967): Deutsche Bühnen- und Filmschauspielerin, Kabarettistin, Chansonsängerin, Soubrette und Operettensängerin sowie Gründerin und Leiterin des Kabaretts »Wilde Bühne«.

367 Das von Trude Hesterberg gegründete Kabarett »Wilde Bühne« existierte von 1921–1923 in der Berliner Kantstraße.

368 Andreas Wittenberg: Erich Kästner und das Kabarett – ein Forschungsbericht [→ Wittenberg, Erich Kästner und das Kabarett]. In: Erich Kästner Jahrbuch. Band 3. Herausgegeben von Volker Ladenthin. Unter Mitarbeit von Susanne Hucklembroich-Ley. Würzburg 2004, S. 67–114 (73).

369 Helga Bemmann (*1933): Deutsche Diplomjournalistin und Buchautorin.

370 Das Kabarett der Komiker (»KadeKo«): Kabarett im heutigen Berliner Bezirk Charlottenburg-Wilmersdorf, das zwischen 1924–1944 existierte. Nach Ende des Zweiten Weltkriegs kam es zur Neugründung, doch wurde kein Kabarett mehr geboten, sondern Kleinkunst. 1965 kam es in West-Berlin zur erneuten Gründung eines »Kabaretts der Komiker«, das ebenso nur einen bescheidenen Umfang erreichte.

371 Arbeiter-Illustrierte-Zeitung (A-I-Z): Eine zwischen 1921 und 1933 in Berlin und von 1933 bis 1938 im Prager Exil wöchentlich erschienene Zeitschrift.

372 Helga Bemmann: Erich Kästner. Leben und Werk. Berlin 1998, S. 168 f.

373 Jan Herchenröder: Gutes Kabarett in schlechter Zeit. Was Erich Kästner dafür tat. Unbehagen und Kritik. In: Rudolf Wolff (Hrsg.): Erich Kästners Werk und Wirkung. Sammlung Profile Band 1. Bonn 1983, S. 44–52 (45).

374 Wittenberg, Erich Kästner und das Kabarett, S. 74.

375 Bei den Reichstagswahlen vom 14. 9. 1930 wird die NSDAP mit 18,3 % (Stimmenzuwachs von 15,7 % gegenüber der Reichstagswahl vom 20. Mai 1928) nach der SPD (mit 24,5 %) zweitstärkste Partei.

376 Erich Kästner: Ganz rechts zu singen. In: Die Weltbühne, 26. Jg., Zweites Halbjahr 1930, S. 509.

377 Ebd.

378 Erich Kästner: An den Weihnachtsmann, In: Die Weltbühne, 26. Jg., Zweites Halbjahr 1930, S. 822.

379 Alfred Hugenberg (1865–1951): Deutscher Montan-, Rüstungs- und Medienunternehmer, Politiker (DNVP) und während der ersten Monate nach Hitlers Machtergreifung Minister für Wirtschaft, Landwirtschaft und Ernährung in dessen erstem Kabinett.

380 Erich Kästner: An den Weihnachtsmann, In: Die Weltbühne, 26. Jg., Zweites Halbjahr 1930, S. 822.

381 Erich Kästner: Denn ihr seid dumm. In: Die Weltbühne, 28. Jg., Zweites Halbjahr 1932, S. 164.

382 Ebd.

383 Erich Kästner: Brief aus Paris, anno 1935, 28. Jg., Zweites Halbjahr 1932, S. 795.

384 N.N.: Leipzig 1919–1927, In: Wegner, »Die Zeit fährt Auto«, S. 43.

385 Walter Benjamin (1892–1940): Deutscher Philosoph, Kulturkritiker und Übersetzer französischer Klassiker.

386 Walter Benjamin: Linke Melancholie. In: Die Gesellschaft, Heft 4, April 1931, S. 182.

387 Adelbert Reif (1936–2013): Deutscher Journalist, Wissenschafts- und Kulturpublizist.

388 Erich Kästner gegenüber Adelbert Reif: »Ich habe schon resigniert«. Ein Gespräch mit Erich Kästner zu seinem

70. Geburtstag. In: Die Tat vom 22. 2. 1969.

389 Vgl. Müller: Erich Ohser – e.o.plauen, S. 11.

390 Vgl. Klinkers, Der Zeichner ERICH OHSER, S. 11.

391 Vgl. Lutz Kowalzick: Politische Karikaturen von Erich Ohser in der sozialdemokratischen Zeitschrift »Vorwärts« 1930–1933; S. 5.

392 Müller: Erich Ohser – e.o.plauen, S. 15.

393 Alfred Hugenberg (1865–1951): Deutscher Montan-, Rüstungs- und Medienunternehmer, Politiker (DNVP), der 1933 Minister für Wirtschaft, Landwirtschaft und Ernährung in Hitlers erstem Kabinett wurde.

394 Vgl. Müller: Erich Ohser – e.o.plauen, S. 19.

395 Joseph Goebbels (1897–1945): NS-Politiker und einer der engsten Vertrauten Adolf Hitlers.

396 Müller: Erich Ohser – e.o.plauen, S. 19.

397 Detlef Manfred Müller: 80 Jahre »Vorwärts«-Karikatur. Erich Ohser/e.o.plauen (1903–1944). In: Vorwärts Online vom 1. 6. 2009. [Abgerufen zuletzt am 7. 11. 2021].

398 Rolf Bongs (1907–1981): Deutscher Schriftsteller.

399 Rolf Bongs: Vater und Sohn ist nicht ausgedacht. In: Der Mittag (Düsseldorf) vom 20. 7. 1951.

400 Schulze, Werkausgabe, S. 18.

401 Erich Knauf: Angaben zur Sache. In: Gestapo-Vernehmungsprotoll vom 28. 3. 1944. BArch, Bestandsnummer R 3018-V, Archivnummer 13364, Blatt 21.

402 Heinrich Knauf (1870–1933): Sozialdemokratischer Redakteur und Politiker.

403 Erich Knauf: Angaben zur Sache. In: Gestapo-Vernehmungsprotoll vom 28. 3. 1944. BArch, Bestandsnummer R 3018-V, Archivnummer 13364, Blatt 21.

404 Ebd.

405 Erich Knauf: Heil Kaiser dir! In: Volkszeitung für das Vogtland vom 18. 10. 1924. Wiederabdruck bei Eckert, Knauf-Biografie, S. 35 f.

406 Vgl. u. a. das Verfahren Hans Hager und Genossen: Privatklage gegen

Erich Knauf wegen Beleidigung, Az.: 2 P 106/25. In: Sächsisches Staatsarchiv, 30131 Amtsgericht Plauen, Nr. 5239.

407 Erich Knauf: Angaben zur Sache. In: Gestapo-Vernehmungsprotoll vom 28. 3. 1944. BArch, Bestandsnummer R 3018-V, Archivnummer 13364, Blatt 20b.

408 Erich Knauf: Ça ira! Reportage-Roman aus dem Kapp-Putsch. Büchergilde Gutenberg: Berlin 1930.

409 Ebd. 73.

410 Siehe u. a. Erich Kästner: Primaner in Uniform. In: Die Weltbühne vom 30. 6. 1929, S. 168; ders.: Sergeant Waurich. In Simplicissimus, 1929 (Jg. 33) Heft 47, S. 618; ders.: Panzerkreuzersonate. In: Montag Morgen vom 24. 2. 1930, S. 12; ders.: Die andre Möglichkeit. In: Die Weltbühne vom 9. 7. 1929, S. 53.

411 Müller: Erich Ohser – e.o.plauen, S. 18.

412 Robert Adolf Stemmle (1903–1974): Deutscher Autor, Regisseur und Produzent.

413 Werner Finck (1902–1978): Deutscher Kabarettist, Schauspieler und Schriftsteller.

414 Swantje Greve: Werner Finck und die »Katakombe«. Ein Kabarettist im Visier der Gestapo. Topographie des Terrors. Notizen Band 7. Herausgegeben von Andreas Nachama. Berlin 2015, S. 11.

415 Durch das »rote« Altona waren kurz nach von Papens Sistierung des SS- und SA-Verbotes SA-Kolonnen gezogen. Die Polizei bekam die Lage nicht mehr in den Griff und schoss wild um sich. Es kam zu zahlreichen Toten und Verletzten.

416 Vgl. exemplarisch die Darstellung bei Dirk Blasius: Weimars Ende. Bürgerkrieg und Politik 1930–1933. Göttingen 2005.

417 Erich Kästner: Die scheintote Prinzessin. In: Die Weltbühne vom 24. 1. 1933.

418 Bemmann, Kästner, S. 215.

419 Erich Kästner: Die scheintote Prinzessin. In: Die Weltbühne vom 24. 1. 1933.

420 Hermann Göring (1893–1946): NS-Politiker, u. a. Oberbefehlshaber der Luftwaffe.

421 Adolf Hitler: Äußerung vom
30.01.1933, zit. nach: Paul Bruppacher:
Adolf Hitler und das Dritte Reich.
Eine Chronik. Teil 1. 1889–1937.
Norderstedt 20084, S. 362.

422 Marinus van der Lubbe (1909–1934):
Niederländischer Arbeiter, der am
27. 2. 1933 im brennenden Reichstagsge-
bäude in Berlin festgenommen wurde.

423 Anna Seghers (1900–1983): Deutsche
Schriftstellerin.

424 Erich Kästner: Über das Auswandern.
In: Pinguin, Jg. 2, Heft 1, Januar 1947, S. 1.

425 Bemmann, Kästner, S. 217.

426 Erich Kästner: Brief an Ida Kästner
vom 27. 3. 1933. In: Kästner, Mutterbriefe, S. 191.

427 Erich Kästner: Das Blaue Buch:
Geheimes Kriegstagebuch 1941–1945.
Herausgegeben von Sven Hanuschek,
Ulrich von Bülow und Silke Becker.
Zürich 2018 [→ Kästner, Kriegstage-
buch].

428 Erich Kästner: Notwendige Antwort
auf überflüssige Fragen. In: Der Simpl.
Kunst, Karikatur, Kritik. München
Jg. 1, Heft 2 vom 15. 4. 1946.

429 Ebd.

430 Siehe Vorwärts, Nr. 64 B 30 vom
7. 2. 1933, Nr. 70 B 33 vom 10. 2. 1933
und Nr. 98 B 41 vom 27. 2. 1933.

431 Kusenberg, zit. nach: N. N.: Erich
Ohser:»Er war ängstlich, aber nicht
feige«. In: Spitzengeschichte 48
[https://www.spitzenstadt.de/
spitzengeschichten/erich-ohser-
er-war-aengstlich-aber-nicht-feige].

432 Vgl. Müller, Erich Ohser – e.o.plauen,
S. 23. – In dem Film *Kästner und der
kleine Dienstag* (Spielfilm, Deutsch-
land/Österreich 2016) wird die Szene
auch gezeigt, doch anstelle von Erich
Knauf verbrennt dort Erich Kästner
gemeinsam mit Erich Ohser seine
eigenen Werke.

433 Müller, Erich Ohser – e.o.plauen, S. 26.

434 Gesetz zur Behebung der Not von Volk
und Reich [Ermächtigungsgesetz],
RGBl. 1933 I S. 141.

435 Eine Zusammenstellung über die
Veröffentlichung dieser Meldung in
der deutschen Tagespresse und eine
Auswahl von Zeitungsausschnitten

befindet sich im Nachlass Erich
Kästners, DLA Marbach am Neckar.

436 Johannes Richter (Pseudonyme:
Maximilian Lahr und Hans Richter;
1889–1941): Deutscher Schriftsteller.

437 Axel Eggebrecht (1899–1991): Deutscher Journalist und Schriftsteller.

438 Lion Feuchtwanger (1909–1884):
Deutscher Schriftsteller.

439 Alfred Kerr (eigentlich: Alfred Kemp-
ner; 1867–1948): Deutscher Schriftsteller, Theaterkritiker und Journalist.

440 Egon Erwin Kisch (eigentlich: Egon
Kisch; 1885–1948): Österreichischer,
später tschechoslowakischer Schriftsteller, Journalist und Reporter.

441 Deutsche Allgemeine Zeitung vom
1. 4. 1933.

442 Der P.E.N. ist einer der bekanntesten
internationalen Autorenverbände mit
Ablegern in vielen Staaten. Er wurde
am 5. 10. 1921 in London gegründet.
Der Name P.E.N. war ursprünglich
die Abkürzung für Poets, Essayists,
Novelists (»Dichter, Essayisten, Roma-
nautoren«).

443 Baldur von Schirach (1907–1974):
Deutscher Politiker während der Zeit
des Nationalsozialismus und Reichsjugendführer der NSDAP. Schirach
gehörte zu den 24 im Nürnberger
Prozess gegen die Hauptkriegsverbrecher vor dem Internationalen Militärgerichtshof angeklagten Personen
und wurde am 1. Oktober 1946 wegen
Verbrechens gegen die Menschlichkeit
zu 20 Jahren Haft verurteilt.

444 Arnolt Bronnen (1895–1959): Österreichischer Schriftsteller, Theaterautor
und Regisseur.

445 Wolfgang Herrmann (1904–1945):
Deutscher Bibliothekar und National-
sozialist, dessen »schwarze Listen« die
Vorlage für die Bücherverbrennungen
der »Aktion wider den undeutschen
Geist« 1933 in Deutschland lieferten.

446 Vgl. Siegfried Schliebs: Der Fall
des Volksbibliothekars Wolfgang
Herrmann. In: Akademie der Künste
(Hrsg.): Das war ein Vorspiel nur …:
Bücherverbrennung Deutschland 1933.
Voraussetzungen und Folgen. Berlin/
Wien 1983, S. 442 ff.

447 Siehe im Prozess gegen die Hauptkriegsverbrecher dem Internationalen Militärgerichtshof, Nürnberg
14. 11. 1945 bis 1. 10. 1946 (1947),
Band 22, S. 591.

448 Erich Kästner: Brief an Erich Ohser
vom 3. 5. 1933. In: EOPL-NL.

449 Ebd.

450 Ebd.

451 Ebd.

452 o.A., [Protokoll] 8. Sitzung, 27. 4. 1933,
Kopie im Archiv der Büchergilde
Gutenberg, Frankfurt am Main.
Aus dem Protokoll zitiert: Eckert,
Zille-Vorwort, S. 16.

453 Vgl. Eckert, Knauf-Biografie, S. 87.

454 Otto Jamrowski (Hrsg.): Deutschlands
Kampf für die abendländische Kultur.
Berlin 1933.

455 Erna Knauf: Brief an Alfred Schlagk
vom 3. 5. 1946. In: EKHM-NL. [→ Erna
Knauf, Brief an Alfred Schlagk], Seite 12.

456 Max Barthel (1893–1975): Deutscher
Arbeiterdichter, Mitglied im Bamber-
ger Dichterkreis. Für die Büchergilde
Gutenberg gab er in den 1920er- und
30er-Jahren eine Jack-London-Reihe
heraus, die er auch zusammen mit
Erwin Magnus übersetzte.

457 Ebd.

458 Eckert, Knauf-Biografie, S. 88.

459 Hans Wilhelm (1904–1980):
Deutsch-österreichischer Filmautor.

460 Vgl. Erich Knauf – Leben und Werk.
Versuch einer Biografie. Staatliches
Museum Schloß Burgk. 1985, S. 19.

461 Vgl. zum Folgenden Jan-Pieter
Barbian: Literaturpolitik im»Dritten
Reich«. Von der»Gleichschaltung« bis
zum Ruin. Frankfurt am Main 1995
[→ Barbian, Literaturpolitik im»Dritten
Reich«], S. 128–141 mit Quellenbelegen
und weiterführender Sekundärliteratur.

462 Wolfgang Benz: »... nur passiv geblieben«? Zur Rolle von Erich Kästner im
Dritten Reich. In: Jan-Pieter Barbian:
Die vollendete Ohnmacht. Schriftsteller, Verleger und Buchhändler
im NS-Staat. Ausgewählte Aufsätze.
Essen 2008, S. 145–183 [→ Benz, »... nur
passiv geblieben«?], S. 152.

463 Magnus Hirschfeld (1868–1935): Deutscher Arzt, Sexualwissenschaftler und
Mitbegründer der ersten Homosexuel-
len-Bewegung.

464 Barbian,»... nur passiv geblieben«?
S. 152.

465 Erich Kästner: Kann man Bücher verbrennen? Zum Jubiläum einer Schandtat, 9. Mai 1947. In: Die Neue Zeitung,
Jg. 3, Nr. 37, Frankfurter Ausgabe vom
9. Mai 1947. Wiederabdruck in: Erich
Kästner: Über das Verbrennen von
Büchern. Zürich 2013 [→ Kästner, Über
das Verbrennen von Büchern], S. 7–11.

466 Ebd.

467 Ebd.

468 Joseph Goebbels: Rede bei der Bücher-
verbrennung auf dem Opernplatz in
Berlin am 10. 5. 1933 anlässlich der
Kundgebung der Deutschen Studen-
tenschaft »wider den undeutschen
Geist«. In: Goebbels-Reden. Band 1:
1932–1939. Herausgegeben von Helmut
Heiber. Düsseldorf 1971, S. 108–112.

469 Kästner, Über das Verbrennen von
Büchern, S. 8 f.

470 Friedrich Gundolf (eigentlich Friedrich Leopold Gundelfinger; 1880–1931):
Deutscher Dichter und Literaturwissenschaftler.

471 Barbian,»... nur passiv geblieben«?
S. 152f. – Vgl. hierzu Anselm Faust:
Studenten und Nationalsozialisten in
der Weimarer Republik. Der nationalsozialistische Deutsche Studentenbund.
2 Bände. Düsseldorf 1973; Gerhard
Sauder: Akademischer »Frühlingssturm«. Germanisten als Redner bei der
Bücherverbrennung. In: Ulrich Walberer (Hrsg.): 10. Mai 1933. Bücherverbrennung in Deutschland und die Folgen.
Frankfurt am Main 1983, S. 140–159.

472 Barbian,»... nur passiv geblieben«?
S. 153.

473 Ernst Glaeser (1902–1963): Deutscher
Schriftsteller.

474 Kästner, Über das Verbrennen von
Büchern, S. 10.

475 Ebd.

476 Vgl. Cuno Horkenbach (Hrsg.): Das
Deutsche Reich von 1918 bis heute.
Mit sachlicher Unterstützung der

Reichsbehörden. Berichtsheft, Band 3. Berlin 1933.

477 Friedrich Oldenbourg (1888–1947): Deutscher Verleger.

478 Vgl. Barbian, Literaturpolitik im »Dritten Reich«, S. 96–115.

479 Kurt Tucholsky (1890–1935): Deutscher Journalist und Schriftsteller.

480 Lion Feuchtwanger (1884–1958): Deutscher Schriftsteller.

481 Arnold Zweig (1887–1968): Deutscher Schriftsteller.

482 Börsenblatt des Deutschen Buchhandels vom 13. 5. 1933.

483 Christian Jenssen: »Erich Kästner, der sein Herz auf Taille schnürte, sich zwischen die Stühle setzte und nur noch am 35. Mai fortlebt«. In: Berliner Börsen-Zeitung, Nr. 291, Literaturblatt »Kritische Gänge«, Nr. 26.

484 Christian Jenssen (1905–1996): Deutscher Pädagoge, freier Schriftsteller und Herausgeber.

485 Reichskulturkammergesetz vom 22. 9. 1933 [RKK]. In: RGBl. I S. 661.

486 § 1 Reichskulturkammergesetz.

487 Vgl. § 2 RKK.

488 Adolf Hitler: Schreiben an die Reichsstatthalter in den Ländern vom 16. 7. 1933, zit. nach: Barbian, Literaturpolitik im »Dritten Reich«, S. 100.

489 Goebbels: Tagebuch: Eintrag vom 22. 9. 1933.

490 § 11 Satz 1 Erste Verordnung zur Durchführung des Reichskulturkammergesetzes.

491 Vgl. § 22 Erste Verordnung zur Durchführung des Reichskulturkammergesetzes.

492 Vgl. § 13 Satz 1 und 2 Erste Verordnung zur Durchführung des Reichskulturkammergesetzes.

493 Vgl. § 15 Satz 1 und 2 Erste Verordnung zur Durchführung des Reichskulturkammergesetzes.

494 Ernst Barlach (1870–1938): Deutscher Bildhauer, Schriftsteller und Zeichner.

495 § 10 Satz 1 Erste Verordnung zur Durchführung des Reichskulturkammergesetzes.

496 Emil Nolde (eigentlich: Hans Emil Hansen; 1867–1956): Deutscher Maler; einer der führenden Vertreter des Expressionismus.

497 Siehe u. a. Kirsten Jüngling: Emil Nolde. Die Farben sind meine Noten. Berlin 2013.

498 Kommissarischer Fachausschussleiter im Reichsverband der deutschen Presse: Brief an Erich Ohser vom 17. 1. 1934. In: Erich-Ohser-Nachlass, Erich Ohser-e.o.plauen Stiftung Plauen, abgedruckt bei Müller, Erich Ohser – e.o.plauen, S. 24.

499 Müller, S. 24.

500 Erich Knauf: Angaben im Fragebogen des Reichsverbands Deutscher Schriftsteller e. V. vom 25. 10. 1933. In: Knauf-Akte der Reichs-Schrifttumskammer 2, BArch R 9361-V, Archiv-Nr. 010668 [unpag.].

501 Ebd.

502 Ebd.

503 Ebd.

504 Ernst Züchner (1900–unbekannt): Deutscher Schriftsteller und Übersetzer.

505 Reichs-Schrifttumskammer, Knauf, Erich. BArch, Bestandsnummer R 9361-V, Archiv-Nr. 24883 [→ künftig: Knauf-Akte der Reichs-Schrifttumskammer 1, BArch R 9361-V, Archiv-Nr. 24883], Blatt 1.

506 Ebd.

507 Ebd.

508 Miehle: Stellvertretender Vorsitzender des Deutschen Arbeitverbands des graphischen Gewerbes: Brief an den Reichsverband Deutscher Schriftsteller e. V. vom 1. 11. 1933. In: BArch, R 9361-V, Archiv-Nr. 24883. [unpag.]

509 Karl-Friedrich Schrieber: Die Reichskulturkammer. Berlin 1934, S. 24.

510 Die Deutsche Liga für Menschenrechte ist die bedeutendste pazifistische Vereinigung in Deutschland. Ursprünglich als Bund Neues Vaterland am 16. November 1914 gegründet worden. Sie ging aus dem seit Anfang Oktober 1914 bestehenden, von Lilli Jannasch geleiteten Verlag Neues Vaterland hervor. Mitglieder waren u. a. Albert Einstein und Emil Gumbel.

511 Erich Kästner: Brief an Ida Kästner
vom 1. 12. 1933. In: Kästner, Mutterbriefe, S. 195 f.

512 Erich Kästner: Erklärung [Datum
unbekannt]. Der Satz ist auf allen
Antragsformularen des RDS ausge-
druckt. Er wird hier zitiert nach der
Aufnahmeerklärung, die Günther
Weisenborn bereits am 25. 7. 1933 unter-
zeichnet hat. BDC/RSK/Weisenborn,
Günther, BArch Berlin-Lichterfelde.

513 Erich Kästner: Brief an Ida Kästner
vom 11. 12. 1933. In: Kästner, Mutterbriefe, S. 195.

514 Siehe zur Gestapo u. a.: Gerhard Paul/
Klaus-Michael Mallmann (Hrsg.):
Die Gestapo. Mythos und Realität.
Darmstadt 1995; Christoph Graf:
Politische Polizei zwischen Demokra-
tie und Diktatur. Berlin 1988.

515 Rudolf Hermann Johannes Holzhau-
sen (1889–1963): Deutscher Jurist und
Diplomat, der von 1928 bis 1933 als
Gesandtschaftsrat an der Botschaft des
Deutschen Reichs in Prag tätig war.

516 Rudolf Hermann Johannes Holz-
hausen: Bericht an das Auswärtige
Amt vom 10. 8. 1933. In: BArch:
R 1501/125954, Blatt 108 bis 118 (108).

517 Ebd.

518 Oskar Maria Graf (1894–1967):
Deutsch-amerikanischer Schriftsteller.

519 Johannes Robert Becher (1891–1958):
Deutscher Dichter und SED-Politi-
ker, Minister für Kultur sowie erster
Präsident des Kulturbundes der DDR.
Bekannt wurde er auch als Verfasser des
Textes der Nationalhymne der DDR.

520 Bertolt Brecht (auch Bert Brecht;
1898–1956): Deutscher Dramatiker,
Librettist und Lyriker.

521 Lion Feuchtwanger (1884–1958):
Deutscher Schriftsteller.

522 Leonhard Frank (1882–1961): Deutscher Schriftsteller.

523 Werner Hegemann (1881–1936): Deutscher Stadtplaner, Architekturkritiker
und politischer Schriftsteller.

524 Rudolf Hermann Johannes Holz-
hausen: Bericht an das Auswärtige
Amt vom 10. 8. 1933. In: BArch:
R 1501/125954, Blatt 108 bis 118 (115).

525 Ebd. Blatt 108 bis 118 (117).

526 Erich Kästner: Brief an Ida Kästner
vom 14. 12. 1933. In: Kästner, Mutterbriefe, S. 195.

527 Barbian, Literaturpolitik im »Dritten
Reich«, S. 194.

528 Cecilie »Cilly« Dressler (1905–1978).
Deutsche Verlegerin, die nach der
Emigration von Edith Jacobsohn
1933 die Geschäftsleitung des Verlags
Williams & Co. übernahm. Ab 1941
führte das Unternehmen den Namen
Cecilie-Dressler-Verlag bzw. Dressler-
Verlag.

529 Vgl. Müller, Erich Ohser – e.o.plauen,
S. 28.

530 Kurt Kusenberg (Pseudonyme: Hans
Ohl und Simplex; 1904–1983): Deut-
scher Schriftsteller, Nachdichter und
Kunstkritiker.

531 Müller, Erich Ohser – e.o.plauen, S. 28.

532 Erich Ohser: Brief an Carl Bantzer von
1934 [genaues Datum nicht vermerkt].
In: EOPL-NL.

533 Kommissarischer Fachausschussleiter
im Reichsverband der deutschen Presse:
Brief an Erich Ohser vom 27. 1. 1934.
In: Erich-Ohser-Nachlass, Erich
Ohser – e.o.plauen Stiftung Plauen.

534 Ebd.

535 Erik Lippold [d.i. Erich Knauf]:
Höchste Zeit für Weihnachten! Die
Frau, die den Weihnachtskalender
wiederentdeckt. In: Acht-Uhr-Tage-
blatt vom 16. 2. 1934.

536 Erich Ohser: Vermerk auf dem Brief
des Kommissarischen Fachaus-
schussleiters im Reichsverband der
deutschen Presse an Erich Ohser vom
17. 1. 1933. In: Erich-Ohser-Nachlass,
Erich Ohser – e.o.plauen Stiftung
Plauen, abgedruckt bei Müller, Erich
Ohser – e.o.plauen, S. 24.

537 Kurt Kusenberg: Als Vater und Sohn
geboren wurden. In: Ausstellungskatalog. Hannover 1962, S. 18.

538 Detlev Laubach: Erich Ohser
(e.o.plauen) und die »Vater und
Sohn«-Bildgeschichten. In: e.o.plauen:
Vater und Sohn, Gesamtausgabe,
Südverlag, Konstanz 1982, S. 267.

539 Johannes Weyl (Pseudonym: Günther
Hocheisen; 1904–1989): Deutscher

Journalist, Verleger und Zeitungs-
herausgeber.

540 Kurt Kusenberg: Als Vater und Sohn
geboren wurden. In: Ausstellungskatalog. Hannover 1962, S. 18 ff.

541 Ebd., S. 18 ff.

542 Erich Ohser: Haarschneiden. In: *Neue
Leipziger Zeitung* vom 23. 5. 1934.

543 Alfred Gerigk (1896–1983): Deutscher
Journalist mit eigenem Redaktions-
büro in Berlin.

544 Müller, Der politische Zeichner, S. 25.

545 Ernst Günther Röhm (1887–1934):
Deutscher Offizier, NS-Politiker,
Kampfbundführer, Führer der SA
und kurze Zeit im Kabinett Hitler
Reichsminister ohne Portefeuille.

546 Alfred Gerigk: Hundert Jahre Ullstein,
Band III, S. 570 und 331 ff.

547 Max Winkler (1875–1961): NS-Politiker, Reichstreuhänder und
Wirtschaftsberater der abzutretenden
Ostprovinzen sowie für die Grenz-
landpresse und Reichsbeauftragter für
die deutsche Filmwirtschaft.

548 Müller, Erich Ohser – e.o.plauen, S. 34.

549 Ebd., S. 58.

550 Müller, Vater und Sohn & die Berliner
Illustrirte Zeitung, S. 68.

551 Ebd., S. 69.

552 Eckert, Knauf-Biografie, S. 91.

553 Erna Knauf: Brief an Alfred Schlagk,
S. 12.

554 Dragowski, Büchergilde, S. 123.

555 Thyl [d. i. Erich Knauf]: Es ist schon
spät. In: 8-Uhr-Abendblatt, Nr. 188
vom 14. 8. 1934. Wiederabgedruckt bei
Dragowski, Büchergilde, S. 123 f.

556 Friedrich Blunck (1888–1961): Deutscher Jurist und Schriftsteller, der in
der Zeit des Nationalsozialismus verschiedene kulturpolitische Positionen
besetzte.

557 Vgl. Jan-Pieter Barbian: Die vollendete
Ohnmacht? Schriftsteller, Verleger
und Buchhändler im NS-Staat. Ausgewählte Aufsätze. Essen 2008, S. 158.

558 Hans Grimm (1875–1959): Deutscher
Schriftsteller und Publizist. Sein Buch-
titel »Volk ohne Raum« (München

1926) wird das Motto von Hitlers
Expansionspolitik.

559 Hans Grimm: Vorschlag. In: Protokoll
der Präsidialratssitzung am 16. 1. 1934,
hier S. 15, DLA NL Hans Grimm/
Konv. Reichsschrifttumskammer,
Mappe III.

560 Präsidialrat der Reichsschrifttumskammer: Sitzungsprotokoll vom
16. 1. 1934. In: Deutsches Literarar-
chiv Marbach am Neckar, Nachlass
Hans Grimm, Konvolut Reichsschrifttumskammer, Mappe III [→ Präsidialrat der Reichsschrifttumskammer,
Sitzungsprotokoll vom 16. 1. 1934].

561 Präsidialrat der Reichsschrifttumskammer: Sitzungsprotokoll vom
16. 1. 1934.

562 Barbian, Literaturpolitik im Dritten
Reich, S. 205.

563 Alfred Rosenberg (1892–1946): NS-Politiker und führender Ideologe der
NSDAP.

564 Vgl. Peter Longerich: Joseph Goebbels.
Biographie. 2010 [→ Longerich, Goeb-
bels-Biografie], S. 262.

565 Goebbels, Tagebuch: Eintrag vom
13. 1. 1934.

566 Dusolina Giannini (1902–1986): Italie-
nisch-amerikanische Sopranistin.

567 E. K. [d. i. Erich Knauf]: Carmen,
etwas blutarm. Dusolina Giannini in
der Staatsoper. In: 8-Uhr-Abendblatt
vom 22. 5. 1934.

568 Eckert, Zille-Vorwort, S. 17.

569 Gestapo: Haftbefehl an Erich Knauf
vom 29. 5. 1934. In: EKHM-NL.

570 Erich Knauf: Handschriftlicher
Vermerk auf einer Abschrift des
Schutzhaftbefehls. In: EKHM-NL.

571 Quelle: BA Berlin, R 3001/9882,
3001/9920/2, 3001/alt R 22/987; Orth,
Das System der nationalsozialisti-
schen Konzentrationslager, S. 32, 51,
53, 97, 192, 222. Zit. nach: Nikolaus
Wachsmann: Gefangen unter Hitler.
Justizterror und Strafvollzug im
NS-Staat. München 2004, S. 444 f.

572 Erich Mühsam (1878–1934): Deutscher
Schriftsteller, Publizist und Antimilitarist.

573 Vgl. Dragowski, Büchergilde, S. 124.

574 Siehe zum KZ Oranienburg u. a. Irene A. Diekmann, Klaus Wettig (Hrsg.): Konzentrationslager Oranienburg. Augenzeugenberichte aus dem Jahre 1933. Gerhart Seger und Max Abraham. Potsdam 2004; Günter Morsch: Konzentrationslager Oranienburg. Berlin 1994.

575 Lagerkommandantur des KZ Lichtenburg: Brief an Erna Donath vom 18. 7. 1934. In: EKHM-NL.

576 Eckert, Knauf-Biografie, S. 96.

577 Erich Knauf: Eine Äußerung [Datum unbekannt], überliefert von Erna Knauf aus einem Gespräch mit Wolfgang Eckert. Mitteilung an den Verfasser vom 14. 1. 2022.

578 Robert Neuner [Pseudonym für Werner Buhre und Erich Kästner]: Das lebenslängliche Kind. Ein Lustspiel in vier Akten. [Bühnenmanuskript]. Berlin 1934 und 1940.

579 Vgl. Werner Buhre im Fragebogen der amerikanischen Militärbehörde [vermutlich 1945]. Nachlass Werner Buhre, private Leihgabe von Dr. Gisela Scola, zit. nach Hanuschek, Kästner, S. 75.

580 Vgl. Erich Kästner: Brief an Ida Kästner vom 8. 11. 1935. In: Kästner, Mutterbriefe, S. 220.

581 Erich Kästner: Brief an Ida Kästner vom 22. 10. 1934. In: Kästner, Mutterbriefe, S. 200.

582 Barbian, Literaturpolitik im Dritten Reich, S. 461.

583 Kurt Leo Maschler (1898–1986): Österreichischer Verleger, Leiter des Atrium Verlags.

584 Vgl. Sven Hanuschek: Ein jüdischer Verleger machte Kästner weltberühmt. In: Welt (online) vom 28. 11. 2015 [→ Hanuschek, Ein jüdischer Verleger].

585 Heinz Wismann (1897–1945): Promovierter Germanist und als Ministerialrat Leiter der Abteilung Schrifttum im Reichsministerium für Volksaufklärung und Propaganda. Zugleich übte er seit 1935 das Amt des Vizepräsidenten der Reichsschrifttumskammer aus. Die anderen Posten verlor er Ende Oktober 1937, weil er seine frühere Ehe mit einer »Halbjüdin« verschwiegen hatte.

586 Eckert, Knauf-Biografie, S. 100.

587 Ebd.

588 Thyl [d.i. Erich Knauf]: Schwarzes Schicksal. In: 8-Uhr-Abendblatt, November 1934

589 L. Bersch: Epigonen der Unkultur. In: Wille und Macht. Führerorgan der nationalsozialistischen Jugend. Jg. 3, Heft 4 vom 15. 2. 1935, S. 27.

590 Hans Schwarz van Berk (Pseudonym: Hans Hansen; 1902–1973): Deutscher Journalist und Nationalsozialist. – 1935 wurde gegen ihn ein Parteigerichtsverfahren wegen parteischädigenden Verhaltens eingeleitet, weil er 1934 in das Gästebuch des Berliner Kabaretts *Die Katakombe* die Worte geschrieben hatte »Gefährlich oder ungefährlich – weitermachen«. Auf Intervention von Goebbels kam er jedoch mit einem Verweis davon.

591 Erna Knauf: Brief an Alfred Schlagk.

592 Erich Knauf: Erklärung zu den Vorgängen des Ausschlusses aus dem Reichsverband der Deutschen Presse (RDP) 1935. In: EKHM-NL. [→ Knauf, Erklärung zum RDP-Ausschluss].

593 Reichsverband der Deutschen Presse: Mitteilung an [?] Rimbach. Zit. nach: Knauf, Erklärung zum RDP-Ausschluss.

594 Knauf, Erklärung zum RDP-Ausschluss.

595 Erich Knauf: Der unbekannte Zille. Vergangenheitsverlag: Berlin 2015.

596 N. N. [d. i. Erich Knauf]: Nur ein Komödiant. Nach dem Film erzählt. Tobis-Filmbücherei Band 2. Berlin 1935; ders.: Vergiß mein nicht. Nach dem Film erzählt. Tobis-Filmbücherei Band 7. Berlin 1935.

597 Rhenania-Ossag Mineralölwerke AG ist der ehemalige Name eines deutschen Mineralölunternehmens. Es heißt heute Shell Deutschland Oil GmbH.

598 Telefunken Gesellschaft für drahtlose Telegraphie m.b.H. war eine der führenden Elektrokonzerne des Deutschen Reiches.

599 Garbáty Cigarettenfabrik GmbH, die im Jahr 1935 in eine Kommanditgesellschaft mit dem Namen Zigarettenfabrik Garbáty K. G. umgewandelt, dann 1938 zwangsverkauft wurde.

600 Knauf, Erklärung zum RDP-Ausschluss.

601 Erich Knauf: Brief an Hans Hinkel
vom 13. 8. 1935. In: BArch, Bestandsnummer R 9361-V, Archivnummer
R 9361-V [→ Knauf, Brief vom 13. 8. 1935
an Hinkel].

602 Ebd.

603 Johann »Hans« Hinkel (1901–1960):
NS-Funktionär, Journalist, Reichs-
tagsabgeordneter, Ministerialbeamter
Vizepräsident der Reichsschrifttumskammer und SS-Gruppenführer.

604 Kampfbund für deutsche Kultur
(KfdK), 1928–1934. NS-Organisation,
gegründet am 4. Januar 1928 mit Sitz
in München. Vorsitzender war Alfred
Rosenberg. Der Bund, dem eine Reihe
prominenter Mitglieder angehörte,
wandte sich heftig gegen die künstlerische Moderne. Er wurde 1934 in die
NS-Kulturgemeinde überführt.

605 Erich Knauf: Schreiben an Hans Hin-
kel vom 13. 8. 1935. In: Knauf-Akte der
Reichs-Schrifttumskammer 1, BArch
R 9361-V, Archiv-Nr. 24883, Blatt 2.

606 Erich Knauf: Brief an Hans Hinkel. In:
Knauf-Akte der Reichs-Schrifttumskammer 1, BArch R 9361-V, Archiv-Nr.
24883, Blatt 2.

607 Kurt Günther (eigentlich Curt Georg
Paul Günther; 1893–1955): Deutscher
Maler, der künstlerische Experimente
im Expressionismus, Dadaismus und
Verismus unternahm und (mit Otto
Dix) Teil der Dresdner Dada-Gruppe
war.

608 Erich Knauf: Brief an Kurt Günther
vom 19.12. 1935. In: EKHM-NL.

609 Ebd.

610 Dr. R/Nlg [Reichsverband Deutscher
Schriftsteller]: Aktenvermerk vom
21. 7. 1936. In: EKHM-NL.

611 Ebd.

612 Müller, Erich Ohser – e.o.plauen, S. 49.

613 Erich Ohser: Brief an Schwiegermutter
vom 27. 5. 1935. In: EOP-NL, Briefe A.

614 Hildegard Bantzer (1906–unbekannt):
Malerin und eine von drei Schwestern
von Marigard Bantzer.

615 Christan Ohser. In: Paul Badde: Für
jeden Unfug zu haben: Erich Ohser

und Sohn. In: FAZ-Magazin, Heft 525
vom 23. 3. 1990, S. 46.

616 Ebd.

617 Erich Ohser: Brief an Schwiegermutter
vom 27. 5. 1935. In: EOP-NL, Briefe A.

618 Vgl. Zonneveld, Kästner-Bibliographie, S. 698.

619 Erich Kästner: Freunde in der Not.
In: Pinguin, Jg. 1, Heft 11, November
1946. Hier zitiert nach: Erich Kästner:
Freundschaft auf den ersten Blick. Von
alten, jungen und neuen Freunden.
Hrsg. Von Sylvia List. Zürich 2020,
S. 83–86 (84 f).

620 e.o.plauen [Erich Ohser]: Vater und
Sohn: 50 lustige Streiche und Abenteuer, Ullstein Verlag, Berlin 1935.

621 Martin Mörike (1884–1947): Inhaber
des Chronos Verlags.

622 Martin Mörike: Brief an Hans Hinkel
vom 28. 1. 1936. In: BArch R 9361,
Arch.-Nr. V 16882, Erich Kästner,
Blatt 1.

623 Hans Hinkel: Brief an Martin Mörike,
Chronos-Verlag, vom 29. 1. 1936. In:
BArch R 9361, Arch.-Nr. V 16882, Erich
Kästner, Blatt 2.

624 Rainer Schlösser (1899–1945): Deut-
scher Schriftsteller und Journalist.
Schlösser war »Reichsdramaturg« im
Ministerium für Volksaufklärung
und Propaganda und von 1935 bis 1938
Präsident der Reichstheaterkammer.

625 Martin Mörike: Brief an Hans Hinkel
vom 28. 1. 1936. In: BArch R 9361,
Arch.-Nr. V 16882, Erich Kästner,
Blatt 3.

626 Martin Mörike: Brief an Dr. Rainer
Schlösser, Reichsministerium für
Volksaufklärung und Propaganda,
vom 17. 6. 1936. In: BArch R 9361,
Arch.-Nr. V 16882, Erich Kästner,
Blatt 8.

627 Ebd.

628 Hanuschek, Keiner blickt Dir hinter
das Gesicht, S. 230, unter Hinweis auf
BArch R 58, RSHA.

629 Erich Kästner: Brief an Dr. Heinz Wis-
mann vom 11. 2. 1936. In: Deutsches
Literaturarchiv Marbach, Kästner,
Erich/Reichsschrifttumskammer
HS 2002.154.

630 Erich Kästner: Drei Männer im Schnee. Eine Erzählung. Zürich 1934.

631 Erich Kästner: Emil und die drei Zwillinge. Die zweite Geschichte von Emil und den Detektiven. Illustriert von Walter Trier. Basel, Wien, Mährisch-Ostrau 1935.

632 Erich Kästner: Die verschwundene Miniatur oder auch Die Abenteuer eines empfindsamen Fleischermeisters. Basel, Wien, Mährisch-Ostrau 1936.

633 Erich Kästner: Dr. Erich Kästners Lyrische Hausapotheke. Ein Taschenbuch. Enthält alte und neue Gedichte des Verfassers für den Hausbedarf der Leser. Nebst einem Vorwort und einer nutzbringenden Gebrauchsanweisung samt Register. Basel, Wien, Mährisch-Ostrau 1936.

634 Klaus Mann (1906–1949): Deutscher Schriftsteller, ältester Sohn von Thomas Mann.

635 Klaus Mann: Erich Kästner. In: Das Neue Tage-Buch, 2. Jg. Nr. 41/1934, S. 981 f.

636 Elfriede Mechnig (1901–1986): Deutsche Literaturagentin, Übersetzerin und 45 Jahre lang die Privatsekretärin von Erich Kästner.

637 Staatspolizei Berlin: Schreiben an das Geheime Staatspolizeiamt Berlin vom 14. 1. 1936. Zit. nach: Müller, Vater und Sohn & die Berliner Illustrirte Zeitung, S. 66.

638 § 5 Ziffer 7 Schriftleitergesetz: »Schriftleiter kann nur sein, wer [...] 7. die Eigenschaften hat, die die Aufgabe der geistigen Einwirkung auf die Öffentlichkeit erfordert.« Gedacht ist auch bei dieser Vorschrift in erster Linie an eine Ablehnung wegen politischer Unzuverlässigkeit (vgl. H. Schmidt-Leonhardt/P. Gast: Das Schriftleitergesetz vom 4. Oktober 1933 nebst den einschlägigen Bestimmungen. Berlin 1938, S. 57).

639 § 36 Schriftleitergesetz: »Wer sich als Schriftleiter betätigt, obwohl er nicht in die Berufslisten eingetragen oder obwohl ihm die Berufsausübung vorläufig untersagt ist, wird mit Gefängnis bis zu einem Jahre oder mit Geldstrafe bestraft.«

640 Landesverband Berlin im Reichsverband der Deutschen Presse: Schreiben an Erich Ohser vom 19. 2. 1936. In: EOPL-NL.

641 e.o.plauen: Erfolglose Anbiederung. In: BIZ, Nr. 12 vom 19. 3. 1937.

642 Franz von Papen (1879–1969): Deutscher Politiker, Vizekanzler im Kabinett Hitler, Gesandter und Botschafter des Deutschen Reiches in Wien und Ankara.

643 Müller, Erich Ohser – e.o.plauen, S. 83.

644 Landesverband Berlin im Reichsverband der Deutschen Presse: Schreiben an Erich Ohser vom 28. 4. 1936. In: EOPL-NL.

645 Schulze, Ohser-Biografie, S. 65.

646 Ebd.

647 Ebd.

648 Ebd., S. 70.

649 Siehe Schulze, Ohser-Biografie, S. 65.

650 Schulze, Ohser-Biografie, S. 65.

651 Vgl. Schulze, Ohser-Biografie, S. 66.

652 Die als Hilfswerk bezeichnete Stiftung des öffentlichen Rechts wurde von der NS-Volkswohlfahrt organisiert und hatte den Auftrag durch allseitige Sammlungen, fiskalisch die staatliche Arbeitslosenfürsorge zu entlasten. Letztendlich wurden damit Mittel für die NS-Politik freigestellt.

653 Klinkers, Der Zeichner ERICH OHSER, S. 14.

654 Gerhard Dammann (1883–1946): Deutscher Schauspieler und Komiker. Er stand 1944 in der Gottbegnadeten-Liste des Reichsministeriums für Volksaufklärung und Propaganda.

655 BIZ, Nr. 9 vom 27. 2. 1936.

656 e. o. plauen: 9 x sozialpolitische Tatsachen. Berlin: Belegschaft des Deutschen Verlages für Politik und Wirtschaft [ca. 1936].

657 e.o.plauen: Der lehrreiche Tag. In: Berliner Illustrirte Zeitung, Nr. 13 vom 26. 3. 1936.

658 Müller, Vater und Sohn & die Berliner Illustrirte Zeitung, S. 93.

659 BIZ, Nr. 49 vom 3. 12. 1936.

660 Vgl. Schulze, Ohser-Biografie, S. 71.

661 Vgl. Eckert, Knauf-Biografie, S. 108 f.

662 Ebd., S. 111.

663 Alf Teichs (1904–1992): Deutscher Filmproduzent, Chefdramaturg und später Produktionschef der Terra Film AG bzw. Terra-Filmkunst GmbH.

664 Fritz Kaelber (Lebensdaten unbekannt): Vorsitzender der Abteilung inländischer Filmvertrieb im Gesamtverband der Filmherstellung und Filmverwertung, Vorstandsmitglied der Terra, Mitglied der NSDAP seit 1933. Ab Oktober 1942 war Kaelber Generaldirektor und Vorsitzender des Vorstands der Ufa.

665 Eckert, Knauf-Biografie, S. 112.

666 Joseph Goebbels: Nachtkritik. In: Film-Kurier vom 13. Mai 1936.

667 Ebd.

668 Longerich, Goebbels-Biografie, S. 336 f.

669 Richard Strauss (1864–1949): Deutscher Komponist.

670 Paul Hindemith (1895–1963): Deutscher Komponist.

671 N.N.: Zehn Grundsätze für das Musikschaffen. Dr. Goebbels auf der Reichmusikfestwoche. In: Deutsche Allgemeine Zeitung vom 29. 5. 1938.

672 Longerich, Goebbels-Biografie, S. 350 f.

673 Aktuelle Bekanntheit gewann die »rote Burg« zuletzt als eine der wichtigsten Handlungsorte der unter dem Titel »Babylon Berlin« (Deutschland, seit 2017) verfilmten Romane von Volker Kutscher (u. a. *Der nasse Fisch. Gereon Raths erster Fall*. Köln 2008), die im Berlin der späten Weimarer Republik und in der Zeit des Nationalsozialismus spielen.

674 Hanuschek, Keiner blickt Dir hinter das Gesicht, S. 242, unter Hinweis auf einen Vortrag Kästners bei der Buchausstellung B'nai B'rith vom 2. 10. 1954.

675 Helga Bemmann, Kästner, S. 251.

676 Schulze, Ohser-Biografie, S. 54.

677 e.o.plauen: Das schickt sich nicht. In: BIZ, Nr. 18 vom 5. 5. 1937.

678 Müller, Erich Ohser – e.o.plauen, S. 79.

679 Schulze, Ohser-Biografie, S. 54 f.

680 Hermann Henselmann (1905–1995): Deutscher Architekt.

681 Vgl. Jan Lubitz: Hermann Henselmann, 1905–1995. Februar 2002, abgerufen am 16. April 2019.

682 Cato Bontjes van Beek (1920–1943): Deutsche Widerstandskämpferin, Mitglied in der Roten Kapelle.

683 Hermann Blumenthal (1905–1942): Deutscher Bildhauer.

684 Siehe Reichsverband der Deutschen Presse: Bearbeitungsblatt zum Antrag von Knauf auf Neuaufnahme vom 17. 5. 1937. In: BArch, Bestandsnummer R 9361-V, Archivnummer R 9361-V,

685 Erich Knauf: Erklärungen im Fragebogen der Reichsschrifttumskammer vom 3. 6. 1937. In: BArch, Bestandsnummer R 9361-V, Archivnummer R 9361-V, Blatt 5.

686 Erich Knauf: Bericht über mein Leben [vom 2. 6. 1937]. In: Knauf-Akte Reichs-Schrifttumskammer 1, BArch R 9361-V, Archiv-Nr. 24883, Blatt 4.

687 Ebd.

688 Eckert, Knauf-Biografie, S. 111.

689 Ebd., S. 82.

690 Alfred Richard Meyer (pseudonym: Munkepunke; 1882–1956): Deutscher Schriftsteller, Lyriker, Verleger. Leiter der Fachschaft Lyrik in der Reichsschrifttumskammer, später auch Referent in der Reichsschrifttumskammer erfassten Schriftsteller.

691 Joachim Ringelnatz (eigentlich: Hans Gustav Bötticher; 1883–1934): Deutscher Schriftsteller, Kabarettist und Maler.

692 Gottfried Benn (1886–1956): Deutscher Arzt, Dichter und Essayist.

693 Elisabeth »Else« Lasker-Schüler (1869–1945): Deutsch-jüdische Dichterin und Zeichnerin.

694 Siehe zu Meyer u. a. Jörg Deuter: Meyer, Alfred Richard. In: Neue Deutsche Biographie (NDB). Band 17. Berlin 1994.

695 Siehe: http://www.munkepunke.de/vita.htm. Stand: 30. 3. 2020.

696 In: Alfred Richard Meyer, Reichsschrifttumskammer: Betrifft Erich Kästner [Gutachten] vom 21. 6. 1937.

In: BArch R 9361, Arch.-Nr. V 16882,
Erich Kästner, Blatt 4–7 (4).

697 Ebd.

698 Ebd.

699 Erich Kästner: Doktor Erich Kästners
lyrische Hausapotheke. Enthält alte
und neue Gedichte des Verfassers
für den Hausbedarf der Leser. Nebst
einem Vorwort und einer nutzbringenden Gebrauchsanweisung samt
Register. Mit einem Schutzumschlag
von Walter Trier. Basel/Wien/Mäh-
risch-Ostrau 1936.

700 Teofila »Tosia« Reich-Ranicki (1920–
2011): Polnisch-deutsche Künstlerin
und Übersetzerin.

701 Marcel Reich-Ranicki (1920–2013):
Deutsch-polnischer Autor und
Publizist. Er gilt als einflussreichster
deutschsprachiger Literaturkritiker
seiner Zeit.

702 Marcel Reich-Ranicki: Mein Leben.
Stuttgart 2000.

703 Alfred Richard Meyer, Reichsschrift-
tumskammer: Betrifft Erich Kästner
[Gutachten] vom 21. 6. 1937. In: BArch
R 9361, Arch.-Nr. V 16882, Erich
Kästner, Blatt 4–7 (5).

704 Ebd.

705 Vgl. ebd., Blatt 4–7 (6).

706 [Alfred Richard Meyer (vermutlich)],
Reichsschrifttumskammer: Betrifft
Emil und die drei Zwillinge [Gutach-
ten] vom 21. 6. 1937. In: BArch R 9361,
Arch.-Nr. V 16882, Erich Kästner,
Blatt 10.

707 Erich Kästner: Die verschwundene
Miniatur oder auch Die Abenteuer
eines empfindsamen Fleischermeisters. Basel/Wien/Mährisch-Ostrau
1936.

708 Auch der durchaus modebewusste
Hitler trug im Übrigen privat gerne
Anzüge und Velourshüte.

709 Grieben Reiseführer waren eine Reihe
deutschsprachiger Reiseführer, die ab
1853 für Deutschland und später für
Europa erschienen.

710 [Alfred Richard Meyer (vermutlich)],
Reichsschrifttumskammer: Betrifft
Emil und die drei Zwillinge [Gutach-
ten] vom 21. 6. 1937. In: BArch R 9361,

Arch.-Nr. V 16882, Erich Kästner,
Blatt 10.

711 Jean-Jacques Waltz (1873–1951):
Elsässischer Grafiker, Zeichner und
Heimatforscher.

712 Hans Harald »Hasse« Zetterström
(1877–1946): Schwedischer Autor,
Kolumnist und Redakteur.

713 [Alfred Richard Meyer (vermutlich)],
Reichsschrifttumskammer: Betrifft:
Erich Kästner »Die verschwundene
Miniatur« [Gutachten] vom 21. 6. 1937.
In: BArch R 9361, Arch.-Nr. V 16882,
Erich Kästner, Blatt 11.

714 Ebd., Blatt 12.

715 Vgl. Zonneveld, Kästner-Bibliographie, S. 704 f.

716 Walter Mehring (1896–1981):
Deutsch-jüdischer Schriftsteller und
einer der bedeutendsten satirischen
Autoren der Weimarer Republik.

717 Ödön von Horváth (1901–1938): Unga-
rischer Schriftsteller, der auf Deutsch
schrieb.

718 Erich Kästner: Georg und die Zwischenfälle. Basel/Mährisch-Ostrau
1938. Späterer Titel: Der kleine Grenzverkehr (1949).

719 Erich Kästner: Till Eulenspiegel. Zwölf
seiner Geschichten frei nacherzählt
von Erich Kästner. Illustriert von
Walter Trier. Zürich 1938.

720 Geheime Staatspolizei: Brief an den
Herrn Präsidenten der Reichsschrift-
tumskammer vom 1. 5. 1938. In: Knauf-
Akte der Reichsschrifttumskammer 1,
BArch R 9361-V, Archiv-Nr. 24883,
Blatt 3a.

721 Anordnung über schädliches und
unerwünschtes Schrifttum vom
25. 4. 1935. In: Börsenblatt des
deutschen Buchhandels 102 (1935) 99,
S. 338.

722 Bernhard Zimmermann: Entwicklungen der deutschen Literaturkritik von
1933 bis zur Gegenwart. In: Peter Uwe
Hohendahl (Hrsg.): Geschichte der
deutschen Literaturkritik. Mit Beiträgen
von Klaus L. Berghahn u. a. Stuttgart:
Metzler 1985, S. 275–338 (279 f.).

723 Geheime Staatspolizei: Brief an
den Herrn Präsidenten der Reichsschrifttumskammer vom 1. 5. 1938.

In: Knauf-Akte der Reichsschrifttumskammer 1, BArch R 9361-V,
Archiv-Nr. 24883, Blatt 3a.

724 Ebd.

725 Gau-Personalamt der NSDAP: Politisches Führungszeugnis von Erich
Knauf vom 6. 5. 1938. In: Knauf-Akte
der Reichsschrifttumskammer 1, BArch
R 9361-V, Archiv-Nr. 24883, Blatt 3.

726 Frank Grube/Gerhard Richter: Alltag
im Dritten Reich. So lebten die Deutschen 1933 bis 1945, Hamburg, 1982,
S. 12. – Aufgrund der Rüge eines Lesers
heißt es in späteren Ausgaben: »Selbst
an den Badestränden von Nord- und
Ostsee zierte der eine oder andere seine
Strandburg mit der Hakenkreuzfahne.«
(Quelle: Frank Grube/ Gerhard Richter,
a. a. O., Abbildungsteil, Abb. 5.).

727 Müller, Erich Ohser – e. o. plauen, S. 54.

728 Marigard Ohser: Brief an Erich Ohser
[undatiert, vermutlich 1938]. In:
EOP-NL, Briefe A.

729 Hanuschek, Ein jüdischer Verleger.

730 Dr. Achim Friese (1906–1989): Berliner
Rechtsanwalt, der seine Kanzlei zu
dieser Zeit unter der Adresse Berlin
W. 35, Tirpitzufer 48 führte. Friese
nahm nach dem Krieg auch Kästners
Interessen bei der Verfilmung von *Das
fliegende Klassenzimmer* (Deutschland
1954, Regie: Kurt Hoffmann) wahr.

731 Alfred-Ingemar Berndt (1905–1945):
Deutscher Journalist und Schriftsteller. Als ein enger Mitarbeiter von
Goebbels gilt Berndt als propagandistischer Schöpfer des »Wüsten-
fuchs«-Mythos um den deutschen
Generalfeldmarschall Erwin Rommel.

732 Achim Friese: Brief an Alfred-Ingemar
Berndt vom 16. 12. 1938. In: DLA.

733 Ebd.

734 Ebd.

735 Ebd.

736 Hanuschek, Keiner blickt Dir hinter
das Gesicht, S. 234.

737 Ebd.

738 Ebd.

739 Alfred-Ingemar Berndt: Brief an
Achim Friese vom 18. 1. 1939. In: DLA.

740 Herti Kirchner (1913–1939): Deutsche
Schauspielerin und Schriftstellerin.

741 Dr. Buhl, Reichschrifttumskam-
mer: Schreiben an Erich Knauf
vom 14. 3. 1939. In: Knauf-Akte der
Reichs-Schrifttumskammer 2, BArch
R 9361-V, Archiv-Nr. 010668.

742 Erna Knauf: Brief an Alfred Schlagk,
S. 14 f.

743 Ebd., S. 15.

744 Ebd.

745 Werner Bochmann (1900–1993):
Schlager- und Filmkomponist.

746 Eckert, Knauf-Biografie, S. 125.

747 Ebd., S. 153.

748 Ebd., S. 153.

749 Erna Knauf, Brief an Alfred Schlagk,
S. 16 f.

750 Ebd.

751 Werner Bochmann. Zit. nach: Eckert,
Knauf-Biografie, S. 155 f.

752 Laubach, Erich Ohser aus Plauen, S. 33.

753 Ebd.

754 Siehe zu »Das Reich«: Erika Martens:
Das Reich: Ein Beitrag zur Phäno-
menologie der Presse im totalitären
Regime. Köln 1972, S. 43–58; Norbert
Frei/Johannes Schmitz: Journalismus
im Dritten Reich. München ³1999,
S. 108–121.

755 Rolf Rienhardt (1903–1975): Deutscher
Jurist, der als Rechtsberater Max
Amanns für die wirtschaftlichen und
politischen Erfolge des Franz-Eher-
Verlags mit verantwortlich zeichnete.

756 Max Amann (1891–1957): Deutscher
NS-Politiker und Publizist, der zu den
frühesten Gefolgsleuten Adolf Hitlers
gehörte.

757 Norbert Frei/Johannes Schmitz: Journalismus im Dritten Reich. München
³1999, S. 108.

758 Eugen Mündler (1889–1981): Deutscher
Journalist und Chefredakteur.

759 Rudolf Sparing (1904–1955): Deutscher
Journalist.

760 Laubach, Erich Ohser aus Plauen, S. 34.

761 Ebd., S. 35.

762 Marigard Klumbies: Brief von 1953.
Zit. nach: Laubach, Erich Ohser aus
Plauen, S. 34 f.

763 Laubach, Erich Ohser aus Plauen, S. 35.

764 Ebd.

765 Anatol Regnier: Jeder schreibt für sich allein. Schriftsteller im Nationalsozialismus. München 2020, S. 297.

766 Erich Kästner: Wert und Unwert des Menschen. In: Erich Kästner. Gesammelte Werke. Band 5. Köln 1959, S. 60.

767 Erich Kästner: Notabene 45. Zürich 1961.

768 Erich Kästner: Die Schule der Diktatoren: Eine Komödie in neun Bildern. Zürich 1956.

769 Hanuschek, Kästner, S. 100.

770 Sabine Hake, zit. nach: Bundeszentrale für politische Bildung: Film im NS-Staat. In: https://www.bpb. de/geschichte/nationalsozialismus/ geheim-sache-ghettofilm/153344/film-im-ns-staat. [Abgerufen am 17. 3. 2021].

771 Volker Koop: Warum Hitler King Kong liebte, aber den Deutschen Micky Maus verbot. Die geheimen Lieblingsfilme der Nazi-Elite. Berlin-Brandenburg 2015, S. 9.

772 Joseph Goebbels: Rede im Berliner Hotel Kaiserhof im März 1933, zit. nach: Gerd Albrecht: Film im 3. Reich. Karlsruhe 1979, S. 28.

773 Ebd.

774 Ebd.

775 Ebd.

776 Joseph Goebbels: Rede auf der Arbeitstagung des Präsidialrates der Reichsfilmkammer im Januar 1940, zit. Nach: Boguslaw Drewniak: Der deutsche Film. Ein Gesamtüberblick. Düsseldorf 1987, S. 185.

777 Ebd.

778 Ebd.

779 Der vom Verfassungsschutz beobachtete Arndt-Verlag gehört heute zur Verlagsgruppe des rechtsextremen Verlegers Dietmar Munier, der den Schwerpunkt des Verlagsprogramms auf Geschichtsrevisionismus gelegt hat. – Siehe: Nadja Münch und Gabriele Nandlinger: Arndt-Verlag. In: Glossar der Bundeszentrale für politische Bildung im Dossier Rechtsextremismus 2010. BIKnetz, archiviert vom Original am 22. 10. 2014; abgerufen am 22. 10. 2014.

780 Heinz von Arndt: Jud Süß. Aktuelle Filmbücher. Band 7. Berlin 1940. – Über die Mitwirkung von Erich Knauf bei der Werbestrategie zu diesem von der Terra Filmkunst GmbH hergestellten Film wird an anderer Stelle noch berichtet werden.

781 K. F. Frentzel: Feuertaufe. Der Film vom Einsatz der deutschen Luftwaffe in Polen. Aktuelle Filmbücher. Band 66. Berlin 1940.

782 N.N. [d.i. Erich Knauf]: Nur ein Komödiant. Nach dem Film erzählt. Tobis-Filmbücherei Band 2. Berlin 1935; ders.: Vergiß mein nicht. Nach dem Film erzählt. Tobis-Filmbücherei Band 7. Berlin 1935.

783 Heinrich »Heinz« Rühmann (1902–1994): Deutscher Schauspieler, Regisseur und Sänger.

784 Hans Söhnker (1903–1981): Deutscher Schauspieler, Operetten-Tenor, Moderator und Synchronsprecher

785 [Erich Knauf]: Die gute Sieben. Aktuelle Filmbücher. Band 5. Berlin 1940, ders.: Hans Söhnker. Aktuelle Filmbücher. Band 12. Berlin 1940, ders.: Johannes Riemann – Profil eines Schauspielers. Aktuelle Filmbücher. Band 15. Berlin 1940, ders.: Lauter Liebe. Aktuelle Filmbücher. Band 55. Berlin 1940, ders.: Frau nach Maß. Aktuelle Filmbücher. Band 56. Berlin 1940, ders.: Wiener Geschichten. Aktuelle Filmbücher. Band 58. Berlin 1940, ders.: Falschmünzer. Aktuelle Filmbücher. Band 148. Berlin 1940, ders.: Für die Katz. Aktuelle Filmbücher. Band 204. Berlin 1940, ders.: Rosen in Tirol. Aktuelle Filmbücher. Band 206. Berlin 1940.

786 Helmut Käutner (1908–1980): Deutscher Regisseur, Schauspieler und Kabarettist.

787 Eberhard Keindorff (1902–1974): Deutscher Theaterschauspieler und Drehbuchautor.

788 Ingo Tornow: Kästner und der Film. Mit den Songtexten Kästners aus ›DIE KOFFER DES HERRN O. F.‹. München 1998, S. 104.

789 Börsenblatt des Deutschen Buchhandels, Nr. 119 vom 25. 5. 1940, S. 19.

790 Felix Möller: Der Filmminister. Goebbels und der Film im Dritten Reich. Mit einem Vorwort von Volker Schlöndorff. Berlin 1998 [→ künftig: Möller, Filmminister], S. 238 f. unter Hinweis auf Boguslaw Drewniak: Der deutsche Film 1938–1945. Düsseldorf 1987, S. 307 f.

791 Veit Harlan (1899–1964): Deutscher Filmregisseur.

792 Möller, Filmminister, S. 238, unter Hinweis auf N. N.: Der Text des Gerichtsurteils über Veit Harlan. In: Filmpress vom 22. 7. 1950. S. 1–15 (8). Aufgrund zahlreicher Konkurse und staatlich veranlasster Fusionsakte war 1942 die Ufa-Film GmbH mit den fünf daneben noch verbliebenen Unternehmen – Terra Film, Tobis-Ton-bild-Syndikat, Bavaria, Wien-Film und Berlin-Film – zum UFI-Konzern zusammengeschlossen worden. Insofern ist nicht klar, welche drei Filmfirmen von Veit Harlan gemeint waren.

793 *Der ewige Jude* war der Titel einer von den Nationalsozialisten ab November 1937 veranstalteten Wanderausstellung, die der weiteren Aufhetzung der Bevölkerung im Rahmen der antisemitischen Rassismusideologie diente.

794 Möller, Filmminister, S. 239.

795 Vgl. Peter Bucher: Die Bedeutung des Films als historische Quelle: Der ewige Jude (1940). In: Heinz Duchhardt/ Manfred Schlenke (Hrsg.): Festschrift für Eberhard Kessel. München 1982, S. 302 und 319.

796 Wilhelm Hauff: Jud Süß. In: Morgen-blatt für gebildete Stände. Stuttgart 1827.

797 Lion Feuchtwanger. Jud Süß. Schau-spiel in drei Akten (vier Bildern), München 1918; ders.: Jud Süß. Roman. Berlin 1931.

798 Alfred Greven (1897–1973): Deutscher Filmproduzent.

799 Film-Kurier vom 15. 4. 1939, zit. nach: Hans Schmid:»Der Führer ist sehr eingenommen.« In: Telepolis vom 1. 6. 2009 [https://www.telepolis.de/fea-tures/Der-Fuehrer-ist-sehr-eingenom-men-3381348.html]; [→ künftig: Schmid, Der Führer ist sehr eingenommen].

800 Eberhard Wolfgang Möller (1906–1972): Deutscher Schriftsteller, Dramatiker, Referent im Reichsministerium für Volksaufklärung und Propaganda.

801 Eberhard Wolfgang Möller: Roth-schild siegt bei Waterloo. Ein Schau-spiel. Berlin 1934.

802 Dorothea Hollstein:»Jud Süß« und die Deutschen. Frankfurt am Main u. a. 1983, S. 80.

803 Joseph Goebbels: Tagebucheintrag vom 9. 11. 1939. In: Joseph Goebbels. Tagebücher 1924–1945. Band 3. Herausgegeben von Ralf Georg Reuth. München/Zürich 2003 [→ künftig: Goebbels, Tagebücher], S. 1346.

804 Goebbels: Tagebucheintrag vom 5. 12. 1939. In: Goebbels, Tagebücher, S. 1335.

805 Hans Schmid:»Der Führer ist sehr eingenommen.« Mordsache Jud Süß – Teil 1. In: Telepolis vom 1. 6. 2009. [https://www.telepolis.de/features/Der-Fuehrer-ist-sehr-eingenom-men-3381348.html], zuletzt abgerufen am 1. 3. 2024.

806 Goebbels: Tagebucheintrag vom 18. 8. 1940.

807 Heinrich Braune (1904–1990): Deut-scher Lehrer, Journalist und nach dem Krieg Chefredakteur der *Hamburger Morgenpost* arbeitete seit 1935/36 Arbeit in der Filmbranche, da er aufgrund seiner sozialdemokratischen Herkunft nicht in die Reichskultur-kammer aufgenommen wurde.

808 Friedrich Knilli: Ich war Jud Süß. Die Geschichte des Filmstars Ferdinand Marian. Mit einem Vorwort von Alphons Silbermann. Berlin 2000 [→ künftig: Knilli, Marian-Biografie], S. 157 ff.

809 Ebd.

810 Ebd.

811 Ebd.

812 Ebd.

813 Michelangelo Antonioni (1912–2007): Italienischer Filmregisseur, Autor und Maler.

814 Michelangelo Antonioni. Zit. nach: Saul Friedländer: Die Jahre der Vernichtung. Das Dritte Reich und

die Juden 1939–1945. München 2006
[→ künftig: Friedländer, Jahre der
Vernichtung], S. 126.

815 Joseph Goebbels. Zit. nach: Friedländer, Jahre der Vernichtung, S. 126.

816 Knilli, Marian-Biografie, S. 157 ff.

817 Ernst von der Decken (1894–1956):
Deutscher Journalist und Schriftsteller.

818 Robert Adolf Stemmle (1903–1974):
Regisseur, Schauspieler und Autor.

819 R[obert] A[dolf] Stemmle: Die
Zuflöte. Theater- und Filmanekdoten.
Zeichnungen von E. O. Plauen. Herbig;
ders.: Aus heiterm Himmel. Theater-
und Filmanekdoten. Zeichnungen von
E.O. Plauen. – Beide Bände erschienen
zudem 1940 beim gleichen Verlag in
einer Gesamtausgabe.

820 R[obert] A[dolf] Stemmle: Die Zuflöte,
S. 7.

821 Vgl. Eberhard Foerster [pseudonym
für Erich Kästner und Eberhard
Keindorff]: Verwandte sind auch nur
Menschen. Lustspiel in drei Akten.
Berlin 1937 [Bühnenmanuskript]; dies.:
Die Frau nach Maß. Ein Lustspiel in
fünf Akten. Berlin 1938 [Bühnenma-
nuskript]; dies.: Das goldene Dach.
Komödie in drei Akten. Berlin 1940
[Bühnenmanuskript]; dies.: Seine
Majestät Gustav Krause. Eine Komö-
die in drei Akten. Berlin 1940.

822 Hans Brühl [pseudonym für Erich
Kästner und Martin Kessel]: Will-
kommen in Mergenthal. Berlin 1937
[Bühnenmanuskript].

823 Eberhard Schmidt (1908–nach 1944):
Deutscher Filmproduktionsleiter, u. a.
der Ufa.

824 Die nachfolgenden Angaben zur
Geschichte der Ufa sind entnommen: Regina Kusch: Die »Traumfabrik« des deutschen Films. In:
https://www.deutschlandfunk.de/
vor-100-jahren-gruendung-der-ufa-
die-traumfabrik-des.871.de.htm-
l?dram:article_id=406229 [Stand:
18. 12. 2017].

825 Willy Fritsch (eigentlich: Wilhelm
Egon Fritz Fritsch; 1901–1973): Deutscher Schauspieler und Sänger. Fritsch
spielte zwischen 1921 und 1964 in fast
130 Kinofilmen mit und gehörte zu

den beliebtesten Filmstars in Deutschland.

826 Lilian Harvey (1906–1968): Bri-
tisch-deutsche Schauspielerin,
Sängerin und Tänzerin.

827 Die Drei von der Tankstelle, Spielfilm
(Deutschland 1930, Regie: Wilhelm
Thiele).

828 Der Kongreß tanzt, Spielfilm
(Deutschland 1931, Regie: Erik Charell)

829 Metropolis, Spielfilm (Deutschland
1927, Regie: Fritz Lang).

830 Marlene Dietrich (eigentlich: Marie
Magdalene Dietrich; 1901–1992):
Deutsch-amerikanische Schauspiele-
rin und Sängerin.

831 Josef von Sternberg (eigentlich: Jonas
Sternberg; 1894–1969): US-amerika-
nischer Regisseur österreichischer
Herkunft.

832 Fritz Kortner (eigentlich: Fritz Nathan
Kohn; 1892–1970): Österreichischer
Schauspieler, Film- und Theaterregis-
seur.

833 Fritz Hippler (1909–2002): NS-Film-
politiker, Chef der Abteilung Film
im Propagandaministerium und
Reichsfilmintendanten.

834 Fritz Hippler: Die Verstrickung. Einstellungen und Rückblenden. Düsseldorf
[1981], [→ Hippler, Verstrickung] S. 227.

835 Ebd.

836 Ebd.

837 Ebd.

838 Kästner, Das Blaue Buch, S. 85.

839 Otto Heinz Jahn (1906–1953):
Deutscher Journalist, Filmfunktionär,
Filmdramaturg, Lektor beim Rund-
funk und Drehbuchautor.

840 Hans Albers (1891–1960): Deutscher
Schauspieler und Sänger, der als
»blonder Hans« zum Volksidol wurde.

841 Josef von Baky (1902–1966): Ungari-
scher Filmregisseur.

842 Erich Kästner: Postkarte an Ida Kästner
vom 29. 11. 1941. In: Kästner, Mutterbriefe, S. 239.

843 Barbian unter Hinweis auf die Käst-
ner-Postkarte vom 29. 11. 1941 an seine
Mutter. In: Barbian, »… nur passiv
geblieben«? S. 172 f.

844 Müller, Vater und Sohn & die Berliner Illustrirte Zeitung, S. 57.

845 Präsident der Reichsschrifttumskammer: Schreiben an Erich Kästner vom 6. 6. 1942. In: Deutsches Literaturarchiv Marbach, Kästner, Erich/Reichsschrifttumskammer HS 2002.154.

846 Reichsschrifttumskammer: Schreiben an den Reichsfilmintendanten vom 16. 6. 1942. In: BArch R 9361/V 16882, Erich Kästner.

847 Werner Naumann (1909–1982): Deutscher Volkswirt, Nationalsozialist, SS-Brigadeführer, Staatssekretär im Reichsministerium für Volksaufklärung und Propaganda und zuvor persönlicher Referent von Joseph Goebbels.

848 Hubert Hilleke: Brief an Joseph Goebbels vom 19. 6. 1942. In: BArch R 9361/V 16882, Erich Kästner.

849 Hans Hinkel, Reichskulturkammer: Schreiben an den Reichsfilmintendanten vom 20. 6. 1942. In: BArch R 9361/V 16882, Erich Kästner.

850 Ebd.

851 Ebd.

852 Präsident der Reichsschrifttumskammer: Schreiben an Erich Kästner vom 25. 7. 1942. In: Deutsches Literaturarchiv Marbach, Kästner, Erich/Reichsschrifttumskammer HS 2002.154.

853 Reichsschrifttumskammer: Mitteilung an Erich Kästner vom 31. 7. 1942. In: In: Deutsches Literaturarchiv Marbach, Kästner, Erich/Reichsschrifttumskammer HS 2002.154.

854 Personalbeauftragte des Reichsfilmintendanten: Brief an den Präsidenten der Reichsschrifttumskammer vom 31. 7. 1942. In: Deutsches Literaturarchiv Marbach, Kästner, Erich/Reichsschrifttumskammer HS 2002.154.

855 Barbian, »… nur passiv geblieben«? S. 174.

856 Emil Jannings (eigentlich: Theodor Friedrich Emil Janenz; 1884–1950): Deutscher Schauspieler, erster deutscher Oscar-Preisträger als bester Hauptdarsteller.

857 Alexander Golling (1905–1989): Deutscher Schauspieler.

858 Jenny Jugo (eigentlich: Eugenie Walter; 1904–2001): Österreichische Schauspielerin.

859 Barbian, »… nur passiv geblieben«?, S. 176, unter Hinweis auf Hippler, Verstrickung, S. 229.

860 Vgl. Eckert, Knauf-Biografie, S. 114.

861 Schulze, Ohser-Biografie, S. 101.

862 Hans Fallada (1893–1947; eigentlich: Rudolf Wilhelm Friedrich Ditzen): Deutscher Schriftsteller.

863 Hans Fallada: Heute bei uns zu Haus. Berlin 1943.

864 Hans Fallada: Brief an die Deutsche Verlagsanstalt (vermutlich der Lektor Alfred Günther) vom 22. 6. 1942. In: Manfred Kuhnke: Der traurige Clown und der Elefant auf dem Seil. Hans Fallada und e.o.plauen. Herausgegeben vom Literaturzentrum Neubrandenburg e. V. Neubrandenburg 2003, [→ Kuhnke, Der traurige Clown und der Elefant auf dem Seil], S. 49.

865 Emil Rudolf Weiß (auch Weiss; 1875–1942): Deutscher Typograf, Medailleur, Grafiker, Maler, Lehrer und Dichter.

866 Hans Fallada: Damals bei uns daheim. Erlebtes, Erfahrenes und Erfundenes. Stuttgart 1941.

867 Deutsche Verlagsanstalt (vermutlich der Lektor Alfred Günther): Brief von Hans Fallada vom 26. 11. 1942. In: Kuhnke, Der traurige Clown und der Elefant auf dem Seil, S. 49.

868 Hans Fallada: Brief an Erich Ohser vom 8. 1. 1943. In: Kuhnke, Der traurige Clown und der Elefant auf dem Seil, S. 51.

869 Hans Fallada: Brief an Erich Ohser von Mitte Januar 1943. In: Kuhnke, Der traurige Clown und der Elefant auf dem Seil, S. 51.

870 Erich Ohser: Brief an Hans Fallada vom 23. 1. 1943. In: Kuhnke, Der traurige Clown und der Elefant auf dem Seil, S. 51.

871 Heinrich Ledig-Rowohlt: Brief an Hans Fallada vom 3. 2. 1943. In: Kuhnke, Der traurige Clown und der Elefant auf dem Seil, S. 52.

872 Schulze, Ohser-Biografie, S. 115.

873 Der Präsident der Reichsschrifttumskammer: Schreiben an Erich Kästner
vom 14. 1. 1943. In: BDC/RSK/Kästner,
Erich, BArch Berlin-Lichterfelde.

874 Der Präsident der Reichsschrifttumskammer: Schreiben an Erich Kästner
vom 14. 1. 1943. In: Deutsches Literaturarchiv Marbach, Kästner, Erich/Reichs-
schrifttumskammer HS 2002.154.

875 Ebd.

876 Martin Bormann (1900–1945):
NS-Funktionär, der zuletzt Leiter der
Partei-Kanzlei der NSDAP im Rang
eines Reichsministers und wichtiger
Vertrauter Adolf Hitlers war.

877 Erich Kästner: Tagebucheintrag vom
18. 2. 1943. In: Kästner, Kriegstagebuch, S. 101.

878 Ebd., unter Hinweis auf Hippler,
Verstrickung, S. 229.

879 Hippler, Verstrickung, S. 229.

880 Münchhausen (Spielfilm, Deutschland
1942, Regie: Josef von Baky).

881 Erich Kästner, zit. nach: Erwin-Ernst
Starke: Die wundersame Welt der
Lüge. In: Tagesspiegel online vom
28. 11. 2010.

882 Vgl. N.N.: Der größte Lügner der Welt.
In: https://www.spiegel.de/geschichte/
kalenderblatt-5-3-1943-a-946694.html
[Stand: 5. 3. 2008]. – Die nachfolgenden
Filmzitate entstammen diesem Artikel.

883 Alessandro Graf von Cagliostro (Pseud-
onym für Giuseppe Balsamo; 1743–1795):
Italienischer Okkultist, Alchemist,
Abenteurer und Hochstapler.

884 Giacomo Girolamo Casanova
(1725–1798): Venezianischer Schriftsteller und Abenteurer.

885 Richard Biedrzynki. In: Völkischer
Beobachter, Nr. 65 vom 6. 3. 1943.
Die Zitate befinden sich bereits in
der Ausgabe Nr. 64 vom 6. 3. 1943
innerhalb eines Vorberichts über den
»Münchhausen«-Film.

886 Tobias Lehmkuhl: Der doppelte Erich.
Kästner im Dritten Reich. Berlin 2023,
S. 248.

887 Vgl. zur Geschichte und Bedeutung des
Films des Weiteren: Knut Hickethier:
Münchhausen. In: Dieter Krusche:
Reclams Filmführer. Stuttgart 2008,
S. 458–462; Günter Helmes: Erich

Kästner als Medienautor: Die Dreh-
bücher zu den Filmen Münchhausen
und Dann schon lieber Lebertran. In:
Jahrbuch zur Kultur und Literatur der
Weimarer Republik. München 2007,
S. 167–181; Alfons Maria Arns: Lügen
für Deutschland – Antisemitismus
und NS-Wirklichkeit in Erich Kästners
und Josef von Bakys Münchhausen
(1943). In: Antisemitismus im
Film – Laupheimer Gespräche 2008.
Haus der Geschichte Baden-Würt-
temberg (Hrsg.). Heidelberg: 2011,
S. 127–148; ders.: Die halbe Wahrheit.
Zum Umgang mit NS-Spielfilmen in
Fernsehen und Kritik am Beispiel von
Münchhausen. In: medium, H. 4, 1991,
S. 35–41.

888 Vgl. Hanuschek, Hinter das Gesicht
blickt Dir keiner, S. 304.

889 Asta Ruth-Soffner (1910–unbekannt):
Schriftstellerin und Redakteurin.

890 Laubach, Erich Ohser aus Plauen, S. 37.

891 Ebd.

892 Erich Knauf, Brief vom August 1943
an Verwandte. Zit. nach: Eckert,
Knauf-Biografie, S. 161.

893 Erich Knauf: Erklärung für die
Reichsschrifttumskammer vom
6. 2. 1942. In: Knauf-Akte der
Reichsschrifttumskammer 2, BArch R
9361-V, Archiv-Nr. 010668, [unpag].

894 Ebd.

895 Ebd.

896 Sir Arthur Travers Harris (1892–1984):
Offizier der Royal Air Force, zuletzt
im Rang eines Marshal of the Royal
Air Force.

897 Hans Daubenspeck (1904–unbekannt):
Deutscher Militärarzt.

898 Hans Daubenspeck: Brief an Erich Kästner vom 16. 1. 1946, S. 1. In: EKHM-NL.
[→ Daubenspeck, Brief an Kästner]

899 Schulze, Ohser-Biografie, S. 119.

900 Erich Knauf: Anmeldung bei der polizeilichen Meldebehörde Berlin-Kaulsdorf vom 2. 12. 1943. In: EKHM-NL.

901 Erich Knauf: Brief an Grete und
Hans Szersba vom 14. 12. 1943. In:
EKHM-NL.

902 Daubenspeck, Brief an Kästner, S. 1.

903 Vgl. Eva Züchner: Der verschwundene Journalist. Berlin 2010, S. 223.

904 Vgl. Daniel Uziel: Propaganda, Kriegsberichterstattung und die Wehrmacht. Stellenwert und Funktion der Propagandatruppen im NS-Staat. In: Rainer Rother/Judith Prokasky (Hrsg.): Die Kamera als Waffe. Propagandabilder des Zweiten Weltkrieges. München: edition text + kritik 2010, [→ Uziel: Propaganda, Kriegsberichterstattung und die Wehrmacht], S. 13–36 (18).

905 Edwin Redslob (1884–1973): Deutscher Kunsthistoriker, Kulturpolitiker, Publizist und Universitätsrektor. Zwischen 1920 und 1933 war Redslob Reichskunstwart.

906 László Moholy-Nagy (ursprünglich: László Weisz; 1895–1946): Ungarisch-US-amerikanischer Maler, Fotograf, Typograf und Bühnenbildner. Zwischen 1923 und 1928 war Moholy-Nagy Lehrer am Bauhaus.

907 László Moholy-Nagy: Die beispiellose Fotografie. In: Das Deutsche Lichtbild. Nr. 1, 1927, S. X.

908 Adolf Hitler: «In eigener Sache«. In: Das Deutsche Lichtbild – Jahresschau 1934. Verlag Bruno Schultz 1933, S. T 1–T11.

909 Bruno Schultz: Widmung für Adolf Hitler vom 2. 8. 1934. In: Das deutsche Lichtbild. Jahresschau 1934. Verlag Bruno Schultz 1933, Library of Congress, TR1. D37 Third Reich Coll.Set 3.

910 Eckert, Knauf-Biografie, S. 167.

911 Ebd.

912 Marigard Bantzer: Brief an unbekannt [Datum unbekannt]. Zit. nach: Schulze, Ohser-Biografie, S. 120.

913 Erich Ohser: Brief an Marigard Ohser vom 23. 1. 1944. Zit. Nach: Schulze, Ohser-Biografie, S. 121 f.

914 Daubenspeck, Brief an Kästner, S. 2.

915 Erich Knauf: Brief an Frau [Vorname unbekannt] Steinbach vom 1. 2. 1944. In: EKHM-NL.

916 Ebd.

917 Vgl. Schulze, Ohser-Biografie, S. 123.

918 Hasso von Wedel (1898–1961): Deutscher Offizier, zuletzt Generalmajor sowie Leiter der Wehrmachtpropaganda.

919 Daubenspeck, Brief an Kästner, S. 2.

920 Bruno Schultz: Mitteilung an den Abteilungschef des Reichsfilmdramaturgen vom 22. 2. 1944. In: BArch R 3018, Archiv-Nr. 13364, Hauptaktenband 2, Blatt 3 und 4.

921 Ebd.

922 Theodor Wolff (1868–1943): Deutscher Schriftsteller, einflussreicher Publizist und Kritiker.

923 Georg Bernhard (1875–1944): Deutscher Publizist jüdischer Abstammung, der sich schon früh gegen den Nationalsozialismus engagierte.

924 Bruno Schultz: Mitteilung an den Abteilungschef des Reichsfilmdramaturgen vom 22. 2. 1944. In: BArch R 3018, Archiv-Nr. 13364, Hauptaktenband 2, Blatt 3 und 4.

925 Vgl. John Buck (Hrsg.): Briefe und Burlesken von Albert Schaefer-Ast. »… und wundere mich, dass ich noch lebe.« Berlin 2021, S. 22.

926 Olaf Gulbransson (1873–1958): Norwegischer Maler, Grafiker und Karikaturist.

927 Siehe Ernst Klee: Das Kulturlexikon zum Dritten Reich: Wer war was vor und nach 1945. Berlin 2005, S. 206.

928 Zu seiner Vita siehe u. a. Gerd Holzheimer: Olaf Gulbransson. Eine Biographie. München 2021.

929 Hans Herbert Schweitzer (pseud.: Mjölnir bzw. Mjoelnir; 1901–1980): Deutscher Grafiker.

930 Vgl. John Buck (Hrsg.): Briefe und Burlesken von Albert Schaefer-Ast. »… und wundere mich, dass ich noch lebe.« Berlin 2021, S. 22.

931 Arno Breker (1900–1991): Deutscher Bildhauer und Architekt.

932 Josef Thorak (1889–1952): Österreichischer Bildhauer und Medailleur.

933 Vgl. John Buck (Hrsg.): Briefe und Burlesken von Albert Schaefer-Ast. »… und wundere mich, dass ich noch lebe.« Berlin 2021, S. 22.

934 Carin Göring (1888–1931): Erste Ehefrau von Hermann Göring.

935 Bruno Schultz: Mitteilung an den Abteilungschef des Reichsfilmdramaturgen vom 22. 2. 1944. In: BArch R 3018, Archiv-Nr. 13364, Hauptaktenband 2, Blatt 3 und 4.

936 Rudolf Heß (1894–1987): Deutscher NS-Politiker, ab 1933 Reichsminister ohne Geschäftsbereich und ab 1939 Mitglied des Ministerrates für die Reichsverteidigung. 1933 ernannte ihn Hitler zu seinem Stellvertreter in der Parteileitung.

937 Vgl. Richard Grunberger: Das zwölfjährige Reich. Eine Sozialgeschichte des national-sozialistischen Deutschland. Der Deutschen Alltag unter Hitler. Molden 1971, S. 116.

938 Franz Gürtner (1881–1941): NS-Politiker und Reichsjustizminister.

939 Vgl. Gisela Diewald-Kerkmann: Politische Denunziation im NS-Regime oder Die kleine Macht der »Volksgenossen«. Bonn 1995 [→ Diewald-Kerkmann], S. 21.

940 Vgl. Alexander Elster: Treupflicht. In: Erich Volkmar, Alexander Elster, Günther Küchenhoff: Handwörterbuch der Rechtswissenschaft: Die Rechtsentwicklung der Jahre 1933 bis 1935/36, Band 8. Berlin 1937, S. 708.

941 Vgl. Diewald-Kerkmann, S. 21.

942 Friedrich Emil Schlegel (1894–1936): Deutscher NS-Politiker, SS-Brigadeführer und Leiter des Geheimen Staatspolizeiamtes in Dresden.

943 Vgl. Robert Gellately: Allwissend und allgegenwärtig? Entstehung, Funktion und Wandel des Gestapo-Mythos. In: Gerhard Paul, Klaus-Michael Mallmann (Hrsg.): Die Gestapo. Mythos und Realität. Mit einem Vorwort von Peter Steinbach [→ Gellately, Gestapo], S. 56.

944 Reinhard Heydrich (1904–1942): Deutscher SS-Obergruppenführer, General der Polizei, Leiter des Reichssicherheitshauptamts, stellvertretender Reichsprotektor in Böhmen und Mähren.

945 Vgl. Gellately, Gestapo, S. 56.

946 Vgl. ebd.

947 Daubenspeck, Brief an Kästner, S. 2.

948 Hans-Leo Martin (1899–unbekannt): Deutscher Oberst, Gruppenleiter in der Abteilung für Wehrmachtpropaganda im Oberkommando der Wehrmacht sowie Verbindungsoffizier des OKW zum Reichsminister für Volksaufklärung und Propaganda.

949 Vgl. Hans-Leo Martin: Unser Mann bei Goebbels. Verbindungsoffizier des OKWs beim Reichspropagandaminister 1940–44. Neckargemünd 1973.

950 Uziel: Propaganda, Kriegsberichterstattung und die Wehrmacht, S. 25.

951 Marigard Ohser: Brief an Erich Ohser vom 23. 2. 1944. Zit. nach: Schulze, Ohser-Biografie, S. 123.

952 Christian Ohser: Brief an Margarete Schultz vom 16. 2. 1944. In: EOP-NL.

953 [?] Weise: Mitteilung an den Reichsfilmdramaturgen Kurt Frowein vom 7. 3. 1944. In: BArch R 3018, Archiv-Nr. 13364, Hauptaktenband 2, Blatt 2.

954 Kurt Frowein (1914–1964): Deutscher Redakteur, Oberregierungsrat, der als Kriegsberichterstatter und persönlicher Referent von Joseph Goebbels im RMVP, zuletzt Reichsfilmdramaturg.

955 Bruno Schultz: Mitteilung an den Abteilungschef des Reichsfilmdramaturgen vom 22. 2. 1944. In: BArch R 3018, Archiv-Nr. 13364, Hauptaktenband 2, Blatt 5.

956 Wolf-Heinrich Graf von Helldorff (1896–1944): Deutscher Rittergutsbesitzer und NS-Politiker.

957 Fritz-Dietlof Graf von der Schulenburg (1902–1944): Deutscher Verwaltungsjurist und Reserveoffizier.

958 Ludwig Beck (1880–1944): Deutscher Heeresoffizier, seit 1938 Generaloberst.

959 Erwin von Witzleben (1881–1944): Deutscher Offizier, zuletzt Generalfeldmarschall und während des Zweiten Weltkrieges Armeeoberbefehlshaber.

960 Claus Schenk Graf von Stauffenberg (1907–1944): Deutscher Oberst.

961 Bruno Schultz: Mitteilung an den Abteilungschef des Reichsfilmdramaturgen vom 22. 2. 1944. In: BArch R 3018, Archiv-Nr. 13364, Hauptaktenband 2, Blatt 5.

962 Wilhelm Schulze (1896–1961): Deutscher Journalist.

963 Karl Silex (1896–1982): Deutscher Journalist und Chefredakteur der *Deutschen Allgemeinen Zeitung* von 1933 bis 1943 und des *Tagesspiegels* von 1955 bis 1963.

964 Karl Silex: Unser öffentliches Amt. In: Deutsche Allgemeine Zeitung vom 29. 10. 1934.

965 Bruno Schultz: Mitteilung an den Abteilungschef des Reichsfilmdramaturgen vom 22. 2. 1944. In: BArch R 3018, Archiv-Nr. 13364, Hauptaktenband 2, Blatt 5.

966 Ebd.

967 Gemeint ist eine Rundfunkreihe mit dem Titel »Das deutsche Schatzkästlein«.

968 Bruno Schultz: Mitteilung an den Abteilungschef des Reichsfilmdramaturgen vom 22. 2. 1944. In: BArch R 3018, Archiv-Nr. 13364, Hauptaktenband 2, Blatt 5.

969 Erich Knauf: Brief an Grete Szersba vom 18. 3. 1944. In: EKHM-NL.

970 Ebd.

971 Daubenspeck, Brief an Kästner, S. 1.

972 Ebd.

973 Ebd., S. 2.

974 Schulze, Ohser-Biografie, S. 125.

975 Hermann Henselmann: Drei Reisen nach Berlin. Berlin 1981, S. 182f.

976 Arnold Bantzer (1887–1970): Ingenieur, Bruder von Marigard Ohser.

977 Leopold Gutterer (1902–1996): NS-Funktionär und Politiker, Staatssekretär im Reichsministerium für Volksaufklärung und Propaganda, zeitweise Vizepräsident der Reichskulturkammer.

978 Heinrich Müller (1900–1945): NS-Funktionär, Polizist, ab Oktober 1939 Leiter der Gestapo im Reichssicherheitshauptamt; zuletzt im Range eines SS-Gruppenführers und Generalleutnants der Polizei.

979 Leopold Gutterer: Schreiben an Heinrich Müller vom 24. 3. 1944. In: BArch R 3018, Archiv-Nr. 13364, Hauptaktenband 2, Blatt 1.

980 Ebd.

981 Willy Litzenberg (1900–1964): Deutscher Polizeibeamter, SS-Führer und Mitarbeiter des Bundesnachrichtendienstes.

982 Sämtliche Angaben zu Adolf John sind entnommen: Personenheft Adolf John. In: Landesarchiv Berlin B Rep. 057-01 Nr. 1543.

983 Herbert Lange (1909–1945): Kriminalrat und SS-Führer, der als Gestapoangehöriger, Einsatzgruppenleiter und Kommandant des Vernichtungslagers Kulmhof fungierte.

984 Adolf John: Aktenvermerk vom 25. 3. 1944. In: BArch R 3018, Archiv-Nr. 13364, Hauptaktenband 2, Blatt 6.

985 Vernehmungsprotokoll von Margarete Schultz vom 27. 3. 1944. In: BArch R 3018, Archiv-Nr. 13364, Hauptaktenband 2, Blatt 7–8.

986 Ebd.

987 Adolf John: Aktenvermerk vom 27. 3. 1944. In: BArch R 3018, Archiv-Nr. 13364, Hauptaktenband 2, Blatt 9.

988 Erich Knauf: Brief an Erna Knauf vom 27. 3. 1944. In: EKHM-NL.

989 Eckert, Knauf-Biografie, S. 171 f.

990 Die Liste ist entnommen: Oliver Hilmes: Schattenzeit. Deutschland 1943: Alltag und Abgründe. München 2023 [→ Hilmes, Schattenzeit], S. 144.

991 Georg Elser (1903–1945): Deutscher Schreiner und Widerstandskämpfer.

992 Unter der Bezeichnung »Rote Kapelle« fasste die Gestapo mehrere unterschiedliche Widerstandsgruppen gegen das NS-Regime zusammen. Zu diesen Gruppen gehörten die Organisation um Harro Schulze-Boysen und Arvid Harnack wie auch der Diplomat Rudolf von Scheliha mit seinem Umfeld. Ab 1939 begann die Zusammenarbeit zwischen den Gruppen um Schulze-Boysen und um Harnack.

993 Der sogenannte »Kreisauer Kreis«, zu dem die Hitlergegner um Helmut James Graf von Moltke gehörten, setzte sich aus unterschiedlichen Persönlichkeiten aus der Intelligenz, den Konfessionen beider Kirchen, Militärs und Beamten sowie Mitgliedern aus der SPD und Gewerkschaften zusammen.

994 Vgl. Das »Hausgefängnis« der Gestapo-Zentrale in Berlin. Terror und Widerstand 1933–1945, hrsg. von der Stiftung Topographie des Terrors, 2. überarbeitete und erweiterte Auflage. Berlin 2006.

995 Hilmes, Schattenzeit, S. 146.

996 Vernehmungsprotokoll von Max Kummer vom 28. 03. 1944. In: BArch R 3018, Archiv-Nr. 13364, Hauptaktenband 2, Blatt 10–11.

997 Ebd.

998 Ebd.

999 Ebd.

1000 Ebd.

1001 Ebd.

1002 Vernehmungsprotokoll von Erich Ohser vom 28. 3. 1944. In: BArch R 3018, Archiv-Nr. 13364, Hauptaktenband 2, Blatt 13–14.

1003 Ebd.

1004 Ebd.

1005 Ebd.

1006 Ebd.

1007 Ebd.

1008 Ebd.

1009 Hilmes, Schattenzeit, S. 148.

1010 Vgl. ebd., S. 148 f.

1011 Vernehmungsprotokoll von Erich Knauf vom 28. 3. 1944. In: BArch R 3018, Archiv-Nr. 13364, Hauptaktenband 2, Blatt 19 bis 20.

1012 Ebd.

1013 Ebd., Blatt 22–23.

1014 Ebd.

1015 Ebd.

1016 Ebd.

1017 Marigard Ohser: Brief an Erich Ohser vom 29. 3. 1944. In: Schulze, Ohser-Biografie, S. 125 f.

1018 Ebd.

1019 Hilmes, Schattenzeit, S. 175.

1020 Leopold Gutterer: Schreiben an Joseph Goebbels vom 29. 3. 1944. In: Annedore Leber (Hrsg.) in Zusammenarbeit mit Willy Brandt und Karl Dietrich Bracher: Das Gewissen steht auf. Lebensbilder aus dem deutschen Widerstand von 1933–1945. Frankfurt am Main/Berlin 1954 [→ Leber, Das Gewissen steht auf], S. 53.

1021 Erstes Vernehmungsprotokoll von Erich Knauf vom 29. 3. 1944. In: BArch R 3018, Archiv-Nr. 13364, Hauptaktenband 2, Blatt 24–26.

1022 Ebd.

1023 Pietro Badoglio, Markgraf von Sabotino und Herzog von Addis Abeba (1871–1956): Italienischer Heeresoffizier (zuletzt Marschall) und Politiker.

1024 Erstes Vernehmungsprotokoll von Erich Knauf vom 29. 3. 1944. In: BArch R 3018, Archiv-Nr. 13364, Hauptaktenband 2, Blatt 24–26.

1025 Ebd.

1026 Ebd.

1027 Ebd.

1028 Ebd.

1029 Zweites Vernehmungsprotokoll von Erich Knauf vom 29. 3. 1944. In: BArch R 3018, Archiv-Nr. 13364, Hauptaktenband 2, Blatt 27–28.

1030 Ebd.

1031 Ebd.

1032 Zitat aus der Meldung von Bruno Schultz vom 22. 2. 1944.

1033 Zweites Vernehmungsprotokoll von Erich Knauf vom 29. 3. 1944. In: BArch R 3018, Archiv-Nr. 13364, Hauptaktenband 2, Blatt 27–28.

1034 Ebd.

1035 Ebd.

1036 Ebd.

1037 Ebd.

1038 Vernehmungsprotokoll von Erich Ohser vom 29. 3. 1944. In: BArch R 3018, Archiv-Nr. 13364, Hauptaktenband 2, Blatt 15–18.

1039 Ebd.

1040 Fritz Schulze (1903–1942): Deutscher Maler.

1041 Cato Bontjes van Beek (1920 –1943): Mitglied einer Künstlerfamilie, Keramikerin und Widerstandskämpferin.

1042 Arvid Harnack (1901–1942): Deutscher Jurist, Nationalökonom und Mitglied der Widerstandskämpfer Widerstandsgruppe Rote Kapelle.

1043 Harro Schulze-Boysen (1909–1942): Deutscher Publizist, während des NS-Regimes Oberleutnant der Luftwaffe, NS-Gegner und führendes Mitglied der Widerstandskämpfer Widerstandsgruppe Rote Kapelle.

1044 Libertas Schulze-Boysen (1913–1942): Ehefrau von Harro Schulze-Boysen und Mitglied der Widerstandsgruppe Rote Kapelle.

1045 Alexander Spoerl (1917–1978): Deutscher Schriftsteller, Film- und Rundfunkautor.

1046 Vernehmungsprotokoll von Erich Ohser vom 29. 3. 1944. In: BArch R 3018, Archiv-Nr. 13364, Hauptaktenband 2, Blatt 15–18.

1047 Ebd.

1048 Ebd.

1049 Vernehmungsprotokoll von Erich Knauf vom 30. 3. 1944. In: BArch R 3018, Archiv-Nr. 13364, Hauptaktenband 2, Blatt 29–30.

1050 Gustaf Gründgens (1899–1963): Deutscher Theater- und Filmschauspieler sowie Sänger und Regisseur.

1051 Marianne Hoppe (1909–2002): Deutsche Schauspielerin.

1052 Gustaf Gründgens: Zitat aus: Günter Gaus im Gespräch mit Gustaf Gründgens. Sender Freies Berlin, Sendung vom 10. 7. 1963.

1053 Vernehmungsprotokoll von Erich Knauf vom 30. 3. 1944. In: BArch R 3018, Archiv-Nr. 13364, Hauptaktenband 2, Blatt 29–30.

1054 Robert Ley (1890–1945): Reichsleiter der NSDAP sowie Leiter des Einheitsverbands Deutsche Arbeitsfront.

1055 Inga Ley (gebr. Spilker, 1916–1942): Schauspielerin und Ehefrau von Robert Ley.

1056 Vgl. N.N.: Nun haste mich wieder janz. In: DER SPIEGEL Nr. 9 vom 25. 2. 1919.

1057 Vernehmungsprotokoll von Erich Knauf vom 30. 3. 1944. In: BArch R 3018, Archiv-Nr. 13364, Hauptaktenband 2, Blatt 29–30.

1058 Lída Baarová (1914–2000): Tschechische Schauspielerin und Sängerin.

1059 Magda Goebbels (1901–1945): Ehefrau des NS-Propagandaministers Joseph Goebbels.

1060 Vernehmungsprotokoll von Erich Knauf vom 30. 3. 1944. In: BArch R 3018, Archiv-Nr. 13364, Hauptaktenband 2, Blatt 29–30.

1061 Ebd.

1062 Bruno Schultz: Mitteilung an den Abteilungschef des Reichsfilmdramaturgen vom 22. 2. 1944. In: BArch R 3018, Archiv-Nr. 13364, Hauptaktenband 2, Blatt 3 und 4.

1063 Vernehmungsprotokoll von Erich Knauf vom 30. 3. 1944. In: BArch R 3018, Archiv-Nr. 13364, Hauptaktenband 2, Blatt 29–30.

1064 Ebd.

1065 Vernehmungsprotokoll von Erich Ohser vom 31. 3. 1944. In: BArch R 3018, Archiv-Nr. 13364, Hauptaktenband 2, Blatt 39–40.

1066 Ebd.

1067 Vernehmungsprotokoll von Bruno Schultz vom 31. 3. 1944. In: BArch R 3018, Archiv-Nr. 13364, Hauptaktenband 2, Blatt 42.

1068 Vernehmungsprotokoll von Margarete Schultz vom 31. 3. 1944. In: BArch R 3018, Archiv-Nr. 13364, Hauptaktenband 2, Blatt 41.

1069 Vernehmungsprotokoll von Margarete und Bruno Schultz vom 31. 3. 1944. In: BArch R 3018, Archiv-Nr. 13364, Hauptaktenband 2, Blatt 49.

1070 Erich Ohser: Brief an Joseph Goebbels vom 1. 4. 1944. In: BArch R 3018, Archiv-Nr. 13364, Hauptaktenband 2, Blatt 105.

1071 In der Prozessakte fehlt im Gegensatz zum handschriftlichen das maschinenschriftliche Geständnis.

1072 Vernehmungsprotokoll von Erich Ohser vom 1. 4. 1944. In: BArch R 3018, Archiv-Nr. 13364, Hauptaktenband 2, Blatt 52–53.

1073 Ebd.

1074 Ebd.

1075 Ebd.

1076 Dr. Prause, Büro Staatssekretär: Schreiben an Oberreichsanwaltschaft beim Volksgerichtshof vom 1. 4. 1944. In: Leber, Das Gewissen steht auf, S. 53.

1077 Ebd.

1078 Leopold Gutterer: Schreiben an Joseph Goebbels vom 29. 3. 1944. In: Leber, Das Gewissen steht auf, S. 53.

1079 Bruno Schultz: Schreiben an die Gestapo vom 2. 4. 1944. In: BArch R 3018, Archiv-Nr. 13364, Hauptaktenband 2, Blatt 50.

1080 Vernehmungsprotokoll von Erich Knauf vom 3. 4. 1944. In: BArch R 3018, Archiv-Nr. 13364, Hauptaktenband 2, Blatt 55.

1081 Vgl. Jean Zenner: Hinzert 1943–1944. In: Rappel 4/5 (1977), S. 127–137 (129).

1082 Vernehmungsprotokoll von Erich Knauf vom 3. 4. 1944. In: BArch R 3018, Archiv-Nr. 13364, Hauptaktenband 2, Blatt 55.

1083 Prochnow: Aktenvermerk vom 3. 4. 1944. In: BArch R 3018, Archiv-Nr. 13364, Hauptaktenband 2, Blatt 55.

1084 Adolf John: Aktenvermerk vom 3. 4. 1944. In: BArch R 3018, Archiv-Nr. 13364, Hauptaktenband 2, Blatt 54.

1085 Erich Ohser: Brief an Joseph Goebbels vom 1. 4. 1944. In: BArch R 3018, Archiv-Nr. 13364, Hauptaktenband 2, Blatt 105.

1086 Ebd.

1087 Ebd.

1088 Ebd.

1089 Ebd.

1090 Schmidt-Leonhardt: Brief an Joseph Goebbels vom 3. 4. 1944. In: Leber, Das Gewissen steht auf, S. 54.

1091 Vgl. Otto Kirchheimer: Prozesspraxis außerhalb rechtsstaatlichen Raums. In: Ders.: Politische Justiz. Verwendung juristischer Verfahrensmöglichkeiten zu politischen Zwecken. Neuwied 1965, S. 156 f.

1092 John: Schreiben an die Untersuchungshaftanstalt Alt-Moabit in Berlin NW 40. In: In: BArch R 3018, Archiv-Nr. 13364, Hauptaktenband 2, Blatt 60.

1093 Vernehmungsprotokoll von Elfriede Gockel vom 4. 4. 1944. In: BArch R 3018, Archiv-Nr. 13364, Hauptaktenband 2, Blatt 104.

1094 Ebd.

1095 Ebd.

1096 John und Prochnow: Schlussbericht vom 4. 4. 1944. In: BArch R 3018,

Archiv-Nr. 13364, Hauptaktenband 2, Blatt 56–57.

1097 Ebd.

1098 Ebd.

1099 Ebd.

1100 Ebd.

1101 Ebd.

1102 Ebd.

1103 Geheime Staatspolizei: Rücküberstellungsantrag für Erich Knauf vom 31. 3. 1944. In: BArch R 3018, Archiv-Nr. 13364, Hauptaktenband 2, Blatt 58. – Identischer Antrag für Erich Ohser, Blatt 59.

1104 Arnold Bantzer (1887–1970): Ingenieur, Bruder von Marigard Ohser.

1105 Schulze, Ohser-Biografie, S. 126.

1106 Ebd.

1107 Dr. Alfred Metten: Schreiben an Roland Freisler vom 4. 4. 1944. In: Leber, Das Gewissen steht auf, S. 54 f.

1108 Schmidt-Leonhardt: Brief an Joseph Goebbels vom 4. 4. 1944. In: BArch R 3018, Archiv-Nr. 13364, Hauptaktenband 2, Blatt 69.

1109 NSDAP-Ortsgruppe Brabant: Mitteilung an das Reichsministerium für Volksaufklärung und Propaganda [Datum unbekannt]. In: BArch R 3018, Archiv-Nr. 13364, Hauptaktenband 2, Blatt 70.

1110 Das ist ein Irrtum. Das Lied stammt von Wenzel Müller (Melodie). Text von Ferdinand Raimund.

1111 NSDAP-Ortsgruppe Lietzensee: Mitteilung an das Reichsministerium für Volksaufklärung und Propaganda [Datum unbekannt]. In: BArch R 3018, Archiv-Nr. 13364, Hauptaktenband 2, Blatt 71.

1112 NSDAP-Gau-Personalamt Berlin: Mitteilung an das Reichsministerium für Volksaufklärung und Propaganda vom 4. 4. 1944. In: BArch R 3018, Archiv-Nr. 13364, Hauptaktenband 2, Blatt 72.

1113 Hans Schmidt-Leonhardt: Brief an Dr. Metten vom 04.04.1944. In: Das Gewissen, S. 56.

1114 Vgl. Hans Schmidt-Leonhardt: Schreiben an Alfred Metten vom 5. 4. 1944. In: Leber, Das Gewissen steht auf, S. 56.

1115 Erich Ohser: Brief an unbekannt, vermutlich vom 5. 4. 1944. In: Eckert, Knauf-Biografie, S. 195.

1116 Rudolf Sparing (1904–1955): Deutscher Journalist. Sparing war der zweite und letzte Chefredakteur der NS-Wochenzeitung Das Reich.

1117 Schulze, Ohser-Biografie, S. 126.

1118 Laubach, Erich Ohser aus Plauen, S. 40.

1119 Ebd.

1120 Walther Kiaulehn (1900–1968): Deutscher Journalist und Schriftsteller.

1121 Walter Kiaulehn: Zum Tode Ernst von der Decken – ein Edelmann ist von uns gegangen. In: Die Welt vom 17. März 1958 [→ Kiaulehn, Nachruf für Ernst von der Decken].

1122 Joseph Goebbels im Gespräch mit Ernst von der Decken am (vermutlich) 5. 4. 1944. Zit. nach: Kiaulehn, Nachruf für Ernst von der Decken.

1123 Robert Leistenschneider (1894–1968): Produktionsleiter bzw. Herstellungsleiter bei der Terra.

1124 Präsident des Volksgerichtshofs: Verfügung vom 05.04.1944. In: BArch R 3018, Archiv-Nr. 13364, Hauptaktenband 2, Blatt 73.

1125 Vgl. Wolfgang Benz: Der Prozess gegen Erwin von Witzleben u. a., Deutschland 1944. In: Groenewold/Ignor/Koch (Hrsg.): Lexikon der Politischen Strafprozesse, https://www.lexikon-der-politischen-strafprozesse.de/glossar/ witzleben-erwin-v-ua/, letzter Zugriff am 12. 1. 2023.

1126 Erich Kurt Richard Hoepner (1886–1944): Deutscher Offizier und Widerstandskämpfer bis einschließlich des Hitler-Attentats vom 20. 7. 1944.

1127 Zeugenladung in der Strafsache gegen Erich Ohser und Erich Knauf, In: BArch R 3018, Archiv-Nr. 13364, Hauptaktenband 2, Blatt 12.

1128 Vorsitzender des 1. Senats des Volksgerichtshofs: Verfügung vom 5. 4. 1944. In: BArch R 3018, Archiv-Nr. 13364, Hauptaktenband 2, Blatt 77–78.

1129 Erich Ohser: Brief an Marigard und Christian Ohser vom 6. 4. 1944. In: EOPL-NL.

1130 Ebd., zit. nach Schulze, Ohser-Biografie, S. 131.

1131 Untersuchungshaftanstalt Alt-Moabit: Erste Mitteilung an den Volksgerichtshof vom 06.04.1944. In: BArch R 3018, Archiv-Nr. 13364, Hauptaktenband 2, Blatt 106.

1132 Ebd., Blatt 107.

1133 Ebd.

1134 Der Vorstand der Untersuchungshaftanstalt beim Kriminalgericht in Berlin NW 40: Schreiben an den Herrn Oberreichsanwalt beim Volksgerichtshof vom 6. 4. 1944. In: BArch R 3018, Archiv-Nr. 13364, Hauptaktenband 1, Blatt 35.

1135 Erich Ohser: Schreiben an den Volksgerichtshof vom 5. 4. 1944. In: BArch R 3018, Archiv-Nr. 13364, Hauptaktenband 1, Blatt 35; BArch R 3018, Archiv-Nr. 1186 [unpag.], BArch R 3018, Archiv-Nr. 13364, Vollstreckungsband [unpag.].

1136 Ebd.

1137 Ebd.

1138 Ebd.

1139 Richard Cobb (1917–1996): Englischer Historiker.

1140 Richard Cobb: Tod in Paris. Die Leichen der Seine 1795–1801. Stuttgart 2011, S. 145.

1141 Christian Goeschel: Selbstmord im Dritten Reich. Berlin 2011 [→ künftig: Goeschel, Selbstmord], S. 11.

1142 Martin Bormann (1900–1945): Reichsminister und Chef der NSDAP-Parteikanzlei.

1143 Martin Bormann: LAB, NS 19/2768, Blatt 2–3: Blitz Partei-Kanzlei München an RFSS vom 25. 5. 1944; vgl. auch Blatt 5: Rundschreiben 166/44g: Betrifft: Freitod, vom 17. 7. 1944. Zit. nach: Goeschel, Selbstmord, S. 219.

1144 Am 20. Juli 1944 ließ der Hitler-Attentäter Claus Schenk Graf von Stauffenberg (1907–1944) eine Bombe im »Führerhauptquartier« in Ostpreußen detonieren. Doch die Bombe verfehlte ihr Ziel und Hitler überlebte.

1145 Vgl. Der Volksgerichtshof 1934–1945.
Terror durch »Recht«. Hrsg. von der
Stiftung Topographie des Terrors,
vertreten durch Andreas Nachama.
Berlin 2018 [→ künftig: Nachama,
Volksgerichtshof], S. 20.

1146 Gesetz über den Volksgerichtshof
und über die fünfundzwanzigste
Änderung des Besoldungsgesetzes
vom 18. April 1936, RGBl. I 1936, S. 369.

1147 Völkischer Beobachter vom 4. 11. 1938.
Zit. nach: Nachama, Volksgerichtshof,
S. 24.

1148 Hannsjoachim W. Koch: Volksge-
richtshof. Politische Justiz im 3. Reich.
München 1988 [→ künftig: Koch,
Volksgerichtshof], S. 106.

1149 Roland Freisler: Brief an Adolf Hitler
[Datum unbekannt]; beigefügt einem
Brief von Freisler an Otto Georg
Thierack vom 9. 9. 1942. Enthalten in:
Personalakte Freisler. Zit. nach: Koch,
Volksgerichtshof. S. 216.

1150 Ebd.

1151 Roland Freisler: Brief an Otto Georg
Thierack vom 9. 9. 1942. Enthalten in:
Personalakte Freisler. Zit. nach: Koch,
Volksgerichtshof. S. 217.

1152 Koch, Volksgerichtshof, S. 220.

1153 Vgl. Archiv des Bundesjustizministe-
riums: Jahresstatistiken des VGH. Zit.
nach: Koch, Volksgerichtshof, S. 220.

1154 Koch, Volksgerichtshof. S. 221.

1155 Nachama, Volksgerichtshof, S. 31.

1156 Helmut Schmidt (1918–2015): Deutscher SPD-Politiker, der von 1974 bis
1982 Bundeskanzler der Bundesrepublik Deutschland war.

1157 Helmut Schmidt: Kindheit und Jugend
unter Hitler. Berlin 1992, S. 228 f.

1158 Vgl. Nachama, Volksgerichtshof, S. 63.

1159 Rudolf Weisbrod (1902–1945 verschol-
len): Promovierter Jurist; Oberstaatsanwalt; seit 1937 Staatsanwalt beim
Volksgerichtshof.

1160 Rudolf Weisbrod: Schreiben an
Dr. ranke vom 5. 4. 1944. In: BArch
R 3018, Archiv-Nr. 13364, Hauptakten-
band 1, Blatt 1.

1161 Ernst Lautz (1887–1979): NS-Jurist.
Lautz war Oberreichsanwalt im
Deutschen Reich und wurde im

Juristenprozess zu zehn Jahren Haft
verurteilt.

1162 Oberreichsanwalt beim Volksge-
richtshof: Anklageschrift gegen Erich
Ohser und Erich Knauf vom 5. 4. 1944.
In: BArch R 3018, Archiv-Nr. 13364,
Hauptaktenband 1, Blatt 2–8;
Hauptaktenband 2, Blatt 61–67; BArch
R 3018, Archiv-Nr. 1186 [unpag.].

1163 Ebd.

1164 Ebd.

1165 Ebd.

1166 Ebd.

1167 Ebd.

1168 Ebd.

1169 Ebd.

1170 Dr. Franke: Schreiben an Oberreichs-
anwalt beim Volksgerichtshof Ernst
Lautz vom 5. 4. 1944. In: BArch R 3018,
Archiv-Nr. 13364, Blatt 10.

1171 Oberreichsanwalt beim Volksgerichtshof: Terminbestimmung in
der Strafsache gegen Erich Ohser
und 1 Anderer. In: BArch R 3018,
Archiv-Nr. 13364, Hauptaktenband 1,
Blatt 12.

1172 Vgl. Strafsache Ohser/Knauf, Haupt-
band, N 7, Blatt 68.

1173 Verordnung über das Sonderstrafrecht
im Kriege und bei besonderem Einsatz. Kriegssonderstrafrechtsordnung:

§ 5 Zersetzung der Wehrkraft

(1) Wegen Zersetzung der Wehrkraft
wird mit dem Tode bestraft:

1. wer öffentlich dazu auffordert oder
anreizt, die Erfüllung der Dienst-
pflicht in der deutschen oder
einer verbündeten Wehrmacht zu
verweigern, oder sonst öffentlich
den Willen des deutschen oder
verbündeten Volkes zur wehrhaf-
ten Selbstbehauptung zu lähmen
oder zu zersetzen sucht; […]

(2) In minder schweren Fällen kann
auf Zuchthaus oder Gefängnis
erkannt werden.

(3) Neben der Todes- und der Zuchthausstrafe ist die Einziehung des
Vermögens zulässig.

1174 Strafgesetzbuch: 91b.

(1) Wer im Inland oder als Deutscher im Ausland es unternimmt, während eines Krieges gegen das Reich oder in Beziehung auf einen drohenden Krieg der feindlichen Macht Vorschub zu leisten oder der Kriegsmacht des Reichs oder seiner Bundesgenossen einen Nachteil zuzufügen, wird mit dem Tode oder mit lebenslangem Zuchthaus bestraft.

Wenn die Tat nur einen unbedeutenden Nachteil für das Reich und seine Bundesgenossen und nur einen unbedeutenden Vorteil für die feindliche Macht herbeigeführt hat, schwerere Folgen auch nicht herbeiführen konnte, so kann auf Zuchthaus nicht unter zwei Jahren erkannt werden.

1175 Albrecht Kirschner: Wehrkraftzersetzung. In: Wolfgang Form/Wolfgang Neugebauer und Theo Schiller: NS-Politik und politische Verfolgung in Österreich 1938–1945. Analysen zu den Verfahren vor dem Volksgerichtshof und dem Oberlandesgericht Wien. München 2006 [→ künftig: Form/Neugebauer/Schiller, NS-Politik], S. 405 f.

1176 VGH, Urteil vom 11. 4. 1944 – I L 34/44. In: BArch Best. VGH/Z, Nr. Gustav Oberueber.

1177 Albrecht Kirschner: Wehrkraftzersetzung. In: Form/Neugebauer/Schiller, NS-Politik, S. 405.

1178 Wilhelm Keitel (1882–1946): Deutscher Heeresoffizier, ab 1940 Generalfeldmarschall und von 1938 bis 1945 Chef des Oberkommandos der Wehrmacht.

1179 Albrecht Kirschner: Wehrkraftzersetzung. In: Form/Neugebauer/Schiller, NS-Politik, S. 410.

1180 Wolfgang From: Feindbegünstigung – § 91b RStGB. In: Form/Neugebauer/Schiller, NS-Politik, S. 337.

1181 Vgl. VGH, Urteil vom 27. 2. 1945 – 2 H 42/45; zit. nach: Form/Neugebauer/Schiller, NS-Politik, S. 339.

1182 Hans Fallada: Jeder stirbt für sich allein. Berlin 2012, S. 585. – Die Erstausgabe erschien 1947 im Aufbau Verlag.

1183 Marigard Ohser: Im Gespräch mit Margarete Schultz. Zit. nach: Arnold

Bantzer: Brief an Erich Kästner vom 22. 1. 1946. In: EKHM-NL 81.

1184 Ebd.

1185 Laubach, Erich Ohser aus Plauen, S. 42.

1186 Heinz Heugel (1902–unbekannt): Promovierter Staatsanwalt am Volksgerichtshof.

1187 Volksgerichtshof: Verhandlungsprotokoll im Strafverfahren gegen Erich Knauf vom 6. 4.1944. In: BArch R 3018, Archiv-Nr. 13364, Hauptaktenband 2, Blatt 79–81.

1188 Ebd.

1189 Ebd.

1190 Ebd.

1191 Paul Ahlsdorff: Beweisantrag vom 6. 4. 1944. In: BArch R 3018, Archiv-Nr. 13364, Hauptaktenband 2, Blatt 81a.

1192 Bei diesen Zeugen handelt es sich um: Generaldirektor Kälber (Ufa), Direktor Teichs (Terra), Direktor Schmidt (Terra), Regisseur Hans Steinhoff, Pfr. Liebeneiner, Schauspieler Heinz Rühmann, Schauspieler Albert Floreth, Komponist Werner Bochmann, Komponist Wolfgang Zeller, Direktor Otto Götze (Rogowerke) und Hans Yording (Terra).

1193 Volksgerichtshof: Verhandlungsprotokoll im Strafverfahren gegen Erich Knauf vom 6. 4. 1944. In: BArch R 3018, Archiv-Nr. 13364, Hauptaktenband 2, Blatt 79–81.

1194 Vgl. ebd.

1195 Volksgerichtshof: Urteil im Strafverfahren gegen Erich Knauf vom 6. 4. 1944. In: BArch R 3018, Archiv-Nr. 13364, Hauptaktenband 1, Blatt 18-31; BArch R 3018, Archiv-Nr. 9053; BArch R 3017, Archiv-Nr. 11603.

1196 Vgl. ebd.

1197 Ebd.

1198 Volksgerichtshof: Verhandlungsprotokoll im Strafverfahren gegen Erich Knauf vom 6. 4. 1944. In: BArch R 3018, Archiv-Nr. 13364, Hauptaktenband 2, Blatt 79–81.

1199 Volksgerichtshof: Urteil im Strafverfahren gegen Erich Knauf vom 6. 4. 1944. In: BArch R 3018,

Archiv-Nr. 13364, Hauptakten-
band 1, Blatt 18–31; BArch R 3018,
Archiv-Nr. 9053; BArch R 3017,
Archiv-Nr. 11603.

1200 Ebd.

1201 Ebd.

1202 Ebd.

1203 Ebd.

1204 Ebd.

1205 Ebd.

1206 Ebd.

1207 Ebd.

1208 Ebd.

1209 Ernst von der Decken: Erich Knauf
[Nachruf]. In: EKHM-NL.

1210 Siehe Paul Ahlsdorff: Antrag auf
Aussetzung der Vollstreckung des
Todesurteils gegen Erich Knauf an den
Oberreichsanwalt beim Volksgericht
vom 5. 4. 1944. In: BArch R 3018,
Archiv-Nr. 13364, Vollstreckungsband,
Blatt 2.

1211 Laubach, Erich Ohser aus Plauen, S. 42.

1212 Vgl. Aktenvermerk der Geschäftsstelle
des 1. Senats des Volksgerichtshofs
vom 12. 4. 1944. In: BArch R 3018,
Archiv-Nr. 13364, Hauptaktenband 2,
Blatt 102.

1213 Alfred Metten: Schreiben an Otto
Georg Thierack vom 6. 4. 1944. In:
Leber, Das Gewissen steht auf, S. 56–58
(58).

1214 Geheime Staatspolizei: Erstes
Schreiben an den Oberreichsanwalt
beim Volksgerichtshof vom 7. 4. 1944.
In: BArch R 3018, Archiv-Nr. 13364,
Hauptaktenband 1, Blatt 16; BArch
R 3018, Archiv-Nr. 13364, Vollstre-
ckungsband, Blatt 11.

1215 Geheime Staatspolizei: Zweites
Schreiben an den Oberreichsanwalt
beim Volksgerichtshof vom 7. 4. 1944.
In: BArch R 3018, Archiv-Nr. 13364,
Hauptaktenband 1, Blatt 16.

1216 Julius Schaub (1898–1967): NS-Funktionär und langjähriger persönlicher
Chefadjutant Adolf Hitlers.

1217 Robert Leistenschneider: Brief an
die Rechtsabteilung der Kammer der
Kunstschaffenden vom 4. 2. 1946.
(Bundesarchiv Berlin. Zit. nach: Franz

Josef Görtz/Hans Sarkowicz: Heinz
Rühmann. 1902–1994. Der Schauspieler und sein Jahrhundert. München
2001 [→ künftig: Görtz/Sarkowicz,
Rühmann-Biografie], S. 245 f.

1218 Erna Knauf: Erklärung an die
Entnazifizierungsbehörden vom
20. 2. 1946 (Bundesarchiv). Zit. nach:
Görtz/Sarkowicz, Rühmann-Biografie,
S. 245. – Am 28. 3. 1946 wurde im Rahmen der Entnazifizierung festgestellt,
es bestünden »keine Bedenken gegen
eine weitere künstlerische Betätigung
des Herrn Rühmann«. Vorher war
er mit einem Auftrittsverbot belegt
worden (Quelle: Philip Cassier: Er
paktierte mit Goebbels – und galt
trotzdem als Menschenfreund. In: Die
Welt [online] vom 16. 12. 2022 [letzter
Aufruf: 31. 5. 2023]).

1219 N.N.: Der Fall Knauf. In: Neueste
Frankfurter Zeitschrift 3/Februar 1950,
S. 17.

1220 Erich Knauf: Gnadengesuch an den
Reichsjustizminister vom 10. 4. 1944.
In: BArch R 3018, Archiv-Nr. 13364,
Vollstreckungsband, Blatt 10.

1221 Ebd.

1222 Paul Ahlsdorff: Gnadengesuch an den
Reichsjustizminister vom 10. 4. 1944.
In: EKHM-NL.

1223 Erna Knauf: Schreiben an den Volksgerichtshof des Deutschen Reiches
vom 8. 4. 1944. In: EKHM-NL.

1224 Otto Thierack: Vollstreckungsverfü-
gung vom 20. 4. 1944. In: EKHM-NL.

1225 Bruno Schultz: Brief an Lottge
Daubenspeck von Mitte April 1944
[genaues Datum unbekannt]. In:
EKHM-NL.

1226 Ebd.

1227 Untersuchungshaftanstalt beim Kriminalgericht in Berlin: Schreiben an
den Volksgerichtshof vom 11. 4. 1944.
In: BArch R 3018, Archiv-Nr. 13364,
Hauptaktenband 2, Blatt 108.

1228 Vgl. Geschäftsstelle 4 der Reichsanwaltschaft beim Volksgerichtshof:
Vermerk vom 13. 4. 1944. In: BArch
R 3018, Archiv-Nr. 13364, Hauptaktenband 1, Blatt 17.

1229 Helmuth von Loebell: Schreiben an
das Sondergericht beim Landgericht
Berlin vom 17. 4. 1944. In: BArch

R 3018, Archiv-Nr. 13364, Hauptaktenband 1, Blatt 45.

1230 Der Landgerichtspräsident: Schrei-
ben an den Reichsminister für
Volksaufklärung und Propaganda
vom 22. 4. 1944. In: BArch R 3018,
Archiv-Nr. 13364, Hauptaktenband 1,
Blatt 46.

1231 Vgl. Reichsministerium für Volksauf-
klärung und Propaganda: Schreiben
an den Oberreichsanwalt beim
Volksgerichtshof vom 11. Mai 1944.
In: BArch R 3018, Archiv-Nr. 13364,
Hauptaktenband 1, Blatt 47.

1232 Hellmuth von Loebell: Schreiben an
die Reichsanwaltschaft beim Volksgerichtshof vom 23. 5. 1944. In: BArch
R 3018, Archiv-Nr. 13364, Hauptaktenband 1, Blatt 48.

1233 Oberreichsanwalt beim Volksgerichtshof: Verfügung vom 24. 4. 1944.
In: BArch R 3018, Archiv-Nr. 13364
[→ künftig: BArch R 3018,
Archiv-Nr. 13364, Vollstreckungs-
band], Blatt 5.

1234 Nachama, Volksgerichtshof, S. 34.

1235 Vgl. Paul Ahlsdorff: Schreiben an den
Herrn Oberreichsanwalt, Reichsan-
waltschaft beim Volksgerichtshof Ber-
lin vom 28. 4. 1944. In: BArch R 3018,
Archiv-Nr. 13364, Vollstreckungsband,
Blatt 7.

1236 Oberreichsanwalt beim Volksgerichtshof: Verfügung vom 24. 4. 1944. In:
BArch R 3018, Archiv-Nr. 13364 BArch
R 3018, Archiv-Nr. 13364, Vollstreckungsband, Blatt 5.

1237 Erich Knauf: Brief an Erna Knauf
vom 2. 5. 1944. In: EKHM-NL.

1238 Oberreichsanwalt beim Volksgerichtshof: Verfügung vom 24. 4. 1944. In:
BArch R 3018, Archiv-Nr. 13364 BArch
R 3018, Archiv-Nr. 13364, Vollstreckungsband, Blatt 5.

1239 Wilhelm Röttger (1894–1946): Scharfrichter in Deutschland zur Zeit des
Nationalsozialismus, der von 1942 bis
1945 in der »zentralen Hinrichtungsstätte für den Vollstreckungsbezirk IV«
(mit den Standorten Strafgefängnis
Plötzensee und Strafanstalt Brandenburg-Görden) tätig war.

1240 Ebd., in: BArch R 3018,
Archiv-Nr. 1186, Blatt [unpag.]; BArch

R 3018, Archiv-Nr. 13364, Vollstreckungsband, Blatt 6.

1241 Oberreichsanwalt beim Volksge-
richtshof: Protokoll der Vollstreckung
des Todesurteils gegen: Erich Knauf
vom 2. 5. 1944. In: BArch R 3018,
Archiv-Nr. 1186 [unpag.]; BArch R 3018,
Archiv-Nr. 13364, Vollstreckungsband,
Blatt 12. – Der Hinweis darauf, dass
der grausame Vollzug von Knaufs
Hinrichtung insgesamt 7 Sekunden
gedauert hat, findet sich auch in der
Akte BArch R 3018, Archiv-Nr. 13364,
Vollstreckungsband, Blatt 8.

1242 Hans Halter: »An der Richtstätte kein
Hitler-Gruß«. In: Der Spiegel 8/1979
vom 19. 2. 1979, S. 100 f.

1243 BArch R 3018, Archiv-Nr. 13364,
Vollstreckungsband, Blatt 6.

1244 Inspektion B der Staatsanwaltschaft
Berlin: Schreiben an die Geschäftsstelle
der Reichsanwaltschaft beim Volksgerichtshof vom [?. 5. 1944]. In: BArch
R 3018, Archiv-Nr. 1186 [unpag.]; BArch
R 3018, Archiv-Nr. 13364, Vollstreckungsband, Blatt 15.

1245 Oberreichsanwalt beim Volksgerichtshof: Erklärung von Erna Knauf
vom [?]. 5. 1944. In: BArch R 3018,
Archiv-Nr. 13364, Hauptaktenband 2,
Blatt 109.

1246 Klaus Marxen: Der nationalsozialistische Volksgerichtshof. Geschichte und
Gegenwart. In: Nachama, Volksgerichtshof, S. 235–238 (235).

1247 Reichsministerium der Justiz: Schrei-
ben an den Oberreichsanwalt beim
Volksgerichtshof vom 21. 4. 1944. In:
Leber, Das Gewissen steht auf, S. 59.

1248 Die Informationen über den Umgang
mit hingerichteten Gefangenen, speziell auch im Fall Erich Knauf, wurden
dem Verfasser nebst Bildmaterial
freundlicherweise zur Verfügung
gestellt von: Lisa Quaeschning,
Pädagogische Mitarbeiterin der
Gedenkstätten Brandenburg an der
Havel, Stiftung Brandenburgische
Gedenkstätten, Nicolaiplatz 28/30,
14770 Brandenburg an der Havel I in
einer E-Mail vom 17. 4. 2023.

1249 Erna Knauf, Brief an Alfred Schlagk
vom 3. 5. 1946, S. 16.

1250 Erna Knauf: Brief an Marigard Ohser vom 8. 5. 1944. In: EOPL-NL.

1251 Vgl. Oberreichsanwalt beim Volksgerichtshof: Aktenvermerk vom 11. 5. 1944. In: BArch R 3018, Archiv-Nr. 13364, Hauptaktenband 2, Blatt 110.

1252 Erich Kästner: Eine unbezahlte Rechnung. In: Neue Zeitung vom 14. 1. 1946.

1253 Erna Knauf: Brief an Marigard Ohser vom 25. 5. 1944. In: EOPL-NL.

1254 Erna Knauf: Schreiben an die Reichsschrifttumskammer vom 12. 7. 1944. In: Reichs-Schrifttums-kammer: Personalakte Erich Knauf. Bundesarchiv Berlin, BArch R 9361-V, Archiv-Nr. 010668 [→ Knauf-Akte der Reichs-Schrifttumskammer 2, BArch R 9361-V, Archiv-Nr. 010668], Blatt 1.

1255 [?] Loth, Reichsschrifttumskam-mer: Schreiben an Erna Knauf vom 24. 7. 1944. In: Knauf-Akte der Reichs-Schrifttumskammer 2, BArch R 9361-V, Archiv-Nr. 010668, [unpag.].

1256 Erich Kästner: Mama bringt die Wäsche. Aus Berliner Tagebuchblät-tern. In: Erich Kästner: Der Herr aus Glas. Zürich 2019, S. 210–216 (210).

1257 Hanuscheck, Kästner, S. 93.

1258 Präsident der Reichsschrifttumskam-mer: Schreiben an Erich Kästner vom 1. 2. 1945. In: Deutsches Literaturar-chiv Marbach, Kästner, Erich/Reichs-schrifttumskammer HS 2002.154.

1259 Erich Kästner: Brief an die Reichs-schrifttumskammer vom 12. 2. 1945. In: Deutsches Literaturarchiv Mar-bach, Kästner, Erich/Reichsschrift-tumskammer HS 2002.154.

1260 Ebd.

1261 Hanuscheck, Kästner, S. 93.

1262 Kolberg (Spielfilm, Deutschland 1945, Regie: Veit Harlan).

1263 Wolfgang Liebeneiner (1905–1987): Deutscher Schauspieler und Regisseur.

1264 Ich klage an (Spielfilm, Deutschland 1941; Regie: Wolfgang Liebeneiner).

1265 Erich Kästner: Notabene 1945. In: Kästner: Splitter und Balken. Publizis-tik. Werke, Band VI. Herausgegeben von Hans Sarkowicz und Franz Josef Görtz in Zusammenarbeit mit Anja Johann. München/Wien 1998 [→ Käst-ner, Notabene], S. 301–480 (310).

1266 Kästner, Notabene, S. 310.

1267 Ebd., S. 341.

1268 Herbert Witt (1900–1980): Deutscher Drehbuchautor.

1269 Harald Braun (1901–1960): Deutscher Regisseur, Filmproduzent und Dreh-buchautor.

1270 Hannelore Schroth (1922–1987): Deutsche Schauspielerin.

1271 Ullrich Haupt (1915–1991): Deutscha-merikanischer Schauspieler und Regisseur.

1272 Vgl. Erich Kästner: Das blaue Buch. Geheimes Kriegstagebuch 1941–1945. Zürich ²2021 [→ Kästner, Kriegstage-buch], S. 168.

1273 Kästner, Notabene, S. 370.

1274 Vgl. Hanuschek, Keiner blickt Dir hinter das Gesicht, S. 308.

1275 Der Landrat des Kreises Schwaz: Bescheid an Erich Kästner vom 5. 4. 1945. In: Kästner, Kriegstagebuch, S. 174.

1276 Ebd.

1277 Ebd.

1278 Via Mala (Spielfilm), Deutschland 1945, Regie: Josef von Baky.

1279 Klaus Kreimeier: Die Ufa-Story. Geschichte eines Filmkonzerns. Frankfurt am Main 2002, S. 407.

1280 Vgl. Paul Bruppacher: Adolf Hitler und die Geschichte der NSDAP. Eine Chronik. Teil 2. 1938–1945. 20183 [→ Bruppacher, Chronik II], S. 544 f.

1281 Kästner, Kriegstagebuch, S. 150.

1282 Ebd., S. 327.

1283 Kästner, Notabene, S. 385.

1284 Generalstaatsanwaltschaft Berlin bei dem Kammergericht Berlin: Ermitt-lungsverfahren gegen Otto Prochnow (Az.: 1 AR 23/63). In: Landesarchiv Berlin B Rep. 057-01, Nr. 2366. Per-sonalakte Otto Prochnow. Auch die weiteren Angaben zur Person sind in dieser Personalakte enthalten.

1285 Erich Kästner: Eine unbezahlte Rechnung. In: Die Neue Zeitung, Nr. 4 vom 14. 1. 1946.

1286 Annemarie Kramer: Brief an Erich Kästner vom 17. 1. 1946. Zit. nach: Eckert, Knauf-Biografie, S. 241 f.

1287 Vgl. Eckert, Knauf-Biografie, S. 241.

1288 Kriminalinspektion Fahndung zbV Berlin: Mitteilung an Erna Knauf vom 18. 2. 1946. In: EKHM-NL.

1289 Erna Knauf: Strafanzeige gegen SS-Mann Hauptmann Bruno Schultz und seine Ehefrau vom 19. 12. 1945. In: EKHM-NL.

1290 Siehe: Standesamt Berlin III: Sterbeurkunde des Verlagsbuchhändlers Paul Ludwig Fritz Bruno Schultz, Nr. 11744.

1291 Boleslaw Barlog (1906–1999): Deutscher Regisseur und Theaterintendant.

1292 Erna Knauf: Erklärung vom 4. 11. 1987. In: EKHM-NL.

1293 Vgl. Peter Nicolaus: Leben und Wirken der Kinderbuchillustratorin und Adventskalendergestalterin Marigard Bantzer. In: Tina Peschel (Hrsg.): Adventskalender: Geschichte und Geschichten aus 100 Jahren. Schriftenreihe Museum Europäischer Kulturen 7. Dresden 2009, S. 176–180.

1294 Vgl.: Benjamin Wagener: Inländische Perspektiven. Erich Kästner als Feuilletonist der Neuen Zeitung. In: Bernd Blöbaum/Stefan Neuhaus (Hrsg.): Literatur und Journalismus. Theorie, Kontexte, Fallstudien. Wiesbaden 2003, S. 195–226.

1295 Ebd.

1296 Vgl. Kurt Koszyk: Presse unter alliierter Besetzung. In: Jürgen Wilke. Mediengeschichte der Bundesrepublik Deutschland. Köln 1999, S. 38.

1297 Hanuschek, Kästner, S. 104.

1298 Erich Kästner: Unser Weihnachtsgeschenk. In: Die Neue Zeitung vom 24. 12. 1945.

1299 Erich Kästner: Wert und Unwert des Menschen. In: Die Neue Zeitung vom 4. 2. 1946.

1300 Hanuschek, Kästner, S. 105.

1301 Erich Kästner: Das doppelte Lottchen. Zürich 1949.

1302 Erich Kästner: Als ich ein kleiner Junge war. Zürich 1957.

1303 Friedel Siebert (1926–1986): Freundin von Erich Kästner, Mutter seines Sohnes Thomas.

1304 Ernst »Putzi« Hanfstaengl (1887–1975): Deutsch-amerikanischer Geschäftsmann, Kunsthändler, politischer Aktivist und Politiker; u. a. Auslands-Pressechef der NSDAP in den 1930er-Jahren.

1305 Vgl. Michael Watzke und Claus-Stephan Rehfeld: Erich Kästners Flucht im Jahre 1945. Lügen als Überlebensstrategie. In: Deutschlandfunk-Kultur (online) vom 26. 6. 2015.

1306 Erich Kästner: Betrachtungen eines Unpolitischen. In: Die Neue Zeitung vom 14. 1. 1946.

1307 Thomas Mann: Betrachtungen eines Unpolitischen. Berlin 1918.

1308 Walter Reichsritter von Molo (1880–1958): Deutscher Schriftsteller.

1309 Thomas Mann: Warum ich nicht nach Deutschland zurückgehe. In: Aufbau (New York), vom 28. 9. 1945; Wiederabdruck in: Neue Schweizer Rundschau vom 12. 10. 1945, zit. nach Karl Schröter: Thomas Mann im Urteil seiner Zeit. Dokumente 1891–1955. Hamburg 1969, S. 31.

1310 Ebd.

1311 Erich Kästner: Betrachtungen eines Unpolitischen. In: Kästner: Splitter und Balken. Publizistik. Werke, Band VI. Herausgegeben von Hans Sarkowicz und Franz Josef Görtz in Zusammenarbeit mit Anja Johann. München/Wien 1998, S. 516–519 (518).

1312 Hanuschek, Kästner blickt Dir hinter das Gesicht, S. 332.

1313 Erich Kästner: Besuch aus Zürich. In: Die Neue Zeitung vom 28. 10. 1945.

1314 Erich Kästner: Brief an Walther Victor vom 29. 6. 1946. In: Erich Kästner: Dieses Na ja!, wenn man das nicht hätte. Ausgewählte Briefe von 1909 bis 1972. Herausgegeben von Sven Hanuschek. Zürich 2003, S. 91.

1315 Ebd.

1316 Frank Theodor Thiess (1890–1977): Deutscher Schriftsteller.

1317 Vgl. Frank Thiess: Innere Emigration (1945). In J.F.G. Grosser (Hrsg.): Die große Kontroverse. Ein Briefwechsel in Deutschland. Hamburg 1963, S. 22–25.

1318 Ernst Toller (1893–1939): Jüdisch-deutscher Schriftsteller, Dramatiker und Politiker.

1319 Vgl. Karin Ackermann: Talent zum Dialog. Klaus Mann und sein journalistisches Werk. München 1997, S. 68.

1320 Jochen Klepper: Unter den Schatten deiner Flügel. Aus den Tagebüchern der Jahre 1932–1942. Stuttgart 1956, S. 102.

1321 Gottfried Benn, zit. nach: Frank-Ralf Schnell (Hrsg.): Literarische Innere Emigration 1933–1945. Stuttgart 1976, S. 3.

1322 Ernst Barlach, zit. nach ebd.

1323 Klaus Mann: Der Vulkan. Roman unter Emigranten. Frankfurt am Main 1991, S. 543.

1324 Vgl. Auflistung bei Horst Dieter Schlosser (Hrsg.): dtv-Atlas zur deutschen Literatur. Tafeln und Texte. München 1983, 19946, S. 261.

1325 Erich Kästner: Über das Verbrennen von Büchern. Gesammelte Werke, Band 8, S. 284.

1326 Vgl. Benz, »… nur passiv geblieben«? S. 183.

1327 Erich Kästner: Tagebucheintrag vom 15. 6. 1945. In: Notabene 45, S. 432.

1328 Vgl. Benz, »… nur passiv geblieben«? S. 183.

Literatur- und Quellenverzeichnis

1. Archive

Archiv der Büchergilde Gutenberg, Frankfurt am Main.

Archiv des Bundesministeriums der Justiz Berlin, Personalakte Roland Freisler.

Archiv des Bundesministeriums der Justiz Berlin, Jahresstatistiken des Volksgerichtshofs.

BArch, Best. VGH/Z, Nr. Gustav Oberueber.

BArch, R 1501-V, Archiv-Nr. 125954.

BArch, R 3001-V, Archiv-Nr. 9882.

BArch, R 3001-V, Archiv-Nr. 9920/2.

BArch, R 3001-V, Archiv-Nr. R 22/987 (alt).

BArch, R 3017-V, Archiv-Nr. 11603.

BArch, R 3018-V, Archiv-Nr. 1186.

BArch, R 3018-V, Archiv-Nr. 13364.

BArch, R 3018-V, Archiv-Nr. 9053.

BArch, R 3018-V, Archiv-Nr. 13364.

BArch, R 58, RSHA.

BArch, R 9361-V, Archiv-Nr. 010668.

BArch, R 9361-V, Archiv-Nr. 16882.

BArch, R 9361-V, Archiv-Nr. 24883.

Berlin Document Center/Reichsschrifttumskammer/Kästner, Erich, BArch Berlin-Berlin-Lichterfelde.

Berlin Document Center/Reichsschrifttumskammer/Weisenborn, Günther, BArch Berlin-Lichterfelde.

Deutsche Kinemathek, Klaus-Fischer-Archiv, Korrespondenz aus dem Nachlass Erich Knauf.

Deutsches Literaturarchiv Marbach am Neckar, Nachlass Hans Grimm, Konvolut Reichsschrifttumskammer, Mappe III.

Deutsches Literaturarchiv Marbach, Kästner, Erich/Reichsschrifttumskammer HS 2002.154.

Erich Ohser – e.o.plauen Stiftung Plauen, Erich-Ohser-Nachlass [EOPL-NL].

Gedenkstätten Brandenburg an der Havel, Stiftung Brandenburgische Gedenkstätten, Dokumente Erich Knauf.

Heimatmuseum Meerane, Erich-Knauf-Nachlass [EKHM-NL; als Dauerleihgabe von Wolfgang Eckert].

Landesarchiv Baden-Württemberg, Hauptstaatsarchiv Stuttgart, Sammlung Friedrich Knilli zur Mediengeschichte des Antisemitismus. J 25 Bü 3

Landesarchiv Berlin B Rep. 057-01, Nr. 1543.

Landesarchiv Berlin B Rep. 057-01, Nr. 2366.

Landesarchiv Berlin, NS 19/2768.

Library of Congress, TR1. D37 Third Reich Coll.Set 3.

Sächsisches Staatsarchiv, 30131 Amtsgericht Plauen, Nr. 5239.

Standesamt Berlin III, Sterbeurkunde des Verlagsbuchhändlers Paul Ludwig Fritz Bruno Schultz, Nr. 11744.

2. Literatur

Gerd Albrecht: Film im 3. Reich. Karlsruhe 1979.

Heinz von Arndt: Jud Süß. Aktuelle Filmbücher. Band 7. Berlin 1940.

Alfons Maria Arns: Die halbe Wahrheit. Zum Umgang mit NS-Spielfilmen in Fernsehen und Kritik am Beispiel von Münchhausen. In: medium, H. 4, 1991, S. 35–41.

Alfons Maria Arns: Lügen für Deutschland – Antisemitismus und NS-Wirklichkeit in Erich Kästners und Josef von Bakys Münchhausen (1943). In: Antisemitismus im Film – Laupheimer Gespräche 2008. Haus der Geschichte Baden-Württemberg (Hrsg.). Heidelberg: 2011, S. 127–148.

Paul Badde: Für jeden Unfug zu haben: Erich Ohser und Sohn. In: FAZ-Magazin, Heft 525 vom 23. 3. 1990, S. 46.

Max von Baden: Erste deutsche Note an Wilson – Friedensersuchen. In: Erich Ludendorff (Hrsg.): Urkunden der Obersten Heeresleitung über ihre Tätigkeit 1916/18. Berlin: E. S. Mittler und Sohn, 1920, S. 535

Jan-Pieter Barbian: Die vollendete Ohnmacht? Schriftsteller, Verleger und Buchhändler im NS-Staat. Ausgewählte Aufsätze. Essen 2008.

Ders.: Literaturpolitik im »Dritten Reich«. Von der »Gleichschaltung« bis zum Ruin. Frankfurt am Main 1995.

Max Barthel: Erde unter den Füßen. Büchergilde Gutenberg: Berlin 1929.

Helga Bemmann: Erich Kästner. Leben und Werk. Berlin 1998.

Walter Benjamin: Linke Melancholie. In: Die Gesellschaft, Heft 4, April 1931, S. 182.

Wolfgang Benz: Der Prozess gegen Erwin von Witzleben u. a., Deutschland 1944. In: Groenewold/Ignor/Koch (Hrsg.): Lexikon der Politischen Strafprozesse, https:// www.lexikon-der-politischen-strafprozesse.de/glossar/witzleben-erwin-v-ua/, letzter Zugriff am 12. 1. 2023.

Ders.: Verführung und Hingabe. Künstler im Dritten Reich. In: Wolfgang Benz/ Peter Eckel/Andreas Nachama: Kunst im NS-Staat. Berlin 2015, S. 13–26.

Ders./Walter H. Pehle: Lexikon des deutschen Widerstandes. Frankfurt am Main ²1994.

L. Bersch: Epigonen der Unkultur. In: Wille und Macht. Führerorgan der nationalsozialistischen Jugend. Jg. 3, Heft 4 vom 15. 2. 1935, S. 27.

Richard Biedrzynki. In: Völkischer Beobachter, Nr. 64 und 65 vom 5. 3. und 6. 3. 1943.

Michael Bienert: Kästners Berlin. Literarische Schauplätze. Verlag für Berlin-Brandenburg. Berlin 2019.

Dirk Blasius: Weimars Ende. Bürgerkrieg und Politik 1930–1933. Göttingen 2005.

Rolf Bongs: Vater und Sohn ist nicht ausgedacht. In: Der Mittag (Düsseldorf) vom 20. 7. 1951.

Karl Dietrich Bracher: Einleitung. In: Heinrich Hannover/Elisabeth Hannover-Drück: Politische Justiz 1918–1933.

Alfred Braunthal: Die Heimvolkshochschule Tinz. In: Arbeiter-Bildung, Heft 4, April 1926, 1. Jg., S. 53–56.

Paul Bruppacher: Adolf Hitler und das Dritte Reich. Eine Chronik. Teil 1. 1889–1937. Norderstedt 20084, S. 362.

Ders.: Adolf Hitler und die Geschichte der NSDAP. Eine Chronik. Teil 2. 1938–1945. 20183.

Peter Bucher: Die Bedeutung des Films als historische Quelle: Der ewige Jude (1940). In: Heinz Duchhardt/Manfred Schlenke (Hrsg.): Festschrift für Eberhard Kessel. München 1982, S. 302 und 319.

John Buck (Hrsg.): Briefe und Burlesken von Albert Schaefer-Ast.»… und wundere mich, dass ich noch lebe.« Berlin 2021.

Philipp Bühler: Emil und die Detektive [Online-Beitrag]. In: Bundeszentrale für politische Bildung vom 24. 10. 2014 [https://www.bpb.de/lernen/projekte/156993/emil-und-die-detektive].

Philip Cassier: Er paktierte mit Goebbels – und galt trotzdem als Menschenfreund. In: Die Welt [online] vom 16. 12. 2022.

Jürgen Christoph: Die politischen Reichsamnestien 1918–1933. Rechtshistorische Reihe 57. Frankfurt am Main 1988.

Paul Ciupke: Gesellschaftliche Suchbewegungen und Experimentierwerkstätten: Jugendbewegung und Volksbildung in der Weimarer Zeit. In: Barbara Stambolis (Hrsg.): Die Jugendbewegung und ihre Wirkungen. Prägungen, Vernetzungen, gesellschaftliche Einflussnahmen, Göttingen 2015, S. 169–193.

Richard Cobb: Tod in Paris. Die Leichen der Seine 1795–1801. Stuttgart 2011, S. 145.

David:»Sudelgeschichte« reloaded. In: Unique. Interkulturelles Studentenmagazin für Jena, Weimar & Erfurt. [Online-Rezension] 13. 12. 2013.

Ernst von der Decken: Versuchen, vor ihm zu bestehen. In: Neue Filmwelt, Heft 4/1947, S. 19.

Jörg Deuter: Meyer, Alfred Richard. In: Neue Deutsche Biographie (NDB). Band 17. Berlin 1994.

Irene A. Diekmann/Klaus Wettig (Hrsg.): Konzentrationslager Oranienburg. Augenzeugenberichte aus dem Jahre 1933. Gerhart Seger und Max Abraham. Potsdam 2004.

Gisela Diewald-Kerkmann: Politische Denunziation im NS-Regime oder Die kleine Macht der »Volksgenossen«. Bonn 1995.

Fjodor Michailowitsch Dostojewski. Volksausgabe des Gesamtwerks 16 Bände. Berlin: Büchergilde Gutenberg, o. J. [1929]

Jürgen Dragowski: Die Geschichte der Büchergilde Gutenberg in der Weimarer Republik 1924–1944. Essen 1992.

Boguslaw Drewniak: Der deutsche Film 1938–1945. Ein Gesamtüberblick. Düsseldorf 1987.

Wolf Durian: Kai aus der Kiste. Berlin/Leipzig/Wien 1927.

e.o.plauen: Vater und Sohn: 50 lustige Streiche und Abenteuer, Ullstein Verlag, Berlin 1935.

e.o.plauen: Der lehrreiche Tag. In: Berliner Illustrirte Zeitung, Nr. 13 vom 26. 3. 1936.

e.o.plauen: Erfolglose Anbiederung. In: BIZ, Nr. 12 vom 19. 3. 1937.

Wolfgang Eckert: Heimat, deine Sterne. Leben und Sterben des Erich Knauf. Eine Biografie. Berlin 2018.

Ders.: Mord in sieben Sekunden. In: Ossietzky. Zweiwochenschrift für Politik/Kultur/ Wirtschaft. Nr. 10 vom 26. 2. 2014.

Alexander Elster: Treupflicht. In: Erich Volkmar, Alexander Elster, Günther Küchenhoff: Handwörterbuch der Rechtswissenschaft: Die Rechtsentwicklung der Jahre 1933 bis 1935/36, Band 8. Berlin 1937.

Hans Fallada: Heute bei uns zu Haus. Berlin 1943.

Ders.: Jeder stirbt für sich allein. Berlin 19471, 2012.

Ders.: Damals bei uns daheim. Erlebtes, Erfahrenes und Erfundenes. Stuttgart 1941.

Anselm Faust: Studenten und Nationalsozialisten in der Weimarer Republik. Der nationalsozialistische Deutsche Studentenbund. 2 Bände. Düsseldorf 1973.

Lion Feuchtwanger: Jud Süß. Schauspiel in drei Akten (vier Bildern), München 1918; ders.: Jud Süß. Roman. Berlin 1931.

Eberhard Foerster [pseudonym für Erich Kästner und Eberhard Keindorff]: Verwandte sind auch nur Menschen. Lustspiel in drei Akten. Berlin 1937 [Bühnenmanuskript].

Dies.: Die Frau nach Maß. Ein Lustspiel in fünf Akten. Berlin 1938 [Bühnenmanuskript].

Dies.: Das goldene Dach. Komödie in drei Akten. Berlin 1940 [Bühnenmanuskript].

Dies.: Seine Majestät Gustav Krause. Eine Komödie in drei Akten. Berlin 1940.

Wolfgang Form: Feindbegünstigung – § 91b RStGB. In: Form/Neugebauer/Schiller, NS-Politik, S. 337. Margot Fornfeist:»Ça ira!« – Erich Knauf, ein revolutionärer Geraer Schriftsteller ergreift Partei. In: Wohin in Gera. Oktober 1986/Heft 10, S. 15–18.

Andreas Franzke: Erich Ohsers Zeichnungen Konzentrierte Anschaulichkeit und klare Form. In: Erich Ohser »e.o.plauen«. Der Zeichner 1903–1944. Staatsgalerie Stuttgart 1987, S. 12–31.

Norbert Frei/Johannes Schmitz: Journalismus im Dritten Reich. München ³1999.

K. F. Frentzel: Feuertaufe. Der Film vom Einsatz der deutschen Luftwaffe in Polen. Aktuelle Filmbücher. Band 66. Berlin 1940.

Egon Friedell: Von Dante bis d'Annunzio. Wien/Leipzig. Leipzig 1915.

Saul Friedländer: Die Jahre der Vernichtung. Das Dritte Reich und die Juden 1939–1945. München 2006.

Alexander Gallus: Einleitung. Intellektueller Kampf mit Hass und Liebe: Die Weltbühne und die Weimarer Republik. In: Alexander Gallus (Hrsg.): ad »Weltbühne«. Ausgewählte kritische Kommentare zur Weimarer Republik. Hamburg 2023.

Manfred Gebhardt: Die Nackte unterm Ladentisch. Das Magazin in der DDR. Berlin: Das Neue Berlin, 2006, S. 34 f.

Robert Gellately: Allwissend und allgegenwärtig? Entstehung, Funktion und Wandel des Gestapo-Mythos. In: Gerhard Paul, Klaus-Michael Mallmann (Hrsg.): Die Gestapo. Mythos und Realität. Mit einem Vorwort von Peter Steinbach.

Alfred Gerigk: Beratung und Warnung in der Diktatur. In: W. Joachim Freyberg (Hrsg.): Hundert Jahre Ullstein, Band III. Berlin 1977, S. 331–356.

Viera Glosíková/Sina Meißgeier/Ilse Nagelschmidt (Hrsg.):»Ich träumte: ich saß in der Schule der Emigranten ...« Der jüdische Schriftsteller und Journalist Hans Natonek aus Prag. Berlin 2016.

Joseph Goebbels. Tagebücher 1924–1945. Band 3. Herausgegeben von Ralf Georg Reuth. München/Zürich 2003.

Ders.: Nachtkritik. In. Film-Kurier vom 13. Mai 1936.

Ders.: Reden. Band 1: 1932–1939. Herausgegeben von Helmut Heiber. Düsseldorf 1971.

Christian Goeschel: Selbstmord im Dritten Reich. Berlin 2011.

Franz Josef Görtz/Hans Sarkowicz: Erich Kästner. Eine Biographie. Unter Mitarbeit von Anja Johann. München/Zürich 1998.

Swantje Greve: Werner Finck und die»Katakombe«. Ein Kabarettist im Visier der Gestapo. Topographie des Terrors. Notizen Band 7. Hrsg. von Andreas Nachama. Berlin 2015.

Alexander Griebel: Das Jahr 1918 im Lichte neuer Publikationen. In: Vierteljahreshefte für Zeitgeschichte, Jahrgang 6 (1958), Heft 4, S. 361–379.

Otto Gritschneder: Der Hitler-Prozeß und sein Richter Georg Neithardt. Skandalurteil von 1924 ebnet Hitler den Weg. München 2001.

Frank Grube/Gerhard Richter: Alltag im Dritten Reich. So lebten die Deutschen 1933 bis 1945. Hamburg, 1982.

Richard Grunberger: Das zwölfjährige Reich. Eine Sozialgeschichte des national-sozialistischen Deutschland. Der Deutschen Alltag unter Hitler. Molden 1971.

Emil Julius Gumbel: Vier Jahre politischer Mord. Berlin-Fichtenau 1922.

Christoph Haacker in: Walter Trier, Biografien in Klapperzahns Wunderelf. Wuppertal ²2007, S. 166–169.

Sabine Hake, zit. nach: Bundeszentrale für politische Bildung: Film im NS-Staat. In: https://www.bpb.de/geschichte/nationalsozialismus/geheim-sache-ghetto-film/153344/film-im-ns-staat. [Abgerufen am 17. 3. 2021].

Hans Halter: »An der Richtstätte kein Hitler-Gruß«. In: Der Spiegel 8/1979 vom 19. 2. 1979, S. 100 f.

Sven Hanuschek: Ein jüdischer Verleger machte Kästner weltberühmt. In: Welt (online) vom 28.11.2015.

Ders.: Keiner blickt Dir hinter das Gesicht. Das Leben Erich Kästners. München/ Wien ³2017.

Wilhelm Hauff: Jud Süß. In: Morgenblatt für gebildete Stände. Stuttgart 1827.

Johann Peter Hebbel: Anekdoten. Mit 8 Originallithographien von Erich Ohser. Ausgewählt von Karl Lerbs. Leipzig 1924.

Ulla Heise: Leipziger Kaffeehäuser: Alfred Ahner im Merkur. Leipziger Blätter, Heft 8 (1986), S. 50/51.

Dietrich Heither: Ich wusste, was ich tat. Emil Julius Gumbel und der rechte Terror in der Weimarer Republik. Köln 2016.

Günter Helmes: Erich Kästner als Medienautor: Die Drehbücher zu den Filmen Münchhausen und Dann schon lieber Lebertran. In: Jahrbuch zur Kultur und Literatur der Weimarer Republik. München 2007, S. 167–181.

Hermann Henselmann: Drei Reisen nach Berlin. Berlin 1981.

Jan Herchenröder: Gutes Kabarett in schlechter Zeit. Was Erich Kästner dafür tat. Unbehagen und Kritik. In: Rudolf Wolff (Hrsg.): Erich Kästners Werk und Wirkung. Sammlung Profile Band 1. Bonn 1983, S. 44–52.

Georg Heym: Dichtungen und Schriften. Tagebücher, Träume, Briefe. Hrsg. von Karl Ludwig Schneider. Bd. 3. Hamburg 1960.

Knut Hickethier: Kästner geht zum Film. Der Schriftsteller als Drehbuchautor [→ Hickethier: Kästner geht zum Film]. In: Wegner,»Die Zeit fährt Auto«, S. 83.

Ders.: Münchhausen. In: Dieter Krusche: Reclams Filmführer. Stuttgart 2008, S. 458–462.

Oliver Hilmes: Schattenzeit. Deutschland 1943: Alltag und Abgründe. München 2023.

Reinhard Hippen: Geschichten des Kabaretts. In: Reinhard Hippen (Hrsg.): Sich fügen heißt lügen. 80 Jahre deutsches Kabarett. (Ausstellungskatalog des Deutschen Kabarett-Archivs). Mainz: Amt für Öffentlichkeitsarbeit 1981, S. 27.

Fritz Hippler: Die Verstrickung. Einstellungen und Rückblenden. Düsseldorf [1981].

Adolf Hitler:»In eigener Sache«. In: Das Deutsche Lichtbild – Jahresschau 1934. Verlag Bruno Schultz 1933, S. T 1–T11.

Adolf Hitler: Mein Kampf. Erster Band. München 1925.

Peter Hoeres: Die Kultur von Weimar. Durchbruch der Moderne. Deutsche Geschichte im 20. Jahrhundert. Band 5. Hrsg. Von Manfred Görtemaker, Frank-Lothar Kroll, Sönke Neitzel. Berlin 2008.

Dorothea Hollstein:»Jud Süß« und die Deutschen. Frankfurt am Main u. a. 1983.

Gerd Holzheimer: Olaf Gulbransson. Eine Biographie. München 2021.

Cuno Horkenbach (Hrsg.): Das Deutsche Reich von 1918 bis heute. Mit sachlicher Unterstützung der Reichsbehörden. Berichtsheft, Band 3. Berlin 1933.

Jack Horsfall/Nigel Cave: Bourlon Wood. Pen and Sword Books. Barnsley 2001.

Internationalen Militärgerichtshof Nürnberg (Hrsg.): Der Prozess gegen die Hauptkriegsverbrecher vor dem Internationalen Militärgerichtshof (14. November 1945 bis 1. Oktober 1946). Amtlicher Text in deutscher Sprache. Nürnberg 1947. Band 22. Fotomechanischer Nachdruck. München/Zürich 1984.

Otto Jamrowski (Hrsg.): Deutschlands Kampf für die abendländische Kultur. Berlin 1933.

Christian Jenssen: Erich Kästner, der sein Herz auf Taille schnürte, sich zwischen die Stühle setzte und nur noch am 35. Mai fortlebt«. In: Berliner Börsen-Zeitung, Nr. 291. Literaturblatt»Kritische Gänge«, Nr. 26.

Ernst Jünger: In Stahlgewittern. Ein Kriegstagebuch. Berlin 1920.

Kirsten Jüngling: Emil Nolde. Die Farben sind meine Noten. Berlin 2013.

Erich Kästner, in: Die Neue Bücherschau 1929, S. 218.

Ders.: Freundschaft auf den ersten Blick. Von alten, jungen und neuen Freunden. Herausgegeben von Sylvia List. Zürich 2020.

Ders.:»Gescheit und trotzdem tapfer.« In: Gesammelte Werke, Band 7, S. 24–27.

Ders.:»Wut aufs Militär, auf die Rüstung, auf die Schwerindustrie«. Der Schriftsteller Erich Kästner im Deutschlandfunk, Sendung vom 23. 2. 1969.

Ders.: Abendlied des Kammervirtuosen. In: Der Bumerang. Zeitschrift der Studierenden der Akademie für Graphische Künste und Buchgewerbe zu Leipzig, März 1927, S. 14–15.

Ders.: Abendlied des Kammervirtuosen. In: Plauener Volkszeitung vom 11. 3. 1927.

Ders.: Als ich ein kleiner Junge war. Zürich 1957.

Ders.: An den Weihnachtsmann, In: Die Weltbühne, 26. Jg., Zweites Halbjahr 1930, S. 822.

Ders.: Arthur mit dem langen Arm. Ein Bilderbuch von Erich Kästner und Walter Trier. Berlin-Grunewald 1931 [recte: 1930].

Ders.: Besuch aus Zürich. In: Die Neue Zeitung vom 28. 10. 1945.

Ders.: Betrachtungen eines Unpolitischen. In: Die Neue Zeitung vom 14. 1. 1946; Wiederabdruck in: Ders.: Betrachtungen eines Unpolitischen. In: Kästner: Splitter und Balken. Publizistik. Werke, Band VI. Herausgegeben von Hans Sarkowicz und Franz Josef Görtz in Zusammenarbeit mit Anja Johann. München/Wien 1998, S. 516–519.

Ders.: Brief aus Paris, anno 1935, 28. Jg., Zweites Halbjahr 1932, S. 795.

Ders.: Das blaue Buch. Geheimes Kriegstagebuch 1941–1945. Herausgegeben von Sven Hanuschek, Ulrich von Bülow und Silke Becker. Zürich ²2021.

Ders.: Das doppelte Lottchen. Zürich 1949.

Ders.: Das fliegende Klassenzimmer. Ein Roman für Kinder. Illustriert von Walter Trier. Stuttgart 1933.

Ders.: Das verhexte Telefon. Ein Bilderbuch von Erich Kästner und Walter Trier. Berlin-Grunewald 1931 [recte: 1930].

Ders.: Denn ihr seid dumm. In: Die Weltbühne, 28. Jg., Zweites Halbjahr 1932, S. 164.

Ders.: Der 35. Mai oder Konrad reitet in die Südsee. Illustriert von Walter Trier. Berlin-Grunewald 1933 [recte: 1932].

Ders.: Die andre Möglichkeit. In: Die Weltbühne vom 9. 7. 1929, S. 53.

Ders.: Die scheintote Prinzessin. In: Die Weltbühne vom 24. 1. 1933.

Ders.: Die Schule der Diktatoren: Eine Komödie in neun Bildern. Zürich 1956.

Ders.: Die verschwundene Miniatur oder auch Die Abenteuer eines empfindsamen Fleischermeisters. Basel/Wien/Mährisch-Ostrau 1936.

Ders.: Dieses Na ja!, wenn man das nicht hätte. Ausgewählte Briefe von 1909 bis 1972. Herausgegeben von Sven Hanuschek. Zürich 2003.

Ders.: Doktor Erich Kästners lyrische Hausapotheke. Enthält alte und neue Gedichte des Verfassers für den Hausbedarf der Leser. Nebst einem Vorwort und einer nutzbringenden Gebrauchsanweisung samt Register. Mit einem Schutzumschlag von Walter Trier. Basel/Wien/Mährisch-Ostrau 1936.

Ders.: Drei Männer im Schnee. Eine Erzählung. Zürich 1934.

Ders.: Ein Mann gibt Auskunft. Illustriert von Erich Ohser. Stuttgart/Berlin 1930.

Ders.: Eine unbezahlte Rechnung. In: Neue Zeitung vom 14. 1. 1946.

Ders.: Emil und die Detektive. Ein Roman für Kinder. Illustriert von Walter Trier. Berlin-Grunewald 1930 [recte: 1929].

Ders.: Emil und die drei Zwillinge. Die zweite Geschichte von Emil und den Detektiven. Illustriert von Walter Trier. Basel, Wien, Mährisch-Ostrau 1935.

Ders.: Erich Ohser aus Plauen. In: Erich Kästner Werke. Band VI, S. 633–638.

Ders.: Erinnerung an Paris. Einleitung zu: Erich Ohser (Plauen). Darmstadt 1963.

Ders.: Fabian – Die Geschichte eines Moralisten. Stuttgart/Berlin 1931.

Ders.: Freunde in der Not. In: Pinguin, Jg. 1, Heft 11, November 1946.

Ders.: Freundschaft auf den ersten Blick. Von alten, jungen und neuen Freunden. Hrsg. von Sylvia List. Zürich 2020.

Ders.: Ganz rechts zu singen. In: Die Weltbühne, 26. Jg., Zweites Halbjahr 1930, S. 509.

Ders.: Georg und die Zwischenfälle. Basel/Mährisch-Ostrau 1938. Späterer Titel: Der kleine Grenzverkehr (1949).

Ders.: Gesammelte Schriften für Erwachsene. Band 1. Zürich/München 1969.

Ders.: Gesammelte Schriften für Erwachsene. Band 8, Zürich/München 1969.

Ders.: Gesang zwischen den Stühlen. Zeichnungen von Erich Ohser. Berlin 1932.

Ders.: Heiteres von e.o. plauen. Hannover 1957.

Ders.: Herz auf Taille. Illustriert von Erich Ohser. Leipzig/Wien 1928.

Ders.: Interview mit Adelbert Reif: »Ich habe schon resigniert«. Ein Gespräch mit Erich Kästner zu seinem 70. Geburtstag. In: Die Tat vom 22. 2. 1969.

Ders.: Kann man Bücher verbrennen? Zum Jubiläum einer Schandtat, 9. Mai 1947. In: Die Neue Zeitung, Jg. 3, Nr. 37, Frankfurter Ausgabe vom 9. Mai 1947. Wiederabdruck in: Ders.: Über das Verbrennen von Büchern. Zürich 2013.

Ders.: Kirche und Radio. In: Die Weltbühne, 22. Jg., Zweites Halbjahr 1926, S. 35–36.

Ders.: Lärm im Spiegel. Illustriert von Rudolf Grossmann. Leipzig/Wien 1929.

Ders.: Leben in dieser Zeit Lyrische Suite in 3 Sätzen. Text von Erich Kästner, Musik von Eduard Nick. Berlin 1931 [Bühnenmanuskript].

Ders.: Mama bringt die Wäsche. Aus Berliner Tagebuchblättern. In: Ders.: Der Herr aus Glas. Zürich 2019, S. 210–216.

Ders.: Mein liebes, gutes Muttchen, Du! Dein oller Junge. Briefe und Postkarten aus 30 Jahren. Ausgewählt und eingeleitet von Luiselotte Enderle. Hamburg 1981.

Ders.: Nachtgesang des Kammervirtuosen. In: Das Stachelschwein, Jag. 2, Heft 21, Mitte November 1925, S. 17.

Ders.: Nachtgesang des Kammervirtuosen. In: Plauener Volkszeitung vom 26. 3. 1926.

Ders.: Notabene 1945. Zürich 1961. Wiederabdruck in: Kästner: Splitter und Balken. Publizistik. Werke, Band VI. Herausgegeben von Hans Sarkowicz und Franz Josef Görtz in Zusammenarbeit mit Anja Johann. München/Wien 1998, S. 301–480.

Ders.: Notwendige Antwort auf überflüssige Fragen. In: Der Simpl. Kunst, Karikatur, Kritik. München Jg. 1, Heft 2 vom 15. 4. 1946.

Ders.: Panzerkreuzersonate. In: Montag Morgen vom 24. 2. 1930, S. 12.

Ders.: Primaner in Uniform. In: Die Weltbühne vom 30. 6. 1929, S. 168.

Ders.: Pünktchen und Anton. Ein Roman für Kinder. Illustriert von Walter Trier. Berlin-Grunewald 1932 [recte: 1931].

Ders.: Pünktchen und Anton. Nach dem Roman für Kinder. Berlin-Halensee 1931 [Bühnenmanuskript].

Ders.: Sachliche Romanze. In: Vossische Zeitung, Nr. 95 vom 20. 4. 1928.

Ders.: Sergeant Waurich. In Simplicissimus, 1929 (Jg. 33) Heft 47, S. 618.

Ders.: Till Eulenspiegel. Zwölf seiner Geschichten frei nacherzählt von Erich Kästner. Illustriert von Walter Trier. Zürich 1938.

Ders.: Über das Auswandern. In: Pinguin, Jg. 2, Heft 1, Januar 1947, S. 1.

Ders.: Unser Weihnachtsgeschenk. In: Die Neue Zeitung vom 24. 12. 1945.

Ders.: Vorwort zur Taschenbuchausgabe von Herz auf Taille, Atrium-Verlag. Zürich 1959 a. a. O. Zit. nach: Erich Kästners Werke, Band I, Gedichte. München/ Wien 1998, S. 373.

Ders.: Wert und Unwert des Menschen. In: Die Neue Zeitung vom 4. 2. 1946; Wiederabdruck in: Erich Kästner. Gesammelte Werke. Band 5. Köln 1959, S. 60.

George F. Kennan: The Decline of Bismarck's European Order. Franco-Russian Relations, 1875–1890, Princeton 1979.

Hermann Kesten: Meine Freunde die Poeten. Wien/München 1953, S. 219.

Walter Kiaulehn: Zum Tode Ernst von der Decken – ein Edelmann ist von uns gegangen. In: Die Welt vom 17. März 1958.

Rudyard Kipling: Das kommt davon: 3 Tierschnurren. In deutscher Übertr. von Hans Rothe. Mit [farb. eingedr.] Bildern von Erich Ohser. Leipzig 1925.

Otto Kirchheimer: Prozesspraxis außerhalb rechtsstaatlichen Raums. In: Ders.: Politische Justiz. Verwendung juristischer Verfahrensmöglichkeiten zu politischen Zwecken. Neuwied 1965.

Albrecht Kirschner: Wehrkraftzersetzung. In: Form/Neugebauer/Schiller, NS-Politik, S. 405.

Ernst Klee: Das Kulturlexikon zum Dritten Reich: Wer war was vor und nach 1945. Berlin 2005.

Frauke Klinkers: Der Zeichner ERICH OHSER (1903–1944). Inaugural-Dissertation. Technische Universität Berlin 1976.

Erich Knauf [pseud.: E.K.]: Carmen, etwas blutarm. Dusolina Giannini in der Staatsoper. In: 8 Uhr-Abendblatt vom 22. 5. 1934.

Ders.: Empörung und Gestaltung. Künstlerprofile von Daumier bis Kollwitz. Büchergilde Gutenberg: Berlin 1928.

Ders. (als Hrsg.): Welt werde froh. Ein Kurt-Eisner-Buch. Zum 10. Jahrestage der Ermordung Kurt Eisners. Büchergilde Gutenberg. Berlin 1929.

Ders.: Begegnung mit Dostojewski, In: Lichtwart, 1. Jg., 1921/22, S. 349 ff.

Ders.: Beitrag über Programm und Praxis der Büchergilde auf dem 7. Vertretertag des Bildungsverbandes der Deutschen Buchdrucker 1931. In: Beilage zu Typ. Mitteilungen 10/1931, S. 4.

Ders.: Ça ira! Reportage-Roman aus dem Kapp-Putsch. Büchergilde Gutenberg: Berlin 1930.

Ders.: Das blaue Auge. Humor, Satire, Tragikomisches und andere Rosinen der Weltliteratur. Büchergilde Gutenberg. Berlin 1930.

Ders.: Das Traumboot. Mit Illustrationen von Albert Schäfer-Ast. Berlin 1949.

Ders.: Daumier. Büchergilde Gutenberg. Berlin 1931.

Ders.: Der unbekannte Zille. Vergangenheitsverlag: Berlin 2015.

Ders.: Die gute Sieben. Aktuelle Filmbücher. Band 5. Berlin 1940.

Ders.: Donner über der Adria. Nach einem Tagebuch-Roman von Karl Hans Schober. In: Vorwärts, Nr. 9 vom 7. 1. 1932 bis zu Nr. 47 vom 29. 1. 1932. Bucherstveröffentlichung im Regenbrecht-Verlag, Berlin 2021.

Ders.: Empörung und Gestaltung. Künstlerprofile von Daumier bis Kollwitz. Büchergilde Gutenberg. Berlin 1928.

Ders.: Falschmünzer. Aktuelle Filmbücher. Band 148. Berlin 1940.

Ders.: Frau nach Maß. Aktuelle Filmbücher. Band 56. Berlin 1940.

Ders.: Für die Katz. Aktuelle Filmbücher. Band 204. Berlin 1940.

Ders.: Hans Söhnker. Aktuelle Filmbücher. Band 12. Berlin 1940.

Ders.: Heil Kaiser dir! In: Volkszeitung für das Vogtland vom 18. 10. 1924.

Ders.: Johannes Riemann – Profil eines Schauspielers. Aktuelle Filmbücher. Band 15. Berlin 1940.

Ders.: Kennen Sie B. Traven? In: Funk-Stunde Berlin, Sendung vom 12. 7. 1930, 19:00 Uhr. Ankündigung im Vorwärts, Spätausgabe Nr. 322 vom 12. 7. 1930, S. 4.

Ders.: Kulturbolschewist Kästner. In: Volks-Zeitung für das Vogtland, Jg. 11, Nr. 116 vom 22. 5. 1929, S. 8.

Ders.: Kunstkritik. Vermutlich in: Volkszeitung für das Vogtland. Datum unbekannt.

Ders.: Lauter Liebe. Aktuelle Filmbücher. Band 55. Berlin 1940.

Ders.: Mutter. Ein Buch der Liebe und des Dankes. Büchergilde Gutenberg. Berlin/ Wien/Prag/Zürich. 1933.

Ders.: Nur ein Komödiant. Nach dem Film erzählt. Tobis-Filmbücherei Band 2. Berlin 1935.

Ders.: Rezension zu Erich Kästner, Ein Mann gibt Auskunft. [Um 1930]. In: Neue Revue: literarisches Magazin. Band 2 (1930/31), S. 164.

Ders.: Rosen in Tirol. Aktuelle Filmbücher. Band 206. Berlin 1940.

Ders.: Vergiß mein nicht. Nach dem Film erzählt. Tobis-Filmbücherei Band 7. Berlin 1935.

Ders.: Wiener Geschichten. Aktuelle Filmbücher. Band 58. Berlin 1940.

Ders.: [pseud. Erik Lippold]: Höchste Zeit für Weihnachten! Die Frau, die den Weihnachtskalender wiederentdeckt. In: 8 Uhr-Abendblatt vom 16. 2. 1934.

Ders.: [pseud. Thyl]: Es ist schon spät. In: 8 Uhr-Abendblatt, Nr. 188 vom 14. 8. 1934.

Ders.: [pseud. Thyl]: Schwarzes Schicksal. In: 8 Uhr-Abendblatt, November 1934.

Friedrich Knilli: Ich war Jud Süß. Die Geschichte des Filmstars Ferdinand Marian. Mit einem Vorwort von Alphons Silbermann. Berlin 2000.

Hannsjoachim W. Koch: Volksgerichtshof. Politische Justiz im 3. Reich. München 1988.

Volker Koop: Warum Hitler King Kong liebte, aber den Deutschen Micky Maus verbot. Die geheimen Lieblingsfilme der Nazi-Elite. Berlin-Brandenburg 2015.

Kurt Koszyk: Presse unter alliierter Besetzung. In: Jürgen Wilke: Mediengeschichte der Bundesrepublik Deutschland. Köln 1999.

Lutz Kowalzick: Politische Karikaturen von Erich Ohser in der sozialdemokratischen Zeitschrift »Vorwärts« 1930–1933.

Klaus Kreimeier: Die Ufa-Story. Geschichte eines Filmkonzerns. Frankfurt am Main 2002.

Manfred Kuhnke: Der traurige Clown und der Elefant auf dem Seil. Hans Fallada und e.o.plauen. Herausgegeben vom Literaturzentrum Neubrandenburg e.V. Neubrandenburg 2003.

Regina Kusch: Die »Traumfabrik« des deutschen Films. In: https://www.deutschlandfunk.de/vor-100-jahren-gruendung-der-ufa-die-traumfabrik-des.871. de.html?dram:article_id=406229 [Stand: 18. 12. 2017].

Kurt Kusenberg: Als Vater und Sohn geboren wurden. In: Ausstellungskatalog. Hannover 1962.

Volker Kutscher: Der nasse Fisch. Gereon Raths erster Fall. Köln 2008.

Erich Kuttner: Warum versagt die Justiz? Berlin 1921.

Lothar Lang: Erich Knauf – Leben und Werk. Versuch einer Biografie. Staatliches Museum Schloß Burgk 1985.

Detlev Laubach: Erich Ohser (e.o.plauen) und die »Vater und Sohn«-Bildgeschichten. In: e.o.plauen: Vater und Sohn, Gesamtausgabe, Südverlag, Konstanz 1982.

Ders.: Erich Ohser aus Plauen. Leben und Schaffen. In: Erich Ohser alias e.o.plauen. Die Werkausgabe. Zeichnungen, Illustrationen, Karikaturen, Witzbilder und Vater und Sohn-Bildgeschichten. Mit Texten von Elke Schulze. In Zusammenarbeit mit der Erich Ohser – e.o.plauen Stiftung, Plauen. Südverlag: Konstanz 2017, S. 1–42.

Annedore Leber (Hrsg.) in Zusammenarbeit mit Willy Brandt und Karl Dietrich Bracher: Das Gewissen steht auf. Lebensbilder aus dem deutschen Widerstand von 1933–1945. Frankfurt am Main/Berlin 1954.

Tobias Lehmkuhl: Der doppelte Erich. Kästner im Dritten Reich. Berlin 2023.

Helmut Lethen: Die Staatsräte. Elite im Dritten Reich: Gründgens, Furtwängler, Sauerbruch, Schmitt. Berlin 2018.

Walter C.F. Lierke: Erich Knauf: Ça ira! Reportage-Roman aus dem Kapp-Putsch. Büchergilde Gutenberg/Berlin. In: Simplicissimus, Nr. 44 vom 1. 2. 1932, S. 522.

Ernst Lissauer: Haßgesang gegen England. In: Worte in der Zeit. Flugblätter, Göttingen/Berlin 1914.

Peter Longerich: Joseph Goebbels. Biographie. 2010.

Jan Lubitz: Architektenportrait Hermann Henselmann 1905–1995 vom Februar 2002. In: https://www.architekten-portrait.de/hermann_henselmann/Februar 2002 [abgerufen am 25. 3. 2024].

Heinrich Mann: Der Untertan. Vorabdruck in: Zeit im Bild. Illustrierte. Berlin 1914, Buchveröffentlichung: Leipzig 1918.

Klaus Mann: Erich Kästner. In: Das Neue Tage-Buch, 2. Jg. Nr. 41/1934, S. 981 f.

Thomas Mann: Betrachtungen eines Unpolitischen. Berlin 1918.

Erika Martens: Das Reich: Ein Beitrag zur Phänomenologie der Presse im totalitären Regime. Köln 1972, S. 43–58.

Filippo T. Marinetti: Manifeste de Futurisme. In: Le Figaro vom 20. 2. 1909.

Hans-Leo Martin: Unser Mann bei Goebbels. Verbindungsoffizier des OKWs beim Reichspropagandaminister 1940–44. Neckargemünd 1973.

Klaus Marxen: Der nationalsozialistische Volksgerichtshof. Geschichte und Gegenwart. In: Stiftung Topographie des Terrors, vertreten durch Prof. Dr. Andreas Nachama: Der Volksgerichtshof 1934–1945. Terror durch »Recht«/When Nazi Terror Became Law. Berlin 2018, S. 235–238.

Gustav Meyrink: Der Golem. Roman. Mit acht Lithographien von Hugo Steiner-Prag. Leipzig, 141.–150. Tsd.

Ben Möbius: Die liberale Nation. Deutschland zwischen nationaler Identität und multikultureller Gesellschaft. Wiesbaden 2003.

László Moholy-Nagy: Die beispiellose Fotografie. In: Das Deutsche Lichtbild. Nr. 1, 1927, S. X.

Eberhard Wolfgang Möller: Rothschild siegt bei Waterloo. Ein Schauspiel. Berlin 1934.

Felix Möller: Der Filmminister. Goebbels und der Film im Dritten Reich. Mit einem Vorwort von Volker Schlöndorff. Berlin 1998.

Hans Mommsen: Alternative zu Hitler. Studien zur Geschichte des deutschen Widerstandes. Beck, München 2000.

Günter Morsch: Konzentrationslager Oranienburg. Berlin 1994.

Detlef Manfred Müller: 80 Jahre »Vorwärts«-Karikatur. Erich Ohser/e.o.plauen (1903–1944). In: Vorwärts Online vom 1. 6. 2009. [Abgerufen zuletzt am 7. 11. 2021].

Ders.: Erich Ohser – e.o.plauen (1903–1944). »Vater und Sohn« & die Berliner Illustrierte Zeitung der Jahre 1934–1937. Ein Idyll mit doppeltem Boden? Kulturbetrieb Stadt Plauen/Galerie e.o.plauen & Erich Ohser – e.o.plauen Stiftung 2009. Plauen 2009.

Ders.: Erich Ohser – e.o.plauen (1903–1944). Der politische Zeichner. Vogtland Museum. Plauen 2004.

Nadja Münch/Gabriele Nandlinger: Arndt-Verlag. In: Glossar der Bundeszentrale für politische Bildung im Dossier Rechtsextremismus 2010. BIKnetz, archiviert vom Original am 22. 10. 2014; abgerufen am 22. 10. 2014.

Marius Munz: »Wiesbaden est boche, et le restera.« Die alliierte Besetzung Wiesbadens nach dem Ersten Weltkrieg 1918–1930.

Robert Neuner [Pseudonym für Werner Buhre und Erich Kästner]: Das lebenslängliche Kind. Ein Lustspiel in vier Akten. [Bühnenmanuskript]. Berlin 1934 und 1940.

Peter Nicolaus: Leben und Wirken der Kinderbuchillustratorin und Adventskalendergestalterin Marigard Bantzer. In: Tina Peschel (Hrsg.): Adventskalender: Geschichte und Geschichten aus 100 Jahren. Schriftenreihe Museum Europäischer Kulturen 7. Dresden 2009, S. 176–180.

Ronny Noak: Die Heimvolksschule Tinz. Ein Experimentierlabor sozialistischer Bildung. Rosa-Luxemburg-Stiftung Thüringen e. V. Erfurt 2021.

Erich Ohser: Haarschneiden. In: Neue Leipziger Zeitung vom 23. 5. 1934.

Carl von Ossietzky: »Kulturbolschewismus«. In: Die Weltbühne. 1931, S. 559–563.

Ders.: Remarque-Film. In: Die Weltbühne, XXVI. Jahrgang, Nr. 51 vom 16. 12. 1930, S. 889–891.

Sylvia de Pasquale/Sebastian Nagel (Hrsg.): Auf dem Görden. Die Strafanstalt Brandenburg im Nationalsozialismus (1933–1945) und in der DDR (1949–1990). Eine Ausstellung am historischen Ort. Schriftenreihe der Stiftung Brandenburgischer Gedenkstätten. Band 60. Berlin 2020.

Gerhard Paul/Klaus-Michael Mallmann (Hrsg.): Die Gestapo. Mythos und Realität. Darmstadt 1995; Christoph Graf: Politische Polizei zwischen Demokratie und Diktatur. Berlin 1988.

Richard Georg Plaschka: Avantgarde des Widerstands. Modellfälle militärischer Aufklärung im 19. und 20. Jahrhundert Bd. 1. Wien/Köln/Graz 2000.

Anatol Regnier: Jeder schreibt für sich allein. Schriftsteller im Nationalsozialismus. München 2020.

Marcel Reich-Ranicki: Mein Leben. Stuttgart 2000.

Erich Maria Remarque: Im Westen nichts Neues. Propyläen-Verlag. Berlin 1929.

Christof Rieber: Politischer Widerstand in der NS-Diktatur. In: Politik und Unterricht. 2/1994.

Karl Rössing: Mein Vorurteil gegen diese Zeit. 100 Holzschnitte von Karl Rössing. Büchergilde Gutenberg. Berlin 1932.

Hans Sarkowicz: Nachrichten vom Tage. Erich Kästners publizistisches Werk bis 1933. In: Heinrich Wegner (Hrsg.):»Die Zeit fährt Auto«. Erich Kästner zum 100. Geburtstag. Berlin 1999, S. 33–44.

Gerhard Sauder: Akademischer »Frühlingssturm«. Germanisten als Redner bei der Bücherverbrennung. In: Ulrich Walberer (Hrsg.): 10. Mai 1933. Bücherverbrennung in Deutschland und die Folgen. Frankfurt am Main 1983, S. 140–159.

Boris Sawinkow: Erinnerungen eines Terroristen. Büchergilde Gutenberg. Berlin 1929.

Siegfried Schliebs: Der Fall des Volksbibliothekars Wolfgang Herrmann. In: Akademie der Künste (Hrsg.): Das war ein Vorspiel nur ...: Bücherverbrennung Deutschland 1933. Voraussetzungen und Folgen. Berlin/Wien 1983, S. 442 ff.

Isa Schikorsky: Erich Kästner. München 1998.

Hans Schmid:»Der Führer ist sehr eingenommen.« In: Telepolis online vom 1. 6. 2009.

Helmut Schmidt: Kindheit und Jugend unter Hitler. Berlin 1992.

Karl-Friedrich Schrieber: Die Reichskulturkammer. Berlin 1934, S. 24.

Elke Schulze: Erich Ohser alias e.o.plauen. Ein deutsches Künstlerschicksal. Konstanz 2014.

Karl Silex: Unser öffentliches Amt. In: Deutsche Allgemeine Zeitung vom 29. 10. 1934.

Michail Michailowitsch Soschtschenko: Die Stiefel des Zaren. Erzählungen aus dem heutigen Russland. Mit 25 Zeichnungen von E. O. Plauen. Berlin 1930.

Erwin-Ernst Starke: Die wundersame Welt der Lüge. In: Tagesspiegel online vom 28. 11. 2010.

Peter Steinbach/Johannes Tuchel (Hrsg.): Widerstand gegen die nationalsozialistische Diktatur 1933–1945. Lukas-Verlag, Berlin 2004.

Robert Adolf Stemmle: Aus heiterm Himmel. Theater- und Filmanekdoten. Zeichnungen von E.O. Plauen. Zeichnungen von E.O. Plauen.

Ders.: Die Zuflöte. Theater- und Filmanekdoten. Zeichnungen von E.O. Plauen. Herbig. Zeichnungen von E.O. Plauen.

Stiftung Topographie des Terrors (Hrsg.): Das »Hausgefängnis« der Gestapo-Zentrale in Berlin. Terror und Widerstand 1933–1945. Berlin ²2006.

Dies., vertreten durch Prof. Dr. Andreas Nachama: Der Volksgerichtshof 1934–1945. Terror durch »Recht«/When Nazi Terror Became Law. Berlin 2018.

Ingo Tornow: Kästner und der Film. Mit den Songtexten Kästners aus ›DIE KOFFER DES HERRN O.F.‹. München 1998.

Johannes Tuchel/Julia Albert: Widerstand gegen den Nationalsozialismus. Herausgegeben von der Bundeszentrale für Politische Bildung/bpb. Bonn 2016.

Daniel Uziel: Propaganda, Kriegsberichterstattung und die Wehrmacht. Stellenwert und Funktion der Propagandatruppen im NS-Staat. In: Rainer Rother/Judith Prokasky (Hrsg.): Die Kamera als Waffe. Propagandabilder des Zweiten Weltkrieges. München: edition text + kritik 2010, S. 13–36.

Nikolaus Wachsmann: Gefangen unter Hitler. Justizterror und Strafvollzug im NS-Staat. München 2004.

Michael Watzke/Claus-Stephan Rehfeld: Erich Kästners Flucht im Jahre 1945. Lügen als Überlebensstrategie. In: Deutschlandfunk-Kultur (online) vom 26. 6. 2015.

Benjamin Wagener: Inländische Perspektiven. Erich Kästner als Feuilletonist der Neuen Zeitung. In: Bernd Blöbaum/Stefan Neuhaus (Hrsg.): Literatur und Journalismus. Theorie, Kontexte, Fallstudien. Wiesbaden 2003, S. 195–226.

Heinrich Wegner (Hrsg.): »Die Zeit fährt Auto«. Erich Kästner zum 100. Geburtstag. Berlin 1999.

Uwe Wesel: Drei Todesurteile pro Tag. In: ZeitOnline vom 3. 2. 2005; zuletzt abgerufen am 10. 1. 2024.

Andreas Wittenberg: Erich Kästner und das Kabarett – ein Forschungsbericht. In: Erich Kästner Jahrbuch. Band 3. Herausgegeben von Volker Ladenthin. Unter Mitarbeit von Susanne Hucklembroich-Ley. Würzburg 2004, S. 67–114.

Bernhard Zimmermann: Entwicklungen der deutschen Literaturkritik von 1933 bis zur Gegenwart. In: Peter Uwe Hohendahl (Hrsg.): Geschichte der deutschen Literaturkritik. Mit Beiträgen von Klaus L. Berghahn u. a. Stuttgart: Metzler 1985, S. 275–338.

Johan Zonneveld: Bibliographie Erich Kästner. Band I. Primärliteratur. Zeittafel, Bielefeld 2011.

Ders.: Erich Kästner als Rezensent 1923–1933. Frankfurt am Main 1991.

Eva Züchner: Der verschwundene Journalist. Berlin 2010.

3. Weitere Zeitschriften- und Onlinequellen

Bibliothekar,

Börsenblatt des deutschen Buchhandels,

Die Büchergilde,

DER SPIEGEL,

Deutsche Allgemeine Zeitung,

Film-Kurier,

Filmpress,

Leipziger Neueste Nachrichten,

mdr.de,

Neueste Frankfurter Zeitschrift,

Staatsbürger-Zeitung,

Völkischer Beobachter,

Volks-Zeitung für das Vogtland,

Vorwärts,

www.munkepunke.de und

www.spiegel.de.

Abbildungsnachweis

Architekturmuseum der Technischen Universität Berlin in der Universitätsbibliothek: Abb. 55 Inv. Nr. BZ-F 24,004 https://architekturmuseum.ub.tu-berlin.de/P/126131.php

Atrium Verlag, Berlin: Abb. 7

Bundesarchiv: Abb. 11 Bild 102-14597 / Georg Pahl / CC-BY-SA 3.0, Abb. 33 Bild 183-2007-1022-508 / CC-BY-SA, Abb. 43 Bild 183-R97512 / Autor/-in unbekannt / CC-BY-SA 3.0, Abb. 48 Bild 183-1992-0421-500 / CC-BY-SA 3.0, Abb. 62 Bild 151-39-21 / CC-BY-SA 3.0, Abb. 68 Bild 183-R76032 / CC-BY-SA 3.0

Deutsches Literaturarchiv, Marbach: Abb. 2

Dutch National Archives, The Hague, Fotocollectie Algemeen Nederlands Persbureau (ANEFO): Abb. 67 Bestanddeelnummer 912-8730, CC0 1.0

Gedenkstätte Brandenburg an der Havel I Stiftung Brandenburgische Gedenkstätten: Abb. 63–66

Gedenkstätte Deutscher Widerstand, Berlin: Abb. 51, 56, 57–59 © Gedenkstätte Deutscher Widerstand

Heimatmuseum Meerane: Abb. 1, 4, 14, 15, 23, 24, 28, 29, 32, 42, 46, 54, 61

Institut für Zeitgeschichte, München: Abb. 56 Signatur: Nachlass Hammer Ed. 106 Bd. 98

Landesarchiv Baden-Württemberg, Hauptstaatsarchiv Stuttgart: Abb. 35 Sammlung Friedrich Knilli zur Mediengeschichte des Antisemitismus. J 25 Bü 3.

Landesarchiv Berlin: Abb. 44 AUGIAS-Präsentationen, B Rep 057-01, Nr. 1543, Abb. 45 AUGIAS-Präsentationen, B Rep 057-01, Nr. 2366

National Archives, College Park, Maryland: Abb. 52

Erich Ohser – e.o.plauen Stiftung / e.o.plauen-Gesellschaft: Abb. 3, 5, 8, 9, 10, 12, 16, 20, 21, 22, 25, 26, 27, 40, 41

Privatarchiv Jürgen Seul: Abb. 36, 37, 38, 39

SLUB/Deutsche Fotothek: Abb. 53 © Deutsche Fotothek / Unbekannter Fotograf

Axel Springer AG – Unternehmensarchiv, Berlin: Abb. 13, 17, 18, 19, 49

Stiftung Preußischer Kulturbesitz: Abb. 47

Wikimedia Commons: Abb. 6, 30, 31, 34, 50, 60

In Fällen, bei denen der Rechteinhaber nicht festzustellen ist, erklärt sich der Verlag bereit, nach Anforderung rechtmäßige Ansprüche abzugelten.